经济犯罪200案

类案裁判规则参考

刘晓虎 著

法律出版社 LAW PRESS · CHINA
北京

图书在版编目(CIP)数据

经济犯罪200案类案裁判规则参考 / 刘晓虎著. --
北京 : 法律出版社, 2023(2024.1重印)
ISBN 978-7-5197-7549-0

Ⅰ.①经… Ⅱ.①刘… Ⅲ.①经济犯罪-审判-案例
-中国 Ⅳ.①D924.335

中国国家版本馆CIP数据核字(2023)第026220号

经济犯罪200案类案裁判规则参考
JINGJI FANZUI 200AN LEIAN CAIPAN GUIZE CANKAO

刘晓虎 著

策划编辑 冯雨春 朱海波
责任编辑 朱海波
装帧设计 汪奇峰

出版发行 法律出版社
编辑统筹 法律应用出版分社
责任校对 王 丰 李慧艳
责任印制 刘晓伟
经 销 新华书店

开本 710毫米×1000毫米 1/16
印张 49.5 **字数** 720千
版本 2023年4月第1版
印次 2024年1月第2次印刷
印刷 永清县金鑫印刷有限公司

地址:北京市丰台区莲花池西里7号(100073)
网址:www.lawpress.com.cn
投稿邮箱:info@lawpress.com.cn
举报盗版邮箱:jbwq@lawpress.com.cn

销售电话:010-83938349
客服电话:010-83938350
咨询电话:010-63939796

书号:ISBN 978-7-5197-7549-0 **定价**:198.00元

凡购买本社图书,如有印装错误,我社负责退换。电话:010-83938349

作者简介

刘晓虎

字海晨，江西九江人，最高人民法院原审判长，鄱阳湖国际书院院长、研究员，中国案例法学研究会常务理事，中国行为法学会常务理事，中央国家机关书法家协会理事。

长期从事经济犯罪、职务犯罪、反腐败国际追逃追赃理论研究和审判实践工作，指导办理吕锡文、杨振超等省部级领导职务犯罪案件，“百名红通”1号、2号、3号、5号等海外追逃追赃案件以及境内重大复杂疑难经济职务犯罪案件70余件。撰写重要领导讲话代拟稿1篇，最高人民法院副部级以上领导讲话稿、司法解释以及重大调研报告合计80余篇，参与并负责反腐败国际追逃追赃重大疑难复杂问题，国家监察委员会在反腐败国际合作中的职能定位、运行和衔接，“一带一路”廉洁建设刑事司法保障的完善建议等重大课题。曾随最高人民法院代表团出访美国、英国、加拿大等国家，出版专著3部，连续5年获得嘉奖，参编罪名精释等实务指导丛书、新编21世纪法学系列教材中刑法学教材等50余部，作为统稿人编选《刑事审判参考》文稿800余篇。在《政治与法律》《法律与科学》《中国法学》（外文版）《法治日报》《人民法院报》等核心期刊、权威报纸发表论文100余篇，在本人公众号“刑水浮萍”发表司法疑难解析原创文章500余篇。多次为全国29个省、市纪委监委、法院、检察院、公安机关讲授法律疑难问题。2019年主讲的“民刑交叉案件重点疑难问题解析”入选国家法官学院首届精品课程，所办案件、所起草司法解释多次在中央1台、中央12台、中央13台专题节目播放。

作者简介

前言

我的类案裁判规则研究之路*

《经济犯罪200案类案裁判规则参考》是我近十年来的研究成果，是我第一次集中围绕经济犯罪疑难案件研究总结的类案裁判参考规则。此前，读书期间，包括进入最高人民法院的前几年，我一直比较侧重理论研究，一度沉浸在公平、人道、人权、死刑以及刑罚的正当性等基础性概念和命题的探寻之中。此后，我开始转向案例研究，从此开始了自己漫漫类案裁判规则研究之路。

一、辩景难觅

1997年8月，我考入老家的县公安局工作，开始了一段为期四年的警察生涯。从此，我与刑法结下不解之缘。2001年，我考入湘潭大学攻读硕士研究生，专注于刑法理论研究。湘潭大学地理位置偏僻，倒逼出这所大学远离市场经济的浮躁，展现出“博学笃行”的独立风格。在这里，人们经常能发现一帮不同年龄段的人三五成群，在走廊吃饭，甚至在操场打球的间歇期间围成小圈，争得面红耳赤。走近一听才发现，他们不是因为个人是非，而是为彼此对哈耶克、博登海默、康德、黑格尔、贝卡利亚、边沁、福柯、尼采等近代西学大师经典著作的理解据理力争。久而久之，这种现象成为一道道“辩景”。当时我们对这种遍地“辩景”不以为然，也见惯不怪。直到后来走出这所大学才知道，当年的“辩景”在很多名牌大学都极为鲜

* 前言部分内容发表在《法治日报》。参见《类案裁判规则的时代背景及其意义》，载《法治日报》2022年9月7日。

见。湘潭大学独有的“辩景”,除了湘潭大学的地理位置使然,更重要的还应归因于当时“西南政法大学七君子”同时问鼎这件风弥全国的大事,学界称之为西南政法大学“人才大地震”。[①] 这次“人才大地震”后,湘潭大学法学院的课堂、沙龙、讲座不再是一言堂,而是时常伴随着批判与争鸣。一时间,法学院组织的专题讲座瞬即倍增,同学们的热情空前高涨,就连一向习惯于独室研究的教授们都坐不住跑到大讲堂抢座。“七君子”纷纷拿出看家本领,听众们对主题讲座的掌声不断,对批判者的喝彩声浪更高。在这里,批判没有任何违和感。有了这群名导的带动和初学者的激情,同学们暗中比拼,悄然兴起一股学习“西学经典”的狂潮,时常嘴边冒出“吾爱吾师,吾更爱真理”等听起来“大逆不道”的言论,[②]发生了许多脍炙人口的趣事。“辩景”成为湘潭大学最可爱也是最珍贵的一道奇景。此后,我在中国人民大学、中国政法大学学习的那五年,再也没有在校园找到曾经的“辩景”。尽管“辩景”不再,但当年“辩仕们”的风骨和精神依然不断激励我砥砺前行。“辩景”中那些辩友时常浮现于脑际,尤其是他们激情发言时的“斗士”风采,频繁摘下眼镜哈口气擦干再戴上的画面,让我情不自禁地打通他们的电话,一聊不可收拾。

二、顺势转型

学习近现代西方法哲学经典,有助于梳理近现代法学学派脉络,能够极大提升思辨能力,打牢法学理论基础,兼采中西法学、传统法学和现代法学理论精髓,能够更加开阔理论研究视野,正确解释世界各国的法律实践和科学指引法治实践。正是这段不短不长的西学经典学习之路,指引我推开法律之门,开始了一系列法旅探寻和漫漫征程。

---

① 2001年4月,被誉为我国四大中青年著名刑法学家之一的邱兴隆教授被聘为湘潭大学法学院副院长。随后,另外6位西政学者追随而去。他们分别是:全国首届十大杰出青年法学家顾培东教授、刑事诉讼法学博士生导师孙长永博士、民事诉讼法学教授陈刚博士以及法理学家程燎原教授、汪太贤教授、赵明博士。参见《他们去哪了,西政离职学者调查》,载《成都商报》2010年7月27日。

② 语出亚里士多德(前384~前322年),亚里士多德是柏拉图的学生,他的名言“吾爱吾师,吾更爱真理”,系对柏拉图理念论的批判。

2008年8月，我入职最高人民法院，从此接触源源不断的重大疑难复杂案件。讨论案件时，虽然参与人员大部分都是硕士研究生以上学历，但一般都不倾向援引理论著作。这就是所谓的理论研究与司法实践“两张皮”现象。这一现象由来已久，事实上已经造成学院派和经验派在分析问题上的理路差异，有时甚至会截然对立。一方面，随着实践经验的积累，理论研究成果的影响力减弱是自然态势。如几位资深法官、检察官在讨论具体案件中的行为与结果是否具有因果关系时，很少按照刑法理论界主流观点认同的“相当因果关系说”的理路进行分析，就连“相当因果关系”的提法都未必能够获得认同。这种现象不是我国所特有的。霍姆斯在《普通法》开篇就提道：“法律的生命不在于逻辑，而在于经验。对时代需要的感知，流行的道德和政治理论，对公共政策的直觉，不管承认与否，甚至法官和他的同胞所共有的偏见对人们决定是否遵守规则所起的作用都远远大于相关理论。”①另一方面，理论研究严重脱离司法实际也必然导致其自身指引功能的减弱。如在境外追逃追赃案件中，犯罪嫌疑人逃匿境外后，不少专家学者依然坚持适用普通刑事案件证据标准和自首条件。显然，这样的理论研究严重背离实践，最终只会人为制造各种法律障碍，导致追逃追赃无功而返。同时，这样的观点违背了功利主义（包括理性功利主义）原理，从而动摇了刑罚的正当性根基。总体来看，大凡高校毕业生，我本人，包括一些知名专家学者，初到司法实务部门，都能敏感察觉到实务办案和理论研究、课堂教学的明显区别，也能深刻感受到学院派思维在司法工作中的种种不适。对这种思维环境的“过敏”，都将促使这些“新人”求变转型，并随着工作时间和经验成长，逐渐转向到案例法学研究。最近十年来，案例法学之所以在国内悄然兴起，并迅即成为当前最热门最务实的一种学术流派，就有这方面的因素。

三、研究动因

近年来，类案裁判规则越来越受到理论界和实务界的关注。这一现象，从根

① 奥利弗·温德尔·霍姆斯(Oliver Wendell Holmes, Jr.)，美国著名法学家，美国联邦最高法院大法官，美国诗人老奥利弗·温德尔·霍姆斯之子。

源上分析，首先要归因于裁判文书公开制度。如果没有最高人民法院强力推行裁判文书上网，广大法律工作者就无法通过大数据平台收集到大量案例，类案裁判规则研究就会陷入“巧妇难为无米之炊”的困境。其次，类案裁判规则之所以受到有关部门的高度重视和法律工作者的广泛关注，归因于现阶段类案裁判规则对法治建设的影响和对司法实务工作指引所体现的重要价值。随着法学基础理论研究影响力的相对减弱，更多的法律人转向案例研究，而同案不同判问题的累积式爆发更是直接催生了类案裁判规则研究，并将类案裁判规则研究推到一个前所未有的高度。2020年5月29日，习近平总书记主持中央政治局第二十次集体学习时，对统一法律适用工作提出明确要求。2021年年初，中央政法委将“完善统一法律适用机制”列入2021年政法领域十大重点改革举措任务台账，明确由最高人民法院牵头落实。同年12月1日，最高人民法院审判委员会讨论通过《最高人民法院统一法律适用工作实施办法》，并于当日施行。根据该文件，最高人民法院建立统一法律适用平台及其数据库，打造集法律、司法解释和案例检索、应用、研究于一体的平台，为法官办案提供规则指引和参考案例。

我本人，走上类案裁判规则研究之路大致有以下几个方面的动因：

促使我执着于类案裁判规则研究的第一个主要因素是我的工作调整为主要从事《刑事审判参考》编辑工作。2009年8月，我从上海第一中级人民法院结束实习锻炼后分配到最高人民法院刑二庭调研合议庭工作，主要从事经济犯罪、职务犯罪调研。2010年开始负责《刑事审判参考》(第73—105集)的统稿和编辑工作。这是我走上类案裁判规则研究之路的第一个契机。在我接手时，每集书刊的“指导案例”(严格上说是参考案例)一般在10个左右。① 为了加大“指导案例”的权重比例，我提出了改版的倡议，并报经时任最高人民法院刑二庭庭长裴显鼎法官(2017年晋升大法官)同意，最后得到时任最高人民法院副院长张军大法官的批准。于是《刑事审判参考》从第84集开始由原来的32开改编为特16开，“指导案

① 严格上说，这里的“指导案例”是“参考案例”，并非法律意义上的“指导案例”，当时主要是基于其指导功能命名的。

例”由原来的10个增加到16个左右。由于《刑事审判参考》“指导案例”稿件的预报在各业务庭至少经过三个环节审查，然后报到编辑部。由我编辑后再报副主编、主编。这样的报批程序应当是所有案例刊物审查最严格的。因此，《刑事审判参考》除了法律意义上的指导案例，在广大法律同仁眼中就是最权威的案例。它不但可以有效减少监狱、公安、检察院、法院之间和法院内部的争议，促进法律适用统一，而且能够有针对性地提供同类案件涉及的法律规范、提示可能存在的控辩观点以及裁判说理过程，节约大量司法资源。正因为《刑事审判参考》案例编选的重要性，促使我不断加强类案裁判比对和归纳，确保所编选案例裁判的正确性，并在不知不觉中养成了从裁判规则的角度把握案情和定罪处罚平衡。同时，也因为日久生情，我对案例研究的感情日渐加深，乃至溺爱而不能自拔。之前，曾有责任编辑在座谈时聊到，“《刑事审判参考》犹如自家的孩子，怎么看都喜欢”。最初，我觉得这种抒情过于矫情和夸张，后来不曾想我竟然成了最矫情的践行者。在编辑部的5年时间里，我经常将编辑工作带回家，凌晨2点、3点处理编辑工作是常规操作，家人们都分不清楚我究竟是熬夜没睡还是起早睡不着。后来发现后，双方妥协，与我“约法三章”，其中一条就是必须凌晨1点前睡觉。如今我与《刑事审判参考》已离别7年之久，每当在书店或者网页上与他“重逢”，既有一种原始的内在亲近，又有一种阔别已久的孩子已长大成人的外在陌生感。

促使我执着于类案裁判规则研究的第二个主要因素是类案裁判规则可以节约大量司法资源。类案裁判规则不但可以有效减少监公检法等办案部门之间和法院内部的争议，而且能够有针对性地提供同类案件涉及的法律规范、提示可能存在的控辩观点以及裁判说理过程，节约大量司法资源。如在稀土买卖案件中，稀土涉及氧化稀土、离子型稀土、碳酸盐稀土、草酸盐稀土等多种表述，行为涉及开采、加工和销售行为。而开采涉及未经许可开采和招商引资政策默许开采；加工涉及冶炼分离加工和简单加工分类；买卖涉及自由买卖和定向买卖区分等各种专业问题。对稀土买卖类案裁判规则进行研究，就所涉及的专业问题集中征求意见，可以准确把握行政主管机关对稀土矿产品买卖的监管政策和实践执行情况，归纳和提炼明确的类案裁判规则，减少大量反复征求意见带来的司法资源浪费，避免个案审理期限过长。同时，类案裁判规则的相关解析意见，办案人员可以直接援引作为具体案件中裁判说理的参考，缓解案多人少的办案压力，有效提升办案质效。

促使我执着于类案裁判规则研究的第三个主要因素是类案裁判规则可以大幅减少同案不同判问题。2019年，胡云腾大法官在谈到案例研究的重要性时指出："进入全面依法治国新时代，案例对于法治建设的价值和意义越来越大，许多典型案例越来越具有影响力和话语权，'一个案例胜过一沓文件'早已成为人们耳熟能详的金句，'一个案例胜过一沓法条'也几乎成了不争的事实。"案例给人以鲜活的论证，在感官上更加真实具体，这是法律和司法解释条文所不具有的魅力。然而，案例的差异性、具体性又决定了单个案例作用的局限性。这种局限性又会间接影响受众主体的阅读和检索空间，并最终限制案例的作用发挥。2015年，我随最高人民法院访问团拜访加拿大联邦最高法院。当时，70岁高龄的首席大法官麦克拉克林对我们这次访问非常重视，提前指令秘书准备资料以便座谈时交流。结果让她大吃一惊的是，秘书收集的相关资料装满了2箩筐。她坦言，工力不怠，只好望而兴叹。她感叹中国的立法体系非常好。法律、司法解释（那时她对中国指导案例还没有观念）可以节省大量研阅精力和空间，可以促使有关人员短时间获取法律背景全貌和知识要点。这些话虽有客套成分，但司法解释节省了大量司法资源，减少了大量司法争议的确是不争事实。

司法解释之所以能够发挥这个功能，在于它高度归纳和提炼了同类裁判规则，是类案裁判规则的高级发展形态。当前，随着大数据应用推广，法律工作者只要稍加检索就能发现同案不同判问题，这就将同案不同判聚焦并无限放大。同案不同判不但严重影响法律适用统一，而且必然造成法的禁止性命令的混乱，必将致使司法工作人员和涉案人员无所适从。如知假买假打假案件，行为人明知商品是假依然购买，然后按照十倍价格索赔，仅在北京市就有截然相反的裁判。有的案件支持打假人的十倍赔偿诉求，而有的案件则是体现严厉打击政策，认定打假人敲诈勒索罪名成立。遇到此类案件,仅仅立足于个案研究,无法发挥法的规诫、教育、引导功能。只有着眼于类案裁判规则研究,才可以有效减少同案不同判问题。同时,加强类案裁判比对、归纳和提炼,可以促使办案人员养成从裁判规则的角度把握案情和定罪处罚平衡,由自发变为自觉再发展到自然遵从类案裁判规则。

总之,如果说案例法学研究的兴起犹如一阵风,对我从事类案裁判规则研究起到了促进作用,那么司法实践对类案裁判规则的迫切需要就犹如“新大陆”,让我找到了新的“用武之地”。

促使我执着于类案裁判规则研究的第四个主要因素是类案裁判规则相比法学理论研究成果对实务工作的指引更直接、更具体、更明确。课堂上提问,老师的解答往往是提供一种思维范式,可以是多角度、多元化的结论,而实务办案则必须是研究明确唯一的结论。前者以理论理性为主,而后者必须更侧重于实践理性。原则上,每一个案件的裁判结果都应是理论理性和实践理性的最佳融合,而类案裁判规则就是同类案件这种最佳融合的共性归纳和提炼。撇离了理论理性,意味着案件裁判结果不可预见,必然导致法律的规诫和引导功能丧失。撇离了实践理性,意味着案件裁判没有解决实际问题,理论没有服务于实践。理论就成了“无源之水,无本之木”。正因如此,类案裁判规则能够充分发挥其指引价值。就好比炒股,理论经济学和应用经济学的专家学者虽然能够长篇大论却不能指引具体选股和操作,对于广大股民而言,可能一个荐股师总结的炒股口诀带来的经济收益更显性、更直接、更受用。在法律领域也如此,法学理论工作者在分析具体案件时习惯假设前提,经常会得出几种结论。而对于广大办案人员而言,他们需要的是一个具体明确的结论。唯其如此,对于办案人员而言,案例裁判规则相比法学理论研究成果性价比更高。当然,案例裁判规则研究离不开理论指导,裁判规则必须蕴藉定罪处罚的内在原理和规律,否则就必将缺少原理支持、逻辑支持、体系支持和适用的张力。

促使我执着于类案裁判规则研究的第五个主要因素是类案裁判规则可以为

立法和制定司法解释提供有价值的参考。类案裁判规则虽然不具有法律效力,但其指导意义有时未必低于司法解释。对于同案不同判情形,没有类案裁判规则,单个案例就无法发挥其确定的指引功能。试想,同类案件中,A地法院裁判A结果,B地法院案例裁判B结果,就相当于课堂教学仅提供了思维范式,得出了AB两种裁判结果,不但没有促进法律适用统一,反而徒增了裁判分歧。这个时候就需要类案裁判规则,统一裁判指导原则和尺度。对于尚未出台司法解释或者司法解释尚未涉及的问题,类案裁判规则可以发挥类似司法解释的功能。类案裁判规则是单个案例裁判发展为司法解释的桥梁。类案裁判规则可以为有关部门立法和制定司法解释提供有价值的参考。没有类案裁判规则,司法解释就没有研究样本和基础,就没有说服力和普适性。

促使我执着于类案裁判规则研究的第六个主要因素是稳定丰富的问题素材和广大法律同仁对解析观点的肯定为我提供了坚定的信念和长久的驱动力。我在最高人民法院刑二庭工作期间,每逢外出讲课,都带着一大堆问题回来慢慢研究。2017年6月21日,我开通了“刑水浮萍”微信公众号,将各地反映的法律问题通过司法疑难的方式在公众号中尝试解答。2019年1月1日,我进入G20反腐败追逃追赃研究中心工作。这一年,我为全国29个省市的监公检法机关专题授课,进一步收集了相关问题。因疫情原因,之后两年虽然外出授课机会减少,但公众号的提问逐渐增多。这些提问大多涉及疑难复杂的法律适用问题,对其作出解析很有意义,而且不少解析观点得到了广大法律同仁的积极肯定。有了稳定丰富的问题素材和广大法律同仁的肯定,我进一步坚定了对类案裁判规则研究的信念,并从中获取了长久的驱动力。

四、阶段呈现

2022年2月,我在“刑水浮萍”微信公众号内的原创专题文章已有400多篇,截至本书初稿完成已有480余篇,内容大致可以归类为经济犯罪、职务犯罪、民刑交叉、境外追逃追赃以及法律程序等相关法律问题。我早有一个心愿,就是将这些研究成果集结出版。正好在此期间,法律出版社应用分社社长冯雨春女士对我公众号的原创文章比较感兴趣，遂向我提出集结出版的想法。虽然后来国内陆续有四五家出版社与我联系过，但基于法律出版社在法律领域的一流品牌和顶级影响，特别是有感于冯雨春女士的慧眼相识，我便与法律出版社签订了出版合同，书名确定为《经济犯罪200案类案裁判参考规则》。此后，我与法律出版社朱海波编辑多次沟通联系，确定了本书的框架和基本体例。之所以说阶段呈现，是因为我的整体计划是“1000案类案裁判参考规则”，而本书仅是阶段性地呈现了200案类案裁判参考规则。今后，我将继续秉持初心不改，踔厉奋发，完成剩余800案类案裁判参考规则的研究和编著任务。

本书所称的“经济犯罪”是指《刑法》第三章规定的“破坏社会主义经济秩序罪”。具体案例序号，基本按照该章8节罪名的排序编排，并据此撰写类案裁判参考规则。在统稿阶段，我力求本书体现以下几个特征要求：

实用性。以问题为导向，研究明确可操作性的规则。采取先列述案件，后归纳和提炼类案参考规则，然后，结合案例对参考规则进行解析和论证的叙述结构。

创新性。关于本书所收集案例，有的是法院已经裁判的，有的是未经裁判的；有的是法院公开的，有的是法院未公开的。对法院未经裁判、未公开的案例，包括对监公检等办案人员所提案例做了相应技术性处理。类案裁判参考规则以及规则解析，绝大部分都是原创。部分非原创内容的，基本标明了出处。

参考性。一项规则要获取它的生命力，必须增加它的适用空间。这就要求规则本身必须经过严谨的逻辑论证，而且在实践中得到反复检验。本书列述的参考规则具有很强的针对性、明确性和参考性。全书坚持实践是检验真理的唯一标准。在论证时，力求既有理论分析和探讨，又有实践归纳和提炼；既坚持以理论指导实践，又坚持以实践理性反向推动理论理性的发展。

开放性。本书大部分案例是从实然性角度出发，在假定生效判决正确的逻辑前提下对相关法律适用问题进行解析，并归纳提炼类案裁判参考规则。少部分案例从应然性角度出发，突破陈规，聚焦生效判决的不当、不足之处进行解析，并对所涉法律规定及司法解释提出完善建议。

综合性。本书综合了实体性问题和程序性问题。部分类案裁判参考规则不仅涉及实体问题的明确,还涉及程序问题的明确。

由于本人水平有限,书中观点难免出现理解有误和表述不当之处,敬请广大法律同仁批评指正!

刘晓虎

谨识于北京

2023 年 1 月 21 日

目　录

【案例 1-2】梁某某等销售伪劣产品案*

雇人冒充同仁堂医师，夸大产品效果，致使他人以远高于市场的价格购买其推荐产品的，是构成销售伪劣产品罪还是诈骗罪；如何把握“以次充好”型销售伪劣产品与诈骗的界限

关键词：

销售伪劣产品　诈骗　冒充　夸大产品效果　会议营销　以次充好

基本案情

01

2016年11月，被告人梁某丰、车某元经商议，由车某元负责在海南省澄迈县找场地并到工商部门办理“会议营销”备案登记，梁某丰负责组织人员，并进货到澄迈对中老年人实施诈骗。同年11月底，车某元租好金江影剧院场地，并与苏某（在逃）持梁某丰提供的商品合格证、授权委托书等材料到澄迈县工商局澄城工商所报备。梁某丰等人组织人员在金江发放广告，以免费送鸡蛋等宣传方式吸引中老年人参加会销活动。从同月26日开始，梁某丰等人在金江影剧院、澄迈老城分别开展为期七天的以“善行天下、健康中国”为主题的会销诈骗。其间，梁某丰等人雇用人冒充南京同仁堂医师，通过视频连线方式讲解推销蛇酒和蜂胶等，骗取中老年人花高于市场价几倍甚至十几倍的价格购买蜂胶、蛇酒

* 本文系在“刑水浮萍”微信公众号2019年3月25日《司法疑难之88》的基础上修改而成。

和节能锅等产品，共诈骗金额人民币（以下币种同）40 余万元。澄迈县人民检察院依法对梁某丰、车某元等 4 人涉嫌诈骗罪一案提起公诉，法院已对 4 人作出有罪判决。[①]

02

2020 年 1 月至 5 月，被告人梁某某伙同李某某通过赠送礼品等方式，吸引老年人客户，虚构所销售的“太赫兹能量鞋”“富硒麦芽黑谷粉”等产品为宇航员专用，且能够治疗各种疾病的事实。实际上“富硒麦芽黑谷粉”是一款普通的果蔬粉。这款所谓的黑谷粉产品虽然出自正规厂家，经检验均为合格产品，但其主要成分为五谷杂粮，是普通食品，没有任何治病的疗效，成本仅为每盒 20 元。梁某某、李某某利用老年人员追求健康的心理，通过高价售卖产品的方式，先后骗取 7 名被害人，诈骗金额共计 49 564 元。2021 年 1 月 25 日，北京市海淀区人民法院作出一审判决，以被告人梁某某犯诈骗罪判处有期徒刑两年六个月，并处罚金 8000 元；被告人李某犯诈骗罪，判处有期徒刑两年，并处罚金 3000 元。[②]

参考规则

“以次充好”型销售伪劣产品罪与诈骗罪的界限主要体现在，前者是通过市场经营等经济活动，目的是获取非法利润，一般存在伪劣的产品或者次产品，行为人只是夸大了质量和功能效果；而后者目的为非法占有，与经营利润关联不大，常常借助某种会展、营销活动来实现，往往没有所说的产品，或者虽然存在产品，但所

① 参见《每天只需签到就可免费领鸡蛋？113 名中老年人被骗 40 余万元》，载“最海南”微信公众号 2018 年 1 月 8 日，https://baijiahao.baidu.com/s?id=1589035143012418293&wfr=spider&for=pc，最后访问时间：2022 年 2 月 6 日。

② 参见《连环套！央视曝光老人免费领鸡蛋骗局》，载“朝阳网警巡查执法”微信公众号 2021 年 9 月 9 日，https://baijiahao.baidu.com/s?id=1710389181262616909&wfr=spider&for=pc，最后访问时间：2022 年 2 月 6 日。

推荐的产品与其实际具有的价值相差极大，本质上只是充当诈骗的道具。[①]

规则解析

司法实践中，销售伪劣产品罪与诈骗罪，两者都是故意犯罪，都有欺骗行为，在适用时容易混淆。特别是"以次充好"型销售伪劣产品与诈骗在个案中难以区分。两罪的区别主要体现在客体和客观表现方面。犯罪客体方面，前者侵犯的主要客体是国家对产品质量的市场监督管理制度和消费者的合法权益，而后者侵犯的客体是公私财产所有权；主观方面，前者主要目的是获取非法利润，但也可以是出于其他非法目的。如为了不正当竞争，通过生产、销售伪劣产品冒充为他人生产的产品，毁坏他人名誉，以使自己处于有利的地位等。后者目的是非法占有他人合法财产所有权；客观表现方面，前者一般是通过市场经营等经济活动，而后者不强调特定手段，行为人采取虚构事实、隐瞒真相的方法，致使被害人陷入认识错误，从而"自愿地"交付财物。[②]

随着销售伪劣产品领域犯罪手段的不断发展，销售者在保证不侵犯注册商标，产品经检验合格的情况下，夸大产品功能、效果，致使消费者陷入认识错误而购买产品。消费者购买产品后发现实际上根本不存在宣传和标注的功能效果。此种情形下，就会发生销售伪劣产品罪与诈骗罪的适用冲突问题。

我们认为，"以次充好"型销售伪劣产品罪与诈骗罪的界限主要体现在，前者目的是获取非法利润，往往是通过市场经营等经济活动，一般存在伪劣的产品或者次产品，行为人只是夸大了质量和功能效果；而后者目的是非法占有，与经营利润实际关联不大，常常借助某种会展、营销活动来实现，往往没有所说的产品，或者虽然存在产品，但所推荐的产品本质上只是充当诈骗的道具。具体联系以上两个案件，被告人都采取了惯用的会销活动，实施了免费送鸡蛋、以发鸡蛋或者礼品

---

① 参见张军主编：《刑法分则及配套规定新释新解》（第9版）（上），人民法院出版社2016年版，第315页。

② 参见周道鸾、张军：《刑法罪名精释》（第4版），人民法院出版社2013年版，第647页。

为噱头吸引老人;以关爱老人健康名义,邀请假冒的专家讲座、推销博取信任;诱惑老人高价买套餐,真实货物不存在,或者以远高于市场的价格购买实际销售的产品。这些行为本质上是虚构事实的欺骗手段,所推销的产品本质上是诈骗的道具,其目的不是追求真实的经营利润,而是非法占有他人合法财物。据此,案1、案2中被告人的行为不构成销售伪劣产品罪,对涉案被告人应当以诈骗罪论处。

有观点认为,鉴于销售伪劣产品罪和诈骗罪在实践中确实难以区分,在个案中应当充分运用法条竞合思维,坚持特别法优先原则,同时构成销售伪劣产品罪和诈骗罪的,按照销售伪劣产品罪定罪处罚。主要理由是:如果没有生产、销售伪劣产品罪,对于此类行为只有适用诈骗罪。《日本刑法》中一个诈骗罪就相当于我们国家十几个罪名。如果一概适用想象竞合犯处断原则,重法优于轻法,那么只要法定刑升格,基本上都将适用诈骗罪。这既不符合刑法把这些类型化行为从诈骗罪中剥离出来单独规定为一类罪名的立法本意,也不符合刑法谦抑性。据此,对以上两案还应考虑认定销售伪劣产品罪。

我们认为,对于销售伪劣产品罪和诈骗罪的适用,首先要准确把握销售伪劣产品罪和诈骗罪的区别是什么。在确定两者区别的前提下,对照区别要点,结合案情适用罪名就不会发生适用冲突的问题。如前文所提,销售伪劣产品罪和诈骗罪,前者追求利润,后者无所谓利润;前者是通过销售经营途径,后者销售只不过是一个道具;前者一般存在伪劣产品或者次产品,后者往往是价值相差甚远、几乎是毫不相干的产品。如果根据事实能够认定与追求利润无关、与真实经营无关、与伪劣产品无关,那么就不构成销售伪劣产品罪,就不存在法条竞合和想象竞合的问题。正如合同诈骗和诈骗,如果已经确定符合合同诈骗的类型,还适用诈骗罪不妥。同理,如果已经确定了不符合合同诈骗罪的构成特征,合同只不过是个道具,没有任何经济活动,本质上不符合合同诈骗罪的构成特征,这个时候以合同诈骗罪论处就不妥。如甲虚构事实,以投资重大项目需要资金为由向乙借款。乙同意,双方遂签订借款合同。乙将资金汇至甲方指定账户后,甲销声匿迹。甲虽然与乙签订合同,但根本没有任何经济活动,不符合合同诈骗罪设立的立法原意和犯罪构成特征，不构成合同诈骗罪。两罪在本案中不存在竞合关系。

相关规定

《中华人民共和国刑法》

第一百四十条 【生产、销售伪劣产品罪】生产者、销售者在产品中掺杂、掺假，以假充真，以次充好或者以不合格产品冒充合格产品……

【案例 3】张某销售有毒、有害食品案*

水产品被检出氧氟沙星，水产商未向上游供货商索要检验检疫报告的，能否认定其具有销售有毒、有害食品罪中的“明知”

关键词：

销售有毒、有害食品　水产品　氧氟沙星　检验检疫报告　明知

基本案情

03

张某经营水产店，已办理营业执照等相关许可证，以正常市场价格从与其长期合作的其他地区供货商处购进一批鲈鱼。经本地区市场监督局抽检，鲈鱼被检测出氧氟沙星，检验结果不合格。张某向供货商索取过营业执照、身份证明、进购时相关票证等，但未向供货商索取该批次鲈鱼的检验检疫报告。能否以张某未向上游供货商索取检验检疫报告推定其主观明知销售的是有毒、有害食品？是否需要结合其他方面综合判断其主观是否明知？

参考规则

在销售渠道、购货凭证、食品来源、进货或者销售价格等均未明显异常情况

* 本文原载“刑水浮萍”微信公众号 2022 年 1 月 4 日《司法疑难之 407》。

下，鉴于检验检疫证明文件容易被国内水产品下游经营商忽略，不应仅因未向上游经营商索要检验检疫证明文件而适用 2021 年《最高人民法院、最高人民检察院关于办理危害食品安全刑事案件适用法律若干问题的解释》第十条第一项“不依法履行保障食品安全义务”之规定而认定其主观明知。

疫情期间，有关部门强化检验检疫证明文件要求，而下游经营商依然不向上游经营商索要的，应当认定其主观明知。

规则解析

我们认为，疫情期间，在有关监管部门强化检验检疫证明文件重要性的情况下，下游经营商依然不向上游经营商索要该证明文件，应当认定其主观明知。但在非疫情期间，索要检验检疫证明文件只是依法履行保障食品安全义务之一。鉴于我国市场监管的实际情况，国内水产品下游经营商可能侧重购货凭证、食品来源、进货价格等证明文件的齐备，往往忽略检验检疫证明文件对保障食品安全的重要性，不应仅因未索要检验检疫证明文件且提不出反证就认定其主观明知。

主要理由如下：

2015 年 9 月，农业部发布了第 2292 号公告——《食品动物中停止使用洛美沙星、培氟沙星、氧氟沙星、诺氟沙星 4 种兽药的决定》。自此，氧氟沙星不得使用于食品动物。根据《进出口水产品检验检疫监督管理办法》（国质检食〔2011〕286 号）附件二文件——《进口水产品存储冷库检验检疫要求》，发现进口水产品有以下情况的，一律不许进库，并及时通知有关检验检疫机构：（1）货证不符、散装、拼装或者中性包装的；（2）腐败变质或者有异味的；（3）未提供检验检疫相关证明文件的。据此，对于经常从事进出口水产品的商家而言，督促上游水产品商家提供检验检疫相关证明文件，是其依法应当履行的保障食品安全义务。如果没有履行这种义务，根据 2021 年新颁布实施的《最高人民法院、最高人民检察院关于办理危害食品安全刑事案件适用法律若干问题的解释》（法释〔2021〕24 号），应当认定其主观“明知”，除非有相反证据证明其不明知。该解释第十条规定：“刑法第一百四十四条规定的'明知',应当综合行为人的认知能力、食品质量、进货或者销售的渠道及价格等主、客观因素进行认定。具有下列情形之一的,可以认定为刑法第一百四十四条规定的'明知',但存在相反证据并经查证属实的除外:(一)长期从事相关食品、食用农产品生产、种植、养殖、销售、运输、贮存行业,不依法履行保障食品安全义务的;(二)没有合法有效的购货凭证,且不能提供或者拒不提供销售的相关食品来源的;(三)以明显低于市场价格进货或者销售且无合理原因的;(四)在有关部门发出禁令或者食品安全预警的情况下继续销售的;(五)因实施危害食品安全行为受过行政处罚或者刑事处罚,又实施同种行为的;(六)其他足以认定行为人明知的情形。"

相比之下,国内水产品的检验检疫要求不如进出口水产品严格、规范。由此对国内水产品经营商的要求不同于进出口经营商。对于长期从事国内水产品经营的经营商,在销售渠道、购货凭证、食品来源、进货或者销售价格均未明显异常的情况下,为做到不枉不纵,不应仅因其未向供货商索取检验检疫报告且提不出反证,就适用 2021 年《最高人民法院、最高人民检察院关于办理危害食品安全刑事案件适用法律若干问题的解释》第十条第一项之规定,认定其主观明知。即使是案涉水产品和进口水产品,也要区分情形,不宜对未索要检验检疫证明文件的情形一概认定行为人主观明知。举例而言,如果上游供货商提供了虚假鲈鱼来源,将本来进口的鲈鱼冒充是从其他国内源产地鲈鱼的,因国内水产品的检验检疫要求不如进出口水产品严格、规范,由此带来注意义务降低是正常情况,以未索要检验检疫证明文件认定行为人"明知"的定罪理由就大大减弱。

具体联系本案,认定张某明知该批次鲈鱼系有毒、有害食品的理由不够充足,对其行为定性值得进一步研究。

【案例 4】A 公司走私普通货物案[*]

能否按实际支付的费用认定购货佣金；如何确定购货佣金的认定原则

关键词：

走私普通货物　奢侈品销售　进口　代理商　购货佣金

基本案情

04

A 公司经营奢侈品销售业务，按照国外行规不能直接从产地意大利进口，货品储存在意大利的陈列室 B 处。先通过意大利本地的代理商 C 在 B 处联络购买，再通过香港代理商 D 在 C 处联络购买，D 再卖给 A。其中 C 和 D 收取一定佣金。A 与 D 签订的合同约定的价款包括单独的 D 的佣金和货品价格，但是该货品价格实际包含了 C 的佣金，却在合同中未能体现，现可寻找其他证据证明合同约定的货品价款实际包含了 C 的佣金。如何认定本案购货佣金？

参考规则

在认定购货佣金时，采购代理人当地有相关规定标准的，依照相关规定标准；没有

* 本文原载“刑水浮萍”微信公众号 2018 年 1 月 28 日。

相关规定标准的，依照相关行业标准；没有相关行业标准的，参照实践惯例做法认定。

规则解析

根据WTO《海关估价协议》(1979年4月12日于日内瓦签订)第八条的规定，在根据该文件第二条确定海关价值时，就在进口货物实付或者应付的价格中加上由买方发生但未包括在实付或者应付货物价格中的除购买佣金之外的佣金和经纪费。根据2004年1月1日施行的《进出口关税条例》第十九条规定，进口货物的下列费用应当将由买方负担的购货佣金以外的佣金和经纪费计入完税价格。2014年2月1日起施行的《海关审定进出口货物完税价格办法》第十一条规定："以成交价格为基础审查确定进口货物的完税价格时，未包括在该货物实付、应付价格中的下列费用或者价值应当计入完税价格：(一)由买方负担的下列费用：1.除购货佣金以外的佣金和经纪费；2.与该货物视为一体的容器费用；3.包装材料费用和包装劳务费用……"《海关审定进出口货物完税价格办法》第五十一条进一步明确："购货佣金，是指买方为购买进口货物向自己的采购代理人支付的劳务费用。"因此，C的佣金是否为购货佣金，是否计入完税价格一般不应成为争议。

实践中，鉴于行为人为了抵扣更多税款，实际没有支付佣金而采取虚构佣金，或者实际支付低价佣金而采取夸大佣金数额。因此，争议焦点应当聚焦于是否有证据证明佣金的存在以及如何合理认定佣金数额。第一个问题主要是证据问题，具体案件中按照证据裁判规则认定。第二个问题实际是个老问题，就好比败诉方是否应当承担原告与律师约定的律师费一样，是承担必要的合理律师费，还是不管律师费高低，只要原告实际承担了律师费就都由被告承担？

我们认为，无论是律师费还是佣金，都不可能完全按照实际支付数额认定。以本案为例，在认定购货佣金时，采购代理人当地有相关规定标准的，依照相关规定标准；没有相关规定标准的，依照相关行业标准；没有相关行业标准的，参照实践惯例做法认定。

【案例 5】深圳、上海等地走私普通货物案*

走私钻石案件中是适用综合税率 17.2%还是 4%

关键词：

走私普通货物　钻石　完税价格　综合税率　实际征收税率

基本案情

05

自 2020 年 9 月始，深圳、上海等地海关开展了打击走私钻石的专项行动。深圳地区多人被采取刑事强制措施，涉及多家企业。深圳市人民检察院受理相关案件后注意到，侦查机关、关税部门等在认定偷逃税额时适用的是综合税率。而多个犯罪嫌疑人的辩护人均提出应适用实际税率的意见。鉴于综合税率为 17.2%，而实际税率为 4%，依照两种税率计算的偷逃税额差额巨大，直接关涉到犯罪嫌疑人有罪无罪以及法定刑幅度等问题。① 对行为人偷逃税款如何认定，是适用综合税率 17.2%还是适用实际征收税率 4%，目前各地司法机关掌握和处理都不统一。如何确定相关税率，系当前司法机关亟须解决的问题。

---

* 本文原载"刑水浮萍"微信公众号 2021 年 9 月 19 日《司法疑难之 385》。

① 参见《17.2%还是 4%？事关钻石行业，深检君认定……》，载澎湃在线，https://m.thepaper.cn/baijiahao_14530012，最新访问时间：2022 年 2 月 7 日。

参考规则

将此类案件的适用分歧归结为法定税率计核和实际缴纳计核之间的冲突未必准确。具体做法建议如下：对于源自上海钻石交易所销售的钻石，鉴于相关文件已有明确规定，属于法律规范层面的冲突适用，依照冲突适用的指导原则办理。对于非源自上海交易所销售的钻石，如果办案机关在具体案件中发现法定税率计核存在问题，应当先行调研，研究解决办法，并分别层报最高人民检察院、最高人民法院，由"两高"商请海关总署解决。

规则解析

关于走私应缴税额的认定，首先需要准确认定完税价格和确定相关税率。通常进口货物完税价格就是发票上标明的成交价格，即进口商在该货物销售国港口运至进口国时实付或应付的CIF价格。出口货物完税价格指的是以出口商将货物运至出口港装货以前所有的费用作为计价基础的价格，也就是FOB价格。税率是指对课征对象征税时计算税额的比例。一般情况下，完税价格×税率=应缴税款。

由于我国是钻石稀缺的国家，对钻石进口的相关政策，包括关税、消费税政策，有别于黄金等贵重金属、珠宝。2001年，为了满足上海钻石交易所正常运转需要，上海市人民政府向国务院上报了《关于建议调整国家钻石交易税收政策的请示》（沪府〔2000〕66号），建议进一步调整钻石的税收政策。国务院办公厅收到该请示文件后批转财政部、国家税务总局、海关总署联合研办。后三部门联合呈报了《关于调整钻石交易税收政策的请示》（财税〔2001〕8号）。同年，国务院办公厅向上海市人民政府下发了《关于钻石进出口管理和税收政策调整问题的复函》（国办函〔2001〕45号）。该复函明确，对钻石（含钻石毛坯和未镶嵌成品钻）进口免征进口关税，进口环节增值税照征；同意将钻石消费税的纳税环节由现在的生产环节、进口环节后移至零售环节，并对未镶嵌的成品钻和钻石饰品的消费税减按5%

税率征收。由该复函可知,对于进口钻石,偷逃的税种大致包括关税、增值税、消费税,进口关税免征、消费税后移至零售环节,那么只剩下增值税。《财政部、海关总署、国家税务总局关于调整钻石及上海钻石交易所有关税收政策的通知》(财税〔2006〕65号)进一步加大了对钻石的税收优惠政策,明确纳税人自上海钻石交易所销往国内市场的成品钻石,进口环节增值税实际税负超过4%的部分由海关实行即征即退。这就意味着没有进入零售环节的钻石,一般进口税款的税率不会超过4%。如果进入零售环节,消费税率为5%,增值税和消费税率共计为9%。

需要注意的是,财税〔2006〕65号文规定的情形是纳税人自上海钻石交易所销往国内市场的成品钻石,如果纳税人不是自上海钻石交易所销售,是否适用实际税负超过4%的部分由海关实行即征即退的规定,依然存在认识分歧。毕竟钻石来源是否出自上海钻石交易所销售存在明显的利润差异和政策区分。此种情形是否适用《2021年进出口税则》等相关文件规定的有效税率,仍需要深入讨论。根据《深圳晚报》9月16日的报道《17.2%还是4%税率事关钻石行业,深圳市检察院制定意见》:深圳市人民检察院发现税率分歧的问题后,在充分研究法理的基础上,认真听取犯罪嫌疑人的辩解,多次与海关缉私局、海关计税专家沟通,专程到上海钻石交易所调研,并听取了深圳市黄金珠宝首饰行业协会、罗湖区贸易工业局的意见,顶着巨大压力,组织召开钻石走私系列案听证会暨专家论证会。会后,深圳市人民检察院制定了《关于钻石走私系列案如何认定偷逃应缴税额的意见》,认为对一般贸易进口货物以法定税率计核的结果,并不当然等同于实际案件中偷逃的"应缴税额";认定《刑法》第一百五十三条规定中的"偷逃应缴税额",需综合考量一般贸易进口正常情况下需实际缴纳的税负来确定。我们认为,深圳市人民检察院发现问题后深入调研,寻找解决问题的做法值得提倡。但同时也认为,将此类案件的适用分歧简单归结为法定税率计核和实际缴纳计核之间的冲突需要进一步研究,做法上可以更加科学。具体建议如下:对于源自上海钻石交易所销售的钻石,鉴于相关文件已有明确规定,属于法律规范层面的冲突适用,依照冲突适用的指导原则。对于非源自上海交易所销售的钻石,如果办案机关在具体案件中发现法定税率计核存在问题,应当先行调研,研究解决办法,并分别层报最高人民检察院、最高人民法院,由“两高”商请海关总署解决。由地方检察官、法官直接变通执行相关法律规定似不妥。

此外,走私案件中,还存在一些亟需讨论完善的司法适用问题。这里主要讨论偷逃应缴税额的核定问题。根据《最高人民法院、最高人民检察院、海关总署关于办理走私刑事案件适用法律若干问题的意见》(法〔2002〕139号)第三条的规定,对走私行为人涉嫌偷逃应缴税额的核定,应当由走私犯罪案件管辖地的海关出具《涉嫌走私的货物、物品偷逃税款海关核定证明书》(以下简称《核定证明书》)。海关出具的《核定证明书》,经走私犯罪侦查机关、人民检察院、人民法院审查确认,可以作为办案的依据和定罪量刑的证据。走私犯罪嫌疑人、被告人或者辩护人对《核定证明书》有异议,向走私犯罪侦查机关、人民检察院或者人民法院提出重新核定申请的,经走私犯罪侦查机关、人民检察院或者人民法院同意,可以重新核定。重新核定应当另行指派专人进行。然而,司法实践中,海关出具的《核定证明书》基本上没有列明具体的计算过程,给人民检察院、人民法院在审查确认事实时带来了一定困难。即使当事人及其辩护人提出异议,也只能选择重新核定,而无法要求核定人出庭说明。这一制度性缺陷导致《核定证明书》的质证难度大于《鉴定意见》。由于偷逃应缴税款的认定往往专业性强,司法机关如果认定《核定证明书》内容不实、不准,难以通过其他方式进行认定,依然只能诉诸海关重新认定。这种制度上的依赖成为当前亟需解决的问题,导致在具体案件中,办案人员难以通过有关部门认定的涉案物品价值和偷逃税款找到完税价格与税率之间的比例关系。如陈某某走私普通货物案【(2014)深中法刑二初字第328号】,广东省珠宝玉石及贵金属检测中心于2009年11月30日出具的鉴定报告书(另附有两份说明、两份复函),证实送检物品(共217件)的市场批发价值为人民币(以下币种同)839 740元;深圳市价格认证中心涉案财产价格鉴证结论书及明细表,确定送检物品(共217件)的价值为839 740元;偷逃税款海关核定证明书证明本案涉案物品应缴税额共计339 254.96元;核定偷逃税款共计339 254.96元(没有列明具体税率标准)。又如林某某犯走私普通货物案【(2010)深中法刑二初字第96号】,经检验,该批珠宝共有钻石4094粒(总重量为39.608克)、翡翠1粒(重量为

0.246 克)、蓝宝石 1 粒(重量为 0.285 克)、红宝石 7 粒(总重量为 1.178 克);深圳市物价局价格认证中心出具的价格鉴证结论书证明涉案物品的总价值为 486 590 元;中华人民共和国深圳海关涉嫌走私的货物、物品偷逃税款海关核定证明书证明本案的走私货物偷逃税款共计 128 621.74 元。再如陈某走私普通货物案【(2007)厦刑初字第 95 号】,被告人陈某违反海关法规,逃避海关监管,非法携带价值 14 万余元的钻石饰品入境,偷逃应缴税款 60 366.91 元,其行为构成走私普通货物罪。

相关规定

1.《国务院办公厅关于钻石进出口管理和税收政策调整问题的复函》(国办函〔2001〕45 号)

上海市人民政府:

你市《关于建议调整国家钻石交易税收政策的请示》(沪府〔2000〕66 号)收悉。经有关部门研究并报国务院批准,现就有关问题函复如下:

一、同意目前将全国一般贸易项下钻石进出口集中到上海钻石交易所海关办理报关手续;加工贸易项下钻石进出口仍按现行政策办理,如转为内销,须到上海钻石交易所进行交易或备案。具体办法,由海关总署会同外经贸部、上海市政府制定。

二、同意对钻石(含钻石毛坯和未镶嵌成品钻)进口免征进口关税,进口环节增值税照征。

三、同意将钻石消费税的纳税环节由现在的生产环节、进口环节后移至零售环节,并对未镶嵌的成品钻和钻石饰品的消费税减按 5%税率征收。

四、同意将钻石加工环节的出口退税率由 13%改为实行零税率。

五、对直接进入上海钻石交易所的进口钻石在进口环节不征收增值税,交易所的钻石出口不退税;在上海钻石交易所内交易的钻石不征收增值税；国内钻石进入交易所可享受出口退税；对从上海钻石交易所进入国内的钻石照章征收增值税。

六、你市和国务院有关部门要加强管理，完善钻石进出口、交易和监管的管理办法，严防钻石走私，确保钻石加工和贸易的健康发展。

国务院办公厅

二○○一年八月二十五日

2.《财政部、海关总署、国家税务总局关于调整钻石及上海钻石交易所有关税收政策的通知》（财税〔2006〕65号）

各省、自治区、直辖市、计划单列市财政厅（局）、国家税务局，新疆生产建设兵团财务局，海关广东分署、天津、上海特派办、各直属海关：

为规范国内钻石市场，平衡同类商品税收负担，经国务院批准，现将钻石及上海钻石交易所有关税收政策通知如下：

一、纳税人自上海钻石交易所销往国内市场的毛坯钻石，免征进口环节增值税；纳税人自上海钻石交易所销往国内市场的成品钻石，进口环节增值税实际税负超过4%的部分由海关实行即征即退。进入国内环节，纳税人凭海关开具的完税凭证注明的增值税额抵扣进项税金。

纳税人自上海钻石交易所销往国内市场的钻石实行进口环节增值税免征和即征即退政策后，销往国内市场的钻石，在出上海钻石交易所时，海关按照现行规定依法实施管理。

二、出口企业出口的以下钻石产品免征增值税，相应的进项税额不予退税或抵扣，须转入成本。具体产品的范围是：税则序列号为71021000、71023100、71023900、71042010、71049091、71051010、71131110、71131911、71131991、71132010、71162000。各地税务机关要注意含有钻石的产品的出口动态，凡发现企业出口产品含钻石且价值比重较大，同时不属于以上所列产品范围,以及执行中发现其他问题的,应及时报告财政部、国家税务总局。

三、对国内钻石开采企业通过上海钻石交易所销售的自产毛坯钻石实行免征增值税政策;不通过上海钻石交易所销售的,照章征收增值税。

四、对国内加工的成品钻石,通过上海钻石交易所销售的,在国内销售环节免征增值税;不通过上海钻石交易所销售的,在国内销售环节按17%的税率征收增值税。

对国内加工的成品钻石,进入上海钻石交易所时视同出口,不予退税,自上海钻石交易所再次进入国内市场,其进口环节增值税实际税负超过4%的部分,由海关实行即征即退。

五、对上海钻石交易所取得的交易手续费收入、会员缴纳的年费收入照章征收营业税。

六、关于上海钻石交易所的保税政策和钻石的其他税收政策,仍按现行规定执行。

七、进口环节增值税即征即退的具体操作办法由海关总署制定;对钻石的国内环节的增值税征收管理办法及增值税专用发票管理办法由国家税务总局另行制定。

八、对以一般贸易方式报关进口的工业用钻,不再集中到上海钻石交易所海关办理报关手续、实行统一管理,照章征收进口关税和进口环节增值税(具体商品范围见附件)。

本通知自2006年7月1日起执行。

【案例 6】某棉花公司走私普通货物案*

棉花公司（国有公司）将发改委下发的棉花进口配额低价出售给无配额的公司使用，如何定性；因立案侦查造成的损失能否认定为“造成国有公司严重损失”

关键词：

走私普通货物　国有公司人员滥用职权　非法经营　棉花进口配额　进口关税　国有公司严重损失

基本案情

06

依照相关规定，具有棉花配额的，可以享受1%的进口关税，无配额购买进口棉花要交40%进口关税。正因为棉花配额对进口关税的影响巨大，无棉花配额的公司千方百计从棉花公司购买棉花配额。而棉花公司之所以向其他公司赠送或者出卖棉花配额，主要为了保持每年发改委下发的棉花配额不变。如果棉花配额使用不完当年的配额要交还发改委，同时第二年的配额将相应减少。现A地某棉花公司低价将棉花配额卖给无配额的公司使用，对某棉花公司的行为如何定性？

---

* 本文原载“刑水浮萍”微信公众号2019年2月26日《司法疑难之81》。

参考规则

国有公司人员滥用职权罪在客观上必不可少的一个要件就是必须给本单位造成破产或者严重损失的后果,仅仅致使国家利益遭受重大损失的不足以构成本罪。在认定损失时,不得将刑事立案侦查的后果反过来作为刑事立案侦查的理由,不应将刑事案件定罪之后造成的后果反过来作为定罪的客观构成要件。

在认定棉花配额属于进口许可证的前提下,对于多次出售棉花配额的行为可以直接适用《刑法》第二百二十五条"买卖进出口许可证"的规定。

对于通过受赠或者购买棉花配额,减免进口关税的行为,属于走私普通货物的行为,可以构成走私普通货物罪。明知他人购买、受赠后用于减免进口关税,依然出售、赠与,可以构成走私普通货物罪的共犯。

规则解析

本案的定性思路有三种:一是以国有公司的行为为主线进行评价;二是综合棉花公司和其他公司的行为,将棉花公司的出售和其他公司的购买相结合进行评价;三是以其他公司的行为为主线进行评判,即将棉花公司作为共犯评价。

一、本案既不构成国有公司人员滥用职权罪也不构成滥用职权罪

在现有案情基础上,本案不构成国有公司人员滥用职权罪。主要理由是:《刑法》第六十八条规定的罪状是"国有公司、企业的工作人员,由于严重不负责任或者滥用职权,造成国有公司、企业破产或者严重损失,致使国家利益遭受重大损失……"根据该罪状,结合妨害对公司、企业的管理秩序罪的构成特征,国有公司人员滥用职权罪在客观上必不可少的一个要件就是必须给本单位造成破产或者严重损失的后果,仅仅致使国家利益遭受重大损失的不足以构成本罪。本案中,棉花公司相关负责人系出于保持每年发改委下发的棉花配额不变的目的而将棉花配额出卖给其他公司,棉花公司既保持了配额不变,又因为出卖配额的款项全部打到棉花公司,故棉花公司整体属于受益主体,不存在任何损失。基于这一要

件，本案不构成国有公司人员滥用职权罪。本案棉花公司系享受棉花配额的对象，而不是受委托管理和监督棉花配额的行政执法主体，棉花公司人员属于国有公司人员（国家工作人员），不属于国家机关工作人员，故不构成滥用职权罪。

二、刑事立案侦查造成的后果不得作为定罪的客观构成要件

有一种观点认为，因滥用职权行为被司法机关查处，从而给国有公司造成后续严重损失的，也应当认定为“造成国有公司严重损失”。我们认为，因滥用职权行为被司法机关作为刑事案件立案侦查，由此给国有公司造成的后续严重损失，不应认定为“造成国有公司严重损失”。《刑法》最基本的犯罪构成原理之一就是不得将刑事立案侦查的后果反过来作为刑事立案侦查的理由。据此，本案中棉花公司人员因刑事立案侦查之后给棉花公司造成的棉花配额的影响不得作为认定其构成国有公司人员滥用职权罪的依据。

三、本案部分事实可能构成走私普通货物罪、非法经营罪

本案中，棉花公司负责人既有赠送棉花配额行为，又有出售棉花配额行为。对于出售事实部分，应进一步查清是否多次出售棉花配额。多次出售认定为经营更容易被接受。但即使没有多次出售，认定为经营也没有问题。《货物进出口管理条例》第十七条规定：“进口经营者凭进口配额管理部门发放的配额证明，向海关办理报关验放手续。”根据以上规定，棉花配额相当于进口许可证。对于买卖棉花配额的行为，《货物进出口管理条例》第十八条第二款规定：“伪造、变造或者买卖货物进出口配额证明、批准文件、许可证或者自动进口许可证明的，依照刑法关于非法经营罪或者伪造、变造、买卖国家机关公文、证件、印章罪的规定，依法追究刑事责任。”该规定属于行政法层面的提示性规定，对《刑法》层面的定性仅有提示作用，而不具有约束作用。但在认定棉花配额属于进口许可证的前提下，对于买卖棉花配额的行为可以直接适用《刑法》第二百二十五条“买卖进出口许可证”的规定。

争议的焦点可能在单纯地出售棉花配额能否认定为买卖棉花配额？我们认为，按照第二种定性思路，应当综合棉花公司和其他公司的行为进行分析。如果棉花公司和其他公司的行为已经相互配合成为一个整体，就可以将棉花公司的出

售行为作为买卖棉花配额整体行为的一个部分,如此认定买卖棉花配额则没有问题,可以构成非法经营罪。

接下来,再讨论第三种定性思路。棉花配额不应作为赠送的对象和买卖的商品。对于本来不具备棉花配额的公司,通过购买或者受赠棉花配额,获取减免关税的,相当于购买真发票抵扣税款或者逃税的行为。因此,对于通过受赠或者购买棉花配额,减免进口关税的行为,属于走私普通货物的行为,可以构成走私普通货物罪。棉花公司明知其他公司购买、受赠后用于减免进口关税,依然出售、赠与可以构成走私普通货物罪的共犯。

综上,如果采取第三种思路,本案宜认定为走私普通货物罪,不再认定为非法经营罪。但前提必须是购买和受赠棉花配额的公司已经将配额用于减免进口关税。如果对受赠和购买公司未立案侦查,那么只能综合棉花公司和购买公司的行为进行定性,但前提必须是棉花公司和购买公司相互意识到对方行为在《刑法》上的意义,如此才能将出售棉花配额行为认定为买卖棉花配额。当然,如果存在多次出售行为,认定买卖更容易被认同。对于赠送行为,不纳入非法经营罪的评价。

相关规定

1.《中华人民共和国刑法》

第一百六十八条 【国有公司、企业、事业单位人员失职罪、国有公司、企业、事业单位人员滥用职权罪】国有公司、企业的工作人员,由于严重不负责任或者滥用职权,造成国有公司、企业破产或者严重损失,致使国家利益遭受重大损失的,处三年以下有期徒刑或者拘役;致使国家利益遭受特别重大损失的,处三年以上七年以下有期徒刑。

国有事业单位的工作人员有前款行为,致使国家利益遭受重大损失的,依照前款的规定处罚。

国有公司、企业、事业单位的工作人员,徇私舞弊,犯前两款罪的,依照第一款的规定从重处罚。

第二百二十五条 【非法经营罪】违反国家规定,有下列非法经营行为之一,扰乱市场秩序,情节严重的,处五年以下有期徒刑或者拘役,并处或者单处违法所得一倍以上五倍以下罚金;情节特别严重的,处五年以上有期徒刑,并处违法所得一倍以上五倍以下罚金或者没收财产:

(一)未经许可经营法律、行政法规规定的专营、专卖物品或者其他限制买卖的物品的;

(二)买卖进出口许可证、进出口原产地证明以及其他法律、行政法规规定的经营许可证或者批准文件的;

(三)未经国家有关主管部门批准非法经营证券、期货、保险业务的,或者非法从事资金支付结算业务的;

(四)其他严重扰乱市场秩序的非法经营行为。

2.《中华人民共和国货物进出口管理条例》(2002年1月1日施行)

第十七条 进口经营者凭进口配额管理部门发放的配额证明,向海关办理报关验放手续。

国务院有关经济管理部门应当及时将年度配额总量、分配方案和配额证明实际发放的情况向国务院外经贸主管部门备案。

第十八条 配额持有者未使用完其持有的年度配额的,应当在当年9月1日前将未使用的配额交还进口配额管理部门;未按期交还并且在当年年底前未使用完的,进口配额管理部门可以在下一年度对其扣减相应的配额。

伪造、变造或者买卖货物进出口配额证明、批准文件、许可证或者自动进口许可证明的,依照刑法关于非法经营罪或者伪造、变造、买卖国家机关公文、证件、印章罪的规定,依法追究刑事责任;尚不够刑事处罚的,依照海关法的有关规定处罚;国务院外经贸主管部门并可以撤销其对外贸易经营许可。

【案例 7】丁某抽逃出资案*

利用变相抽逃出资购买的股票，其拍卖或者变现款是应当被追缴入国库还是返还公司

关键词：

抽逃出资　变相抽逃出资　股票拍卖款　变现款　追缴　返还

基本案情

07

甲公司用其所持有的乙公司的全部股权作价与上市公司丙公司进行置换,获得丙公司的股票,乙公司自此成为丙公司的全资子公司。乙公司虽已完成过户登记,但乙公司的管理层仍未改组,实际仍受甲公司控制。在甲公司实际控制人丁某的指示下,乙公司转移了资金。丙公司随后起诉甲公司,最终民事生效判决认定甲公司是变相抽逃资金。后甲公司持有的丙公司股票因丁某涉嫌经济犯罪被刑事查封且进入执行程序。该涉案股票拍卖款或者变现款是应当被追缴入国库还是应当返还公司补足变相抽逃的资金?

* 本文原载"刑水浮萍"微信公众号 2019 年 12 月 3 日《司法疑难之 211》。

参考规则

对发生在2014年3月1日以前尚未处理或者正在处理的抽逃出资刑事案件，应当按照《最高人民检察院、公安部关于严格依法办理虚报注册资本和虚假出资抽逃出资刑事案件的通知》以及《刑法》第十二条规定的精神处理。

被执行人同时承担多项清偿义务时，民事赔偿、民事债务的执行优先于财产刑的执行，依法返还被害人优先于没收、追缴入国库。

规则解析

对于2014年3月1日以后发生以及2014年3月1日以前尚未处理或者正在处理的抽逃出资案件，应当根据修正后公司法的相关规定调整相关法律适用。本案是否构成抽逃出资，应当依据这一总体刑事政策精神和最高司法机关的相关文件进行处理。《最高人民检察院、公安部关于严格依法办理虚报注册资本和虚假出资抽逃出资刑事案件的通知》(公经〔2014〕247号)第三条明确了如下办案指导原则：各级公安机关、检察机关对发生在2014年3月1日以前尚未处理或者正在处理的虚报注册资本和虚假出资、抽逃出资刑事案件，应当按照《刑法》第十二条规定的精神处理："除依法实行注册资本实缴登记制的公司以外，依照新修改的公司法不再符合犯罪构成要件的案件，公安机关已经立案侦查的，应当撤销案件；检察机关已经批准逮捕的，应当撤销批准逮捕决定，并监督公安机关撤销案件；检察机关审查起诉的，应当作出不起诉决定；检察机关已经起诉的，应当撤回起诉并作出不起诉决定；检察机关已经抗诉的，应当撤回抗诉。"

根据以上办案指导原则，如果丁某依然构成抽逃出资犯罪，那么应当依照相关司法解释规定的顺位处置涉案财产。《最高人民法院关于刑事裁判涉财产部分执行的若干规定》(法释〔2014〕13号)第十三条规定："被执行人在执行中同时承担刑事责任、民事责任，其财产不足以支付的，按照下列顺序执行：(一)人身损害赔偿中的医疗费用；(二)退赔被害人的损失；(三)其他民事债务；(四)罚金；

（五）没收财产。”本案中，依法返还抽逃资金本质上是依法返还被害人财产或者退赔被害人的损失，而追缴入国库属于没收财产的一种，其顺位低于退赔被害人的损失。关于被执行人同时承担多项清偿义务时的执行顺位，《刑法》《刑事诉讼法》及相关司法解释均已明确规定民事赔偿、民事债务的执行优先于财产刑的执行。相关规定体现了在民事责任、刑事责任出现竞合时，民事责任优先的原则。[①] 据此，依法返还公司抽逃资金优先于追缴入国库。

实践中，还有一种情形，就是在涉案财物不足以依法返还，需要司法机关先通过司法程序从其他案件追缴到案，然后再依法返还、退赔。但通过这种追缴获得的财物依然不入国库，依法返还应当优先于追缴入国库。

相关规定

1.《中华人民共和国刑法》

第一百五十九条　【虚假出资、抽逃出资罪】公司发起人、股东违反公司法的规定未交付货币、实物或者未转移财产权，虚假出资，或者在公司成立后又抽逃其出资，数额巨大、后果严重或者有其他严重情节的，处五年以下有期徒刑或者拘役，并处或者单处虚假出资金额或者抽逃出资金额百分之二以上百分之十以下罚金。

单位犯前款罪的，对单位判处罚金，并对其直接负责的主管人员和其他直接责任人员，处五年以下有期徒刑或者拘役。

2.《最高人民检察院、公安部关于严格依法办理虚报注册资本和虚假出资抽逃出资刑事案件的通知》（公经〔2014〕247号）

各省、自治区、直辖市人民检察院，公安厅、局，新疆生产建设兵团人民检察院、公安局：

2013年12月28日，第十二届全国人民代表大会常务委员会第六次会

① 刘贵祥、闫燕：《〈关于刑事裁判涉财产部分执行的若干规定〉的理解与适用》，载《人民司法（应用）》2015年第1期。

议通过了关于修改《中华人民共和国公司法》的决定,自2014年3月1日起施行。2014年4月24日,第十二届全国人民代表大会常务委员会第八次会议通过了《全国人大常委会关于刑法第一百五十八条、第一百五十九条的解释》。为了正确执行新修改的公司法和全国人大常委会立法解释,现就严格依法办理虚报注册资本和虚假出资、抽逃出资刑事案件的有关要求通知如下:

一、充分认识公司法修改对案件办理工作的影响。新修改的公司法主要涉及三个方面:一是将注册资本实缴登记制改为认缴登记制,除对公司注册资本实缴有另行规定的以外,取消了公司法定出资期限的规定,采取公司股东(发起人)自主约定认缴出资额、出资方式、出资期限等并记载于公司章程的规定。二是放宽注册资本登记条件,除对公司注册资本最低限额有另行规定的以外,取消了公司最低注册资本限制、公司设立时股东(发起人)的首次出资比例以及货币出资比例限制。三是简化登记事项和登记文件,有限责任公司股东认缴出资额、公司实收资本不再作为登记事项,公司登记时不需要提交验资报告。全国人大常委会立法解释规定:"刑法第一百五十八条、第一百五十九条的规定,只适用于依法实行注册资本实缴登记制的公司。"新修改的公司法和上述立法解释,必将对公安机关、检察机关办理虚报注册资本和虚假出资、抽逃出资刑事案件产生重大影响。各级公安机关、检察机关要充分认识新修改的公司法和全国人大常委会立法解释的重要意义,深刻领会其精神实质,力争在案件办理工作中准确适用,并及时了解掌握本地区虚报注册资本和虚假出资、抽逃出资案件新情况、新问题以及其他相关犯罪态势,进一步提高办理虚报注册资本和虚假出资、抽逃出资刑事案件的能力和水平。

二、严格把握罪与非罪的界限。根据新修改的公司法和全国人大常委会立法解释,自2014年3月1日起,除依法实行注册资本实缴登记制的公司［参见《国务院关于印发注册资本登记制度改革方案的通知》（国发〔2014〕7号）］以外，对申请公司登记的单位和个人不得以虚报注册资本罪追究刑事责任；对公司股东、发起人不得以虚假出资、抽逃出资罪追究刑事责任。对依法实行注册资本实缴登记制的公司涉嫌虚报注册资本和虚假出资、抽逃出资犯罪的，各级公安机关、检察机关依照刑法和《立案追诉标准（二）》的相关规定追究刑事责任时，应当认真研究行为性质和危害后果，确保执法办案的法律效果和社会效果。

三、依法妥善处理跨时限案件。各级公安机关、检察机关对发生在2014年3月1日以前尚未处理或者正在处理的虚报注册资本和虚假出资、抽逃出资刑事案件，应当按照《刑法》第十二条规定的精神处理：除依法实行注册资本实缴登记制的公司以外，依照新修改的公司法不再符合犯罪构成要件的案件，公安机关已经立案侦查的，应当撤销案件；检察机关已经批准逮捕的，应当撤销批准逮捕决定，并监督公安机关撤销案件；检察机关审查起诉的，应当作出不起诉决定；检察机关已经起诉的，应当撤回起诉并作出不起诉决定；检察机关已经抗诉的，应当撤回抗诉。

四、进一步加强工作联系和沟通。各级公安机关、检察机关应当加强工作联系，对重大、疑难、复杂案件，主动征求意见，共同研究案件定性和法律适用等问题；应当加强与人民法院、工商行政管理等部门的工作联系，建立健全案件移送制度和有关工作协作制度，全面掌握公司注册资本制度改革后面临的经济犯罪态势；上级公安机关、检察机关应当加强对下级公安机关、检察机关的指导，确保虚报注册资本和虚假出资、抽逃出资案件得到依法妥善处理。

各地在执行中遇到的问题，请及时报告最高人民检察院和公安部。

【案例 8-9】韩某某等违规披露、不披露重要信息案*

如何把握涉企轻罪案件量刑的要点

关键词：

违规披露、不披露重要信息　涉企轻罪案件　罪刑阶梯　基准刑　“两类责任人员”　羁押必要性审查制度　企业合规建设

基本案情

08

HR 科技公司是在上海证券交易所上市交易的公司，依法负有信息披露的义务。被告人韩某某在担任 HR 科技公司董事长、总裁期间，于 2011 年指派时任 HR 科技公司副总裁兼财务总监的被告人陶某等公司高级管理人员，通过组织公司财务部、市场部、客户服务中心、生产管理部等部门虚报数据等方式虚增 HR 科技公司 2011 年的收入及利润，合计虚增利润人民币 2.58 亿余元，占 HR 科技公司 2011 年年度报告披露的利润总额的 34.99%。北京市第一中级人民法院认为，HR 科技公司作为依法负有信息披露义务的公司向股东和社会公众提供虚假的财务会计报告，严重损害股东或者其他人利益，被告人韩某某、陶某分别作为公司直接

* 本文原载“刑水浮萍”微信公众号 2021 年 8 月 19 日《涉企轻罪案件量刑要点论纲》。

负责的主管人员和其他直接责任人员，其行为均已构成违规披露重要信息罪，依法应予惩处。鉴于韩某某、陶某犯罪的情节轻微及本案犯罪事实系HR科技公司自查发现并主动上报监管机关，韩某某、陶某已缴纳中国证券监督管理委员会行政处罚决定书因虚假信息披露行为对其二人所处的罚款，陶某具有从犯、自首情节，依法可对韩某某、陶某从轻处罚。据此，判决如下：一、被告人韩某某犯违规披露重要信息罪，判处有期徒刑十一个月，并处罚金人民币10万元；二、被告人陶某犯违规披露重要信息罪，判处拘役四个月，缓刑六个月，并处罚金人民币5万元。被告人陶某不服，提起上诉。北京市高级人民法院驳回其他上诉理由，但鉴于本案犯罪事实系HR科技公司自查发现并主动上报监管机关，韩某某、陶某已缴纳中国证券监督管理委员会行政处罚决定书因虚假信息披露行为对其二人所处的罚款，陶某具有从犯、自首的法定情节，尤其是陶某在HR科技公司被证监会调查后，配合监管部门的风险处置工作，确实起到了稳定公司经营秩序、协调解决债务纠纷的作用，得到了证监会北京监管局的认可（相当于近期最高人民检察院在全国推行的企业合规建设），依据刑法关于自首、从犯的规定与罪责刑相适应的原则，可以认为陶某的犯罪情节轻微不需要判处刑罚，故本院对陶某依法免予刑事处罚。上诉人陶某及其辩护人的相关合理辩护意见，本院予以采纳。综上，判决如下：一、维持北京市第一中级人民法院（2016）京01刑初135号刑事判决的第一项，即被告人韩某犯违规披露重要信息罪，判处有期徒刑十一个月，并处罚金人民币10万元。二、撤销该判决书第二项，改判上诉人陶某犯违规披露重要信息罪，免予刑事处罚。[①]

① 二审判决（2017）京刑终88号。

09

BY公司作为依法负有信息披露义务的公司,在2011年至2014年向股东和社会公众提供虚假的或者隐瞒主要事实的财务会计报告,或者对依法应当披露的其他重要信息不按照规定披露,严重损害股东或者其他人的利益,情节严重,被告人余某妮、陈某作为公司直接负责的主管人员,被告人伍某清、张某萍、罗某元作为其他直接责任人员,其行为均构成违规披露、不披露重要信息罪。2017年2月22日,珠海市中级人民法院以违规披露、不披露重要信息罪判处被告人余某妮等五人有期徒刑一年七个月至拘役三个月不等刑罚,并处罚金。宣判后,五名被告人均未提出上诉,判决已生效。①

参考规则

涉企轻罪案件要注意以下量刑要点:

一是涉企轻罪案件应当着力在独档法定刑内建立罪刑阶梯并精准确立基准刑。在确定基准刑时应当形成由低往高依次寻求罪刑对应的量刑思维。同时,在确定基准刑时应当确立复合行为一般重于单一行为的量刑原则。

二是涉企轻罪案件应当突破传统刑格并充分体现各种量刑情节功能。

三是涉企轻罪案件应当准确认定“两类责任人员”并按照犯罪作用充分体现涉企不同责任人员的量刑差异。

四是涉企轻罪案件应当充分发挥羁押必要性审查制度对缓刑适用的导向作用。

五是涉企轻罪案件应当充分发挥企业合规审查制度对缓刑的导向作用。

六是涉企轻罪案件应当综合考虑认罪认罚量刑意见和新发生的量刑情节。

① 本案系检察指导案例第66号;一审判决(2016)粤04刑初131号。

规则解析

涉企轻罪案件是指企业实施法定最高刑为三年有期徒刑的轻罪案件。涉企轻罪案件既具有企业犯罪的特点,又具有轻罪的特点,这一特征决定了此类案件量刑的特殊性。

一、涉企轻罪案件应当着力在独档法定刑内建立罪刑阶梯并精准确立基准刑

(一)涉企轻罪案件应当着力在独档法定刑内建立罪刑阶梯

为追求精准量刑,最大限度保证罪责刑相适应,无论是重罪还是轻罪,都应根据罪质罪量建立罪刑阶梯。单就轻罪建立罪刑阶梯,具有一定的特殊性。与整个刑罚体系相比,轻罪的法定刑有限,这便使每一个与法定刑对应的事实都呈极端饱和状态。这种现象必然反过来导致大量犯罪事实对应的法定刑集中在二年至三年有期徒刑这个区间,在一定程度上破坏了罪刑均衡。就像《刑法修正案(九)》出台前贪污贿赂犯罪事实集中对应在十年以上有期徒刑、无期徒刑一样。

为改变这种局部极端膨胀现象,就有必要在犯罪事实与独档法定刑之间建立罪刑阶梯。具体可以将独档法定刑进行定量划分,将三年有期徒刑按每半年定量分为六个小区间,也可以按每三个月定量分为十二个小区间,加上拘役、缓刑、管制、罚金、免除处罚,建立一个"迷你版"的刑期阶梯。然后,结合行业和行为特点,对犯罪事实进行定量,按照定量标准建立罪行阶梯,最终再联结形成罪刑阶梯(先罪行阶梯后罪刑阶梯)。这个罪刑阶梯只要在法官心中形成自由心证即可,未必一定要以有形甚至书面的形式出现。有条件的省市,可以针对涉企轻罪出台量刑指导细则,增强可操作性。

(二)涉企轻罪案件在确定基准刑时应当形成由低往高依次寻求罪刑对应的量刑思维

从罪质和罪量出发,重罪一般由高往低依次寻求罪刑对应,而轻罪则一般由低往高依次寻求罪刑对应。这一配刑规律可以从《刑法》分则的相关规定找到印证。如《刑法》第二百三十二条,先规定"处死刑、无期徒刑或者十年以上有期徒

刑”,后规定“情节较轻的,处三年以上十年以下有期徒刑”。在确定故意杀人罪的基准刑时,一般由“处死刑、无期徒刑或者十年以上有期徒刑”往“处三年以上十年以下有期徒刑”这个方向寻求对应。而《刑法》第一百六十九条之一,先规定的是“处三年以下有期徒刑或者拘役”,后规定的是“三年以上七年以下有期徒刑”,在确定背信损害上市公司利益罪的基准刑时,一般由“处三年以下有期徒刑或者拘役”往“三年以上七年以下有期徒刑”这个方向寻求罪刑对应。《刑法》分则这种规定上的差异,暗蕴着重罪、轻罪在刑罚适用顺位上的内在原理和规律性要求。

同理,如果将轻罪法定刑定量分为多个区间,基于轻罪罪质、罪量分析,在确定基准刑时应当形成由低往高依次寻求罪刑对应的量刑思维。

(三)涉企轻罪案件在确定基准刑时应当确立复合行为一般重于单一行为的量刑原则

最高人民法院、最高人民检察院于2021年6月联合印发的《关于常见犯罪的量刑指导意见(试行)》(法发〔2021〕21号,以下简称《量刑指导意见》)明确了可以根据犯罪数额、犯罪次数、犯罪后果等犯罪事实确定基准刑。虽然该规定没有列明“行为单复”,但可以对该规定的“等”作“等外”解释,这样的话,将“行为单复”作为确定基准刑的依据之一依然具有充足理由。一般认为,同种情况下,复合行为的罪行要重于单一行为,其基准刑相应高于单一行为。如在违规披露重要信息犯罪案件中,犯罪事实可能包括两部分:一部分是虚增业绩业务事实;另一部分是违规披露重要信息事实。对于既实施虚增行为又实施违规披露行为的,在罪行评价上一般重于单一实施虚增或者违规披露的行为。除非行为人在单一行为中的罪行明显重于其他同案犯。

二、涉企轻罪案件应当突破传统刑格并充分发挥和体现各种量刑情节功能

《量刑指导意见》对常见的从犯、立功、自首、未遂、坦白、退赃退赔、认罪认罚、认罪悔罪等量刑情节明确了从宽处罚的幅度。根据从宽处罚的功能大小,大致可以分为三个位阶:(1)从犯、立功(重大立功)、自首、未遂属于第一位阶从宽处罚情节。从犯与立功(重大立功)的量刑功能大体相当。虽然从犯与未遂的从宽处罚

尺度相当，但从犯属于应当型情节，而未遂属于可以型情节，因此从犯当之无愧属于第一从宽处罚情节。未遂从宽处罚的起点幅度虽然大于自首，但自首从宽处罚的上限高至免除处罚，因此自首的从宽处罚功能排位更靠前。（2）坦白、退赃、退赔属于第二位阶从宽处罚情节，一般可以减少基准刑的30%以下。（3）认罪、悔罪、羁押期间表现好属于第三位阶从宽处罚情节，一般可以减少基准刑的10%以下。认罪、悔罪与坦白、自首不可重复评价。对于综合具有认罪认罚与自首、坦白、当庭自愿认罪、退赃退赔、赔偿谅解、刑事和解、羁押期间表现好等量刑情节的不作重复评价，但可以加大从宽处罚力度，减少基准刑的60%以上或者依法免除处罚。

在涉企轻罪具体案件中，目前实践中有三种顾虑严重限制了以上量刑情节功能的发挥：一是认为严格贯彻《量刑指导意见》从宽处罚幅度的规定，可能导致大量被告人最终被判处缓刑、免除处罚；二是认为大量被告人最终要精确到判处六个月、三个月、二个月，破坏了传统的二年、三年的“刑格”；三是担心检察机关抗诉，判轻了可能追究渎职责任。我们认为，对轻罪案件判处大量精确到几个月的有期徒刑、拘役、缓刑、免除处罚，符合轻罪的罪质罪量特征，符合罪责刑相适应原则，符合当前党和国家对涉企轻罪案件的总体刑事政策精神，不应因追求量刑简约、传统刑格而违反罪质罪量原理和罪责刑相适应原则。如在案例9中，珠海市中级人民法院对余某妮等五人判处有期徒刑一年七个月至拘役三个月不等刑罚，并处罚金，就突破了传统的刑格。

三、涉企轻罪案件应当准确认定“两类责任人员”并按照犯罪作用充分体现量刑差异

（一）准确认定涉企轻罪案件“两类责任人员”

这两类责任人员分别是“直接负责的主管人员”“直接责任人员”。目前，尚未有正式的立法和司法解释对“直接负责的主管人员”“直接责任人员”的概念进行界定。比较权威的观点源于最高人民法院研究室1994年1月27日对公安部法制司作出的《关于如何理解“直接负责的主管人员”和“直接责任人员”问题的复函》。根据该复函，“直接负责的主管人员”，是指在企业事业单位、机关、团体中，

对本单位实施犯罪起决定作用的，负有组织、决策、指挥责任的领导人员。单位的领导人如果没有参与单位犯罪的组织、决策、指挥，或者仅是一般参与，并不起决定作用的，则不应对单位的走私罪负刑事责任。“直接负责人员”，是指直接实施本单位犯罪行为或者虽对单位犯罪负有部分组织责任，但对本单位走私犯罪行为不起决定作用，只是具体执行、积极参与的该单位的部门负责人或者一般工作人员。公安部1994年3月3日在对辽宁省公安厅作出的公法〔1994〕27号答复函中，原文转述了最高人民法院研究室的意见。

全国人大法工委刑法室主编的《中华人民共和国刑法释解与适用》一书也对单位犯罪中“直接负责的主管人员”如何界定问题进行了比较详尽的阐述。该书强调：“直接负责的主管人员”主要指，单位中负有相关管理职责，对所实施的单位犯罪行为起到策划、授意、批准、指挥、组织、实施等作用的人员。单位法定代表人是否对单位犯罪承担刑事责任，应当根据其在单位犯罪过程中是否起到组织、指挥、决策作用而定。在由单位其他领导决定、指挥、组织实施单位犯罪、不在其本人职权分工范围之内、本人并不知情的情况下，不应简单按照职务高低，以单位犯罪直接负责的主管人员追究其刑事责任。如在案例8中，韩某某指派陶某组织员工虚报数据、虚增利润，起到了决定作用，并非一般参与，故属于“两类责任人员”。单位的法定代表人因存在不作为、失职行为，造成其确实对单位其他人员实施的犯罪不知情的，不能简单按照职务将其认定为该单位犯罪的直接负责的主管人员，但是其不作为、失职行为构成相关犯罪的，应当依法追究其法律责任。①

以上观点长期以来被实践中广泛援引，对司法适用的统一起到了积极作用。在没有新的法律和司法解释出台的情况下，对以上观点应当参照适用，除非在个案中出现明显的法律适用问题。

（二）按照犯罪作用充分体现涉企不同责任人员的量刑差异

在能够区分主从犯的案件中，按照主从犯确定刑事责任。如在案例8中，二

① 参见全国人大法工委刑法室主编：《中华人民共和国刑法释解与适用》，载高憬宏、杨万明主编：《基层人民法院法官培训教材》（实务卷·刑事审判篇），人民法院出版社2005年版。

审法院考虑到陶某具有从犯、自首情节，陶某在证监会调查后，配合监督部门的风险处置工作，依法对陶某免予刑事处罚。单位犯罪与共同犯罪既有类似的地方，又有明显的区别，唯其如此，共同犯罪案件中区分主从犯的做法未必适用于单位犯罪。最高人民法院在《关于审理单位犯罪案件对其直接负责的主管人员和其他直接责任人员是否区分主犯、从犯问题的批复》（法释〔2000〕31号）中，明确指出"在审理单位故意犯罪案件时，对其直接负责的主管人员和其他直接责任人员，可不区分主犯、从犯，按照其在单位犯罪中所起的作用判处刑罚"。

需要注意的是，对犯罪过程中所起作用大小的评判不能唯职务高低论，职务高的人员所起的作用未必大，职务低的人员所起的作用未必小。在涉企轻罪案件中，对各责任人员所起作用的认定，应当综合犯意的提起，组织、策划介入程度，实行行为和辅助行为参与程度，犯罪结果发生的原因力以及犯罪完成的主要途径等事实，全面、客观、公正认定。

四、涉企轻罪案件应当充分发挥羁押必要性审查制度对缓刑适用的导向作用

2012年修正后的《刑事诉讼法》首次增设了逮捕后羁押必要性审查制度。羁押必要性审查，是指人民检察院依据《刑事诉讼法》第九十三条之规定，对被逮捕的犯罪嫌疑人、被告人有无继续羁押的必要性进行审查，对不需要继续羁押的，建议办案机关予以释放或者变更强制措施的监督活动。2016年1月13日，最高人民检察院出台了《人民检察院办理羁押必要性审查案件规定（试行）》。同年7月，最高人民检察院刑事执行检察厅出台了《贯彻执行〈人民检察院办理羁押必要性审查案件规定（试行）〉的指导意见》。根据该指导意见，刑事执行检察部门应当根据犯罪嫌疑人、被告人涉嫌犯罪事实、主观恶性、悔罪表现、身体状况、案件进展情况、可能判处的刑罚和有无再危害社会的危险等因素，综合评估有无必要继续羁押犯罪嫌疑人、被告人。对犯罪嫌疑人、被告人有无继续羁押必要性的评估可以采取量化方式，设置加分项目、减分项目、否决项目等具体标准。经羁押必要性审查，符合条件的，应当在立案后10个工作日以内决定是否提出释放或者变更强制措施的建议。羁押必要性审查制度实际上起到了缓刑适用条件审查前移的效果，对扩大缓刑的适用具有重要意义。对于经检察机关提出变更强制措施建议最终

未予羁押的被告人,人民法院在查清事实的基础上,认为没有明显违反罪责刑相适应原则或者没有不符合缓刑适用条件的,在判罚上原则应当优先考虑适用缓刑。

羁押必要性审查采取立案初审制度,将实体审查与立案初审分开。“捕诉合一”改革后,部分地方检察机关采取了变通做法,坚持立案初审与实体审查一体原则,对于决定不予提出释放或者变更强制措施的建议的,不予立案。这样变通的做法与相关文件的规定严重冲突,在一定程度上使羁押必要性审查的价值大打折扣。

五、涉企轻罪案件应当充分发挥企业合规审查制度对缓刑的导向作用

加强企业合规管理,是新时期中央推动企业全面加强合规管理,加快提升依法合规经营管理水平,保障企业持续健康发展的重要举措。2021年6月3日,最高人民检察院等9部门联合研究制定了《关于建立涉案企业合规第三方监督评估机制的指导意见(试行)》,并发布了企业合规改革典型案例,要求检察机关在办理涉企犯罪案件时,主动审查是否符合企业合规试点适用条件,督促企业做好合规承诺,并在企业合规建设过程中进行实质化整改。检察机关在听取各方面意见后,依法决定是否适用不起诉,或者和认罪认罚相结合,加大缓刑适用力度。企业合规改革试点的主旨在于督促企业作出合规承诺并开展合规建设,通过适用认罪认罚从宽制度,坚持和落实能不判实刑的提出判缓刑的量刑建议,努力让企业“活下来”“留得住”“经营得好”。

第十三届全国人大常委会第二十二次会议在《对〈最高人民检察院关于人民检察院适用认罪认罚从宽制度情况的报告〉的审议意见》中指出,对认罪认罚的轻罪案件,一般应当依法从简从宽办理,依法能不捕的不捕,能不诉的不诉;能适用缓刑的,依法提出适用缓刑量刑建议。加强对认罪认罚案件的量刑研判,对依照法律规定不需要判处刑罚或者可能判处免予刑事处罚的轻罪案件,依法作出不起诉决定,逐步提高认罪认罚案件相对不起诉适用率。据此,如果对涉企轻罪案件企业作出合规整改和认罪认罚的,原则上应当适用缓刑或者免予处罚。不适用缓刑或者免予处罚的,应当作出说明。人民法院在审理此类案

件中，应当全面查明企业合规整改的相关事实和认罪认罚的自愿性、真实性和合法性，充分发挥企业合规审查制度对加大缓刑适用空间的积极导向作用，争取最大的司法办案效果。

六、涉企轻罪案件应当综合考虑认罪认罚量刑意见和新发生的量刑情节

人民法院开庭审理被告人认罪认罚案件，应当审查认罪认罚的自愿性和认罪认罚具结书内容的真实性、合法性，特别是要通过庭审查明定罪量刑的关键事实、证据。对于有争议的事实和证据，应当进行调查、质证，法庭辩论可以仅围绕有争议的问题进行。

实践中，有部分事实可能发生在量刑建议作出之后。如《量刑指导意见》增设了羁押期间表现好可以减少基准刑的10%以下的规定。被告人及辩护人提出，之前的量刑建议依据不包括羁押期间的表现，请求在量刑建议的基础上从轻调整刑期。对此，人民法院可以依职权向看守所或者监狱部门直接调取被告人在羁押期间的表现，也可以协调检察机关调取，并在量刑时综合考虑量刑意见和羁押期间的表现，依照相关规定对量刑意见进行调整。又如，量刑意见作出后，被告人家属筹集资金，全部退缴退赔，或者被告人提前主动将罚金或者退赔资金打入法院账户，通过行动表示退缴退赔诚意的，人民法院原则均可以作为新的量刑情节予以考虑。

相关规定

1.《中华人民共和国刑法》

第一百六十一条　【违规披露、不披露重要信息罪】依法负有信息披露义务的公司、企业向股东和社会公众提供虚假的或者隐瞒重要事实的财务会计报告，或者对依法应当披露的其他重要信息不按照规定披露，严重损害股东或者其他人利益，或者有其他严重情节的，对其直接负责的主管人员和其他直接责任人员，处五年以下有期徒刑或者拘役，并处或者单处罚金；情节特别严重的，处五年以上十年以下有期徒刑，并处罚金。

前款规定的公司、企业的控股股东、实际控制人实施或者组织、指使实施前款行为的，或者隐瞒相关事项导致前款规定的情形发生的，依照前款的规定处罚。

犯前款罪的控股股东、实际控制人是单位的，对单位判处罚金，并对其直接负责的主管人员和其他直接责任人员，依照第一款的规定处罚。

2.《最高人民法院研究室关于如何理解“直接负责的主管人员”和“直接责任人员”问题的复函》

所谓直接负责的主管人员，是指在企业事业单位、机关、团体中，对本单位实施走私犯罪起决定作用的、负有组织、决策、指挥责任的领导人员。单位的领导人如果没有参与单位走私的组织、决策、指挥，或者仅是一般参与，并不起决定作用的，则不应对单位的走私罪负刑事责任。

3.《最高人民法院关于审理单位犯罪案件对其直接负责的主管人员和其他直接责任人员是否区分主犯、从犯问题的批复》

在审理单位故意犯罪案件时，对其直接负责的主管人员和其他直接责任人员，可不区分主犯、从犯，按照其在单位犯罪中所起的作用判处刑罚。

4.《最高人民法院、最高人民检察院关于常见犯罪的量刑指导意见（试行）》

第三条 ……

（14）对于被告人认罪认罚的，综合考虑犯罪的性质、罪行的轻重、认罪认罚的阶段、程度、价值、悔罪表现等情况，可以减少基准刑的30%以下；具有自首、重大坦白、退赃退赔、赔偿谅解、刑事和解等情节的，可以减少基准刑的60%以下，犯罪较轻的，可以减少基准刑的60%以上或者依法免除处罚。

第九条 从宽幅度的把握。办理认罪认罚案件，应当区别认罪认罚的不同诉讼阶段、对查明案件事实的价值和意义、是否确有悔罪表现，以及罪行严重程度等，综合考量确定从宽的限度和幅度。在刑罚评价上，主动认罪优于被动认罪，早认罪优于晚认罪，彻底认罪优于不彻底认罪，稳定认罪优于不稳定认罪。

…………

对罪行较轻、人身危险性较小的，特别是初犯、偶犯，从宽幅度可以大一些；罪行较重、人身危险性较大的，以及累犯、再犯，从宽幅度应当从严把握。

【案例10】H公司、王某对非国家工作人员行贿案*

在竞标过程中为谋取竞争优势向参与竞标的公司代表给付财物的，是否构成对非国家工作人员行贿罪；以公司名义收受财物未入账的是认定为公司收受还是个人收受

关键词：

对非国家工作人员行贿　竞标　竞争优势　公司收受　个人收受

基本案情

10

沧州市某区人民检察院指控，H房地产开发有限公司（以下简称H公司）在土地竞买过程中，为了谋取不正当利益，向其他竞买公司工作人员行贿人民币（以下币种同）2400万元，数额巨大。经审理查明：首次提出补偿数额和方案的并非H公司法定代表人王某，而是另一竞标公司法定代表人蒋某，且蒋某公司为了竞拍取得土地主动提出给H公司300万元补偿费，让H公司退出竞标。但因王某坚持要地，蒋某与其他竞标公司商议由H公司给付每家竞标公司400万元，最终王某答应给付每家竞标公司"好处费"300万元。虽然给付每家300万元是王某和蒋某最终商定的，但蒋某事先征询了另外7家公司法定代表人、负责人的意见。H

* 本文原载"刑水浮萍"微信公众号2020年3月1日《司法疑难之244》。

公司报价1.65亿元,并未压低竞标价,该竞标价在其他8家公司看来都偏高。8家竞标公司中有3家公司派出了中层管理人员,根本无权作出是否举牌的决定。其他5家公司的法人代表、负责人基于竞价太高和300万元补偿的权衡考虑,而最终选择了退出竞标。H公司给付每家300万元的决定,H公司、王某的行为如何定性?

参考规则

对非国家工作人员行贿罪,属于妨害对公司管理秩序罪,原则上必须侵害公司的管理秩序和合法利益。在竞标案件中,构成本罪的给付对象必须是其他竞标公司的个人,如果给付的对象是各竞标公司,表明未实质侵犯各竞标公司的合法利益,不构成本罪。

从法律性质分析,对于给付财物的一方而言,只要非国家工作人员是以公司名义收受财物的,即使其收受的财物不入账,也应认定为公司收受,而不应认定为个人收受。

规则解析

此类行为是否构成串通投标罪,需要结合案情进一步研究。实践中,不少串通投标案件是因为"拔出萝卜带出泥",主要犯罪事实是监察委办理的职务犯罪案件,故在罪名的指控上出现由经济犯罪向职务犯罪尽可能转向的趋势。为帮助广大法律同仁正确理解和适用本罪名,我们结合部分案件中出现的实际情况展开具体分析。

一、根据《刑法》规定,对非国家工作人员行贿罪,属于妨害对公司管理秩序罪,原则上必须侵害公司的管理秩序和合法利益。在竞标案件中,构成本罪,给付对象必须是其他竞标公司的个人,如果给付的对象是各竞标公司表明未实质侵犯各竞标公司的合法利益,不构成本罪

根据《刑法》对罪名章节的设置,对非国家工作人员行贿罪属于妨害对公司、企业的管理秩序罪,行贿方必须主观上具有通过行贿促使行贿对象利用个人职务

上的便利，为行贿方谋取利益的故意和目的，从而妨害其本公司管理秩序。本案中，H公司、王某不具有该故意和目的。

（一）被告人王某明确的意思表示是向每家公司而不是向个人给付300万元

实践中，参与竞标的各家公司可能事前会有所沟通，特别是本地参与竞标的公司。参与竞标者如果事先与各公司代表人已达成默契，只是将钱款给付竞标现场代表的，依然应当认定给付的对象是竞标公司，而不是个人。如果是法定代表人自己参加，只要双方的意思明确是给付公司的，那么依然认定给付的对象是公司。即使是一人公司，也应当认定给付的对象是公司，而不是个人。

本案中，王某意思表示非常明确，是“给付每家公司300万元”而不是给付个人。如果是给付个人，那么就不会向每家竞标公司公开，而会选择与个人私下商议。

（二）被告人王某不具有通过行贿促使其他竞标公司个人利用职务上的便利不参加举牌竞标和妨害各公司管理秩序的故意和目的

本案中，王某明知现场举牌人员代表的是公司，而且是否举牌竞标必须经1.1亿元保证金投资人商议决定，故不可能通过行贿促使竞标公司个人利用职务上的便利擅自决定举牌或者不举牌。王某也没有意图促使竞标公司工作人员妨害其本公司管理秩序。本案中，首次提出补偿数额和方案的并非王某，而是另一竞标公司法人代表蒋某。蒋某为了其所在公司竞拍取得土地，主动请求H公司退出并愿意给付H公司300万元的补偿费用。虽然给付每家300万元是王某和蒋某最终商定的，但蒋某事先征询了另外7家公司法人代表、负责人的意见。此外，H公司报价1.65亿元，并未压低竞标价，该竞标价在其他8家公司看来都偏高。其他竞标公司均是基于竞价太高和300万元补偿的权衡考虑，而最终选择退出竞标。可见，H公司以1.65亿元竞标实际并未妨害其他各竞标公司的管理秩序。

二、部分竞标公司对给付的款项采取不入账方式处理以及进行内部个人分配的，不得据此认定给付的对象是个人

部分竞标公司之所以提供个人账户收受款项或者在收到款项后不入公司账户，主要原因是该笔款项不能认定为公司收入，不好入账。但从法律性质上分析，只要是以公司名义收受的，即使不入账也应当认定为公司收受。实践中，很多单

位受贿款也采取不入账方式处理,但不影响单位收受财物的认定。部分竞标公司,为了平时支出方便,往往将公司会计账户作为公司平时私下账户。有的竞标公司七转八转,最终将款项转入公司账户。还有的竞标公司鉴于该款项入不了公司账户,股东们集体决议作为红利按投资比例进行了再分配。这种按公司投资比例分配明显是将款项作为公司账外利润进行处理的。

质言之,只要双方的意思是给付每家竞标公司的,在双方均未提出明确相反意见的情况下,应当认定款项是给付竞标公司的财物,而不是给付个人的财物。按照司法实践中财产权属认定的一般规则,只要以单位名义收受了财物,单位是否入账以及财物具体如何分配,不再由给付方意思控制和左右,不影响单位收受的认定。据此,本案指控H公司王某对非国家工作人员行贿罪不能成立。

三、"好处费"实质上是包含保证金利息在内的"补偿费",补偿的对象是公司而不是个人

"每家公司好处费"的主要计算依据是对每家竞标公司所付保证金以及相关利息的打包补偿,部分竞标公司也是按照这一标准进行了再分配,因此"好处费"实质上是"补偿费"。只要保证金是以竞标公司名义预支的,那么补偿费相应必然是以竞标公司名义收受的,该结论进一步辅证了补偿的款项给付的对象是公司而非个人。

有的案件中,受有罪推定理念的影响,司法机关关于犯罪事实的论述夹杂了很多倾向性观点的描述。如有的案件中,未审先定,将给付的财物性质描述为"好处费",实际上在表述事实时已将行为打上了行受贿的烙印。这种描述性的词汇不应频繁地出现在客观事实的表述中。更何况,"好处费"只是一种俗语表达方式,并非法言法语,更不是法律性质的认定。在竞标案件中,参与竞标公司需要交付一笔不小数额的保证金,很多公司都是临时筹措资金,有的需要临时改变银行定期存款,有的需要从银行贷款,还有的需要通过民间高利借贷途径,因此必然涉及成本核算问题,其中最基本的一部分就是利息计算。从这个角度上分析,所谓的"每家公司好处费"实质上是对"每家公司的补偿费"。

本案中,在部分竞标公司收受款项后,对该款项的再分配遵循了利息补偿的标准。如果竞标公司没有得到补偿费,包括补偿费在公司内部进行再分配时,多投资的人未多分配到补偿费,就必然会出现利益分配不均衡的问题。

【案例 11】甲、乙共同挪用资金案*

共同预谋实施挪用资金犯罪但对同案犯身份认识错误，且同案犯过限实施票据诈骗犯罪的，如何定性

关键词：

挪用资金　共同预谋　同案犯身份　认识错误　票据诈骗

基本案情

11

甲系社会闲散人员，乙系某金融公司保洁人员，不具有职务身份。甲误认为乙有职务便利，然而乙实际上只有一定的工作便利条件。甲、乙共同预谋挪用乙所在金融公司的资金。后来，乙实际采取了伪造票据的手段将金融公司的资金骗出。甲对此不知情。对甲的行为如何定性？甲是构成票据诈骗罪还是构成挪用资金罪？

参考规则

认识错误一般不影响定性，但实施实行行为的同案被告人不构成预谋实施的犯罪的，参与预谋人也不构成预谋实施的犯罪。

同案被告人主观故意和客观行为均过限的，参与预谋人不构成共同犯罪。

---

* 本文原载“刑水浮萍”微信公众号 2019 年 1 月 10 日《司法疑难之 65》。

规则解析

共同犯罪未必认定同一罪名，如果行为人故意的内容和实行行为不同，认定的罪名就可能不同，这是主客观相统一原则的必然要求。对于预谋型共同犯罪，对行为对象认识错误或者对行为法律性质认识错误，将A罪认识为B罪并不必然阻却犯罪。如果参与预谋人未实施实行行为，而实施实行行为的同案被告人不构成预谋实施的犯罪的，参与预谋人也不构成预谋实施的犯罪。本案中，甲与乙共同预谋挪用资金，因乙不具有职务上的便利，亦未实施挪用资金的实行行为，乙不构成挪用资金罪，甲亦不构成挪用资金罪。

同案被告人主观故意和客观行为均过限的，参与预谋人不构成共同犯罪。超出共同故意范围的犯罪，不构成共同犯罪。如数人共同预谋实施犯罪，个别共同犯罪人在实施预谋的故意犯罪的同时，又以自己独立的犯意，实施了其他犯罪行为，此种情形便超出了共同犯罪故意的范围。例如，甲教唆乙去杀害丙，乙在伤害丙之后，又劫取了丙身上的钱物；又如，犯罪集团预谋进行抢劫犯罪，但其中的部分成员又实行了强奸行为。在这里，前者的抢劫行为和后者的强奸行为，都属于超出共同故意范围的过限行为。对于过限行为，无论是在简单共同犯罪中，还是在集团性犯罪中，都只能由实施该过限行为的犯罪人独立承担刑事责任，不追究共同犯罪的刑事责任。[①] 本案中，甲、乙预谋的是挪用资金罪，但乙伪造票据将金融公司资金骗出的行为，主观故意超出了甲的故意范围，客观上甲亦未共同实施票据诈骗行为，对于票据诈骗而言甲、乙不构成共同犯罪，故甲不构成票据诈骗罪。

---

① 参见张军主编：《刑法[总则]及配套规定新释新解》（第7版）（上），人民法院出版社2017年版，第312页。

【案例 12】甲公司挪用资金案*

单位挪用资金能否适用立法解释追究高管人员挪用资金罪的刑事责任

关键词：

单位挪用资金　立法解释　高管人员　刑事责任

基本案情

12

甲公司由数千名职工认缴持股近 96%、国有股占 2.65%、剩余股其他公司出资。甲公司董事长张某和几名高管开会，提议中层管理以上人员成立一家股权投资公司，后甲公司的高管、中层管理人员 92 人筹资人民币(以下币种同)5200 万元成立乙公司。甲、乙两公司董事、监事高度重合。后甲公司董事会决定开展委托理财业务，委托乙公司办理，收益按二八分成，并签订协议书。乙公司开会决定开展资金拆借业务，所需资金向甲公司借款，并与甲公司签订资金短期拆借协议。甲公司向银行贷款数亿元，先后数次转款乙公司 8.74 亿元，乙公司按协议约定归还甲公司本金 7.82 亿元及利息。后甲公司因无法归还到期贷款，部分职工要求退股致案发。对甲公司开会决定的公司高管张某等 4 人能否按照《全国人民代表大会常务委员会关于〈中华人民共和国刑

* 本文原载“刑水浮萍”微信公众号 2020 年 4 月 15 日《司法疑难之 279》。

法〉第三十条的解释》(以下简称《刑法立法解释》)追究挪用资金罪的刑事责任?对张某等人的行为如何定性?

参考规则

挪用资金罪规制的是挪用资金归个人使用,如果认定是单位挪用资金为单位谋取利益,本质上不属于挪用资金犯罪行为。即使存在违反规定的现象,也不适用《刑法立法解释》的规定。

多数乃至所有高管人员集体决议,以单位名义将公司资金挪用给高管集体持股的公司使用,本质上是谋取个人利益,属于挪用资金归个人使用,对主要责任人员可以个人犯挪用资金罪追究刑事责任。

规则解析

《刑法立法解释》规定:"公司、企业、事业单位、机关、团体等单位实施刑法规定的危害社会的行为,刑法分则和其他法律未规定追究单位的刑事责任的,对组织、策划、实施该危害社会行为的人依法追究刑事责任。"该规定针对的是单位的行为本质上属于危害社会的犯罪行为,只是因刑法分则未规定追究单位的刑事责任情形。然而,单位为了单位利益将本单位资金出借给其他单位使用,本质上不属于危害社会的挪用资金犯罪。挪用资金罪规制的是单位有关责任人员挪用单位资金归个人使用,侵害的是单位利益,单位侵害本单位的利益在逻辑上不能成立。正如单位不可能盗窃本单位财物一样,这是一个伪命题。据此,本案甲公司高管人员集体决议,以甲公司名义将资金借给高管人员集体持股的乙公司使用,如果认定是甲公司的单位行为,那么甲公司的行为本质上不属于挪用资金。此类行为不同于单位实施《刑法》规定的危害社会的行为,《刑法》分则和其他法律未规定追究单位的刑事责任的情形,故不适用《刑法立法解释》规定的"刑法分则和其他法律未规定追究单位的刑事责任的,对组织、策划、实施危害社会行为的人依法追究刑事责任"。

然而,甲公司高管人员集体决议,以甲公司名义将资金借给高管人员集体持股的乙公司使用,是否属于甲公司单位行为?需要进一步研究。我们认为,甲公司高管的利益不等于甲公司利益。甲公司由数千名职工认缴持股近96%、国有股占2.65%、剩余股其他公司出资。而乙公司由92名高管人员集体持股。如果认定92名高管人员的集体利益等同于甲公司利益,意味着忽略了其他数千名职工的利益。随着上市公司进入全流通时代,公司的财产有相当一部分属于广大股民所有,公司高管、中层干部的利益,本质上依然属于个人利益。本案中,92名高管不能代表单位利益,虽然可以认定是单位决议,但不应认定拆借资金系为了单位利益,认定为个人利益更为准确。

从另一角度看,在国有公司、企业改制的特殊历史时期,有的企业为了激活企业活力,解决下岗工人再就业,可能以集体决议的形式,鼓励企业员工创办企业代理本单位的部分业务从事营利活动。有的甚至集体决议将单位资金拆借给员工创办的企业。这一特殊时期,需要特殊处理,不宜一概纳入《刑法》规制范围(如某些地方广播电视台、日报社等在改制期间的一系列做法)。对于此类案件,不仅要对照现在的法律,还要考虑当时的政策。但是随着市场经济的日益规范完善,这种特殊时期的处理办法不应再提倡。本案中,显然不受这种特殊历史时期的影响,应当依法进行处理。同时,在确定处理对象时,应当审慎把握,不宜范围过大。

相关规定

《全国人民代表大会常务委员会关于〈中华人民共和国刑法〉第三十条的解释》(2014年)

公司、企业、事业单位、机关、团体等单位实施刑法规定的危害社会的行为,刑法分则和其他法律未规定追究单位的刑事责任的,对组织、策划、实施该危害社会行为的人依法追究刑事责任。

【案例 13】林某挪用资金案*

刑事立案后新法增加一档法定刑的，如何判断是否超过追诉时效

关键词：

挪用资金　立案　新法　法定刑　追诉时效　溯及力

基本案情

13

2009年，林某挪用资金人民币（以下币种同）3050万元，直到2019年司法机关发现后才刑事立案侦查。因为《刑法修正案（十一）》把原来的两档法定刑修正为三档，增加了“数额特别巨大”的法定刑档次，由此引发认识分歧。一是3050万元是否属于数额特别巨大；二是是否超过追诉时效。检察机关指控数额巨大，合议庭与检察机关沟通后，检察机关坚持认为不属于“数额特别巨大”，不变更起诉。合议庭一种观点认为，检察机关指控的是“数额巨大”，应当在“数额巨大”的指控范围内比较新旧法，应当适用新法，认定超过了追诉时效。另一种观点认为，应当先确定是否属于“数额特别巨大”。如果属于“数额特别巨大”，则未超过追诉时效。相比新法，旧法处罚更轻，按照从旧兼从轻的溯及力原则，应当适用旧法对被告人量刑。

* 本文原载“刑水浮萍”微信公众号2021年10月17日《司法疑难之390》。

参考规则

依照新法挪用资金3000万元以上属于挪用资金"数额特别巨大"。

新法出台前已经立案，立案时依照旧法在追诉期限内的，即使依照新法超过追诉时效，也应当认定在追诉期限内立案。同时，适用从旧兼从轻的溯及力原则，即适用旧法规定。

规则解析

一、关于挪用资金3050万元是否属于"数额特别巨大"

无论是从职务犯罪刑事政策还是立法原意，抑或从既往司法解释规定所体现的定罪量刑标准内在逻辑分析，3050万元都应属于"数额特别巨大"。截至目前，只要含有"数额特别巨大"这个法定刑幅度，尚没有一个司法解释在确定职务犯罪量刑标准时将3000万元以上的犯罪数额排除在"数额特别巨大"的范围之外。虽然在极个别案件中，基于特别因素考虑，有过将3000万元以上的职务犯罪数额泛泛认定为"数额巨大"的先例，但这种司法认定，有其个案特殊因素，不具有普适性的参考价值。

二、关于立案是否超过追诉时效的认定依据

仅从立案而言，本案可以绕开"数额巨大"和"数额特别巨大"的分歧。这是因为只要按照旧法在追诉期限内立案的，就不存在超过追诉期限的问题。即使将来新的司法解释将挪用资金3050万元确定为"数额巨大"这一法定刑档，也因为本案2019年立案时《刑法修正案(十一)》尚未公布，立案时依据的是旧法的规定(最高法定刑十年)，追诉时效为15年，意味着本案系在追诉期限内立案。这类程序问题不同于实体法律适用。2016年，《最高人民法院、最高人民检察院关于办理贪污贿赂刑事案件适用法律若干问题的解释》出台前，大量职务犯罪案件等待新的量刑标准。由于新法的定罪量刑标准大幅提升，有相当一批已经立案的案件涉及是否超过追诉时效的问题，各地纷纷向最高人民法院请示。最高人民法院遂发函征求全国人大常委会意见。全国人大常委会复函明确,新法出台前已经立案的,立案时依照旧法在追诉期限内的,即使依照新法超过追诉时效,也应当认定在追诉期限内立案。

综合以上分析,本案在2019年已经立案,是否超过追诉时效,关键要依照旧法审查立案时是否超过十五年追诉期限。如立案时超过十五年的,属于超过追诉时效立案,应当依法撤案;如立案时未超过十五年,则属于追诉期限内立案。

相关规定

《中华人民共和国刑法》

第八十七条　【追诉时效期限】犯罪经过下列期限不再追诉:

(一)法定最高刑为不满五年有期徒刑的,经过五年;

(二)法定最高刑为五年以上不满十年有期徒刑的,经过十年;

(三)法定最高刑为十年以上有期徒刑的,经过十五年;

(四)法定最高刑为无期徒刑、死刑的,经过二十年。如果二十年以后认为必须追诉的,须报请最高人民检察院核准。

第二百七十二条　【挪用资金罪】公司、企业或者其他单位的工作人员,利用职务上的便利,挪用本单位资金归个人使用或者借贷给他人,数额较大、超过三个月未还的,或者虽未超过三个月,但数额较大、进行营利活动的,或者进行非法活动的,处三年以下有期徒刑或者拘役;挪用本单位资金数额巨大的,处三年以上七年以下有期徒刑;数额特别巨大的,处七年以上有期徒刑。

【案例 14】柴某挪用资金案*

个人决定擅自从委托贷款转由直接公对公拆借，单位收取利息的同时个人收取部分利息收益的，是否构成挪用资金罪

关键词：

挪用资金　个人决定　委托贷款　公对公拆借

基本案情

14

被告人柴某所在集团公司初期向王某公司出借几亿元资金，均是严格按照集团公司要求，走的是委托贷款程序，即集团公司委托银行放贷给王某公司。后来，由于银行贷款期限太短，王某公司经常需要拆解过桥资金还贷、续贷，成本太大，王某遂与柴某商议不通过委托银行贷款程序，直接把资金借给王某公司。柴某也想通过这个方式获取部分利息收益，二人一拍即合。柴某擅自决定将集团公司资金直接出借给王某公司。后来，王某公司无法归还几亿元资金，集团公司发现后案发。虽然集团公司通过柴某私自借款行为获得了部分利息，但一直以为是集团公司委托银行贷款业务的收益，并不知道实际是柴某私自出借资金的收益。柴某的行为是否构成挪用资金罪？

---

* 本文原载“刑水浮萍”微信公众号 2019 年 4 月 1 日《司法疑难之 92》。

参考规则

对于个人决定以单位名义将单位资金借贷给他人或者其他公司使用，如果单位收取利息的同时个人亦受益的，要进一步审查客观上单位是否是主要受益主体、主观上个人决定主要是为了单位利益还是个人利益。如果客观上单位不是主要受益主体，主观上个人决定主要是为了谋取个人利益，此类行为应当构成挪用资金罪。

规则解析

根据《中国银监会关于印发商业银行委托贷款管理办法》（银监发〔2018〕2号）第三条的规定，委托贷款，是指委托人提供资金，由商业银行（受托人）根据委托人确定的借款人、用途、金额、币种、期限、利率等代为发放、协助监督使用、协助收回的贷款，不包括现金管理项下委托贷款和住房公积金项下委托贷款。委托贷款虽然需要向银行支付部分利息，但可以获取更大范围的抵押担保，如土地抵押担保，能够获取更多的信誉保证。因此，委托贷款日渐成为商业合作和融资借贷的常见方式。

对于个人决定以单位名义将单位资金借贷给他人或者其他公司使用，如果单位收取利息的同时个人亦受益的，要进一步审查客观上单位是否是主要受益主体、主观上个人决定主要是为了单位利益还是个人利益。如果客观上单位不是主要受益主体，主观上个人决定主要是为了谋取个人利益，此类行为应当构成挪用资金罪。本案中，客观上，柴某个人决定变更委托贷款方式，看起来集团公司的利息收益不变，但实质上是将集团公司的出借资金和利息均置于无保障的风险之中，违背了集团公司本意和相关约定，最终致使集团公司资金无法归还，实质上并未给集团公司带来真正收益，集团公司不是真正的主要受益主体。主观上，柴某将委托贷款变更为直接向王某公司借款的真正动因，主要是为了便于王某公司资金运转和其个人从中收取部分利息收益。据此，集团公司虽然收取的利息收益与委托贷款不变，但集团公司不是主要受益主体，柴某也不是主要为了公司利益，而是为了个人利益，应当认定柴某挪用本单位资金借贷给他人。

综上，被告人柴某和王某商议，从委托银行贷款方式转由被告人擅自决定以公对公直接拆借，获取部分利息收益的行为，属于《刑法》第二百七十二条规定的公司的工作人员利用职务上的便利，挪用本单位资金归个人使用或者借贷给他人，且数额特别巨大，依法应当追究刑事责任。

需要进一步探讨的是，对于公对公拆借情形，个人收取部分利息收益的行为，还符合非国家工作人员受贿罪的特征。对于同时构成挪用资金罪和非国家工作人员受贿罪的情形下，可能还涉及数罪并罚的问题。实践中多参照《最高人民法院关于审理挪用公款案件具体应用法律若干问题的解释》（法释〔1998〕9 号）第七条对挪用公款同时索取、收受贿赂的情形实行数罪并罚的意见。这种处断原则受到很多质疑。我们认为，公对公拆借情形，对个人收取部分利益的行为已经评价为挪用公款借贷给他人，即作为挪用公款的构成事实，如果再评价为收受贿赂，属于重复评价，故主张按照处罚较重的罪名定罪处罚。

相关规定

1.《中华人民共和国刑法》

第二百七十二条　【挪用资金罪】公司、企业或者其他单位的工作人员，利用职务上的便利，挪用本单位资金归个人使用或者借贷给他人，数额较大、超过三个月未还的，或者虽未超过三个月，但数额较大、进行营利活动的，或者进行非法活动的，处三年以下有期徒刑或者拘役；挪用本单位资金数额巨大的，处三年以上七年以下有期徒刑；数额特别巨大的，处七年以上有期徒刑。

2.《最高人民法院关于审理挪用公款案件具体应用法律若干问题的解释》（法释〔1998〕9 号）

第七条　因挪用公款索取、收受贿赂构成犯罪的，依照数罪并罚的规定处罚。

挪用公款进行非法活动构成其他犯罪的,依照数罪并罚的规定处罚。

3.《中国银监会关于印发商业银行委托贷款管理办法》(银监发〔2018〕2号)

第三条　本办法所称委托贷款,是指委托人提供资金,由商业银行(受托人)根据委托人确定的借款人、用途、金额、币种、期限、利率等代为发放、协助监督使用、协助收回的贷款,不包括现金管理项下委托贷款和住房公积金项下委托贷款。

【案例 15】甲挪用资金案*

一人实际出资、其他股东均为代持的有限公司是否属于一人公司；将公司资金挪用给其实际控制的公司使用的是否构成挪用资金罪

关键词：

挪用资金　一人公司　股份有限公司　个人利益

基本案情

甲、乙、丙成立一有限公司（A 公司）。乙、丙是名义上的股东，二人出资的资金源于甲，乙、丙实际是代甲持股，不履行股东权利义务。甲为了帮助其控股的 B 公司解决资金困境，将 A 公司的几千万元资金借给 B 公司使用，后无法归还，造成 A 公司开发的房产因缺乏后续资金成为烂尾楼，引发购房户闹事。A 公司是否属于一人公司？甲的行为是否构成挪用资金罪？

参考规则

一人实际出资、其他股东代持的公司属于多人有限责任公司，与一人公司不同。

个人决定以单位名义将单位资金挪用给自己控股的公司使用，原则构成挪用资金罪。但公司财产和个人财产确实存在混用的，只要挪用的数额与个人借支给

---

* 本文原载“刑水浮萍”微信公众号 2020 年 7 月 1 日《司法疑难之 324》。

公司的资金数额大致相当，没有明显差额的，可以作为阻却挪用资金犯罪的事由。

规则解析

一、一人实际出资、其他股东均为代持的多人有限责任公司不同于一人公司

A 公司不属于一人公司，属于多人有限责任公司。一人公司与多人有限责任公司在规章制度和经营管理细则上有很大不同。一人公司无须成立股东会，而多人有限责任公司必须成立股东会。依照相关规定，一般仅允许自然人成立一家一人公司。为规避该规定，有的人故意将其独资公司分为两个或者两个以上股份，其他股东实为代持股权。该种形式，虽然仍然属于一人实际出资，但在人格与财产的独立性要求上比一人公司更加严格，否则，一位自然人仅能成立一家一人公司的限制性要求就会流于纸面上的规定。

但无论 A 公司是一人公司还是多人有限责任公司，只要是具有公司的特征，其财产必须独立于股东个人的财产。对于一人公司而言，一些朴素的观点认为，执行董事将公司的财产与个人财产进行混用，相当于将钱币从左边口袋掏到右边口袋，不属于犯罪。这是一种错误的观点。主要理由是：(1) 一人公司的财产如果与个人财产混同，公司对外承担有限责任就将成为一句空话。当公司承担的外债过多时，为躲避公司债务，执行董事就极有可能采取将公司财产转移为个人财产；(2) 如果一人公司的财产可以与个人财产混用，那么执行董事只要将公司财产转移为个人财产就能轻易找到逃税的绿色通道。相对于一人公司，应当更加强调多人有限责任公司财产的独立性。

二、个人决定以单位名义将单位资金挪用给自己控股的公司使用，原则构成挪用资金罪。但公司财产和个人财产确实存在混用的，只要挪用的数额与个人借支给公司的资金数额大致相当，没有明显差额的，可以作为阻却挪用资金犯罪的事由

基于公司财产独立性的考虑，执行董事将多人有限公司的资产挪给其实际控制的公司使用，主要不是为了多人有限公司利益的，属于挪用资金行为。数额上

达到入罪标准的，构成挪用资金罪。本案中，甲将A公司的几千万元资金借给B公司使用，后无法归还，属于利用职务上的便利将单位资金借贷给其他公司使用，构成挪用资金罪。

需要注意的是，由于我国现阶段，对一人公司或者一人实际出资成立的多人有限责任公司(非股份有限公司)，在经营管理过程中存在诸多不规范的地方。在公司陷入资金困难的时候，公司设立人或者实际控制人利用个人资产解决公司资金困难的现象比较普遍。因此，在认定挪用资金时，要考虑这一特殊性。如果个人确实借支给公司资金(从实质上认定，不应拘泥于是否打借条等形式)，只要挪用的数额与个人借支给公司的资金数额大致相当，没有明显差额的，可以作为阻却挪用资金犯罪的事由。

【案例 16】大股东挪用资金案*

事后其他股东集体决定将大股东挪用给他人的资金变更为大股东借款，并将名下股权转让给大股东的，是否影响定性

关键词：

挪用资金　大股东　股东集体决定　借款　股权转让

基本案情

16

私营公司的大股东指使法人代表在其他股东不知情的情况下挪用公司贷款转借贷给他人，除还了少部分利息外，其余款项逾二年未还。其他股东遂报案。又过了二年，全体股东签订协议同意该被挪用的款项为公司借贷给大股东，同时将股权都转让给法人代表和大股东，让二人还清贷款及利息。但直至案发，大股东均未还款。大股东是否构成挪用资金罪？

参考规则

大股东未经集体决定，指使法定代表人将公司贷款借贷给他人使用的，构成挪用资金罪。因获取银行贷款在前，不属于以转贷牟利为目的的套取金融机构信贷资金高利转贷他人的，不构成高利转贷罪。

---

* 本文原载“刑水浮萍”微信公众号 2019 年 7 月 31 日《司法疑难之 149》。

挪用资金犯罪已经既遂,其他股东集体决定将被挪用的款项变更为大股东借款,同时将股权转让给法定代表人和大股东的,对挪用资金罪的定性不产生影响。

规则解析

本案的行为可以分为两个阶段:

一、大股东指使法定代表人挪用公司贷款转贷给他人的行为定性

大股东未经集体决定,指使法定代表人将公司贷款借贷给他人使用的,属于利用职务上的便利挪用资金借贷给他人使用,可以构成挪用资金罪。且该实行行为已经完成,侵犯公司的法益也既成现实,在停止形态上属于犯罪既遂。

需要进一步讨论的是,大股东将公司贷款借贷给他人使用是否构成高利转贷罪?根据《刑法》第一百七十五条的规定,高利转贷罪是指以转贷牟利为目的,套取金融机构信贷资金高利转贷他人。可见,高利转贷罪必须是先有高利转贷目的,再有套取金融机构信贷资金的行为。而本案中,是先有公司从银行获取贷款,后才有大股东指使法定代表人挪用资金借贷给他人,而且在案无证据证明大股东在公司获取银行贷款之前就具有高利转贷的目的,故大股东不构成高利转贷罪。

二、其他股东集体决定将被挪用的款项变更为大股东借款,同时将股权转让给法人代表和大股东的行为对定性的影响

全体股东集体商议将公司被挪用的款项变更为大股东借款,属于犯罪既遂后的行为,对之前已经完成的行为定性不构成影响。

其他股东将名下股权转让给法人代表和大股东,是犯罪既遂后对股权的一种处置方式,对定性亦没有影响。据此,本案第二阶段的行为不影响第一阶段的行为定性。

相关规定

《中华人民共和国刑法》

第一百七十五条 【高利转贷罪】以转贷牟利为目的,套取金融机构信

贷资金高利转贷他人，违法所得数额较大的，处三年以下有期徒刑或者拘役，并处违法所得一倍以上五倍以下罚金；数额巨大的，处三年以上七年以下有期徒刑，并处违法所得一倍以上五倍以下罚金。

单位犯前款罪的，对单位判处罚金，并对其直接负责的主管人员和其他直接责任人员，处三年以下有期徒刑或者拘役。

【案例 17】村干部张某挪用资金案*

村干部挪用资金数额巨大（或者数额特别巨大），案发前主动退还的能否判处免予刑事处罚

关键词：

挪用资金　村干部　主动退还　免予刑事处罚

基本案情

17

被告人张某自2011年至2013年利用掌管村集体资金的便利条件，循环交叉挪用人民币（以下币种相同）700余万元购买理财产品获利2万余元。2018年，张某主动将获利全部上交村集体。2019年，监委在侦破其村书记挪用资金案中发现该线索，遂对其立案调查，后以挪用资金罪移送起诉。该种情况下是否仍然需要作为犯罪处理？有种观点受《刑法修正案（九）》颁布之前行贿罪的影响，认为案发前主动上交的，可以免予刑事处罚。

参考规则

在提起公诉前将挪用的资金退还的，依照《刑法修正案（十一）》第三十条对挪用资金罪进行的修正规定，可以从轻或者减轻处罚。其中，犯罪较轻的，可以减轻

* 本文原载“刑水浮萍”微信公众号2019年12月3日《司法疑难之210》。

或者免除处罚。

在提起公诉前将挪用的资金退还的，在《刑法修正案（十一）》施行以前可以参照受贿案件中的"及时退还"把握从宽处罚政策处理，也可以视情比照行贿犯罪的从宽处罚政策处理。对于仅依据资金退还事实不具有免除处罚情节的，能否判处免除处罚应当进一步审查自首和立功情况。

规则解析

虽然公安部相关文件认定村委会不属于单位，但根据《最高人民法院、最高人民检察院关于办理商业贿赂刑事案件适用法律若干问题的意见》（法发〔2008〕33号）第二条的规定，《刑法》第一百六十三条、第一百六十四条规定的"其他单位"包括村民委员会、居民委员会、村民小组等常设性的组织。本案中，村民委员会、居民委员会、村民小组干部利用职务上的便利，挪用村集体资金归个人使用，数额较大的，可以构成挪用资金罪。被告人张某担任村集体干部期间，挪用700余万元资金购买理财产品，属于挪用资金罪数额巨大情形，排除其他法定情节，根据当时的规定，应当在三年以上十年以下这个法定刑幅度量刑。2020年修正后，在新的司法解释出台前挪用资金700万元既可能属于数额巨大（处三年以上七年以下有期徒刑），也可能属于数额特别巨大的（处七年以上有期徒刑）。按照从旧兼从轻原则，基本确定最低法定刑为三年。

是否能够不按犯罪处理或者免予刑事处罚，需要综合各种法定和酌定量刑情节。

一、最关键的是适用《刑法修正案（十一）》（2021年3月1日施行）第三十条对挪用资金罪进行的修正规定

《刑法修正案（十一）》对《刑法》第二百七十二条增设的第三款明确规定："有第一款行为，在提起公诉前将挪用的资金退还的，可以从轻或者减轻处罚。其中，犯罪较轻的，可以减轻或者免除处罚。"对挪用资金犯罪从宽处理必须同时符合以下两个条件：一是在提起公诉前。"提起公诉"是人民检察院经全面审查，对事实

清楚,证据确实充分,依法应当判处刑罚的,提交人民法院审判的诉讼活动。二是行为人必须将挪用的资金退还。根据立法部门的解读,这里的“退还挪用资金”,应当是退还全部的挪用资金。在同时具备以上前提的条件下,根据本款的规定,可以从轻或者减轻处罚。其中,犯罪较轻的,可以减轻或者免除处罚。当然,实践中也存在行为人因为经济状况等原因,积极退赔部分赃款,确实无力退还全部赃款的情况,对于这种退还部分挪用资金的,也可以根据上述规定的精神,结合行为人退赔金额对于减少损害结果的实际效果等案件的具体情况,依法予以从宽处理,以体现罪责刑相适应。该从宽处罚政策不适用于挪用公款罪,仅适用挪用资金罪。这主要是考虑到实践中追赃工作的实际情况和更有利于保护涉案企业财产权益的需要,也与实践中司法机关对量刑情节的考虑和刑法总则中的从宽精神是一致的。[①] 除此之外,我们认为,实践中私营公司、企业虽然人格和财产性独立,但公司财产和个人财产混用的情况比较多见,这一现象有管理制度不规范、生活理念等多方面原因。如果一概追究刑事责任,可能导致打击面过大。本案中,挪用资金 700 余万元,案发前退还挪用资金和犯罪所得,可以适用该增设条款,但因整体上不属于犯罪较轻的情形,只能适用从轻或者减轻处罚规定,而无法适用减轻处罚或者免除处罚的规定。

二、在《刑法修正案(十一)》施行以前可以参照受贿案件中的“及时退还”把握从宽处罚政策

在这里可以通过比较“及时退还”“主动退还”“被动退还”“积极退还”四种情形把握对张某的从宽处罚政策。《最高人民法院、最高人民检察院关于办理受贿刑事案件适用法律若干问题的意见》(以下简称《意见》)第九条规定:“国家工作人员收受请托人财物后及时退还或者上交的,不是受贿。国家工作人员受贿后,因自身或者与其受贿有关联的人、事被查处,为掩饰犯罪而退还或者上交的,不影响认定受贿罪。”“及时退还”,是指行为人主观上没有受贿的故意,客观上表现为因客观原因当时无法退还,但客观原因消除后及时退还或者上交,不存在犯罪故

① 黄永:《中华人民共和国刑法立法背景与条文解读》,中国法制出版社 2021 年版,第 691 页。

意，故不构成犯罪。本案中，张某主动退还挪用资金犯罪所得不属于“及时退还”。接下来需要分析的是，对张某是否可以参照受贿案件中的“主动退还”把握从宽处罚政策。“主动退还”是指在案发前，行为人完全出于个人意愿，将犯罪所得主动退还请托人或者上交。认定了“主动退还”，意味着排除了“被动退还”；认定了“被动退还”意味着排除了“主动退还”“及时退还”，而排除了“被动退还”，则意味着最低可以认定“主动退还”情节。而“主动退还”不属于减轻处罚或者免除处罚情节。司法实践中，还有一种“积极退还”，是指积极配合司法机关，将违法所得退还。“积极退还”同样不属于减轻处罚或者免除处罚情节。综合本案分析，张某不属于因自身或者与其受贿有关联的人、事被查处，为掩饰犯罪而退还或者上交的情形，排除了“被动退还”情形，属于“主动退还”情形，可以参照受贿案件中的“主动退还”把握从宽处罚政策。

三、在《刑法修正案（十一）》施行以前可以视情形参照行贿犯罪把握从宽处罚政策

行贿犯罪是一类比较特殊的犯罪，过去一段时间为积极发挥污点证人的功能，节约司法资源，减少证据不足带来的弊端，对行贿人给予了特别宽大的处罚政策。但随着反腐败力度的加大，各项反腐政策和法律制度的完善，对行贿犯罪的治理越来越严厉化、规范化、制度化。特别是党的十八大以来，为了从源头加强腐败犯罪治理，对行贿犯罪依法严厉打击。依照 2015 年修正后的《刑法》规定，行贿人在被追诉前主动交待行贿行为的，可以从轻或者减轻处罚。其中，只有犯罪较轻的，对侦破重大案件起关键作用的，或者有重大立功表现的，才可以减轻或者免除处罚。在《刑法修正案（十一）》施行以前可以视情形参照行贿犯罪把握从宽处罚政策。

四、对张某能否免除处罚需要进一步审查其是否具有自首、立功情节

基于以上分析，张某案发前主动退还挪用资金和 2 万元违法所得的情节获取的最大幅度的从宽处罚政策是减轻处罚。对张某能否免除处罚，只能进一步审查其是否具有自首、立功等法定减轻处罚或者免除处罚情节。一般情况下，对于数额达到 700 万元的挪用资金犯罪，即使具有自首和一般立功情节，也难以对其适用

免除处罚情节。但特殊个案中达到多个减轻或者免除处罚情节的，也不排除适用免除处罚情节。

相关规定

1.《中华人民共和国刑法》

第二百七十二条 【挪用资金罪】公司、企业或者其他单位的工作人员，利用职务上的便利，挪用本单位资金归个人使用或者借贷给他人，数额较大、超过三个月未还的，或者虽未超过三个月，但数额较大、进行营利活动的，或者进行非法活动的，处三年以下有期徒刑或者拘役；挪用本单位资金数额巨大的，处三年以上七年以下有期徒刑；数额特别巨大的，处七年以上有期徒刑。

【挪用公款罪】国有公司、企业或者其他国有单位中从事公务的人员和国有公司、企业或者其他国有单位委派到非国有公司、企业以及其他单位从事公务的人员有前款行为的，依照本法第三百八十四条的规定定罪处罚。

有第一款行为，在提起公诉前将挪用的资金退还的，可以从轻或者减轻处罚。其中，犯罪较轻的，可以减轻或者免除处罚。

第三百九十条 【行贿罪的处罚规定】对犯行贿罪的，处五年以下有期徒刑或者拘役，并处罚金；因行贿谋取不正当利益，情节严重的，或者使国家利益遭受重大损失的，处五年以上十年以下有期徒刑，并处罚金；情节特别严重的，或者使国家利益遭受特别重大损失的，处十年以上有期徒刑或者无期徒刑，并处罚金或者没收财产。

行贿人在被追诉前主动交待行贿行为的，可以从轻或者减轻处罚。其中，犯罪较轻的，对侦破重大案件起关键作用的，或者有重大立功表现的，可以减轻或者免除处罚。

2.《最高人民法院、最高人民检察院关于办理商业贿赂刑事案件适用法律若干问题的意见》(法发〔2008〕33号)

二、刑法第一百六十三条、第一百六十四条规定的“其他单位”,既包括事业单位、社会团体、村民委员会、居民委员会、村民小组等常设性的组织,也包括为组织体育赛事、文艺演出或者其他正当活动而成立的组委会、筹委会、工程承包队等非常设性的组织。

3.《最高人民法院、最高人民检察院关于办理受贿刑事案件适用法律若干问题的意见》(法发〔2007〕22号)

九、关于收受财物后退还或者上交问题

国家工作人员收受请托人财物后及时退还或者上交的,不是受贿。

国家工作人员受贿后,因自身或者与其受贿有关联的人、事被查处,为掩饰犯罪而退还或者上交的,不影响认定受贿罪。

【案例 18】张某职务侵占案*

职务侵占罪与盗窃罪、侵占罪的区别；公司保安伙同他人将公证处封存在其公司的财物秘密窃取的行为如何定性

关键词:

职务侵占　盗窃　侵占　秘密窃取　保安　公证处封存　职务之便　工作之便

基本案情

被告人张某系该×公司保安队长,其工作职责是负责公司商城各经营场所的安全管理工作及保洁、资产管理工作,负责商城各经营场所的水、暖、电的正常运行工作,负责商城保安工作,保证商场有序经营、负责工作人员的考勤。2007 年 11 月 16 日,×公司与 ITAT 公司签订了房屋租赁合同。约定×公司将商城后楼一、二、三楼的场地出租给 ITAT 公司使用,租赁期 5 年,租赁场地的用途为商业经营。同年 12 月 29 日,ITAT 公司正式营业。后因经营不善,ITAT 公司于 2009 年 8 月 1 日停止营业,将租赁场地全部人员撤离,未将租赁场地及相关设施移交×公司。2009 年 8 月 17 日,×公司申请公证处对 ITAT 公司租赁场地的货物进行盘点公证,至 9 月 2 日盘点公证结束。从 2009 年 8 月开始,张某先后多

* 本文原载"刑水浮萍"微信公众号 2022 年 2 月 13 日《司法疑难之 328》。

次单独或伙同他人窃取由公证处封存在×公司商城二楼北段ITAT公司仓库内已打包的衣物126包,涉案财物价值人民币202 703元。公诉机关指控张某犯盗窃罪,其辩护人提出指控张某犯盗窃罪属于定性不准。张某担任公司保安队长,具有负责商城各经营场所安全管理及资产管理工作的职责,且公司专职保管员在离职时将保管的财物移交给了张某。张某正是利用其职务上的便利非法占有公司财物,其行为触犯的是职务侵占罪(其他情况略)。人民法院经审理认为,被告人张某等人以非法占有为目的,秘密窃取他人财物,数额特别巨大,构成盗窃罪。公诉机关指控的犯罪事实和罪名成立。但指控的涉案财物价值与价格鉴定结论书鉴定价值有出入,应予变更。张某非法占有财物是否利用职务便利?经审查认为,2009年8月,公证处对ITAT公司租用其×公司商城场地内的货物进行了盘点封存,予以证据保全公证,并在上锁的门上加贴了封条。至此,上述被封存的货物的权属在张某等人实施盗窃行为时尚未确定。张某与×公司签订了劳动合同,作为合同工人的张某从事电工工作,又系该公司保安队长,其职责是对公司的安全保卫履行职责,不具有对该公司申请公证后封存货物的保管权,张某仅仅是利用了其在工作中熟悉作案环境、较易接触到作案目标的方便条件,故其在犯罪过程中所利用的不是职务之便,而是因工作关系产生的便利条件,单独或者伙同他人秘密窃取了公证处封存在ITAT公司仓库内的财物,其行为符合盗窃罪的构成要件特征。据此,判决如下:一、被告人张某犯盗窃罪,判处有期徒刑十五年,并处罚金人民币5万元(其他判罚情况略)……①

① (2011)甘刑初字第133号。

参考规则

如果权力对应的职责范围中含有某种事项，就可以认定行为人对该事项具有相应职权，一般认定为具有职务之便；如果权力对应的职责范围中不含有某种事项，行为人主要是基于地理条件、沟通交流、接触机会实施犯罪，一般认定行为人具有工作之便。

保安对于其所任职公司范围内的人身和财产安全而言，具有相应的职权，应当认定具有职务之便。

职务侵占罪虽然罪状表述的是“本单位财物”，但除本单位具有所有权的财物外，还包括其他本单位受委托管理的财产以及本单位控股、参股实际经营的财物。

规则解析

一、职务侵占罪与盗窃罪、侵占罪的区别要点

盗窃罪与侵占罪的区别要点主要有：盗窃罪一般发生物理转移，改变占有主体，而侵占罪一般不发生物理转移，改变占有主体；对于财物所有人、保管人而言，盗窃罪一般采取秘密手段，而侵占罪一般是公开的，是基于合法或者正当事由保管他人财物，经催讨后拒不归还的行为。

职务侵占罪与侵占罪的界限比较清晰。职务侵占罪必须是利用职务之便侵吞、窃取、骗取本单位财物。客观方面可以参照贪污罪的客观表现进行认定。侵占罪往往有委托保管、经营等前置民事行为，一般由民事行为演化而来。同时，侵占罪还必须具有经财物所有人催讨后行为人拒不归还的前置情节。如果财物所有人未经催讨，行为人亦未表现出拒不归还的意思和行为，则不构成侵占罪。

职务侵占罪和盗窃罪的区别要点之一，前者是利用职务之便，而后者是利用工作之便（部分案件可以自我制造条件）。职务侵占罪虽然要求利用职务之便，但在行为方式上并不限于窃取，侵吞、套取、骗取等行为方式都可以包括在内。从此种角度分析，一旦确定行为人利用了职务之便，职务侵占罪的客观表现方式比盗

窃罪在范围上要更加广泛。

二、职务之便与工作之便的区别要点

职务之便必须体现职权的特征。职权是指某个管理职位具有某种特定的、内在的权力,任职者可以从该职位的等级或者头衔中获得这种权力。而工作之便,更主要体现在获取地理、沟通交流、接触机会的便利,可以外化为权利主张(注意不是权力主张)。如果权力对应的职责范围中含有某种事项,那么就可以认定行为人对该事项具有相应职权,一般认定行为人具有职务之便;如果权利对应的职责范围中不含有某种事项,行为人主要是基于地理条件、沟通交流、接触机会实施犯罪,一般认定行为人具有工作之便。

保洁员、快递员和煤矿工人,一般不具有职权,故一般不认定此类人员具有职务之便。快递员、煤矿工人近乎是一种社会分工身份。而保洁员,随着社会分工更加细化和专业化的发展,逐渐由内部分工转化为一种社会分工,可以上门服务,难以体现职权特征,故保洁员与快递员、煤矿工人一样,如没有特殊授权,一般不具有职务之便。但有时对特殊授权的情形仍需要保留例外。如保洁员、煤矿工人在某一时段某一区域被临时授予保管、监管职责的,就授权事项而言,依然应当认定其具有职务之便。

相对于保洁员、快递员和煤矿工人,保安则有所不同。保安对于其所任职公司范围内的人身和财产安全而言,具有相应的职权,应当认定其具有职务之便。同理,仓库保管员对于其所负责的仓库储存的财物而言,具有相应的职权,也应当认定其具有职务之便。保安人员从高管人员办公室获取的内幕信息,保安人员究竟是属于利用职务之便还是工作之便?保安人员对于含有内幕信息内容文件的起草、流转不属于其职责范围,故原则上应当认定不属于职务之便,而属于工作之便。但这一结论又不可绝对化。如保安人员配合有关部门排查案件线索时获悉内幕信息,或者内幕信息的文件被小偷或者其他工作人员带出公司,被其盘查时发现,就属于利用职务之便发现。可见,一般原则是,保安对于其所任职公司范围内的人身和财产安全而言,具有职务之便,但对于人身和财产安全之外的工作,则仅具有工作之便。特殊情况下,应当视具体情况而保留例外认定。同理,仓库保管员对于其负责的仓库而言,具有一定职务之便,对于仓库之外的财物而言,仅具有工作之便。需要强调的是,诸如保安、仓库保管员是否具有职务之便与其身份是正式在编员工还是临时合同工无多大关联。质言之,即使是临时工从事保安工作,对于其负责保卫的单位财物而言,其仍然具有职务之便。这一点与国家出资企业中"国家工作人员"的职务身份认定存在一定区别。

三、职务侵占罪中的"本单位财物"是否包括本单位受委托管理、经营的财物

职务侵占罪的对象可以在一定程度上参照贪污罪的对象。根据贪污罪的罪状表述,贪污罪的对象包括公共财物、本单位"委托管理、经营国有财产"。而"国有财产"又不限于国有公司、企业独资财产,还包括国有公司控股、参股部分的财产。贪污罪的罪状和实践中对贪污罪中"国有财产"的扩大解释,为职务侵占罪的对象范围的把握提供了两点参考:一是职务侵占罪中的罪状虽然表述的是"将本单位财物非法占为已有",但除本单位具有所有权的财物外,还包括其他本单位受委托管理的财产;二是"本单位财物"包括本单位控股、参股公司而实际经营的财物。举例而言,L公司保安队长被临时派驻该公司控股、参股的M公司担任保安队长。M公司所有的财物均应受保安队长保卫,保安队长的职责范围是M公司所有财物,而不限于L公司控股、参股比例部分的财物。如果保安队长秘密窃取M公司的财物折合价值1万元,那么其犯罪数额就是1万元,无须扣减L公司参股、控股比例之外部分的财物。

本案中,张某与×公司虽然签订的是合同工,但张某身为保安队长,对×公司的人身和财产安全负有保卫责任。无论张某是否合同临时工,亦无论被封存的货物的权属在张某等人实施盗窃行为时是否确定,张某对该封存的货物都具有保卫职责,张某具有职务之便,而不仅仅是工作之便。张某等人单独或者伙同他人秘密窃取了公证处封存在ITAT公司仓库内的财物,其行为符合职务侵占罪的构成要件。

此外,需要补充的是,盗窃罪、职务侵占罪的对象是否包括财务秘密,需要进一步研究。一般而言,只有将财产性利益转化为现实财物时,才可以认定非法占有财物。如果仅仅是窃取财务秘密,而未进行商业价值转化的,则不构成盗窃罪、职务侵占罪。构成侵犯商业秘密罪的,可以依法追究侵犯商业秘密罪的刑事责任。

【案例 19-20】李某等职务侵占案*

如何把握"利用职务上的便利"的认定标准；公司车间工人藏匿携带生产线上的废料出厂变卖的是认定盗窃罪还是职务侵占罪

关键词：

职务侵占　盗窃　利用职务上的便利　车间工人　藏匿

基本案情

19

在一个建有围墙门卫设置保安的工厂，车间内工人在流水线上生产产品。按照公司规定，工人领取原材料需要登记，生产线上产生的废料不得带出车间。每日下班时，由工人送到废料仓库，由公司仓管部门统一处理。流水线上的工人李某，将生产线上的废料偷偷扣留藏匿，下班天黑后避开保安将废料从围墙扔出厂外变卖。李某的行为构成盗窃罪还是职务侵占罪？类似的案件比较多，公诉机关一般都是以盗窃罪起诉，法院基本都是以职务侵占罪判决，理由就是工人在工作期间，有经手保管废料的职权。利用职权，采用窃取手段非法占有财物，应当构成职务侵占罪。本案中，公诉机关的观点认为，工人李某对废料并不构成法律意义上的经手。由于围墙保安以及下班后回收制度的规定，工厂从未将管理、控制废料的权力交给工人，职务之便应当有一定

* 本文原载"刑水浮萍"微信公众号 2021 年 10 月 23 日《司法疑难之 391》。

时空范围限制。从时间上看,下班后的时间工厂对财物保管的职权转移到保安人员;从空间上看,即使上班时间,工人李某过手废料的职权也仅限于车间内,工人李某将废料下班后带出车间,已经不具有职务上的便利,应当构成盗窃罪。

20

某工厂有两条生产线,专门负责流水线1工作的工人冯某利用午休没人之机,将流水线2上的产品偷偷装到内衣里。然后在工作时间又将自己负责的流水线1上的产品装进内衣,带出车间。因工厂门口保安会对下班出厂的工人进行检查,冯某为防止暴露,从围墙内将产品扔出厂外。然后,从大门保安处出门,找回扔出的产品出售牟利。对于冯某偷拿流水线2的产品出售认定盗窃罪,合议庭没有分歧,争议的焦点集中在偷拿流水线1产品的定性:一种观点认为,冯某管理生产线1的日常操作,公司赋予冯某管理流水线上产品的职权,具有经手、管理的特征,其秘密窃取行为应当认定为职务侵占;另一种观点认为,流水线所在的车间装有监控探头,公司明确规定产线工人不得私自将产品带离车间,产品从流水线上组装完成要装箱交给仓库登记造册,门口有保安对出厂工人进行检查。各种制度设计就是防止工人偷窃,公司没有将产品交给工人管理、经手的意思,冯某在产线上只是临时占有,属于过手,对其窃取行为应当认定为盗窃罪。

参考规则

职务侵占罪是一种侵害单位财产的犯罪,本质上是一种妨害公司、企业或者其他单位管理秩序的犯罪。只要是利用公司、企业或者其他单位赋予的岗位身份,代表单位对涉案财物行使民事上占有、使用、收益、处置,即意味着行使职务。只要行为人对涉案财物具有占有、使用、收益、处置的任何一项权限,即使是临时一次性的,也应当认定其具有“职务上的便利”。

规则解析

类似案例19、20车间工人偷拿单位财物的案件,定性分歧关键在于“利用职务上的便利”的认定。一般认为,“利用职务上的便利”是指利用主管、管理、经手的便利。目前对此比较权威的解释源于上海市高级人民法院黄祥青副院长的观点。他认为,“主管”是指行为人虽不具体管理、经手单位财物,但对单位财物的调拨、安排、使用具有决定权。“管理”是指行为人对单位财物直接负有保管、处理、使用的职责,亦即对单位财物具有一定的处置权。“经手”是指行为人虽不负有管理、处置单位财物的职责,但因工作需要、单位财物一度由其经手。不应把“职务”与“职权”画等号,否则就会缩小职务侵占罪的适用范围。职务是一项由单位分配给行为人持续地、反复地从事的工作,即担当职务往往具有相对稳定性的特点。如果是单位临时一次性地委托行为人从事某项事务,行为人乘机实施侵占行为的,一般不宜认定为“利用职务上的便利”而实施的职务侵占罪。①

按照以上观点,对于车间工人频繁将生产线上的废料偷偷藏匿带出工厂的行为,应当认定为职务侵占罪。我们赞成这种定性观点,但具体说理有所不同。我们不大赞同区分持续、反复从事和临时一次性委托从事两种情形。对于“主管”“管理”情形,一般不存在是否“利用职务上的便利”的分歧,分歧主要集中在“经手”情形。区分持续、反复从事和临时一次性委托从事,实质上就是区分长期经手和临时经手。我们认为,只要行为人对涉案财物具有占有、使用、收益、处置的任何一项权限,即使是临时一次性的,也应当认定具有“职务上的便利”。“经手”属于“占有”的一种非法律术语表述,认定“经手”为职务之便是因其有法律上的占有。具体理由如下:

职务是指组织内具有相当数量和重要性的一系列职位的集合或者统称,是一组重要责任相似或者相同的岗位。从定罪原理分析,职务侵占罪是一种侵害单位财产的犯罪,本质上是一种妨害公司、企业或者其他单位管理秩序的犯罪。只要

① 黄祥青:《刑法适用要点解析》,上海锦绣文章出版社2011年版,第314~316页。

是利用公司、企业或者其他单位赋予的岗位身份，代表单位对涉案财物行使民事上占有、使用、收益、处置，即意味着行使职务。利用这种便利条件，属于“利用职务上的便利”。

要充分论证这一观点，不可绕开一组概念讨论，即权利和权力的辨析。这是因为主流观点认为，“利用职务上的便利”，行为人必须具有职权，即具有职务、职责对应的权力。而占有、使用、收益、处置，属于民事权利，不是权力。我们认为，“权利”这个词，最初源于侵害的语境，单位从事民事法律行为，对于单位之外的主体，占有、使用、收益、处置是一种保障性的权利。而对于单位内部主体，占有、使用、收益、处置还可以是一种管理权限的功能性分配，是一种伴随职务产生的权力。正是从这个角度上讲，“职务”必须具有“职权”的内质特征，有职务就有职权，“职务”与“职权”具有一致性。“职务”大于“职权”的观点需要进一步研究。

如果行为人对涉案财物没有占有、使用、收益、处置的任何一项权利，就不应认定具有“职务上的便利”。需要注意的是，实践中行为人对此类财物虽然不具有职务上的便利，但对彼类财物可能具有职务上的便利。如酒店清洁工对酒店每个房间的电脑、办公设施类财物没有占有、使用、收益、处置权限，但对房间换洗类财物具有一定的占有、使用、处置权限。如将换洗类财物藏匿带出，属于利用职务上的便利。

案例19中，对于生产线上的物品，车间工人具有不完全的占有、使用、处置的权限，至少具有认定和处置废料的权限。车间工人为了多卖钱，即可以损公肥私将本来不是废料的变为废料，也可以增加废料的比例。这种行为虽然不是公司、企业或者其他单位章程允许的，但本质上是其岗位身份所具有的占有、使用、处置权限。即便这种权限是滥用，本质上依然是职权，不可因为滥用职权而否认职权的本质。由此而论，我们不赞同本案中“从时间上看，下班后的时间工厂对财物的保管职权转移到保安人员；从空间上看，即使上班时间，李某过手废料的职权也仅限于车间内”的观点。同理，案例20中冯某将自己负责的流水线1上的产品装进内衣，带出车间的行为，亦构成职务侵占罪。以公司各种制度设计旨在防止工人偷窃，认定公司未将产品交给工人管理、经手为由，主张不构成利用职务上的便利，从而不构成职务侵占罪的观点难以成立。

对于属于他人主管、管理、经手的财物，通过熟悉作案环境，行为人不具有占有、使用、收益、处置的任何一项权限，属于利用工作上的便利条件，不属于“利用职务上的便利”，不构成职务侵占罪。如案例 20 中，冯某偷拿流水线 2 的产品出售，不构成职务侵占罪，而构成盗窃罪。但是如果行为人在上班期间将废料偷偷藏匿他人抽屉，或者其他地方，下班后偷偷溜回公司将废料带出的，应当认定系其职务便利后果的延伸，依然可以构成职务侵占罪。

相关案例

1.《最高人民法院公报》案例：杨某成盗窃案

（裁定时间：2008 年 3 月 19 日，二审法院：郑州市中级人民法院）

裁判摘要：构成职务侵占罪，就必然要求行为人在非法占有本单位财产时，以其本人职务范围内的权限、职责为基础，利用其对本单位财产具有一定的主管、管理或者经手的职责，在实际支配、控制、处置本单位财物时实施非法占有行为。如果行为人仅仅是在自身工作中易于接触他人主管、管理、经手的本单位财物，或者熟悉作案环境，而利用上述工作中形成的便利条件秘密窃取本单位的财产，则不属于“利用职务上的便利”，应依照《刑法》第二百六十四条的规定，以盗窃罪定罪处罚。

根据《刑法》第二百七十一条关于职务侵占罪的规定，所谓“利用职务上的便利”，是指行为人在实施犯罪时，利用自身的职权，或者利用自身因执行职务而获取的主管、管理、经手本单位财物的便利条件。这里的“主管”，是指行为人在一定范围内拥有调配、处置本单位财产的权力；所谓“管理”，是指行为人对本单位财物直接负有保管、处理、使用的职责，亦即对本单位财产具有一定的处分权；所谓“经手”，是指行为人虽然不负有主管或者管理本单位财物的职责，但因工作需要而在特定的时间、空间内实际控制本单位财物。因此，构成职务侵占罪，就必然要求行为人在非法占有本单位财产时，以其本人职务范围内的权限、职责为基础，利用其对本单位财产具有一定的主管、管理或者经手的职责，在实际支配、控制、处置本单位财物时实施非法占有行为。如果行为人仅仅是在自身工作中易于接触他人主管、管理、经手的本单位财物，或者熟悉作案环境，而利用上述工作中形成的便利条件秘密窃取本单位的财产，则不属于“利用职务上的便利”，应依照《刑法》第二百六十四条的规定，以盗窃罪定罪处罚。本案中，上诉人杨某成在实施涉案行为、非法占有本单位财物时，虽然在一定程度上确实利用了身为郑州丹尼斯有限公司电脑室人员、易于接触公司电脑的工作便利，但其既不具有主管、管理或者经手本单位财物的职责，也不具有管理本单位VIP积分卡充值系统的职责，亦不掌握VIP积分卡充值系统的程序密码，其最终实现非法占有本单位财产的犯罪目的，是通过实施秘密窃取的盗窃行为，而非利用其自身职务上的便利。——《最高人民法院公报》2008年第11期(总第145期)

2. 最高人民法院刑事审判参考性案例：赵某盗窃案(《刑事审判参考》指导案例第246号)

裁判摘要：盗窃罪是一般主体，职务侵占罪的主体则必须是公司、企业或其他单位的人员，即特殊主体。盗窃不是利用职务便利，职务侵占罪必须是利用经手、管理财物的职务上的便利而不是工作上的便利。盗窃罪非法占有的对象可以是任何公私财物，而职务侵占罪侵占的对象只限于本单位的财物并且是本人经手、管理的财物。

盗窃罪与职务侵占罪的区别，一般地讲，有以下三个方面：

1. 盗窃罪是一般主体，职务侵占罪的主体则必须是公司、企业或其他单位的人员，即特殊主体；

2. 盗窃不是利用职务便利，职务侵占罪必须是利用经手、管理财物的职务上的便利而不是工作上的便利；

3. 侵犯的对象不同，盗窃罪非法占有的对象可以是任何公私财物，而职务侵占罪侵占的对象只限于本单位的财物并且是本人经手、管理的财物。

举例而言，某单位会计拥有经手、管理本单位某项财物的职权，如其利用该职权将其本人经手、管理的财物窃为己有，即是利用职务之便窃取本单位财物，应构成职务侵占罪（如该会计同时还是国家工作人员，则可能构成贪污罪）而非盗窃罪。相反，该会计如利用其工作所提供的便利条件，窃取其他同事经手、管理的财物或窃取不属于其直接经手、管理的其他单位财物，或者该会计的其他同事利用某种工作机会窃取该会计经手、管理的某项财物，就不属于利用职务之便，而仅是利用一般的工作之便，应构成盗窃罪而非职务侵占罪。可见，明辨职务之便还是一般的工作之便，在把握单位内部人窃取本单位财物行为的准确定性上具有重要意义。——《刑事审判参考》2003 年第 3 辑（总第 32 辑）

3. 最高人民法院刑事审判参考性案例：康某东盗窃案（《刑事审判参考》指导案例第 132 号）

裁判摘要：利用工作上的便利条件，将本单位的财物窃为己有，不构成职务侵占罪，如果符合盗窃罪的构成要件，应当以盗窃罪追究刑事责任。

根据《刑法》第二百七十一条的规定，职务侵占罪是指公司、企业或者其他单位的人员利用职务上的便利，使用侵吞、盗窃、骗取或其他手段，将本单位的财物非法据为已有，数额较大的行为。不能将“利用工作上的便利条件”理解为“利用职务上的便利”。从立法本意看，1995 年全国人大常委会《关于惩治违反公司法的犯罪的决定》第十条曾将利用“职务上的便利”与“工作上的便利”并列，表明两者含义有所不同，但都是构成本罪的条件。但在 1997 年修订《刑法》时，删除了“利用工作上的便利”的规定，将职务侵占罪限定为只是“利用职务上的便利”实施的犯罪。这种修改绝非是为文字表述的简洁性而作的考虑。“利用职务上的便利”与“利用工作上的便利”有着本质上的差别。所谓“利用职务上的便利”，是指利用自己主管、管理、经手、经营财物的便利条件。而“利用工作上的便利”，是指行为人无职务，而只是利用熟悉工作环境或工作条件的便利。这种便利与职务没有关系。对于利用工作上的便利条件，将本单位财物非法据为己有的，由于不符合职务侵占罪的构成条件，不能以职务侵占罪定罪处罚。如果行为人的行为符合盗窃罪的构成要件，应当按照盗窃罪处罚。——《刑事审判参考》2001年第10辑(总第21辑)

4. 最高人民法院刑事审判参考性案例：贺某松职务侵占案(《刑事审判参考》指导案例第452号)

裁判摘要：临时搬运工利用职务上的便利非法占有本单位财物的构成职务侵占罪。

准确认定单位工作人员非法占有单位财物的行为是否利用了职务上的便利，关键在于正确理解《刑法》第二百七十一条第一款规定的“职务上的便利”的内涵。

本案中，被告人贺某松系火车站行包房装卸工，其在车站行包房的职责是根据行李员方向清单进行清点与接车，对列车所卸入库的货物装卸办理交接手续等，其对中转的货物具有一定的管理权和经手权。被告人贺某松的盗窃行为，就是利用其当班管理、经手这些财物的职务之便，在自己负责的中转货物的库区对其管理、经手的货物实施掏芯手段将财物非法占为己有，完全可以认定为利用了职务上的便利而窃取单位财产，从而构成职务侵占罪。——《刑事审判参考》2007年第4集(总第57集)

5. 最高人民法院刑事审判参考性案例：于某伟职务侵占案(《刑事审判参考》指导案例第235号)

裁判摘要：单位临时工利用职务上的便利非法占有本单位财物的行

为，构成职务侵占罪。

认定是否具有职务上的便利，不能以行为人是正式工、合同工还是临时工为划分标准，而应当从其所在的岗位和所担负的工作上看其有无主管、管理或者经手单位财物的职责。只要经公司、企业或者其他单位聘用，并赋予其主管、管理或者经手本单位财物的权力，无论是正式职工还是合同工或者临时工，都可以成为职务侵占罪的犯罪主体。——《刑事审判参考》2003 年第 2 辑（总第 31 辑）

【案例 21】冯某职务侵占案*

新法对法定刑修正后，新的司法解释出台前，如何确定职务侵占罪的量刑幅度

关键词：

职务侵占　法定刑修正　司法解释　量刑幅度

基本案情

21

冯某系 C 市某商贸公司的总经理。2018 年 3 月至 2020 年，冯某利用职务上的便利，指使公司会计虚列开支套取公司资金人民币（以下币种同）1395 万元。公诉机关指控冯某职务侵占罪。人民法院认为公诉机关指控的罪名成立。因审理过程中，2020 年 12 月新颁布的《刑法修正案（十一）》（2021 年 3 月 1 日实施）对职务侵占罪的法定刑进行了修正，由原来五年以下有期徒刑或者拘役和五年以上有期徒刑两档法定刑变更为三档法定刑。分歧的焦点在于如何对冯某确定法定刑幅度。按照旧法，1395 万元对应的法定刑幅度是五年以上有期徒刑，可以并处没收财产。依照 2016 年 4 月 18 日出台的《最高人民法院、最高人民检察院关于办理贪污贿赂刑事案件适用法律若干问题的解释》关于职务侵占"数额巨大"按照贪污数额标准 5 倍的规定，可以理解职务侵占数

* 本文原载"刑水浮萍"微信公众号 2021 年 8 月 17 日《司法疑难之 375》。

额巨大范围是100万元到1500万元。本案1395万元低于该1500万元上限，未达到数额特别巨大的认定标准。是否可以据此理解为在新法规定的第二档三年以上十年以下有期徒刑这个法定刑幅度量刑？这种情况下，如何适用从旧兼从轻合适？适用旧法，在五年以上十年以下有期徒刑这个幅度量刑，并处没收财产，是否妥当？

参考规则

按照司法解释同步适用原则，新法对旧法法定刑修正后，有关旧法的司法解释相关条文不应适用新法，由此必然导致新旧法刑罚轻重无法比较，从而在认定溯及力时无法准确适用从旧兼从轻原则。

建议参照2016年《最高人民法院、最高人民检察院关于办理贪污贿赂刑事案件适用法律若干问题的解释》出台前那样，等待新的司法解释出台，并以此为由申请延长审理时限。对于按照新法，可能在三年以下判处的案件，建议按照新法的规定和精神判处，不必等待新的司法解释，以免延长时限造成超期羁押或者实质上造成轻罪重判。对于可能超期羁押的，及时做好变更强制措施准备。

规则解析

司法解释是专门针对法律的解释，由此决定了法律和司法解释的溯及力不同。法律的溯及力是适用程序从新，实体从旧兼从轻原则，而司法解释的溯及力一般是同步适用原则。司法解释一般依附于一部法律的相关法条，如果相关法条修正了，对应的司法解释就成了无本之木，无源之水。据此，按照司法解释同步适用原则，新法对旧法法定刑修正后，有关旧法的司法解释相关条文不应适用新法，由此必然导致新旧法刑罚轻重无法比较，从而在认定溯及力时无法准确适用从旧兼从轻原则。

依照《最高人民法院、最高人民检察院关于办理贪污贿赂刑事案件适用法律若干问题的解释》(法释〔2016〕9 号)第十一条的规定,职务侵占罪中的“数额较大”“数额巨大”的数额起点,按照贪污罪相对应的数额标准规定的 2 倍、5 倍执行,即分别是 6 万元不满 100 万元;100 万元以上。虽然数额巨大,没有上限,但比照职务侵占罪与贪污罪的定罪量刑标准分析,贪污 300 万元以上在十年以上量刑,职务侵占 1395 万元接近 1500 万元,在没有其他情节的影响下,应当适用五年以上十年以下有期徒刑这个法定刑幅度,而且在 8~9 年这个区间量刑。但新法实施后,尚无定罪量刑标准。从经验上分析,在职务侵占罪与贪污罪的法定刑幅度大致对应后,两罪对应的数额巨大标准比例不会再确定 5 倍比制。从各地检法机关反映的征求意见看,目前数额巨大的上限标准大致确定在 500 万元,比贪污罪高 200 万元,未达到 2 倍的量。如果该数额被最终确定,那么职务侵占 1395 万元就将在十年以上有期徒刑这个幅度量刑。

按照这样分析,对职务侵占犯罪数额 1395 万元应当适用从旧兼从轻原则,且在五年以上十年以下有期徒刑这个法定刑幅度量刑。然而,法律适用是一项严谨的司法活动,在新的司法解释出台前,毕竟无法确定新法的适用标准,故不可想当然地适用从旧或者从旧兼从轻原则。

综合以上分析,建议参照 2016 年《最高人民法院、最高人民检察院关于办理贪污贿赂刑事案件适用法律若干问题的解释》出台前那样,等待新的司法解释出台,并以此为由申请延长审理时限。对于按照新法,可能在三年以下判处的案件,建议按照新法的规定和精神判处,不必等待新的司法解释,以免延长时限造成超期羁押或者实质上造成轻罪重判。对于可能超期羁押的,及时做好变更强制措施准备。

此外,补充一点,旧法关于职务侵占罪的法定刑规定,只有“数额较大”“数额巨大”两档,而新法关于职务侵占罪的法定刑规定有三档,基本与贪污罪保持对应均衡。新法修正后,职务侵占罪的追诉时效与贪污罪基本均衡,同种情况下不会出现职务侵占罪的追诉时效长于贪污罪的现象。

相关规定

《中华人民共和国刑法》

新法：第二百七十一条　公司、企业或者其他单位的工作人员，利用职务上的便利，将本单位财物非法占为己有，数额较大的，处三年以下有期徒刑或者拘役，并处罚金；数额巨大的，处三年以上十年以下有期徒刑，并处罚金；数额特别巨大的，处十年以上有期徒刑或者无期徒刑，并处罚金。

国有公司、企业或者其他国有单位中从事公务的人员和国有公司、企业或者其他国有单位委派到非国有公司、企业以及其他单位从事公务的人员有前款行为的，依照本法第三百八十二条、第三百八十三条的规定定罪处罚。

旧法：第二百七十一条　公司、企业或者其他单位的人员，利用职务上的便利，将本单位财物非法占为己有，数额较大的，处五年以下有期徒刑或者拘役；数额巨大的，处五年以上有期徒刑，可以并处没收财产。

国有公司、企业或者其他国有单位中从事公务的人员和国有公司、企业或者其他国有单位委派到非国有公司、企业以及其他单位从事公务的人员有前款行为的，依照本法第三百八十二条、第三百八十三条的规定定罪处罚。

【案例 22】周某某、刘某某职务侵占案*

违反联通公司管理规定，私自违规调拨靓号，交由代理商对外销售谋取个人利益的定性

关键词：

职务侵占　靓号　月最低消费　擅自决定　代理商　谋取个人利益

基本案情

22

2007 年 4 月至 2018 年 4 月，被告人周某某担任联通公司大连分公司码号管理员（非受委派从事公务人员）。具体职责：调拨公司一级号库内的移动手机号码到下一级号库中。被告人刘某某担任联通公司大连分公司沙河口区、高新园区码号管理员（非受委派从事公务人员）。具体职责：将沙河口区二级库中的号码调拨到各个代理商号库中。被告人孙某某、孟某某均系联通公司下级代理商。

按照联通公司大连分公司规定，调拨靓号分两种方式：(1) 各个申请的营销部门或公司内部人员以纸质形式手写呈请找到相关领导审批签字，之后申请人将审批单以传真的形式发给被告人周某某，被告人周某某根据审批单上的靓号数量和类型往下调

* (2021) 辽 02 刑终 607 号（2021 年 12 月 6 日）。本文原载“刑水浮萍”微信公众号《司法疑难之 131》，首发于 2019 年 6 月 28 日，有改动。

拨;(2)各个申请的营销部门或公司内部人员以公司内部网上申请操作呈请相关领导审批签字,之后在网上流转给被告人周某某,周某某查收后根据审批单上的靓号数量和类型往下调拨到二级号库中,二级号库管理员再根据申请单上面的要求,把靓号拨给相应的三级号库中,之后各代理商就可以把自己号库中的号码办理用户入网。即周某某往下调拨靓号必须要有领导审批,不允许私自调拨。刘某某在继续向下调拨时,需要核对领导审批单。

2015年1月至2017年6月间,周某某分别与孙某某、孟某某相互勾结后,利用其调拨公司一级号库的职务之便,违反规定私自将联通公司大连分公司号码库中的1092个靓号更改月最低消费及首次预存款,下拨到刘某某管理的二级号库中,再由刘某某利用其调拨公司二级号库的职务之便,在明知没有领导审批单的情况下,受周某某的指使通过其本人和同事李某的工号将案涉靓号下拨给孙某某和孟某某,并协助孙某某、孟某某违规将靓号过户进行销售牟利。通过此手段,孙某某取得694个号码,孟某某取得398个号码。为感谢周某某,孙某某送给其好处费人民币(以下币种同)30万元,孟某某送给其好处费42万元。为感谢刘某某,孙某某送给其好处费2649元,孟某某送给其好处费13 620元左右。除去上述好处费,孙某某获利约35万元,孟某某获利约17万元。一审法院认为,被告人周某某、被告人刘某某身为中国联合网络通信有限公司大连分公司的工作人员,利用职务上的便利,伙同代理商被告人孙某某和被告人孟某某,将本单位财物非法占为己有,其行为均构成职务侵占罪,且系共同故意犯罪,应按照各自参与的全部犯罪分别处罚,被告人刘某某在共同犯罪中,起辅助、次要作用,系从犯,依法从轻处罚。依照相关法律规定,以犯职务侵占罪判处被告人周某某有期徒刑四年,并处罚金人民币十万元;以犯职务侵占罪判处被告人刘某某有期徒刑二年六个月,并处罚金人民币八万元。以犯职务侵占罪判处被告人孙某某有期徒刑二年六个月,并处罚金人民币五万元。以犯职务侵占罪判处被告人孟某某有期徒刑二年六个月,并处罚金人民币五万元。

被告人周某某及辩护人不服,提起上诉。周某某的上诉理由是,其认罪态度好,积极退缴违法所得,原审认定的侵占金额不合理,不应该将他人侵占金额计算在内,一审判罚量刑过重,请求从轻处罚。其辩护人的辩护意见是,周某某不构成职务侵占罪:(1)电信运营商无权收取选号费,手机号码(包括靓号)及特许经营权不是联通公司的财物,不能作为职务侵占的对象;(2)靓号同普通号码一样本身不具有价值,消费者向代理商支付价款不能作为靓号本身的价值。大连市中级人民法院针对上诉人的上诉理由和辩护人的辩护意见评判如下:(1)上诉人作为联通公司码号管理员,利用职务便利,违反公司管理规定,私自违规调拨靓号,将公司财务财物据为己有,已构成职务侵占罪;(2)靓号有其市场价值,其实际价值与代理商的经营行为并无多大关系,以最终售出所得的确定收益作为犯罪数额较为合适;(3)上诉人在共同犯罪中起主要作用,对其参与的全部犯罪负责,关于认罪态度、退缴情况等,原审均已在量刑时予以考量,并无不当。遂裁定驳回上诉,维持原判。

参考规则

单位靓号的市场价值与代理商的经营行为无关的,靓号的售出所得实际是靓号本身折合的价值,属于单位财物。

单位码号管理员,利用职务便利,违反单位管理规定,私自违规调拨靓号,将靓号售出所得占为己有的,构成职务侵占罪。

规则解析

一、违反单位章程擅自调拨靓号属于利用个人职务上便利

按照联通公司大连分公司规定，违反单位章程擅自调拨靓号属于利用个人职务上便利。2015年1月至2017年6月，周某某分别与孙某某、孟某某相互勾结后，利用其调拨公司一级号库的职务之便，违反规定私自将联通公司大连分公司号码库中的1092个靓号更改月最低消费及首次预存款，下拨到刘某某管理的二级号库中，再由刘某某利用其调拨公司二级号库的职务之便，在明知没有领导审批单的情况下，受周某某的指使通过其本人和同事李某的工号将案涉靓号下拨给孙某某和孟某某，并协助孙某某、孟某某违规将靓号过户进行销售牟利。

二、靓号具有较高的市场价值业已成为行业公认的法则，单位靓号的售出所得依法应当属于单位财物

具有一定经济实力，或者做生意、搞业务，从事社交活动，包括一些普通上班族对靓号感兴趣的都愿意投入巨资给自己配一个靓号。近年来，随着靓号业务的宣传，拍卖手机号码的信息越来越多，几乎所有人都知道靓号有较高的市场价值，靓号具有较高的市场价值已成为行业公认的法则。不仅是靓号手机号码，而且靓号人民币（连续编码人民币）都具有超高的收藏价值。

靓号的市场价值与代理商的经营行为无关的，意味着将靓号卖出后的相关资金是靓号的交换价值。靓号属于单位所有的，所得资金亦应属于单位财物。任何个人不得以任何非法手段和方式侵吞、窃取、骗取。

综上，单位码号管理员，利用职务便利，违反单位管理规定，私自违规调拨靓号，将靓号售出所得占为己有的，构成职务侵占罪。

三、孙某某、孟某某等非公司人员构成职务侵占罪的共犯

根据《最高人民法院关于审理贪污、职务侵占案件如何认定共同犯罪几个问题的解释》（法释〔2000〕第15号）第二条规定，行为人与公司、企业或者其他单位的人员勾结，利用公司、企业或者其他单位人员的职务便利，共同将该单位财物非

法占为己有,数额较大的,以职务侵占罪共犯论处。本案中,孙某某、孟某某与周某某、刘某某勾结,利用周某某、刘某某的职务便利,共同将本属于联通公司大连市分公司所有的靓号售出资金,共同非法占为己有,构成职务侵占罪。

需要提示的是,联通公司管理人员如果是委托管理的国家出资企业资产,又在国家出资企业任职,从事监督管理之职,即使没有党政联席会议或者其他形式意义上的任职,也有可能构成贪污罪。

相关规定

《最高人民法院关于审理贪污、职务侵占案件如何认定共同犯罪几个问题的解释》(法释〔2000〕第15号)

第二条　行为人与公司、企业或者其他单位的人员勾结,利用公司、企业或者其他单位人员的职务便利,共同将该单位财物非法占为己有,数额较大的,以职务侵占罪共犯论处。

【案例 23】银行工作人员职务侵占宣告无罪案*

银行工作人员帮助其他单位完成存款并截留部分手续费的行为定性

关键词：

职务侵占　侵占　银行工作人员　存款任务　手续费　截留

基本案情

23

甲公司向乙银行(国有单位)贷款,乙银行要求甲公司在银行要完成一定额度的存款任务才给甲贷款。甲公司就委托乙银行工作人员丙找到丁公司(非国有单位),请丁帮助甲完成在乙银行的存款任务,由甲交手续费(存款回报费)给丁公司。甲将手续费给乙银行工作人员丙,让丙转交给丁,丙将其中一部分给丁,自己截留了一部分。对丙的行为如何定性?

参考规则

国有银行工作人员利用职务上的便利,促使他人以加收手续费为条件帮助其他客户完成存款任务,并从中截留部分手续费的,应当认定具有权钱交易性质,构成受贿罪。国有银行工作人员未利用职务上的便利,截留部分手续费的,不构成职务侵占罪。但经催讨拒不返还的,可以构成侵占罪。

---

* 本文原载“刑水浮萍”微信公众号 2019 年 6 月 11 日《司法疑难之 124》。

截留自己合法保管的他人手续费，针对他人催讨，虚构事实、隐瞒真相，拒不返还的，可以构成诈骗罪。但他人自始未催讨的，不构成诈骗罪。

规则解析

我们认为，甲公司系委托丙将手续费转交给丁公司，性质上已明确手续费是丁公司的，不是给丙的，因此不应从整体上认定丙收受了手续费。又因为甲公司给丁公司手续费并未违反禁止性规定，不属于严重违法行为，故丙代丁公司收受手续费的行为也不构成违法犯罪。据此，本案定性的关键不在于丙整体收受了手续费的问题，而在于丙从中截留了部分手续费，全案应当围绕该行为进行定性分析。

一、国有银行工作人员利用职务上的便利，促使他人以加收手续费为条件帮助其他客户完成存款任务，并从中截留部分手续费的，应当认定具有权钱交易性质，构成受贿罪。反之，则不然

综合甲公司、丁公司事先约定等事实和行规，基本可以认定甲丙丁对手续费事项和数额均应知情。在此基础上，有必要进一步查明银行工作人员丙让丁公司帮助甲公司完成存款任务有无利用职务上的便利，即丁公司同意帮助甲公司完成存款任务主要是基于手续费的考虑还是受丙的银行工作人员职务影响。

1. 如果丙系利用了职务上的便利，让丁公司帮助甲公司完成存款。丁公司之所以帮助甲公司完成存款任务，获取手续费只是表面原因，而实质原因是丁公司基于对丙银行工作人员职务的影响。丁公司明知按点收取手续费且丙截留了部分而不催讨，本质上是这种职务影响的延伸。据此，丙截留部分手续费的行为属于受贿性质，行贿单位是丁公司。

2. 如果丙未利用职务上的便利，让丁公司帮助甲公司完成存款。丁公司之所以帮助甲公司完成存款任务，主要原因就是为了获取手续费，那么丙截留部分手续费，丁公司不予催讨的，丙截留部分手续费的行为可以视为丙从中拿取中间介绍费，不属于“权力寻租”，不构成受贿罪。

二、国有银行工作人员未利用职务上的便利，截留部分手续费的，不构成职务侵占罪。经催讨拒不返还的，可以构成侵占罪

本案手续费既不属于银行所有，也不属于银行委托管理的情形，又鉴于此种截留手续费的行为与丙的职务影响没有任何因果关系，由此可以认定丙未利用职务上的便利侵吞、窃取、骗取公私财物和国有财产，不构成贪污罪或者职务侵占罪。

如果丁公司向丙催讨截留部分的手续费，丙未虚构事实、隐瞒真相，但拒不返还的，该部分手续费可以视为丙受委托代为保管的财物，丙的行为属于将代为保管的他人财物非法占为己有，拒不退还，可以构成侵占罪。

三、截留自己合法保管的他人手续费，针对他人催讨，虚构事实、隐瞒真相，拒不返还的，可以构成诈骗罪。他人自始未催讨的，不构成诈骗罪

司法实践中，对截留部分款项的行为是否构成诈骗罪，需要根据涉案财物是否发生物理性转移进行区分认定。对于不发生物理转移、先合法占有后产生非法占有犯意的情形与发生物理转移、先虚构事实、隐瞒真相后获取非法占有的情形应予准确区分。对于后者，鉴于虚构事实、隐瞒真相的直接目的就是发生物理性转移，非法占有他人财物，一般不存在争议。而对于前者，鉴于存在代为保管的前因，所有人、债权人在明知代为保管事实的情况下，自始不催讨，具有多种原因。行为人（受托人）即使虚构事实、隐瞒真相，其未必是针对所有人、债权人（均为委托人），其非法占有的目的不够明确。有的案件中，行为人可能是为了应对有关部门的审查而虚假陈述。因此，对此类情形一般不认定诈骗罪。以本案为例，丁公司未向丙催讨，丙在此过程中即使虚构事实，一般也不构成诈骗罪。反之，如果丁公司向丙催讨被截留的手续费，丙虚构事实、隐瞒真相，拒不返还的，可以构成诈骗罪。

【案例 24】宋某等职务侵占案*

村委会组建清欠小组将收回的钱款抽成以及私分荒地行为的定性

关键词：

职务侵占　村委会　清欠小组　抽成　私分荒地

基本案情

24

宋某系某村委会主任,私自决定组建清欠小组。清欠小组由10人组成,包括其本人、村支书、其他村委会干部共9人和1名村民("两劳"人员①),负责清收拖欠村委会的房租和地租。收回的钱款,清欠小组抽成30%,10人平均分配。2009年,清欠小组以老干部工资待遇低为由将村委会的30亩荒地分给清欠小组成员。分地协议盖有村委会公章。2011年,村委会划归旧城区办事处,办事处组建理财小组(与清欠小组成员不同),清欠小组将包括30亩荒地在内的财产移交理财小组。2014年,理财小组将包括30亩荒地在内的一片土地与开发商合作盖楼房,后因拆迁受阻,开发商只在30亩荒地上修了一条土路,此事不了了之。2017年,清欠小组成员将30亩荒地分成10份,以抓阄的形式

* 本文原载"刑水浮萍"微信公众号2019年12月8日《司法疑难之215》。

① "两劳"人员,是劳动改造人员和劳动教养人员的简称。劳动改造人员,是指犯罪后被判处刑罚收监执行的人员,包括被判处有期徒刑、无期徒刑的人员;劳动教养人员,是一种行政处罚措施,在劳教所执行,期限一般在三年以下。2013年劳动教养制度被废除。

再次确认每个人分得土地的具体位置，由其中一位成员手写一份分地说明，各成员留存复印件。该片土地除开发商修路之外，至今一直闲置。(1)清欠小组成员将清收的款项抽成30%的行为是否构成职务侵占罪；(2)清欠小组成员私分荒地的行为是否构成犯罪？

参考规则

未经村民讨论同意，村委会、村集体、村小组或者临时成立的组织成员擅自设立激励政策，并以激励政策为由，将一定比例的村集体财产非法占为己有，数额较大的，构成职务侵占罪。

村委会、村集体、村小组或者临时成立的组织成员私分村集体荒地的行为，属于利用职务上的便利非法占有村集体财产的行为，数额较大的，可以构成职务侵占罪。

规则解析

一、未经村民讨论同意，村委会、村集体、村小组或者临时成立的组织成员擅自设立激励政策，并以激励政策为由，将一定比例的村集体财产非法占为己有，数额较大的，构成职务侵占罪

根据相关规定，涉及村民利益等重大事项应当经全体村民讨论通过。村委会、村集体、村小组或者临时成立的组织成员，不能擅自决定设立激励政策，特别是设立对自己有经济利益的激励政策。本案中，清欠小组擅自决定由其负责清收拖欠村委会的房租和地租，并设立将收回的钱款抽成30%作为激励政策，未经村民讨论通过。村委会成员清收拖欠村委会的房租和地租是其正常工作，从工作职责考虑不应设立如此之高的奖励政策。如果清欠小组将该30%的抽成公开入账，并经村民讨论同意(符合相关程序规定和要求)，那么清欠小组的抽成行为不构成犯罪。如果该抽成行为未入账，系暗中进行，或者虽然公开入账，但村民表决不同

意(多数不同意),那么清欠小组的抽成行为,属于利用职务上的便利非法占有村集体财产的行为。

接下来需要分析的是一个由来已久的问题,即村委会、村集体是否属于单位?如果属于单位,清欠小组成员可以构成职务侵占罪;如果不属于单位,则清欠小组成员不构成职务侵占罪。关于村委会、村集体是否属于单位,“两高”与公安部的相关文件规定不同。鉴于“两高”文件是专门针对职务犯罪出台的规定,应当参照适用《最高人民法院、最高人民检察院关于办理商业贿赂刑事案件适用法律若干问题的意见》(法发〔2008〕33号)的规定。根据该规定,《刑法》第一百六十三条、第一百六十四条规定的“其他单位”,包括事业单位、社会团体、村民委员会、居民委员会、村民小组等常设性的组织。据此,村委会属于单位,利用职务上的便利非法占有村委会、村集体、村小组财物的行为,数额较大的,可以构成职务侵占罪。

二、村委会、村集体、村小组或者临时成立的组织成员私分村集体荒地的行为,属于利用职务上的便利非法占有村集体财产的行为,数额较大的,可以构成职务侵占罪

本案中,从土地权属分析,30亩荒地属于村集体所有的财产。2009年,清欠小组未经村民讨论,以老干部工资待遇低为由将村委会的30亩荒地分给清欠小组成员,在分地协议上盖有村委会公章,属于利用职务上的便利,侵吞村集体财产的行为。分地协议虽然该有公章,但本质上是利用职务上便利的犯罪行为,不具有任何法律效力。2009年,清欠小组成员私分荒地、签订分地协议的行为,在法律性质上属于已经开始实施职务侵占行为。2011年至2014年、2014年至2017年那段过程,虽然介入其他因素,但本质上属于职务侵占行为的继续。2017年清欠小组成员将30亩荒地分成10份,以抓阄的形式再次确认每个人分得土地的具体位置,由其中一位成员手写一份分地说明,各成员留存复印件,标志着清欠小组成员实施职务侵占犯罪行为的完毕,其抓阄行为本质上属于实施犯罪行为完毕后的分赃行为。追诉时效应当从该时间节点开始计算。至于该土地是否闲置,不影响犯罪的定性。

综上,9 名村委会干部和 1 名村民构成职务侵占罪的共犯。

相关规定

《最高人民法院、最高人民检察院关于办理商业贿赂刑事案件适用法律若干问题的意见》(法发〔2008〕33 号)

二、刑法第一百六十三条、第一百六十四条规定的“其他单位”,既包括事业单位、社会团体、村民委员会、居民委员会、村民小组等常设性的组织,也包括为组织体育赛事、文艺演出或者其他正当活动而成立的组委会、筹委会、工程承包队等非常设性的组织。

【案例 25】陈某职务侵占案*

利用职务侵占资金购买股权，对所购买的股权升值部分能否没收；犯罪数额是否按照其占股比例扣减

关键词：

职务侵占　虚增广告费　平账　股权转让款　股票　升值

基本案情

25

陈某通过虚增广告费的方式将其占股30%、担任董事长的上市公司资金转移至其占股100%的公司,并已进行平账。对其行为是否可以认定为利用职务上的便利,非法占有公司财物,构成职务侵占罪?陈某获得该上市公司30%的股权需要支付对价,上市公司成立初期部分款项已经支付,仍有部分款项长期没有支付。陈某使用职务侵占的资金支付了剩余款项。后来这些股权升值很大,其中使用职务侵占资金购买的上市公司股权价值升值后大约人民币(以下币种同)8亿元。对于该8亿元,是否可以没收?是否按照其占股比例扣减?

参考规则

通过虚增广告费将公司资金转移至个人控股的公司,属于职务侵占行为,侵

* 本文原载"刑水浮萍"微信公众号2020年3月15日《司法疑难之253》。

占数额不应按参股比例认定,而应按实际侵占的全部数额认定。

使用职务侵占资金购买的上市公司股权,一般属于单纯收益形态的违法所得,原则上应当全额没收。

规则解析

一、通过虚增广告费将公司资金转移至个人控股的公司,属于职务侵占行为,侵占数额不应按参股比例认定,而应按实际侵占的全部数额认定

(一)通过虚增广告费将公司资金转移至个人控股的公司,属于职务侵占行为

利用职务上的便利,通过虚增广告费,将上市公司资金转移至其100%股份的公司,实际上与利用职务上的便利,侵吞、窃取、骗取公司财物无异,数额较大的,构成职务侵占罪。本案中,陈某担任上市公司董事长,具有职务上的便利。陈某虚增广告费并顺利通过审查,特别是将上市公司资金转移至其个人控制的公司,需要协调上市公司各个环节审批人员的关系,属于利用职务上的便利,骗取公司财产的行为,且数额较大,其行为构成职务侵占罪。

(二)职务侵占数额不应按参股比例认定,而应按实际侵占的全部数额认定

在参股、控股公司中,行为人贪污、职务侵占的数额是按照参股、控股比例认定还是全额认定,实践中存在一定分歧。我们认为,基于公司财产独立性的考虑,公司财产应当独立于个人财产。无论是行为人参股、控股比例的财产,还是参股、控股比例之外的财产,都属于公司财产。如果利用职务上的便利非法占有公司财产,不应按参股、控股比例认定犯罪数额,而应全额认定犯罪数额。正如一人公司,即使是个人100%控股,侵吞公司财产的,构成职务侵占罪,且应按实际侵吞数额认定犯罪数额。如果考虑行为人占股100%,扣减100%比例的财产数额,那就意味着行为人没有侵吞公司资产,意味着公司资产与个人资产等同。显然这样的理解与适用背离了《公司法》增设一人公司的初衷。本案中,陈某的职务侵占数额,应当认定全额,不得以其占股30%为由在总额中扣减30%。

二、使用职务侵占资金购买的上市公司股权，本金及升值部分原则上应当一并没收

有观点认为，挪用、侵占他人财物用于归还欠款或者购买房产、股票，挪用、侵占的他人财物相当于借款，只要将该部分追缴即可，不应没收孳息部分。也有观点认为，受贿后用于购买房产、购买书画、玉石珠宝、投资股票或者开设公司等形成的财产，并非行为人直接犯罪所得，其中还包含了行为人的投资能力甚至是直接生产经营活动，如全部认定为违法所得似有不妥，宜认定为与案件相关的涉案财产。认定犯罪金额只能以犯罪时所获得的款物来计算，如上述款物通过投资经营行为获得了增值，没收的应是犯罪所得金额。

我们认为，“不得让犯罪分子通过实施犯罪获得任何利益”，这是一条必须坚持的基本法律原则。参考《联合国反腐败公约》第二条“术语的使用”第五项、第三十一条“冻结、扣押和没收”第四、五、六款，以及《最高人民法院、最高人民检察院关于适用犯罪嫌疑人、被告人逃匿、死亡案件违法所得没收程序若干问题的规定》（法释〔2017〕1号）第六条的规定，违法所得包括通过实施犯罪直接或者间接产生、获得的任何财产，来自违法所得转变、转化后的财产收益，属于单纯收益形态的违法所得。[①] 对该类违法所得应当全部没收。如果仅没收本金部分，意味着犯罪分子可以通过犯罪途径“借鸡生蛋”，产生巨大的经济利益。一旦适用这样的规则，必然会激发大量潜在犯罪的发生。实践中，对于完全以犯罪所得为成本的投资，一般不会按照混合财产收益认定，行为人以投入大量脑力劳动为由抗辩没收，一般不会得到法院采纳。结合本案案情，陈某担任董事长期间的劳动付出，上市公司已通过工资和奖金形式予以对价给付，陈某使用职务侵占资金购买的上市公司8亿元价值股票，属于单纯收益形态的违法所得，不存在法律意义上的添附收益，对该8亿元应当没收原始本金及升值部分。但在有的案件中，股权比例是按照绩效考核来调整的，即融入了当事人的劳动因素，此种情况比较特殊，在认定是

① 裴显鼎、王晓东、刘晓虎：《违法所得没收程序重点疑难问题解读》（上），载《法律适用》2017年第13期。

否属于单纯收益形态的违法所得时需要更加审慎。

相关规定

1.《联合国反腐败公约》

第二条　术语的使用

5.“犯罪所得”系指通过实施犯罪而直接或间接产生或者获得的任何财产；

第三十一条　冻结、扣押和没收

四、如果这类犯罪所得已经部分或者全部转变或者转化为其他财产，则应当以这类财产代替原犯罪所得而对之适用本条所述措施。

五、如果这类犯罪所得已经与从合法来源获得的财产相混合，则应当在不影响冻结权或者扣押权的情况下没收这类财产，没收价值最高可以达到混合于其中的犯罪所得的估计价值。

六、对于来自这类犯罪所得、来自这类犯罪所得转变或者转化而成的财产或者来自已经与这类犯罪所得相混合的财产的收入或者其他利益，也应当适用本条所述措施，其方式和程度与处置犯罪所得相同。

2.《最高人民法院、最高人民检察院关于适用犯罪嫌疑人、被告人逃匿、死亡案件违法所得没收程序若干问题的规定》(法释〔2017〕1号)

第六条　通过实施犯罪直接或者间接产生、获得的任何财产，应当认定为刑事诉讼法第二百八十条第一款规定的“违法所得”。

违法所得已经部分或者全部转变、转化为其他财产的，转变、转化后的财产应当视为前款规定的“违法所得”。

来自违法所得转变、转化后的财产收益，或者来自已经与违法所得相混合财产中违法所得相应部分的收益，应当视为第一款规定的“违法所得”。

【案例 26】赵某职务侵占案*

关联公司的财产能否作为职务侵占罪的对象

关键词：

职务侵占　关联公司　委托管理　虚报货款　诈骗

基本案情

26

A 公司的设立人是国外 B 公司的一个股东。A 公司住所地在深圳，根据 B 公司的指令在大陆采购商品。现 A 公司的员工赵某指使供货商虚报货款，虚增货款的 5% 由供货商打给该员工。该员工是否构成职务侵占罪？

参考规则

公司按照关联公司指令采购商品，员工与供货商串通虚增货款，数额较大的，应当根据公司与关联公司是否具有委托管理关系进行定性。

公司与关联公司具有委托管理关系的，员工构成职务侵占罪，供货商构成职务侵占罪的共犯。公司与关联公司不具有委托管理关系的，员工构成诈骗罪，供货商构成诈骗罪的共犯。

---

* 本文原载“刑水浮萍”微信公众号 2019 年 11 月 6 日《司法疑难之 195》。

规则解析

本案中,A 公司员工指使供货商虚报货款(虚增货款),供货商返还 5%虚增货款部分,双方这种串通,隐含了 A 公司员工在收货环节核实供货商提供的货物数量、质量时,将会利用职务上的便利,帮助供货商通过核验和审查。因此,本案对 A 公司员工利用职务上的便利以及 A 公司员工和供货商勾结的事实没有认识分歧。

分歧的焦点在于利用职务上的便利骗取本单位之外关联公司的财物是否构成职务侵占罪。职务侵占罪,一般要求行为人非法占有本单位或者本单位委托管理的财物。基于这一原理,B 公司与 A 公司是否具有委托管理关系,决定了 A 公司对 B 公司是否承担供货商虚报货款的法律责任,A 公司员工是否利用了职务上便利骗取了本公司财物。

如果 B 公司与 A 公司具有委托管理关系,A 公司员工指使供货商虚增货款,并在收货环节利用职务上的便利对供货商提供的货单审查通过,A 公司与供货商、A 公司员工对 B 公司应当承担连带赔偿的法律责任。这种法律责任意味着 A 公司员工与供货商虚报货款的行为可以视为 A 公司员工骗取了 A 公司的财物,A 公司员工与供货商构成职务侵占罪的共犯。

如果 B 公司与 A 公司不具有委托管理关系,即 A 与 B 尽管具有关联关系,但在大陆采购商品这一事项上属于松散型协助关系,A 公司无须承担法律责任。此类情形,A 公司员工伙通供货商虚报货款的行为,不属于骗取本单位财物的行为,不构成职务侵占罪。

A 公司员工与供货商不构成职务侵占罪,但并不意味着其不构成任何犯罪。A 公司员工与供货商串通虚报货款的行为,属于恶意串通,以非法占有为目的,虚构事实,骗取他人财物的行为,可以构成诈骗罪的共犯,且无须区分主从犯。此外,需要提示的是,本案中虚报货款与合同订立的内容无紧密关联,一般不构成合同诈骗罪。

【案例 27-30】徐某等职务侵占案*

违章建筑能否成为职务侵占的对象；如何认定违章建筑类案件职务侵占犯罪数额

关键词：

职务侵占　违章建筑　申报评估　拆迁补偿　犯罪对象　犯罪数额

基本案情

27

徐某职务侵占案：①1999 年 3 月，M 公司将设备转让后准备转产。1999 年 4 月开始，徐某利用担任 M 公司副总经理的职务便利，擅自将公司空置的厂房先后出租给其他公司，收取租金合计人民币(以下币种同)229 万元，并将上述租金全部非法占为己有。其间，徐某于 2005 年年底对厂房进行了修建并搭建了 1465.55 平方米的违法建筑。根据检察机关当庭提供并经一审庭审质证的温州正大土地房地产估价有限公司出具的两份房地产租赁价格估价报告，M 公司 1999 年至 2012 年(不包括空置期)包括违章建筑部分的租金为 2 418 207 元，不包括违章建筑部分的租金为 2 005 167 元。一审法院以职务侵占罪判处被告人徐某有期徒刑五年；责令退缴违法所得 229 万元，返还 M 公司。被告人

---

* 本文系在“刑水浮萍”公众号 2020 年 6 月 10 日《司法疑难之 313》的基础上修改而成。

① (2013)浙温刑终字第 1517 号(2014 年 5 月 13 日)。

徐某不服,提起上诉。其辩护人提出,即使 M 公司的厂房及土地使用权不归徐某所有,因涉案厂房属于违章建筑,违法建筑行为及违法建筑收益的查处应由行政法来调整,不属于《刑法》调整范围,即使徐某收取了涉案厂房的租金,其行为也不构成职务侵占罪(其他上诉理由略)。二审法院认为,上诉人徐某身为公司人员,利用职务上的便利,将本公司财物非法占为己有,数额巨大,其行为构成职务侵占罪。关于本案的犯罪数额,徐某未经相关行政部门审批而擅自搭建违法建筑,该违法建筑行为及违法建筑收益的查处应由行政法来调整,不属于《刑法》的调整范围,违法建筑的收益并非公司合法财产,不能成为职务侵占的对象。因此,温州正大土地房地产估价有限公司出具的两份房地产租赁价格估价报告的估价结果之间的差价 413 040 元系违法建筑的收益,应在本案犯罪数额中予以扣除,本案犯罪数额应为 1 876 960 元,原判认定本案犯罪数额为 229 万元不当,应予纠正。

28 王某职务侵占再审案:[①]被告人王某于 1997 年任榆树建筑工程处处长(企业法定代表人)。1999 年 4 月,在该企业改制过程中,王某利用职务之便,对应当申报评估的五处无籍房屋和两处有产权房屋不予申报,并于改制结束后,通过吉林市无籍房确权及有产权房更名的方式,将上述七处房产变更到王某任法定代表人的公司及其亲属王某某的名下。经评估,七处房产总价值 973 479.84 元。吉林市龙潭区人民法院、吉林市中级人民法院均认定王某构成职务侵占罪。王某不服,提出再审申请。关于王某是否以非法占有为目的侵占七处房产。经查,三处无籍房修建于工程处成立之前,后被工程处一直使用修缮;两处无籍房系倪某某与王某共同承包期间借用公司土地修建,经请示改制领导委员

① (2020)吉刑再 4 号(2020 年 11 月 25 日)。

会，五处无籍房因没有合法手续，属于违章建筑，同意不作为工程处固定资产予以申报评估。榆树街道与王某签订《集体企业资产个人举债租赁契约书》后，工程处取得国有土地使用证，榆树街道依据此租赁协议协助海寅公司办理五处无籍房产权申报。两处有籍房由倪某某与王某承包期间经营所得购买，未计入工程处账目，未列工程处名下，虽被工程处使用，但认定为工程处集体资产证据不足。原裁判认定王某以非法占有为目的侵占七处房产证据不足。关于涉案房产的权属问题可通过其他途径解决。再审法院遂认为，王某主观上没有非法占有的故意，客观上未实施非法占有本单位财物的行为，不符合职务侵占罪构成要件。原一审判决、二审裁定、再审裁定认定王银祥构成职务侵占罪事实不清、证据不足，应当依法改判原审被告人王某无罪。

29 桑某某职务侵占案：[①]2000年至2005年，某某公司歇业清算期间，被告人桑某某作为某某公司实际负责人，对上级主管部门及清算组隐瞒不报1间营业室、河垛南路路北6间小房子，未纳入某某公司资产进行清算。2013年年底，某政府实施征地工作，涉及该抵押地块。桑某某将案涉的1间营业室、河垛南路路北6间小房子作为私人资产要求予以补偿。后桑某某取得拆迁补偿款3 696 877.26元，其中非法获取案涉1间营业室、河垛南路路北6间小房子的拆迁补偿款410 664.72元。（其他事实略）案发后，被告人桑某某向东台市市属企业公有资产托管中心退出全部赃款。桑某某的辩护人提出案涉房屋为违章建筑，无法纳入资产进行分配，桑某某没有隐瞒不报，其不构成职务侵占的辩护意见。经查，桑某某作为某某公司实际负责人，在公司歇业清算期间，未将某某公司的1间营业室、河垛南路路北6间小房子纳入清算。

① （2015）东刑二初字第0134号（2016年11月2日）。

后桑某某在征地拆迁中，要求对案涉房屋予以补偿，并获取案涉房屋的拆迁补偿款410 664.72元，占为已有，对该行为应认定为职务侵占，故对上述辩护意见，不予采纳。遂以被告人桑某某犯职务侵占罪，判处有期徒刑一年六个月，宣告缓刑二年。

30

崔某等职务侵占、挪用资金案：①T公司打造的钢材市场因非法占用农用地，行政机关确认地上附着物为非法建筑，依法予以处罚，并于2011年年初被政府彻底拆除，依规不能对该公司进行经济补偿。非法建筑物拆除后，时任某村委会支部书记、村委会主任、T公司法定代表人的被告人崔某向当地办事处相关领导反映，该公司股东多次向村委会上访，要求补偿拆迁所造成的经济损失。该办事处相关人员遂编造“追加资金增补明细”和虚假“拆迁补偿协议”等材料，向区政府提出申请，要求追加补偿资金并获得批准。该办事处应崔某所负责的H实业有限公司和村委会的书面要求，于2013年5月、7月分别向H实业有限公司划拨拆迁补偿款3000万元，向另一Y公司划拨拆迁款1000万元。资金到账后，崔某利用职务便利将H实业有限公司代收的3000万元拆迁补偿款中的1700万元分给T有限公司的包括其本人在内的三名股东以及其他人员，将剩下的1300万元用于H实业有限公司偿还外欠工程款及其他欠款。将Y公司账户内的1000万元拆迁补偿款伙同他人侵吞侏分，崔某分得赃款300万元。关于辩护人所提被告人崔某不构成职务侵占罪的辩护意见。经查，街道办事处相关人员编造“追加资金增补明细”和虚假“拆迁补偿协议”等材料，崔某利用双重身份的职务便利，侵吞违规资金，据为己有，构成职务侵占罪。

① （2019）津0110刑初70号（2019年6月28日）。

参考规则

关于违章建筑转变、转化后的收益的合法性认定需要区分不同情况，不应一概基于“违章”这个前因而认定其不属于公司的合法财产。

对于违章建筑未纳入申报评估或者本不应获取拆迁补偿而实际获取拆迁补偿的，要进一步审查行为人是否利用公司身份实施人为干预或者权力寻租影响，并以此作为其是否利用职务上的便利的重要依据。

对于违章建筑未纳入申报评估或者本不应获取拆迁补偿而实际获取拆迁补偿的，只要行为人在其中一个环节利用公司职务上的便利，此后非法占有违章建筑转变、转化后的收益，数额较大的，构成职务侵占罪。

行为人利用职务上的便利致使违章建筑未纳入申报评估或者公司获取拆迁补偿发生在公司注销之前的，公司注销后行为人占有违章建筑转变、转化后的收益，数额较大的，依然可以构成职务侵占罪。

对于违章建筑类案件，职务侵占犯罪数额可以按照违章建筑转变、转化后的收益认定。违章建筑转变、转化后的收益存在浮动变化的，在排除为掩盖犯罪事实而贱卖、甩卖等人为因素后，可以按照实际转变、转化后的收益认定犯罪数额；以实际转变、转化后的收益认定犯罪数额明显偏离市场行情的，可以按照当时的市场行情认定；没有市场行情可以参考的，可以委托物价鉴定部门鉴定，并综合各种情况准确认定。

规则解析

一、关于案例27-30裁判理由评析

案例27徐某职务侵占案中，关于法院的裁判思路概括起来比较简单，就是违章建筑及其产生的收益均不属于公司合法财产，不能成为职务侵占罪的对象。擅自搭建违章建筑应由行政法调整，不属于刑法的规制范围。然而，从《刑法》规定的罪状以及定罪原理分析，职务侵占罪并未要求必须是合法财产。如公司通过行贿中标的工程能否纳入公司财产，挪用、侵吞该部分财产是否构成职务侵占罪？显然，将职务侵占罪强调为合法财产没有法律依据。正如通过赌博赢来的现金即使是非法所得，但任何执法人员以外的人通过暴力方式劫取，依然构成抢劫罪。又如单位通过某次走私普通货物所得的收益，虽然系违法所得，但只要纳入公司账户，就应属于公司资产。公司人员通过职务便利挪用、侵吞，均属于严重违法犯罪行为，数额较大的，应当纳入刑法规制。擅自搭建违章建筑的行为与侵吞违章建筑转变、转化后的收益行为在性质上截然不同。因此，不能由擅自搭建违章建筑应由行政法调整，不属于《刑法》的规制范围，而得出侵吞违章建筑转变、转化后的收益行为应由行政法调整，不属于《刑法》的规制范围。

案例 28 王某职务侵占再审案中，法院的定罪思路与案例 27 略有不同，并未明确指出违章建筑收益不属于职务侵占罪的对象，而是以经请示改制领导委员会同意，将五处违章建筑的无籍房不作为工程处固定资产予以申报评估，认定工程处集体资产的证据不足，从而认定主观上不存在非法占有目的，客观上未实施非法占有本单位财物的行为，不符合职务侵占罪构成要件。我们认为，该裁判理由需要进一步补充。主要理由是：(1)国有企业改制过程中情况纷繁复杂。经请示行政主管机关或者上级领导同意未纳入评估资产的现象比较普遍，关键是未纳入评估的原因中是否存在人为或者“权力寻租”的因素。如果存在人为或者“权力寻租”因素，那么资产未纳入申报评估应当认定为利用职务上的便利产生的后果。同时，之前资产未纳入申报评估不应作为之后资产不纳入公司财产的正当理由。如果不存在人为或者“权力寻租”因素，资产未纳入申报，那么一般认为行为人在该环节未利用职务上的便利。(2)违章建筑虽然违章，但其转变、转化后的财产收益未必不合法。如在拆迁实践中，违章建筑依然可以获取拆迁补偿。这部分经过正当程序依法补偿的款项属于合法财产，没有理由不纳入公司财产。该阶段，只要行为人利用了职务上的便利，侵吞转变、转化后的收益，依然可以构成职务侵占罪。(3)因申资产报评估时价值不明而未纳入申报评估，此时虽然行为人未必具有非法占有目的，但一旦转变、转化后的价值能够确定，行为人将转变、转化的收益不纳入公司资产，就表明其具有侵吞的故意，意味着具有非法占有目的。由此，在论述行为人是否具有非法占有目的时还需要结合时间节点进行分析，不可一概以资产未纳入申报评估的时间节点认定是否具有非法占有目的。此外，需要提示的是，如果案涉资产因价值不明未纳入申报评估，报经行政主管领导或者上级领导同意，该资产升值后原单位已经注销导致无法返还的，此种情形不应认定行为人利用职务便利隐匿评估资产，认定职务侵占罪的理由不足。

在案例 29 桑某某职务侵占案中，桑某某的辩护人也提出了案涉房屋为违章建筑，无法纳入资产进行分配，桑某某没有隐瞒不报，其不构成职务侵占的辩护意见。对此，法院在裁判说理中认为，桑某某在公司清算期间未将公司的资产纳入清算范围，后在征地拆迁中要求对案涉拆迁房屋予以补偿，并获取拆迁补偿款的行为，属于利用职务上的便利，非法占有公司财物，构成职务侵占罪。

案例 30 崔某等职务侵占、挪用资金案中，崔某通过其职务上的便利，致使区政府向其公司已被拆除的违章建筑进行了经济补偿，进而侵吞部分拆迁补偿款，对其行为认定职务上的便利没有异议。该拆迁补偿款同样属于违章建筑的不法收益，但法院认定该补偿款属于公司财产，崔某侵吞、挪用分别构成职务侵占罪、挪用资金罪。该案中，法院并未将案涉资产系违章建筑转变、转化后的收益而阻却职务侵占罪。

二、关于非法占有违章建筑转变、转化后的收益的定性

鉴于司法实践中对占有违章建筑拆迁补偿款的定性存在较大分歧，有必要对此类案件确立裁判规则，推进司法适用统一。

我们认为，在具体案件中可以参考以下规则处理：

（一）关于违章建筑转变、转化后的收益的合法性认定需要区分不同情况，不应一概基于“违章”这个前因而认定其不属于公司的合法财产

最高人民法院判例在裁判说理中明确：拆除违法建筑，钢筋、水泥、砖瓦等建筑垃圾，不具有可回收利用的价值，通常不应予以行政赔偿。只有存在可回收利用的钢架结构等特殊材料，因行政机关未妥善保管造成无法回收利用的，方可予以行政赔偿。[①] 以上裁判说理实际上是以违章建筑转变、转化后的收益作为拆迁

---

① （2019）最高法行申 2037 号（2019 年 4 月 29 日）。

补偿的依据，在一定程度上支持了违章建筑与违章建筑转变、转化后的收益独立评价的观点。实践中，国有企业改制的历史性遗留问题比较多，违章建筑的形成存在部分地方政府主导、行政管理失位等错综复杂的原因，对违章的认定也存在一些不确定因素，因此出现有的地方对违章建筑进行部分补偿的情况。对此类拆迁补偿款不应“一刀切”，不应一概认定不属于公司的合法财产。最明显的例子，如公司建完违章建筑后将该建筑出租获取的租金，是否属于公司的合法财产？虽然违章建筑违法，但不意味租赁行为不合法，对租金不应一概认定为公司的不合法财产，更不应认为不属于公司资产。

（二）对于违章建筑未纳入申报评估或者本不应获取拆迁补偿而实际获取拆迁补偿的，要进一步审查行为人是否利用公司身份实施人为干预或者“权力寻租”影响，并以此作为其是否利用职务上的便利的重要依据

在国有企业改制过程中，高管人员故意隐匿公司财产，或者与中介公司串通将公司的合法债权、其他资产评估为不良资产，有的甚至通过个人关系、“权力寻租”获取行政主管机关或者上级领导的批准同意，将“不良资产”不纳入申报评估范围。此类行为，本质上属于利用职务上的便利。

根据相关规定，违章建筑原则上不应获取拆迁补偿。行为人通过公司的身份影响或者“权力寻租”，致使违章建筑获取拆迁补偿的，本质上依然属于利用了职务上的便利。如案例30崔某等职务侵占、挪用资金案中，违章建筑本不应获取赔偿，但崔某通过其个人双重职务上的便利（既具有村委会领导的职务又具有公司董事长的职务），与各方面协调，最终帮助公司获取了拆迁补偿款。需要强调的是，如果行为人未利用其在公司的身份影响，也未使用公司的任何利益进行“权力寻租”，那么不应认定其利用了公司职务上的便利。

（三）对于违章建筑未纳入申报评估或者本不应获取拆迁补偿而实际获取拆迁补偿的，只要行为人在其中一个环节利用公司职务上的便利，此后非法占有违章建筑转变、转化后的收益，数额较大的，构成职务侵占罪

对于违章建筑未纳入申报评估或者本不应获取拆迁补偿而实际获取拆迁补偿的，行为人只要其中一个环节利用了公司职务上的便利，其职务行为与获取拆

迁补偿款结果便具有刑法上的因果关系。对于违章建筑未纳入申报评估情形,基于前文分析,违章建筑与违章建筑的收益应当区别评价。只要其具有转变、转化后的收益,该收益依法仍应归属于公司。司法机关该追缴的追缴,这是另一层面的问题。对于本不应获取补偿而实际获取补偿情形,既然是以公司名义获取的,自然也应归属于公司。实践中,对犯罪行为的查证相比犯罪行为本身具有滞后性,在司法机关依法追缴前,即使是犯罪所得,也应认定属于公司资产。对该类收益挪用、侵吞、窃取、骗取,只要利用了职务上的便利,就属于职务侵占行为。否则,在认定行为人是否实施妨害对公司、企业的管理秩序罪时,还需要对公司、企业的经营所得全面审计,这显然不切实际,也不符合妨害对公司、企业的管理秩序罪的定罪原理。

(四)行为人利用职务上的便利致使违章建筑未纳入申报评估或者公司获取拆迁补偿发生在公司注销之前的,公司注销后行为人占有违章建筑转变、转化后的收益,数额较大的,依然可以构成职务侵占罪

对于公司注销之后违章建筑拆迁补偿款到位的情形,实践中有观点认为,行为人已经不具有公司的职务身份,其非法侵吞违章建筑拆迁补偿款的行为,未利用职务上的便利,不构成职务侵占罪。这种观点值得商榷。我们认为,利用职务上的便利,是相对于高管人员隐匿、公司申请拆迁补偿款和最终获取补偿款这一整体行为而言的,不应割裂隐匿、申请和获取等行为之间的因果关系。只要行为人利用职务上的便利致使违章建筑未纳入申报评估的情况或者公司申请补偿的行为发生在公司注销之前,就应当认定行为人利用了职务上的便利。公司注销后,行为人能够占有补偿款,实际是利用了之前其职务行为造成的后果,与前行为具有承接性。正如侵犯财产犯罪案件中,行为人为了非法占有被害人随身携带的财物,不断劝被害人喝酒,趁被害人酒醉人事不醒状态,将被害人的财物拿走,不构成盗窃罪而构成抢劫罪的原理一样,只因行为人利用了其劝酒行为造成被害人醉酒后不知反抗的状态。

对违章建筑申请补偿发生在公司注销之后,或者违章建筑未纳入申报评估、违章建筑申请补偿不存在人为干预或者“权力寻租”因素的,不属于利用职务上的

便利，不构成职务侵占罪。

三、违章建筑类案件职务侵占犯罪数额的认定

职务侵占罪的犯罪数额一般是按照职务侵占罪成立时侵占对象的价值进行认定。

对于违章建筑类案件，职务侵占犯罪数额可以按照违章建筑转变、转化后的收益认定。违章建筑转变、转化后的收益存在浮动变化的，在排除为掩盖犯罪事实而贱卖、甩卖等人为因素后，可以按照实际转变、转化后的收益认定犯罪数额；以实际转变、转化后的收益认定犯罪数额明显偏离市场行情的，可以按照当时的市场行情认定；没有市场行情可以参考的，可以委托物价鉴定部门鉴定，并综合各种情况准确认定。违章建筑最终是否被政府拆除，不影响犯罪数额的认定。

再举一例，高某职务侵占的财物为违章建筑，在当地卖了 1000 多万元。此种情况下，如何认定职务侵占犯罪数额？我们认为，违章建筑在当地卖了 1000 多万元，如果能够排除为掩盖犯罪事实而贱卖、甩卖等人为因素，可以按照该 1000 多万元认定高某的职务侵占犯罪数额。

【案例 31】江某职务侵占案*

公安机关办理监察机关管辖的犯罪案件，收集的证据是否属于非法证据；检察机关能否直接变更罪名起诉；二审阶段如何处理

关键词：

职务侵占　侦查管辖　监察机关　非法证据　变更罪名

基本案情

H市某区公安机关对江某涉嫌犯罪事实开展立案侦查。江某共涉嫌三笔犯罪事实，其中两笔是职务侵占犯罪，一笔是贪污犯罪。某区检察院以贪污罪和职务侵占罪提起公诉。某区法院认为，公安机关调取的证据不能用于证明贪污犯罪，且所认定职务侵占犯罪事实的证据不足，据此判定无罪。某区检察院提出抗诉，H市中级法院发回重审。某区检察院将公安机关侦查的职务侵占犯罪事实中的部分行为变更定性为贪污，并变更起诉，某区法院重审后判决公诉机关指控的贪污罪名成立。被告人提出上诉，认为用以证明贪污犯罪事实的证据系公安机关调取，系非法证据。二审法院能否直接依据侦查管辖不符合法律规定为由判处被告人无罪？现阶段二审法院应如何处理为宜？

* 本文原载“刑水浮萍”微信公众号2020年5月11日《司法疑难之304》。

参考规则

公安机关、监察机关办理无管辖权的案件所收集的证据无须特别转化，不属于非法证据。

恶意越权管辖的，取证主体和取证程序均违反法律规定，但善意管辖造成客观上不符合侦查管辖分工的，不属于程序违法。

审查起诉阶段，如果涉及侦查管辖和调查管辖跨职权办案问题，需要变更起诉罪名的，应当征求有管辖权办案机关的意见。未经该程序直接变更起诉罪名的，属于程序违反法律规定。

审理阶段，如果涉及侦查管辖和调查管辖跨职权办案问题，需要变更罪名的，应当征询公诉机关和辩护人的观点。未经该程序直接变更起诉罪名的，属于程序违反法律规定。

规则解析

一、公安机关、监察机关办理无管辖权的案件所收集的证据是否属于非法证据

虽然贪污贿赂、渎职犯罪案件由监察机关办理，但公安机关办理过程中收集的证据是否需要转化，存在不同认识。监察体制改革以前，纪委不属于刑事案件办案机关，与行政执法机关一样，收集的言词证据必须转化，未经转化的不得作为定案根据。物质、书证、鉴定意见等客观性证据无须转化。监察体制改革以后，所不同的是，公安机关与监察机关都属于刑事案件办案机关，目前尚无明文规定要求公安机关、监察机关办理彼此管辖的案件所收集的证据必须转化。

根据《最高人民法院关于适用〈中华人民共和国刑事诉讼法〉的解释》（法释〔2021〕1 号，以下简称《刑诉法解释》）第二百九十五条（原第二百四十一条）的规定，起诉指控的事实清楚，证据确实、充分，但指控的罪名不当的，应当依据法律和审理认定的事实作出有罪判决。人民法院应当在判决前听取控辩双方的意见，保

障被告人、辩护人充分行使辩护权。必要时，可以再次开庭，组织控辩双方围绕被告人的行为构成何罪及如何量刑进行辩论。该规定仅强调指控的罪名不当，由此既包括轻罪向重罪，也包括重罪向轻罪的变更。同时，包括公安机关管辖的罪名变更为监察机关管辖的罪名，也包括监察机关管辖的罪名变更为公安机关管辖的罪名。由以上规定分析可知，公安机关办理监察机关管辖罪名的案件所收集的证据无须特别转化，反之亦然。

如果公安机关、监察机关办理彼此管辖罪名的案件所收集的证据无须特别转化，那么对在案证据就不应认定为非法证据或者瑕疵证据。只要侦查人员、调查人员未使用暴力、威胁等非法方法收集证据，就不适用非法证据排除的相关规定。以该结论为基础，以非法证据排除为由主张被告人无罪的观点难以成立。

二、越权管辖和直接变更罪名是否违反程序

（一）恶意越权管辖的，取证主体和取证程序均违反法律规定，但善意管辖造成客观上不符合侦查管辖分工的，不属于程序违法

多数观点认为，越权管辖并不必然导致程序违法，越权管辖应当区分善意和恶意。司法实践中，因为犯罪跨时比较长，犯罪嫌疑人的基本身份信息、职务信息比较复杂，事实证据在办案过程中也会发生一定的变化，应当允许一定程度的容错概率。如果办案人员是善意的，不是明知无权管辖，亦不是出于个人动机和目的越权管辖，只是客观上不符合刑事诉讼侦查管辖分工或者管辖级别，不属于程序违法。明知不属于本单位管辖，越权管辖，或者出于个人动机和目的越权管辖，程序不合法。

关于非法证据的认定，一般而言，是对当时取证主体和取证程序是否合法进行判断，与根据证据所证明的事实进而所确定的罪名无关。公安机关在侦查时认为犯罪嫌疑人可能构成职务侵占罪，即使之后检察机关变更起诉，取证主体和取证程序均不存在问题，所收集的证据不属于非法证据。

（二）直接变更罪名应当认定违反法定程序

对此，司法实践中存在不同意见：

第一种观点认为，检察机关审查起诉后认为应当变更定性，可以直接以变更

后的罪名起诉。检察机关有改变定性起诉的权利,法院也有改变定性并判决的权利。这种观点的主要理由是:如果法院认为检察机关指控的罪名不当,可以在引导双方进行辩论后直接变更罪名,不需要考虑相关罪名的侦查管辖问题。同理,在检察机关的审查起诉过程中,也可以直接改变定性,而不需要考虑侦查管辖问题,更何况检察机关还有自行补充侦查的权利。除非在侦查立案的时候,出现错误管辖,这种情况下整个侦查程序是违法的。

第二种观点认为,鉴于最高人民法院、最高人民检察院、公安部、国家安全部、司法部、全国人大常委会法制工作委员会 2012 年 12 月 26 日联合印发的《关于实施刑事诉讼法若干问题的规定》(以下简称《六部委规定》)明确了主侦查的概念,跨职责办案未必不合法。《六部委规定》第一条规定:“如果涉嫌主罪属于公安机关管辖,由公安机关为主侦查,人民检察院予以配合;如果涉嫌主罪属于人民检察院管辖,由人民检察院为主侦查,公安机关予以配合。”根据该规定,因存在主侦查的法定事由,公安机关、监察机关办理彼此管辖罪名的案件,检察机关直接变更起诉罪名均不属于违法程序。

第三种观点认为,直接变更起诉罪名违反了法定程序。无论是善意还是恶意,公安机关、监察机关办理彼此管辖罪名的案件,在变更起诉时都应当征求有管辖权办案机关的意见。这是一条底线,违反该底线就应当认定为违反了法定程序。庭审中变更罪名的情况时有发生,但既可以在监委调查案件的罪名之间变更,也可以在公安机关侦查管辖罪名之间变更,但跨越《刑事诉讼法》《监察法》两种完全不同的管辖机制进行罪名变更存在一定问题。《监察法》对移送问题线索、《刑事诉讼法》对公安机关侦查管辖均有明确规定,公安机关发现贪污罪线索应当移送监委调查,“无意间”或者以职务侵占罪侦查到贪污罪证据移送检察院后,按照《监察法》规定,也应当移送监察机关处理。如果直接起诉,等于跳过了监察机关立案调查这一个必经程序。管辖问题,属于刑事诉讼基本制度,即基本的法治原则,违反管辖制度属于“公益性违法”,这种做法不可取。

我们赞同第三种观点。对于公安机关、监察机关办理彼此管辖罪名的案件,不适用非法证据排除的规定。但鉴于检察机关直接变更起诉罪名,可能引发侦查管辖、调查管辖的混乱，实践中可能给公权部门非法介入经济纠纷留下缺口，应当严加限制。

《人民检察院刑事诉讼规则》（高检发释字〔2019〕4号）第三百五十七条规定：“人民检察院立案侦查时认为属于直接受理侦查的案件，在审查起诉阶段发现属于监察机关管辖的，应当及时商监察机关办理。属于公安机关管辖，案件事实清楚，证据确实、充分，符合起诉条件的，可以直接起诉；事实不清、证据不足的，应当及时移送有管辖权的机关办理。在审查起诉阶段，发现公安机关移送起诉的案件属于监察机关管辖，或者监察机关移送起诉的案件属于公安机关管辖，但案件事实清楚，证据确实、充分，符合起诉条件的，经征求监察机关、公安机关意见后，没有不同意见的，可以直接起诉；提出不同意见，或者事实不清、证据不足的，应当将案件退回移送案件的机关并说明理由，建议其移送有管辖权的机关办理。”该规定对公安机关管辖的案件和监察机关管辖的案件、立案侦查阶段与审查起诉阶段作了区别规定。对于立案侦查阶段，发现属于公安机关管辖的案件，事实清楚，证据确实、充分，符合起诉条件的，可以直接起诉，无须听取公安机关的意见。而发现属于监察机关管辖的案件，应当及时商监察机关办理。审查起诉阶段，发现公安机关移送起诉的案件属于监察机关管辖，或者监察机关移送起诉的案件属于公安机关管辖，但案件事实清楚，证据确实、充分，符合起诉条件的，应当征求监察机关、公安机关的意见。没有不同意见的，可以直接起诉。可见，根据该文件规定，审查起诉阶段，不应直接变更起诉罪名，征求有管辖权办案机关的意见是必经程序。违反该程序，即属于程序违反法律规定。

以上述观点为前提，我们接下来讨论庭审直接变更罪名的规定需要注意哪些环节。按照《刑诉法解释》第二百九十五条的规定，庭审时变更罪名的，人民法院应当在判决前听取控辩双方的意见。必要时，可以重新开庭，组织控辩双方围绕被告人的行为构成何罪进行辩论。以上规定，看来亦需要相应调整。庭审变更罪名，如涉及侦查管辖和调查管辖跨职权办案问题，仅仅征询公诉机关和辩护人的观点还不够。这种做法，在监察体制改革以前可能问题不大，检察机关可以内部征求反渎、反贪部门的意见，公诉机关可以在庭上代表，但现在由监察机关负责，涉及变更罪名的,可能还要征询有管辖权机关的意见。更何况,根据《人民检察院刑事诉讼规则》(高检发释字〔2019〕4号)第三百五十七条规定,在审查起诉阶段,变更起诉罪名,征求监察机关、公安机关的意见是硬性规定。据此,如果变更罪名涉及跨系统职权调查或者侦查的,建议对《刑诉法解释》第二百九十五条修正时增加征询监察机关、公安机关的意见。

三、二审如何处理

如在二审阶段发现此类情形,我们建议二审法院发回重审。

相关规定

1.《最高人民法院、最高人民检察院、公安部、国家安全部、司法部、全国人大常委会法制工作委员会关于实施刑事诉讼法若干问题的规定》

1. 如果涉嫌主罪属于公安机关管辖,由公安机关为主侦查,人民检察院予以配合;如果涉嫌主罪属于人民检察院管辖,由人民检察院为主侦查,公安机关予以配合。

2.《最高人民法院关于适用〈中华人民共和国刑事诉讼法〉的解释》(法释〔2021〕1号)

第二百九十五条　对第一审公诉案件,人民法院审理后,应当按照下列情形分别作出判决、裁定:

(一)起诉指控的事实清楚,证据确实、充分,依据法律认定指控被告人的罪名成立的,应当作出有罪判决;

(二)起诉指控的事实清楚,证据确实、充分,但指控的罪名不当的,应当依据法律和审理认定的事实作出有罪判决;

(三)案件事实清楚,证据确实、充分,依据法律认定被告人无罪的,应当判决宣告被告人无罪;

(四)证据不足,不能认定被告人有罪的,应当以证据不足、指控的犯罪不能成立，判决宣告被告人无罪；

（五）案件部分事实清楚，证据确实、充分的，应当作出有罪或者无罪的判决；对事实不清、证据不足部分，不予认定；

……对涉案财物，人民法院应当根据审理查明的情况，依照本解释第十八章的规定作出处理。

具有第一款第二项规定情形的，人民法院应当在判决前听取控辩双方的意见，保障被告人、辩护人充分行使辩护权。必要时，可以再次开庭，组织控辩双方围绕被告人的行为构成何罪及如何量刑进行辩论。

3.《人民检察院刑事诉讼规则》（高检发释字〔2019〕4号）

第三百五十七条　人民检察院立案侦查时认为属于直接受理侦查的案件，在审查起诉阶段发现属于监察机关管辖的，应当及时商监察机关办理。属于公安机关管辖，案件事实清楚，证据确实、充分，符合起诉条件的，可以直接起诉；事实不清、证据不足的，应当及时移送有管辖权的机关办理。

在审查起诉阶段，发现公安机关移送起诉的案件属于监察机关管辖，或者监察机关移送起诉的案件属于公安机关管辖，但案件事实清楚，证据确实、充分，符合起诉条件的，经征求监察机关、公安机关意见后，没有不同意见的，可以直接起诉；提出不同意见，或者事实不清、证据不足的，应当将案件退回移送案件的机关并说明理由，建议其移送有管辖权的机关办理。

【案例 32】罗某等非法经营同类营业案*

本罪主体是否包括国有事业单位人员；职务名称不同但行使同类职权的是否可以视为本罪主体；如何把握“同类营业”的认定要点

关键词：

非法经营同类营业　同类营业　国有事业单位人员　犯罪主体　商业机会

基本案情

32

2003 年，湖南人民广播电台交通频道学习省外成功经验，鼓励员工出去创业，率先实行广告公司代理制，由电台优秀的项目组或者业务员离开电台成立广告代理公司代理电台广告业务。2003 年至 2013 年，罗某在担任湖南人民广播电台交通频道总监、电台副台长、台长期间，与湖南人民广播电台交通频道先后任副总监、总监、广播传媒中心副主任的刘某先后成立长沙欣怡文化传播有限公司（以下简称欣怡公司）和湖南庄歌文化传播有限公司（以下简称庄歌公司），代理电台交通频道的广告业务，电台交通频道与欣怡公司、庄歌公司签订广告代理协议，约定广告费的 25%作为提成款返回欣怡公司、庄歌公司。罗某从中获取利益人民币 754.5 万元。①

---

* 本文原载“刑水浮萍”微信公众号 2022 年 3 月 1 日《司法疑难之 415》。

① （2017）湘 11 刑初 39 号（湖南省永州市中级人民法院，2018 年 6 月 1 日）。

2010 年以前，湖南人民广播电台是副厅级事业单位，交通频道是湖南人民广播电台的二级事业机构。2010 年 1 月 25 日，湖南广播影视集团、湖南人民广播电台、湖南电视台、湖南经济电视台被撤销，共同组建成立湖南广播电视台，为正厅级事业单位。省政府有关文件批复对罗某所在单位实行企业化管理。永州市中级人民法院认为，企业化管理不是法律上的概念，只是一种管理模式，不能因实行企业化管理就改变事业单位的性质。事业单位的领导与国有公司、企业的董事、经理在产生方式、权力来源、权力运行等方面都具有根本的区别，公司董事、经理的权力来源于公司法，事业单位领导的产生、权力来源、权力运行均具有行政性特征。罗某并非国有公司、企业的董事或经理，故不符合非法经营同类营业罪的主体要件。同时，因欣怡公司与庄歌公司从事的是为湖南人民广播电台代理广告的业务，而湖南人民广播电台自己并没有广告代理业务，故欣怡公司、庄歌公司与湖南人民广播电台之间并不具有同业竞争关系。根据罪刑法定原则，罗某不构成非法经营同类营业罪。

参考规则

原则上事业单位人员不符合非法经营同类营业罪的主体特征，但是事业单位实行企业化管理具有经营性质的除外。行为人在国有公司、企业中的职务名称虽然不是董事、经理，但实质上行使同类职权的，应当视为“国有公司、企业的董事、经理”。

“同类营业”必须具有同类行业商业机会竞争的本质属性，且从事此类经营一般侵犯或者影响所任职国有公司、企业谋取商业机会。从事上下游行业经营的，不属于“同类营业”。

规则解析

一、原则上事业单位人员不符合非法经营同类营业罪的主体特征，但是事业单位实行企业化管理具有经营性质的除外。行为人在国有公司、企业中的职务名称虽然不是董事、经理，但实质上行使同类职权的，应当视为“国有公司、企业的董事、经理”

（一）事业单位实行企业化管理且具有经营性质的情形。严格从法条文义解释分析，非法经营同类营业罪的犯罪主体只有国有公司、企业的董事、经理。然而，实践中对本罪的主体是否需要扩大解释存在不同认识。一种观点认为，对非法经营同类营业罪的犯罪主体不应扩大解释，应仅限于国有公司、企业的董事、经理，非国有公司的董事、经理，国有事业单位人员不符合本罪的主体特征。如在罗某非法经营同类营业一案中，裁判理由就持这种观点。2010 年以前，湖南人民广播电台是副厅级事业单位，交通频道是湖南人民广播电台的二级事业机构。2010 年 1 月 25 日，湖南广播影视集团、湖南人民广播电台、湖南电视台、湖南经济电视台被撤销，共同组建成立湖南广播电视台，为正厅级事业单位。永州市中级人民法院认为，虽然省政府有关文件批复对罗某所在单位实行企业化管理，但这种管理模式的选择不会改变事业单位的性质。事业单位的领导与国有公司、企业的董事、经理在产生方式、权力来源、权力运行等方面都具有根本的区别，公司、企业董事、经理的权力源于《公司法》，而事业单位领导的产生、权力来源、权力运行均具有行政性特征。因此，事业单位人员不属于国有公司、企业的董事、经理，不符合非法经营同类营业罪的主体要件。① 另一种观点认为，要结合特定历史阶段和事业单位的具体管理模式分析，不应一概而论。对于实行企业化管理具有经营性质的事业单位人员，符合一定条件的可以视为非法经营同类营业罪的主体。

我们赞同后一种观点。在特定历史时期，由于认识不足、体制不顺、法规不健全等原因，许多行政机关、部门与所办经济实体存在错综复杂的关联关系。直到 1993 年，中共中央办公厅、国务院办公厅联合下发《关于中央党政机关与所办经济

---

① 简红星、徐娟：《罗某非法经营同类营业罪——非法经营同类营业罪的认定》，载 ALPHA 优案评析。

实体和管理的直属企业脱钩有关问题的通知》,要求中央党政机关必须在1998年年底以前与所办经济实体和管理的直属企业完全脱钩,不再直接管理企业。然而,此后有相当长一段时间因各种因素并非所有的党政机关、部门都与经济实体完全脱钩,特别是有的事业单位本身就具有经济的性质。如人民法院出版社,属于最高人民法院的下级事业单位,但出版社一般都具有经营性质。此类事业单位,我们认为,本质上符合非法经营同类营业罪的主体特征。对于本案,我们赞同罗某不构成非法经营同类营业罪,但主要理由在于罗某从事的不属于"同类营业",而不在于其主体,其主体仍然符合非法经营同类营业罪的主体特征。

(二)国有公司、企业中职务名称不同但实质上行使董事、经理同类职权的情形。有的案件中,因企业成立背景、建制比较特殊,对行为人任命的职务名称不是董事、经理,但行为人实际行使类似董事、经理的职权。我们认为,此类主体依然符合非法经营同类营业罪的主体特征。如案例33宋某非法经营同类营业一案中,宋某主体身份是设计院的副院长,而不是董事、经理,宋某及其辩护人均主张宋某不符合非法经营同类营业罪的主体。该案经过一审、二审,法院均认定宋某符合非法经营同类营业罪的主体,判决宋某构成本罪。宋某不服遂提起再审申请,最高人民法院指定再审。再审法院河北省高级人民法院认为,宋某虽被任命的是副院长,但行使的职权与董事、经理无实质差别,认定宋某符合非法经营同类营业罪的主体特征。虽然本案再审后宣告无罪,但认定无罪的主要理由是宋某非法获取利益的事实不能成立,而不是主体身份不符合。该案再审判决关于主体身份的裁判说理可以作为同类案件裁判有价值的参考。①

二、"同类营业"必须具有同类行业商业机会竞争的本质属性,且从事此类经营一般侵犯或者影响所任职国有公司、企业谋取商业机会的利益。从事上下游行业经营的,不属于"同类营业"

关于"同类营业"的认定,实践中存在比较大的分歧。一般意义理解,"同类营

① (2016)最高法刑申34号(2018年6月21日);(2016)冀刑再5号(河北省高级人民法院,2016年3月3日)。

业是指生产或者销售同一品种或者类似品种的营业”。具体结合《刑法》第一百六十五条的规定，主要存在两种理解：

一种观点认为，只要国有公司、企业的董事、经理利用职务便利，促使其或者其特定关系人与其任职的单位从事购销、服务的，均属于“同类营业”。如某国有造船公司的董事、经理，利用职务便利，通过个人所经营的钢材销售公司向其所任职的造船公司供应钢材。对此，有观点认为，应当认定为非法经营“同类的营业”。主要理由是：虽然非法经营同类营业罪中“同类营业”的核心含义，是指与国有公司、企业的董事、经理所任职公司、企业具有横向竞争关系的营业，但从刑法解释论的角度看，核心含义并不完全等同于全部含义，刑法用语通常有必要作体系解释和目的解释。有鉴于此，将与国有公司对口进行的买卖经营活动，也可以理解为同类营业。① 我们认为，这种观点的主要逻辑起点是，此类行为具有严重的社会危害性和刑罚可罚性，但因刑法无明文规定，对国有公司、企业的董事、经理利用职务便利直接为本人经营的公司牟利无法适用为亲友非法牟利罪，如此可能造成刑法规制的漏洞，法律效果和社会效果不好。我们认为，为自己经营的公司直接牟利的行为无法适用为亲友非法牟利罪，应归因于为亲友非法牟利罪的立法问题，而不可将该问题牵强附会到非法经营同类营业罪中来解决。

另一种观点认为，非法经营同类营业罪属于妨害对公司、企业的管理秩序罪，②对“同类营业”的理解与适用可以借助《公司法》的相关规定。《公司法》第一百四十八条对“违反公司章程的规定或者未经股东会、股东大会同意，与本公司订立合同或者进行交易”和“未经股东会或者股东大会同意，利用职务便利为自己或者他人谋取属于公司的商业机会，自营或者为他人经营与所任职公司同类的业务”进行了明确区分。前者表述的核心词汇是“交易”，而后者是“谋取属于公司的商业机会”。据此，“同类营业”必须具有同类行业商业机会竞争的本质属性，且从

① 高洪江：《非法经营同类营业罪中“同类营业”的认定》，载最高人民法院刑一至五庭主编：《刑事审判参考》（总第112集），法律出版社2018年版，第253~256页。

② 有观点认为，非法经营同类营业罪是行政犯，我们认为，本罪不属于行政犯，在罪名设置上属于妨害对公司、企业的管理秩序罪。

事此类经营一般侵犯或者影响所任职国有公司、企业谋取商业机会。从事上下游行业经营的，不可能侵犯或者影响所任职国有公司、企业谋取商业机会，不属于“同类营业”。

综上，我们赞同对本案该节事实认定无罪。正如湖南省高级人民法院简红星、徐娟法官在本案评析中所论述，因欣怡公司与庄歌公司从事的是为湖南人民广播电台代理广告的业务，而湖南人民广播电台自己并没有广告代理业务，故欣怡公司、庄歌公司与湖南人民广播电台之间并不具有同业竞争关系。罗某参与欣怡公司、庄歌公司经营获取的 754.5 万元的行为属于违纪行为，不属于刑事法律规制的范围，对违纪所得应当追缴。

相关规定

《中华人民共和国公司法》

第一百四十八条　【董事、高管人员的禁止行为】董事、高级管理人员不得有下列行为：

…………

（四）违反公司章程的规定或者未经股东会、股东大会同意，与本公司订立合同或者进行交易；

（五）未经股东会或者股东大会同意，利用职务便利为自己或者他人谋取属于公司的商业机会，自营或者为他人经营与所任职公司同类的业务；

…………

【案例 33-34】宋某等非法经营同类营业案*

非法经营同类营业罪主体是否包括事业单位人员以及国有公司、企业中职务名称不同但职权类似的人员；国有公司、企业、事业单位人员利用职务便利，挂靠或者独立经营与其任职单位同类营业获取利益的，是构成受贿罪、贪污罪还是非法经营同类营业罪；因案发未实际获取利益的能否认定“获取非法利益”

关键词：

非法经营同类营业　事业单位人员　挂靠经营　独立经营　同类营业　获取非法利益　受贿　贪污

基本案情

33

宋某非法经营同类营业案：①宋某自1999年7月担任天津水泥工业设计研究院(以下简称设计院)副院长,分管科研开发、市场开拓和技术管理工作。2005年2月8日,宋某与杨某、胡某、陈某、赵某共同出资注册了天津历某科技发展有限公司(以下简称历某公司),宋某任董事长、法定代表人。此后,宋某等人动员设计院三四十名工程技术人员到历某公司工作。同年5月,宋某等

* 本文原载“刑水浮萍”微信公众号2022年3月3日《司法疑难之416》。

① (2016)最高法刑申34号(2018年6月21日);(2016)冀刑再5号(河北省高级人民法院,2016年3月3日)。

人将该设计院经营的广州石井德庆水泥厂有限公司(以下简称德庆公司)的设计项目,转由历某公司承接。因历某公司无设计资质,遂与北京凯盛建研建材设计有限公司(以下简称凯盛公司)联合。同年6月17日,历某公司、凯盛公司与德庆公司签订了设计费为人民币(以下币种同)210万元、服务费为18万元的工程设计合同。同月28日,德庆公司将合同定金(抵作设计费)42万元汇入历某公司账户。为掩盖事实真相,宋某将历某公司与德庆公司签订工程合同的时间改为2005年7月31日,又于同年8月19日将历某公司上述42万元以汇票的形式转入凯盛公司。原一审判决认为,被告人宋某身为国有企业高级管理人员,在任职期间又与他人共同注册成立公司,所经营的项目与其所任职企业的经营项目相同,并获取了非法利益,且数额特别巨大,其行为已构成非法经营同类营业罪;鉴于宋某归案后认罪态度较好,有悔罪表现,依法酌情予以从轻处罚。宋某不服,遂提起上诉。其和辩护人均辩称宋某的职务不属于国有公司、企业的经理;转到凯盛公司的42万元性质上属于定金,不是经营利润,宋某未获取非法利益。天津市人民检察院认为,原判认定的事实清楚,证据确实、充分,定罪准确,结合上诉人的犯罪情节和认罪态度,可以对宋某免予刑事处罚。

天津市高级人民法院经审理查明的事实、证据与原一审基本一致。该院认为,根据《刑法》规定,构成非法经营同类营业罪要求具有国有公司、企业的董事、经理的身份。天津水泥设计院是未进行公司改制的国有企业,法定代表人为院长,下设副院长和部门经理等。宋某是天津水泥设计院主管科研开发和市场工作的副院长,符合非法经营同类营业罪的主体要件。宋某在天津水泥设计院任职期间,利用职务便利,将其任职企业正在洽谈的项目转由自己经营的历某公司承接,并收取设计费42万元,应当认定非法经营同类营业,获取了非法利益,且数额巨大,其行为构成非法经营同类营业罪。鉴于宋某的行为未给国有企业造成实际损失,且归案后能深刻认识其行为的社会危害性,认罪态度好,确有悔罪表现,综合考虑本案具体情节,依法可对宋某免予刑事处罚。综上,维持对宋某定罪部分,撤销对宋某量刑部分,改判宋某犯非法经营同类营业罪,免予刑事处罚。宋某依然不服,向最高人民法院申诉。最高人民法院指令再审意见认为,原判认定宋某犯非法经营同类营业罪的事实不清,证据不足,适用法律错误,遂决定指令河北高级人民法院异地再审。

再审阶段,宋某主要提出:《刑法》要求非法经营同类营业罪的犯罪主体是“国有公司、企业的董事、经理”,案发时宋某并非该设计院的董事、经理,而是副院长;42 万元是定金,案发时合同履行才刚开始,42 万元还不是价款的一部分,不能认定为非法收益。原判定罪量刑适用法律错误。请求撤销原审判决,改判无罪。河北省人民检察院出庭意见认为,宋某具有非法经营同类营业罪的主体身份,但是认定其利用职务便利经营同类营业、获取非法利益且数额巨大的证据不足,建议河北省高级人民法院依法裁判。

河北省高级人民法院查明的事实、证据与原审基本一致,并综合裁判如下:(1)关于原审被告人宋某所提其不具有主体资格的辩解意见,经查,天津水泥设计院系国有资产监督管理委员会直接管理的国有企业,法定代表人为院长,下设副院长和部门经理等,虽然并未进行公司改制,但是其院长、副院长具有与公司、企业董事、经理相同的职能。宋某案发前的职务为国有企业天津水泥设计院副院长,分管科研开发、市场开拓和技术管理工作,其符合非法经营同类营业罪的主体身份,故对其所提不具有主体资格的辩解意见不予采纳。(2)关于 42 万元不是非法收益的辩解意见，经查，由于中材集团举报，宋某作为历某公司的董事长、法定代表人以及其他五名股东均涉案，导致德庆公司项目合同无法继续履行，该合同被解除，所预付42万元设计费定金未能转化为合同收益，故原裁判将42万元定金认定为非法利益且数额巨大依据不足，对其所提该部分辩解意见予以采纳。再审法院认为，原审被告人宋某的行为属于犯罪未遂，情节显著轻微，不构成犯罪。经审判委员会讨论决定，改判原审被告人宋某无罪。

34

任某非法经营同类营业罪：[①]被告人任某为某市水务局下属事业单位水利设计室主任（事业编制）。某市政府有一水利设计项目公开招标，要求设计单位具有水利工程乙级设计资质。任某遂找到A公司，约定设计室借用A公司资质，由A公司投标并中标，由设计室组织设计师（聘用制）实际设计。设计项目结束后，市政府将180万元设计费支付给A公司。A公司与设计室签订了虚假的劳务合同，扣除税费后，将170万元设计费转账给设计室任某等人。任某分给参与设计的人员100万元，其余70万元归其本人所有。任某的行为是构成贪污罪还是非法经营同类营业罪？

参考规则

原则上事业单位人员不符合非法经营同类营业罪的主体特征，但是事业单位实行企业化管理具有经营性质的除外。行为人在国有公司、企业中的职务名称虽然不是董事、经理，但实质上行使同类职权的，应当视为“国有公司、企业的董事、经理”。

---

① 本文原载“刑水浮萍”微信公众号2021年12月30日《司法疑难之406》。

国有公司、企业、事业单位人员利用职务便利，挂靠或者独立经营与其任职单位同类营业，影响其任职单位谋取商业机会，获取非法利益且数额巨大的，一般不构成受贿罪，仅以非法经营同类营业罪论处。

非法经营同类营业未实际获取收益的，不应认定“获取非法利益”。

规则解析

一、原则上事业单位人员不符合非法经营同类营业罪的主体特征，但是事业单位实行企业化管理具有经营性质的除外。行为人在国有公司、企业中的职务名称虽然不是董事、经理，但实质上行使同类职权的，应当视为“国有公司、企业的董事、经理”

鉴于案例32已经就该问题进行了详细分析，案例33、案例34仅就行为人在国有公司、企业中的职务名称不是董事、经理的情形进行简要论述。

在案例33宋某非法经营同类营业一案中，宋某主体身份是设计院的副院长，而不是董事、经理，宋某及其辩护人均主张宋某不符合非法经营同类营业罪的主体。该案原一审、二审法院均认定宋某符合非法经营同类营业罪的主体。后经最高人民法院指定异地再审。河北省高级人民法院再审认为，宋某所在设计院是未实行公司改制的企业，宋某被任命的职务名称虽然是副院长，但其行使的职权与董事、经理无异，故认定宋某符合非法经营同类营业罪的主体特征。虽然本案再审宣告无罪，但认定无罪的主要理由是宋某获取非法利益的事实不能成立，而不是身份主体不符合。该案再审判决关于主体身份的裁判说理可以作为同类案件裁判有价值的参考。在案例34任某非法经营同类营业一案中，任某担任某市水务局下属事业单位水利设计室主任（事业编制）。该设计室属于具有经营性质的国有事业单位，应当扩大解释视为“国有企业”。虽然设计室主任不是董事、经理，但实际行使的是类似董事、经理的职权，应当视为“国有企业的董事、经理”。

二、国有公司、企业、事业单位人员利用职务便利，挂靠或者独立经营与其任职单位同类营业，影响其任职单位谋取商业机会，获取非法利益且数额巨大的，一般不构成受贿罪，仅以非法经营同类营业罪论处

（一）国有公司、企业、事业单位人员利用职务便利，挂靠或者独立经营与其任职单位同类营业，获取非法收益的，不构成受贿罪

1. 从受贿罪入罪要件分析。根据《最高人民法院、最高人民检察院关于办理受贿刑事案件适用法律若干问题的意见》（以下简称《受贿意见》，法发〔2007〕22号）第一条、第三条之规定，关于以交易形式收受贿赂、以开办公司等合作投资名义收受贿赂，关键要看是否低价买进或者高价卖出、是否实际出资经营并按比例获取利润。案例33、案例34中，宋某、任某系实际出资经营（未出现明显不按实际出资比例分红的情况），不存在低价买进或者高价卖出情况，其行为性质不符合权钱交易本质特征，不构成受贿罪。

不符合受贿罪定罪要点一：低价买进或者高价卖出。《受贿意见》第一条“关于以交易形式收受贿赂问题”规定：“国家工作人员利用职务上的便利为请托人谋取利益，以下列交易形式收受请托人财物的，以受贿论处：一是以明显低于市场的价格向请托人购买房屋、汽车等物品的；二是以明显高于市场的价格向请托人出售房屋、汽车等物品的”。根据上述规定，对于市场交易等经营类情形，构成受贿罪必须齐备国家工作人员利用职务上的便利和低价买进或者高价卖出行为，仅仅利用职务上的便利进行市场交易不构成受贿罪。

不符合受贿罪定罪要点二：实际出资和未明显不按照出资比例获取利润。《受贿意见》第三条第二款规定：“国家工作人员利用职务上的便利为请托人谋取利益，以合作开办公司或者其他合作投资的名义获取利润，没有实际出资和参与管理、经营的，以受贿论处。”根据上述规定，国家工作人员经商、办企业与受贿的区分主要体现在四个方面：一是国家工作人员是否实际出资。国家工作人员与他人合作经商、办企业，要求国家工作人员实际出资。而在受贿情形中，一般是由请托人出资，而国家工作人员往往不会出资，或者打着借款的幌子出资但实际没有出资。二是国家工作人员是否实际参与管理、经营。正常的经商、办企业，股东都

会参与实际管理、经营。而受贿情形中，国家工作人员不会参与实际管理、经营，也不实际承担管理、经营风险。三是是否明显不按照出资比例和经营利润分红。国家工作人员经商、办企业，一般是按照公司经营业绩、公司章程和入股比例分红。而在受贿情形中，分红只是一个借口，与公司的业绩、入股比例没有关系。实践中，要容许误差，对于国家工作人员虽然超出一定比例分取利润但未达到明显程度的，依然应当认定为按照出资比例分红。四是财物产权归谁所有以及给付由谁支配。在受贿情形中，财物产权归请托人所有，财物是否给付亦由请托人支配。而经商、办企业，国家工作人员按照公司章程、股权和合作投资协议比例收取经营所得，财物给付由公司或者国家工作人员本人支配。

2. 从受贿罪出罪角度分析，将利用职务便利，挂靠或者独立经营与其任职单位同类营业，获取非法利益的行为认定受贿罪，违背立法原理。

从《刑法》规定分析，几乎所有非法经营同类营业、为亲友非法牟利的行为都涉嫌利用职务便利帮助自己或者亲友的公司、企业承揽业务或者交易，如果都以受贿罪论处，非法经营同类营业罪、为亲友非法牟利罪就没有适用的空间，这显然背离了立法原意。

无论是修正前的《公务员法》还是修正后的《公务员法》都明确将贪污、盗窃、行贿、受贿与从事或者参与营利性活动（经商、办企业）进行区分，并分别规定在不同的项。司法实践中，对经商、办企业等从事或者参与营利性活动与贪污、受贿也应当进行这种明确区分。修正后的《公务员法》第五十三条第十四项“从事或者参与营利性活动”规定并未将利用职务便利排除，由此表明即使是利用职务便利从事或者参与营利性活动，只要未通过低价买进或者高价卖出谋取私利，未明显超出实际出资比例分红，就应当与该五十三条第七项规定的“受贿”严格区分。

（二）工作之外利用职务便利自己经营或者为他人经营从事与其任职单位同类的营业，获取非法利益的一般不构成贪污罪

关于案例 34 的定性需要进一步查清事实，并区分以下两种情形分别认定：

1. 工作之外利用职务便利自己经营或者为他人经营从事与其任职单位同类

的营业（私下接活，约定报酬归个人所有），获取非法利益的情形。"工作之外"一般要求在工作时间之外且未利用单位软硬件设施条件。如果利用上班时间接活，即使是瞒着单位约定设计费归个人所有，报酬也应当归单位所有。虽然是工作时间之外，但利用了单位软硬件设施条件的，也应当按一定比例将报酬分给单位。国有公司、企业人员利用职务便利，非法占有该部分收益，数额较大的，可以构成贪污罪。

2. 工作期间利用职务便利自己经营或者为他人经营从事与其任职单位同类的营业，或者虽不是工作期间但主要利用单位软硬件设施条件，获取非法利益的，可构成贪污罪。以单位名义承揽业务或者从事交易（单位接活），报酬自然归单位所有。国有公司、企业人员采取不入账方式，私下分配报酬，属于侵吞国有公司、企业资产的行为，数额较大的，可以构成贪污罪。工作期间，国有公司、企业人员利用职务便利自己经营或者为他人经营从事与其任职单位同类的营业，或者虽不是工作期间但主要利用单位软硬件设施条件，侵吞该部分收益的，可以构成贪污罪。

（三）国有公司、企业、事业单位人员利用职务便利，挂靠或者独立经营与其任职单位同类营业，获取非法利益的，性质上属于非法经营同类营业行为

对于宋某、任某的行为是否构成非法经营同类营业罪，我们可以从非法经营同类营业罪的立法背景获取一些启示。1993 年 12 月全国人大常委会通过的《公司法》虽然明确规定"董事、经理违反本法规定自营或者为他人经营与其所任职公司同类的营业的，除将其所得收入归公司所有外，并可由公司给予处分"，但当时《刑法》（包括单行刑法）没有将此类行为规定为犯罪。1997 年修订《刑法》时，考虑到此类行为不仅严重破坏了公平的市场竞争秩序，也使本公司、企业的利益遭受损失。特别是国有公司、企业的董事、经理在这种表面合法形式的掩护下，将国有公司、企业的大量利益输送、转移到其个人或者亲友经营的其他同类营业公司、企业，损公肥私、非法攫取利益，使国家资产大量流失，危害性更大。因此，《刑法》将国有公司、企业董事、经理的这种行为规定为犯罪。

对非法经营同类营业罪中客观行为的认定，要把握以下三个要点：

1. 行为人必须具有具体的经营活动。即必须具有实质的经营行为,如果经营行为本身不存在,只是表象,不符合本罪的行为特征。[①] 具体的经营活动,包括自己经营和为他人经营。"自己经营",主要是指以私人名义另行注册公司或者以亲友名义注册公司,或者是在他人经办的公司、企业中入股进行经营的行为。

2. 具体的经营活动必须是利用职务便利。"利用职务便利",是指行为人利用自己在国有公司、企业担任董事、经理掌管材料、物资、市场、销售等职务上的便利条件。

3. 具体的经营活动必须与其所任职公司、企业经营活动属于同类营业。"同类的营业",必须具有同类行业商业机会竞争的本质属性,且从事此类经营一般会影响所任职国有公司、企业谋取商业机会。从事上下游行业经营的,不可能侵犯或者影响所任职国有公司、企业谋取商业机会,不属于"同类营业"(详见案例32)。

三、非法经营同类营业未实际获取收益的,不属于"获取非法利益"

关于非法经营同类营业罪中"获取非法利益"是行为层面的认定还是结果层面的认定,实践中存在不同认识。有观点认为,在受贿案件中,国家工作人员帮助请托人谋取包括承诺、实施和兑现三个阶段。参照这一理解,"获取非法利益"未必是指结果,也可以是指行为。我们认为,仅从"获取非法利益"的文义,难以得出令人信服的结论。对于非法经营同类营业罪,应当综合罪状中"获取非法利益""数额巨大"进行理解与适用。全国人大常委会法制工作委员会刑法室有关负责人朗胜、王爱立等在其主编的相关丛书中,均对此作了阐述。如王爱立主任主编的丛书认为,"所谓'数额巨大',是指……转移利润或者转嫁损失,获取了大量非法利润,国有公司、企业由此遭受重大损失。"该释义并未直接针对"获取非法利益",而是通过对"数额巨大"的解读顺带将"获取非法利益"进行了诠释。根据该观点,"获取非法利益"是指结果上已获取非法利益的情形。这一理解与最高人民

① 罗开卷:《论非法经营同类营业罪的认定及其与近似犯罪的界限》,载《政治与法律》2009 年第 5 期。

法院、最高人民检察院主编的相关丛书的观点基本一致。①

在案例 33 宋某非法经营同类营业一案中,历某公司、凯盛公司与德庆公司签订的 210 万元设计费、18 万元服务费,属于尚未兑现的合同权利,不计入获取的非法利益,控辩双方无异议。控辩焦点在于 42 万元定金是否计入获取的非法利益。宋某及其辩护人提出所收定金 42 万元不是非法收益的辩解意见,再审法院认为,由于中材集团举报,宋某以及其他五名股东涉案被查,导致德庆公司项目合同无法继续履行,所预付 42 万元设计费定金未能转化为合同收益,原判决将 42 万元定金认定为非法利益且数额巨大依据不足,对其所提该部分辩解意见予以采纳。遂以宋某的行为属于犯罪未遂,情节显著轻微,不构成犯罪,改判宋某无罪。我们赞同对宋某改判无罪,但对部分理由提出商榷意见。首先,基于前文分析,"获取非法利益"是指结果上获取了非法收益。如果没有实际获取收益,则不符合非法经营同类营业罪的客观构成特征,意味着不构成犯罪,而不是以犯罪未遂、情节显著轻微宣告无罪。其次,既然再审法院认为"将 42 万元定金认定为非法利益且数额巨大依据不足",该判断包含了 42 万元不应认定为非法利益(因为 42 万元属于数额巨大无异议),其结论必然是犯罪构成要件不齐备从而不构成犯罪,而不是仅对犯罪停止形态产生影响。犯罪构成要件与犯罪停止形态是不同层面的认定,前者是关涉罪名是否成立的问题,而后者是关涉犯罪成立的前提下既未遂的认定问题。

---

① 王爱立主编:《〈中华人民共和国刑法〉释解与适用》(上),人民法院出版社 2021 年版,第 400～401 页;周道鸾、张军主编:《刑法罪名精释》(第 4 版)(上册),人民法院出版社 2013 年版,第 278～279 页。

【案例35】张某等骗取贷款、非法吸收公众存款案*

单位犯罪后被裁定破产，检察机关坚持以自然人起诉的，如何把握相关程序衔接和确定依法返还、责令退赔等非刑罚措施

关键词：

骗取贷款　非法吸收公众存款　单位破产　注销　程序衔接　依法返还　责令退赔

基本案情

35

在H公司骗取贷款、非法吸收公众存款案件中，H公司因被上级法院裁定破产，破产程序尚在进行中，公诉机关对H公司未指控，仅指控了单位负责的主管人员和其他直接责任人员。目前，没有证据证明骗取的贷款、非法吸收的资金用于个人挥霍。针对该案，刑事判决判项中是否需要责令被告人张某退赔银行损失、集资参与人的集资款。如果判项中写明，如何处理刑事案件中的财产刑执行与上级法院破产程序的关系？经查阅中国裁判文书网，各地做法不一。即便是在被告单位和相关责任人员一并被指控的案件中，有的责令被告单位退赔，有的责令单位和相关责任人员一并退赔。

* 本文原载“刑水浮萍”微信公众号2019年5月11日《司法疑难之110》。

参考规则

案发前单位被裁定破产程序尚未完成注销登记，人民检察院针对单位实施的犯罪只作为自然人犯罪起诉的，人民法院应当建议人民检察院对犯罪单位追加起诉。人民检察院仍以自然人犯罪起诉的，人民法院应当依法审理，按照单位犯罪直接负责的主管人员或者其他直接责任人员追究刑事责任。

单位被指控后，刑事诉讼期间发生单位被吊销营业执照、宣告破产但尚未完成注销登记的，应当继续审理；被告单位已完成注销登记的，对单位犯罪直接负责的主管人员和其他直接责任人员应当继续审理。

对单位犯罪只作为自然人起诉的案件，如果对自然人的生效刑事判决发生在破产债权实现前，单位直接负责的主管人员和其他直接责任人员的财产不足以返还和责令退赔的，应当优先判处依法返还或者责令退赔，坚持非刑罚措施优于财产刑原则，可以适度对罚金或者没收财产从轻判处。破产债权实现后，优先补足返还或者责令退赔差额部分。依然有剩余的，再返还单位直接负责的主管人员或者其他直接责任人员。

如果对自然人的生效刑事判决发生在破产债权实现之后，应当先将实现的破产债权返还被害单位或者个人。不足部分，由单位直接负责的主管人员或者其他直接责任人员依法返还或者责令退赔，并参照前一种情形处理。

规则解析

一、关于程序衔接

司法实践中，单位涉嫌实施犯罪的，人民检察院对单位不加指控，仅作为自然人犯罪，对单位直接负责的主管人员和直接责任人员提起指控的情况比较多见。如单位实施涉众型犯罪，单位直接负责的主管人员和直接责任人员被公安机关先后羁押后，一旦对单位提起指控，为保证刑事诉讼顺利进行就需要尽快确定诉讼代表人。而在具体案件中确定诉讼代表人并不是件容易的事情。无人愿意担任诉讼代表人、无法确定诉讼参与人的情况非常普遍。可见，检察机关对单位不加指控,也有一定的客观因素使然。尽管如此,这种做法因在法律上存在瑕疵而依然受到诟病。

根据相关规定,裁定单位破产、吊销营业执照并不必然导致单位主体消亡。单位主体只有完成注销登记的,才真正在法律意义上消亡。单位实施犯罪后,被裁定破产但尚未完成注销登记前,人民检察院应当对单位提起指控。人民法院发现人民检察院应当对单位提起指控而未提起指控的,应当协调人民检察院追加指控。人民检察院拒不追加指控的,人民法院应当依照《最高人民法院关于适用〈中华人民共和国刑事诉讼法〉的解释》(以下简称《刑诉法解释》,法释〔2021〕1 号)第三百四十条的规定处理。《刑诉法解释》第三百四十条规定:"对应当认定为单位犯罪的案件,人民检察院只作为自然人犯罪起诉的,人民法院应当建议人民检察院对犯罪单位追加起诉。人民检察院仍以自然人犯罪起诉的,人民法院应当依法审理,按照单位犯罪直接负责的主管人员或者其他直接责任人员追究刑事责任,并援引刑法分则关于追究单位犯罪中直接负责的主管人员和其他直接责任人员刑事责任的条款。"

《刑诉法解释》第三百四十四条对刑事诉讼期间新发生被告单位被吊销营业执照、宣告破产的情况明确了处理原则。该条规定:"审判期间,被告单位被吊销营业执照、宣告破产但尚未完成清算、注销登记的,应当继续审理;被告单位被撤销、注销的,对单位犯罪直接负责的主管人员和其他直接责任人员应当继续审理。"需要提示的是,在法律意义上,清算、吊销、撤销和完成注销登记对单位主体消亡的法律意义明显不同,二者不可画等号。主体的消亡只有以注销登记为标准,而不是清算、撤销、吊销。建议将来《刑诉法解释》修改时,对此条规定加以完善。

二、关于非刑罚措施处理

依法返还、责令退赔,虽然一般要求在判决主项中载明,但性质上不属于刑罚,而属于非刑罚措施。因此,对其判处的自由裁量空间比刑罚更大。《刑法》第六十四条为非刑罚措施提供了直接依据。在此基础上,人民法院可以结合个案情况判处具体的非刑罚措施。

我们认为,对单位犯罪仅作为自然人起诉的案件,如果对自然人的生效刑事判决发生在破产债权实现前,单位直接负责的主管人员或者其他直接责任人员的财产不足以返还或者责令退赔的,应当优先判处依法返还或者责令退赔,坚持非刑罚措施优先财产刑原则,可以适度对罚金或者没收财产从轻判处。对于被害单位工作人员存在犯意引诱或者勾结行为,或者被害单位本身存在自陷风险情况,可以在适用非刑罚措施时借鉴和引入民事诉讼过错归责原则,以便在单位直接负责的主管人员和其他直接责任人员的财产不足以返还或者责令退赔时,酌情减少对被害单位或者个人依法返还、责令退赔的比例。破产债权实现后,优先补足之前返还、责令退赔差额部分。依然有剩余的,再返还单位直接负责的主管人员或者其他直接责任人员。

对单位犯罪仅指控自然人的情况,如果对自然人的生效刑事判决在破产程序终结之后,应当先将实现的破产债权返还被骗银行、集资参与人。不足部分,由单位直接负责的主管人员或者其他直接责任人员依法返还或者责令退赔,并参照前一种情形处理。

案例35张某等骗取贷款、非法吸收公众存款案,可以参考以上原则处理。

【案例 36】王某某骗取银行贷款案*

骗取银行贷款案件中"骗取"行为发生的时间节点是否包括取得贷款后阶段；本罪客观上是否要求虚假申请材料与骗取银行贷款具有因果关系；对于超值抵押不可能致使银行遭受特别重大损失的，能否依据数额特别巨大认定"特别严重情节"

关键词：

骗取贷款　骗取　贷款资金用途　虚假申请材料　发票　超值抵押　特别严重情节

基本案情

36

H 房地产公司系王某某独资成立的公司。2017 年 9 月，H 公司从沧州银行劝业场支行、黄骅支行贷款 1440 万元；2018 年 3 月贷款 1.2 亿元（实际 1.1 亿元）。向沧州银行贷款的主要流程是：H 公司提交申请，沧州银行相关支行派员到 H 公司实地调查，写出抵押贷款的调研报告。后交支行审议，支行审议通过后上报总部。总部的信贷部再派人到 H 公司进行复核，复核后上总部的审贷会，审贷会通过后由上报支行发放贷款。H 公司以骅都福苑住宅小区后期工程款和配套款向银行提出申请贷款，2017 年以大化

* 本文原载"刑水浮萍"微信公众号 2019 年 8 月 25 日《司法疑难之 164、165、166》。

氯碱厂的土地做抵押;2018年是以申捷拍的土地做抵押。抵押贷款房产,王某某出具了部分房产证和购房合同,银行进行了逐一登记。抵押担保真实可靠,且超出权利价值很多。H公司在贷款过程中所涉建设工程施工合同很多,其中与黄骅市某建筑安装工程有限公司签署的合同中有一份虚假建筑施工合同。但银行方面在审查时,并未作为通过贷款申请的理由。财务报表依据的是H公司的账目,经过税务部门调查,该账目含有虚假发票。侦查机关认定有97份假发票,涉及金额4602万余元,货物名称涉及钢筋、水泥、供热管材建筑材料。H公司相关直接责任人员均不明知发票是假的。H公司的现金会计未验证过发票的真伪,未在互联网上查询真伪,没有相关意识,不知道发票的真伪。

H公司与沧州银行相关支行明确约定了对贷款资金的使用用途,并明确了民事途径的解决办法。如《房地产借款合同》第二部分第七条约定:"7.1　按照本合同约定的期限和用途提取和使用借款,所借款项不以任何形式流入证券市场、期货市场以及相关法律法规禁止或限制的其他用途。"第九条进一步约定:"9.4　借款人未按合同约定用途使用借款的,贷款人有权自借用之日起,对挪用部分按本合同约定的挪用借款罚息利率计收罚息。"H公司获取贷款后改变了资金使用用途。

该案中,王某某是否构成骗取贷款罪?

参考规则

骗取贷款案件中"骗取"行为发生的时间节点是从申请贷款至取得贷款,取得贷款后不按约定使用贷款资金,不属于刑法意义上的"骗取贷款"。

骗取贷款罪要求虚假申请材料必须与骗取银行贷款具有刑法意义上的因果关系。开具虚假发票虚增成本只会表面上降低利润,与骗取贷款没有因果关系,不属于骗取银行贷款罪中的"骗取"。

对于贷款数额特别巨大，超值抵押不可能致使银行遭受特别重大损失的，不能仅依据数额特别巨大而认定“特别严重情节”。

规则解析

一、骗取贷款案件中“骗取”行为发生的时间节点是从申请贷款至取得贷款，取得贷款后不按约定使用贷款资金，不属于刑法意义上的“骗取贷款”

银行贷款主要审核三个方面：一是审查财务报表是否与公司账目一致；二是实地考察工地；三是审查抵押物。这三个方面都发生在申请贷款至取得贷款期间，而贷款资金使用用途发生在取得贷款之后，根本无法审查。借款人未在上述期间虚构事实、隐瞒真相，而是在取得贷款后，因突发情况或者其他客观事由确有必要调动资金解决问题，而未按约定用途使用贷款资金的，不属于刑法意义上的“骗取”。

如前所述，银行对申请贷款审查的重点不在资金使用用途，但为确保贷款资金安全，对资金使用用途一般会进行监督。但这种对贷款资金使用用途的监督和处罚限定在民事途径，特别是在借款人已提供足额担保的情形下，即使借款人未按约定使用贷款资金，银行一般也会睁一只眼闭一只眼。

实践中，借款公司在与银行签订的借贷合同、信贷合同中都会对贷款资金、信贷资金使用用途明确民事途径解决办法。比较典型的借贷合同范例如约定：“按照本合同约定的期限和用途提取和使用借款，所借款项不以任何形式流入证券市场、期货市场以及相关法律法规禁止或限制的其他用途。”“借款人未按合同约定用途使用借款的，贷款人有权自借用之日起，对挪用部分按本合同约定的挪用借款罚息利率计收罚息。”根据上述约定，借款公司未按合同约定用途使用借款的，银行可以对挪用部分按本合同约定的挪用借款罚息利率计收罚息。据此，从当事人意思自治和合同相对性原理出发，鉴于借贷双方均含有变更履行合同的预见和协调处理办法，对借款公司不按约定用途使用贷款资金的行为，应当按照借款合同相关条款处理，而不应拔高作为刑事犯罪予以规制。

二、骗取贷款罪要求虚假申请材料必须与骗取银行贷款具有刑法意义上的因果关系。开具虚假发票虚增成本只会表面上降低利润，与骗取贷款没有因果关系，不属于骗取银行贷款罪中的“骗取”行为

有的案件中，借款公司账簿中虽然被查出含有假发票，但该假发票不是直接报送的申请材料，而且仅涉及是否虚列开支事实，明面上是降低了利润，只会间接对贷款申请形成负面影响，而不会影响资产负债表等关键资料真实性的审查，与成功申请贷款没有因果关系。而有的案件中，借款公司提交了多份合同，仅部分合同是虚假的，但银行放款审查的是真实合同，并未将该虚假合同纳入审查范围，即真实合同足以覆盖全部银行贷款。据此，对申请贷款材料中含有虚假材料的，还要进一步从因果关系分析，综合认定是否属于使用欺骗手段骗取银行贷款。

（一）首先从申请材料审查，虚假材料是否属于直接申报的材料

银行审查的要核在于如何确保贷款发放后安全归还，这就决定了审查最重要的对象是资产负债表。借款公司的财务报表一般包含损益表、负债表。银行针对负债表中明细科目和收入成本进行了复核，并通过对销售台账审查复核收入。有的公司，可能为了规避税收，财务报表所依据的公司账目中可能含有假发票。但假发票并未出现在直接的贷款申请材料中，只是因为含在公司账目中，从而可能会对财务报表的真实性存在一些间接影响。因此，对直接申请材料是否人为造假的审查，是审查因果关系的第一步。

（二）从因果关系的关键因素审查，虚假申请材料是否对成功取得贷款起到实质影响

骗取贷款罪必须将银行贷款成功申请到手，这就有必要审查虚假材料与贷款申请成功之间的因果关系。即使假发票因虚列开支直接影响到财务报表，但因虚列开支只会降低利润，只会间接对贷款申请造成负面影响，故假发票与成功申请贷款不具有实质因果关系。

同理，从因果关系分析，借款公司贷款申请材料中含有虚假合同，但并不意味着一定构成骗取贷款罪。有的案件中，银行截取审查的是真实合同，银行审查后

认为该合同完全可以覆盖全部贷款额度为由发放贷款。如果存在此类情形,该虚假合同对成功申请贷款不具有实质上因果关系的,亦不能认定骗取贷款罪。

最后,需要重点提示的是,不少公司都存在或多或少的财务报表不规范,如果将银行贷款申请不重点聚焦在直接申请材料,而无限放大间接材料,只要认定间接材料中含有部分虚假材料就认定骗取贷款罪,这将对银行放贷行业造成极大冲击,对民营企业家的人身财产造成极大不安全感。

三、对于贷款数额特别巨大,超值抵押不可能致使银行遭受特别重大损失的,不能仅依据数额特别巨大而认定“特别严重情节”

2020 年 12 月 26 日,《刑法修正案(十一)》删去了“严重情节”的规定,仅保留了“特别严重情节”。这意味着在入罪门槛上,不再存在“严重情节”的认定争议。但在骗取贷款罪加重法定刑一档,仍然存在“特别严重情节”的认定分歧。对于借款公司、借款人已对借贷进行超值抵押和人保连带保证,不会致使银行遭受特别重大损失,但能否因贷款数额特别巨大而认定具有“特别严重情节”。我们认为,对于《刑法》中的“严重情节”“特别严重情节”,应当综合行为的动机、目的、手段、性质、次数、情节恶劣程度以及社会影响等进行认定,如果仅依据数额特别巨大认定具有“特别严重情节”,就意味着唯数额论,这与现代刑法理论的发展方向背道而驰,不正当地扩大了金融犯罪的打击范围。

随着《刑法》理论和实践的发展,对行为的定性不应唯数额论,这一理念突出体现在《刑法修正案(九)》对贪污贿赂罪罪状的修正。从修正后的《刑法》规定分析,数额与情节是不同的两种定罪量刑标准。如果综合申请贷款的动机、目的、手段、性质、次数、情节恶劣程度以及社会影响等,未达到“特别严重情节”的程度,那么就不应唯数额论,不应仅因贷款数额特别巨大而认定具有“特别严重情节”。

我国尚处于社会主义初级阶段,市场经济发展才刚刚起步不久,公司管理经营存在诸多不规范的地方。任何时候我们都应站在这个特定的历史阶段看待问题、考虑问题、评价问题。近几年来,民营企业发展遇到前所未有的挑战和考验。对一些案件的审理,要坚持贯彻中央关于民营企业处理的相关政策精神，既要依法处理，又要注重从民营企业不规范发展的特定历史阶段出发，坚持有利于化解社会矛盾、保护民营企业家产权安全和维护社会经济稳定原则，审慎作出定性处理。

相关规定

《中华人民共和国刑法》

第一百七十五条之一 【骗取贷款、票据承兑、金融票证罪】以欺骗手段取得银行或者其他金融机构贷款、票据承兑、信用证、保函等，给银行或者其他金融机构造成重大损失的，处三年以下有期徒刑或者拘役，并处或者单处罚金；给银行或者其他金融机构造成特别重大损失或者有其他特别严重情节的，处三年以上七年以下有期徒刑，并处罚金。

单位犯前款罪的，对单位判处罚金，并对其直接负责的主管人员和其他直接责任人员，依照前款的规定处罚。

【案例 37】甲骗取银行贷款案*

骗取贷款案件中欺骗行为与重大损失之间因果关系的认定对定罪的影响；办理银行抵押时隐瞒其与利害关系人的相关债权债务事实，后因利害关系人提出执行异议，造成银行无法行使抵押权，是否构成骗取银行贷款罪

关键词：

骗取银行贷款　因果关系　利害关系人　抵押　重大损失

基本案情

37

甲 2003 年把两块农村宅基地分别转让给乙和丙，收取转让费人民币（以下币种同）50 万元。乙、丙出资联合建造房屋 7 套并入住。2012 年 5 月，按照相关规定，房屋产权必须先登记在宅基地原所有人甲名下，故没有过户到乙、丙。同年 10 月，因甲的儿子银行贷款 2000 万元到期，需要追加抵押才能续贷，甲将 7 套产权拿到银行抵押 400 多万元，至 2015 年贷款没有还。甲拿着 7 套真实合法的产权向银行抵押，向银行隐瞒了"宅基地已出售且乙、丙出资联合建造并入住"的事实，致使银行遭受 200 多万元经济损失。甲的行为是否构成骗取贷款罪？

---

* 本文原载"刑水浮萍"微信公众号，首发于 2020 年 1 月 21 日《司法疑难之 234》。

参考规则

骗取贷款罪在客观上要求欺骗行为与损失后果存在刑法意义上的因果关系，不具有该因果关系的，不构成骗取贷款罪。

办理银行抵押时隐瞒其与利害关系人的债权债务事实，后因利害关系人提出执行异议，造成银行无法行使抵押权，致使银行遭受重大损失的，构成骗取贷款罪。

银行成功行使了抵押权，但因抵押率估高等其他原因，致使银行遭受重大损失的，隐瞒行为不构成骗取贷款罪。

规则解析

骗取贷款罪在客观上要求欺骗行为与损失后果存在刑法意义上的因果关系，不具有该因果关系的，不构成骗取贷款罪。据此，我们认为，案例37甲骗取银行贷款案中，应当首先查明银行遭受247万元损失的真实原因，然后根据有无发生刑法上的因果关系评判是否构成骗取贷款罪。

一、第一种情形：行为人办理银行抵押时隐瞒其与利害关系人的相关债权债务事实，后因利害关系人提出执行异议，造成银行无法行使抵押权，致使银行遭受重大损失的，构成骗取贷款罪

此种情形，针对银行主张的抵押权，乙丙提出执行异议，法院是否支持，法律依据不明，各地做法不一，因此存在不确定性。如果人民法院对乙、丙的异议予以支持，致使银行未实现抵押权，意味着甲隐瞒相关事实与银行遭受重大损失具有因果关系。由此可以认定甲使用欺骗手段取得银行贷款，致使银行遭受重大损失，可以构成骗取贷款罪。《最高人民法院关于人民法院办理执行异议和复议案件若干问题的规定》（法释〔2015〕10号，以下简称《执行异议复议规定》）第二十五条第一项规定："对案外人的异议，人民法院应当按照下列标准判断其是否系权利人：（一）已登记的不动产，按照不动产登记簿判断；未登记的建筑物、构筑物及其

附属设施，按照土地使用权登记簿、建设工程规划许可、施工许可等相关证据判断；……（五）其他财产和权利，有登记的，按照登记机构的登记判断；无登记的，按照合同等证明财产权属或者权利人的证据判断。”根据该条规定，虽然土地使用权登记簿是甲的名字，乙、丙可以根据建设工程规划许可、施工许可以及合同等相关证据主张异议，人民法院据此判断乙、丙是否系权利人。但实践中人民法院是否支持异议，则需要更加明确的指引。《执行异议复议规定》对金钱债权执行情形进行了明确规定，但并未对抵押权执行作出规定。根据该文件第二十九条的规定，金钱债权执行中，买受人对登记在被执行的房地产开发企业名下的商品房提出异议，在人民法院查封之前已签订合法有效的书面买卖合同、所购商品房系用于居住且买受人名下无其他用于居住的房屋、已支付的价款超过合同约定总价款的50%的，且其权利能够排除执行的，人民法院应予支持。该文件第三十条规定：“金钱债权执行中，对被查封的办理了受让物权预告登记的不动产，受让人提出停止处分异议的，人民法院应予支持；符合物权登记条件，受让人提出排除执行异议的，应予支持。”由上述规定分析，“权利能够排除执行”和抵押权是否适用第二十九条、第三十条的规定，存在认识分歧。这就给法院判决结果带来了不确定性因素。也正因如此，就有必要考虑另一种情形。

二、第二种情形：银行成功行使了抵押权，但因抵押率估高等其他原因，致使银行遭受重大损失的，隐瞒行为不构成骗取贷款罪

如银行成功行使了抵押权，但因银行工作人员在评估过程中对抵押价值严重高估，将本来50%的抵押率评估为80%，与行为人甲隐瞒“宅基地已出售，乙和丙出资联合建造并入住”的事实没有因果关系。由此表明，甲虽然具有欺骗手段行为，但并非致使银行遭受重大损失的主要原因，隐瞒行为与重大损失后果不具有刑法意义上的因果关系，其行为不构成骗取贷款罪。

【案例 38】张某等骗取银行贷款案*

行为人共谋骗取贷款，共同实施犯罪过程中，同案犯犯意转化为非法占有贷款的，对发生犯意转化的同案犯是以贷款诈骗罪一罪论处，还是实行骗取贷款罪和贷款诈骗罪并罚

关键词：

骗取贷款　贷款诈骗　共谋　犯意转化　非法占有目的

基本案情

38

张某欲骗取银行贷款使用，与李某共谋，商定由李某冒充张某编造虚假合同的相对人并提供账户。银行将贷款发放到李某的账户，李某取款后还了自己的外债。张某报案控告李某诈骗。请问张某、李某除构成骗取贷款罪共犯外，李某是否还构成其他犯罪？

参考规则

共同犯罪未必最终构成同一罪名。

行为人共谋骗取贷款，共同实施犯罪过程中，同案犯犯意转化为非法占有贷款的，未发生犯意转化的同案犯构成骗取贷款罪，对发生犯意转化的同案犯以贷

* 本文原载"刑水浮萍"微信公众号，首发于 2018 年 11 月 3 日。

款诈骗罪论处，无须数罪并罚。

规则解析

骗取贷款是指以欺骗手段取得银行或者其他金融机构的贷款，造成重大损失或者情节特别严重的行为。而贷款诈骗是指以非法占有为目的，诈骗银行或者其他金融机构的贷款的行为。本案中，张某、李某构成骗取贷款罪的共同犯罪，共同犯罪未必最终构成同一罪名。张某、李某共谋骗取贷款，共同实施犯罪过程中，李某犯意转化为非法占有贷款的，未发生犯意转化的张某构成骗取贷款罪，对发生犯意转化的李某以贷款诈骗罪论处。

通过比较，贷款诈骗罪除了非法占有目的，在客观表现上完全包含了骗取贷款罪的罪状。对于本案中李某犯意转化后非法占有银行贷款的行为，其编造虚假合同等行为被吸收到更重的贷款诈骗罪中，无须对其骗取银行贷款犯罪行为另行单独评价，仅以贷款诈骗罪一罪论处即可。

需要提示的是，本案中，李某对张某也存在一定的欺骗行为。李某本来是共谋帮张某骗取贷款，但李某获取贷款后非法占为己有，李某似乎还构成诈骗罪。我们认为，本案中，李某之所以能够非法占有银行贷款，是由于银行限于错误认识而交付了资金，李某与银行是犯罪嫌疑人与被害人的关系。而张某虽然对李某存在一定错误认识，但银行贷款是回到了李某的账户，张某并未实际占有和处分财产，张某不属于该笔贷款的被害人，故李某不构成诈骗罪。

【案例 39】靳某骗取金融机构贷款案*

小额贷款公司是否属于金融机构；使用部分虚假抵押材料取得小额贷款公司贷款的行为定性以及相关数额的认定

关键词：

骗取贷款　金融机构　小额贷款公司　虚假抵押材料

基本案情

被告人靳某向小额贷款公司申请贷款，以自己开发的 BT 项目中 1000 间铺面为抵押，先后 10 次贷款人民币（以下币种同）2 亿元。其后，双方对 10 次贷款合意形成最高额抵押，用打包方式对前述贷款形成新的还款方案，并替换部分抵押物（还是铺面，不过更换位置）。后来，资金链断裂无法归还贷款，扣除已支付全部利息之外本金只归还 1000 万元。小额贷款公司遂报警。侦查机关经查发现 1000 间抵押物中有 400 间已经销售后再抵押。在最高额抵押中的抵押物也存在先售后抵押的情形，但侦查机关未深入查证。侦查机关认为靳某将 400 间抵押物（折合价值 4500 万余元）在已销售的情况下设置抵押贷款，属于骗取贷款，遂对靳某以骗取贷 4500 余万构成骗取贷款罪提出指控。这种截取片段进行评价是否适当？而且，其后双方又

* 本文原载“刑水浮萍”微信公众号 2019 年 8 月 31 日《司法疑难之 155》。

形成新的最高额抵押和还款协议，是否有必要从刑事规制的角度对之前的行为进行评价？

参考规则

小额贷款公司属于金融机构。以欺骗手段骗取小额贷款公司贷款，给小额贷款公司造成重大损失的，构成骗取贷款罪。

使用部分虚假抵押材料骗取小额贷款公司贷款，在认定骗取贷款罪时要兼顾比例原则。认定构成骗取贷款罪的，应当按照虚假抵押的比例认定犯罪数额。对于虚假抵押比例明显偏小的，可以不作为犯罪处理。

规则解析

一、小额贷款公司属于金融机构。以欺骗手段骗取小额贷款公司贷款，给小额贷款公司造成重大损失的，构成骗取贷款罪

小额贷款公司是否属于金融机构，司法实践中存在不同认识。一种观点认为，小额贷款公司不属于金融机构。主要依据是：《非法金融机构和非法金融业务活动取缔办法》（国务院令 2011 年第 588 号）第三条规定："本办法所称非法金融机构，是指未经中国人民银行批准，擅自设立从事或者主要从事吸收存款、发放贷款、办理结算、票据贴现、资金拆借、信托投资、金融租赁、融资担保、外汇买卖等金融业务活动的机构。"严格依照该文件规定，金融机构必须经中国人民银行批准，小额贷款公司属于地方政府批准成立，未经中国人民银行批准，不符合"金融机构"的认定条件。

另一种观点认为，小额贷款公司属于金融机构。主要依据是：《关于小额贷款公司试点的指导意见》（银监发〔2008〕23 号）、《中国人民银行关于建立贷款公司和小额贷款公司金融统计制度的通知》（银发〔2009〕268 号）、《中国人民银行关于印发〈金融机构编码规范〉的通知》（银发〔2009〕363 号）、《关于印发〈金融业企业划型标准规定〉的通知》（银发〔2015〕309 号）、《关于批准发布〈国民经济行业分

类〉国家标准的公告》(国家标准公告2017年第17号)。特别是2018年最高人民法院出台的《关于上海金融法院案件管辖的规定》(法释〔2018〕14号,现已被法释〔2021〕9号修改)将小额贷款公司纳入管辖范围,在一定程度上已将小额贷款公司视为“金融机构”。

我们认为,如果以上文件尚未明确小额贷款公司的金融机构性质,那么2020年12月29日最高人民法院出台的《关于新民间借贷司法解释适用范围问题的批复》(法释〔2020〕27号)为小额贷款公司的金融机构属性提供了直接明确的法律依据。该批复规定:“经征求金融监管部门意见,由地方金融监管部门监管的小额贷款公司、融资担保公司、区域性股权市场、典当行、融资租赁公司、商业保理公司、地方资产管理公司等七类地方金融组织,属于经金融监管部门批准设立的金融机构”。2020年法释批复比公安部批复晚了9年多,且征求了同级金融监管部门的意见,表明该批复内容不仅代表最高人民法院的意见,而且代表银监会等部门的意见。至此,小额贷款公司的金融机构属性不应再成为控辩焦点。

小额贷款公司本身是为了缓解中小企业贷款难应运而生的,但因其吸金的独特优势,也吸引了一大批投机分子,导致小额贷款公司参与非法集资、放高利贷的不法现象频频发生。特别是,小额贷款公司在催收环节不同于银行,存在各种困难,迫使其雇用人员增加催收力量,这就难免激发暴力催收、威胁催收的情况。有的案件中,司法机关将小额贷款公司认定为非法集资参与人、认定为黑社会性质组织实体,在一定程度上掩盖和遮蔽了小额贷款公司的人格属性。我们认为,公司的人格属性与行为属性应当区分开来。小额贷款公司的人格属性是金融机构,而小额贷款公司在个案中被认定为集资参与人、黑社会性质组织实体是因其实施的某种行为而被认定违法,本质上是公司的行为属性违法,即公司实施了不该实施的行为。不应因部分案件中小额贷款公司被认定为集资参与人、黑社会性质组织,就否认其注册成立时的人格属性。

二、使用部分虚假抵押材料骗取小额贷款公司贷款，在认定骗取贷款罪时要兼顾比例原则。认定构成骗取贷款罪的，应当按照虚假抵押的比例认定犯罪数额。对于虚假抵押比例明显偏小的，可以不作为犯罪处理

使用部分虚假抵押材料骗取金融机构贷款，在认定骗取贷款罪时要兼顾比例原则。如贷款 1 亿元，行为人提供了 1.3 亿元价值的财物抵押，仅 100 万元对应的抵押材料是虚假的。虽然虚假抵押的绝对值有 100 万元，但虚假抵押的比例非常小，对此类行为认定骗取贷款罪应当审慎。我们认为，对于虚假抵押比例明显偏小的，可以认为情节显著轻微，不作为犯罪处理。

对于使用部分虚假抵押材料骗取金融机构贷款的，骗贷金额的认定应当坚持比例原则。在 2020 年《刑法修正案（十一）》颁布实施前，骗贷金额的认定可能涉及骗取贷款罪入罪的认定。《最高人民检察院、公安部关于公安机关管辖的刑事案件立案追诉标准的规定（二）》第二十七条规定，以欺骗手段取得银行或者其他金融机构贷款、票据承兑、信用证、保函等，数额在 100 万元以上的，应予立案。如贷款 200 万元，仅 50 万元贷款申请材料是虚假的，如果认定骗取贷款的数额为 200 万元，就符合立案追诉标准；如果按照对应的 50 万元虚假申请材料认定 50 万元，就未达到入罪标准。我们认为，此种情形，不宜按全额认定骗取贷款的犯罪数额，而应按照申请贷款虚假材料的比例进行认定，唯有如此才符合《刑法》的谦抑原则和罪责相适应原则。《刑法修正案（十一）》删除了"严重情节"，保留了"特别严重情节"，由此决定了贷款金额的认定一般不会影响入罪。尽管随着司法理论的发展，不应唯数额论已上升到主流观点，但在特定情形下，贷款金额的认定依然可能被作为"特别严重情节"的主要参考因素之一，影响罪与非罪、基本法定刑档与加重法定刑档的适用。总之，在贷款金额的认定上坚持比例原则，对于坚持罪责刑相适应原则，确保公正审判，具有重要意义。

以欺骗手段将贷款骗取到手后，重新制订还贷方案以及重新更换抵押物，不影响骗取性质的认定。骗取贷款的基本构成行为是骗取行为，必须发生在贷款申

请过程中;而制订还贷方案以及更换抵押物,发生在还贷过程中,故不影响骗取贷款行为性质的认定。

相关规定

1.《公安部经济犯罪侦查局关于小额贷款公司是否属于金融机构的批复》(公经金融〔2011〕153号)

根据《中华人民共和国商业银行法》、《非法金融机构和非法金融业务取缔办法》等法律行政法规的规定,我国境内(不含港、澳、台地区)的金融机构必须是由金融监督管理机构批准设立并监管、领取金融业务牌照、从事特许金融业务活动的机构。根据《中国银行业监督管理委员会》、《中国人民银行关于小额贷款公司试点的指导意见》(银监发〔2008〕23号),小额贷款公司是由自然人、企业法人与其他社会组织依照《中华人民共和国公司法》投资设立、不吸公众存款、经营小额贷款业务的有限责任公司或股份有限公司,省级人民政府承担小额贷款公司风险处置责任,并明确一个主管部门(金融办或相关机构)负责对小额贷款公司的监督管理。因此,从现行金融法律规定来看,小额贷款公司属非持牌的工商企业,目前不宜界定为金融机构。

2.《最高人民法院关于新民间借贷司法解释适用范围问题的批复》(法释〔2020〕27号)

广东省高级人民法院:

你院《关于新民间借贷司法解释有关法律适用问题的请示》(粤高法〔2020〕108号)收悉。经研究,批复如下:

一、关于适用范围问题。经征求金融监管部门意见,由地方金融监管部门监管的小额贷款公司、融资担保公司、区域性股权市场、典当行、融资租赁公司、商业保理公司、地方资产管理公司等七类地方金融组织,属于经金融监管部门批准设立的金融机构,其因从事相关金融业务引发的纠纷,不适用新民间借贷司法解释。

二、其它两问题已在修订后的司法解释中予以明确,请遵照执行。

三、本批复自2021年1月1日起施行。

【案例 40】H 公司骗取银行贷款案*

“还旧贷新”案件中伪造财务报表、购销合同申请新贷款是否构成骗取贷款罪；银行工作人员主导“还旧贷新”过程是否影响骗取贷款罪的定性

关键词：

骗取贷款　违法发放贷款　还旧贷新　财务报表　购销合同

基本案情

40

实践中，企业银行贷款中有部分系还清旧贷，再办理新贷。被告单位H公司还旧贷的资金来源是银行信贷员或者是客户经理协调其他企业拆借资金帮助被告单位还款，再由被告单位伪造财务报表、购销合同申请新贷款，待新贷款发放后再偿还第三方企业。此类情形，被告单位是否构成骗取贷款罪？

参考规则

“还旧贷新”案件中，还旧款资金来源不影响骗新贷行为性质的认定。

“还旧贷新”案件中，骗取贷款罪的认定主要审查是否使用欺骗手段骗取新贷以及由此产生的相关后果。被告单位伪造财务报表和购销合同申请新贷，致使金

* 本文原载“刑水浮萍”微信公众号 2019 年 10 月 14 日《司法疑难之 185、187》。

融机构遭受重大损失的，可以构成骗取贷款罪。

银行工作人员为了完成个人信贷任务、获取信贷奖励或者谋取其他个人利益而与客户勾结的，不影响骗取贷款罪的认定，但银行管理层明知的除外。

规则解析

一、“还旧贷新”案件中还旧款资金来源不影响骗新贷行为性质的认定

在“还旧贷新”案件中，要区分还旧款环节和贷新款环节。对于还旧款环节，无论还旧贷资金来源于银行信贷员、客户经理，还是其协调的其他企业，在法律性质上都不影响被告单位还款这一基本性质。骗取贷款罪，在“还旧贷新”案件中指的是骗取新贷过程中，银行因虚假申请材料陷入认识错误而作出放新贷的决定。还旧款与骗新贷属于前后在犯罪构成要件上关联不大的两个行为。

二、骗取贷款罪的认定主要审查是否使用欺骗手段骗取新贷以及由此产生的相关后果。被告单位伪造财务报表和购销合同申请新贷，致使金融机构遭受重大损失的，可以构成骗取贷款罪

“还旧贷新”案件中，要将审查重点聚焦到“贷新”这个环节，重点要审查与致使成功贷新这一结果具有因果关系的相关申请行为和使用的材料。财务报表和购销合同是申请贷款过程中比较重要的资料，与贷款审查通过具有重要因果关系。如果被告单位伪造财务报表和购销合同申请新贷，致使金融机构遭受重大损失的，可以构成骗取贷款罪。

三、银行工作人员为了完成个人信贷任务、获取信贷奖励或者谋取其他个人利益而与客户勾结的，不影响骗取贷款罪的认定，但银行管理层明知的除外。银行工作人员同时构成违法发放贷款罪的，按照处罚较重的罪名定罪处罚

司法实践中，银行工作人员可能为了完成个人信贷任务、获取信贷奖励或者谋取其他个人利益而与客户相互勾结。此种情形，要将银行和银行工作人员区分。银行工作人员与客户串通，使用虚假申请材料，致使银行陷入认识错误而发放贷款的，银行工作人员和客户可以构成骗取贷款罪的共犯。同时，银行工作人

员违反国家规定发放贷款，构成违法发放贷款罪的，对银行工作人员按照骗取贷款罪和违法发放贷款罪中处罚较重的罪名定罪处罚。银行工作人员与客户串通，使用虚假材料申请贷款，银行管理层明知的，银行工作人员和客户均不构成骗取贷款罪。此类行为往往发生在银行作为单位主体追求放贷业绩或者照顾关系户而故意放宽审查的情形。银行对其放宽审查产生的放贷风险有一定预判，但抱着侥幸心理能够避免，属于自陷风险行为，而不属于因陷入认识错误而发放贷款，故银行工作人员和客户均不构成骗取贷款罪。但此种情形银行工作人员和银行均在一定程度上破坏了金融管理秩序，数额巨大或者造成重大损失的，应当追究有关人员的刑事责任。此种情形，银行工作人员、银行均构成违法发放贷款罪，对直接负责的主管人员、直接责任人员均应追究刑事责任。

银行工作人员为了单位利益，与客户相互勾结，使用虚假材料申请银行贷款致使银行遭受重大损失，银行作为单位主体不明知申请材料是虚假的，依然不影响银行工作人员和客户构成骗取贷款罪的定性。此种情形，银行工作人员依然可能同时构成违法发放贷款罪，对银行工作人员按照两罪中处罚较重的罪名定罪处罚。

至于被告单位在骗取新贷后改变资金用途的行为，因本案被告单位本来就是虚构事实，没有真实资金用途，可以不作为入罪要件要素进行评价，而作为量刑情节予以考虑。

相关规定

《中华人民共和国刑法》

第一百七十五条之一 【骗取贷款、票据承兑、金融票证罪】以欺骗手段取得银行或者其他金融机构贷款、票据承兑、信用证、保函等，给银行或者其他金融机构造成重大损失的，处三年以下有期徒刑或者拘役，并处或者单处罚金；给银行或者其他金融机构造成特别重大损失或者有其他特别严重情节的，处三年以上七年以下有期徒刑，并处罚金。

单位犯前款罪的，对单位判处罚金，并对其直接负责的主管人员和其他直接责任人员，依照前款的规定处罚。

第一百八十六条 【违法发放贷款罪】银行或者其他金融机构的工作人员违反国家规定发放贷款，数额巨大或者造成重大损失的，处五年以下有期徒刑或者拘役，并处一万元以上十万元以下罚金；数额特别巨大或者造成特别重大损失的，处五年以上有期徒刑，并处二万元以上二十万元以下罚金。

银行或者其他金融机构的工作人员违反国家规定，向关系人发放贷款的，依照前款的规定从重处罚。

单位犯前两款罪的，对单位判处罚金，并对其直接负责的主管人员和其他直接责任人员，依照前两款的规定处罚。

关系人的范围，依照《中华人民共和国商业银行法》和有关金融法规确定。

【案例 41-42】文某某等骗取银行贷款、违法发放贷款案*

银行工作人员明知客户提供虚假贷款资料而审核通过，给银行造成重大损失的，客户是否构成骗取贷款罪；对银行工作人员是认定骗取贷款罪还是违法发放贷款罪

关键词：

骗取贷款违法发放贷款　银行工作人员　明知　虚假贷款资料　重大损失

基本案情

41

文某某等骗取贷款、票据承兑、金融票证案：①被告人文某某原系北京建工集团彭州分公司项目经理、锐锋公司实际负责人。被告人古某某系锐锋公司股东。被告人刘某某系北京建工集团彭州分公司实际负责人。被告人李某、尹某某系被告单位成都金某园林绿化有限公司股东。2013 年年初，文某某通过刘某某介绍认识原中信银行成都领事馆支行行长张某(另案处理)。经张某1 介绍，文某某欲通过以北京建工集团彭州分公司开具的商业承兑汇票作为权利质押的方式向银行贷款，以解决个人资金紧缺问题。2013 年至 2015 年，文某某找到金某公司李某，试图让金某公

* 本文原载“刑水浮萍”微信公众号 2021 年 4 月 15 日《司法疑难之 358》。

① (2018)川 0191 刑初 198 号(2018 年 8 月 15 日);(2018)川 01 刑终 1114 号(2018 年 12 月 20 日)。

司作为贷款主体帮其贷款，承诺金某公司无息使用部分贷款。金某公司经股东会讨论，一致同意作为虚假贷款主体帮助文某某等人贷款。此外，文某某还收购了锐锋公司。

文某某在征得刘某某同意后，以北京建工集团彭州分公司的名义从浦发银行科华支行购买了空白的商业承兑汇票；在未经北京建工集团授权的情况下，向虚假债权人金某公司、锐锋公司开具了商业承兑汇票；同时，指使刘某某、古某某、李某用金某公司、锐锋公司冒充北京建工集团彭州分公司的供应商，虚构北京建工集团彭州分公司与锐锋公司、金某公司存在合同关系。

后文某某伙同古某某等人以金某公司、锐锋公司作为虚假贷款主体，以虚开的商业承兑汇票作为权利质押，并在银行工作人员张某1、毛某（另案处理）的指导下伪造贷款所需的财务报表等资料，骗取银行贷款，所贷款项通过中灿公司等账户转至文某某指定的账户。其中，以金某公司名义向中信银行成都分行贷款人民币（以下币种同）3000万元，向平安银行成都分行贷款2000万元；以锐锋公司名义向中信成都分行贷款2000万元。截至庭审结束之日，共计有6331.470144万元贷款本金尚未归还。

一审法院认为，文某某等人利用虚构合同关系、虚构贷款资料、虚构贷款主体等欺骗手段，骗取中信银行成都分行、平安银行成都分行贷款，给上述银行造成特别重大损失。银行工作人员张某1、毛某等人，明知贷款材料虚假、贷款用途系虚构等情况，仍然积极帮助文某某完善贷款相关手续，是典型的银行员工与外部人员内外勾结，共同骗取贷款的行为。银行内部人员违反商业银行法律相关规定，伙同他人骗取银行贷款，其行为并非为了单位利益，也违反了自身工作职责，属于其个人行为，不具有银行的代表性，应当构成骗取贷款罪的共犯。对于银行而言，最终是否为企业提供贷款，具有相应审批流程，而并非由支行经办人员或者其他客户经理来决定。本案涉案两家银行同意发放贷款，正是基于文某某等人伙同银行员工提供的虚假材料，系受欺骗所为，不应当认定银行具有重大过错（其他评判意见略）。据此，被告人文某某、古某某、刘某某，与被告单位成都金某园林绿化有限公司共谋，以欺骗手段取得银行贷款，案发后不能归还，给银行造成特别重大损失，其行为构成骗取贷款罪。李某系被告单位金某公司直接负责的主管人员，尹某某是被告单位金某公司的直接责任人员，二被告人的行为亦构成骗取贷款罪。公诉机关指控的事实及罪名成立。本案系共同犯罪，被告人文某某对于整个犯罪起到了积极作用，最终贷款资金也由文某某实际控制，应当认定为主犯；被告人古某某、刘某某，被告单位金某公司及其相关责任人员等在犯罪中起次要、辅助作用，应当认定为从犯，依法应从轻、减轻处罚。一审法院综合各种量刑情节，对文某某等人依法作出判罚。宣判后，刘某某、李某、金某公司不服，提出上诉。二审法院认为，一审法院审判程序合法，认定事实清楚，适用法律正确，量刑适当，遂裁定驳回上诉，维持原判。

42

某州银行股份有限公司、靳某波、彭某等骗取贷款案：[①]2015年9月至2018年8月，某州银行股份有限公司（以下简称某州银行）股东赵某（另案处理）指使银行内部和银行外部人员，以多户联保的形式，冒充他人名义，制作虚假贷款合同从某州银行骗取贷款，骗取的贷款归赵某使用。

银行外部在赵某的指使下由被告人靳某波总负责，被告人彭某、方某华制作整理虚假贷款资料。杨某军指派靳某考、靳某、吕某波等人携带虚假的贷款资料送往某州银行小樵支行、周头支行、总十庄支行、马于支行、槐树支行、元头支行进行贷款审批，并

① （2020）冀0183刑初87号（2020年11月16日）。

办理贷款支取、偿还等业务。

银行内部由某州银行副行长于某某(在逃)负责安排、协调各支行违规违法审批发放联保贷款,各支行工作人员被告人周某松、郭某1等人在赵某的指使和胁迫下对上述银行外部人员提供的贷款资料不进行审查、不入户调查,编造贷款调查报告等,制作联保贷款审批手续进行审批发放贷款,综合保障部经理被告人张某辉指使、督促各支行尽快发放虚假联保贷款。经审计,赵某等人共骗取某州银行联保贷款17 114笔,共计260 057万元,已偿还贷款10902笔140 174万元,未偿还贷款6212笔119 883万元。经审计,晋州银行工作人员违法发放贷款情况……

晋州市人民法院认为,被告人靳某波在赵某的指使下伙同彭某等人制作虚假的贷款资料,骗取银行贷款,被告人张某辉督促各支行尽快发放虚假联保贷款,给银行造成特别重大损失,其行为均构成骗取贷款罪。被告人周某松、郭某1等人作为银行工作人员,在明知是虚假的贷款资料的情况下,仍然违反国家规定发放贷款,数额特别巨大,其行为均构成违法发放贷款罪。据此,晋州市人民法院依法判决被告人分别构成骗取贷款罪、违法发放贷款罪。

参考规则

银行工作人员与客户勾结,使用虚假申请材料骗取银行贷款,给银行或者其他金融机构造成重大损失的,银行工作人员和客户可以构成骗取贷款罪的共犯。银行工作人员同时构成违法发放贷款罪的,按照两罪中处罚较重的罪名定罪处罚。双方没有勾结的,对银行工作人员、客户分别按各自构成的罪名论处。

银行工作人员与客户具有前款情形,银行管理层明知的,银行工作人员和客户均不构成骗取贷款罪。骗取贷款数额巨大或者造成重大损失的,银行以及银行

工作人员均构成违法发放贷款罪，对直接负责的主管人员和直接责任人员依法追究刑事责任。

规则解析

一、银行工作人员与客户勾结，使用虚假申请材料骗取银行贷款，给银行或者其他金融机构造成重大损失的，银行工作人员和客户可以构成骗取贷款罪的共犯。银行工作人员同时构成违法发放贷款罪的，按照两罪中处罚较重的罪名定罪处罚。没有勾结的，分别按各自构成的罪名处理

如案例41中，文某某等人通过虚构合同关系、虚构贷款资料、虚构贷款主体等欺骗手段，骗取中信银行成都分行、平安银行成都分行贷款，给上述银行造成特别重大损失。银行工作人员张某1、毛某等人，在明知贷款材料虚假、贷款用途系虚构等情况，仍然积极帮助文某某完善贷款相关手续，是典型的银行员工与外部人员内外勾结，共同骗取贷款的行为。银行内部人员违反商业银行法律相关规定，伙同他人骗取银行贷款，其行为并非为了单位利益，也违反了自身工作职责，属于其个人行为，不具有银行的代表性，应当构成骗取贷款罪的共犯。对于银行而言，最终是否为企业提供贷款，具有相应审批流程，而并非由支行经办人员或者其他客户经理来决定，涉案两家银行同意发放贷款，正是基于文某某等人伙同银行员工提供的虚假材料，系受欺骗所为，因此不应当认定银行具有重大过错。

银行工作人员为了增加个人业绩，或者为了固化和稳定客户资源，保持与客户紧密的关联关系，与客户勾结，在明知客户提供虚假贷款材料的情况下，睁一只眼闭一只眼，甚至为客户支招，指导客户提供虚假贷款资料。此种情形，银行工作人员的意思表示属于个体行为。银行工作人员明知，不代表银行作为单位主体明知。基于这一主体区别，银行工作人员与客户的以上行为致使银行遭受重大损失的，均构成骗取银行贷款罪。需要注意的是，如果银行工作人员不明知，仅仅是审查时不负责任，不构成骗取贷款罪的共犯。银行工作人员与客户勾结，明知申请贷款的资料是虚假的，仍然审查通过，属于违反国家规定发放贷款的行为，其行为

同时构成违法发放贷款罪和骗取贷款罪，按照两罪中处罚较重的罪名定罪处罚。如案例 42 中，被告人周某松、郭某 1、任某 1 等人作为银行工作人员，在明知是虚假的贷款资料的情况下，仍违反国家规定发放贷款，数额特别巨大，其行为均构成违法发放贷款罪。

需要说明的是，我们赞同该案中法院判决认定银行工作人员构成违法发放贷款罪的意见，但是这种认定究竟是单独的罪名认定还是两罪处断后的认定，一审、二审法院均未在裁判说理中说明。基于前述分析，对于银行工作人员与客户勾结情形，认定以违法发放贷款罪论处应当是两罪处断的结果。只有银行工作人员与客户没有串通勾结，才分别以各自构成的罪名论处。

二、银行工作人员与客户勾结，使用虚假申请材料骗取银行贷款，银行明知的，银行工作人员和客户均不构成骗取贷款罪

银行工作人员发现客户提供虚假贷款资料后，经报业务经理、贷审委员会，银行管理层知情但未提出反对意见的，应当视为银行明知。银行作为单位主体，明知申请贷款的材料虚假而发放贷款，具有多种因素。有的是因为照顾关系户，有的是为了追求放贷业绩。不管具体是哪种情形，银行对其放宽审查产生的放贷风险有一定预判，但抱着侥幸心理能够避免，属于自陷风险行为，而不属于因陷入认识错误而发放贷款，故银行工作人员和客户均不构成骗取贷款罪。

司法实践中，有观点认为，骗取贷款罪的客体是破坏金融管理秩序，而不是银行的合法权益。无论银行是否受骗，提供虚假的贷款资料只要侵犯了金融管理秩序，就可以构成骗取贷款罪。这种观点值得商榷。主要理由是：(1) 客体仅是犯罪构成的一个方面，仅仅是侵犯客体依然不足以构成犯罪。对于骗取类犯罪，必须在客观方面确定行为的具体对象，且该对象因被骗而陷入认识错误。如果对象没有受骗，根本未陷入认识错误，则不符合骗取贷款罪的客观特征。(2) 从共犯原理分析，如果明知行为人提供虚假的贷款资料，依然审核通过并发放贷款，属于违反国家规定发放贷款的行为，破坏金融管理秩序的，可以构成违法发放贷款罪，未必一定要适用骗取贷款罪追究刑事责任。此种情形，认定银行构成骗取贷款罪的共犯，显然不合理。银行作为单位主体，自己骗取自己的贷款，有违常识常情常理。

三、银行工作人员与客户勾结，使用虚假申请材料骗取银行贷款，数额巨大或者造成重大损失，银行管理层明知的，银行以及银行工作人员均构成违法发放贷款罪，对直接负责的主管人员和直接责任人员依法追究刑事责任

银行工作人员与客户勾结，使用虚假申请材料骗取银行贷款，银行管理层明知的，虽然此种情形银行和银行工作人员均不构成骗取贷款罪，但银行作为单位主体、银行工作人员作为单位直接责任人员主体，均严重破坏了金融管理秩序，属于违反国家规定发放贷款的行为，贷款数额巨大或者造成重大损失的，构成违法发放贷款罪。对单位及该工作人员均应追究刑事责任。银行构成单位犯罪的，依法应当追究直接负责的主管人员的刑事责任。

相关规定

1.《中华人民共和国刑法》

第一百七十五条之一 【骗取贷款、票据承兑、金融票证罪】以欺骗手段取得银行或者其他金融机构贷款、票据承兑、信用证、保函等，给银行或者其他金融机构造成重大损失或者有其他严重情节的，处三年以下有期徒刑或者拘役，并处或者单处罚金；给银行或者其他金融机构造成特别重大损失或者有其他特别严重情节的，处三年以上七年以下有期徒刑，并处罚金。

单位犯前款罪的，对单位判处罚金，并对其直接负责的主管人员和其他直接责任人员，依照前款的规定处罚。

第一百八十六条 【违法发放贷款罪】银行或者其他金融机构的工作人员违反国家规定发放贷款，数额巨大或者造成重大损失的，处五年以下有期徒刑或者拘役，并处一万元以上十万元以下罚金；数额特别巨大或者造成特别重大损失的，处五年以上有期徒刑，并处二万元以上二十万元以下罚金。

银行或者其他金融机构的工作人员违反国家规定,向关系人发放贷款的,依照前款的规定从重处罚。

单位犯前两款罪的,对单位判处罚金,并对其直接负责的主管人员和其他直接责任人员,依照前两款的规定处罚。

关系人的范围,依照《中华人民共和国商业银行法》和有关金融法规确定。

2.《中华人民共和国商业银行法》(2015 年 10 月 1 日施行)

第三十五条　商业银行贷款,应当对借款人的借款用途、偿还能力、还款方式等情况进行严格审查。

商业银行贷款,应当实行审贷分离、分级审批的制度。

第三十六条　商业银行贷款,借款人应当提供担保。商业银行应当对保证人的偿还能力,抵押物、质物的权属和价值以及实现抵押权、质权的可行性进行严格审查。

经商业银行审查、评估,确认借款人资信良好,确能偿还贷款的,可以不提供担保。

第三十七条　商业银行贷款,应当与借款人订立书面合同。合同应当约定贷款种类、借款用途、金额、利率、还款期限、还款方式、违约责任和双方认为需要约定的其他事项。

第三十八条　商业银行应当按照中国人民银行规定的贷款利率的上下限,确定贷款利率。

第三十九条　商业银行贷款,应当遵守下列资产负债比例管理的规定:

(一)资本充足率不得低于百分之八;

(二)流动性资产余额与流动性负债余额的比例不得低于百分之二十五;

（三）对同一借款人的贷款余额与商业银行资本余额的比例不得超过百分之十；

（四）国务院银行业监督管理机构对资产负债比例管理的其他规定。

本法施行前设立的商业银行，在本法施行后，其资产负债比例不符合前款规定的，应当在一定的期限内符合前款规定。具体办法由国务院规定。

第四十条　商业银行不得向关系人发放信用贷款；向关系人发放担保贷款的条件不得优于其他借款人同类贷款的条件。

前款所称关系人是指：

（一）商业银行的董事、监事、管理人员、信贷业务人员及其近亲属；

（二）前项所列人员投资或者担任高级管理职务的公司、企业和其他经济组织。

第四十一条　任何单位和个人不得强令商业银行发放贷款或者提供担保。商业银行有权拒绝任何单位和个人强令要求其发放贷款或者提供担保。

【案例 43-45】高某等骗取贷款、票据承兑案*

在骗取贷款、票据承兑案件中提供足额担保是否属于绝对阻却犯罪事由；如何把握“特别严重情节”的认定

关键词：

骗取贷款　票据承兑　足额担保　特别严重情节　阻却犯罪事由

基本案情

43

高某等人骗取贷款、票据承兑案：①被告人高某骗取银行贷款、票据承兑人民币（以下币种同）33 718 万元，其中案发后担保公司代偿 13 345.2471 万元（包括利息），银行从高某及其公司账户扣划 13 466.492354 万元（包括利息），有抵押贷款及敞口金额为本金 5908 万元。受高某指使，被告人姚某参与骗取 20 次、冯某参与骗取 5 次、高某参与骗取 16 次、魏某冬参与骗取 11 次、魏某颖参与骗取 13 次、高某美参与骗取 6 次、冯某参与骗取 12 次、李某参与骗取 10 次。

具体事实如下：

1. 2013 年 1 月 29 日，被告人高某安排被告人姚某、高某、魏某冬、冯某，以杰辉化工公司购买煤炭为由，提供虚假的煤炭购销

* 本文原载“刑水浮萍”微信公众号 2022 年 3 月 13 日《司法疑难之 417》。

① （2016）皖 04 刑终 150 号（2016 年 11 月 28 日）。

合同等资料,以魏某冬个人名义向徽商银行淮舜路支行申请贷款200万元,期限1年。高某安排鑫融公司为此笔贷款提供足额担保。贷款发放后被高某使用。案发后,2014年2月1日,徽商银行淮舜路支行从鑫融公司账户划扣200.7366万元(含利息)。

…………

3.2013年7月4~8日,被告人高某安排被告人姚某、高某、魏某冬、冯某,以杰辉化工公司购买煤炭为由,提供虚假的煤炭购销合同等资料,向徽商银行淮舜路支行申请银行票据承兑1000万元(敞口500万元),期限1年。杰辉化工公司向徽商银行淮舜路支行缴纳保证金500万元,敞口部分由高某安排鑫融公司提供足额担保。贷款发放后被高某使用。案发后,徽商银行淮舜路支行从杰辉化工公司账户划扣3370.54元,从鑫融公司账户划扣499.7628万元(含利息)。

…………

28.2013年11月29日、12月2日,被告人高某安排被告人姚某、冯某、高某美、魏某颖,以锦新能公司购买煤炭为由,提供虚假的煤炭购销合同等资料,向浦发银行淮南支行申请银行票据承兑两笔,共2000万元(敞口1000万元)。锦新能公司以高某美在浦发银行淮南支行的两张500.01万元的存单作为保证金,两笔银承的敞口部分以鑫融公司名下的田家庵区国庆街道百花园社区舜耕中路南侧97号主楼4~5层、主楼1层西户及主楼10层三处房产做抵押。银承发放后被高某个人使用。案发后,浦发银行淮南支行划扣保证金1000.02万元,其余部分尚未偿还。

鉴于篇幅有限,其他骗取贷款、票据承兑,集资诈骗,信用卡诈骗事实不再一一列举。

检察机关指控高某等人骗取银行贷款、票据承兑罪、集资诈骗罪、信用卡诈骗罪。一审法院认定公诉机关指控的罪名成立。

高某等人不服,提起上诉。

关于高某辩护人提出的骗取贷款、票据承兑罪不应认定为情节严重,应在三年以下有期徒刑量刑的辩护意见。二审法院经查,高某伙同他人编造虚假的煤炭购销合同,欺骗银行高达28次,骗取贷款、票据承兑共计金额33 718万元,数额特别巨大,严重破坏了金融管理秩序,属于犯罪情节特别严重,依法应当判处三年以上七年以下有期徒刑,并处罚金。该辩护意见不能成立,不予采纳。二审法院遂裁定驳回上诉,维持原判。

44

李志某、李洪某骗取贷款案:[①]2014年1月至10月,被告人高某某、杜某某作为秦皇岛某能源贸易有限公司的实际控制人,通过安排景某某伪造淄博淄矿煤炭运销有限公司的相关印章、安排曹某某冒充该公司的工作人员在《应收账款核实确认书》上签名、安排公司工作人员李志某、李洪某伪造秦皇岛某能源贸易有限公司与淄博淄矿煤炭运销有限公司签订的《煤炭买卖合同》《煤炭结算单》等相关申请贷款材料,从交通银行股份有限公司秦皇岛分行骗取还款期限为6个月的保理贷款7次,贷款额共计1.825亿元,将贷款用于其二人控制的其他公司进行经营。

2013年6月7日,被告人高某某、杜某某、秦皇岛玖龙房地产开发有限公司(实际控制人为高某某、杜某某,注册资金1亿元)与交通银行秦皇岛分行签订最高额保证合同,对秦皇岛某能源贸易有限公司在交通银行秦皇岛分行编号为A××××××××××6的所有贷款承担连带保证责任,保证期限为1年;2014年6月25日,高某某、杜某某、秦皇岛玖龙房地产开发有限公司、秦皇岛融玉达仁房地产开发有限公司(注册资金5000万元)与交通银行秦皇岛

① 一审判决(2018)鲁0302刑初64号(2018年10月19日);二审裁定(2018)鲁03刑终218号(2019年1月2日)。

分行签订最高额保证合同,对秦皇岛某能源贸易有限公司在交通银行秦皇岛分行编号为 A××××××××××2 的所有贷款承担连带保证责任,保证期限为 1 年。

对该部分事实,一审法院认为,虽然被告人高某某等人在七笔保理贷款中有伪造淄博淄矿煤炭运销有限公司相关贷款手续的行为,但秦皇岛某能源贸易有限公司在贷款期限内均按期归还了贷款本金,未给交通银行秦皇岛分行造成损失,也未给淄博淄矿煤炭运销有限公司造成经济损失和名誉损失,情节显著轻微,社会危害性不大,不应认定为犯罪。

2015 年 1 月至 2015 年 3 月,被告人高某某、杜某某作为秦皇岛某能源贸易有限公司的实际控制人,通过使用景某某找他人伪造的淄博淄矿煤炭运销有限公司的相关印章、安排曹某某冒充该公司的工作人员在《应收账款核实确认书》上签名、安排公司工作人员李志某、李洪某伪造秦皇岛某能源贸易有限公司跟淄博淄矿煤炭运销有限公司的《煤炭买卖合同》《煤炭结算单》等相关贷款手续的手段,从交通银行秦皇岛分行骗取还款期限为 6 个月的保理贷款 3 次,贷款金额共计 5750 万元,将贷款用于其二人控制的其他公司进行经营。

对该部分事实,一审法院认为,被告人高某某、杜某某、李志某、李洪某等人采取使用伪造的印章伪造虚假的买卖合同等欺骗手段取得银行贷款,具有特别严重情节,其行为均构成骗取贷款罪。宣判后,原审被告人李志某不服,提起上诉。其中比较重要的一条上诉理由是,秦皇岛某能源贸易有限公司贷款时提供了足额担保,符合银行贷款条件;贷款已全部清偿,未达入罪标准。

针对该上诉理由,二审法院经查,一审被告人高某某等人与上诉人李志某在秦皇岛某能源贸易有限公司与淄博淄矿煤炭运销有限公司不存在真实煤炭业务的情况下,伪造“淄博淄矿煤炭运销有限公司合同专用章”、制作虚假《煤炭买卖合同》《应收账款确认书》等相关手续，向交通银行股份有限公司秦皇岛分行申请办理十笔保理业务贷款，事实清楚。该行为系通过虚构秦皇岛某能源贸易有限公司对淄博淄矿煤炭运销有限公司存在应收账款，并以该应收账款为质押而骗取银行贷款，上述欺骗手段足以使交通银行股份有限公司秦皇岛分行产生错误认识并实施放贷行为。本案涉案保理业务贷款共十笔，金额达2.4亿元，次数多、涉及金额巨大，具有特别严重情节，涉案贷款虽已全部归还，可作为量刑情节考虑，但并不影响其骗取贷款罪的成立。故相关上诉理由及辩护意见均不能成立，不予采纳。二审法院遂裁定驳回上诉，维持原判。

45

浙江某置业有限公司、余某昌骗取贷款案：[①]2013年12月以来，被告单位浙江某置业有限公司法定代表人被告人余某昌指示公司财务总监吴某1（另案处理）提供虚假的公司财务报表等申请贷款资料，虚构贷款资金用途，先后分四次向浙商银行义乌分行申请共计2亿元房地产开发项目贷款，由浙江某置业有限公司提供项目土地使用权作为抵押（评估价为25 816万元），抵押不足部分由湖南某房地产开发有限公司在湖南省常德市开发的汇美家居广场抵押5000万元（评估价为7181万元）。经浙商银行总行批准，浙商银行义乌分行于2013年12月26日发放给被告单位贷款1亿元；于2014年3月28日发放给被告单位贷款3000万元；于2014年3月31日分两次发放给被告单位贷款7000万元。按照合同约定，上述资金均于当日打入施工单位洪某公司的建设银行的账户支付工程款。后余某昌未将上述贷款用于房地产项目开发，而是用于归还个人债务和关联公司还贷等。现2亿元贷

① （2015）金义刑初字第2434号（2016年11月28日）。

款至今未归还。公诉机关指控认为,被告单位浙江某置业有限公司、被告人余某昌以欺骗手段取得银行贷款,情节特别严重,其行为均构成骗取贷款罪。被告单位对起诉书指控的事实及罪名均有异议,提出被告单位不应构成骗取贷款罪。辩护人提出被告单位不构成骗取贷款罪。其中最主要的两条理由是本案案发时贷款尚未到期,且贷款时被告单位提供了足额担保,被告单位的贷款行为未给浙商银行义乌分行造成任何损失;被告单位贷款时提供虚假材料是由浙商银行义乌分行指导的。

法院认为,被告单位浙江某置业有限公司提供虚假的公司财务报表等贷款资料以房地产项目开发名义骗取银行贷款2亿元,虽提供相应抵押,但该抵押是为骗取贷款而设置,所骗取的贷款也未用于合同约定的支付工程款而被挪作他用,其行为符合骗取贷款罪的构成要件,且属于情节特别严重;被告人余某昌作为被告单位直接负责的主管人员,也应以骗取贷款罪处罚。公诉机关指控的罪名成立。据此,法院对被告单位、被告人以骗取贷款罪分别处罚。

参考规则

骗取贷款、票据承兑罪中"特别严重情节"的认定应当综合主观恶性、情节恶劣、规则违反程度、骗取数额和次数等情状进行认定。根据罪责刑相适应原则,在把握"特别严重情节"的认定时,应当保持与"特别重大损失"的相当性、均衡性。同时,为坚持比例原则,只有虚假申请的贷款、票据承兑数额巨大的,才能适用"特别严重情节"。

多次提供虚假材料骗取金融机构贷款、票据承兑,数额巨大,恶意破坏金融管理秩序,给社会造成特别恶劣影响的,虽然提供足额担保,依然可以适用"特别严重情节",追究骗取贷款、票据承兑罪的刑事责任。

规则解析

一、骗取贷款、票据承兑罪中"特别严重情节"的认定应当综合主观恶性、情节恶劣、规则违反程度、骗取数额和次数等情状进行认定。根据罪责刑相适应原则，在把握"特别严重情节"的认定时，应当保持与"特别重大损失"的相当性、均衡性。同时，为坚持比例原则，只有虚假申请的贷款、票据承兑数额巨大的，才能适用"特别严重情节"

《刑法修正案（十一）》对《刑法》第一百七十五条之一进行了修正，删去了"其他严重情节"的规定，保留了"其他特别严重情节"的规定。关于"严重情节""特别严重情节"（或者"情节严重""情节特别严重"）的认定，如果司法解释未予规定或者司法解释虽然规定但同时含有兜底条款，那么在具体适用过程中必然存在分歧。为此，有必要对"两种情节"的认定研究明确一般的裁判规则。我们在前期调研的基础上，主张明确以下裁判参考规则：

（一）坚持相当性限制原则。相对而言，司法解释未予规定的情形比司法解释具有兜底条款规定的情形，司法机关自由裁量的空间更大，引发的分歧更大。司法解释规定兜底条款的，一般会同时列明几种典型情形，一般兜底情形与所列明情形要求在社会危害程度上相当，这已基本成为《刑法》理论界和实务界的主流观点。所谓相当性限制原则就是对兜底条款的理解与适用应当保证与已列明情形的社会危害程度相当。对于司法解释未列明典型情形，但在同一法定刑幅度内具有其他标准的，可以通过其他标准建立相当性原则。如骗取贷款罪，尚无司法解释对"特别严重情节"的认定标准进行明确，但同一法定刑幅度内还有"特别重大损失"这一标准，可以在"特别严重情节"与"特别重大损失"之间建立相当关系。在把握"特别严重情节"的认定时，一般应当受"特别重大损失"的相当性限制。

（二）坚持不唯数额论原则。在《刑法》分则条文中，有的罪名将数额与情节并列规定，有的罪名仅规定数额，也有的罪名仅规定"情节严重""情节特别严重"。由此可见，数额与情节虽然紧密关联，但不应将两者画等号。数额与情节是两个层面的事实，数额偏重于纯客观事实叙述，而情节偏重于法律事实，带有规范评价的内容。数额偏重于某一方面的事实叙述，而情节侧重于全面规范评价。数额较大、巨大、特别巨大不必然情节严重、情节特别严重，但数额较大、巨大、特别巨大一般可以作为情节严重程度认定的因素之一。

（三）坚持综合认定原则。长期以来，人民法院在判决书中“本院认为”部分习惯于表述“综合本案犯罪事实、性质、情节以及对社会的危害程度，对被告人××犯×××罪判处……”以上表述体现了司法机关在决定刑罚轻重时，对“情节”进行综合评判时是将所有法定、酌定情节，包括从轻、减轻和从重处罚情节纳入考量。需要注意的是，定罪情节与刑罚情节在具体案件中存在一定的适用差别。在情节不作为定罪要件的罪名中，犯罪数额、损失、次数等作为定罪要件后，一般不再作为刑罚情节考虑。然而，在情节作为定罪要件的罪名中，犯罪数额、损失、次数可能和所有事前、事中、事后等影响罪行轻重评价的情节综合作为定罪情节。比较常见的如动机、目的、手段、对象、时间、主观恶性、违法性意识、悔罪认罪态度、一贯表现、积极止损退赔、造成社会恶劣影响程度等。尽管在犯罪原理上，立功、自首、非法集资案发前积极减少损失等事后表现、积极退赔、企业合规建设审查不属于犯罪构成要件要素，但在实践中事后情节作为入罪要素考量的情况并不少见。如企业合规建设、积极退赔属于事后情节，检察机关在决定对犯罪嫌疑人是否作为犯罪处理时一般会将企业合规建设、积极退赔情况纳入综合考量。对于这些情节在作为定罪要素考虑后，还可以作为刑罚情节予以考量。

纳入考量的各种情节，并非完全均衡，有的情节可能畸重，有的情节可能畸轻。如案例43中，其他情节未必恶劣，但高某伙同他人欺骗银行的次数高达28次，属于“特别严重情节”。在定罪情节中，大部分情节之间可以削峰填谷，重以济轻，即在畸重情节调剂畸轻情节后可以综合认定“特别严重情节”。但有必要强调的是，为在此类案件中坚持比例原则，在虚假申请的贷款数额、整体贷款数额这两个基本指标层面，必须保持必要的比例限度。如果虚假申请的贷款数额占整体贷款数额的比例很小，即使其他指标符合，一般也不应认定“特别严重情节”。基于该理由，我们主张，只有虚假申请的贷款、票据承兑数额巨大的，才能适用“特别严重情节”。如案例 43-45 中,被告人骗取的贷款、票据承兑都达到了“数额特别巨大”。

二、多次提供虚假材料骗取金融机构贷款、票据承兑,数额巨大,恶意破坏金融管理秩序,给社会造成特别恶劣影响的,虽然提供足额担保,依然可以适用“特别严重情节”,追究骗取贷款、承兑汇票罪的刑事责任

实践中,对于足额担保的情形,一般不会给金融机构造成重大损失。但这一结论也不可绝对化。有的案件中,虽然足额担保,但因情势变更原则,依然可能给银行造成重大损失。如钢材贸易案件中,抵押时超值抵押,但遇上钢材价格大幅降价时,抵押价值就会相应地大幅减值,给银行造成重大损失。

更重要的是,虽然足额担保,但提供虚假合同骗取贷款、承兑汇票的行为,依然严重破坏金融管理秩序,对于具有特别严重情节的,依然有必要纳入《刑法》规制。案例 43-45 均提供了足额担保,但都适用特别严重情节,追究了被告人骗取贷款、承兑汇票罪的刑事责任。可见,足额担保不是骗取贷款、承兑汇票罪的绝对阻却事由。

【案例 46】景某某骗取银行贷款案*

骗取银行贷款案件中未偿付的贷款利息是否计入损失总额；已支付的贷款利息能否抵扣未偿付的本息

关键词：

骗取贷款　利息　损失　贷款利率　存款利率

基本案情

46

景某某使用虚假手段，骗取银行贷款人民币（以下币种同）800 万元，还了 100 万元本金，100 万元利息。景某某给银行造成的损失是按照 700 万元还是 600 万元认定？

参考规则

骗取银行贷款案件中，未偿付的贷款本息应当计入银行的损失总额。已支付的贷款利息不应抵扣未偿付的本息。

规则解析

在非法集资案件、诈骗案件中，在计算犯罪数额时，已偿付集资参与人、被害人的利息一般可以抵扣未偿付的本金。按照这种计算原则，意味着集资参与人、

* 本文原载“刑水浮萍”微信公众号 2022 年 3 月 16 日《司法疑难之 246》。

被害人如果提出在本金之外要求偿付同期利息将得不到司法机关的支持。

与非法放贷、非法吸收公众存款不同,银行放贷是银行的本职工作。在骗取贷款案件中,未偿付的贷款本息应当计入银行的损失总额。利息按照同期中国人民银行确定的贷款利率计算。既然借贷人应当向银行支付本息,司法机关应予支持,那么已支付的贷款利息只能抵顶未偿付的贷款利息,更不应抵顶未偿付的本金。

具体联系本案,景某某骗取银行贷款本金800万元,100万元是已偿付的贷款利息,该100万元不应抵顶未偿付的本息。景某某骗取银行贷款本金800万元,扣减已偿付的100万元本金,剩余700万元本金未偿付。该未偿付的700万元本金就是景某某给银行造成的损失。如果之后因延迟履行或者清偿前,贷款利息超出了100万元,那么超出部分的贷款利息应当计入损失总额。

【案例 47】甲骗取贷款、高利转贷、虚开增值税专用发票等案*

被告人被指控数罪，被发现之前生效判罚畸轻已启动再审程序加重处罚的，是否并罚以及如何确定刑期

关键词：

骗取贷款生效判罚　畸轻　再审程序　加重处罚　有利被告原则

基本案情

47

2002 年，甲因犯诈骗罪被判处有期徒刑四年，2005 年刑罚执行完毕。2019 年，甲又因犯组织、领导黑社会性质组织罪，故意伤害，骗取贷款，高利转贷，虚开增值税专用发票罪被提起公诉。本案数罪总和刑期三十八年，并罚后拟判处有期徒刑二十五年。审理过程中，经查发现 2002 年对甲判处有期徒刑四年畸轻，该案已提起再审，拟对甲判处有期徒刑七年。主要问题：(1) 对被告人是否数罪并罚；(2) 如果数罪并罚，如何确定决定执行的刑期？

参考规则

对于犯新罪后，司法机关发现前罪定罪量刑不当适用审判监督程序而加重处

* 本文原载"刑水浮萍"微信公众号 2019 年 11 月 8 日《司法疑难之 197》。

罚的,应当坚持有利被告原则,根据前后数罪总和刑期是否在三十五年以上决定采取并罚还是分别处罚原则。

对前款情形采取数罪并罚的,可以参照《刑法》第七十条规定的判决宣告后发现漏罪的情形采取先并后减办法确定决定执行的刑期。

规则解析

一、对于犯新罪后,司法机关发现前罪定罪量刑不当适用审判监督程序而加重处罚的,应当坚持有利被告原则,根据前后数罪总和刑期是否在三十五年以上决定并罚还是分别处罚

我国对数罪并罚采取限制加重原则,即将犯罪分子所犯各罪分别定罪量刑,然后在总和刑期以下,数罪中的最高刑期以上,酌情决定应当执行的刑罚,并规定刑期不能超过一定的限度。一般而言,我国数罪并罚相对数罪分别执行而言,对被告人更为有利。但这一结论又不可绝对化。如后发生的数罪总和刑期在三十五年以下,加上之前的犯罪总和刑期在三十五年以上,则数罪并罚未必对被告人有利。根据《刑法》第六十九条的规定,有期徒刑总和刑期不满三十五年的,最高不能超过二十年,总和刑期在三十五年以上的,最高不能超过二十五年。依照该规定,如果前后数罪总和刑期在三十五年以下,并罚的上限是二十年;如果前后数罪总和刑期在三十五年以上,并罚的上限则提高到了二十五年。据此,只要前罪或者后罪的刑期少于五年,但前后罪总和刑期在三十五年以上,就不排除分别执行对被告人更为有利这种可能。本案中,后发生的数罪总和刑期已经在三十五年以上(三十八年),不存在前罪或者后罪少于三十五年但前后罪总和刑期三十五年以上的情形,很明显采取数罪并罚原则对被告人更为有利,应当适用数罪并罚原则。

二、采取数罪并罚原则的,可以参照《刑法》第七十条规定的判决宣告发现漏罪的情形采取先并后减办法确定决定执行的刑罚

严格上说,对于犯新罪后,司法机关发现前罪定罪量刑不当适用审判监督程

序而加重处罚的,既不属于判决宣告后发现漏罪的情形,也不属于判决宣告后又犯新罪的情形,但总体上仍属于判决宣告前一人犯数罪的情形。基于这一前提,对于本案情形,可以参照判决宣告后发现漏罪的情形进行并罚。即先将前罪七年与后罪三十八年实行并罚,决定执行的总和刑期不超过二十五年。已经执行的三年左右刑期,应当计算在新判决决定的刑期以内。

【案例 48】刘某某伪造公司印章案* **

挂靠公司因经营项目所需以被挂靠公司名义私自刻制项目专用章，被挂靠公司明知后未提出异议，仍然收取挂靠费的，是否构成伪造公司印章罪

关键词：

伪造公司印章　挂靠经营　明知　管理费　挂靠费

基本案情

48

2013 年，被告人刘某某在担任××公司新校区建设项目部负责人期间，为了施工建设的方便，不使用××公司已刻制好的印章，在没有刻制公司印章的权限下，擅自刻制该新校区建设项目部专用章，用于该项目对外签订材料购销合同、班组施工合同、业务分包合同、租赁合同。这些合同后来引发数起民事诉讼案件，导致××公司在多起民事诉讼案件中成为被告并遭受经济损失。一审判决认为，公诉机关指控被告人刘某某犯伪造公司印章罪的事实清楚，证据确实、充分，指控罪名成立，遂以刘某某犯伪造公司印章罪，判处有期徒刑一年二个月，并处罚金人民币 1 万元。刘某某不服，提起上诉。经审理，二审查明的事实、证据与原审判决的事

* 本文原载“刑水浮萍”微信公众号 2019 年 2 月 4 日《司法疑难之 76》。

** (2018)赣 0121 刑初 396 号(2018 年 11 月 26 日);(2019)赣 01 刑终 18 号(2019 年 1 月 22 日)。

实、证据一致。二审法院认为,上诉人刘某某明知自己无制作权限,而擅自伪造项目专用章,并且使用该印章对外签订多项合同、协议,其行为构成伪造公司印章罪。

参考规则

对于挂靠经营案件,挂靠方未经被挂靠公司同意,私自以被挂靠公司名义刻制项目专用章的,构成伪造公司印章罪。

挂靠方因经营项目所需以被挂靠公司名义私自刻制项目专用章,被挂靠公司明知后未提出异议,仍然收取挂靠费的,视为被挂靠公司默认,挂靠方不构成伪造公司印章罪。

规则解析

一、挂靠方未经被挂靠公司同意,私自以被挂靠公司名义刻制项目专用章的,构成伪造公司印章罪

挂靠经营是我国市场经济特定历史条件下的产物。所谓挂靠经营,是指个体工商户、个人合伙或私营企业等生产经营者,与另一主体约定,由前者以后者提供的经营资格和凭证进行经营活动,并向后者提供管理费的经营形式。挂靠经营的特点,决定了其不能以自己的名义取得经营资格,必须依附于另一主体,由该主体以自己的名义顺利完成各种证照、手续的办理。[①] 挂靠经营本质上属于一种非法经营,严重的甚至构成非法经营罪。如部分工程监理挂靠经营、证券期货挂靠经营行为已被追究非法经营罪的刑事责任。考虑到我国市场经济尚处于发展中阶段,经营管理过程中出现一些不规范的现象在所难免,对于挂靠经营行为入罪要慎之又慎。目前,除证券、工程监理等限制许可行业领域严厉打击挂靠经营外,其

① 梁曙明:《关于原北京市北协建设工程公司第三工程处起诉北京市北协建设工程公司解除挂靠经营纠纷一案是否受理问题的请示与答复》,载姜兴长主编:《立案工作指导与参考》(总第5卷),人民法院出版社2004年版,第49~52页。

他行业领域对挂靠经营尚未纳入《刑法》规制范围。

挂靠经济组织作为其他组织的一种类型，与被挂靠方一般具有契约关系，由此产生双方权利义务关系。一旦发生纠纷，有必要赋予其诉讼主体资格，使其能够以自己的名义向人民法院起诉、应诉。当初，最高人民法院出台的《关于民事案件案由规定（试行）》（法发〔2000〕26号，现已失效）将挂靠经营纠纷列为一种新案由就有这方面的考虑。

在维护挂靠一方利益的同时，被挂靠一方的利益也需要同等重视。为规范挂靠经营管理，应当针对挂靠经营项目加强企业合规监管。其中，加强挂靠项目专用章的管理是关键环节。司法实践中，挂靠方未经被挂靠方同意，以被挂靠方名义私自刻制挂靠项目专用章，用于签订各种协议的情况时有发生。如案例48中，人民法院认定刘某某私自刻制项目部专用章，用于该项目对外签订材料购销合同、班组施工合同、业务分包合同、租赁合同等方面，并引发数起民事诉讼案件，导致被挂靠公司在多起民事诉讼案件中成为被告并遭受经济损失。为加强被挂靠一方利益的维护，对此类未经被挂靠公司许可，私自以被挂靠公司名义刻制项目专用章，扰乱社会管理秩序的，属于《刑法》第二百八十条规定的伪造公司、企业印章的行为，构成伪造公司、企业印章罪。

二、挂靠方因经营项目业务所需以被挂靠公司名义私自刻制项目专用章，被挂靠公司明知后未提出异议，仍然收取挂靠费的，视为被挂靠公司默认，挂靠方不构成伪造公司印章罪

挂靠经营是一个综合、复杂的过程，审判实践中，应当本着既尊重法律、尊重历史，又尊重实际的原则，对此类案件作出公平公正裁判。① 随着近年来市场经济的不稳定性增加，投资主体资金链断裂的情况比较普遍。一些被挂靠公司既想通过挂靠经营赚取一定点数的管理费，又唯恐挂靠方经营管理不善给其带来各种民事纠纷。在这种心理支配下，不少被挂靠公司往往选择“留一手”，采取管理费照

① 梁曙明：《关于原北京市北协建设工程公司第三工程处起诉北京市北协建设工程公司解除挂靠经营纠纷一案是否受理问题的请示与答复》，载姜兴长主编：《立案工作指导与参考》（总第5卷），人民法院出版社2004年版，第49～52页。

收但不授权挂靠方以其名义刻制项目专用章。挂靠方没有项目专用章就根本无法融资、无法签订合同开展业务,这就迫使其私自刻制项目专用章。我们认为,此种情形下,一方面,被挂靠公司明知挂靠方私刻项目专用章但未提出异议且依然收取管理费,意味着其在态度上默认。另一方面,被挂靠公司为加强对挂靠经营的监管,一般都会对项目财务报表、项目合同等材料进行审核。而审核的这些材料中又必然盖有项目专用章。因此,被挂靠公司关于其不明知挂靠方私自刻制项目专用章的主张往往与事实不符。

我们认为,对于被挂靠公司明知挂靠方以其名义私自刻制项目专用章未提出异议,仍然收取挂靠费的,应当视为被挂靠方默认,挂靠方不构成伪造公司印章罪。主要理由如下:

(一)从客体分析。伪造公司印章罪规定在《刑法》分则第六章“妨害社会管理秩序罪”中的第一节“扰乱公共秩序罪”,该罪所侵犯的客体是公司的正常活动秩序及其信誉。虽然伪造印章罪是一个《刑法》概念,但是印章的使用,最终是影响公司的民事活动。基于该分析,绝大多数观点都认为,应当将民事上的合理信赖原则作为判断标准。具体联系挂靠经营,如果被挂靠公司一方面授予挂靠方法人代表并以其名义成立项目部,则意味着该项目开发是其正常的管理活动范围。被挂靠公司明知挂靠方私自刻制项目专用章,非但不提出异议,反而继续收取挂靠费,即在意思表示上默认挂靠方以其名义开发、签订合同,对其信誉可能遭受的影响已有一定预判和默示。

(二)从客观方面分析。该罪在客观方面必须实施了伪造公司印章的行为。所谓伪造,是指没有刻制印章权的人,未经公司主管人员的授权、批准,擅自刻制公司印章的行为。从本质上分析,伪造印章是一种欺骗行为,即具有欺骗被挂靠公司的故意。在民事领域,行为人私自以他人名义实施民事行为的,属于效力待定情形,事后得到他人认同的,行为有效。基于合理事由,私自以被挂靠公司名义刻制项目专用章,被挂靠公司事后认同或者事后采取其他行为方式表示默认的,应当将该私自刻制行为视为被挂靠公司同意。此类为完成挂靠经营活动而私自刻制项目专用章的行为,未在实质上产生欺骗,不宜认定为《刑法》意义上的"伪造"。

此外,我们注意到,目前绝大多数伪造公司、企业印章类案件都是以定罪判决方式结案的。这类判决可能忽视了一个比较关键的定罪因素,那就是,被挂靠公司为规避挂靠经营可能带来的民事责任,采取收取挂靠管理费的同时禁止授权挂靠方以其名义刻制项目专用章已成为常态化操作。此种情况下,如果依然简单机械将私自以被挂靠公司名义刻制项目专用章等同于伪造公司印证罪,必然偏离事实、偏离正义的轨道。

相关规定

《中华人民共和国刑法》

第二百八十条 ……

【伪造公司、企业、事业单位、人民团体印章罪】伪造公司、企业、事业单位、人民团体的印章的,处三年以下有期徒刑、拘役、管制或者剥夺政治权利,并处罚金。

…………

【案例 49-51】刘某某等伪造公司印章案*

私刻公司备用章，未提交公安机关备案，但经商其他股东同意或者事后默认的，是否构成伪造公司印章罪

关键词：

伪造公司印章　私刻　伪造　隐秘性　欺骗性　徇私性　公安机关备案　备用章

基本案情

49

刘某某伪造公司印章案：[①]2014 年，刘某某个人向梁某借款 150 万元，并以个人名义打下借条。后梁某要求刘某某必须以公司名义重打借条，刘某某遂同意以××公司的名义向梁某出具一份借款协议，双方约定利息为 2 分。2016 年 3 月，刘某某私自联系办假证的人刻制了一枚带有“××有限公司”字样的印章。2016 年 11 月 13 日，刘某某与梁某重新签订一份借款协议，并注明 2017 年 11 月 12 日前个人无条件归还梁某借款及利息，并加盖了其伪造的××公司印章。2017 年 11 月 24 日，梁某因刘某某到期未还款，便将××公司及刘某某诉至新余市渝水区人民法院，并申请财产保全。该院遂将××公司的全部 6 个账户予以冻结，导致二名客

---

* 本文原载“刑水浮萍”微信公众号 2020 年 6 月 13 日《司法疑难之 316》。

① 一审判决（2019）赣 0502 刑初 161 号（2019 年 10 月 18 日）；二审裁定（2019）赣 05 刑终 178 号（2020 年 6 月 5 日）。

户所购房因无法备案而错过了2017年的政府购房补贴，该公司为此给付了二名客户补偿费。（下划线部分经二审法院查明不实）2018年1月8日，刘某某将借款的本息全部归还给梁某。经鉴定，借款协议上的印文与××公司公章印文不是源自同一印章。（挪用资金事实略）一审法院认为，被告人刘某某伪造××公司印章并使用，导致该公司因涉及借款纠纷被法院冻结账户并遭受经济损失，其行为已触犯刑法，构成伪造公司印章罪。遂以被告人刘某某犯伪造公司印章罪，判处有期徒刑六个月，并处罚金人民币1万元（挪用资金判罚略）。

刘某某不服，提起上诉。关于伪造公司印章罪主要理由是：(1)一审判决认定刘某某伪造印章的行为造成公司损失系事实认定错误。(2)刘某某伪造公司印章的行为是为了公司业务需要，且系经与另一名股东戚某商量后达成一致的情况下实施的行为，客观上该印章主要用于公司业务。因此，该刻制印章的行为实际上是公司的行为，而不是刘某某个人的行为。其辩护人的辩护意见基本相同。新余市人民检察院经阅卷后认为，虽然一审判决认定刘某某伪造公司印章给公司造成损失的事实错误，但不影响该罪的构成和量刑。二审法院认为，上诉人刘某某伪造××公司印章并使用，其行为构成伪造公司印章罪。刘某某伪造公司印章并使用，不属于情节显著轻微、危害不大的情形，故辩护人所提刘某某无罪意见不能成立，不予采纳。经本院审判委员会讨论决定，裁定驳回上诉，维持原判。

50

朱某伪造公司印章案：[①]2012年1月9日，长安担保总公司下发通知给长安担保海南分公司，要求海南分公司将“海南分公司”行政章交给总公司保管。时任海南分公司的负责人被告人朱某

① 一审判决（2016）琼9026刑初92号（2016年12月30日）；二审判决（2017）琼97刑终69号（2017年12月5日）。

收到该通知后,未按照该要求将公章交回总公司,而是将已经公安机关备案的公章继续留在分公司供其私用。同时,朱某在未经总公司批准授权,且未经公安机关备案的情况下,私自找人刻制了一枚分公司行政章,并于2012年2月7日交由总公司保管。

被告人朱某辩称,其所在的海南分公司有两枚"长安保证担保有限公司海南分公司"行政章,其中一枚已交回总公司,没有经过公安机关备案,是其以50元的价格找人私刻的;一枚放在分公司使用,经过海口市公安局备案的。因其作为分公司的负责人,如把分公司行政公章交回总公司保管,不便于分公司日后在银行转账和使用。为了分公司办理业务方便,其私刻了一枚分公司行政印章交给总公司保管,将在公安机关备案的行政印章留在分公司使用。该枚印章有使用过,分公司需要公司资料提供给客户时,向总公司申请,由总公司提供加盖该枚印章的相关资料给客户。因泓达公司想与海南分公司开展贷款担保业务合作,2013年10月21日,其向总公司申请提供总公司和分公司的营业执照、税务登记证、组织机构代码证等相关资质材料的复印件,并在复印件上加盖总公司和分公司的印章。总公司经审批后以快递方式将上述资料邮寄过来,后其将上述资料送到泓达公司。上述资料总公司都盖有印章和签字注明用途。这些资料都没有涉及具体的担保项目。公安人员在其办公室发现的这枚"海南分公司"行政章,是在海口市公安局备案的印章,其目的是方便分公司平时在银行转账和开具支票时使用。当时其收到总公司要求收回分公司印章文件后,就找了一个雕刻印章的人,私刻了一枚相同字样的印章,并将私刻的印章交给总公司保管。

一审法院认为,被告人朱某伪造公司印章的行为系伪造其所在分公司的印章,朱某在与泓达公司开展贷款担保业务时,向总公司申请印章使用,要求总公司加盖分公司印章到分公司的营业执照等资质证明材料的复印件上。朱某未在具体担保贷款项目上使用分公司印章,没有对具体担保贷款项目产生实际性影响。因此,朱某伪造分公司印章的行为情节显著轻微,危害不大,不构成犯罪。公诉机关指控朱某伪造公司印章罪的罪名不成立,不予支持。关于朱某及其辩护人所提朱某伪造分公司印章是为了工作方便,行为显著轻微,未造成严重后果,不构成犯罪的辩解、辩护意见成立,应予采纳。经一审法院审判委员会讨论决定,判决被告人朱某无罪。

昌江县人民检察院提出抗诉。支持抗诉的海南省人民检察院第二分院认为,朱某伪造公司印章的行为构成伪造公司印章罪。一审认定朱某行为情节显著轻微、危害不大,不构成犯罪的意见不能成立。1. 一审认定朱某伪造公司印章的行为情节显著轻微的依据明显不当。(1)朱某伪造公司印章并使用持续时间长,使用次数较多。2012年1月,长安总公司为控制风险,决定对各分公司印章收归总公司集中管理。朱某接到通知后,即伪造一枚未在公安机关备案的海南分公司行政印章交给总公司保管并使用,直至2015年案发,时间长达三年。自2012年起,朱某明知总公司所存的印章系其伪造,仍多次签字向总公司申请使用该印章,使用范围较广,使用次数较多。(2)朱某在总公司的监管之外长期擅自使用海南分公司行政印章。自2012年开始至2015年案发,朱某在办理全部海南分公司业务、办理多次报税、社保等事项时都未经批准擅自使用所截留的分公司印章。2. 认定朱某伪造海南分公司印章的行为危害不大明显不当。(1)朱某违反我国刑法规定,未经批准、登记即擅自伪造海南分公司印章,并通过总公司使用该伪造印章多年,已经对我国的社会公共秩序造成了损害。(2)朱某违反总公司的规定,伪造假印章蒙蔽总公司,并将真印章随意使用,对总公司的管理权力、管理秩序造成了严重损害,也使海南分公司长期处于使用伪造印章而带来的危险之中。(3)朱某通过申请,将假印章用于海南分公司办理报税、社保等事项上,除对国家行政机关进行欺骗外,也造成了公司员工的社保材料存在盖有虚假公司印章的情形,给员工的权利、利益造成了极大的隐患。综上,朱某伪造公司印章的行为已经成立,伪造公司印章的目的已经达到,伪造公司印章造成的损害行为已经存在,从具体情节上来看不能认定其行为情节显著轻微、危害不大。一审判决无罪不当,请二审依法纠正。

原审被告人朱某辩称:1.其没有将未经备案的印章加盖在具体担保项目上。2.抗诉书指控内容与事实不符。加盖在其代表长安总公司与苏南银行合作的《保证合同》上的印章是分公司的担保合同专用章,而不是控方所指的分公司行政章。3.其代表长安总公司与苏南银行的民事行为由长安总公司法律授权。(1)总公司签发的《授权委托书》写到:海口苏南村镇银行:我公司同时授权海南分公司的负责人朱某(身份证号码:×××)代表我公司到贵行办理前项授权有关担保事宜,并有权代理我公司与贵行签署上述担保额度项目所有单笔业务500万元以内对应的保证合同以及与该额度相关的一切法律文本,并加盖海南分公司的委托保证担保合同专用章。为单笔金额超出上述限额的担保业务提供担保,以及为其他品种业务提供担保,另需总公司授权。上述担保额度项目所有单笔业务对应的保证担保合同以及与该额度相关的一切法律文书上加盖有海南分公司的公章以及负责人朱某的签字(或签章)均视同为我公司的行为,我公司及其法定代表人均予以确认。(2)《董事会决议》同意总公司全权授权海南分公司代理本公司向银行办理贷款担保业务,同时本公司全权授权海南分公司代理本公司与银行签署所有单笔业务对应的贷款担保合同以及与该贷款担保相关的一切法律文本。向银行申请单笔贷款业务为单笔贷款业务提供担保时,均以本董事会决议内容为准,无须本公司另出具董事会决议。除非本公司另行出具文件通知苏南银行,否则本董事会决议持续有效。4. 刻制印章行为属公司行为。其当时作为海南分公司的负责人,为了分公司业务正常运转,因公司正常业务需要,刻制海南分公司的印章,系为了业务方便,并非为其个人利益,其产生的法律后果,也应该是公司承担责任。据了解全国有诸多的公司保管与使用二枚以上印章的现象带有普遍性(主要是供招投标使用)。其将相同内容的印章在一次没有使用情况下上交总公司,其没有保管权与使用权,没有给社会产生任何危害性,也没有损害任何人的利益。5. 未经备案的印章其本人一次也没使用过。其保管经备案的公章的原因:从分公司业务上考虑,每月要给职工发工资,分公司的日常开支,需要到银行转账取款,税务机关办税等。银行要求印章进行现场比对,有时现场加盖,具有很强的时效性。其认为公司将部份分公司公章上缴是不合理的,不是为了分公司的运转,并且这也是内部公司管理规定。其本人一次也没有使用私刻印章,海南分公司在需要加盖海南分公司行政章时向长安总公司申报的目的:一是这些资料是相关部门需要报送的;二是这些资料报送时需要总公司审批,是否同意上报;三是这些资料上报后总公司以存档备案。请求二审维持一审判决。

辩护人另补充:朱某的行为显著轻微,不具有社会危害性。理由如下:一是朱某主观上是为了方便其公司的经营管理工作才私刻了公章,长安总公司让其海南分公司上交公章的做法本身具有过错和不合理性。朱某作为海南分公司的负责人,为了公司的正常经营管理工作,如在交纳税款、发放工资、银行转账、出具介绍信和证明文件等诸多方面,经常甚至随时都需要使用公章,这是众所周知和情理之中的事。朱某在主观上正是基于方便公司的经营管理工作和为公司利益着想而私刻了这枚上交总公司的公章。应当说，是总公司要求上交公章的不合理做法，直接导致了朱某的私刻公章行为。二是朱某客观上没有给其公司和他人造成任何损失与危害。朱某盖章的材料全部是真实的，盖不盖朱某所私刻的公章都不影响，也不会改变上述材料的真实性，其实质是"自己证明自己"的行为，对其公司及他人都不会造成任何损失与危害。三是作为犯罪对象和受害人的长安总公司及其海南分公司并未报案，更未表示受到侵害和损失。事实上，总公司对朱某及其他分公司负责人上交私刻印章的行为早已心知肚明，并且持放任和默许态度。

二审法院认为，原则上，只要实施了伪造公司、企业、事业单位、人民团体印章其中一种行为，就构成本罪。一审被告人朱某伪造公司印章，无论其本人是否使用该伪造的印章，都已经构成了伪造公司印章罪。一审法院以其情节显著轻微为由判决被告人朱某无罪，适用法律不当，本院予以纠正。朱某伪造的是自己担任负责人的分公司的印章，没有证据证明其将假印章用于违法犯罪，总公司、分公司均没有反映受到损失。综上，一审被告人朱某伪造公司印章的行为虽然构成犯罪，但犯罪情节轻微，不需要判处刑罚，可以免予刑事处罚。经二审法院审判委员会讨论决定，改判被告人朱某犯伪造公司印章罪，免予刑事处罚。随案移送的一枚假印章予以没收。

51

海南某科技公司骗取刑事立案干扰民事诉讼立案监督案：①2008年，北京市某光信科技公司向北京市海淀区人民法院诉请海南某科技公司支付共同承揽的A项目利润分成，并出示了2004

① 最高人民检察院2020年10月29日发布的《保障民营企业合法权益监督侦查机关撤案典型案例》案例一"北京市海淀区检察院办理的海南某科技公司骗取刑事立案干扰民事诉讼立案监督案"。

年7月的《联合投资协议书》，其上载明双方平分A项目利润，同时海南某科技公司认可北京某光信科技公司已投B项目20万元充抵A项目部分出资。海南某科技公司法定代表人王某伟辩称《联合投资协议书》系伪造，其上所盖的该公司公章系北京某光信科技公司王某沂私刻。经法院委托司法鉴定，《联合投资协议书》海南某科技公司公章确与其公司提供的章样不一致，但与2004年7月海南某科技公司单独参与C项目使用的公章一致。2010年1月11日，海淀区人民法院结合全案证据认定海南某科技公司存在非备案公章，判决该公司支付北京某光信科技公司A项目分成款。至2015年，此案历经数次一审、二审、再审程序，法院均判决北京某光信科技公司胜诉，并执行部分款项。2015年9月，北京市第一中级人民法院第三次再审时，海南某科技公司王某伟以北京某光信科技公司王某沂等人涉嫌伪造公司印章罪向海淀区公安分局报案。2016年1月10日，海淀区公安分局对王某沂等人涉嫌伪造公司印章案立案侦查，但因各种主客观因素一直未侦查终结。因刑事案件久拖不决致使民事再审程序无法顺利进行，后北京市第一中级人民法院作出撤销海淀区人民法院民事判决、驳回北京某光信科技公司起诉的再审裁定，且民事执行程序被海淀区人民法院裁定回转。2018年3月，王某沂被列入失信被执行人名单，并被采取限制消费令，其人身、财产权益遭到严重损害。

参考规则

伪造公司印章行为，要从刻制印章行为发生时准确把握“伪造”的本质特征。“伪造”一般具有隐秘性、欺骗性和徇私性。如果私刻印章系为了公司利益，且经过高管内部协商或者被其他股东、上级公司默认的，不符合“伪造”的本质特征，不构成伪造公司印章罪。

未将公司印章提交公安机关备案，是认定伪造公司印章罪的必要条件，但不

是充分条件。虽然未将私刻的公司印章提交公安机关备案,但如果不符合前款“伪造”本质特征的,不构成伪造公司印章罪。

规则解析

一、伪造公司印章行为,要从刻制印章行为发生时准确把握“伪造”的本质特征。“伪造”一般具有隐秘性、欺骗性和徇私性。如果私刻印章系为了公司利益,且经过高管内部协商或者被其他股东、上级公司默认的,不符合“伪造”的本质特征,不构成伪造公司印章罪

伪造公司印章罪中,常见的行为方式主要是私刻公司印章。“伪造”的本质特征主要体现在三个方面:一是秘密性,与私自刻制的行为特征紧密相关,指的是未经公司股东商议同意,其他股东不知情,或者未得到其他股东或者上级公司的默认。二是欺骗性,将“私刻”行为定性上升为“伪造”要求行为人必须具有欺瞒、欺骗的故意。这一故意的具体内容是:行为人明知是私刻的公司印章,制造让他人误以为是真实公司印章的假象,希望或者放任本不应由公司承担责任而实际由公司承担责任的结果发生。三是徇私性,一般具有徇私情私利的目的,个别案件中存在例外。前两个特征是必要条件,后一个特征是一般特征。如果私刻印章系为了公司利益,且经过高管内部协商或者被其他股东、上级公司默认的,不符合“伪造”的本质特征,不构成伪造公司印章罪。如案例49刘某某伪造公司印章一案中,根据刘某某及辩护人的意见,××公司系一家大型地产公司,经常存在公章管理人携带公章外出办事的情况。为了公司运行高效,2016年刘某某与公司另一名股东戚某某商议,由刘某某找人刻制了一枚公司备用章,并由其保管。该印章未提交公安机关备案。此后,××公司多次应急使用该备用章。而刘某某只是在其民间借贷过程中更换借款协议时应出借方的强烈要求私自使用了一次。杨某某、赵某某故意隐瞒之前公司高管内部协商和知晓刘某某刻制公司备用章且多次用于公司公务的事实。一审判决书也载明,刘某、邓某的证言证明,二人签订假按揭的《声明》需要盖章,因公司管理公章的袁某外出,身为公司副总经理的赵某某依然

让另一同事找刘某某盖章。该事实反映××公司已有多次应急使用该备用章的事实,其他股东和部分高管人员知情。我们认为,如果刘某某及辩护人的意见属实,刘某某刻制公司印章的行为不符合“伪造”的本质特征,一审、二审的裁判有待进一步研究。

伪造公司印章行为,要从刻制印章行为发生时准确把握“伪造”的本质特征。如果刻制印章时,不符合“伪造”的本质特征,而印章刻制完成后,私自使用的,属于公司管理不规范的行为,不能倒推认定为“伪造”。仍然以案例 49 为例,刘某某经商另一股东,为了公司应急而找人刻制了印章,公司部分高管人员知情并已使用过几次,基于前述分析不符合“伪造”的特征。刘某某利用保管该刻制的印章的便利,私自在其个人签订的合同上盖上该印章的,依然不符合“伪造”的本质特征。

二、未将公司印章提交公安机关备案,是认定伪造公司印章罪的必要条件,但不是充分条件。虽然未将私刻的公司印章提交公安机关备案,但如果不符合前款“伪造”本质特征的,不构成伪造公司印章罪

有的伪造公司印章案件中,司法机关的定罪逻辑是,本罪是扰乱公共秩序罪,是行为犯,刻制印章未提交公安机关备案,足以引发市场交易和经营管理秩序混乱,只要妨害公共秩序,就可以定罪。至于行为人动机和目的在所不问。这一观点有一定道理,但因过于注重形式而忽视了对行为本质特征的审查,必然陷入偏颇。一般而言,一旦将公司印章提交了公安机关备案,就意味着印章刻制的合法性。但该结论不能倒推,公司印章未提交公安机关备案,就一定构成伪造公司印章罪。如果公司董监高人员经集体商议,刻制一枚备用章,但因公司已经提交一枚行政章给公安机关备案,该备用章就不可能再提交备案。显然,刻制该备用章属于违反规定的行为,但在公司内部不属于“伪造”行为。同时如前所述,“伪造”一般同时具有欺骗的故意,如果经公司董监高集体决议,那么表明公司具有主动承担相关责任的意思,不存在希望或者放任本不应由公司承担责任的实际由公司承担责任的结果发生。

案例 50 朱某伪造公司印章案中,根据辩护人的意见,负责人上交私刻印章的现象在其他分公司也存在,且总公司对朱某及其他分公司负责人上交私刻印章的

行为早已心知肚明,并且持放任和默许态度。我们认为,一审、二审法院本应对此辩解予以重视并展开调查。如果该反映情况属实,朱某的行为就不具有秘密性、徇私性、欺骗性,不符合“伪造”的本质特征,不构成伪造印章罪。朱某主观上是为了公司经营管理便利刻制了公章,客观上没有给公司和他人造成任何损失与危害结果。所有使用朱某刻制的印章的材料都是真实的,作为犯罪对象和被害人的长安总公司及其海南分公司并未报案,更未表示其受到侵害和损失。与一般刻制印章后私自保管不同,朱某上交总公司的是其未提交公安机关备案的印章,而留给自己日常操作的是经公安机关备案的印章。这种情形下,如果总公司知情和默认,那么朱某的行为就不具有欺骗性,不符合“伪造”的本质特征。

此外,需要注意的是,伪造公司印章罪可能被作为阻挠民事诉讼正常进行的事由。实践中,为保障民营企业合法权益,司法机关要警惕因为认定伪造公司印章罪重蹈当年虚报注册资本罪、抽逃出资罪的覆辙,被个别当事人恶意利用。如案例51中,当事人在已经败诉的情况下,恶意隐瞒公司存在非备案印章的事实,以公司印章被他人伪造为由虚假报案,骗取公安机关刑事立案,严重阻挠了民事诉讼审判和执行程序的正常进行,侵犯了他人合法人身财产权益,造成非常恶劣的后果。检察机关经过调查,及时查清了案件有关事实,排除了虚假干扰,及时依法监督侦查机关撤案,有效确保了涉案企业的正常生产经营秩序,切实维护了司法的公正与公信。

【案例 52-54】肖某等伪造人民团体印章案*

私刻村民委员会、村民小组的印章，是否构成伪造人民团体印章罪

关键词：

伪造人民团体印章　人民团体　村民委员会　村民小组

基本案情

52

肖某合同诈骗案：①（合同诈骗事实略）伪造人民团体印章事实：2014年，被告人肖某为了买房和为其父住院报销合作医疗需要开具证明，以人民币（以下币种同）80元的价格私自伪造了唐山市丰润区丰润镇高各庄村村委会印章一枚。经唐山市公安局物证鉴定所印章鉴定，该枚印章与唐山市丰润区丰润镇高各庄村村委会印章不是同一枚印章。一审法院认为，被告人肖某以非法占有为目的，在签订、履行合同过程中骗取他人财物，数额特别巨大，伪造人民团体印章，并使用伪造的人民团体印章从事市场经济活动，破坏了正常的社会公共秩序，其行为构成合同诈骗罪、伪造人民团体印章罪，按照处罚较重的罪名定罪处罚，最终对被告人肖某以合同诈骗罪论处。

---

*　本文原载"刑水浮萍"微信公众号2020年5月2日《司法疑难之298》。

①　（2017）冀0208刑初39号（2017年12月28日）。

53

杨某、张某某伪造人民团体印章案:[①]被告人杨某、张某某在正安县承包农网改造工程期间,因其领取工程款需要施工地段村委会的证明,为领取工程款方便,二被告人商量私自刻制村委会印章。后张某某拿着各村印章的样本于2012年分两次在遵义市北京路口以30元、50元一枚不等的价格私自刻制正安县安场镇东坝村、小米庄村,和溪镇大坎村等村委会印章40枚,并用伪造的印章领取了工程款。法院认为,被告人杨某、张某某为谋取非法利益,伪造村民委员会印章40枚,破坏了正常的社会管理秩序,其行为均构成伪造人民团体印章罪。

54

丁某诈骗案:[②]2015年3月,被告人丁某为向徐某借款,伪造了其和山东头村民委员会的土地承包合同,通过刻章广告,花费100元找人在合同上加盖了伪造的"胶南市琅琊镇山东头村民委员会"的印章。经鉴定,丁某提供给徐某的土地承包合同上的"胶南市琅琊镇山东头村民委员会"的印章系假章。法院认为,被告人丁某伪造村民委员会的印章,其行为构成伪造人民团体印章罪。公诉机关指控丁某构成诈骗罪的事实不清、证据不足,对指控的诈骗罪不予支持。

参考规则

广义上的"人民团体"包括村委会、村民小组。伪造村委会、村小组印章的,可以构成伪造人民团体印章罪。

规则解析

根据《村民委员会组织法》(2018年12月29日修正)第二条、第三条的规定,

① (2014)正刑初字第185号(2014年11月13日)。
② (2019)鲁0211刑初699号(2020年8月21日)。

村民委员会是村民自我管理、自我教育、自我服务的基层群众性自治组织。村民委员会可以根据村民居住状况、集体土地所有权关系等分设若干村民小组。相关法律明确村民委员会是基层群众性自治组织，村民小组是一种村集体组织，受村委会的领导和管理，不是自治组织，但发挥一定的自治功能。村委会、村小组都能作为诉讼主体参与各类诉讼，对外可以行使独立的权利和义务，因此有必要论述其主体的性质。

《刑法》第二百八十条第二款规定："伪造公司、企业、事业单位、人民团体的印章的，处三年以下有期徒刑、拘役、管制或者剥夺政治权利，并处罚金。"从该规定出发，村委会、村民小组是否属于公司、企业、事业单位、人民团体决定了伪造村委会、村民小组印章的行为能否适用《刑法》第二百八十条第二款的规定。显然，村委会、村民小组不属于公司、企业、事业单位。那么村民委员会、村民小组的主体性质是否属于人民团体？

"人民团体"从1949年中华人民共和国成立以后，一直沿用至今。严格意义上的"人民团体"，是指中国人民政治协商会议（全国政协）组成单位：工会、共青团、妇联、科协、侨联、台联、青联、工商联等8个单位，属中共中央党委序列。中国作协；中国文联所属10个文艺家协会，以及新闻工作者协会、对外友协、外交学会、贸促会、残联、宋庆龄基金会、法学会、红十字总会、思想政治工作研究会、欧美同学会、黄埔同学会、中华职教社等经国务院批准免于登记的社会团体，也属于"人民团体"。广义上的"人民团体"指除政府、政府官方机构、企业公司和事业单位以外的人民群众团体组织总称。

实践中对"人民团体"的概念存在不同认识。《刑法》第九十三条第二款规定："国有公司、企业、事业单位、人民团体中从事公务的人员和国家机关、国有公司、企业、事业单位委派到非国有公司、企业、事业单位、社会团体从事公务的人员，以及其他依照法律从事公务的人员，以国家工作人员论。"有观点据此认为，该条把"人民团体"与国有公司、企业、事业单位并列，体现了在立法者看来，"人民团体"是"国有"性质的团体；该条把"社会团体"与非国有公司、企业、事业单位并列，体现了在立法者看来，"社会团体"是指非国有性的团体。[①] 我们认为，该观点需要进

① 王作富主编：《刑法分则实务研究》（第5版）（下册），中国方正出版社2013年版，第1560页。

一步研究。《刑法》第九十三条第二款规定的“人民团体”是狭义概念的“人民团体”。而《刑法》第二百八十条第二款规定的“人民团体”与“公司、企业、事业单位”并列,并未限定国有性质,属于广义概念的“人民团体”。“人民团体”更强调政治主体意义上的人民性、组织性,而“社会团体”更强调责任主体意义上的法人性、组织性。根据《社会团体登记管理条例》(国务院令第 666 号,2016 年 2 月 6 日施行)第三条的规定,成立社会团体,应当经其业务主管单位审查同意,并依照本条例的规定进行登记。社会团体应当具备法人条件。综合比较,狭义概念的“人民团体”比“社会团体”要求更高,而广义概念的“人民团体”比“社会团体”在结构上更为松散,但更强调政治意义上的人民性。村委会、村民小组分别是人民群众基层自治组织、集体组织,不具有法人性质,不属于“社会团体”,但属于广义上的“人民团体”。

除此之外,我们还可以尝试从单位的属性对私刻村委会、村民小组印章的行为性质进行分析论证。我国《刑法》中的“单位”一般具法人资格,但随着刑事司法实践的发展,对单位犯罪主体的法人属性不应再作刚性要求。

《公安部关于村民委员会可否构成单位犯罪主体问题的批复》(公复字〔2007〕1 号)指出:“村民委员会是村民自我管理、自我教育、自我服务的基层群众性自治组织,不属于《刑法》第三十条列举的范围。”而“两高”2008 年 11 月 20 日出台的《关于办理商业贿赂刑事案件适用法律若干问题的意见》(法发〔2008〕33 号)第二条规定:“刑法第一百六十三条、第一百六十四条规定的‘其他单位’,既包括事业单位、社会团体、村民委员会、居民委员会、村民小组等常设性的组织,也包括为组织体育赛事、文艺演出或者其他正当活动而成立的组委会、工程承包队等非常设性的组织。”该条内容明确了村委会、村小组在刑法意义上的“单位”性质。如果从公安部批复出发,村委会、村民小组不属于单位,村委会、村民小组的主体性质,只能从该两类主体是否属于“人民团体”论证。而如果从“两高”文件出发,村委会、村民小组属于单位,村委会、村民小组的主体性质既可以从单位的角度论证,也可以从“人民团体”的角度论证。

随着农村土地商业化和生产资源产业化发展,村委会、村民小组的财产利益既有独立性的一面，也有集体性的一面。部分财产越来越呈现单位财产属性的特征。此种背景下，将村委会、村民小组作为单位看待，将其人格属性和财产属性像单位一样予以维护的迫切性越来越强。基于此，我们认为，法制适用的统一的方向应当朝着将村委会、村民小组视为单位主体。“两高一部”应当尽快协调，推进法律适用的统一。由于《刑法》第二百八十条第二款仅规定了公司、企业、事业单位主体，没有规定“其他单位”，从罪刑法定原则出发，伪造村委会、村小组印章的，如果定罪，也只能适用伪造人民团体印章罪。

需要注意的是，虽然伪造公司、企业、事业单位、人民团体印章罪是行为犯，但从刑罚的谦抑精神出发，根据《刑法》第十三条“但书”规定的精神出发，对于情节显著轻微，危害不大的，可以不认为是犯罪。

【案例 55】赵某某变造国家机关证件案*

为办理孩子入学手续将复印件等材料送交中介机构后，复印件被修改的，是否当然意味着被告人授意他人变造；变造国家机关证件的对象是否包括无单独证明力、未加盖印鉴、未实际使用、未流入社会的复印件；发现复印件被修改后严正拒绝使用的能否适用“但书”中的“情节显著轻微”

关键词：

变造国家机关证件　中介　复印件　无单独证明力　未加盖印鉴　流入社会　未实际使用　情节显著轻微

基本案情

2017 至 2018 年期间，赵某某为解决子女入学问题通过 58 同城平台找到某中介（真实信息不详）准备办理三亚市居住证。赵某某按照中介的要求提供了包括其父亲名下别墅的《土地房屋权证》复印件等材料。为更加快捷地办理居住证，中介人员将该房产证复印中的权利人修改为“赵某某”，并将权利人的身份证号码修改为赵某某的身份证号码。双方见面后，中介将修改后的房产证复印件提供给赵某某。赵某某发现后严正拒绝使用。此后，赵某某子女入学问题得以解决，但并未通过办理居住

* 本文原载“刑水浮萍”微信公众号 2022 年 10 月 19 日《司法疑难之 451》。

证的途径。中介修改后的房产证复印件一直放置在其办公室内。2020年1月,公安机关因他人举报对赵某某办公室搜查时发现并扣押了修改后的房产证复印件。

在本案审查起诉期间,赵某某改变其在侦查阶段所作的无犯罪行为的供述,承认中介变造房产证复印件系经其授意,但在一审庭审时推翻有罪供述。赵某某称系检察机关诱供才作出有罪供述。一审法院采信其在审查起诉阶段所作的有罪供述,判决赵某某犯变造国家机关证件罪。赵某某不服,提起上诉。二审裁定维持原判。

参考规则

为办理孩子入学手续将复印件等材料送交非专门办假证的中介机构,发现复印件被修改而拒绝使用的,仅有被告人审查起诉阶段的有罪供述,不足以证明被告人授意他人修改复印件,无法排除“中介公司自行修改复印后当面征求意见时被行为人拒绝”的合理怀疑。

变造国家机关证件罪的对象一般必须是真实的证件,不包括复印件。即使扩大解释到复印件,也不应包括无单独证明力、未加盖印鉴、未实际使用、未流入社会的复印件。

对于送交复印件后发现被修改而拒绝使用的,即使存在授意他人变造,也属于情节显著轻微,危害不大的情形,应当适用“但书”规定,按照“不认为是犯罪”处理。

规则解析

一、事实和证据认定层面,据以认定犯罪事实的关键证据明显不足:从刑事证据裁判规则出发,认定赵某某授意他人变造国家证件的证据仅有审查起诉阶段的有罪供述,系孤证,不能排除他人擅自修改复印件的合理怀疑

本案证明赵某某授意他人变造房产证复印件的事实,只有赵某某在检察阶段

的供述，系孤证，且该供述与侦查阶段、审判阶段的供述相矛盾，综合全案无法排除“中介公司自行复印后征求意见时被赵某某拒绝”的合理怀疑。根据《刑事诉讼法》的相关规定，不得据此认定赵某某有罪。

（一）孤证不能定罪：一审、二审法院据以认定赵某某授意中介变造房产证复印件的事实仅有被告人在审查起诉阶段的供述，无其他任何证据相互印证，系孤证

“赵某某授意中介变造房产证复印件”这一事实是一审、二审法院定案的唯一根据。一审、二审法院认定：“赵某某拿到其父亲……别墅《土地房屋权证》提供给中介，通过中介将房产证上的权利人姓名及身份证号码进行变造。”然而，在案证据中对于该事实仅有赵某某的供述证明（因待证事实是“授意中介变造”，故涉案房产证复印件不是该事实的证据）。需要特别注意的是，这里的中介人员是58同城办理居住证的中介人员，与专门办假证的不法人员有本质区别。58同城办理居住证的中介人员收集赵某某家庭成员房产信息及相关文件很正常，并不意味着一定要造假、变造。这就决定了赵某某将房产证及身份信息等材料提供给此类中介人员并不意味着其必然授意他人变造复印件。事实证明，赵某某发现中介人员修改复印件后，立马严正拒绝了中介人员修改的做法，从此亦未办理居住证。由此事实，非但无法证明其具有授意的故意和行为，反而证明其对修改复印件持明显的反对意见和抵制态度。这就极大动摇了本案的定案根基。

根据《刑事诉讼法》第五十五条第一款的规定，“对一切案件的判处都要重证据，重调查研究，不轻信口供。只有被告人供述，没有其他证据的，不能认定被告人有罪和处以刑罚……”据此，如果认定行为人犯罪的事实仅有被告人的供述而无其他证据证明的，应当按照无罪处理。如陈某良伪造、变造、买卖国家机关公文、证件、印章宣告无罪一案①，法院经审理认为，该案中能够直接证明被告人陈某良实施了伪造房屋所有权证的证据只有陈某良的供述，无其他证据相互印证，无法形成完整证据链，最终宣告陈某良无罪。又如李某伪造国家机关印章

① （2017）冀0133刑初115号。

一案,[①]法院认为,伪造的《违法犯罪记录证明》的来源经过仅有被告人李某的供述,而无其他证据予以证实,现有证据亦无法证实该枚印章系应被告人李某之要求而伪造,无法排除该枚印章系为他人伪造后保留并加盖于《违法犯罪记录证明》上的合理怀疑,并据此判决李某无罪。

(二)赵某某的供述不稳定、存在反复,依法不得作为定案证据:一审、二审法院漠视审查起诉阶段有罪供述存在诱供的前因,忽视其他侦查阶段、庭审阶段的多份无罪供述,仅采信有罪供述,违反了刑事证据裁判规则

赵某某在侦查阶段和一审庭审期间,均辩解涉案变造行为系中介人员自行实施,其未授意中介人员变造房产证复印件,且得知该情况后严正拒绝使用。在受到诱供的情况下,赵某某改变供述并作出认罪认罚的表示。根据《最高人民法院关于适用〈中华人民共和国刑事诉讼法〉的解释》第九十六条第三款的规定,被告人庭前供述和辩解存在反复,但庭审中供认,且与其他证据相互印证的,可以采信其庭审供述;被告人庭前供述和辩解存在反复,庭审中不供认,且无其他证据与庭前供述印证的,不得采信其庭前供述。《最高人民法院关于适用〈中华人民共和国刑事诉讼法〉的解释理解与适用》一书中对该条的释义特别强调,对于庭前供述和辩解存在反复的被告人,在庭审中仍未供述有罪的,此种情况下,更加要注意结合其他证据进行判断。无其他证据与庭前供述相印证的,不得将其在庭前所做的有罪供述作为认定其有罪的根据。

本案中,赵某某庭前的供述存在反复,在一审庭审中其推翻了有罪供述,且全案没有其他证据与其庭前的有罪供述相印证,法院依法不应采信其庭前在检察机关的有罪供述。

(三)综合全案证据,本案未达到定罪的证据证明标准,无法排除“中介公司自行复印后当面征求意见时被赵某某拒绝”的合理怀疑,原审法院将有罪供述作为定案根据严重违反刑事诉讼证据裁判原则

本案中,变造的房产证复印件虽然是在赵某某办公室被搜查到的,但对于变

① (2017)苏 1202 刑初 67 号。

造行为的实施者及是否经过赵某某授意等定罪事实仅有赵某某某一阶段的供述，而无其他证据相互印证，无法排除“中介公司自行复印后当面征求意见时被赵某某拒绝”的合理怀疑。如按照一审法院的认定，赵某某授意中介变造之后当面又严正拒绝，这明显不符合正常人行事风格，违背了常识常情常理。根据《刑事诉讼法》第五十五条第二款的规定，“证据确实、充分，应当符合以下条件：（一）定罪量刑的事实都有证据证明；（二）据以定案的证据均经法定程序查证属实；（三）综合全案证据，对所认定事实已排除合理怀疑”。综合全案证据，对本案事实不能得出唯一结论，无法排除合理怀疑，本案无法达到证据确实、充分的证明标准，应当按照疑罪从无原则对赵某某宣告无罪。

如戴某山伪造国家机关印章宣告无罪一案，①法院认为，涉案两证来源不明，伪造事实不清，不能排除有他人自行伪造的可能性，公诉机关指控被告人犯伪造国家机关印章罪的证据不能达到确实、充分且排除合理怀疑的证明标准，根据疑罪从无、罪刑法定的原则应对被告人宣告无罪。又如，李某良、刘某峰伪造、变造、买卖国家机关公文、证件、印章宣告无罪一案，②法院认定，本案没有直接证据证实该公文系由被告人李某良亲自伪造，同时间接证据无法形成完整的证据体系，对于李某良犯有故意伪造国家机关公文罪不能达到事实清楚，证据确实、充分，应当按照疑罪从无原则处理，宣告被告人李某良无罪。

二、法律适用层面，变造国家机关证件罪的对象不包括无证明力、未实际使用的复印件：变造国家机关证件罪的对象必须是真实的证件，不包括复印件。退一步讲，本罪对象即使包括复印件，无单独证明力、未加盖印鉴、未使用、未流入社会的复印件不属于本罪对象

（一）全国人大常委会法制工作委员会刑法室、司法机关相关负责人的著述及相关案例明确，变造国家机关证件罪的对象必须是真实的证件，本案涉案证件系变造的复印件，不属于该罪对象

根据全国人大常委会法制工作委员会刑法室相关负责人和“两高”首席大法

① （2019）赣0281刑初183号。

② （2018）黑1282刑初21号。

官、首席大检察官编写的指导丛书，本罪中的“证件”，是指国家机关制作、颁发的用以证明身份、权利义务关系或者有关事实的凭证。“变造”，是指用涂改、擦消、拼接等方法，对真实的公文、证件、印章进行改制，变更其原来真实内容的行为。[①]可见，本罪要求变造的对象必须是真实的证件，而真实的证件具备国家机关制作、颁发的形式要件和用以证明身份、权利义务关系或者有关事实的实质要件。立法原意是立法者制定法律的意图，是正确理解与适用法律的重要依据。而“两高”相关部门负责人的观点最能体现最高司法机关的政策精神和倾向观点，为司法审判提供最权威的依据，在司法实践中一般应当参照适用。

《中国审判案例要览案例》收录的《陈某义等伪造国家机关印章、伪造人民团体印章案》中，法院认为：“变造居民身份证、国家机关证件的构成要件是对真实的居民身份证、国家机关证件涂改、剪贴、拼凑等而改制，故三名被告人变造居民身份证、上海市外来人员暂住证复印件的行为，不以犯罪论处”。据此，明确裁判规则如下：“对外来人口暂住证复印件予以变造，由于复印件仅仅是有内容记载的材料，不具有原件的形式要件和法律要件，不能起到证明作用，对该变造行为不以犯罪论处”。该案例为变造行为对象的正确理解与适用提供了非常有价值的参考。

（二）从类案裁判规则看，本罪即使包括复印件，也应当区分单独有证明力的复印件和无单独证明力的复印件；复印后加盖印鉴、使用和复印后未加盖印鉴、未使用的复印件；复印后流入社会、实际妨害社会管理秩序和复印后未流入社会、未实际妨害社会管理秩序的复印件。对于后者，目前除了本案尚未查阅到定罪案件

有观点主张：“从限制扩张解释的角度，不宜将变造国家机关公文、证件复印件的行为与变造原件的行为完全等同。变造国家机关公文、证件复印件的行为是

① 王爱立主编：《〈中华人民共和国刑法〉释解与适用》（下），人民法院出版社2021年版，第796页；全国人大常委会法制工作委员会刑法室主编：《〈中华人民共和国刑〉释义及实用指南》，中国民主法制出版社2016年版，第648页；周强、李少平、南英等主编：《中华人民共和国刑法案典》（中），人民法院出版社2016年版，第1531页；张军主编：《刑法分则及配套规定新释新解》（第9版）（中），人民法院出版社2016年版，第1297页。

否构成本罪，关键在于被变造的复印件是否能起到与原件同样的证明力，能否起到与变造原件相同的危害性。”①从实践中的判例出发，对于复印件是否作为变造国家机关证件罪的对象应当遵循如下规则：

1. 类案裁判规则一：即使包括复印件，也应区分单独有证明力的复印件和无单独证明力的复印件，本案复印件不可能起到与原件同样的证明效力，不符合本罪的对象特征

复印件仅仅是有内容记载的材料，与原件相比有质的区别，不具有上述“证件”的特征，从而不具有原件的形式要件和法律要件。《最高人民法院关于民事诉讼证据的若干规定》第九十条规定，无法与原件、原物核对的复制件、复制品，不能单独作为认定案件事实的根据。可见，复印件的证明效力不同于原件，亦不同于加盖印章的复印件，如未经与原件核对无法作为认定证件所载事实的依据。

如韩某甲变造国家机关证件一案，②法院在裁判理由中评判：“根据实践经验，复印件本身不具有与原件相等的证明效力，提交复印件时应与原件予以核实并确定后方与原件有同等的效果。本案中，化隆县工商局收到上述复印件后未进行相关的核实工作。”最终认定韩某甲变造国家机关证件罪的事实不清、证据不足。该案中，因复印件未与原件核实，不能认定复印件起到了与原件同等的证明效力。实践中，办理行政事务即使要求行政相对人提供复印件，但行政机关均需履行复印件与原件核对的义务，故单独的复印件无法起到与原件相同的证明作用。

而在谭某中等人招摇撞骗、伪造国家机关公文、印章、伪造公司印章一案中，③行为人未直接参与国家公文的内容制作以及文头等形式的印制，而是将黑白件套红或者将套红的红头文件进行彩色复印后自己留存。鉴于彩印、扫描件外观与原

---

① 仇晓敏、孙越：《伪造、变造、买卖国家机关公文、证件、印章罪有关问题辨析》，载《人民司法》2019年第1期。

② (2014)东刑终字第80号。

③ 《谭某中等招摇撞骗、伪造国家机关公文、印章、伪造公司印章案》，载《人民司法·案例》2009年第22期。

件相似，足以使一般公众误解，因此扫描、复印等行为与直接的伪造行为无异，据此，行为人构成伪造国家机关公文罪。根据该案，如彩印的复印件与原件外观相似，足以使人产生其系原件的误解，此种情况下，变造复印件与变造原件行为无异，即复印件具有单独有证明力，具备与原件同样的效力。而在赵某某变造国家证件一案中，变造的复印件系黑白件，不可能起到与原件同样的证明效力，不符合本罪的对象特征。

2. 类案裁判规则二：即使包括复印件，也应区分复印后加盖印鉴、使用和复印后未加盖印鉴、未使用的情形。目前定罪案件无一不是复印后加盖印鉴或者使用情形，复印后未加盖印鉴且未使用的情形无一定罪

用印行为具有鉴定和确认效力，如在复印件上加盖印鉴，该复印件可起与原件相同的证明效力。最高人民法院仇晓敏法官等人在其《伪造、变造、买卖国家机关公文、证件、印章罪有关问题辨析》一文中认为："如复印件经与原件核对后作为原件的替代或证明而应用于行政事务、登记、许可等活动中，这种情形下，如果变造的复印件进入国家行政工作流程之中，就相当于原件的替身，用于证明行政事务相应的法律事实，是原件内容的再现与固定，应认定为与原件有同等的证明效力。"可见，未加盖印鉴且未实际使用的复印件，是不可能起到与原件相同的证明效力，从而不应作为本罪的对象。

如《中国审判案例要览》（2008 年）（刑事审判案例卷）刊载的刘某忠伪造、变造国家机关证件、伪造企业印章案，法院评论："国家机关印章是国家机关刻制的以文字或者图记表明主体同一性的公章或专用章，变造的税务登记证加盖的虽是公章复印件，但已具有证明能力。行为人在变造的国家机关证件上复印国家机关印影，印影实际上是证件的组成部分，因此应以变造国家机关证件罪处罚。"在该案例中，行为人利用他人变造的《税务登记证》复印件提供给招标单位参加竞投标，起到了真实证明力的作用。① 又如，在陈某国变造国家机关证件一案中，法院

① 《刘某忠伪造、变造国家机关证件、伪造企业印章案》，载《中国审判案例要览》（2008 年）（刑事审判案例卷），人民法院出版社 2009 年版，第 404 页。

认为:“行为人在合法获取的国家机关文件的复印件上加以变造,形成与原件内容不一致的虚假内容,并利用变造后的复印件,通过其他不正当的手段,完成了其违法行为证件合法化的运作的,该变造行为已损害了国家机关证件的公信力和信誉,影响了国家机关的正常管理活动,对公共秩序造成破坏,符合变造国家机关证件罪的特征。”①

通过上述案例可以看出,目前定罪案件无一不是复印加盖印鉴或者复印加以使用的情形。通过检索,目前尚未发现一例变造复印件既未加盖印章又未使用而被认定为变造国家机关证件罪的案件。

3. 类案裁判规则三:即使包括复印件,也应区分复印后流入社会、实际妨害社会管理秩序和复印后未流入社会、未实际妨害社会管理秩序情形。对于后一种情形,客观危害不大,一般不认为是犯罪

实践中,有观点认为,认定行为人的行为是否构成伪造、变造、买卖国家机关公文、证件、印章罪的关键在于行为人的行为是否扰乱了国家机关的信誉和正常活动及国家对社会的正常管理秩序,如果行为人的行为不具有社会危害性,就不应以犯罪论处。② 如在陈某国变造国家机关证件一案中,法院认为:如果变造国家机关证件后未使用或买卖,其变造的行为就未影响国家机关的正常管理活动,其行为就不能认定构成犯罪。只有当行为人将变造的国家机关证件使用或进行买卖,才会对国家机关的正常活动造成威胁,其行为就应以犯罪论处。可见,如果变造的复印件未流入社会,则无侵害扰乱国家机关信誉和正常管理秩序的危险,不具有社会危害性,一般不应以犯罪论处。本案中,赵某某客观上未使用变造的房产证复印件办理居住证,其儿子上学也不需要办理居住证,该变造的房产证复印件未实际使用。涉案变造行为没有侵害国家机关信誉和正常管理活动,也无再侵害的危险性,故不应作为犯罪论处。

---

① 《陈某国变造国家机关证件案》,载《人民司法·案例》2009年第8期。

② 刘家琛主编:《治安管理处罚法条文释义》,人民法院出版社2006年版,第219页。

三、即使认定赵某某授意他人实施变造的行为，也属于情节显著轻微，危害不大，应当适用《刑法》“但书”规定，按照“不认为是犯罪”处理

（一）对行为犯亦应当考量行为的情节和危害的后果，一审法院机械地认为变造国家机关证罪系行为犯，只要实施即构成犯罪，系对法律的错误理解和适用

首先，任何行为构成犯罪都应以具有严重的社会危害性为前提，因而行为犯构成犯罪也必须具备严重的社会危害性。其次，从实际情况来看，根据行为犯行为程度的不同，行为手段、过程、对象、阶段、可能造成的危害后果不同，其社会危害性程度也相应不同。因此，对行为犯也存在社会危害性评价的问题。在情节显著轻微、危害不大的情况下，即使行为符合法律规定的犯罪概念及其罪状，也可以不认定为犯罪。

具体到本罪，有观点认为，伪造、变造、买卖国家机关公文、证件、印章罪情节一般的，其法定最高刑为三年有期徒刑。① 因此，对情节显著轻微，危害不大的，可适用《刑法》第十三条“但书”的规定，不认为是犯罪。

（二）参照相关司法解释的规定，举重以名轻，对本案情形明显不应认定为犯罪

《最高人民法院、最高人民检察院关于办理与盗窃、抢劫、诈骗、抢夺机动车相关刑事案件具体应用法律若干问题的解释》（法释〔2007〕11 号）第二条规定，伪造、变造、买卖机动车行驶证、登记证书，累计三本以上的，依照《刑法》第二百八十条第一款的规定，以伪造、变造、买卖国家机关证件罪定罪，处三年以下有期徒刑、拘役、管制或者剥夺政治权利。本案变造的国家机关文件虽与该司法解释规定的对象不同，但变造的文件是房产证还是机动车行驶证、登记证书在危害性上并没有质的区别。本案变造的证件仅为复印件，且数量只有一份，危害性明显小于上述司法解释规定的情形，如将本案变造一份房产证复印件且未使用的行为认定为犯罪，明显违反了相关司法解释的基本精神和罪责刑相适应原则。

---

① 刘家琛主编：《治安管理处罚法条文释义》，人民法院出版社 2006 年版，第 219 页。

（三）综合全案事实和证据，即使认定赵某某授意他人伪造房产证复印件，也属于情节显著轻微，危害不大，应当按照"不认为是犯罪"处理

综合本案的情节和后果，赵某某并未参与实施变造、变造的证件仅为一份复印件、变造的复印件未加盖印鉴、未实际使用亦未流入社会、未造成危害后果，本案属于情节显著轻微、危害不大，应当适用《刑法》第十三条"但书"的规定，对赵某某宣告无罪。如任某厅伪造、变造、买卖国家机关公文、证件、印章一案中，[①]法院认定，涉案假证并未被使用及流入社会，客观上不会造成他人对涉案房产的权属情况产生错误认知以及危害后果，其行为社会危害性小，最终作出无罪判决。

综上，赵某某不构成变造国家机关证件罪。

① （2017）冀1182刑初173号。

【案例 56-57】许某某等非法吸收公众存款案*

集资参与人转单是放贷期限延长还是重复放贷；集资参与人收回本金或者获得回报后又重复投资的数额不予扣除的一般原则与例外

关键词：

非法集资　非法吸收公众存款　集资参与人　转单　本金　重复投资　扣除

基本案情

56

许某某、李某某等非法吸收公众存款案：①2007 年 6 月，被告人许某某注册成立大成公司；2015 年 10 月，许某某接手经营荣汇公司。公司运营期间，由许某某决策并伙同被告人尚某某、唐某、李某某等 13 人，利用两家公司的名义，违反国家金融管理法律规定，在未经有关部门许可的情况下，以口口相传的方式，向他人约定存款期限并承诺还本付息，采取签订借据、理财协议书、承诺函等形式先后向 1188 人非法吸收存款。各被告人根据名下吸收存款额，按比例领取业务提成。经依法审计：自 2013 年 11 月 30 日至 2019 年 5 月 5 日，大成公司吸收公众存款人民币（以下币种同）2 278 442 909 元（含转息 46 185 939 元、转单 1 968 280 361 元），涉及 1042 人；荣汇基金泰安分公司吸收公众存款 35 465 000

---

* 本文原载“刑水浮萍”微信公众号 2019 年 2 月 1 日《司法疑难之 73》。

① （2021）鲁 09 刑终 55 号（2021 年 7 月 12 日）。

元（含转单9 380 000元），涉及146人。针对被告人及其辩护人“关于重复投资（转存本金和利息）数额应予扣除”的意见，一审法院认为，2017年《最高人民检察院公诉厅关于办理涉互联网金融犯罪案件有关问题座谈会纪要》（以下简称《高检公诉厅会议纪要》）第十二条规定：“投资人在每期结束后，利用投资账户中的资金（包括每期投资结束后归还的本金、利息）进行反复投资的金额应当累计计算，但对反复投资的数额应当作出说明。”2019年1月30日《最高人民法院、最高人民检察院、公安部关于办理非法集资刑事案件若干问题的意见》（以下简称《非法集资意见》）第五条第二款规定：“非法吸收或者变相吸收公众存款的数额，以行为人所吸收的资金全额计算。集资参与人收回本金或者获得回报后又重复投资的数额不予扣除，但可作为量刑情节酌情考虑。”具体到本案，大成公司以三个月为期限，部分集资参与人投资到期后会选择继续转存，虽然没有进入集资人的账户，但是投资到期后，相应的资金已经处于投资人的实际控制之下，其具有选择继续投资或者提取结清的主动权，再次投资和首次投资没有本质区别，所以本案到期后转存的利息和本金应当累计计入各被告人的犯罪数额名下，不应予以扣除。

一审法院认为，被告人许某某等人违反国家金融管理法律规定，非法吸收公众存款，扰乱金融秩序，其行为均构成非法吸收公众存款罪，遂以被告人许某某犯非法吸收公众存款罪，判处有期徒刑七年，并处罚金40万元；以被告人尚某某犯非法吸收公众存款罪，判处有期徒刑四年……（其他判罚情况略）宣判后，原审被告人许某某以“原判认定事实不清、证据不足；审计报告不能与书面合同、银行账户交易记录，会计凭证等证据相互印证，不应被采用，请求二审法院依法改判或发回重审”为由提出上诉。其辩护人除提出相同辩护意见外，还提出“转单后的本金和利息不应重复计算”的辩护意见。(其他上诉意见略)二审审理查明的事实、认定证据与一审相同。二审法院认为,上诉人及其辩护人的上诉理由均不能成立,遂裁定驳回上诉,维持原判。

57

王某某非法吸收公众存款案:[①]2015年6月,被告人王某某应聘于上海仁立网络科技有限公司菏泽第一分公司(以下简称菏泽第一分公司)总经理。2015年7月1日开始筹建该公司,后未经有关部门依法批准,通过电话、发放宣传资料等多种方式向不特定的社会公众公开宣传钰诚集团支持的“e租宝”金融平台,以承诺保本并给付年化收益9%~14.6%的高利息回报为诱饵,通过介绍投资人下载“e租宝”APP客户端绑定银行账户购买“e租宝”理财产品,或通过签订《融资租赁债权转让合同》的方式,向社会公众募集资金。经鉴定,自2015年8月至2015年12月,菏泽第一分公司从489名投资人处吸收资金31 390 829.83元,赎回成功13 828 029.31元,提现成功7 347 094.58元。另查明,在审理过程中,被告人王某某家人退赔其亲友部分损失。

一审法院认为,被告人王某某明知菏泽第一分公司违反国家金融管理制度,仍担任负责人,通过向社会公开宣传,并承诺一定期限内还本付息的方式面向社会公众非法吸收资金,向社会推介“e租宝”理财产品,非法向社会公众吸收存款,且数额巨大,其行为构成非法吸收公众存款罪。菏泽第一分公司自成立后,以实施犯罪为主要活动,不以单位犯罪论处。关于非法吸收公众存款的数额,以行为人所吸收的资金全额计算,集资参与人收回本金或者获得回报后又重复投资的数额不予扣除,但可以作为量刑情节酌情考虑。据此,一审法院以被告人王某某犯非法吸收公众存款

① 一审判决(2019)鲁1791刑初190号(2019年9月3日);二审判决(2019)鲁17刑终520号(2020年1月15日)。

罪，判处有期徒刑三年，并处罚金10万元。宣判后，被告人王某某不服，提出上诉。主要理由是：……(2)原判未扣除单位员工及王某某亲属投资的金额，且对重复投资的数额未扣减，认定金额错误……

二审法院认为，上诉人王某某及其辩护人的相关辩护理由和意见不能成立，不予采纳，但可以作为量刑情节予以考虑。王某某作为单位其他直接责任人员，未经有关部门依法批准，向社会公开宣传，并承诺一定期限内还本并给付高息，向社会不特定对象吸收资金，且数额巨大，其行为已构成非法吸收公众存款罪，一审判决定罪正确。

参考规则

原则上，非法吸收或者变相吸收公众存款的数额，以行为人所吸收的资金全额计算。集资参与人收回本金或者获得回报后又重复投资的数额不予扣除。

集资参与人未收回本金直接转单或者重打借条的，不属于“收回本金或者获得回报后又重复投资”的情形，可以视为放贷期限的延长，直接转单或者重打借条的数额应予扣除。

规则解析

一、一般原则与原理：非法吸收或者变相吸收公众存款的数额，以行为人所吸收的资金全额计算。集资参与人收回本金或者获得回报后又重复投资的数额不予扣除

2017年《高检公诉厅会议纪要》第十二条首次规定：“投资人在每期结束后，利用投资账户中的资金（包括每期投资结束后归还的本金、利息）进行反复投资的金额应当累计计算，但对反复投资的数额应当作出说明。”借鉴吸收该规定内容，《非法集资意见》第五条第二款规定：“非法吸收或者变相吸收公众存款的数额，以

行为人所吸收的资金全额计算。集资参与人收回本金或者获得回报后又重复投资的数额不予扣除，但可以作为量刑情节酌情考虑。”根据以上规定，集资参与人“反复投资”“重复投资”的数额应当累计计算，收回的本金及利息不从累计计算的犯罪数额中扣除。

《非法集资意见》之所以规定“集资参与人收回本金或者获得回报后又重复投资的数额不予扣除”，我们认为，主要是基于非法集资案件中涉案标的资金的一般等价物特征。非法集资的标的主要是货币。货币是一种等价物，一般情况下都视为非特定的。对于集资参与人收回本金或者获得回报后又投资的，属于“重复投资”，应当视为新的资金的放贷。

二、保留例外：集资参与人未收回本金直接转单或者重打借条的，不属于“收回本金或者获得回报后又重复投资”的情形，可以视为放贷期限的延长，直接转单或者重打借条的数额应予扣除

我们认为，虽然《非法集资意见》明确规定了“集资参与人收回本金或者获得回报后又重复投资的数额不予扣除”，但是依然有必要保留例外。为使论证更加充分，我们可以先参考江西省两级法院曾经审理的熊某某、王某挪用公款案。《最高人民法院关于审理挪用公款案件具体应用法律若干问题的解释》（法释〔1998〕9号，以下简称《挪用公款解释》）第四条规定：“多次挪用公款不还，挪用公款数额累计计算；多次挪用公款，并以后次挪用的公款归还前次挪用的公款，挪用公款数额以案发时未还的实际数额认定。”根据该规定，多次挪用公款不还的累计计算。然而，对于多次挪用同一笔公款的行为是否适用《挪用公款解释》规定的累计计算原则，实践中存在不同意见。一种意见主张依然适用《挪用公款解释》规定的累计计算原则，另一种意见则主张挪用同一笔款项属于《挪用公款解释》未考虑的情形，不适用累计计算原则，但可以将多次挪用作为量刑情节。主要理由是熊某某、王某挪用的是同一笔公款，没有与其他公款发生混同。从所有涉案当事人看来就是一笔款项，如果累计计算到挪用公款几十万元、100万元以上，超出了他们的认知范围，不符合直觉主义。该案后来被写成案例报送《刑事审判参考》，讨论过程中，多数意见同意判罚意见，认为如果在确认同一笔款项的前提下，无需累计，但可将

多次挪用作为量刑情节。这样认定更符合直觉主义,更符合常识常情常理。少数意见仍然坚持累计计算观点。虽然该案例最终因内部意见不统一而未刊用,但其在司法解释已明文规定的情况下能够提供另一种不予累计计算的思路,值得借鉴和学习。

基于货币是一种非特定的一般等价物原理,一旦放贷资金收回便与集资参与人其他资金发生混同,重复放贷属于新的放贷。然而,需要注意的是,非法集资案件中,可能存在放贷本金未收回或者未获取回报,从而放贷本金与集资参与人其他资金未发生混同的情况。如案例56中,行为人与集资参与人存在大量转单的现象,即现金不提出来,重新签一个新的合同。该类情形是否累计计算就可能成为极具争议的问题(类似熊某某、王某某挪用的公款未与其他公款发生混同的情形是否累计计算的争议)。我们认为,集资参与人转单行为因本金未收回或者未获取回报,虽然表面上看似重复放贷,但本质上更符合放贷期限延长的特征。从原理上分析,集资参与人收回本金或者获得回报后又重复投资的数额不予扣除的原理,在于集资参与人收回本金或者获得回报后,集资资金与其他资金发生混同,可以视为新的放贷。但转单情形,放贷资金与集资参与人其他资金未发生混同,不符合累计计算的基本原理。

具体联系案例56,大成公司吸收公众存款2 278 442 909元(含转单1 968 280 361元);荣汇基金泰安分公司吸收公众存款35 465 000元(含转单9 380 000元),涉及146人。转单数额大约19.7766亿元,占非法吸收存款总额的85.47%。在该案中,对转单是否累计、是否扣除对被告人的判罚具有重大影响。转单情形与利用每期投资结束后收回的本金、利息进行反复投资存在一定区别,以2017年《高检公诉厅会议纪要》第十二条的规定为依据作出判罚,说服力不足。在转单情形中,有相当一部分情形是行为人无法及时归还本金和利息,集资参与人迫于无奈转单,并非均是出于自愿选择继续转存,相应的资金并非已经处于投资人的实际控制之下,故以转单投资和首次投资没有本质区别为由,应当累计计算到各被告人的犯罪数额名下不应予以扣除的意见,亦有待实践中进一步研究和检验。案例57中同样存在“重复投资”是否扣除的控辩焦点,法院作出的评判理由同样有待实践中进一步研究和检验。

综上，我们认为，对于集资参与人未收回本金直接转单或者重打借条的，不属于《非法集资意见》规定的“集资参与人收回本金或者获得回报后又重复投资的”情形，也不属于《高检公诉厅纪要》第十二条规定的情形，可以视为放贷期限的延长，直接转单或者重打借条的数额应予扣除。建议最高人民法院、最高人民检察院、公安部在将来起草相关文件过程中，将此种情形纳入考虑并予以区别处理。

相关规定

《最高人民法院、最高人民检察院、公安部关于办理非法集资刑事案件若干问题的意见》(2019年1月30日)

三、关于涉案下属单位的处理问题

办理非法集资刑事案件中，人民法院、人民检察院、公安机关应当全面查清涉案单位，包括上级单位(总公司、母公司)和下属单位(分公司、子公司)的主体资格、层级、关系、地位、作用、资金流向等，区分情况依法作出处理。

上级单位已被认定为单位犯罪，下属单位实施非法集资犯罪活动，且全部或者大部分违法所得归下属单位所有的，对该下属单位也应当认定为单位犯罪。上级单位和下属单位构成共同犯罪的，应当根据犯罪单位的地位、作用，确定犯罪单位的刑事责任。

上级单位已被认定为单位犯罪，下属单位实施非法集资犯罪活动，但全部或者大部分违法所得归上级单位所有的，对下属单位不单独认定为单位犯罪。下属单位中涉嫌犯罪的人员，可以作为上级单位的其他直接责任人员依法追究刑事责任。

上级单位未被认定为单位犯罪，下属单位被认定为单位犯罪的，对上级单位中组织、策划、实施非法集资犯罪的人员，一般可以与下属单位按照自然人与单位共同犯罪处理。

上级单位与下属单位均未被认定为单位犯罪的，一般以上级单位与下属单位中承担组织、领导、管理、协调职责的主管人员和发挥主要作用的人员作为主犯，以其他积极参加非法集资犯罪的人员作为从犯，按照自然人共同犯罪处理。

五、关于犯罪数额的认定问题

非法吸收或者变相吸收公众存款构成犯罪，具有下列情形之一的，向亲友或者单位内部人员吸收的资金应当与向不特定对象吸收的资金一并计入犯罪数额：

（一）在向亲友或者单位内部人员吸收资金的过程中，明知亲友或者单位内部人员向不特定对象吸收资金而予以放任的；

（二）以吸收资金为目的，将社会人员吸收为单位内部人员，并向其吸收资金的；

（三）向社会公开宣传，同时向不特定对象、亲友或者单位内部人员吸收资金的。

非法吸收或者变相吸收公众存款的数额，以行为人所吸收的资金全额计算。集资参与人收回本金或者获得回报后又重复投资的数额不予扣除，但可以作为量刑情节酌情考虑。

【案例 58-59】翟某某等非法吸收公众存款案*

行为人向不特定社会公众吸收资金和向亲友、内部员工等特定对象吸收资金，分属于不同时段且不同发起事由的，是否一并计入犯罪数额

关键词：

非法集资　非法吸收公众存款　吸收资金　亲友　单位内部人员　时间节点　不同发起事由　一并计入　犯罪数额

基本案情

58

翟某某、范某某非法吸收公众存款案：[①]自 2010 年以来，翟某某、范某某（系夫妻关系）因经营需要，在未经有关部门批准的情况下，采用向他人直接提出借款等方式，承诺以 1 分至 1.5 分不等的月利率给予回报，向社会不特定公众吸收存款。截至案发，翟某某、范某某向崔某某等 105 人非法吸收公众存款共计人民币（以下币种同）768.352 万元，其间归还本金 189.3525 万元，支付利息约 19.364 万元。

翟某某的辩护人提出翟某某向特定亲友的部分借款（11 人、

* 本文原载“刑水浮萍”微信公众号 2019 年 2 月 4 日《司法疑难之 75》。

① 一审判决（2019）皖 0221 刑初 7 号（2019 年 2 月 2 日）；二审裁定维持原判（2019）皖 02 刑终 147 号（2019 年 3 月 5 日）。

95万元)不能认定为非法吸收的金额,不应计入犯罪数额。一审法院认为,翟某某、范某某出于向社会公众不特定对象非法吸收资金的概括故意,其亲友等都是在二人同一犯意支配下非法吸收资金行为所指向的对象,与其他社会公众的地位和属性仍包括在二被告人社会公众的主观意识范围内,因此其向亲友所吸收的资金也应认定为犯罪数额,对辩护人相关辩护意见不予采纳(其他意见略)。一审法院认为,翟某某、范某某违反国家金融机构管理制度,向社会上不特定的群体吸收存款,数额巨大,扰乱金融秩序,其行为构成非法吸收公众存款罪。

翟某某、范某某不服,提起上诉。关于犯罪数额的上诉理由主要有:(1)应将其向特定亲友的部分借款予以扣除,不能认定为非法吸收公众存款的数额。该部分借款金额共95万元,不应作为非法吸收公众存款的金额。(2)上诉人实施的有些借款行为,其意图并不是非法吸收或者变相吸收公众存款,恶意扰乱金融秩序,而是因在上海经营混凝土搅拌站需要资金周转时所借,此部分金额依法应予以扣减。

二审法院认为,对于集资对象既有亲友、单位职工等内部人员,又有其他社会人员的情形,如果均为非法集资行为指向的对象,均应纳入社会公众的范围。在案证据可以证实本案所有集资参与人集资的目的是获取比银行贷款更高的利息,翟某某是为了借款后赚取利息差,借款的性质应属于非法吸收公众存款,其“亲友”等都是翟某某同一犯意支配下非法吸收资金行为所指向的对象,与其他社会公众的地位和属性仍包括在上诉人社会公众的主观意识范围内,因此上述金额应计算在非法吸收公众存款的犯罪数额中,对该上诉意见不予采纳。据此,二审法院裁定驳回上诉,维持原判。

59

程某非法吸收公众存款案:2015 年 8 月至 2018 年 12 月,程某在某市通过 P2P 平台及第三方机构销售人员电话推销、个人推介、发放宣传资料等途径向社会公开宣传,承诺定期以货币方式还本付息,销售多种"投资基金""信托产品",共计向 1 万多名投资人(单位)吸收资金共计 5 亿余元。

随着 P2P 平台"暴雷"的情况越来越多,程某担心被司法机关查究,遂停止通过 P2P 平台吸收社会公众资金。2019 年 5 月,经中间人介绍,程某的同乡冯某某有意向程某转让一块商业用地使用权。程某认为,该地块性价比很高,遂同意签订转让合同。为解决购买资金,程某急需筹款。但程某不敢通过之前的 P2P 平台吸收资金,便向公司内部员工、亲友借款,许诺高利息,共筹资金 2000 万元。2019 年 8 月,程某因之前"投资基金""信托产品"到期未能兑付,投资人陆续向公安机关报案而案发。截至案发,共计 4 亿余元不能退还。

该案中,程某既存在向不特定对象又存在向亲友、单位内部人员吸收资金的情况,但程某向不特定对象吸收资金的时间发生在 2015 年 8 月至 2018 年 12 月,而向亲友、内部员工吸收资金的时间发生在 2019 年 5 月至 8 月。两个阶段的行为,存在明显不同的时间节点,且吸收资金的发起事由不同。控辩焦点是对 2019 年 5 月至 8 月吸收的资金是否适用一并计入犯罪数额原则?

参考规则

基于同一犯意支配下非法吸收公众资金的犯意,行为人既向不特定社会公众吸收资金又向亲友、内部员工等特定对象吸收资金的,向亲友或者单位内部人员吸收的资金应当与向不特定对象吸收的资金一并计入犯罪数额。

行为人向不特定社会公众吸收资金和向亲友、内部员工等特定对象吸收资金,分属于不同时段且不同项目发起事由的,应当审慎将吸收亲友、内部员工等特

定对象的资金计入非法吸收资金总额。

规则解析

一、基于同一犯意支配下非法吸收资金的犯意，行为人既向不特定社会公众吸收资金又向亲友、内部员工等特定对象吸收资金的，向亲友或者单位内部人员吸收的资金应当与向不特定对象吸收的资金一并计入犯罪数额

根据"两高一部"2019 年 1 月 30 日出台的《关于办理非法集资刑事案件若干问题的意见》(以下简称《非法集资意见》)第五条第一款的规定，"向社会公开宣传，同时向不特定对象、亲友或者单位内部人员吸收资金的"，向亲友或者单位内部人员吸收的资金应当与向不特定对象吸收的资金一并计入犯罪数额。目前，对于这里的"同时"不宜作严格限制解释，但究竟扩大解释到何种程度尚无相关定论。一般认为，对于基于"同一犯意"支配下的非法吸收资金的犯意，先向亲友或者单位内部人员吸收资金、后向不特定对象吸收资金，或者先向不特定对象吸收资金、后向亲友或者单位内部人员吸收资金的，前后没有明显时间断接的，依然属于《非法集资意见》第五条第一款规定的"同时向不特定对象、亲友或者单位内部人员吸收资金的"。这里的"同一犯意"，是指行为人基于同一概括的向社会公众吸收资金的犯罪目的和故意，至于通过具体何种方式和具体针对哪一类人群在所不问。

如案例 58 翟某某、范某某非法吸收公众存款一案，最主要的控辩焦点就是翟某某向特定亲友的借款(11 人、95 万元)是否一并计入犯罪数额。翟某某及其辩护人均认为不应计入犯罪数额。理由主要有两点：一是翟某某的亲友不属于不特定的社会公众；二是该部分借款，翟某某的犯意不是非法吸收或者变相吸收公众存款，不是恶意扰乱金融秩序，而是为了解决上海经营混凝土搅拌站经营资金周转问题。两级审理法院均认为，在案证据能够证实本案集资参与人集资的目的是获取比银行贷款更高的利息，而翟某某是为了借款后赚取利息差。翟某某、范某某均有出于向社会公众不特定对象非法吸收资金的概括故意，其亲友等都是二人

上述同一犯意支配下非法吸收资金行为所指向的对象,因此其向亲友所吸收的资金也应一并计入犯罪数额。

我们认为,从法院查明的事实看,两级法院适用一并计入犯罪数额原则有一定合理之处。辩护人虽然提到前后两个阶段翟某某的犯意不同,但没有就翟某某的亲友是否属于法院认定的"本案集资参与人集资的目的是获取比银行贷款更高的利息"提出有力质疑,也没有突出《非法集资意见》第五条规定的"同时向不特定对象、亲友或者单位内部人员吸收资金的""时间节点"进行辩解。而两级法院如果就翟某某亲友这部分人员的犯意展开更为详细的分析,就"同时向不特定对象、亲友或者单位内部人员吸收资金"的时间节点进行有针对性的论证,可能使本案判决更具说服力。

涉众型案件因受客观因素限制等影响,对证据的收集与普通案件不同,侦查机关对每笔资金吸收的时间节点可能不会严格审查,这就导致在对"同时向不特定对象、亲友或者单位内部人员吸收资金"采取大而化之的概括式认定。这种概括式认定一般不会存在问题,但在部分个案中可能会将问题聚焦放大。当行为人向不特定社会公众吸收资金和向亲友、内部员工等特定对象吸收资金,分属于不同时段且不同发起事由的,概括式的时间认定就可能影响犯罪数额的认定。

二、行为人向不特定社会公众吸收资金和向亲友、内部员工等特定对象吸收资金,分属于不同时段且不同项目发起事由的,应当审慎将吸收亲友、内部员工等特定对象的资金计入非法吸收资金总额

如案例 59 程某非法吸收公众存款一案,程某先是通过 P2P 平台销售多种"投资基金""信托产品"非法吸收公众资金,后是因开发商业用地需要筹措资金。两个行为虽然都有吸收资金的性质,但一是发起事由有所不同,前者类似理财产品,而后者是从事土地开发;二是对象不同,前者是不特定对象,后者是特定对象;三是时间节点明显不同,前者发生在 2015 年 8 月至 2018 年 12 月,而后者发生在 2019 年 5 月至 8 月。综合这三点区别,本案是否属于《非法集资意见》第五条规定的"同时向不特定对象、亲友或者单位内部人员吸收资金",实践中存在

较大分歧。

（一）先仅向亲友和内部人员筹集资金再向不特定对象吸收资金。有的案件中，行为人一开始仅向亲友和内部人员筹集资金，而且再三向亲友和内部人员强调不得将筹集资金情况告知他人。后来因筹集资金不足，再向不特定吸收资金。此种情形存在明显的时间节点，对于第一阶段的行为，依照《最高人民法院关于审理非法集资刑事案件具体应用法律若干问题的解释》（2011 年 1 月 4 日起施行）第一条第二款的规定，"未向社会公开宣传，在亲友或者单位内部针对特定对象吸收资金的，不属于非法吸收或者变相吸收公众存款。"第二阶段的行为虽然属于非法吸收公众存款，但一般不会倒推过来改变第一阶段的定性。因此，此种情形，一般不适用一并计入犯罪数额的原则。除非行为人在筹划非法吸收公众存款时将先向亲友或者单位内部人员筹集资金纳入了整体计划之中。

（二）先向不特定对象吸收资金后再仅向亲友和内部人员筹集资金。有的案件中，行为人一开始就向不特定对象吸收资金，后意识到触及红线，唯恐被追究相关责任，但又迫于缓解资金困难而仅向亲友或者单位内部人员筹集资金。这种情形比第一种情形要复杂，需要进一步结合具体情形，综合以下三个方面进行认定：是否基于非法吸收资金的"同一犯意"；是否属于"同一发起事由"；是否属于"同时向不特定对象、亲友或者单位内部人员吸收资金"。如果行为人是出于掩盖犯罪事实，怕被查，但又不收手，只是换种方式继续吸收资金，应当适用一并计入犯罪数额原则；如果行为人意识到向不特定对象吸收资金属于违法犯罪，并据此立即收手。但间隔一段时间后，确因现实资金困难，仅向亲友或者单位内部人员筹集资金且未对外宣传的，一般不宜适用一并计入犯罪数额原则。

中国应用法学研究所主编的《最高人民法院案例选》（第一辑）（法律出版社 2019 年版）刊载了时任最高人民法院巡回法庭主审法官董保军撰写的《张某非法吸收公众存款案》一文，该文特别强调："需要注意的是，如果行为人起初仅向亲友等特定对象吸收资金，之后才发展为面向社会公众吸收资金的，或者起初向社会公众吸收资金，后仅向亲友等特定对象吸收资金的，要区分具体情形，不宜一律将吸收亲友等特定对象资金计入非法吸收资金总额。”①

相关规定

1.《最高人民法院、最高人民检察院、公安部关于办理非法集资刑事案件若干问题的意见》(2019年1月30日)

五、关于犯罪数额的认定问题

非法吸收或者变相吸收公众存款构成犯罪,具有下列情形之一的,向亲友或者单位内部人员吸收的资金应当与向不特定对象吸收的资金一并计入犯罪数额:

(一)在向亲友或者单位内部人员吸收资金的过程中,明知亲友或者单位内部人员向不特定对象吸收资金而予以放任的;

(二)以吸收资金为目的,将社会人员吸收为单位内部人员,并向其吸收资金的;

(三)向社会公开宣传,同时向不特定对象、亲友或者单位内部人员吸收资金的。

2.《最高人民法院关于审理非法集资刑事案件具体应用法律若干问题的解释》(2011年1月4日起施行)

第一条……

未向社会公开宣传,在亲友或者单位内部针对特定对象吸收资金的,不属于非法吸收或者变相吸收公众存款。

① 笔者是该篇案例的责任编辑,在定稿前专门就此观点与作者进行了沟通并基本达成共识。

【案例60-62】邹某等非法吸收公众存款案*

重新签订合同但未实际追加本金的是否属于重复投资

关键词：

非法集资　集资参与人　重新签订合同　转单　重复投资　数额扣除

基本案情

60

邹某等非法吸收公众存款案：[①]自2010年5月开始，广州市历藏文化交流股份有限公司（以下简称历藏公司）在佛山市顺德区大良街道柏树巷23号铺成立顺德办公点，被告人邹某1为历藏公司顺德办公点负责人，负责全面工作，被告人邹某2负责打印合同、收取投资款、签订合同。二被告人经营的历藏公司顺德办公点以投资惠民商场、童安校车等项目为名，以高利息回报、组织旅游考察、吃饭、抽奖、派发礼品等方式，并在顺德喜来登酒店、广州黄花岗剧院举办周年庆、推介会向社会公开宣传，允诺高息回报（投资周期为12个月、24个月，年利息为22%、24%、26%不等），诱骗了大量顺德区中老年人进行投资。二被告人以现金、转账的方式收取被害人的投资款，然后再以现金、转账方式将收取的投资款转交到广州历藏公司总部。对大部分到期投资合同，二

---

* 本文原载"刑水浮萍"微信公众号2019年2月1日《司法疑难之73》。

① 二审裁定（2015）佛中法刑二终字第150号（2015年6月16日）。

被告人均以各种理由拒绝支付本息,诱骗被害人对已到期或者未到期合同重新续签订新合同,只有少数被害人拿回部分本息。

经查,二被告人经营的历藏公司顺德办公点共非法吸收了胡某乙等130名被害人资金,非法吸收金额累计人民币(以下币种同)26 473 399.35元,被害人仅收回本息共计1 234 467元,未能收回本金共计21 987 473元。

为节省篇幅,以下仅列举其中被害人朱某甲的陈述:其被历藏公司顺德工作站以投资校车的方式诈骗,共投入本金58 400元,产生利息6000元进行了再投资,投资额为65 000元,实际损失58 400元。之前的合同到期就加上利息重新签订合同进行再投资,其目前只有一份投资合同。

一审法院认为,邹某1、邹某2,非法吸收公众存款超过500万元,数额巨大,其行为均构成非法吸收公众存款罪。宣判后,二被告人不服,提出上诉,称其本身也是受害者,不具备非法吸引公众存款的主观故意,原审量刑过重(其他意见略)。二审法院认为,上诉理由不能成立,遂裁定驳回上诉,维持原判。

61

康某某非法吸收公众存款案:[①]被告人康某某在经营新疆银盛昌投资担保有限公司及奎屯珠光宝器期间,违反国家金融管理规定,通过员工宣传等手段,以委托理财、高额利息(月息1.5%)回报为由,向广大群众非法吸收公众存款金额1 296 685元,涉及人员14人,数额巨大,至今未能归还。(为节省篇幅以下仅列举其中之一被害人的陈述)被害人王某2陈述:其投入资金50 000元的合同来历是2014年4月第一笔投资1万元,7月续期三个月,重新签订合同;10月到期后追加投资了40 000元,并新签订

① 一审(2016)新4003刑初40号(2016年7月5日);二审(2016)新40终252号(2016年10月21日)。

了一份共计投资50 000元的合同。现王某2手中只有2014年10月7日的新合同。一审法院认为,康某某非法吸收公众存款,数额巨大,扰乱金融管理秩序,其行为构成非法吸收公众存款罪。康某某不服,提起上诉。二审法院裁定维持原判,驳回起诉。

62

王某某、雷某某非法吸收公众存款案:①2013年8月,被告人王某某在保定市竞秀区天威中路亢龙盛景小区底商注册成立保定市鑫宇担保有限公司。聘请被告人雷某某任副总经理,负责向客户吸收资金,带领业务员完成吸收资金的任务,协助王某某管理公司。保定鑫宇担保有限公司、保定宇鑫投资有限公司,通过散发宣传彩页,员工口头推荐等介绍方式,以月息1%~2%的利率向社会群众公开吸收资金,在2013年11月至2016年6月被告人王某某、雷某某任职期间,保定市鑫宇担保有限公司向公众吸收存款共计68 798 000元;王某某于2014年6月至2016年6月任保定宇鑫投资有限公司总经理,其任职期间公司共吸收公众存款共计27 350 000元。(其他事实略。为节省篇幅仅列举司法会计鉴定意见内容)保定中鑫司法会计鉴定中心关于保定鑫宇担保有限公司司法会计鉴定意见书。主要内容:保定鑫宇担保有限公司运营模式是客户购买理财产品后签订合同,出纳收款后向客户开具收据。合同到期后,客户可以提取现金或续存,选择续存的需重新签订合同并由出纳重新开具收据,同时将先前的合同及收据收回。

一审法院认为,根据司法会计鉴定意见书可以证实保定鑫宇担保有限公司、保定宇鑫投资有限公司均存在客户到期续存并重新签订合同的情形,该笔数额依法应计算在非法吸收公众存款的总数额内,但与集资参与人首次投资应有所区别,本院在量刑时

① 二审(2018)冀06刑终428号(2018年6月20日)。

予以酌情考虑。被告人王某某、雷某某违反国家金融管理制度，未经金融管理部门批准，以承诺高额回报的方式向社会公众吸收资金，数额巨大，其行为均构成非法吸收公众存款罪。各被告人不服，均提起上诉。主要理由是：原判认定事实不清、其有自首情节、原判量刑过重。二审法院经审理认为，原判决认定事实和适用法律正确，量刑适当，审判程序合法，遂裁定驳回上诉，维持原判。

参考规则

集资参与人收回本金或者获得回报后又重复投资的数额不予扣除，但可以作为量刑情节酌情考虑。

重复签订合同但未实际追加本金的，不属于《最高人民法院、最高人民检察院、公安部关于办理非法集资刑事案件若干问题的意见》第五条第二款规定的“重复投资”，不应重复计入吸收的资金全额。

规则解析

一、一般适用原则：集资参与人收回本金或者获得回报后又重复投资的数额不予扣除，但可以作为量刑情节酌情考虑

最高人民法院、最高人民检察院、公安部2019年1月30日联合印发的《关于办理非法集资刑事案件若干问题的意见》（以下简称《非法集资意见》）第五条第二款规定：“非法吸收或者变相吸收公众存款的数额，以行为人所吸收的资金全额计算。集资参与人收回本金或者获得回报后又重复投资的数额不予扣除，但可以作为量刑情节酌情考虑。”根据以上规定，集资参与人重复投资的数额应当累计计算，收回的本金和利息不从犯罪数额中扣除。要准确把握“集资参与人收回本金或者获得回报后又重复投资的数额不予扣除”的理解与适用，有必要探究《非法集资意见》这样规定的原理。

我们认为,在非法集资案件中,资金主要是货币。而货币是一种等价物,一般情况下都视为非特定的,从这个角度理解,重复放贷资金,可以不视为同一笔资金重复放贷或者循环放贷,而视为新的资金的放贷。对于非法集资人而言,重复吸收资金可以不视为同一笔资金重复吸收,而是视为新的资金的吸收。基于上述分析,"集资参与人收回本金或者获得回报后又重复投资的数额不予扣除"的主要基本原理在于货币是一种非特定的等价物,一旦放贷本金收回(包括回报资金)便与个人其他资金发生混同(很多民法学者主张对钱款不适用善意取得也是基于该原理。见笔者公众号相关拙文)。虽然主张累计计算的还有其他一些理由,但说服力未必足。

二、保留例外适用:重复签订合同但未实际追加本金的,不属于《非法集资意见》规定的"重复投资",不应重复计入吸收的资金全额

随着非法集资案件中大量转单行为(现金不提出来,重新签订合同)的发生,非法集资人与集资参与人之间的转单行为,表面上看是重复放贷,但实质上是一种放贷资金期限的延长。如果性质上认定为期限延长,那么累计计算就无依据,累计计算就必然引发争议。

《非法集资意见》第五条虽然明确规定"集资参与人收回本金或者获得回报后又重复投资的数额不予扣除",但司法实践中仍然有必要注意案件的差异性、特殊性,避免机械适用,尤其要避免不当扩大适用。在具体案件中,如何"把握收回本金或者获得回报后又重复投资"的理解与适用,是当前亟需研究解决的问题。

我们认为,本金未收回而是将利息作为再投入资金,或者本金未收回但获取利息,重新签订合同的,不属于《非法集资意见》第五条规定的"重复投资"。如果对《非法集资意见》第五条做不当扩大适用,那么对于重新签订合同频率越高、次数越多的案件,必将在非法吸收资金的总额与集资参与人的实际损失之间出现巨大落差的现象,而且这种现象是机械适用的结果,与实际情况并不相符,只会人为地加重非法集资参与人的刑事责任。

如在案例60邹某等非法吸收公众存款一案中,根据集资参与人朱某甲的陈述,其实际投入本金58 400元,产生利息6000元进行了再投资,之前的合同到期

就加上利息重新签订合同进行再投资，其目前只有一份投资合同。可见，朱某甲并未收回本金也并未获得利息回报，此类情况，不属于《非法集资意见》中的"重复投资"。又如案例 61 康某某非法吸收公众存款一案中，根据集资参与人王某 2 的陈述：其投入资金 50 000 元的合同来历是 2014 年 4 月第一笔投资 1 万元，7 月续期三个月，重新签订合同；10 月到期后追加投资了 40 000 元，并新签订了一份共计投资 50 000 元的合同。现王某 2 手中只有 2014 年 10 月 7 日的新合同。本案中，第一次重新签订合同并未实际追加投资，第二次重新签订合同实际追加了 4 万元投资，对于第一次重新签订合同不属于《非法集资意见》规定的"重复投资"，不应将 1 万元重复计入非法吸收的资金总额；对于第二次重新签订合同，实际追加的 4 万元理应计入非法吸收的资金总额，但仍然不应将 1 万元重复计入非法吸收的资金总额。

再如案例 62 王某某等非法吸收公众存款一案，合同到期后，客户可以提取现金或者续存，选择续存的需重新签订合同并由出纳重新开具收据，同时将先前的合同及收据收回。一审、二审法院均认定，保定鑫宇担保有限公司、保定宇鑫投资有限公司均存在客户到期续存并重新签订合同的情形，该笔数额依法应计算在非法吸收公众存款的总数额内，但与集资参与人首次投资应有所区别，法院在量刑时予以酌情考虑。然而，这里的"到期续存"，结合鉴定意见分析，属于本金未收回的情形，不属于《非法集资意见》规定的"重复投资"，不应计入非法吸收公众存款的总额。

综上，对于转单行为，本金未收回而是将利息作为再投入资金，或者本金未收回但获取利息，重新签订合同的，我们认为，不属于《非法集资意见》第五条规定的"重复投资"，不应重复计入非法吸收的资金总额。

相关规定

《最高人民法院、最高人民检察院、公安部关于办理非法集资刑事案件若干问题的意见》(2019 年 1 月 30 日)

五、关于犯罪数额的认定问题

…………

非法吸收或者变相吸收公众存款的数额,以行为人所吸收的资金全额计算。集资参与人收回本金或者获得回报后又重复投资的数额不予扣除,但可以作为量刑情节酌情考虑。

【案例 63-64】肖某某等非法吸收公众存款、集资诈骗案*

非法集资案件中利息高于本金的如何处置；被告人家属为获取集资参与人的谅解筹措资金用于支付利息的如何处置

关键词：

非法吸收公众存款　集资诈骗　利息高于本金　处置　家属筹措资金　谅解

基本案情

63

肖某某等非法吸收公众存款、集资诈骗案：①长沙市宁乡县人民法院审理被告人肖某某、肖某娥犯非法吸收公众存款罪、集资诈骗一案，于2015年11月12日作出(2014)宁刑初字第00520号刑事判决。一审查明：……(为紧扣涉案财物处置问题其他事实略)案发后，宁乡县公安局暂扣部分集资参与人员利息(指高于集资本金的部分)共计人民币(以下币种同)3563.9999万元(除晏某、谈某、胡某己、彭某甲外，其余集资参与人员被暂扣金额均小于或等于其所获利息)，具体为：暂扣高某乙600万元，南某110万元，朱某300万元，谢某己247万元，陶某120万元，唐某8万

* 本文最初载自“刑水浮萍”微信公众号2021年7月4日《简要问答三则》，后载自“刑水浮萍”微信公众号2022年4月2日《司法疑难之421》。

① 二审判决(2015)长中刑二终字第01188号(2016年8月17日)。

元,胡某丁25万元,胡某戊5万元(纳入胡某丁名下),王某乙2万元(纳入胡某丁名下),罗某乙50万元,余某50万元,刘某壬70万元(纳入高某甲名下),李某乙80万元,傅某315.9999万元,刘某辛160万元,李某丙100万元,汪某125万元,胡某已200.8万元,彭某甲181.2万元,晏某200万元(经司法鉴定晏某获取高于本金的利息为1 723 550.00元,但未考虑晏某收取肖某某3112万元承兑汇票到期前贴现所需费用,应按年息6%的银行贴现率计算贴现费用),彭某乙320万元,谈某273万元(其获取高于本金的利息为219.3万元)。同时,宁乡县公安局还暂扣帮助吸收资金人员谢某丙所得的集资介绍费103万元。另外,宁乡县公安局查封肖某某在宁乡县玉潭镇二环西路东区钻石佳城房产一栋。另宁乡县公安局追回肖某某投资湖南财富担保公司的投资款130万元。一审法院经审判委员会讨论决定,判决:被告人肖某某犯非法吸收公众存款罪,判处有期徒刑十年,并处罚金人民币40万元;犯集资诈骗罪,判处有期徒刑六年,并处罚金人民币10万元;决定执行有期徒刑十五年,并处罚金人民币50万元。……追缴宁乡县公安局暂扣的部分集资参与人获取的利息(高某乙600万元,南某110万元,朱某300万元,谢某已247万元,陶某120万元,唐某8万元,胡某丁25万元,胡某戊5万元,王某乙2万元,罗某乙50万元,余某50万元,刘某壬70万元,李某乙80万元,傅某315.9999万元,刘某辛160万元,李某丙100万元,汪某125万元,胡某已200.8万元,彭某甲181.2万元,晏某142.355万元,彭某乙320万元,谈某219.3万元)、集资中介人员收取的介绍费(谢某丙103万元)及以集资款投资购置的资产(宁乡县公安局追回的肖某某投资湖南财富担保公司的投资款130万元;宁乡县公安局查封的钟某、周某癸名下在宁乡县玉潭镇二环西路东区钻石佳城房产一栋),按比例退还给未足额归还本金的集资参与人;继续追缴肖某某的违法所得及用违法所得购置的资产(包含但不限于下列资产:肖某乙名下在株洲醴陵市数码电脑城房产29套、刘某丁名下在海南三亚龙湾小区2-1301室房产一套中的按揭款538 000.00元、肖某甲名下长沙市开福区北辰三角洲奥城d3区1栋3802室房产一套、湖南冠通置业有限责任公司9%的股权、肖某乙名下丰田酷路泽越野车一台),按比例退还给未足额归还本金的集资参与人;仍未足额归还的本金,责令被告人肖某某予以退赔。

本案的利益相关人胡某己、彭某甲认为,“一审判决计算二人所得集资款利息是从二人支付给肖某某的第一笔现金来计算二人与肖某某之间的集资往来,未计算二人在之前的与肖某某买卖土地款之间的正常往来,故认定追缴二人集资利息分别为200.8万元、181.2万元系认定事实错误,公安机关多追缴二人集资款利息分别为158.3万元、151万元。”本案的利益相关人晏某认为,“肖某某向其累计借款59 792 700元,累计还款61 516 250元,其中有用六个月期的银行承兑汇票抵账金额为3112万元,该部分资金所产生的贴息费用为944 759.29元,一审判决推断为30万元系认定事实错误,其所获得的非法所得应为778 790.71元。”

二审法院认为,上诉人肖某某、肖某自动投案,如实供述自己的罪行,系自首,均可以从轻处罚。肖某某获得的违法所得及使用违法所得购置的资产和投资,以吸收的资金向集资参与人支付的违法利息,向帮助吸收资金人员支付的集资介绍费等,均应予追缴,按比例退还给集资参与人。经查,刘某丁、肖某甲、肖某乙三人的诉求合理应予以部分支持,故认定胡某己的违法所得是42.5万元、彭某甲的违法所得是30.2万元、晏某的违法所得是78.995万元。遂判决:撤销宁乡县人民法院(2014)宁刑初字第00520号刑事判决;上诉人肖某某犯非法吸收公众存款罪,判处有期徒刑六年，并处罚金人民币 30 万元……追缴宁乡县公安局暂扣的部分集资参与人获取的利息：胡某己 42.5 万元，彭某甲 30.2 万元，晏某 78.995 万元，彭某乙 320 万元，谈某 219.3 万元，其他判罚情况同一审判决。

64

秦某等人非法吸收公众存款案：集资参与人甲于 2011 年存入被告人秦某非法吸收公众存款的平台 10 万元，每年领取 2 万元利息，将本金继续存入，至 2017 年共领取 12 万元。案发时，依据最后一张借条报案，主张秦某还欠其 2017 年之后 2 年的利息 4 万元。所涉问题：(1) 判决中甲多收的 2 万元利息是否应当作为违法所得予以追缴，在判决书中如何表述；(2) 如果案发后被告人家属以物抵债，用财物抵顶拖欠的本息 14 万元，对于违法所得如何处理？

参考规则

非法集资案件中总体应当坚持归还本金优先支付利息原则。

非法集资人以吸收的资金向集资参与人支付的利息可以折抵未归还的本金。支付的利息高出未归还的本金的，对高出部分的利息应当依法追缴，用于归还其他集资参与人的本金。

非法集资人以吸收资金以外的资金向集资参与人支付的利息参照前款处理。

被告人家属为获取部分集资参与人的谅解，明知本金已归还，仍然按照集资参与人的要求，筹措合法资金向集资参与人支付利息的，对该部分资金不应追缴。

被告人家属为获取谅解以筹措的资金向部分集资参与人支付利息后反悔，主张将该部分资金返还并归还其他集资参与人本金的，司法机关应当督促已收取利息的集资参与人配合，将已收取的利息返还被告人家属用于偿付未归还的本金。

规则解析

一、坚持归还本金优先支付利息这一总的原则，非法集资人以吸收的资金向集资参与人支付的利息可以折抵未归还的本金。支付的利息高出未归还的本金的，对高出部分的利息应当依法追缴，用于归还其他集资参与人的本金

根据《最高人民法院、最高人民检察院、公安部关于办理非法集资刑事案件适用法律若干问题的意见》（公通字〔2014〕16号，以下简称《2014非法集资意见》）第五条的规定，以吸收的资金向集资参与人支付的利息，应当依法追缴。集资参与人本金尚未归还的，所支付的利息可予折抵本金。在非法集资案件中，因集资参与人追求高利润回报，对其本金回收存在的高风险具有一定预判。集资参与人追求高利润的行为，一方面是主动将其本金置于高风险之中，另一方面对非法集资人破坏金融管理秩序起到了推波助澜的作用。正因如此，主流观点认为，集资参与人的身份不同于被害人，不应按照被害人的身份同等对待，对其财产权利不可不保护，又不可无限制保护。当前，所有相关文件明确的原则基本一致，即对集资参与人的本金予以保护，对于以吸收的资金支付的利息依法追缴，归还其他集资参与人的本金。基于这一大前提，非法集资人以吸收的资金向集资参与人支付的利息，可以折抵非法集资人未归还的本金。支付的利息高出未归还的本金的，对高出部分的利息应当依法追缴，归还其他集资参与人的本金。如在案例63中，法院依照相关规定，对非法集资人向集资参与人支付的违法利息、向帮助吸收资金人员支付的集资介绍费等予以追缴并按比例退还给本金未得到归还的集资参与人。同时，对于利息、分红、代理费、好处费、返点费、佣金、提成等费用之外的正常经济往来，依法不应追缴的不予追缴。如二审法院经审理查明，胡某己、彭某甲与肖某某在之前买卖土地款之间存在正常往来、肖某某向晏某曾用六个月期的银行承兑汇票抵账金额为3112万元，该部分资金所产生的贴息费用为944 759.29元，一审判决未准确认定。该部分经

济往来费用不属于追缴内容,故二审对相应部分予以改判,保障集资参与人的该部分合法经济权益。

二、非法集资人以吸收资金以外的资金向集资参与人支付的利息可以折抵未归还的本金。支付的利息高出未归还的本金的,对高出部分的利息应当依法追缴,用于归还其他集资参与人的本金

依照《2014 非法集资意见》规定,对于以吸收的资金支付的利息依法追缴,那么对于以吸收资金以外的资金支付的利息是否追缴?这个问题,存在一定争议。有的案件中,吸收的资金与非吸收的资金发生混同,此种情形,区分是否以吸收的资金支付利息没有意义。但有的案件中,吸收的资金与非吸收的资金未发生混同。如非法集资人将其继承的遗产抵押变现后已支付集资参与人利息。对此利息是否追缴,不属于《2014 非法集资意见》规定的情形。我们认为,为全方面加强对非法集资案件的遏制和防范,有必要从源头治理,对集资参与人的本金和利息进行区别保护。对非法集资过程中集资参与人收到的利息,无论是否以吸收的资金支付,均应坚持归还本金优先支付利息这一总的原则。对于本金尚未全部归还的案件,在法律限度内限制集资参与人从非法集资人非法吸收公众存款行为中获取利益。基于这一分析,实践中可以参考这一规则执行,即非法集资人以吸收资金以外的资金向集资参与人支付的利息,可以折抵未归还的本金。支付的利息高出未归还的本金的,对高出部分的利息依然应当依法追缴,用于归还其他集资参与人的本金。需要注意的是,如果集资参与人收到的利息未发生在非法集资过程中,则不适用归还本金优先支付利息原则。

理论上,对于本金已全部归还的案件,仍然存在追究非法吸收公众存款罪的可能。对于此类案件是否应当限制集资参与人的利息呢?我们认为,追缴集资参与人的利息仅发生在非法集资人存在本金未归还或者利息支付高于国家规定的利率最高限额的情况。如果非法集资人所有本金已归还,那么对集资参与人收取的在民间借贷利率限度内的利息进行限制就没有法律依据,对于已发生的利息支付不再具有溯及力。

三、被告人家属为获取部分集资参与人的谅解,明知本金已归还,仍然按照部分集资参与人的要求,筹措合法资金支付部分集资参与人利息的,对该部分利息不应追缴

在非法集资案件中,虽然集资参与人不同于被害人,但个案中司法机关为妥善化解纠纷,维护社会稳定,仍将集资参与人的态度作为对被告人量刑因素之一。为争取从宽处罚,被告人及家属依然积极寻求集资参与人的谅解。如在案例64中,秦某的家属明知秦某已归还集资参与人的本金,且领取的利息已高出本金2万元,为获取从宽处罚情节,依然筹措资金向集资参与人支付利息。对此类由被告人家属筹措资金支付的利息如何处置,实践中存在不同认识。我们认为,被告人家属筹措的资金来源于吸收的资金时,对以该部分资金支付的利息自然应当追缴,用于归还其他集资参与人。如果被告人家属筹措的资金实质上是非法集资人的财产,那么该类财产不具有独立性,依然应当坚持归还本金优先支付利息原则。如果被告人家属筹措的资金来源合法,对以该类资金支付的利息予以追缴于法无据。被告人的家属独立于非法集资和非法集资人,其处置资金的意思和意志独立于非法集资人,其为了获取部分集资参与人的谅解支付利息,司法机关加以干预没有法律依据。

四、被告人家属为获取谅解以筹措的资金向部分集资参与人支付利息后反悔,主张返还将该部分资金并用于归还其他集资参与人本金的,司法机关应当督促已收取利息的集资参与人配合,将已收取的利息返还被告人家属用于偿付未归还的本金

如果被告人的家属为获取部分集资参与人的谅解,明知被告人已归还本金的情况下,依然从筹措的资金中向该集资参与人支付利息。经司法机关不断补查,被告人的家属发现依然存在不少新的集资参与人的本金未得到归还,经司法机关工作人员阐法析理,认识到获取部分集资参与人的谅解对被告人的量刑没有多大积极意义,对其向特定集资参与人支付利息反悔,向特定集资参与人主张将之前其支付的利息返还用于偿付其他集资参与人的本金的,司法机关应当督促已收取利息的特定集资参与人配合支持,将利息返还并用于偿付其他集资参与人未归还

的本金。被告人家属单纯主张返还已支付的利息的，由被告人家属与特定集资参与人自行协商处理。

相关规定

《最高人民法院、最高人民检察院、公安部关于办理非法集资刑事案件适用法律若干问题的意见》（公通字〔2014〕16号）

五、关于涉案财物的追缴和处置问题

向社会公众非法吸收的资金属于违法所得。以吸收的资金向集资参与人支付的利息、分红等回报，以及向帮助吸收资金人员支付的代理费、好处费、返点费、佣金、提成等费用，应当依法追缴。集资参与人本金尚未归还的，所支付的回报可予折抵本金。

将非法吸收的资金及其转换财物用于清偿债务或者转让给他人，有下列情形之一的，应当依法追缴：

（一）他人明知是上述资金及财物而收取的；

（二）他人无偿取得上述资金及财物的；

（三）他人以明显低于市场的价格取得上述资金及财物的；

（四）他人取得上述资金及财物系源于非法债务或者违法犯罪活动的；

（五）其他依法应当追缴的情形。

查封、扣押、冻结的易贬值及保管、养护成本较高的涉案财物，可以在诉讼终结前依照有关规定变卖、拍卖。所得价款由查封、扣押、冻结机关予以保管，待诉讼终结后一并处置。

查封、扣押、冻结的涉案财物，一般应在诉讼终结后，返还集资参与人。涉案财物不足全部返还的，按照集资参与人的集资额比例返还。

【案例 65】甲集资诈骗案*

如何在集资诈骗案件中把握新旧《刑法》规定的适用原则

关键词：

集资诈骗　适用冲突　程序从新　单位犯罪　整体适用原则

基本案情

65

甲在 2014 年至 2015 年集资诈骗 367 万余元。审理过程中，合议庭对适用新法还是适用旧法，存在意见分歧。第一种意见认为，依照《最高人民法院关于适用刑法第十二条几个问题的解释》（法释〔1997〕12 号）第二条规定，"如果刑法规定的某一犯罪只有一个法定刑幅度，法定最高刑或者最低刑是指该法定刑幅度的最高刑或者最低刑；如果刑法规定的某一犯罪有两个以上的法定刑幅度，法定最高刑或者最高低刑是指具体犯罪行为应当适用的法定刑幅度的最高刑或者最低刑。"按照旧法对甲应当在十年以上有期徒刑、无期徒刑判处刑罚，但 2020 年修正的新法已删去"数额特别巨大"的相关规定，对甲可以在十年以下判处刑罚。这样比较，新法更轻，应当适用新法。第二种意见认为，新法对集资诈骗罪的修改，是加重了处罚。按照旧法及相关司法解释的规定，集资诈骗 30 万元不满 100 万元的属于"数额巨大"，应当在五年

* 本文原载"刑水浮萍"微信公众号 2021 年 10 月 3 日《司法疑难之 387》。

以上十年以下有期徒刑法定刑幅度判处刑罚；而按照新法及新的司法解释，集资诈骗 100 万元以上的统一属于“数额巨大”，应当在七年以上有期徒刑或者无期徒刑这个法定刑幅度判处刑罚。同时按照新的司法解释规定，如果集资诈骗造成恶劣社会影响或者其他严重后果，集资诈骗 50 万元以上的，就应当属于“情节严重”，应当在七年以上有期徒刑或者无期徒刑这个法定刑幅度判处刑罚。这样比较，新法更重，应当适用旧法。

参考规则

集资诈骗案件中，新旧《刑法》存在适用冲突时，原则在确定《刑法》及司法解释整体适用原则的基础上，综合新旧司法解释所规定的集资诈骗数额对应的法定刑幅度、单位或者自然人主体犯罪、是否造成恶劣社会影响或者其他严重后果、财产刑孰轻孰重等进行比较，确定整体判处刑罚的轻重后，适用从旧兼从轻原则。

一般按照主刑优先比较原则，主刑更重的，整体刑罚更重。主刑相当的，应当综合财产刑进行比较，财产刑更重的，整体刑罚更重。

规则解析

一、新的《刑法》规定减少中间一档法定刑增加了新旧《刑法》处罚轻重的复杂性，需要结合具体情况具体认定

2020 年修正的《刑法》对集资诈骗罪的规定，减少了中间一档法定刑，由此必然导致两个法定刑幅度的跨度更大，原来中间法定刑对应的犯罪事实分别纳入最低法定刑幅度、最高法定刑幅度，各个法定刑对应的犯罪事实更加广泛。正因为部分犯罪事实纳入了最低法定刑幅度范围，部分事实纳入了最高法定刑幅度范围，这种不确定性，给旧法与新法孰轻孰重的比较带来了复杂性，致使结论难以统一。总体上看，新的《刑法》规定加大了对集资诈骗罪的处罚，更加严厉，整体比过去更重。但同时又因为新的规定更加科学合理，对于部分犯罪行为，如纳入最低

法定刑幅度范围的事实，按照新的《刑法》规定可能更轻。据此，对于集资诈骗犯罪，需要结合具体案件比较新旧《刑法》规定的轻重。

二、原则坚持《刑法》及司法解释规定整体适用原则，同时保留程序和刑事政策例外

根据主流观点，司法解释与法律规定是同步适用的，这就决定了司法解释与法律规定的统一性。针对旧的法律的司法解释只能适用于旧的法律规定，针对新的法律的司法解释只能适用于新的法律规定。基于这一分析，《最高人民法院关于审理非法集资刑事案件具体应用法律若干问题的解释》（已被修正，法释〔2010〕18号，以下简称《旧非法集资解释》）适用于2020年修正前的《刑法》规定。《最高人民法院关于审理非法集资刑事案件具体应用法律若干问题的解释》（2022年修正，法释〔2022〕5号，以下简称《新非法集资解释》）适用于2020年修正后的《刑法》规定。一般情况下，为保证《刑法》及司法解释规定整体适用原则，不能在适用2020年修正前的《刑法》规定时主张适用《新非法集资解释》，也不能在适用2020年修正后的《刑法》规定时主张适用《旧非法集资解释》。

然而，在坚持《刑法》及司法解释规定整体适用原则的同时，又有必要保留例外。第一个是程序例外。程序从新原则是司法审判的一般原则，程序规范是司法审判发展的成果，为推进刑事诉讼规范化、制度化、科学化，应当坚持程序从新原则。第二个是新的从轻刑事政策例外。这些刑事政策与定罪量刑标准不同，可能同时涉及实体和程序的内容，有的政策既依附于司法解释文件，又独立于司法解释内容。如《新非法集资解释》第六条关于可以从轻或者减轻处罚、免予刑事处罚、不作为犯罪处理、移送有关行政机关的规定，即使定罪量刑标准适用《旧非法集资解释》，也可以适用该刑事政策。

三、应当综合新旧司法解释所规定的集资诈骗数额对应的法定刑幅度、单位或者自然人主体犯罪、是否造成恶劣社会影响或者其他严重后果、财产刑孰轻孰重等进行比较，确定整体判处刑罚的轻重后，适用从旧兼从轻原则

我们认为，应当综合以下各个方面进行比较，确定整体可能判处刑罚的轻重后，适用从旧兼从轻原则。

（一）新旧司法解释所规定的集资诈骗数额对应的法定刑幅度。《新非法集资解释》第八条规定，集资诈骗数额在10万元以上的，应当认定为“数额较大”；数额在100万元以上的，应当认定为“数额巨大”。《旧非法集资解释》第五条第一款规定，个人进行集资诈骗，数额在10万元以上的，应当认定为“数额较大”；数额在30万元以上的，应当认定为“数额巨大”；数额在100万元以上的，应当认定为“数额特别巨大”。

（二）增加了“造成恶劣社会影响或者其他严重后果”情形“严重情节”认定标准减半原则。《新非法集资解释》第八条第二款规定，集资诈骗数额在50万元以上，同时具有本解释第三条第二款第三项情节，即“造成恶劣社会影响或者其他严重后果”的，应当认定为刑法第一百九十二条规定的“其他严重情节”。而《旧非法集资解释》无相关规定。

（三）单位与自然人犯罪由区别到统一原则。《旧非法集资解释》第五条第二款规定，单位进行集资诈骗，数额在50万元以上的，应当认定为“数额较大”；数额在150万元以上的，应当认定为“数额巨大”；数额在500万元以上的，应当认定为“数额特别巨大”。而《新非法集资解释》第十四条规定，单位实施非法吸收公众存款、集资诈骗犯罪的，依照本解释规定的相应自然人犯罪的定罪量刑标准，对单位判处罚金，并对其直接负责的主管人员和其他直接责任人员定罪处罚。

（四）增加了财产刑的处罚力度。根据《新非法集资解释》第九条第二款的规定，犯集资诈骗罪，判处三年以上七年以下有期徒刑的，并处10万元以上500万元以下罚金；判处七年以上有期徒刑或者无期徒刑的，并处50万元以上罚金或者没收财产。而根据旧《刑法》第一百九十二条的规定，集资诈骗数额较大的，并处2万元以上20万元以下罚金；数额巨大或者有其他严重情节的，并处5万元以上50万元以下罚金；数额特别巨大或者有其他特别严重情节的，并处5万元以上50万元以下罚金或者没收财产。新法的财产刑处罚更重。

四、一般按照主刑优先比较原则，主刑更重的，整体刑罚更重。主刑相当的，应当综合财产刑进行比较，财产刑更重的，整体刑罚更重

在确定整体可能判处的刑罚轻重时，一般按照主刑优先比较原则，主刑更重

的，整体刑罚更重。主刑相当的，应当综合财产刑进行比较，财产刑更重的，整体刑罚更重。

具体联系本案，对于个人集资诈骗数额367万元的，按照《旧非法集资解释》第五条规定，属于“数额特别巨大”，按照修正前的《刑法》规定，应当判处十年以上有期徒刑或者无期徒刑，处十年以上有期徒刑或者无期徒刑，并处5万元以上50万元以下罚金或者没收财产。按照修正后的《刑法》及《新非法集资解释》规定，应当判处七年以上有期徒刑或者无期徒刑，并处50万元以上罚金或者没收财产。起点刑七年以上有期徒刑比十年以上有期徒刑更低，虽然新法财产刑更重，但自由刑更轻，由此基本确定新法的整体处罚更轻，根据从旧兼从轻原则，应当适用新法的规定。但如果是单位集资诈骗367万元，按照修正前的《刑法》规定和《旧非法集资解释》属于“数额巨大”，尚未达到500万元“数额特别巨大”的标准，应当判处五年以上十年以下有期徒刑，并处5万元以上50万元以下罚金。而按照《新非法集资解释》，依照自然人犯罪的定罪量刑标准，单位集资诈骗367万元属于“数额巨大”，应当判处七年以上有期徒刑或者无期徒刑，并处50万元以上罚金或者没收财产。虽然财产刑更重，但旧法自由刑相对更轻，从整体刑罚看单位犯集资诈骗罪旧法更轻，应当适用旧法。

相关规定

1.《中华人民共和国刑法》

修正后：

第一百九十二条　【集资诈骗罪】以非法占有为目的，使用诈骗方法非法集资，数额较大的，处三年以上七年以下有期徒刑，并处罚金；数额巨大或者有其他严重情节的，处七年以上有期徒刑或者无期徒刑，并处罚金或者没收财产。

单位犯前款罪的，对单位判处罚金，并对其直接负责的主管人员和其他直接责任人员，依照前款的规定处罚。

修正前：

第一百九十二条 【集资诈骗罪】以非法占有为目的，使用诈骗方法非法集资，数额较大的，处五年以下有期徒刑或者拘役，并处二万元以上二十万元以下罚金；数额巨大或者有其他严重情节的，处五年以上十年以下有期徒刑，并处五万元以上五十万元以下罚金；数额特别巨大或者有其他特别严重情节的，处十年以上有期徒刑或者无期徒刑，并处五万元以上五十万元以下罚金或者没收财产。

2.《最高人民法院关于审理非法集资刑事案件具体应用法律若干问题的解释》(2022年修正，法释〔2022〕5号)

第三条……

非法吸收或者变相吸收公众存款数额在50万元以上或者给存款人造成直接经济损失数额在25万元以上，同时具有下列情节之一的，应当依法追究刑事责任：

(一)曾因非法集资受过刑事追究的；

(二)二年内曾因非法集资受过行政处罚的；

(三)造成恶劣社会影响或者其他严重后果的。

第八条 集资诈骗数额在10万元以上的，应当认定为"数额较大"；数额在100万元以上的，应当认定为"数额巨大"。

集资诈骗数额在50万元以上，同时具有本解释第三条第二款第三项情节的，应当认定为刑法第一百九十二条规定的"其他严重情节"。

…………

第九条 ……

犯集资诈骗罪，判处三年以上七年以下有期徒刑的，并处十万元以上五百万元以下罚金；判处七年以上有期徒刑或者无期徒刑的，并处五十万元以上罚金或者没收财产。

3.《最高人民法院关于审理非法集资刑事案件具体应用法律若干问题的解释》(已被修正,法释〔2010〕18号)

第五条　个人进行集资诈骗,数额在10万元以上的,应当认定为“数额较大”;数额在30万元以上的,应当认定为“数额巨大”;数额在100万元以上的,应当认定为“数额特别巨大”。

单位进行集资诈骗,数额在50万元以上的,应当认定为“数额较大”;数额在150万元以上的,应当认定为“数额巨大”;数额在500万元以上的,应当认定为“数额特别巨大”。

…………

【案例 66-68】刘某某等高利转贷案*

出借信用卡牟利的行为是否构成高利转贷罪

关键词：

高利转贷　出借信用卡　牟利　信贷资金　消费资金　民间借贷

基本案情

66

刘某某高利转贷宣告无罪案：公诉机关指控，2014 年至 2015 年，被告人刘某某分别用中国银行、青海银行信用卡给青海××房地产开发有限公司刷卡借贷 12 笔次，累计借贷人民币（以下币种同）2310 万元，获取利息 120 余万元，违法所得数额较大，应当以高利转贷罪追究刑事责任。一审法院认为，根据《贷款通则》的规定，信贷资金是金融机构作为贷款发放的资金，包括信用贷款资金、担保贷款资金。相关法律及《贷款通则》《商业银行信用卡业务监督管理办法》等规章没有规定和界定信用卡额度是否属于信贷资金。根据本案证据，被告人刘某某在办理信用卡时，没有转贷牟利的目的，信用卡额度是通过正当途径取得。其在信用卡额度使用过程中转借给他人，是改变资金用途的行为，不属于套取行为。公诉机关指控刘某某以高利转贷为目的、套取信贷资金，

* 本文在“刑水浮萍”微信公众号 2020 年 4 月 3 日《司法疑难之 269》的基础上修改而成。

证据不足。据此,法院认定指控被告人刘某某构成高利转贷罪不能成立。[①]

67

李某某高利转贷、非法拘禁案:[②]2016年5月19日,被告人李某某从中国民生银行临沂临沭支行申请贷款49.5万元,期限一年,执行利率12%。同日,李某某先向王某中国民生银行临沂临沭支行账户转款22.5万元,随后用剩余贷款22万元偿还王某1民生银行信用卡欠款,再将此信用卡交给王某,后王某用其持有的POS机分六次套取现金21.99976万元,后王某某向李某某出具一张50万元的借条。2016年5月至2017年5月,李某某以每月5%的利息向王某收取利息。贷款到期后,李某某偿还贷款本金49.5万元,李某某提起民事诉讼并胜诉,法院判决王某某返还李某某借款44.49976万元。李某某非法转贷给王某22.5万元,违法所得10.8万元。法院认为,被告人李某某非法拘禁他人,具有殴打情节;以转贷牟利为目的,套取金融机构信贷资金高利转贷他人,违法所得数额较大,其行为分别构成非法拘禁罪、高利转贷罪。据此,遂以被告人李某某犯非法拘禁罪,判处有期徒刑六个月;犯高利转贷罪,判处有期徒刑七个月,并处罚金11万元;数罪并罚,决定执行有期徒刑十个月,并处罚金11万元。

68

李某奎与李某政民间借贷纠纷案:[③]2016年4月11日,被告李某政向原告李某奎出具借条1份,载明:今借到李某奎建行消费卡(卡号:×××),额度为200 000元,借卡期限1个月,利息按月利2分计算。原告依约向被告交付了信用卡,被告持卡期间总计刷卡消费760 898元,总计还款567 400元,未还金额为193 498

① 李俊良:《将信用卡额度转借他人收取利息,是否构成高利转贷罪》,载https://baijiahao.baidu.com/s? id=1700348824905370616 & wfr=spider & for=pc,最后访问时间:2022年4月19日。

② (2019)鲁1329刑初190号(2019年6月28日)。

③ (2017)宁0502民初2122号(2017年10月13日)。

元。2016年10月15日后,被告未再持卡消费。因被告未按期归还信用卡借款,原告对信用卡进行了挂失操作。被告持卡期间,因未按期归还信用卡欠款,银行收取逾期利息5587.95元(4165.72+1422.23),另因被告对信用卡欠款采取了分期付款操作,银行收取分期付款手续费5359.98元。法院认为,李某奎将金融机构授权给自己信用额度为200 000元的信用卡出借给被告李某政,李某政通过刷卡消费方式获得资金流通,原告收取高额利息(超过银行贷款利息)的行为,实质上构成了高利转贷罪。《最高人民法院关于审理民间借贷案件适用法律若干问题的规定》(法释〔2020〕17号,以下简称《民间借贷解释》)第十三条第一项规定,套取金融机构信贷资金又高利转贷给借款人,借款人事先知道或者应当知道的,人民法院应当认定民间借贷行为无效。依据上述司法解释规定,本院认定李某奎与李某政之前的民间借贷合同无效,该合同中关于利息的约定同样无效。依照《合同法》(已废止,对应《民法典》第一百五十七条)第五十八条之规定,合同无效,因该合同取得的财产,应当予以返还,有过错的一方应当赔偿对方因此所受到的损失,双方都有过错的,应当各自承担相应的责任。

参考规则

信用卡额度资金在性质和监管办法上与信贷资金不完全相同,对于出借信用卡牟利的行为,应当审慎认定高利转贷罪。

建议"两高一部"对出借信用卡牟利行为的定性出台相关解释性文件。在相关文件出台前,人民法院认为对个案确有必要以高利转贷罪追究刑事责任的,建议层报最高人民法院。

对于出借信用卡牟利的行为,人民法院应当认定民间借贷行为无效。因该类行为取得的财产,应当予以返还,有过错的一方应当赔偿对方因此所受到的损失,双方都有过错的,应当各自承担相应的责任。

规则解析

根据司法实践情况，结合具体案例，我们试图从信用卡额度的资金性质入手，对出借信用卡牟利行为的性质进行分析论证。

一、信用卡额度资金的性质不完全等同于“信贷资金”

关于信用卡额度资金的性质，目前概括起来主要存在以下两种代表性观点：一种观点认为，信用卡额度资金属于消费资金，明显区别于“信贷资金”，出借信用卡牟利的行为不构成高利转贷罪。根据《贷款通则》相关规定，广义的信贷资金包括信用贷款资金、担保贷款资金和票据贴现资金。而信用卡额度资金性质明显区别于金融机构贷款，不属于信贷资金。主要理由是：(1)从银行业务管理及规范分析，信贷资金的监管依据是《贷款通则》(1996年6月28日，中国人民银行令〔1996〕第2号)；而信用卡属于支付业务，持卡人使用信用卡消费在按时归还的前提下，银行不收取利息，适用依据是《商业银行信用卡业务监督管理办法》(中国银行业监督管理委员会令2011年第2号，2011年1月13日发文)进行规范。过去是《信用卡业务管理办法》(银发〔1996〕27号)，现该文件已失效。(2)从使用性质分析，信贷资金的监管明显强于信用卡额度资金。信用卡是基于银行对持卡人信用评估发放的，具有一定的消费额度，没有设定资金用途，持卡人只要在额度范围内就可以刷卡消费。而信贷资金的取得则需要贷款申请人向银行提交身份证、结婚证、工资收入或者公司流水证明、房产证、车辆、营业执照等多种资料，并明确约定贷款用途。①

另一种观点认为，信用卡额度资金可以参照信贷资金认定，出借信用卡牟利行为可以构成高利转贷罪。但目前尚未找到有力的案例支持该观点。案例67李某某高利转贷、非法拘禁一案中虽然认定被告人李某某构成高利转贷罪，但并未将李某某打入王某1名下民生银行信用卡的22万元计入高利转贷数额。更重要

① 李俊良：《将信用卡额度转借他人收取利息，是否构成高利转贷罪》，载 https://baijiahao.baidu.com/s? id=1700348824905370616 & wfr=spider & for=pc，最后访问时间：2022年4月19日。

的是,李某某转贷出去的 49.5 万元全部属于银行信贷资金,原则上只要出于高利转贷牟利目的申请该笔贷款且将该笔贷款转贷出去,那么无论是通过直接转账还是出借信用卡的方式,均应计入转贷数额。由此而论,该案判决对犯罪数额的认定存在一定瑕疵。鉴于该案资金全部源于信贷资金,出借信用卡只是中间环节,对信用卡额度资金的性质认定既不会影响到之前环节信贷资金的性质,也不会影响之后环节转贷牟利的认定,以本案作为"出借信用卡牟利"构成高利转贷罪的判例,说服力不足。

我们赞同对信用卡额度资金适度区别于信贷资金的观点,除了论者所提的两点理由外,我们认为,信贷资金在风险防控和政策规制上也存在不同:(1)从风险防控设置看,信贷资金的防控主要依托于抵押和约定违约金,而银行对信用卡没有设置担保。根据《中国人民银行关于信用卡业务有关事项的通知》第三条,在取消信用卡滞纳金的前提下,对于持卡人违约逾期未还款的行为,发卡机构应与持卡人通过协议约定是否收取违约金,以及相关收取方式和标准。发卡机构向持卡人提供超过授信额度用卡服务的,不得收取超限费。发卡机构对向持卡人收取的违约金和年费、取现手续费、货币兑换费等服务费用不得计收利息。(2)对信贷资金的申请、保护比信用卡的申请、保护更加规范、严格。金融机构对于信贷资金发放的条件和审查流程相对更加规范、严格,而对信用卡的发放则比较随意宽松。有的发卡银行为了获取更多的信用卡客户,在校园、社区摆摊设点,甚至不惜抛出各种礼物。申请人只要填写身份证,没有信用记录瑕疵,就可以顺利申请到信用卡。这种申请程序上的放松,给信用卡的运行和保护种下了"原罪",留下了各种隐患。由此,决定了司法机关对信用卡的资金保护不能完全参照信贷资金的保护。从《最高人民法院、最高人民检察院关于办理妨害信用卡管理刑事案件具体应用法律若干问题的解释》(法释〔2018〕19 号)的规定看,司法机关对信用卡的保护有一个巨大的态度转变,就是由倾向保护银行利益改变到对发卡银行和持卡人的利益保护居中平衡。如关于"有效催收"的认定,不再流于表面上的电话催收,同时对"非法占有目的"的认定也更加类型化、科学化。可见,信用卡消费额度与银行发放的信贷资金在规范依据、使用限制、风险防控责任以及申请、保护等方面都不完全相同，两者的性质不完全相同。

正是基于信用卡额度资金与信贷资金在性质上不完全相同，对出借信用卡获利行为认定高利转贷罪有必要坚持谦抑原则，从认定条件上要保持审慎。通过搜索中国裁判文书网、法信、ALPHA 软件，因出借信用卡获利被认定高利转贷罪的案件几乎没有。目前，仅百度 1 件无罪宣告案件（案例 66 刘某某高利转贷宣告无罪案），中国裁判文书网定罪案件 3 件，其中案例 67 李某某高利转贷、非法拘禁案是其中之一，还有两件，即商某某、杨某某高利转贷案①，黄良君骗取贷款、票据承兑、金融票证、高利转贷案②。后两件虽然与信用卡有关，但在裁判说理过程中是作为一般高利转贷行为展开说理的，没有针对出借信用卡牟利的特殊性进行分析。而案例 68 实质上资金性质属于信贷资金，中途转化为信用卡资金，作为定罪的样本说服力不足。从总体上看，对出借信用卡的行为，对持卡人基本上未追究刑事责任，普遍是对借卡人予以刑法规制，根据具体案情分别认定诈骗罪、信用卡诈骗罪、非法吸收公众存款罪、集资诈骗罪、非法经营罪，等等。需要注意的是，案例 66 中，辩护律师主张信用卡额度资金属于消费资金，明显区别于信贷资金，故出借信用卡牟利的行为不构成高利转贷罪。而法院则巧妙地避开了信用卡额度资金性质的争议，而是从被告人是否属于以转贷牟利为目的而套取金融机构的信贷资金，即从申请信用卡时有无转贷牟利的目的作为定性的要点，综合在案证据认定被告人不属于以转贷牟利为目的套取金融机构的信贷资金，并据此作出无罪判决。

综上，我们建议“两高一部”对出借信用卡获取高额利润的行为尽快出台相关解释性文件。在相关文件出台前，人民法院认为个案中确有必要以高利转贷罪追究刑事责任的，建议层报最高人民法院。

二、对于出借信用卡牟利行为，人民法院应当认定民间借贷行为无效。因该类行为取得的财产，应当予以返还，有过错的一方应当赔偿对方因此所受到的损失，双方都有过错的，应当各自承担相应的责任

在绝大多数出借信用卡案件中，如果借卡人未实施诈骗、信用卡诈骗、非法经

① （2020）浙 11 刑终 120 号（2020 年 8 月 19 日）。
② （2016）云 01 刑初 312 号。

营、非法吸收公众存款、集资诈骗犯罪，那么一般仅作为民事案件审理，且一般依照《民间借贷解释》第十三条第一项的规定处理。因出借信用卡情形，借卡人事先知道或者应当知道信用卡额度资金是金融机构审核发放的，所以无须专门审查借卡人事先知道或者应当知道的条件。人民法院可以直接认定民间借贷行为无效。因该合同或者该类行为取得的财产，应当予以返还，有过错的一方应当赔偿对方因此所受到的损失，双方都有过错的，应当各自承担相应的责任。如案例68李某奎与李某政民间借贷纠纷案，就是按照这种指导原则，认定民间借贷行为无效，并据此认定返还和赔偿责任。

相关规定

1.《中华人民共和国刑法》

第一百七十五条 【高利转贷罪】以转贷牟利为目的，套取金融机构信贷资金高利转贷他人，违法所得数额较大的，处三年以下或者，并处违法所得一倍以上五倍以下；数额巨大的，处三年以上七年以下有期徒刑，并处违法所得一倍以上五倍以下罚金。

单位犯前款罪的，对单位判处罚金，并对其直接负责的主管人员和其他直接责任人员，处三年以下有期徒刑或者拘役。

2.《最高人民法院关于审理民间借贷案件适用法律若干问题的规定》(2020年第二次修正，法释〔2020〕17号)

第十三条 具有下列情形之一的，人民法院应当认定民间借贷合同无效：

(一)套取金融机构贷款转贷的；

(二)……

【案例69】石某某妨害信用卡案*

非法持有型妨害信用卡应当分别审查“持有他人信用卡”“非法持有”事实；其他证据能够形成完整证据链的未查获涉案信用卡不影响认定

关键词：

妨害信用卡　非法持有型　持有他人信用卡　非法持有　查获

基本案情

69

石某某妨害信用卡管理案：[①]2016年10月底至11月，被告人石某某本人或者通过张某(已被判刑)带领李某在上海市闵行区、松江区等地的中国银行、农业银行、平安银行、招商银行、浦发银行、邮政储蓄银行、上海银行等共办理7张银行卡，并从李某处收购上述银行卡。2016年11月，石某某本人或者通过张某带领孙某在闵行区等地的浦发银行、中国银行、中信银行、建设银行等共办理4张银行卡，并从孙某处收购上述银行卡。2017年3月6日，石某某被公安机关抓获，到案后拒不供述上述事实。一审法院判决认为，被告人石某某非法持有他人信用卡，数量较大，其行

* 本文原载“刑水浮萍”微信公众号2019年9月3日《司法疑难之161》。

① 二审裁定(2018)沪01刑终163号(2018年3月29日)；一审判决(2017)沪0116刑初1193号(2017年12月21日)。

为构成妨害信用卡管理罪。石某某不服,提起上诉。上诉人石某某的辩护人提出:本案并未查获涉案的信用卡,亦未查明这些信用卡的去向,故原判认定石某某犯妨害信用卡管理罪的证据不足,且张某的供述也有将罪责推给石某某的可能性。即便二审法院认定石某某构成犯罪,也应考虑到涉案的银行卡系借记卡,石某某的行为未给发卡行造成经济损失,社会危害性不大,对石某某应当从轻处罚。二审法院经审理查明的事实、证据与原审判决相同。针对上诉人石某某的上诉理由及辩护人的辩护意见,经查,共同作案人张某的供述与辨认笔录,证人李某、孙某、童某、焦某、郭某的证言与辨认笔录,相关书证、物证等证据相互印证,已能形成完整证据链,证明石某某本人或者通过张某带领李某、孙某在闵行区、松江区办理银行卡后,再从李某、孙某处收购的事实。故石某某否认犯妨害信用卡管理罪的上诉理由、辩护人认为本案认定石某某犯罪证据不足的意见,与本案的事实、证据情况不符,二审法院不予采纳。至于辩护人所提张某将罪责推诿给石某某的意见并无事实依据,二审法院亦不予采纳。非法持有他人借记卡,同样妨害了信用卡管理秩序,原判根据石某某犯罪的事实、性质、情节以及对社会的危害程度等,对其所处刑罚适当。辩护人请求对石某某从轻处罚,于法无据,不予采纳。二审法院遂驳回上诉,维持原判。

参考规则

非法持有型妨害信用卡,应当就“持有他人信用卡”和“非法持有”两个方面的事实分别进行审查。

综合被告人的供述、证人证言、书证、物证,能够形成完整证据链的,即使未查获他人信用卡,也可以认定持有他人信用卡事实。

关于“非法持有”的认定必须查明行为人未经持卡人委托持有。持卡人委托

行为人持有的，不属于“非法持有”。

规则解析

从证据裁判规则分析，只要证据符合真实性、合法性和关联性，在证明力上能够排除合理怀疑，就可以认定犯罪事实。实践中，因为犯罪类别不同，证据的隐蔽性和收集证据的方式具有一定特殊性，所以对不同类别的犯罪形成了比较特殊的指导原则。如贪污犯罪案件，一般要求至少有物证或者书证，而受贿犯罪，则不要求必须有物证或者书证。关于非法持有型妨害信用卡，我们认为，应当就“持有他人信用卡”和“非法持有”两个方面的事实分别进行审查。

一、综合被告人的供述、证人证言、书证、物证，能够形成完整证据链的，即使未查获他人信用卡，也可以认定持有他人信用卡事实

对于非法持有型妨害信用卡，没有查获涉案信用卡，能否认定持有他人信用卡，是实践中常见的问题。我们认为，综合被告人的供述、证人证言、书证、物证，能够形成完整证据链的，即使未查获他人信用卡，也可以认定“持有他人信用卡”的事实。如案例 69 中，被告人石某某本人或者通过张某带领李某先后办理 11 张银行卡，并从李某、孙某处收购上述银行卡。虽然该案并未查获涉案的信用卡，亦未查明这些信用卡的去向，但综合共同作案人张某的供述与辨认笔录，证人李某、孙某、童某、焦某、郭某的证言与辨认笔录，相关书证、物证等证据，且证据之间能够相互印证，已能形成完整证据链，即使未查获涉案信用卡，也可以认定“持有他人信用卡”的事实。

二、关于“非法持有”的认定必须查明行为人未经持卡人委托持有。持卡人委托行为人持有的，不属于“非法持有”

对于非法持有型妨害信用卡，除了要求证明持有他人信用卡的事实，还要求证明“非法持有”的事实。行为人持有他人信用卡并非一定意味着等同《刑法》意义上的“非法持有”。如信用卡持卡人委托行为人代刷卡或者在香港等地代购的，因持卡人事先委托他人持有，法律并未对此予以禁止，故虽已查明“持有他人信用

卡”，但依然不能认定为“非法持有”。所谓持卡人，即信用卡的合法持有者。如张三用其身份证在甲银行柜台办理一张银行卡，这张银行卡的持卡人就是张三，即使这张银行卡由李四拿着，那持卡人仍是张三，不会变成李四。该银行卡的业务办理，均视为张三办理，由此带来的相关义务也由张三承担。有鉴于此，认定持有类妨害信用卡罪，应当就信用卡持卡人对行为人持有其信用卡是否存在事先委托等事实单独查证。如果持卡人存在事先委托事由，一般不构成非法持有型妨害信用卡。案例69中，因被告人和辩护人未就“非法持有”事实提出异议，法院在裁判说理中未对此专门评判。我们认为，虽然判决书中未对此专门说理，但相关证据应当能够充分证明信用卡持卡人对被告人未进行委托持有的事实。

为增强今后类似判决说服力，我们建议就信用卡持卡人对被告人是否授权委托持有的事实进行专门审查和论证。

【案例 70-72】陈某某等妨害信用卡管理案*

借记卡、储蓄卡是否属于妨害信用卡罪的对象；收购持卡人自愿出售的信用卡是否构成妨害信用卡管理罪

关键词：

妨害信用卡管理　借记卡　储蓄卡　购买　非法持有他人信用卡

基本案情

70

陈某某妨害信用卡管理案：①被告人陈某某在某车站拾得王某的身份证后，于2015年9月9日未经王某同意，使用王某的身份证，以王某的名义在中国建设银行宁都支行十里街分理处、中国农业银行宁都支行营业部、中国邮政储蓄银行宁都支行营业部、江西省农村信用社宁都中山街分社各骗领一张借记卡：分别为中国建设银行龙卡通（储蓄卡）；中国农业银行银联卡；中国邮政储蓄银行绿卡通［借记卡，办卡时存入现金人民币（以下币种同）100元］；江西省农村信用社百福卡（办卡时存入现金100元）。江西省宁都县人民法院认为，被告人陈胜家违反国家信用卡管理法规，违背他人意愿，使用虚假的身份证明骗领信用卡，严重扰乱了国家金融管理秩序，其行为已构成妨害信用卡管理罪，

* 本文原载“刑水浮萍”微信公众号2022年4月18日《司法疑难之425》。

① (2015)宁刑初字第239号；(2016)赣07刑终169号。

遂以被告人陈某某犯妨害信用卡管理罪，判处有期徒刑一年，并处罚金人民币1万元。陈某某不服，提出上诉。赣州市中级人民法院经审理认为，原判认定事实清楚，证据确实充分，定性准确，量刑适当，审判程序合法，遂裁定驳回上诉，维持原判。

71 甲某妨害信用卡管理案：[①]甲某从淘宝网上购买别人名下的储蓄卡。民警遂假扮快递小哥佯装送货将其抓获。淘宝店主聊天记录称其并非持卡人，所出售的卡均是别人用自己身份证办理并汇集给他出售的空卡。甲认可该卡是其要购买的卡，但是拒绝交代购卡的目的。现公诉机关指控其犯妨害信用卡管理罪。对甲的行为如何定性？

72 张某某、尹某某妨害信用卡管理案：[②]2018年4月，被告人张某某以750元/套的价格从被告人尹某某、米某（另案处理）等人手中购买储蓄卡（含银行卡一张，卡主身份证正反面照片、卡主实名手机卡、U盾、卡密码）共计19套，销售给他人牟利。其中，被告人尹某某从刘某、姜某（另案处理）等人手中以550元至650元不等的价格购买13套储蓄卡，连同其配偶胡某的4套储蓄卡销售给被告人张某某进行牟利。法院认为，被告人张某某、尹某某违反信用卡管理法规，非法持有他人信用卡，数额较大，其行为已构成妨害信用卡管理罪。据此，法院以被告人张某某犯妨害信用卡管理罪，判处有期徒刑十个月，缓刑一年六个月，并处罚金2万元；以被告人尹某某犯妨害信用卡管理罪，判处有期徒刑七个月，缓刑一年，并处罚金1万元。

---

① 本文在“刑水浮萍”微信公众号2018年9月1日《准确区分和认定妨害信用卡罪中的购买和非法持有行为》的基础上修改而成。

② （2019）鲁1302刑初814号（2019年6月6日）。

参考规则

借记卡、储蓄卡系广义上的信用卡，使用他人身份证，以虚假的身份骗领借记卡、储蓄卡的，可以构成妨害信用卡管理罪。

购买非持卡人自愿出售的信用卡并出售的行为，可以构成妨害信用卡管理罪。但购买持卡人自愿出售的信用卡一般不构成妨害信用卡管理罪。

规则解析

一、借记卡、储蓄卡系广义上的信用卡，使用他人身份证，以虚假的身份骗领借记卡的，可以构成妨害信用卡管理罪

司法实践中，对借记卡、储蓄卡是否属于信用卡存在不同认识，直接影响罪与非罪的认定。一种观点认为，全国人民代表大会常务委员会 2004 年 12 月 29 日制定出台的《关于〈中华人民共和国刑法〉有关信用卡规定的解释》（以下简称《信用卡立法解释》）明确规定：刑法规定的“信用卡”，是指由商业银行或者其他金融机构发行的具有消费支付、信用贷款、转账结算、存取现金等全部功能或者部分功能的电子支付卡。根据该规定，《刑法》各罪名中的“信用卡”属于广义上的“信用卡”，包括信用卡和借记卡，储蓄卡属于借记卡的一种，从而储蓄卡属于信用卡。另一种观点认为，《银行卡业务管理办法》（以下简称《管理办法》）明确将银行卡分为信用卡和借记卡，妨害信用卡的行为比妨害借记卡的社会危害性更大。因此，妨害信用卡管理罪中的“信用卡”仅指《管理办法》所规定的信用卡。我们认为，《信用卡立法解释》系在《管理办法》之后颁布实施的新文件，且效力位阶更高，应当适用《信用卡立法解释》的规定。如案例 70 中，陈某某虚构他人身份骗领借记卡的行为，不但破坏了银行等金融机构对借记卡的正常管理，破坏了金融管理秩序，而且一旦通过虚构事实以他人名义骗取银行贷款，将造成极大的社会危害后果。法院据此认为，被告人陈某某违反国家信用卡管理法规，违背他人意愿，使用虚假的身份证明骗领信用卡，严重扰乱了国家

金融管理秩序，其行为已构成妨害信用卡管理罪。

二、购买非持卡人自愿出售的信用卡并出售的行为，可以构成妨害信用卡管理罪。但购买持卡人自愿出售的信用卡，一般不构成妨害信用卡管理罪

根据《刑法》第一百七十七条之一的规定，“妨害信用卡的行为主要包括以下行为：（一）明知是伪造的信用卡而持有、运输的，或者明知是伪造的空白信用卡而持有、运输，数量较大的；（二）非法持有他人信用卡，数量较大的；（三）使用虚假的身份证明骗领信用卡的；（四）出售、购买、为他人提供伪造的信用卡或者以虚假的身份证明骗领的信用卡的”。《最高人民法院、最高人民检察院关于办理妨害信用卡管理刑事案件具体应用法律若干问题的解释》（法释〔2018〕19 号，以下简称《信用卡解释》）第二条第四项、第五项分别对使用虚假的身份证明骗领信用卡；出售、购买、为他人提供伪造的信用卡或者以虚假的身份证明骗领的信用卡构成妨害信用卡罪明确了十张以上的标准。

然而，对于购买持卡人自愿出售的真实信用卡，既不属于使用虚假的身份证明骗领信用卡，也不属于购买以虚假的身份证明骗领的信用卡，《刑法》《信用卡解释》均未规定。我们认为，购买持卡人自愿出售的信用卡不构成妨害信用卡管理罪。如案例 72 中，被告人尹某某从刘某、姜某（另案处理）等人手中以 550 元至 650 元不等的价格购买 13 套储蓄卡，连同其配偶胡某的 4 套储蓄卡销售给被告人张某某进行牟利。我们认为，首先应当全面查明涉案储蓄卡是否属于持卡人自愿出售的真实储蓄卡。经查，如果涉案储蓄卡属于违背持卡人真实意愿出售的储蓄卡，那么法院认定被告人张某某、尹某某构成妨害信用卡管理罪是正确的。同时，鉴于尹某某出售给张某某的配偶胡某的 4 套储蓄卡，尹某某和胡某虽然系夫妻，但毕竟属于独立的主体，为查明该 4 套储蓄卡是否属于持卡人真实意愿出售的信用卡，法院应当对胡某的主观意愿进行审查。如果经审查违背其意愿的，可以计入犯罪数额；如果经审查没有违背其真实意愿的，不应计入犯罪数额。又如案例 71 中，甲某从淘宝网上购买的均是源自持卡人使用自己真实的身份证办理的信用卡，持卡人自愿出售，我们认为，此类购买信用卡行为不属于《刑法》《信用卡解释》规定的类型化的妨害信用卡管理的行为，不构成妨害信用卡管理罪。

相关知识

信用卡、借记卡和储蓄卡都是银行卡，但并不是并列的卡种。银行卡主要分为信用卡和借记卡，其他类型的卡片是这两种卡的衍生产品。储蓄卡本身就是借记卡的一种。

信用卡主要分为贷记卡和准贷记卡。贷记卡(credit card)是指发卡银行给予持卡人一定的信用额度，持卡人可在信用额度内先消费，后还款的信用卡。贷记卡是真正意义上的信用卡，具有信用消费、转账结算、存取现金等功能。它具有以下特点：先消费后还款，享有免息缴款期(最长可达56天)，并设有最低还款额，客户出现透支可自主分期还款。准贷记卡(semi credit card)是指持卡人须先按发卡银行要求交存一定金额的备用金，当备用金账户准贷记卡余额不足支付时，可在发卡银行规定的信用额度内透支的信用卡。

借记卡(debit card)是指先存款后消费(或取现)没有透支功能的银行卡。按其功能的不同，可分为转账卡(含储蓄卡)、专用卡及储值卡。借记卡是一种具有转账结算、存取现金、购物消费等功能的信用工具，它还附加了转账、买卖基金、炒股、缴费等众多功能，还提供了大量增值服务。借记卡也可以透过ATM转账和提款，不能透支，账户内的金额按活期存款计付利息。

储蓄卡是银行为储户提供金融服务而发行的一种金融交易卡，属于借记卡的一种。它的主要功能是可以在联网ATM和银行柜台存款、取款及在联网的POS上进行消费。

【案例 73】刘某某票据诈骗案*

使用外汇质押贷款再转贷获利数额较大的行为定性；使用虚假的票汇质押贷款或者骗取他人财产的定性

关键词：

外汇质押　转贷牟利　高利转贷　票据诈骗　合同诈骗

基本案情

73

刘某某票据诈骗案：[①]2002 年 11 月 27 日，刘某某指使欧某某以华利投资公司的名义与上海圣展公司法人代表覃某某在广州市签订《协议书》，约定华利投资公司提供美国银商基金签发的 1000 万美元票据给上海圣展公司用于在国内银行进行质押贷款，并约定上海圣展公司支付 10%开票费，先付定金人民币 56 万元。当日，覃某某委托其下属的梧州两广公司汇款人民币 56 万元至欧某某的银行账户，随后欧某某从该账户取出人民币 40 万元汇入刘某某的银行账户。刘某某将其中人民币 10 万元交给王某某，让王某某提供美国银商基金签发的票据。过了几天，王某某交给刘某某 5 张共计 1401 万美元票据，其中 2 张面额 400 万美元、2 张面额 300 万美元、1 张面额 1 万美元。同年 12 月 4 日，刘

* 本文原载“刑水浮萍”微信公众号 2021 年 4 月 13 日《司法疑难之 357》。

① (2009) 粤高法刑二终字第 20 号(2009 年 4 月 1 日)。

某某与欧某某等人拿着该5张票据到上海找覃某某。覃某某看过票据后，刘某某要求覃某某先支付开票费人民币207.5万元才给票据。当日，覃某某委托梧州两广公司汇出人民币150万元、委托其下属南宁长江公司汇出人民币57.5万元共计人民币207.5万元至刘某某的银行账户。后覃某某持该5张票据前往中国光大银行上海分行长宁支行办理质押贷款业务得知，该票据未经美国银行背书承兑，且票据正面有“不可转让”“按协议支付”印章，不能办理质押贷款，便要求刘某某、欧某某更改票据。同年12月12日，刘某某、欧某某等人以美国银商基金的名义与覃某某签订一份《补充协议》，约定更改票据，更改费为人民币86.5万元。同月20日，覃某某委托梧州两广公司汇出人民币86.5万元至刘某某银行账户。刘某某等人一共收取上海圣展公司人民币350万元后，一直没有提供质押贷款的票据。(其他事实略)一审法院认定刘某某等人构成合同诈骗罪。刘某某等人不服，提起上诉。

二审法院经审理认为，上诉人刘某某以非法占有为目的，使用不真实的票据进行票据诈骗活动，骗取上海圣展公司、天津天丰公司财产，数额特别巨大，其行为构成票据诈骗罪。一审判决认定事实清楚，证据确实、充分，审判程序合法，但认定其行为构成合同诈骗罪不当，应予纠正。

参考规则

外汇质押本质上属于一种担保形式，以转贷牟利为目的，通过外汇质押套取金融机构信贷资金高利转贷他人，违法所得数额较大的，可以构成高利转贷罪。

随着中资外资企业融资政策差异消除，全国范围内推广中资企业外汇质押人民币贷款政策，境内企业、个人多次进行外汇质押的行为符合相关政策，未违反国家规定，不应视为买卖外汇行为，不构成非法经营罪。

以非法占有为目的，使用虚假外汇质押单骗取金融机构贷款或者他人财产，同时构成贷款诈骗罪、票据诈骗罪、合同诈骗罪、诈骗罪的，按照处罚较重的罪名定罪处罚。处罚程度相当的，按照特殊诈骗罪定罪处罚。

行为人出于转贷牟利目的，通过虚假外汇质押骗取金融机构贷款后高利转贷他人的，手段行为和目的行为具有牵连关系，分别构成贷款诈骗罪、票据诈骗罪、合同诈骗罪、诈骗罪和高利转贷罪。根据罪责刑相适应原则，可以按照处罚较重的罪名定罪处罚，不实行数罪并罚。

规则解析

一、外汇质押本质上是一种担保形式，以转贷牟利为目的，通过外汇质押套取金融机构信贷资金高利转贷他人，违法所得数额较大的，可以构成高利转贷罪

外汇质押依然属于质押的一种，在本质上与抵押、普通质押的法律性质一样。抵押、质押的具体是何种财产，不影响抵押、质押性质的认定。对于高利转贷罪的认定，主要审查行为人套取信贷资金时是否具有转贷牟利目的、是否属于套取金融机构的信贷资金、违法所得数额是否较大，至于通过何种方式套取金融机构的信贷资金，不在高利转贷罪构成要件的范围。对于通过外汇质押套取金融机构的信贷资金，转贷牟利，违法所得数额较大的，可以构成高利转贷罪。需要提示的是，如果行为人骗取金融资金的，可能同时构成其他犯罪，一般按照处罚较重的罪名定罪处罚。

二、随着全国范围内推广中资企业外汇质押人民币贷款政策，境内企业、个人多次进行外汇质押的行为符合相关政策，未违反国家规定，不应视为非法买卖外汇行为，不构成非法经营罪

2011年11月17日前，我国对外汇质押的监管政策一直比较严厉。在案例73刘某某票据诈骗一案中，当时中国银行、中国人民银行关于票据质押贷款的复函和国家外汇管理局相关文件，均证明外汇质押获取人民币贷款，仅限于境内外商投资企业提供外汇质押，贷款发放对象仅限于外商投资企业。只能由境外金融机

构或境内外资金金融机构提供信用保证或者外商投资企业以自有外汇进行质押，不允许以境内个人外汇收入质押获取人民币贷款。从当时的规定分析，境内个人多次通过外汇质押获取金融机构贷款的行为，看似是一种使用外汇行为，不涉及买卖外汇，但多次质押外汇，实质上是利用外汇的交易价值谋取利益，属于一种变相买卖。如在质押后无力偿还的，质押权人只能主张外汇变现，这也意味着从整体行为评价质押并不必然排除最终买卖性质。因此，在当时的监管政策下，多次通过外汇质押获取金融机构贷款的行为可能属于非法买卖外汇，涉嫌构成非法经营罪。在案例70刘某某票据诈骗案生效裁判作出2年之后，国家外汇管理局于2011年11月17日下发了《关于境内企业外汇质押人民币贷款政策有关问题的通知》（汇发〔2011〕46号）。根据通知要求，为逐步消除中资外资企业融资政策差异，缓解中小企业贸易融资难问题，国家外汇管理局决定在全国范围内推广中资企业外汇质押人民币贷款政策。境内金融机构在向中资企业和外商投资企业发放人民币贷款时，可以接受债务人提供的外汇质押，质押外汇来源仅限于经常项目外汇账户（出口收汇待核查账户除外）内的资金。至此，对于通过外汇质押获取金融机构贷款的行为，不再属于非法买卖外汇，不构成非法经营罪。

三、以非法占有为目的，使用虚假外汇质押骗取金融机构的贷款或者骗取他人财产，分别构成贷款诈骗罪、票据诈骗罪、合同诈骗罪、诈骗罪的，按照处罚较重的罪名定罪处罚。处罚程度相当的，按照特殊诈骗罪定罪处罚

行为人不具有非法占有目的，多次冒充境外公司主体使用其外汇质押或者使用虚假的外汇质押，套取金融机构贷款，造成重大损失或者情节特别严重的（《刑法修正案（十一）》施行前情节严重的也可以构成犯罪），可能构成骗取贷款罪。

行为人具有非法占有目的，多次冒充境外公司主体使用其外汇质押或者使用虚假的外汇质押，套取银行等金融机构的贷款，同时构成贷款诈骗罪、票据诈骗罪、合同诈骗罪的，按照处罚较重的罪名定罪处罚。行为人使用虚假的外汇质押，目的不在于套取金融机构信贷资金，而在于骗取他人保证金的，则同时构成票据诈骗罪、合同诈骗罪、诈骗罪，一般按照处罚较重的罪名定罪处罚。处罚程度相当的，按照特殊罪名定罪处罚。

四、以非法占有为目的，同时为了转贷牟利，使用虚假外汇质押骗取金融机构贷款后高利转贷他人，手段行为和目的行为具有牵连关系，分别构成贷款诈骗罪、票据诈骗罪、合同诈骗罪和高利转贷罪。根据罪责刑相适应原则，可以按照处罚较重的罪名定罪处罚，不实行数罪并罚

行为人不具有非法占有目的，为了转贷牟利，冒充境外公司主体或者使用虚假的外汇质押套取金融机构的贷款，违法所得数额较大、造成重大损失的，手段行为构成骗取贷款罪，同时目的行为构成高利转贷罪，手段行为与目的行为侵犯的客体属于近似法益，两者构成牵连关系，从罪责刑相适应原则出发，可以按照处罚较重的罪名定罪处罚，另一罪作为从重处罚情节予以考虑。

行为人具有非法占有目的，同时为了转贷牟利，冒充境外公司主体或者使用虚假的外汇质押套取金融机构的贷款，违法所得数额较大、造成重大损失的，手段行为构成贷款诈骗罪、票据诈骗罪、合同诈骗罪，同时目的行为构成高利转贷罪，破坏的均是金融管理秩序，侵犯的客体属于近似法益，且手段行为与目的行为具有牵连关系，根据罪责刑相适应原则，可以按照处罚较重的罪名定罪处罚，不实行数罪并罚。如果行为人实施以上行为，骗取的是他人财产，行为人还构成诈骗罪，依照处罚较重的罪名定罪处罚。

相关规定

1.《中华人民共和国刑法》

第一百九十四条 【票据诈骗罪】有下列情形之一，进行金融票据诈骗活动，数额较大的，处五年以下有期徒刑或者拘役，并处二万元以上二十万元以下罚金；数额巨大或者有其他严重情节的，处五年以上十年以下有期徒刑，并处五万元以上五十万元以下罚金；数额特别巨大或者有其他特别严重情节的，处十年以上有期徒刑或者无期徒刑，并处五万元以上五十万元以下罚金或者没收财产：

（一）明知是伪造、变造的汇票、本票、支票而使用的；

（二）明知是作废的汇票、本票、支票而使用的；

（三）冒用他人的汇票、本票、支票的；

（四）签发空头支票或者与其预留印鉴不符的支票，骗取财物的；

（五）汇票、本票的出票人签发无资金保证的汇票、本票或者在出票时作虚假记载，骗取财物的。

【金融凭证诈骗罪】使用伪造、变造的委托收款凭证、汇款凭证、银行存单等其他银行结算凭证的，依照前款的规定处罚。

2.《国家外汇管理局关于境内企业外汇质押人民币贷款政策有关问题的通知》（汇发〔2011〕46号）

国家外汇管理局各省、自治区、直辖市分局、外汇管理部，深圳、大连、青岛、厦门、宁波市分局：

为逐步消除中外资企业融资政策差异，缓解中小企业贸易融资难问题，在前期政策试点的基础上，国家外汇管理局决定在全国范围内推广中资企业外汇质押人民币贷款政策。现就有关事项通知如下：

一、境内金融机构在向中资企业和外商投资企业（以下简称境内企业）发放人民币贷款时，可以接受债务人提供的外汇质押，质押外汇来源仅限于经常项目外汇账户（出口收汇待核查账户除外）内的资金。

…………

【案例74】哈某某信用卡诈骗、妨害信用卡、合同诈骗案*

盗用他人身份证、手机申请信用卡后消费或者注册网络贷款平台用户后贷款无法归还的定性

关键词：

骗取　盗用　身份证　手机　诈骗　贷款诈骗　网络贷款平台　贷款资金

基本案情

74

哈某某信用卡诈骗、妨害信用卡、合同诈骗案：①2018年3月，哈某某在宁东镇宝塔石化能源化工有限公司集体宿舍，盗走孙某某放在桌上的居民身份证。2018年3月至4月，哈某某利用非法获取的孙某某的身份信息，在通讯公司和银行办理了通讯卡和银行信用卡，并通过网络借贷平台骗取贷款。具体犯罪事实如下：

（一）信用卡诈骗罪。2018年3月14日，哈某某使用盗窃的被害人孙某某的居民身份证在灵武市芙蓉园中国电信网点办理了号码为180×××××的通讯卡。后在网上申请办理信用卡，并于2018年3月22日在交通银行银川宁东支行激活账号为×××的信

* 本文原载"刑水浮萍"微信公众号2020年7月26日《司法疑难之330》。

① 二审裁定（2019）宁01刑终164号（2019年5月8日）；一审判决（2019）宁0181刑初20号（2019年4月8日）。

用卡。2018 年 3 月 23 日 POS 机消费人民币(以下币种同)15 000 元,3 月 24 日 POS 机消费 5000 元,5 月 5 日分五笔共计还款 20 000 元。2018 年 5 月 6 日 POS 机分五笔消费 19 960 元,直至 2018 年 7 月 12 日再未还款,产生违约金 99.8 元、利息 684.33 元。

(二)妨害信用卡管理罪。2018 年 6 月 22 日,哈某某使用盗窃的被害人孙某某的居民身份证及以孙某某居民身份证办理的号码为 180×××××的通讯卡,在民生银行骗领账号为×××的信用卡。

(三)合同诈骗罪。2018 年 4 月 1 日,哈某某盗用被害人孙某某的居民身份证在"我来"贷网络平台注册,向北京快快网络技术有限公司申请借款 20 000 元,还款 2039.34 元。2018 年 4 月 5 日至 5 月 8 日,哈某某盗用被害人孙某某的身份证在"麦子借款"网络平台注册,向上海诺诺镑客金融信息服务有限公司分三次共计申请借款 24 800 元,分两次共计还款 3731.63 元。

一审法院认为,被告人哈某某以非法占有为目的,盗用他人身份证件使用虚假身份证明申领信用卡后透支 19 960 元,无法归还,数额较大,其行为构成信用卡诈骗罪;哈某某使用盗窃的身份证件以虚假身份证明骗领信用卡,其行为构成妨害信用卡管理罪;哈某某以非法占有为目的,盗窃他人身份证冒用他人名义通过网贷平台签订借款合同,骗取财物共计 44 800 元,数额较大,其行为构成合同诈骗罪。公诉机关指控的犯罪事实清楚,证据确实、充分,罪名成立,但指控合同诈骗数额 39 029.03 元与审理查明的合同诈骗数额 44 800 元不一致,依法予以纠正。哈某某一人犯数罪,应当数罪并罚。哈某某明知其没有还款能力而大量透支信用卡,无法归还,其主观上具有非法占有的目的,故哈某某辩称其没有非法占有目的的辩解意见不能成立;哈某某盗用他人身份证件以虚假身份申领信用卡侵犯了国家的信用卡管理制度,对信用卡管理秩序和银行资金安全构成了现实威胁,其主观上具有骗领信用卡的故意,客观上实施了妨害信用卡管理的行为,符合妨害信用卡管理罪的主、客观要件,构成妨害信用卡管理罪;哈某某明知其没有归还借款的能力,仍盗用他人身份信息,隐瞒真相,通过网络平台签订借款合同骗取他人财物,数额较大,其行为符合合同诈骗罪的主、客观要件,哈某某的辩护人相关辩护意见不予采纳。综上,一审法院以被告人哈某某犯信用卡诈骗罪,判处有期徒刑一年八个月,并处罚金2万元;被告人哈某某犯妨害信用卡管理罪,判处有期徒刑六个月,并处罚金1万元;被告人哈某某犯合同诈骗罪,判处有期徒刑一年,并处罚金2万元,总和刑期三年两个月,并处罚金5万元,决定执行有期徒刑两年十个月,并处罚金5万元;责令被告人哈某某向被害人孙某某退赔19 960元,向北京快快网络技术有限公司退赔17 960.66元,向上海诺诺镑客金融信息服务有限公司退赔21 068.37元。

哈某某不服,提起上诉。理由是:(1)其主观上没有非法占有的故意,其行为不构成信用卡诈骗罪以及合同诈骗罪;(2)其具有自首、坦白、认罪等从轻情节,一审判决对其量刑过重。辩护人提出,哈某某具有自首、坦白、认罪等从轻情节,一审判决对其量刑过重。

二审审理查明的事实及采纳的证据与一审相同。(1)关于上诉人哈某某提出的其主观上没有非法占有目的,其行为不构成信用卡诈骗罪及合同诈骗罪的上诉理由,经查,被害人孙某某的陈述、上诉人哈某某的供述以及中国电信业务登记单及面签单等书证能够相互印证,证明上诉人哈某某使用虚假身份骗领信用卡进行诈骗活动,且数额达19 960元,数额较大,上诉人哈某某的行为符合信用卡诈骗罪的主、客观要件,构成信用卡诈骗罪。(2)借款协议等书证、被害人孙某某的陈述以及上诉人哈某某的供述相互印证，证明上诉人哈某某冒用他人名义签订合同，骗取被害单位的钱款后，将钱款用于“彩02”高风险投资，最终给被害单位造成较大数额的损失，其行为符合合同诈骗罪的主、客观要件，构成合同诈骗罪。故上诉人哈某某的相关上诉理由不能成立，不予支持。二审法院遂裁定驳回上诉，维持原判。

参考规则

盗用他人身份证、手机，以虚假身份骗领信用卡的，一般按照目的行为定罪，以妨害信用卡罪论处。

实施前款行为，恶意消费透支信用卡数额较大，无法归还的，应当以信用卡诈骗罪论处。

盗用他人身份证、手机，注册网络贷款平台用户，明知没有归还能力，仍然申请贷款进行高风险投资，最终无法归还的，应当以合同诈骗罪论处。

规则解析

一、盗用他人身份证、手机，以虚假身份骗领信用卡的，一般按照目的行为定罪，以妨害信用卡罪论处

（一）手段行为的定性。近年来，在网络论证过程中，手机必须绑定身份证，由此手机号意味着成了新一类的身份证件。盗用手机、骗取手机并填写身份证号进行网络注册，情节严重的，属于使用虚假身份证、盗用身份证件罪中的一类犯罪活动，可以纳入《刑法》第二百八十条之一的规制范围。根据《刑法》第二百八十条之一的规定，在依照国家规定应当提供身份证明的活动中，使用伪造、变造的或者盗用他人的居民身份证、护照、社会保障卡、驾驶证等依法可以用于证明身份的证件，情节严重的，构成使用虚假身份证件、盗用身份证件罪。为逃避网络实名监管，通过“PS”等手段将骗取或者收购的他人真实身份证上的姓名、身份证号、头像等信息进行“重组”。这种行为的目的是通过网络手段将他人身份证变造出不存

在、不真实的身份证件信息,而这些身份证件信息又被不法分子利用,用来实施诈骗、盗窃等违法犯罪活动。还有的通过互联网将他人的"电子化"身份证件信息出售。如在互联网平台上,网店或者交易对方经常要求通过拍照、扫描等方式对居民身份证进行"电子化"使用。此类行为属于《刑法》第二百八十条规定的伪造、变造、买卖居民身份证的行为,情节严重的,应当依法以伪造、变造、买卖身份证件罪予以规制。①

(二)目的行为的定性。如果目的行为构成其他罪名,《刑法》第二百八十条之一直接明确了处断原则,即使用虚假身份证件、盗用身份证件罪,同时构成其他犯罪的,依照处罚较重的规定定罪处罚。使用虚假身份证件、盗用身份证件罪,最高法定刑为拘役、管制,属于轻罪中的轻罪,如果目的行为构成犯罪,一般以目的行为定罪处罚。《刑法》在伪造、变造、买卖身份证件罪的条款中未直接明确数罪处断原则,对于通过伪造、变造、买卖身份证件手段行为实现其他犯罪的,可以按照牵连犯的一般处断原则处断。即《刑法》有规定的依照规定处断。《刑法》没有规定的,从罪责刑相适应原则出发,一般按照处罚较重的罪名定罪处罚,另一罪作为从重处罚情节(只有在按照处罚较重的罪名定罪处罚不足以体现罪责刑相适应原则时才实行数罪并罚)。伪造、变造、买卖身份证件罪最高法定刑在七年有期徒刑,不像使用虚假身份证件、盗用身份证件罪法定刑那么低,手段行为与目的行为构成牵连关系时,究竟是按照手段行为定罪还是按照目的行为定罪,要根据具体案情而定。本案中,哈某某盗用他人身份证件以虚假身份申领信用卡侵犯了国家的信用卡管理制度,手段行为构成盗用身份证件罪。哈某某对信用卡管理秩序和银行资金安全构成了现实威胁,其主观上具有骗领信用卡的故意,客观上实施了妨害信用卡管理的行为,符合妨害信用卡管理罪的主、客观要件,目的行为构成妨害信用卡管理罪。目的行为比手段行为处罚更重,依照《刑法》第二百八十条之一第二款之规定,应当按照妨害信用卡罪定罪处罚。

---

① 李明:《伪造、变造、买卖及使用他人身份证件骗取网络账号认证行为性质的探讨》,载《人民法院报》2015年11月18日,第6版。

二、盗用他人身份证、手机,以虚假身份骗领信用卡,恶意消费透支信用卡数额较大,无法归还的,应当以信用卡诈骗罪论处

对于盗用他人身份证、手机,以虚假身份骗领信用卡,尚未透支消费的,构成妨害信用卡罪。如果行为人透支消费其骗领的信用卡不归还信用卡欠款的,表明其具有非法占有目的,由妨害信用卡罪转化为信用卡诈骗罪。根据《最高人民法院、最高人民检察院关于办理妨害信用卡管理刑事案件具体应用法律若干问题的解释》(法释〔2018〕19 号)第六条第二、三款的规定,对于是否以非法占有为目的,应当综合持卡人信用记录、还款能力和意愿、申领和透支信用卡的状况、透支资金的用途、透支后的表现、未按规定还款的原因等情节作出判断。不得单纯依据持卡人未按规定还款的事实认定非法占有目的。具有以下情形之一的,应当认定为《刑法》第一百九十六条第二款规定的"以非法占有为目的",但有证据证明持卡人确实不具有非法占有目的的除外:(1)明知没有还款能力而大量透支,无法归还的;……(3)透支后通过逃匿、改变联系方式等手段,逃避银行催收的……(6)其他非法占有资金,拒不归还的情形。本案中,被害人孙某某的陈述、上诉人哈某某的供述以及中国电信业务登记单及面签单等书证能够相互印证,证明上诉人哈某某使用虚假身份骗领信用卡恶意透支消费。主观上,哈某某的行为属于"明知没有还款能力而大量透支,无法归还的"情形,综合其信用记录、还款能力和意愿、申领和透支信用卡的状况、透支资金的用途、透支后的表现、未按规定还款的原因等情节,应当认定具有非法占有目的;客观上,哈某某透支数额达 19 960 元,数额较大,最终不能归还。综合哈某某的主、客观分析,其行为构成信用卡诈骗罪。

三、盗用他人身份证、手机,注册网络贷款平台用户,明知没有归还能力,仍然申请贷款仅高风险投资,最终无法归还的,应当以合同诈骗罪论处

根据《全国法院审理金融犯罪案件工作座谈会纪要》(法〔2001〕8 号)关于"非法占有目的"的认定,在司法实践中,认定是否具有非法占有为目的,应当坚持主客观相一致的原则,既要避免单纯根据损失结果客观归罪,也不能仅凭被告人自己的供述,而应当根据案件具体情况具体分析。根据司法实践,对于行为人通过诈骗的方法非法获取资金,造成数额较大资金不能归还,并具有下列情形之一的,

可以认定为具有非法占有的目的:(1)明知没有归还能力而大量骗取资金的……(7)其他非法占有资金、拒不返还的行为。但是,在处理具体案件的时候,对于有证据证明行为人不具有非法占有目的的,不能单纯以财产不能归还就按金融诈骗罪处罚。本案中,哈某某冒用他人名义签订合同,骗取被害单位的钱款后,将钱款用于"彩02"高风险投资,最终给被害单位造成较大数额的损失,哈某某属于"明知没有归还能力而大量骗取资金的"情形,其行为符合合同诈骗罪的构成要件,构成合同诈骗罪。

根据《最高人民法院关于审理民间借贷案件适用法律若干问题的规定》(法释〔2020〕17号)第二十一条的规定,借贷双方通过网络贷款平台形成借贷关系,网络贷款平台的提供者仅提供媒介服务,当事人请求其承担担保责任的,人民法院不予支持。可见,网络贷款平台不属于金融机构。行为人盗用他人身份证、手机,注册网络贷款平台用户,依然申请贷款后进行高风险投资,最终无法归还的,不构成贷款诈骗罪。

【案例 75-77】杨某某、罗某某等伪造、变造金融票证案[*]

伪造银行现金缴款单是否属于伪造金融票证

关键词：

金融票证　银行现金缴款单　伪造　变造

基本案情

75

杨某某、罗某某伪造金融票证案：[①]2013年9月10日，邹某某通过互联网找到重庆渝盾工商咨询有限公司的负责人夏某某为四川弘鑫农业有限公司增资。夏某某明知自己无资金，找到被告人杨某某办理。杨某某在自己无人民币（以下币种同）7000万元资金能力筹措的情况下，安排被告人罗某某和张某某（在逃）前来荣县办理7000万元增资事项。罗某某和张某某拿到增资的相关资料后回到重庆，通过路边办假证件伪造了中国银行自贡分行业务部业务专用章（3）、张某甲私章、四川弘鑫农业有限公司股东钟红飞现金缴款1400万元现金缴款单、肖某某现金缴款5600万元现金缴款单、银行询证收费200元收费凭证。2013年9月16日，

---

* 本文原载“刑水浮萍”微信公众号2019年11月8日《司法疑难之199》。

① 二审（2015）自刑二终字第1号（2015年1月20日）；一审（2014）荣刑初字第281号（2014年11月20日）。

张某某假装到中国银行自贡分行办理缴款手续,罗某某到荣县方圆会计师事务所接工作人员刘某到银行询证。三人在中国银行自贡分行碰面后,张某某将事先伪造好的两张现金缴款单给刘某查看,刘某看到该缴款单上有银行公章及工作人员私章后深信不疑,并拿出银行询证函按要求填写好,交由罗某某代为询证。罗某某在中国银行自贡分行对公业务窗口旁,从随身的皮包内拿出伪造的中国银行自贡分行业务部业务专用章(3)加盖在银行询证函银行印章栏,并在经办人处加盖张某甲私章,之后又将盖好的银行询证函和伪造的银行询证收费200元的收费凭证给刘某看,之后三人一起回到荣县。四川方圆会计师事务所根据假银行缴款单及假银行询证函等资料出具了验资报告,罗某某和张某某又凭验资报告到荣县工商局办理了四川弘鑫农业有限公司从注册资本1000万元增资到8000万元的营业执照正副本。杨某某、罗某某和张某某共获利20万元。案发后已追回全部赃款(另一事实略)。

一审法院认为,被告人杨某某、罗某某伙同他人,伪造银行现金缴款单等银行单据,其行为构成伪造金融票证罪。据此,一审法院以被告人杨某某犯伪造金融票证罪,判处有期徒刑三年,并处罚金5万元;以被告人罗某某犯伪造金融票证罪,判处有期徒刑二年,缓刑三年,并处罚金3万元。宣判后,杨某某不服,提出上诉。上诉人杨某某提出:(1)上诉人的犯罪目的是帮助公司增资登记,而非使伪造的金融票证进入流通领域;(2)本案侵犯的客体是国家对公司、企业的正常管理秩序,而非金融管理秩序;(3)本案社会危害性体现为对公司登记制度的侵犯;(4)本案虽具有牵连关系但不构成牵连犯。上诉人的行为涉嫌构成虚报注册资本罪,但该罪目前仅适用于必须实缴注册资本的公司,而本案涉及的两公司均非必须实缴注册资本的公司,故上诉人无罪。据此,请求二审法院依法改判上诉人无罪。辩护人的上诉理由基本相同。

二审法院经审理查明的事实和证据与一审法院一致。针对上诉人及辩护人的上诉理由,经查,杨某某伙同他人在明知自己没有资金的情况下,通过路边办假证、伪造金融票证的手段,骗取了验资机构出具验资报告并到工商登记机关办理了增资营业执照正副本。该伪造金融票证的行为违反了国家金融票证管理法律、法规的规定,侵害了国家金融管理制度,破坏了国家金融管理秩序,直接危害金融机构的正常活动。同时,危害了国家对公司、企业的正常管理秩序,侵犯了公司登记制度。杨某某主观上有伪造金融票证的故意,不论其与需要增资单位之间如何约定,客观上实施的手段行为是伪造银行金融票证,并从中牟取非法利益。伪造金融票证罪不以目的为犯罪要件,只要实施了伪造金融票证行为就构成伪造金融票证罪。因此,杨某某构成伪造金融票证罪。其诉辩理由不能成立。二审法院认为,上诉人杨某某、原审被告人罗某某伙同他人,为实现帮助他人实现虚假出资的目的,采用伪造银行现金缴款单等银行金融票证的手段,向验资机构和工商登记机关出具伪造的银行现金缴款单等金融票证,实施虚假出资行为,骗取获得了涉案公司增资后的工商登记营业执照副本,收取了委托公司支付的报酬。其行为侵害了国家金融管理制度,破坏了国家金融管理秩序,侵害了金融票证的公信力及银行等金融机构的信誉,上诉人杨某某、原审被告人罗某某构成伪造金融票证罪。综上所述,原判认定事实清楚,适用法律正确,量刑适当,审判程序合法,遂裁定驳回上诉,维持原判。

76 王某、李某某伪造金融票证、伪造公司印章案:[①]2013年8月,王某为了帮助他人办理赤峰万图房地产开发有限公司(以下简称

① (2014)松刑初字第352号(2014年11月20日)。

万图房地产公司)设立验资,通过网络伪造了中国农业银行现金缴款单四张,所记载金额总计2000万元,并伪造了空白的银行对账单、银行询证函各一份。之后,王某通过街头广告电话联系被告人李某某,李某某为其提供了伪造“中国农业银行股份有限公司赤峰松山支行业务专用章”,王某加盖在银行询证函和银行对账单上。王某将伪造的现金缴款单、银行对账单、银行询证函交与他人为万图房地产公司办理公司设立验资使用。2013年8月29日,杜某持上述单据与凭证到农行赤峰松山支行更改收款人开户名称时,被银行工作人员察觉报案而案发。

法院认为,被告人王某违反国家金融票证管理制度,伪造现金缴费单、银行询证函、银行对账单,并提供给他人使用,其行为构成伪造金融票证罪。被告人李某某伪造中国农业银行股份有限公司的业务专用章,其行为构成伪造公司印章罪。据此,法院以被告人王某犯伪造金融票证罪,判处有期徒刑二年,缓刑三年,并处罚金人民币4万元;以被告人李某某犯伪造公司印章罪,判处拘役三个月,缓刑四个月。

77

被告人甲某系房地产公司副总经理,分管财务、房地产销售以及相关手续的办理。该房产公司与房管部门、银行签订协议,约定房产预售款需交在某农行的房款监管账户,该公司持农行现金缴款单去房管部门备案。该公司为使用预售房款,逃避预售款监管,甲某在网上购买某农行业务用章,让公司员工在某农行现金缴款单的下半部分填写购房人信息、缴款金额,然后由财务部门用某农行现金缴款单模板(自制)打印上缴款单上半部分,并加盖购买的某农行印章,员工持伪造的现金缴款单去房管部门备案,涉及票面金额6000余万元,甲某的行为是否构成伪造金融票证罪?

参考规则

银行现金缴款单相当于银行存单，依法应当认定为金融票证。伪造、变造银行现金缴款单，可以构成伪造、变造金融票证罪。

伪造、变造银行现金缴款单，只要具有伪造、变造银行现金缴款单的故意，即可构成伪造、变造金融票证罪。行为人具体何种目的，不影响对本罪的认定。

规则解析

一、银行现金缴款单相当于银行存单，依法应当认定为金融票证。伪造、变造银行现金缴款单，可以构成伪造、变造金融票证罪

现金缴款单是单位去银行账户上（本单位或者其他单位的银行账户）存现金时，填写的凭证。一般第一联银行加盖相关印章后退给单位作为回单，第二联加盖相关印章作为银行的记账凭证，装订入传票。进账单则是在收到支票、汇票和本票往单位账户上交时填写的凭证。现金缴款单与进账单是针对不同的进账方式，由单位填写的凭证，均具有证明单位往公户存款的凭证功能。

传统意义上的金融票证主要包括“三票一证”，即汇票、本票、支票、信用证。随着金融业务的发展，《刑法》第一百七十七条属于扩大解释的“金融票证”，除了汇票、本票、支票、信用证，还包括收款凭证、汇款凭证、银行存单等其他银行结算凭证，信用证附随的单据、文件。由此，金融票证不再限于有价证券，具有证明功能的凭证也可以作为本罪的规制对象。我们认为，现金缴款单属于其他银行结算凭证，依法应当认定为金融票证。伪造、变造银行现金缴款单，可以构成伪造金融票证罪。如案例 76 中，王某为了帮助他人办理万图房地产公司设立验资，通过网络伪造了中国农业银行现金缴款单四张，所记载金额总计 2000 万元，法院认为，被告人王某伪造现金缴费单的行为构成伪造金融票证罪。又如案例 77 中，甲某在网上购买某农行业务用章，指使公司员工在某农行现金缴款单的下半部分填写购房人信息、缴款金额，然后由财务部门用某农行现金缴

款单模板(自制)打印上缴款单上半部分,并加盖购买的某农行印章,伪造现金缴款单去房管部门备案,涉及票面金额6000余万元,甲某的行为应当构成伪造金融票证罪。

二、伪造、变造银行现金缴款单,只要具有伪造、变造银行现金缴款单的故意,即可构成伪造、变造金融票证罪。行为人具体何种目的,不影响对本罪的认定

伪造、变造金融票证罪是行为犯,无需以危害结果作为构成要件。行为人只要具有伪造、变造银行现金缴款单的故意,实施伪造、变造银行现金缴款单的行为,即可构成伪造、变造金融票证罪。

伪造、变造金融票证罪不以特定目的为构成要件。行为人具体何种目的,不影响对本罪的认定。如案例75中,杨某某主张其目的是帮助公司增资登记,而非使伪造的金融票证进入流通领域。而法院认为,伪造金融票证罪不以目的为犯罪要件,杨某某主观上有伪造金融票证的故意,只要实施了伪造行为,就构成伪造金融票证罪。无论其与增资单位之间如何约定,不影响对其伪造金融票证罪的认定。

相关规定

《中华人民共和国刑法》

第一百七十七条 【伪造、变造金融票证罪】有下列情形之一,伪造、变造金融票证的,处五年以下有期徒刑或者拘役,并处或者单处二万元以上二十万元以下罚金;情节严重的,处五年以上十年以下有期徒刑,并处五万元以上五十万元以下罚金;情节特别严重的,处十年以上有期徒刑或者无期徒刑,并处五万元以上五十万元以下罚金或者没收财产:

(一)伪造、变造汇票、本票、支票的;

(二)伪造、变造委托收款凭证、汇款凭证、银行存单等其他银行结算凭证的;

（三）伪造、变造信用证或者附随的单据、文件的；

（四）伪造信用卡的。

单位犯前款罪的，对单位判处罚金，并对其直接负责的主管人员和其他直接责任人员，依照前款的规定处罚。

【案例 78-79】李某某等金融凭证诈骗案*

以非法占有为目的，伪造银行现金收讫凭证、银行现金缴款单并使用的定性；利用职权，使用伪造、变造的票据、金融凭证非法占有国有财物的定性

关键词：

金融凭证诈骗　现金缴款单　现金收讫凭证　金融凭证　贪污　诈骗

基本案情

78

李某某等金融凭证诈骗案：①1997 年至 2006 年 5 月，李某某、王某某以高息揽储为名，使用伪造的公章（中国建设银行平顶山市开发区支行现金收讫）和私人印章，先由李某某收取被害人海某等 25 名被害人的现金交给王某某，再由王某某填制虚假的“中国建设银行现金缴款单”。李某某每次收取约人民币（以下币种同）50 元辛苦费，经李某某再交给被害人。之后每年或支付高息，或本金、高息滚存。采取此手段，王某某先后共骗取现金本金共计 100 多万元。案发后，造成上述 25 名被害人存款本息不能兑付，仅追回赃款 5 万元（已退还被害人），余款大部被王某某挥霍。

* 本文原载“刑水浮萍”微信公众号 2018 年 7 月 18 日《司法疑难两则》。

① （2014）郑刑执字第 3127 号（2014 年 12 月 2 日）。

79

孙某艳、孙某杰贪污案：[1]孙某杰与孙某艳系姐妹关系。案发前，被告人孙某艳受聘担任石家庄市公安交通管理局计财处收费员，负责车辆检测费收取工作；被告人孙某杰受聘担任石家庄市公安交通管理局装备财务处收费员，负责驾驶员考试费收取工作。2009年至2011年，孙某艳在负责收费期间，找到张某，先后由张某找人为其私刻了"石家庄市商业银行翟营大街支行现金收讫章"（三角章）、"河北银行建设大街支行现金收讫章"（三角章）、"河北银行建设大街支行现金收讫章"（椭圆形章），共计三枚假银行现金收讫章。2009年7月3日至2010年9月30日，孙某艳利用自己以及代同事王某收取车辆检测费的职务便利，在银行现金交款单上盖上伪造的"石家庄市商业银行翟营大街支行现金收讫章""河北银行建设大街支行现金收讫章"，伪造其已将自己收取的432 359元车辆检测业务费、代同事王某收取的946 561元车辆检测业务费、违章行政罚款业务收入缴存银行的事实。后孙某艳将以上款项非法占有。2009年5月27日至2011年1月4日，被告人孙某杰在负责驾驶员考试费收取工作期间，孙红某艳以其有朋友做生意需要借款、其为别人办事要收取好处费需要孙某杰帮忙倒钱为由，劝说孙某杰将收取的考试费截留。孙某杰将其收取的18笔、共计2 275 000元考试费截留后挪出交给孙某艳。孙某艳在银行现金交款单上盖上伪造的"石家庄市商业银行翟营大街支行现金收讫章""河北银行建设大街支行现金收讫章"，将伪造的银行现金缴款回执单交给孙某杰，告知孙某杰其已将对应款项交至银行，让孙某杰将其伪造的现金交款回执单入账。孙某艳将上述公款非法占有。

一审法院认为，被告人孙某艳系受国家机关委托管理国有财

① 二审改判（2016）冀01刑终297号（2016年11月24日）；一审判决（2013）西刑一初字第00247号（2014年2月20日）。

产的工作人员,利用职务上的便利,采取在银行现金交款单加盖私刻的银行业务清讫章,将其所经手、管理的本单位国有财产非法占为己有,贪污公款共计1 378 920元,其行为已构成贪污罪,公诉机关指控的罪名成立。被告人孙某艳以非法占有为目的,虚构有朋友做生意需要借款、其为别人办事收取好处费需要被告人孙某杰帮忙倒钱为由,自孙某杰处骗取考试费2 275 000元,数额特别巨大,构成诈骗罪。公诉机关指控被告人孙某杰对孙某艳伪造银行现金收讫单的犯罪行为知情并共同实施贪污行为,孙某杰、孙某艳通谋犯贪污罪的证据不足,不予认定。孙某杰身为受国家机关委托管理国有财产的工作人员,应亲自在现金缴款单上填写收取的考试费金额,再将现金向银行缴纳,但其轻信妹妹孙某艳编造的借款理由,徇私舞弊,违反工作流程,将经手、管理的国有财产共计2 275 000元交给孙某艳,致使国家财产遭受重大损失。

一审法院遂以被告人孙某艳犯贪污罪,判处有期徒刑十一年;犯诈骗罪,判处有期徒刑十年,并处罚金50万元;数罪并罚,决定执行有期徒刑十四年,并处罚金50万元;以被告人孙某杰犯滥用职权罪,判处有期徒刑八年;扣押在案的涉案赃款依法予以没收,上缴国库;对二被告人尚未退赔的其他非法所得及造成的经济损失继续追缴。二被告人不服,遂提起上诉。

二审法院经审理查明的事实证据、定罪理由与一审法院基本一致。关于孙某艳及其辩护人所提应当适用2016年4月18日起施行的新司法解释的意见予以采纳,对其重新裁量刑罚。鉴于孙某杰的量刑过重,应予纠正。综上,二审法院遂改判,以上诉人孙某艳犯贪污罪,判处有期徒刑六年八个月,并处罚金100万元;犯诈骗罪判处有期徒刑十年,并处罚金50万元;二罪并罚,决定执行有期徒刑十三年,并处罚金150万元。以上诉人孙某杰犯滥用职权罪,判处有期徒刑五年。

参考规则

伪造、变造银行现金存款单、银行现金收讫凭证，构成伪造、变造金融票证罪。以非法占有为目的，使用伪造、变造的金融票证、金融凭证，构成金融凭证诈骗罪。伪造、变造金融票证、金融凭证并使用的，一般以目的行为论处，按照金融凭证诈骗罪定罪处罚，伪造金融票证、金融凭证行为作为从重处罚情节予以考虑。

利用职务之便，伪造、变造金融票证并使用，或者仅使用伪造、变造的金融票证、金融凭证，侵吞、骗取国有财物的，手段行为构成伪造、变造金融票证罪，目的行为构成贪污罪、金融票证诈骗罪，按照处罚较重的罪名定罪处罚，其他犯罪作为从重处罚情节予以考虑。

规则解析

一、伪造、变造银行现金存款单、银行现金收讫凭证，构成伪造、变造金融票证罪。使用伪造、变造的金融票证、金融凭证，构成金融凭证诈骗罪。伪造、变造金融票证、金融凭证并使用的，一般以目的行为论处，按照金融凭证诈骗罪定罪处罚，伪造金融票证、金融凭证行为作为从重处罚情节予以考虑

从《刑法》第一百九十四条第二款的规定分析，金融凭证包括委托收款凭证、汇款凭证、银行存单等其他银行结算凭证。只要是银行结算凭证就属于金融凭证范围。银行结算凭证，是收付款双方及银行办理银行转账结算的书面凭证。它是银行结算的重要组成内容，也是银行办理款项划拨、收付款单位和银行进行会计核算的依据。不同的结算方式，由于其适用范围、结算内容和结算程序不同，因而其结算凭证的格式、内容和联次等也各不相同。如银行汇票结算方式的结算凭证包括银行汇票委托书、银行汇票、银行汇票挂失电报等，商业汇票结算方式的结算凭证包括商业承兑汇票、银行承兑汇票、银行承兑汇票协议、贴现凭证等。委托收款，是指收款人委托银行向付款人收取款项的结算方式。凡在银行或者其他金融机构开立账户的单位和个体经济户的商品交易，公用事业单位向用户收取水电

费、邮电费、煤气费、公房租金等劳务款项以及其他应收款项，无论是在同城还是异地，均可使用委托收款的结算方式。房产部门委托开户银行向付款人收取土地出让金，银行据此出具的现金收讫凭证，应当认定为委托收款凭证。与水电费收讫凭证、公房租金收讫凭证在性质上属于同一类金融凭证。金融凭证在范围上比金融票证更广，如银行现金缴款单属于金融票证，自然也属于金融凭证。但银行现金收讫凭证属于金融凭证，但未必属于金融票证。银行现金收讫凭证章可以在银行现金缴款单上盖印，形成金融票证；但在其他附件上盖印只能形成金融凭证。对于司法实践中，房地产经营商实际未到银行缴纳土地出让金，采取伪造银行现金收讫凭证抵顶土地出让金的，可以构成金融凭证诈骗罪。

如案例78中，王某某既伪造了银行现金存款单，构成伪造金融票证罪（银行现金存款单属于金融票证，不属于金融票据，前文已探讨），也使用了该伪造的金融票证，构成金融凭证诈骗罪。伪造是手段行为，使用是目的行为，两罪法定刑相当，从行为整体考虑，目的行为更能全面体现犯罪的特征，一般以目的行为论处，即按照金融凭证诈骗罪定罪处罚，将伪造金融票证行为作为从重处罚情节。王某某与李某某系金融凭证诈骗的共同犯罪，王某某系主犯，李某某系从犯。李某某未参与伪造金融票证行为，伪造金融票证行为不得作为从重处罚情节适用李某某。

二、利用职务之便，伪造、变造金融票证并使用，或者仅使用伪造、变造的金融票证、金融凭证，侵吞、骗取单位财物的，手段行为构成伪造、变造金融票证诈骗罪，目的行为构成贪污罪、金融凭证诈骗罪，按照处罚较重的罪名定罪处罚，其他犯罪作为从重处罚情节予以考虑

案例79孙某艳、孙某杰贪污案中，孙某艳与孙某杰的行为不同之处在于：主观上孙某艳具有非法占有目的，而孙某杰没有非法占有故意，一审、二审法院均认定在案证据证明二被告人通谋的证据不足，不构成共犯是正确的；客观上孙某艳伪造并使用银行现金收讫凭证、银行现金缴款单，利用职务之便非法占有其委托管理的国有财物；同时，孙某艳伪造并使用银行现金收讫凭证、银行现金缴款单，骗取孙某杰的信任，将孙某杰管理的国有财物骗取到手并非法占有。我们认为，孙

某艳的手段行为构成伪造金融票证罪,利用职务便利的目的行为同时构成金融凭证诈骗罪和贪污罪;孙某艳未利用职务之便,伪造并使用银行现金收讫凭证、银行现金缴款单,将孙某杰管理的国有财物骗取到手并非法占为已有的行为,应当按照特殊诈骗罪定性,即按照金融凭证诈骗罪定罪处罚。对于利用职务之便的情形,手段行为和目的行为触犯的数罪构成牵连关系,而目的行为触犯的数罪又构成想象竞合关系。在相关法律没有明确规定的情况下,从罪责刑相适应原则出发,可以按照处罚较重的罪名定罪处罚,其他犯罪作为从重处罚情节。《刑法修正案(九)》和《最高人民法院、最高人民检察院关于办理贪污贿赂刑事案件适用法律若干问题的解释》(法释〔2016〕9号)出台后,贪污罪的处罚轻于金融凭证诈骗罪(除了判处死刑的案件),而伪造金融票证罪和金融凭证诈骗罪处罚相当,一般目的行为更能体现整体行为特征,按照目的行为定罪处罚,即按照金融凭证诈骗罪定罪处罚。对于未利用职务之便的情形,直接以特殊诈骗罪论处,即按照金融凭证诈骗罪定罪处罚。一审、二审法院在定罪过程中,忽视了孙某艳的手段行为构成特殊诈骗犯罪,且非死刑案件金融凭证诈骗罪和伪造、变造金融票证罪的处罚上重于贪污罪,对此未在裁判说理中展开分析论证,是本案美中不足之处。

相关规定

《中华人民共和国刑法》

第一百七十七条 【伪造、变造金融票证罪】有下列情形之一,伪造、变造金融票证的,处五年以下有期徒刑或者拘役,并处或者单处二万元以上二十万元以下罚金;情节严重的,处五年以上十年以下有期徒刑,并处五万元以上五十万元以下罚金;情节特别严重的,处十年以上有期徒刑或者无期徒刑,并处五万元以上五十万元以下罚金或者没收财产:

(一)伪造、变造汇票、本票、支票的;

(二)伪造、变造委托收款凭证、汇款凭证、银行存单等其他银行结算凭证的;

（三）伪造、变造信用证或者附随的单据、文件的；

（四）伪造信用卡的。

单位犯前款罪的，对单位判处罚金，并对其直接负责的主管人员和其他直接责任人员，依照前款的规定处罚。

第一百九十四条 【票据诈骗罪】有下列情形之一，进行金融票据诈骗活动，数额较大的，处五年以下有期徒刑或者拘役，并处二万元以上二十万以下罚金；数额巨大或者有其他严重情节的，处五年以上十年以下有期徒刑，并处五万元以上五十万元以下罚金；数额特别巨大或者有其他特别严重情节的，处十年以上有期徒刑或者无期徒刑，并处五万元以上五十万元以下罚金或者没收财产：

（一）明知是伪造、变造的汇票、本票、支票而使用的；

（二）明知是作废的汇票、本票、支票而使用的；

（三）冒用他人的汇票、本票、支票的；

（四）签发空头支票或者与其预留印鉴不符的支票，骗取财物的；

（五）汇票、本票的出票人签发无资金保证的汇票、本票或者在出票时作虚假记载，骗取财物的。

【金融凭证诈骗罪】使用伪造、变造的委托收款凭证、汇款凭证、银行存单等其他银行结算凭证的，依照前款的规定处罚。

【案例 80-81】马某某等逃税案[*]

逃税案件中行政处理前置程序对定罪的影响；逃税人在行政处理前置程序中因变现难提出以足额资产担保补缴应纳税款、缴纳滞纳金和接受行政处罚的，如何评价该行为对定罪的影响

关键词：

逃税　行政处理前置程序　变现难　足额担保　接受行政处罚

基本案情

80

马某某逃税案：[①]2005 年至 2015 年，被告人马某某经营七台河市富豪酒类批发有限责任公司（以下简称富豪公司）。其中 2009～2010 年，马某某在华润雪花啤酒（依兰）有限责任公司采购啤酒时，开具少部分增值税专用发票，多开具增值税普通发票，在七台河税务机关只申报增值税专用发票，不申报增值税普通发票的方式逃税。2009 年 1 月 1 日至 2010 年 12 月 31 日富豪公司总计应缴税款人民币（以下币种同）423 961.62 元，少缴纳税款 329 229.8 元，按两个纳税年度中最高的 2010 年度占应缴纳税额的 79.29%来确定逃税百分比。2017 年 6 月 23 日，税务机关依法出具《税务处理决定书》《税务事项通知书》，限富豪公司自收到

---

* 本文原载“刑水浮萍”微信公众号 2020 年 3 月 3 日《司法疑难之 245》。

① （2020）黑 09 刑终 43 号（2020 年 12 月 23 日）；（2018）黑 0903 刑初 100 号（2020 年 6 月 29 日）。

决定书之日起15日内到桃山区国家税务局办税服务厅缴纳税款及滞纳金,同时写明了相应复议权利;七台河市国税稽查局又于2017年7月19日登报公告送达《七台河市国家税务局稽查局税务事项通知书》,责令富豪公司限期在公告送达期满之日(自公告之日起满30日)起3日内缴纳税款及相应滞纳金,同时写明了相应复议权利;富豪公司的经营人马某某直至目前都未补缴应纳税款、滞纳金,也未依法提出行政复议。2017年10月12日,公安机关将马某某抓获。

一审法院认为,被告人马某某作为富豪公司的经营者,采取欺骗、隐瞒手段虚假纳税申报或者不申报,逃避缴纳税款数额巨大,且占应纳税额30%以上,富豪公司和马某某的行为已构成逃税罪,但因富豪公司已被依法注销,在法律上主体资格已经消亡,只能追究马某某逃税罪的刑事责任;公诉机关对马某某逃避缴纳城市维护建设税10 530.71元、教育费附加4513.16元、地方教育附加3008.78元的指控,因税务机关对上述三个税种未依法向富豪公司下达追缴、催缴通知就向公安机关移送,违反法律规定的行政前置程序,不符合逃税罪立案标准,故对上述指控不予支持;对公诉机关指控马某某经营的四海经销处逃税共计少缴各项税款1 007 272.50元,少缴纳税款占应缴纳各项税款的100%的指控不予支持。首先,根据卷宗证据显示,四海经销处确实是马某某开办的,但无证据显示该经销处是富豪公司开办的,无法将四海经销处的逃税金额累计到富豪公司逃税金额中,且马某某经营的四海经销处到底是否属于一般纳税人还是小规模纳税人,无税务机关的确定,对四海经销处的逃税金额的核定该以何种标准确定,事实不清;其次,税务机关未对四海经销处进行催缴、追缴、行政处罚等税务前置程序,直接将该犯罪线索移交到公安机关,不符合《刑法》相关规定,故对该指控意见不予支持;对辩护人的相应辩护意见予以采纳。

关于马某某所提公安机关此前立案侦查，属于逾越行政处罚前置程序行为，行为人不具备刑事追诉条件，不构成逃税罪的意见，经查，公安机关确实于2017年6月6日对马某某逃税案件立案，但后已于同年9月21日撤销该案。税务机关经过追缴、催缴程序后再将案件移送公安机关，公安机关重新立案，诉讼程序合法，故对此辩护意见不予支持。综上，经审判委员会决议，一审法院以被告人马某某犯逃税罪，判处有期徒刑三年六个月，并处罚金10万元；对马某某逃缴税款329 229.8元依法予以追缴，上缴国库。

一审宣判后，被告人马某某不服，以无罪为由提出上诉。

二审法院经审理查明，一审判决认定事实清楚，证据确实充分，定罪准确，量刑适当，审判程序合法，遂裁定驳回上诉，维持原判。

81

王某某逃税案：王某某因其他犯罪被羁押。被羁押期间，税务机关发现王某某还存在逃税事实，于是下发行政处罚决定书和《税务处理决定书》《税务事项通知书》。王某某愿意接受行政处罚，补缴应纳税款，缴纳滞纳金。但因其被羁押，其很多固定资产存在变现难等客观情况。王某某向税务机关提出以其价值更大的固定资产作抵押，担保其接受行政处罚，补缴应纳税款，缴纳滞纳金。税务机关不同意，遂将该逃税案移送公安机关。公安机关经侦查，认为王某某未接受行政处罚，遂依照《刑法》第二百零一条的规定移送起诉。检察机关认为王某某的行为构成逃税罪，遂提起指控。

参考规则

根据《刑法修正案(七)》第三条对偷税罪的修正，对逃税罪追究刑事责任的，应当先由税务机关作出前置行政处理。逃税人具有不接受行政处罚、不补缴应纳

税款、不缴纳滞纳金情形之一的，税务机关应当移送公安机关立案侦查。

对于逃税案件前置行政处理结果的认定，既要注意统一性，又要注意差异性。对于因被羁押，资产转换存在一定困难，提供足额担保接受行政处罚、补缴应纳税款和缴纳滞纳金的，应当视为接受行政处罚、补缴应纳税款和缴纳滞纳金，税务机关无需移送公安机关立案侦查。

规则解析

一、根据《刑法修正案（七）》第三条对偷税罪的修正，对逃税罪追究刑事责任的，应当先由税务机关作出前置行政处理。逃税人具有不接受行政处罚、不补缴应纳税款、不缴纳滞纳金情形之一的，税务机关应当移送公安机关立案侦查

《刑法修正案（七）》第三条对偷税罪的规定修正后，行政处理逐步被明确为逃税罪的前置程序。即对行为人追究逃税罪刑事责任之前，必须使其有充分接受行政处理的条件和空间。《刑法修正案（七）》作这样的修改，是基于我国经济社会发展现状，公司、企业管理经营实际作出的立法变化，旨在最大限度激励纳税义务人补缴应纳税款、缴纳滞纳金，接受行政处罚。对于已依照行政处理决定，补缴应纳税款、缴纳滞纳金，接受行政处罚的，不予追究刑事责任。

如案例 80 马某某逃税一案，法院对被告人马某某的逃税行为区分了两种情形：一种是税务机关未作出行政处理前置程序的情形。法院认为，税务机关对马某某逃避缴纳城市维护建设税 10 530.71 元、教育费附加 4513.16 元、地方教育附加 3008.78 元，包括对四海公司、富豪公司逃税行为，在没有作出行罚决定，通知补缴应纳税款、缴纳滞纳金的情况下，就向公安机关移送，违反了法律规定的行政处理前置程序，不符合逃税罪立案标准，故对相关指控不予支持。另一种是税务机关已作出行政处理前置程序的情形。公安机关 2017 年 6 月 6 日对马某某逃税案立案，后于同年 9 月 21 日撤案。2017 年 6 月 23 日，税务机关依法出具《税务处理决定书》《税务事项通知书》，限富豪公司自收到决定书之日起 15 日内到桃山区国家税务局办税服务厅缴纳税款及滞纳金，同时写明了相应复议权利；七台河市国

税稽查局又于2017年7月19日登报公告送达《七台河市国家税务局稽查局税务事项通知书》，责令富豪公司限期在公告送达期满之日（自公告之日起满30日）起3日内缴纳税款及相应滞纳金，同时写明了相应复议权利；富豪公司的经营人马某某直至目前都未补缴应纳税款、滞纳金，也未依法提出行政复议。此种情形应当视为税务机关已作出行政处理前置程序，马某某具有不接受行政处罚、不补缴应纳税款、不缴纳滞纳金情形之一，税务机关应当移送公安机关立案侦查。

二、对于逃税案件前置行政处理结果的认定，既要注意统一性，又要注意差异性。对于逃税人因被羁押，资产转换存在一定困难，提供足额资产担保补缴应纳税款、缴纳滞纳金和接受行政处罚的，应当视为逃税人补缴应纳税款、缴纳滞纳金和接受行政处罚，税务机关无需移送公安机关立案侦查

司法实践中，关于前置行政处理结果的认定比较复杂。具体反映在认定逃税人是否"补缴应纳税款""缴纳滞纳金""接受行政处罚"的复杂性和争议上。

（一）对于因资产临时变现难而提供足额资产担保税款的，一般不应认定不"接受行政处罚"。如案例81中，王某某的公司存在大量固定资产，但因王某某涉案，资金变现比较困难，因而出现无法筹措资金补缴应纳税款、缴纳滞纳金和接受行政处罚的情况。我们认为，此种情形下，逃税人主动提出以固定资产足额担保其补缴应纳税款、缴纳滞纳金和接受行政处罚的，应当视为其积极配合补缴应纳税款、缴纳滞纳金和接受行政处罚，税务机关一般不应拒绝，无需移送公安机关立案侦查。税务主管机关拒绝担保，坚持将涉税案件移送公安机关立案侦查的，违背了行政处理前置程序设立的初衷，逃税人可以提出复议。

（二）对于明确提出接受行政处罚但因人身被羁押致使其优质资产未及时变现，最终造成未完全接受行政处罚的，一般不应认定未"接受行政处罚"。

对于逃税案件，一定要将前期逃税的责任和后期未接受行政处罚的责任区分开来。因构成逃税罪必须以行政处理前置程序为前提，要追究直接主管人员和其他直接责任人员的刑事责任，前期逃税只是其中一个必要条件，但不是充分条件，最终还必须以行为人对不接受行政处理为必要条件。这就有必要分析行政处理前置程序的统一性和差异性问题。

众所周知，私营公司、企业与国有参股公司、企业最大的区别是，国有公司、企业高管人员因为客观情况不能履行职务的，一般不会影响公司、企业的正常运行。然而，私营公司、企业，一旦法定代表人或者实际控制人不能履行职务，则多数公司、企业都会陷入瘫痪或者实际不运行状态。如公司董事长、执行董事或者实际控制人被羁押，除以固定资产担保税款安全的途径外，没有其他条件和途径去帮助公司补缴其他滞纳金和罚款，此种情形应当审慎认定“不补缴应纳税款”“不缴纳滞纳金”“不接受行政处罚”，尤其是对于被羁押者，此种情形不应认定其承担“不接受行政处罚”的刑事责任后果。仍以案例81王某某逃税案为例，因王某某失去人身自由，其他公司高管人员有的被限制人身自由，没有被限制人身自由的员工无法对公司资产进行操作并调动资金，致使公司未按期缴纳应缴税款和滞纳金。而王某某明确提出其愿意缴纳罚款，接受行政处罚，但其在被羁押的情况下无法将资产变现和筹措资金。此种情形应当考虑变现客观难的特殊情况。

综合法律原理和现实情况分析，我们认为，应当准确把握《刑法》第二百零一条修正后关于逃税罪的立法精神，税务机关不应不区分情形以不接受行政处理为由将案件移送司法机关立案侦查，而司法机关亦应在查明“不接受行政处理”的主客观原因后作出是否立案侦查的正确决定。对于逃税案件，应当总体坚持贯彻中央关于民营企业处理的相关政策精神，既要依法处理，又要注重从民营企业不规范发展的特定历史阶段出发，坚持有利于化解社会矛盾，保护民营企业家产权安全和维护社会经济稳定原则，审慎作出定罪处理。

相关规定

《中华人民共和国刑法》

第二百零一条 【逃税罪】纳税人采取欺骗、隐瞒手段进行虚假纳税申报或者不申报，逃避缴纳税款数额较大并且占应纳税额百分之十以上的，处三年以下有期徒刑或者拘役，并处罚金；数额巨大并且占应纳税额百分之三十以上的，处三年以上七年以下有期徒刑，并处罚金。

扣缴义务人采取前款所列手段，不缴或者少缴已扣、已收税款，数额较大的，依照前款的规定处罚。

对多次实施前两款行为，未经处理的，按照累计数额计算。

有第一款行为，经税务机关依法下达追缴通知后，补缴应纳税款，缴纳滞纳金，已受行政处罚的，不予追究刑事责任；但是，五年内因逃避缴纳税款受过刑事处罚或者被税务机关给予二次以上行政处罚的除外。

【案例 82】程某等逃税案*

对于逃税行为，不负责税务申报的财务人员（明知公司做了内外账）是否需要承担逃税罪的刑事责任

关键词：

逃税　税务申报　财务人员　刑事责任

基本案情

82

程某、白某系H公司财务人员，但不具体负责税务申报事项。H公司被查处逃税，经行政处理前置程序，H公司未补缴应纳税款、缴纳滞纳金和接受行政处罚，税务机关移送司法机关。程某、白某对H公司逃税行为知情。对程某、白某是否需要追究逃税罪的刑事责任？

参考规则

不负责税务申报的财务人员，一般不属于纳税人、扣缴义务人。如果没有参与通谋和积极实施逃税行为，仅仅是知道内情，不构成逃税罪。

规则解析

根据《税收征收管理法》(2015年修正)第四条的规定，法律、行政法规规定负

---

* 本文原载"刑水浮萍"微信公众号2020年3月19日《司法疑难之258》。

有纳税义务的单位和个人为纳税人。法律、行政法规规定负有代扣代缴、代收代缴税款义务的单位和个人为扣缴义务人。逃税罪的犯罪主体是纳税人、扣缴义务人,不负责税务申报的财务人员,包括出纳,一般不属于纳税人、扣缴义务人,不符合逃税罪的主体特征。

虽然不属于纳税人、扣缴义务人,但与纳税人、扣缴义务人通谋,具有共同犯罪故意和积极实施逃税行为的,可以作为逃税罪的共犯处理。不负责税务申报的财务人员,仅仅是知道内情,没有与纳税人、扣缴义务人通谋,积极实施逃税行为的,不构成逃税罪。

有必要强调的是,逃税罪实行行政处理前置程序,如果未经行政处理,税务主管机关不应将案件移送司法机关。在行政处理过程中,纳税人、扣缴义务人补缴应纳税款、缴纳滞纳金和接受行政处罚的,税务机关不再移送司法机关。在这一过程中,税务机关审查的重点在于纳税人、扣缴义务人是否补缴应纳税款、缴纳滞纳金和接受行政处罚,移交司法机关旨在对不补缴应纳税款、不缴纳滞纳金、不接受行政处罚的纳税人、扣缴义务人追究刑事责任。而纳税人、扣缴义务人是否补缴应纳税款、缴纳滞纳金和接受行政处罚不在财务人员的意志控制范围。除积极参与实施逃税共犯外,其他财务人员没有义务去有效防止犯罪结果的发生,保证纳税人、扣缴义务人补缴应纳税款、缴纳滞纳金和接受行政处罚。

案例 82 程某等逃税案中,程某、白某系不具体负责税务申报事项的财务人员,未与纳税人、扣缴义务人通谋,也未积极参与实施逃税行为。程某、白某虽然对 H 公司逃税行为知情,但其不符合逃税罪的主体特征,对逃税犯罪的后果不具有有效防止的义务,故对其不应追究逃税罪的刑事责任。

【案例 83-84】张某强等虚开增值税专用发票案*

以挂靠有关公司名义实施经营活动并让有关公司为自己虚开增值税专用发票，或者名为贸易实为融资，虚开增值税专用发票的定性；虚开发票罪应否增设行政处理前置程序

关键词：

虚开增值税专用发票　挂靠　名为贸易实为融资　抵扣税款目的　无罪虚开发票　行政处理前置程序

基本案情

83

张某强等虚开增值税专用发票案：①2004年，被告人张某强与他人合伙成立个体企业某龙骨厂，张某强负责生产经营活动。因某龙骨厂系小规模纳税人，无法为购货单位开具增值税专用发票，张某强遂以他人开办的鑫源公司名义对外签订销售合同。2006年至2007年，张某强先后与六家公司签订轻钢龙骨销售合同，购货单位均将货款汇入鑫源公司账户，鑫源公司并为上述六家公司开具增值税专用发票共计53张，价税合计人民币（以下币

* 本文原载“刑水浮萍”微信公众号2020年1月11日《司法疑难之226》。

① （2016）最高法刑核51732773号。

种同)4 457 701.36 元,税额 647 700.18 元。基于以上事实,某州人民检察院指控被告人张某强犯虚开增值税专用发票罪。某州市人民法院一审认定被告人张某强构成虚开增值税专用发票罪,在法定刑以下判处张某强有期徒刑三年,缓刑五年,并处罚金5万元。张某强在法定期限内没有上诉,检察院未抗诉。某州人民法院依法逐级报请最高人民法院核准。

最高人民法院经复核认为,被告人张某强以其他单位名义对外签订销售合同,由该单位收取货款、开具增值税专用发票,不具有骗取国家税款的目的,未造成国家税款损失,其行为不构成虚开增值税专用发票罪,某州人民法院认定张某强构成虚开增值税专用发票罪属于适用法律错误。据此,最高人民法院裁定:不核准并撤销某州人民法院一审刑事判决,将本案发回重审。该案经某州人民法院重审后,依法宣告张某强无罪。

84

甲公司虚开增值税专用发票案:甲公司为向乙公司融资,签订虚假的钢材购销合同并向乙公司出具增值税专用发票,产生销项税款为100万元。同时又让丙公司为自己虚开增值税专用发票抵扣进项税款80万元。甲公司的行为如何定性?

参考规则

以挂靠有关公司名义实施经营活动并让有关公司为自己虚开增值税专用发票,或者名为贸易实为融资,虚开增值税专用发票,不以抵扣国家税款为目的的,不构成虚开增值税专用发票罪。

建议对虚开发票罪参照逃税罪增设行政处理前置程序,虚开发票的自然人或者单位在前置程序中接受行政处理的,税务机关一般不移送司法机关。

规则解析

一、以挂靠有关公司名义实施经营活动并让有关公司为自己虚开增值税专用发票,或者名为贸易实为融资,虚开增值税专用发票的,不具有骗取国家税款的目的

实践中,挂靠经营的现象比较普遍。所谓挂靠经营,就是以有关公司名义实施经营活动,由挂靠人支付管理费,经营收入归挂靠人所有的一种经营模式。就挂靠经营模式而言,只是因为挂靠人无相关资质或者资质不过硬,为了获取相关资质或者获取竞争优势,而以支付管理费的模式,以有关公司的名义经营。挂靠经营,具有一定复杂的社会因素,不应简单认定为自己虚开。挂靠经营本身并不具有骗取国家税款的目的。如果挂靠者在具体案件中又以骗取国家税款为目的,属于挂靠经营的同时实施骗取国家税款的行为,对该骗取国家税款的行为另行评判。如案例 83 张某强等虚开增值税专用发票案中,张某强依照国家税务管理规定,为六家公司购货单位开具增值税专用发票共计 53 张,价税合计 4 457 701.36 元,税额 647 700.18 元,没有骗取国家税款,亦未抵扣税款,并未造成国家税收损失。案例 84 甲公司虚开增值税专用发票案中,甲公司名为贸易实为融资,其虚开增值税发票目的是掩盖国有企业拆借的真相,不但不以抵扣国家税款为目的,反而虚开增值税专用发票增加税收成本,其结果是增加了国家税款收入。

二、虚开增值税专用发票的,不以抵扣国家税款为目的的,其行为不构成虚开增值税专用发票罪

关于虚开增值税专用发票,不以抵扣国家税款为目的的,是否构成虚开增值税专用发票罪,司法实践中存在较大争议。为此,2015 年,最高人民法院研究室作出了《〈关于如何认定以"挂靠"有关公司名义实施经营活动并让有关公司为自己虚开增值税专用发票行为的性质〉征求意见的复函》,明确提出:"行为人利用他人的名义从事经营活动,并以他人名义开具增值税专用发票的,即便行为人与该他人之间不存在挂靠关系,但如行为人进行了实际的经营活动,主观上并无抵扣税

款的故意，客观上也未造成国家增值税款损失的，不宜认定为刑法第二百零五条规定的‘虚开增值税专用发票’；符合逃税罪等其他犯罪构成条件的，可以其他犯罪论处。”该复函的主要考虑是对于有实际交易存在的代开行为，如行为人主观上并无骗取、抵扣税款的故意，客观上未造成国家增值税款损失的，不宜以虚开增值税专用发票罪论处。由于该复函并未最后成文，实践中不少地方对不以抵扣国家税款为目的的虚开增值税专用发票行为仍然认定构成虚开增值税专用发票罪。此后，最高人民法院刑四庭经多次调研，相关负责人通过一些调研文章明确表达了虚开增值税专用发票罪必须以抵扣税款为目的，释放出不以抵扣国家税款为目的的虚开增值税专用发票行为，不构成虚开增值税专用发票罪的信号。当时这些信号并未有效形成明确的指导原则，部分地方检察机关依然对该类行为以虚开增值税专用发票罪提起指控，也有部分法院支持指控意见作出有罪判罚。这样的争议局面直到最高人民法院对案例 83 即张某强法定刑以下核准案作出裁定才画上了句号。2018 年，最高人民法院在复核张某强虚开增值税专用发票一案中认为，被告人张某强以其他单位名义对外签订销售合同，由该单位收取货款、开具增值税专用发票，不具有骗取国家税款的目的，未造成国家税款损失，其行为不构成虚开增值税专用发票罪。2020 年，《最高人民检察院关于充分发挥检察职能服务保障“六稳”“六保”的意见》中强调：“对于有实际生产经营活动的企业为虚增业绩、融资、贷款等非骗税目的且没有造成税款损失的虚开增值税专用发票行为，不以虚开增值税专用发票罪定性处理，依法作出不起诉决定的，移送税务机关给予行政处罚。”[①]至此，“两高”在该问题上基本形成了统一意见。

需要提示的是，对于不以抵扣税款为目的的虚开增值税发票行为不构成犯罪。然而，对于不以骗取税款和抵扣税款为目的的虚开普通发票行为，情节严重的，依然构成虚开发票罪。这种定性导致罪刑有点失衡，不符合罪责刑相适应原则。有鉴于此，我们认为，虚开发票犯罪行为，一般是以逃税为目的。既然《刑法》

① 中国应用法学研究所：《人民法院案例选》（2020 年第 12 辑，总第 154 辑），人民法院出版社 2021 年版，第 33~35 页。

第二百零一条规定了逃税罪行政处理前置程序,而《刑法》第二百零五条之一对虚开发票罪没有规定行政处理前置程序,增加了危害税收征管秩序罪之间的不平衡。为维系罪刑均衡,实现罪责刑相适应原则,我们建议对虚开发票罪参照逃税罪,增设行政处理前置程序,虚开发票的自然人或者单位在前置程序中接受行政处理的,税务机关一般不移送司法机关。

【案例 85】ZT 公司虚开增值税专用发票案*

虚开增值税专用发票案件中，在受票人主观故意和目的未认定的情况下，能否认定出票人明知他人具有抵扣国家税款的故意和目的

关键词：

虚开增值税专用发票　出票人　受票人　抵扣国家税款　主观故意　目的

基本案情

85

ZT 公司，因为进项富余，给外省几家公司虚开了增值税专用发票，公安机关没有对外省相关公司启动侦查程序，亦未调取相关证据，主要是依据资金回流明细进行认定。该案中虽然受票方已抵扣税款，但司法机关并未对其调查取证和追究刑事责任，没有证据证明受票方具有抵扣税款的目的。在此情况下，能否认定出票人明知受票人具有抵扣税款的故意和目的？

参考规则

明知受票人无正当理由购买增值税专用发票，积极推动或者放任虚开的，应当认定出票人明知受票人将虚开的增值税专用发票用于抵扣税款。

受票人捏造、隐瞒事实，导致出票人被骗而虚开的，出票人不构成虚开增值税

* 本文原载“刑水浮萍”微信公众号 2019 年 3 月 22 日《司法疑难之 87》。

专用发票罪。受票人捏造、隐瞒事实的行为，由出票人负责举证。

规则解析

从对合犯的定罪规则分析，司法实践中并非对其中一方定罪，对另一方也必然定罪。如国家工作人员构成受贿罪，但请托人并非谋取不正当利益，因而不构成行贿罪。即使是双方都构成犯罪，最终也未必均定罪处罚。基于这一理路，我们认为，对于本案，不能因为受票人未被追究刑事责任而主张出票人不构成犯罪，受票人未被追究刑事责任不属于出票人虚开增值税专用发票罪的阻却事由。

从证据裁判规则分析，公安机关已经查证到受票人抵扣了税款，公安机关虽然没有调取受票方的主观证据，但根据主观见诸于客观原则，受票方购买虚开增值税专用发票，又实际用于抵扣税款，结合增值税专用发票的来源和用途，认定受票方具有抵扣税款的故意和目的不存在疑义。

接下来的问题是，能否认定出票人明知受票人将虚开的增值税专用发票用于抵扣税款？同理，根据主观见诸于客观原则，作为公司高管，对增值税专用发票的相关知识和注意义务要高于普通人。对于出票人明知受票人无正当理由购买增值税专用发票，仍然积极推动虚开或者放任虚开的，一般应当认定其明知受票人具有抵扣税款的故意和目的。当然，有一般就有例外。如果受票人虚构、隐瞒事实，导致出票人被骗而虚开的，此种情形可以作为出票人虚开增值税专用发票犯罪的阻却事由。此种阻却事由，本质上属于出票人的合理解释，遵循证据裁判规则，该举证责任转移到出票人，应当由出票人举证证明其系受骗而虚开，否则应当承担不利后果，即如果出票人不能对此举证证明，其将被认定为明知受票人将虚开的发票用于抵扣税款。

【案例 86】甲虚开增值税专用发票案*

对于同一案件中，同时涉及虚开增值税专用发票，用于骗取出口退税、抵扣税款犯罪的数额认定和罪数处断

关键词：

虚开增值税专用发票　骗取出口退税、抵扣税款　犯罪数额　罪数处断

基本案情

86

甲、乙系离异夫妻，甲是A、B公司实控人，乙是B公司财务，但是不清楚出口退税事宜。A公司真实出口货物，无进项票，为出口退税，B公司配票，出具给A公司销项发票税额人民币（以下币种同）2500万元。B公司虚开了进项发票税额3000万元，其中2500万元用于抵扣给A公司的销项发票，另500万元用于其他抵扣。观点1：甲骗取出口退税2500万元，虚开增值税专用发票3000万元，数罪并罚；乙虚开增值税专用发票3000万元；A公司骗取出口退税2500万元，B公司虚开增值税专用发票3000万元。此观点是否存在甲和B公司重复评价？观点2：吸收犯。甲、乙、A、B公司虚开增值税专用发票3000万元。观点3：牵连犯。甲、A公司骗取出口退税2500万元，乙、B公司虚开增值税专用发票3000－2500＝500万元。

* 本文原载“刑水浮萍”微信公众号2020年8月16日《司法疑难之334》。

参考规则

《刑法》第二百零五条规定的是并列罪名，仅犯罪对象不同，但性质类似，同属于数额犯罪，且定罪量刑标准一致，对此类犯罪无需并罚，可以参照选择性罪名的相关做法，对犯罪数额直接并科累计，表述为三罪或者两罪，实际按照一罪论处。

规则解析

对于单位犯罪、追究自然人刑事责任的，应当先确定单位的罪名，然后再确定自然人的刑事责任。对于单位犯罪案件，目前刑事判决、裁定书表述的仍然是单位犯罪、自然人犯罪，这种表述值得商榷。根据《刑法》的相关规定，对于单位犯罪，只能对直接负责的主管人员和其他直接责任人员追究刑事责任，不应表述为相关责任人员犯罪，特别是在自然人不符合犯罪主体特征的情况下。

一、A、B公司的罪名及罪数处断

本案中，A、B公司的犯罪事实大致是：A公司真实出口货物，为出口退税，B公司配票，出具给A公司销项发票税额2500万元。B公司虚受了进项发票税额3000万元，其中2500万元用于抵扣给A公司的销项发票，另500万元用于其他抵扣税款。此中还有一些细节，如A公司是否与B公司串通，如果A公司与B公司串通，A、B公司构成共犯。从目前的材料，A、B公司的实际控制人是同一人，认定A、B公司构成共犯问题不大。根据近期相关司法解释的规定，认定虚开增值税专用发票罪，行为人必须具有骗取、抵扣税款的目的。据此，B公司的虚开行为与A公司的骗取出口退税行为，具有法律和事实上的关系（手段与目的关系），两者具有牵连关系。按照牵连犯的一般处断原则，法律、司法解释有明确规定的，依照相关规定处断；法律、司法解释没有规定的，根据罪责刑相适应原则，确定是按照处罚较重的罪名定罪处罚（未定罪事实作为从重情节）还是数罪并罚。从个案角度分析，对本案的定性，我们认为，按照处罚较重的罪名定罪处罚即可。同时，根据最高人民法院相关通知文件,虚开增值税专用发票罪的定罪量刑标准参照骗取出口退税罪的相关标准,这样的话,以一罪论处更为简单,便于操作,也不会造成罪刑失衡问题。

需要注意的是,因《刑法》第二百零五条规定的是并列罪名,仅犯罪对象不同,但性质类似,同属于数额犯罪,且定罪量刑标准一致。我们认为,对此类犯罪无需并罚,可以参照选择性罪名的相关做法进行处断,对犯罪数额直接并科累计,表述为三罪或者两罪,实际按照一罪论处。如表述为:A 公司犯虚开增值税专用发票罪、用于骗取出口退税发票罪,票面金额 2500 万元;B 公司犯虚开增值税专用发票罪、用于骗取出口退税、抵扣税款发票罪,票面金额 3000 万元;A、B 公司在虚开增值税专用发票罪、用于骗取出口退税发票罪中构成共同犯罪。

二、甲、乙的刑事责任

(一)甲的刑事责任

甲作为 A、B 公司的实际控制人,对 A、B 公司的犯罪行为承担刑事责任。因 A、B 在部分范围内构成共犯,对于甲,依法应当按照 A、B 公司最终处断的罪名追究刑事责任。甲是 B 公司的实际控制人,对 B 公司乙的行为依然承担直接负责的主管人员的责任,即对 B 公司乙的行为依然承担单位共同刑事责任。但如果虚开的数额中已包含该事实,则可以表述为:对于甲按照 A、B 公司实施的虚开增值税专用发票、骗取出口退税发票、抵扣税款发票罪,票面金额 3000 万元追究刑事责任。

(二)乙的刑事责任

对于乙,如确实不知用于骗取出口退税,则以 A、B 共犯追究其刑事责任的理由不够充分,仅对乙以虚开抵扣税款发票罪定罪处罚。但对乙是否对虚开增值税专用发票的事实明知需要进一步查明。至于是否对具体目的,即具体是骗取、抵扣税款的事实是否明知不影响定罪(明知不要求确知,即不要求知道具体抵扣哪一种税种),但影响具体罪名。如果属于明知,则依然构成虚开增值税专用发票罪。从目前事实看,认定乙虚开抵扣其他税款罪的犯罪事实清楚,证据确实充分,罪名成立,对乙追究该罪没有问题,但是否追究其他罪名的责任,要进一步查明其主观认知。

以上题干中列举的三种观点,第一种观点认定数额准确,但忽视了两公司行为的关联性,且未对甲乙的行为进行评价。第二、三种观点均忽视了单位犯罪案件中,单位触犯的是罪名,而个人追究的是在单位犯罪过程中的刑事责任,应当以单位犯罪为本,不可脱离单位犯罪进行单独评价。

【案例 87-88】JTD 公司等虚开增值税专用发票案*

虚开增值税专用发票与逃税罪是应当并罚还是按照处罚较重的罪名定罪处罚；数罪处断中含有逃税罪的，是否仍然坚持行政处理前置程序

关键词：

虚开增值税专用发票　逃税　牵连关系　数罪并罚　行政处理前置程序

基本案情

87

包头市 JTD 公司与王某、李某等逃税、虚开增值税专用发票案：①

一审法院查明以下逃税、虚开增值税专用发票事实：

(一)逃税的犯罪事实。被告单位 JTD 公司成立于 2005 年 10 月 17 日，法定代表人崔某，经营范围为煤炭批发、钢材、建材购销等。被告人王某与崔某系夫妻关系，自 2009 年开始 JTD 公司由王某实际控制、经营管理，其间其雇佣被告人张某作为单位的会计负责 JTD 公司财务做账及申报纳税。2016 年 1 月至 2017 年

* 本文系在原"刑水浮萍"公众号 2021 年 9 月 15 日《简要问答两则》的基础上修改而成。

① 二审裁定(2019)内 02 刑终 150 号(2019 年 8 月 15 日)；一审判决(2018)内 0221 刑初 220 号(2018 年 6 月 26 日)。

3月纳税期间，被告JTD公司采取欺骗、隐瞒手段进行虚假的纳税申报，逃避缴纳税款。2016年逃税数额为人民币（以下币种同）3 029 839.36元，逃税数额占全年应纳税额的72.98%；2017年逃税数额为789 569.53元，逃税数额占全年应纳税额的85.39%，合计逃避缴纳税款3 819 408.89元。被告人王某作为JTD公司的实际控制人在明知JTD公司缺少进项发票的情况下指使被告人张某采取少申报已开具增值税专用发票收入、少申报已开具增值税专用发票税额、少申报纳税当期应纳税额的方式，以达到少申报增值税应纳税额的目的，累计逃避缴纳税款3 819 408.89元。后土默特右旗国税局稽查局分别于2017年12月19日向JTD公司下达了《税务处理决定书》《税务行政处罚决定书》，于2018年2月8日下达了《税务事项通知书》，要求该公司在限期内将税款、滞纳金、罚款补缴完毕，但至案发前该公司尚未缴纳。

（二）虚开增值税专用发票的犯罪事实。被告人王某、被告人李某分别以JTD公司及××煤业公司的名义，在无真实交易的情况下签订虚假合同，采取虚假走账、资金回流的方式，分别于2016年12月28日、29日由JTD公司向××煤业开具增值税专用发票53份（××煤业已在当地国税局全部抵扣认证），金额5 128 204.91元，税额871 794.99元，价税合计5 999 999.9元。后王某收取了700 000元的开票费。

公诉机关认为，被告单位JTD公司，在经营期间逃避缴纳税款，经税务机关下达追缴通知书后，仍未补缴应纳税款。被告人王某、张某分别作为该公司直接负责的主管人员和其他直接责任人员，采取欺骗、隐瞒手段进行虚假的纳税申报，逃避缴纳税款合计3 819 408.89元，数额巨大，其行为已涉嫌逃税罪。王某在没有真实的煤炭交易情况下，为他人虚开增值税专用发票，数额较大，其行为已涉嫌虚开增值税专用发票罪。依据《刑法》第六十九条之规定,应当数罪并罚。被告人李某让他人为自己虚开增值税专用发票,数额较大,其行为已涉嫌虚开增值税专用发票罪。

辩护人认为被告人王某不构成逃税罪。首先,纳税申报是单位行为,具体操作是公司专职会计处理。王某作为公司的实际经营者对会计规则、税收法律并不了解,自张某进入公司时王某便告知要如实做账,依法报税,其从未指使张某隐匿、变造、伪造账目,违规进行纳税申报。王某主观上不具有逃税的故意;逃税罪的客观特征为伪造、变造、隐藏、擅自销毁账簿、记账凭证,在账簿上多列支出或者不列、少列收入等,王某的行为不符合该客观特征。其次,公诉机关指控王某构成逃税罪没有达到证据确实充分的标准,现有证据不能作为定罪依据。认定王某构成逃税罪的证据还应当包括《税务鉴定报告》《司法会计鉴定报告》,现仅依据税务机关的调查报告、外调资料、被告人供述、证人证言等证据定罪量刑有所欠缺。同时,从证据来源看,国税部门不能成为刑事证据收集的主体,证据来源不合法,不能作为定罪量刑的依据。国税部门于2017年12月12日、2018年2月8日向JTD作出了行政处罚事项告知书、决定书,王某对此认可,现又以此作为认定逃税罪的证据违反法律规定。综上,王某及JTD公司仅是欠缴税款的行为,不构成逃税罪;王某不构成虚开增值税专业发票罪。JTD公司与××煤业之间签订了煤炭购销合同有直接的货物交易,只是在合同履行过程中,出现煤炭质量不达标的情况下,由JTD公司同××煤业协商由××煤业自行购煤,JTD出票,不存在虚开增值税专用发票的情况;王某涉嫌犯逃税罪、虚开增值税专用发票罪两个罪名,属于法条竞合犯,应当择一重罪处罚,按照逃税罪定罪处罚(其他辩护意见略)。

一审法院认为,被告单位JTD公司作为具有纳税义务的单位违反国家税收管理制度,在经营期间逃避缴纳税款,经税务机关下达追缴通知后,仍未补缴应纳税款。被告人王某作为该公司直接负责的主管人员,被告人张某作为该公司其他直接责任人员,共同采取欺骗、隐瞒手段进行虚假的纳税申报,逃避缴纳税款合计3 819 408.89元,数额巨大且占应纳税额30%以上,其行为构成逃税罪。王某以牟利为目的,在没有真实煤炭买卖交易的情况下采用虚假走账的方式为他人虚开增值税专用发票,数额较大,其行为已构成虚开增值税专用发票罪。被告人李某让他人为自己虚开增值税专用发票,数额较大,其行为已构成虚开增值税专用发票罪。王某一人犯数罪,应当数罪并罚。王某、张某属于共同犯罪,王某系主犯;张某系从犯,应当从轻处罚。王某的辩护人所提王某不构成逃税罪及虚开增值税专用发票罪的意见,与查明事实不符,不予采纳;辩护人所提王某涉嫌犯逃税罪、虚开增值税专用发票罪两个罪名属于法条竞合犯应当择一重罪处罚的意见,于法无据,不予采纳。据此,一审以被告单位JTD公司犯逃税罪,判处罚15万元;以被告人王某犯逃税罪,判处有期徒刑三年,并处罚金5万元;犯虚开增值税专用发票罪,判处有期徒刑三年二个月,并处罚金5万元;依照数罪并罚原则,决定执行有期徒刑五年,并处罚金10万元。以被告人李某犯虚开增值税专用发票罪,判处有期徒刑三年二个月,并处罚金5万元。以被告人张某犯逃税罪,判处有期徒刑一年四个月,并处罚金2万元。继续追缴所欠税款,上缴国库。王某等不服,提起上诉。二审法院经审理裁定维持原判。

88 C教育培训公司虚开增值税专用发票、逃税案:C教育培训公司虚开增值税专用发票抵扣税款后,司法机关对其以虚开增值税专用发票罪定罪处罚。因C教育培训公司虚开增值税专用发票导致的教育附加费、地方教育附加、个人所得税、城市建设税等税费应当补缴。如C教育培训公司未补缴,经税务机关两次下达补缴通知书仍拒不补缴的,是否属于应当追究逃税罪的情形?

参考规则

通过虚开增值税专用发票骗取、抵扣国家税款，虚开增值税专用发票与逃税具有手段与目的牵连关系的，鉴于虚开增值税专用发票犯罪已包含逃税事实的评价，遵循牵连犯的一般处断规则、事后不可罚原则，应当按照处罚较重的虚开增值税专用发票罪定罪处罚。

虚开增值税专用发票与逃税没有手段与目的牵连关系的，原则实行数罪并罚。

数罪处断中包含逃税罪的，对逃税罪仍应坚持行政处理前置程序。

规则解析

一、通过虚开增值税专用发票骗取、抵扣国家税款，虚开增值税专用发票与逃税具有手段与目的牵连关系的，鉴于虚开增值税专用发票犯罪已包含逃税事实的评价，遵循牵连犯的一般处断规则、事后不可罚原则，应当按照处罚较重的虚开增值税专用发票罪定罪处罚

（一）遵循牵连关系的一般处断规则。我们认为，因虚开增值税专用发票罪必须以骗取或者抵扣税款为目的，这种以特定目的为犯罪构成要件的犯罪，对于同一犯罪主体而言，决定了虚开增值税专用发票罪与逃税罪具有手段与目的的牵连关系。虚开增值税专用发票是手段，而逃税是目的，按照牵连犯的一般处断规则，法律及司法解释有规定的依照规定处断，法律及司法解释没有规定的，从罪责刑相适应原则出发，一般按照处罚较重的罪名定罪处罚。

（二）遵循不重复评价、事后不可罚一般规则。虚开增值税专用发票罪与逃税罪，均属于危害税收征管秩序罪，两罪在侵害的法益上有很大一部分重合。更为重要的是，虚开增值税专用发票罪已经将逃税的危害后果作为犯罪构成要件的一部分，作为目的要件要素。这也就决定了虚开增值税专用发票罪必然包含与其有牵连关系的逃税罪的评价。从这个角度分析，对于虚开增值税专用发票和逃税具

有手段与目的牵连关系的,鉴于虚开增值税专用发票罪已包含逃税罪的评价,逃税行为属于事后不可罚行为,实行并罚就必然导致重复评价。据此,遵循不重复评价、事后不可罚一般规则,对有牵连关系的虚开增值税专用发票罪和逃税罪,按照处罚较重的虚开增值税专用发票罪定罪处罚更为妥当。

如在案例88中,因C教育培训公司虚开增值税专用发票用于抵扣教育附加费、地方教育附加、个人所得税、城市建设税等税费,导致教育附加费、地方教育附加、个人所得税、城市建设税等税费需要补缴。从犯罪构成要件分析,C教育培训公司用于教育附加费、地方教育附加、个人所得税、城市建设税等税费,已经在虚开增值税专用发票罪中评价。如果再在逃税罪中评价,属于重复评价。我们认为,对于因虚开增值税专用发票罪产生的逃税后果,相当于犯罪产生的必然后果,属于事后不可罚情形。此种情形,对逃税后果可以采取非刑罚处置方式,如责令补缴,就像责令退赔、继续追缴等非刑罚措施处理一样。

二、虚开增值税专用发票与逃税没有手段与目的牵连关系的,原则上实行数罪并罚。数罪处断中包含逃税罪的,对逃税罪仍应坚持行政处理前置程序

对于虚开增值税专用发票与逃税没有手段与目的牵连关系的,意味着两种事实没有重合,对虚开增值税专用发票罪的评价不包含逃税犯罪事实,实行两罪并罚更加符合定罪原理。如在案例87 JTD公司等逃税、虚开增值税专用发票一案中,被告人王某的辩护人提出王某涉嫌犯逃税罪、虚开增值税专用发票罪两个罪名,属于法条竞合犯,应当择一重罪处罚,按照逃税罪定罪处罚。对此,一审法院认为,王某一人犯数罪,应当数罪并罚,没有阐述具体理由。我们认为,王某的辩护人所提法条竞合犯的观点值得商榷。关于王某的罪数及处断问题,首先,应当论证王某虚开增值税专用发票行为与逃税行为是否存在牵连关系、前行为是否包括后行为的评价;其次,需要论证处断原则。而辩护人所提应当适用法条竞合原则,其并未论证为什么适用法条竞合原则,也未对两个犯罪事实之间关系展开分析,由此一审法院也未针对王某虚开增值税专用发票和逃税的犯罪事实是否存在手段与目的的牵连关系进行查明和确认。从判决书表述分析,我们难以发现两个事实之间的真实关系,难以辨别判决书在逃税事实中所指的"共同采取欺骗、隐瞒

手段进行虚假的纳税申报”是否指虚开增值税专用发票事实中的“在没有真实煤炭买卖交易的情况下采用虚假走账的方式为他人虚开增值税专用发票”。基于以上分析，从完善裁判说理的角度出发，如果一审法院在针对辩护人所提两罪处断意见进行评判时，对以上裁判说理内容补充完善，相信更能增加裁判说理的说服力，增加判决的司法公信力。

需要强调的是，对于同一主体，因虚开增值税专用发票而被移送司法机关的，对逃税罪依然要坚持行政处理前置程序，司法机关不得因虚开增值税发票已刑事立案而直接对逃税罪立案侦查。

相关规定

《中华人民共和国刑法》

第二百零一条　【逃税罪】纳税人采取欺骗、隐瞒手段进行虚假纳税申报或者不申报，逃避缴纳税款数额较大并且占应纳税额百分之十以上的，处三年以下有期徒刑或者拘役，并处罚金；数额巨大并且占应纳税额百分之三十以上的，处三年以上七年以下有期徒刑，并处罚金。

扣缴义务人采取前款所列手段，不缴或者少缴已扣、已收税款，数额较大的，依照前款的规定处罚。

对多次实施前两款行为，未经处理的，按照累计数额计算。

有第一款行为，经税务机关依法下达追缴通知后，补缴应纳税款，缴纳滞纳金，已受行政处罚的，不予追究刑事责任；但是，五年内因逃避缴纳税款受过刑事处罚或者被税务机关给予二次以上行政处罚的除外。

第二百零五条　【虚开增值税专用发票、用于骗取出口退税、抵扣税款发票罪；虚开发票罪】虚开增值税专用发票或者虚开用于骗取出口退税、抵扣税款的其他发票的，处三年以下有期徒刑或者拘役，并处二万元以上二十万元以下罚金；虚开的税款数额较大或者有其他严重情节的，处三年以上十年以下有期徒刑,并处五万元以上五十万元以下罚金;虚开的税款数额巨大或者有其他特别严重情节的,处十年以上有期徒刑或者无期徒刑,并处五万元以上五十万元以下罚金或者没收财产。

单位犯本条规定之罪的,对单位判处罚金,并对其直接负责的主管人员和其他直接责任人员,处三年以下有期徒刑或者拘役;虚开的税款数额较大或者有其他严重情节的,处三年以上十年以下有期徒刑;虚开的税款数额巨大或者有其他特别严重情节的,处十年以上有期徒刑或者无期徒刑。

虚开增值税专用发票或者虚开用于骗取出口退税、抵扣税款的其他发票,是指有为他人虚开、为自己虚开、让他人为自己虚开、介绍他人虚开行为之一的。

第二百一十一条 【单位犯危害税收征管罪的处罚规定】单位犯本节第二百零一条、第二百零三条、第二百零四条、第二百零七条、第二百零八条、第二百零九条规定之罪的,对单位判处罚金,并对其直接负责的主管人员和其他直接责任人员,依照各该条的规定处罚。

【案例 89-90】许某某等骗取出口退税案*

骗取出口退税案件中伪造、变造、买卖出口退税单证、报关单是以骗取出口退税罪共犯还是以非法买卖国家证件罪论处

关键词：

骗取出口退税　代货　伪造　变造　买卖　出口退税单证　报关单　外汇核销①

基本案情

89

许某某等骗取出口退税案：②

1. 骗取出口退税事实。被告人许某某系D公司实际控制人，负责公司经营管理，其于2010年至2012年同时担任H公司总经理，参与H公司的经营业务。2010年至2014年间，H公司、D公司在没有实际采购、出口货物的情况下，以支付每出口金额1美元约3分至8分人民币（以下未特别标记均为人民币）的"买单费"为条件，让XC公司等3货代公司人员将他人出口的货物伪报为H公司、D公司的货物报关出口，套取出口退税单证；同时在没有实际货物购销的情况下，支付票面金额10%~11%的费用，分

---

* 本文原载"刑水浮萍"微信公众号2021年3月14日《司法疑难之350》。

① 外汇核销分全额核销和差额核销，一般来料加工企业采取差额核销的办法。差额核销是按一定的比例将出口的收入汇入国内，余额可留境外用于材料的采购等。

② （2016）闽02刑初63号（2018年12月10日）。

别向×公司等多家公司购买增值税专用发票,再利用非法购买的外汇核销,虚构存在货物出口且已缴纳相关增值税款的事实,向税务机关申报出口退税,骗取国家出口退税款。一审法院认定被告人许某某等2人构成骗取国家出口退税罪。

2. 虚开增值税专用发票事实。为获取非法利益,×公司在没有实际销售货物的情况下,于2010年6月至2013年5月间,向H公司开具增值税专用发票485份,价税合计47 548 968.38元,税额合计6 908 824.47元;于2010年11月至2014年12月间向D公司开具增值税专用发票384份,价税合计39 959 908.6元,税额合计5 806 140.57元。被告人郑某某作为×公司的兼职出纳,受其父亲×公司实际控制人郑某新(另案处理)指使,通过电话、短信息等方式长期与被告人许某某及H公司其他人员联系资金收付、开具增值税专用发票等事宜。×公司对公账户收到H公司、D公司对公账户汇来的“货款”走账资金后,郑某某用其名下个人银行账户,扣除收取的开票费用后将资金汇回到H公司实际控制使用的叶某、许某某、林某某等个人银行账户(其他事实略)。一审法院认为,被告人郑某某、乔某某、肖某某不明知虚开的增值税专用发票被具体用于何种用途,在案现有证据不足以证明××公司、DR公司与H公司、D公司具有骗取出口退税款的共同故意,三被告人行为不构成骗取出口退税罪,仅构成虚开增值税专用发票罪,相关辩护意见,予以采纳。

3. 买卖国家机关证件事实。(1)为获取非法利益,被告人赖某某与H公司员工及被告人祝某共谋后,安排员工将XC公司承揽的他人货物伪报成D公司、H公司的货物出口,并将相关出口退税单证卖给D公司、H公司,合计54票,出口金额合计8 017 334美元,被D公司、H公司用于骗取出口退税共计5 610 464.19元。(2)受被告人许某某指使,被告人祝某与赖某某、詹某某、方某某联系，让XC、HSD公司等公司将其承揽的他人货物伪报成D公司的货物出口，分别向XC、HSD公司等购买4票、22票共计26票的出口退税单证，出口金额共计4 047 047美元，被D公司用于骗取出口退税共计2 947 255.79元。(3)为获取非法利益，被告人詹某某经被告人方某某介绍与被告人祝某共谋后，安排方某某将HSD公司承揽的他人货物伪报成得龙公司的货物出口，并将相关出口退税单证卖给D公司，合计22票，出口金额合计3 523 342美元，被D公司用于骗取出口退税共计2 477 877.9元。(4)为获取非法利益，被告人林某某经郑某某(另案处理)提议，将HM公司承揽的他人货物伪报成H公司、D公司的货物出口，并将相关出口退税单证卖给H公司、D公司，合计18票，出口金额合计2 212 370.6美元，被H公司、D公司用于骗取出口退税共计2 187 537.6元。一审法院认为，被告人赖某某非法销售54票出口退税单证，被告人詹某某、方某某共同非法销售22票出口单证，被告人林某某非法销售18票出口退税单证，均被H公司、D公司用于骗取出口退税，其行为均应以买卖国家机关证件罪追究刑事责任。

综上，一审法院以被告人许某某犯骗取出口退税罪，判处有期徒刑十三年，并处罚金2000万元……以被告人郑某某犯虚开增值税专用发票罪，判处有期徒刑五年……以被告人赖某某犯买卖国家机关证件罪，判处有期徒刑三年，缓刑五年；以被告人祝某犯买卖国家机关证件罪，判处有期徒刑二年六个月，缓刑三年……(其他判罚情况略)

90

S公司骗取出口退税款案：S公司意欲骗取出口退税，遂找到货代，表明其真实需求，让货代帮忙购买报关单。货代同意，对S公司相关人员进行指导，并交代处理细节。后货代又找到报关员提供相应信息，并支付一定价格后购买报关单，后加价卖给S公司。对货代的这种行为如何定性？实践中，有的案件是以共犯为由认定骗取出口退税罪，有的案件认定买卖国家机关证件罪。对S公司的行为如何定性？

参考规则

骗取出口退税、虚开增值税专用发票与伪造、变造、买卖出口退税单证、报关单行为之间，各行为人主观上通谋，客观上相互配合的，一般按照骗取出口退税罪定罪处罚。

骗取出口退税、虚开增值税专用发票与伪造、变造、买卖出口退税单证、报关单行为之间，各行为人虽然主观上明知但没有通谋，客观上没有相互配合，而是各自完成自己行为的，鉴于《刑法》已对各行为分别规定个罪名，为准确定罪处罚，实现罪责刑相适应，对各行为人一般不按照骗取出口退税罪的共犯论处，而按照各自所犯的罪名分别定罪处罚。

规则解析

一、骗取出口退税、虚开增值税专用发票与伪造、变造、买卖出口退税单证、报关单行为之间，各行为人主观上通谋，客观上相互配合的，一般按照骗取出口退税罪定罪处罚

鉴于骗取出口退税案件中，《刑法》已对各阶段的行为规定了准确的罪名，不同阶段的行为究竟是按照共犯论处还是按照各自触犯的罪名论处，存在一定争议。我们认为，应当具体情况具体分析。如果货代主观上仅是概括明知行为人具有骗取出口退税的犯意，其客观上没有帮助实现骗取出口退税的目的，即没有积极协助实施骗取出口退税的行为，仅仅是伪造、变造、买卖出口退税单证、报关单的，应当依照《最高人民法院关于审理骗购外汇、非法买卖外汇刑事案件具体应用法律若干问题的解释》第二条的规定，按照伪造、变造、买卖国家机关证件罪定罪处罚。如果货代确定明知客观上推进骗取出口退税的犯意产生，积极协助实施骗

取出口退税的其他行为，则按照骗取出口退税罪的共犯与伪造、变造、买卖国家机关证件罪中处罚较重的罪名定罪处罚。

如案例90中，S公司已将其意欲骗取出口退税的想法告诉了货代，表明了其真实需求。货代在明知的情况下，积极实施行为，指导相关人员注意细节，属于货代与S公司通谋，且客观上积极配合S公司，应当认定货代与S公司具有共同的主观故意和相互协作的客观行为，对S公司和货代按照骗取出口退税罪的共犯论处。

二、骗取出口退税、虚开增值税专用发票与伪造、变造、买卖出口退税单证、报关单行为之间，各行为人虽然主观上明知但没有通谋，客观上没有相互配合，而是各自完成自己行为的，鉴于《刑法》已对各行为分别规定罪名，为准确定罪处罚，实现罪责刑相适应，对各行为人一般不按照骗取出口退税罪的共犯论处，而按照各自所犯的罪名分别定罪处罚

我们认为，对于单纯明知类的伪造、变造、买卖出口退税单证……的定性，可以参考《最高人民法院、最高人民检察院关于办理渎职刑事案件适用法律若干问题的解释(一)》(法释〔2012〕18号)分类定性的做法。该解释将渎职罪的共犯分为三类情形：第一类是单纯的明知帮助行为；第二类是共谋类帮助行为；第三类是参与类帮助行为。对于第一类单纯的明知类帮助行为，按照共同犯罪的一般理论，此类情形同时构成了非国家工作人员实施的其他犯罪的共犯，但此类情形下触犯数个罪名主要是法律规定的原因所致，宜认定为法条竞合而非想象竞合。因属于特别法(渎职犯罪刑法规定)与一般法(共同犯罪刑法规定)之间的竞合，故按照特别法优于一般法的法律适用原则，应当以渎职犯罪处理。① 对于第二类共谋类渎职犯罪，按照处罚较重的罪名定罪处罚(当时通行的表述是择一重罪处罚，随着刑事司法的发展，已统一为按照处罚较重的罪名定罪处罚)。而只有对第三类参与类渎职犯罪实行数罪并罚。具体联系骗取出口退税案件中，货代伪造、变造、

① 苗有水、刘为波：《〈关于办理渎职刑事案件具体应用法律若干问题的解释(一)〉的理解与适用》，载《人民司法》2004年第7期。

买卖出口退税单证、报关单的行为,虽然货代明知他人具有骗取国家退税的目的,但未与他人进行通谋,且客观上未积极配合他人的行为。在普通犯罪案件中,有这种明知行为一般按照共犯论处。但鉴于《刑法》对各行为已规定了单独的罪名,对各行为按照各自触犯的罪名定罪处罚更能体现罪责刑相适应原则,更能准确体现各犯罪事实的本质特征,故以各自触犯的罪名定罪处罚更为妥当。

根据《最高人民法院关于审理骗购外汇、非法买卖外汇刑事案件具体应用法律若干问题的解释》(法释〔1998〕20号)第二条的规定,“伪造、变造、买卖海关签发的报关单、进口证明、外汇管理机关的核准件等凭证或者购买伪造、变造的上述凭证的”,按照伪造、变造、买卖国家机关证件罪定罪处罚。如在案例89许某某等骗取出口退税案中,法院认为,郑某某、黄某某、谢某某、乔某某、肖某某虽然主观上可能明知H公司、D公司总经理许某某系为了骗取出口退税目的,但双方未就骗取出口退税进行共谋,在案其他证据仅证明郑某某等人主观上为谋取开票费而为他人虚开增值税专用发票,而赖某某等人系为了赚取差价而买卖国家机关证件,各被告人属于为各自利益而实施独立的犯罪行为,应当分别按照各自触犯的罪名定罪处罚。

相关规定

1.《中华人民共和国刑法》

第二百零四条第一款　以假报出口或者其他欺骗手段,骗取国家出口退税款,数额较大的,处五年以下有期徒刑或者拘役,并处骗取税款一倍以上五倍以下罚金;数额巨大或者有其他严重情节的,处五年以上十年以下有期徒刑,并处骗取税款一倍以上五倍以下罚金;数额特别巨大或者有其他特别严重情节的,处十年以上有期徒刑或者无期徒刑,并处骗取税款一倍以上五倍以下罚金或者没收财产。

第二百零五条　虚开增值税专用发票或者虚开用于骗取出口退税、抵扣税款的其他发票的,处三年以下有期徒刑或者拘役,并处二万元以上二十万元以下罚金;虚开的税款数额较大或者有其他严重情节的,处三年以上十年以下有期徒刑,并处五万元以上五十万元以下罚金;虚开的税款数额巨大或者有其他特别严重情节的,处十年以上有期徒刑或者无期徒刑,并处五万元以上五十万元以下罚金或者没收财产。

单位犯本条规定之罪的,对单位判处罚金,并对其直接负责的主管人员和其他直接责任人员,处三年以下有期徒刑或者拘役;虚开的税款数额较大或者有其他严重情节的,处三年以上十年以下有期徒刑;虚开的税款数额巨大或者有其他特别严重情节的,处十年以上有期徒刑或者无期徒刑。

虚开增值税专用发票或者虚开用于骗取出口退税、抵扣税款的其他发票,是指有为他人虚开、为自己虚开、让他人为自己虚开、介绍他人虚开行为之一的。

2.《最高人民法院关于审理骗购外汇、非法买卖外汇刑事案件具体应用法律若干问题的解释》(法释〔1998〕20号)

第二条　伪造、变造、买卖海关签发的报关单、进口证明、外汇管理机关的核准件等凭证或者购买伪造、变造的上述凭证的,按照刑法第二百八十条第一款的规定定罪处罚。

3.《最高人民法院、最高人民检察院关于办理渎职刑事案件适用法律若干问题的解释(一)》(法释〔2012〕18号)

第四条　国家机关工作人员实施渎职行为,放纵他人犯罪或者帮助他人逃避刑事处罚,构成犯罪的,依照渎职罪的规定定罪处罚。

国家机关工作人员与他人共谋,利用其职务行为帮助他人实施其他犯罪行为,同时构成渎职犯罪和共谋实施的其他犯罪共犯的,依照处罚较重的规定定罪处罚。

国家机关工作人员与他人共谋,既利用其职务行为帮助他人实施其他犯罪,又以非职务行为与他人共同实施该其他犯罪行为,同时构成渎职犯罪和其他犯罪的共犯的,依照数罪并罚的规定定罪处罚。

【案例91】尤某骗取出口退税案*

在执行前罪附加剥夺政治权利期间犯新罪的，如何并罚以及如何确定前罪尚未执行完毕的剥夺政治权利的刑期停止计算时间节点

关键词：

骗取出口退税　剥夺政治权利　并罚　刑期停止计算　时间节点

基本案情

91

被告人尤某因前罪被判有期徒刑，附加剥夺政治权利三年，2016年11月4日刑满释放。2017年6月29日，尤某因犯新罪被刑事拘留，次日6月30日被取保候审，后脱保。2019年9月16日，尤某投案自首，当日被刑事拘留。2019年12月，尤某因新罪被判处有期徒刑九年。问题：(1)前罪的剥夺政治权利是否要与新罪的有期徒刑数罪并罚？(2)如果需要并罚，如何并罚？

参考规则

犯罪嫌疑人、被告人在被羁押期间仍然享有部分政治权利，将羁押之日确定为“前罪尚未执行完毕的剥夺政治权利刑期”的时间节点，逻辑前提不能成立，与定罪处罚原理不符，而且与刑事司法的发展方向背道而驰。在新的司法解释性出

---

* 本文原载“刑水浮萍”微信公众号2020年5月16日《司法疑难之306》。

台之前，应当依照《最高人民法院关于在执行附加刑剥夺政治权利期间犯新罪应如何处理的批复》的相关规定处理。

规则解析

《最高人民法院关于在执行附加刑剥夺政治权利期间犯新罪应如何处理的批复》（法释〔2009〕10号，以下简称《批复》）第一条规定，“对判处有期徒刑并处剥夺政治权利的罪犯，主刑已执行完毕，在执行附加刑剥夺政治权利期间又犯新罪，如果所犯新罪无须附加剥夺政治权利的，依照《刑法》第七十一条的规定数罪并罚。”即将前罪尚未执行完毕的剥夺政治权利刑期与后罪有期徒刑并罚。

接下来的问题是，前罪尚未执行完毕的剥夺政治权利刑期从何时开始停止计算？即在哪一个时间节点确定前罪剩余剥夺政治权利刑期？《批复》第二条规定：“前罪尚未执行完毕的附加刑剥夺政治权利的刑期从新罪的主刑有期徒刑执行之日起停止计算”。如何理解“新罪的主刑有期徒刑执行之日”存在不同认识。

第一种观点认为，一般从新罪羁押之日停止计算，新罪羁押之日停止计算应当认定为“新罪的主刑有期徒刑执行之日”。新罪未被羁押的，从新罪生效判决作出之日。（有观点补充，从证据角度分析，剥夺政治权利由公安机关执行，应当由公安机关出具已执行剥夺政治权利的期限说明）

第二种观点认为，应当将主刑执行之日作为确定前罪剩余剥夺政治权利刑期的时间节点。但如果被告人在新罪主刑执行之前被先行羁押的，应当将被羁押之日作为时间节点。这是因为先行羁押的时间能够折抵刑期，视为执行时间提前至被羁押之日。

第三种观点认为，本案新罪于2019年12月作出判决，已过三年，故前罪的剥夺政治权利无须再与新罪的有期徒刑并罚。

综合分析，我们认为，“新罪的主刑有期徒刑执行之日”，应当是指新罪生效判决确定后交付执行之日（死刑除外）。被告人被羁押之日属于刑期折抵，与主刑有期徒刑执行之日具有本质区别。

为什么不应将羁押之日作为确定“前罪尚未执行完毕的剥夺政治权利刑期”的时间节点呢？

从折抵功能看，羁押之日既然已折抵刑期，羁押期间相当于主刑执行期间，根据《刑法》第五十八条关于“剥夺政治权利的效力当然施用于主刑执行期间”的规定，似乎可以推论“剥夺政治权利的效力亦当然施用于主刑执行期间羁押期间”。从该观点出发，前罪尚未执行完毕的附加刑剥夺政治权利的刑期从新罪羁押之日起停止计算似更为合理。通过比较可知，按照主刑新罪生效判决确定后交付执行之日确定“前罪尚未执行完毕的剥夺政治权利刑期”更有利于被告人。而按照羁押之日则不利于被告人，因为羁押期间被折抵后，生效判决确定后交付执行的主刑刑期相应减少，意味着剥夺政治权利的刑期也相应减少。这样看来，将交付执行之日作为确定“前罪尚未执行完毕的剥夺政治权利刑期”的时间节点，的确有轻纵犯罪之嫌。为避免出现罪刑不均衡等相关问题，将羁押之日作为时间节点更为合理。

然而，将羁押之日作为时间节点忽视了一个最重要的权利剥夺的性质问题。剥夺政治权利是一种刑罚，必须经生效判决确定，未经判决不得确定有罪，更不得迳行剥夺政治权利。将羁押之日作为时间节点，必须以犯罪嫌疑人、被告人在羁押期间不得行使政治权利为前提。如果犯罪嫌疑人、被告人在羁押期间，主张行使选举权、被选举权、言论、出版的权利，司法机关是否有理由禁止？在有的案件中，国家机关公职人员的身份是在生效判决定罪后予以开除，这才要求生效裁判下发后法院应当将生效判决书送达公职人员原所在单位。前段时间内蒙古自治区某法院副院长被追究刑事责任就因为该方面的问题。该类问题在一定层面反映，犯罪嫌疑人、被告人在被羁押期间依然具有部分政治权利。

综上，我们认为，犯罪嫌疑人、被告人在被羁押期间仍然享有部分政治权利，将羁押之日确定为“前罪尚未执行完毕的剥夺政治权利刑期”的时间节点，逻辑前提不能成立，与定罪处罚原理不符，而且与刑事司法发展方向背道而驰，应当予以纠正。《批复》虽有轻纵犯罪之嫌，但更符合权利限制、剥夺的原理，在逻辑论理上更为充分，在最高司法机关未有新的相关文件出台之前，应当依照《批复》的相关规定处理。

相关规定

《最高人民法院关于在执行附加刑剥夺政治权利期间犯新罪应如何处理的批复》（法释〔2009〕10号）

上海市高级人民法院：

你院《关于被告人在执行附加刑剥夺政治权利期间重新犯罪适用法律问题的请示》（沪高法〔2008〕24号）收悉。经研究，批复如下：

一、对判处有期徒刑并处剥夺政治权利的罪犯，主刑已执行完毕，在执行附加刑剥夺政治权利期间又犯新罪，如果所犯新罪无须附加剥夺政治权利的，依照刑法第七十一条的规定数罪并罚。

二、前罪尚未执行完毕的附加刑剥夺政治权利的刑期从新罪的主刑有期徒刑执行之日起停止计算，并依照刑法第五十八条规定从新罪的主刑有期徒刑执行完毕之日或者假释之日起继续计算；附加刑剥夺政治权利的效力施用于新罪的主刑执行期间。

三、对判处有期徒刑的罪犯，主刑已执行完毕，在执行附加刑剥夺政治权利期间又犯新罪，如果所犯新罪也剥夺政治权利的，依照刑法第五十五条、第五十七条、第七十一条的规定并罚。

【案例 92-93】关某某等假冒注册商标案*

侵犯知识产权罪中"同一种商品"的认定

关键词:

假冒注册商标　侵犯知识产权　同一种商品

基本案情

92

关某某、翁某某假冒注册商标案①:维多利亚的秘密商店品牌管理有限公司(以下简称维多利亚公司)系"VICTORIA'SSECRET"注册商标的所有人,注册商标核定使用商品范围包括服装、内衣、紧身胸衣(内衣)、乳罩等,有效期自 2015 年 1 月 14 日至 2025 年 1 月 13 日。维多利亚公司系"维多利亚的秘密"注册商标的所有人,注册商标核定使用商品的范围包括塑体内衣、乳罩、(隆乳)乳罩、女内衣、内裤等,有效期自 2008 年 12 月 21 日至 2018 年 12 月 20 日。被告人翁某、关某自 2013 年 6 月开始,未经注册商标所有人的许可,在二人开设的淘宝店"ClosePartner 亲密伴侣内衣店"以注册商标"维多利亚的秘密"进行宣传。2015 年 5 月 5 日,公安机关在广州市南沙区榄核镇抓获翁某、关某,并在现场缴获印有注册商标"VICTORIA'SSECRET"包装袋包装好的内

* 本文原载"刑水浮萍"微信公众号 2021 年 2 月 7 日《司法疑难之 337》。

① (2015)穗南法知刑初字第 2 号。

衣 5327 份(销售价格共计 395 513 元)。其中,翁某全面负责网店的经营业务,包括售前咨询、售后服务、收发快递、招聘员工和发工资等。关某负责打印快递单。广州市南沙区人民法院,公诉机关指控被告人翁某、关某假冒注册商标罪罪名成立,但在指控商品范围和销售金额上应予纠正。主要理由:(1)外国商标在中国取得核定使用前,被告人使用同一种商标的不构成假冒注册商标罪。2013 年 6 月至 2014 年 11 月,翁某、关某虽然在销售的部分内衣上使用了"VICTORIA' SSECRET"英文商标吊牌和包装袋,但由于"VICTORIA' SSECRET"英文商标于 2015 年 1 月 14 日前在中国未取得内衣商品的核定使用权,故二人的行为不构成假冒"VICTORIA' SSECRET"注册商标。(2)涉案商品未列入权利人注册商标核定使用范围内,不属于假冒注册商标罪中的"同一种商品"。根据《商标法》规定,注册商标的专用权,以核准注册的商标和核定使用的商品为限,未列入权利人注册商标核定使用范围内的商品,不应被认定为假冒注册商标罪中的"同一种商品"。根据 13403195 号商标注册证,"VICTORIA' SSECRET"英文商标的核定使用商品并未包括内裤,因此本案查获的使用印有"VICTORIA' SSECRET"商标包装袋包装的内裤不属于假冒注册商标商品,该部分内裤价值不得计入非法经营数额。

93 周某销售假冒注册商标的商品案①:1996 年 9 月 10 日,国家工商行政管理局商标局向第 135047 号"PHILIPS"商标的注册人菲利浦灯泡有限公司补发了商标注册证。该商标原核定使用商品为第 15 类,包括照明装置、设备、器具和物品,电灯,电器件,不属别类的器具、器械和物品和上述商品的零配件。商标注册有效期限为自 1980 年 1 月 15 日至 1990 年 1 月 14 日。补发商标注册

① (2015)宁铁知刑初字第 00016 号,已撤销。

证后,核准续展注册于商品国际分类第11类,核定使用商品包括增湿、减湿装置、设备、器具和物品,空气调节和温度控制设备、仪器、装置和物品,取暖、蒸煮、冷藏、冷冻、干燥、通风、给水和卫生装置、设备、器具、仪器和物品,上述商品的零配件;照明装置、设备、器具和物品,电灯,上述商品的零配件。2000年3月21日,续展有效期至2010年1月14日。2003年9月9日,变更注册人为飞利浦公司。2010年3月15日,续展有效期至2020年1月14日。2013年12月前后至2014年5月间,被告人周某在南京市江宁区东山街道金箔路采用开淘宝网店的方式,以淘宝店铺"个人护理电器""年终精选电器""魅力女人一线""万千母亲的选择",从事假冒"PHILIPS"商标的电吹风及台灯的销售,从相关淘宝网店所记载的交易金额来看,除"万千母亲的选择"共销售台灯8万余元外,其他三个店铺总共销售电吹风90余万元。周某在网上购进上述电吹风及台灯时明知该电吹风与台灯并非飞利浦公司所生产、销售,飞利浦公司亦出具了《鉴定证明》,称上述电吹风及台灯系侵犯其注册商标专用权的产品。此外,公安机关于2014年5月27日对周某位于南京市江宁区的淘宝网店等进行搜查,扣押了周某的电脑主机2台、笔记本1本、U盘1个、U盾3个、银行卡1张、台灯44个、电吹风1个、汽车1部。经比对,周某涉案淘宝网店所销售电吹风的图片及台灯实物上所使用的"PHILIPS"标识与原告的第135047号"PHILIPS"商标,视觉上基本无差别,属于"使用与其注册商标相同的商标"。

另查明,周某在2012年上半年曾因在淘宝网店销售了假冒飞利浦公司第135331号"PHILIPS"商标的电动剃须刀而被南京市江宁区工商行政管理局[①]于2012年9月21日作出过行政处罚。相应的行政处罚决定书认定,周某的行为属于侵犯注册商标

① 现为南京市江宁区市场监督管理局。

专用权。南京铁路运输法院认为，在认定“同一种商品”时，应当按照《最高人民法院、最高人民检察院、公安部关于办理侵犯知识产权刑事案件适用法律若干问题的意见》（法发〔2011〕3号）（以下简称《侵犯知产意见》）第五条的规定，应当在权利人注册商标核定使用的商品和行为人实际生产销售的商品之间进行比较。本案中，被告人周某所销售的涉案商品为电吹风与台灯，将该两款商品与飞利浦公司的第135047号“PHILIPS”商标核定使用的商品进行比较，其中台灯与第135047号“PHILIPS”商标核定使用的电灯属于刑法意义上的“同一种商品”；但电吹风因第135047号“PHILIPS”商标核定使用的商品不包括现已明确分类为第11类商品的电吹风，故不存在名称相同的情形。至于是否存在“名称不同但指同一事物的商品”的情形，需要从二者的功能、用途、主要原料、消费对象、销售渠道等方面进行综合考审查。通过对被控侵权的电吹风与第135047号“PHILIPS”商标核定使用的商品进行功能、用途等的比较，无法认定其与任一核定使用商品具有唯一对应性。据此，二者不属于《刑法》意义上的“同一种商品”。综上，结合公诉机关的指控及本案证据，在认定周某是否构成销售假冒注册商标的商品罪时所应考察的被控侵权商品应当依法限定为台灯，而不包括电吹风。故在认定销售金额时，仍以相应的淘宝网店所记载的涉案台灯的交易金额作为相应的实际销售金额。

参考规则

侵犯知识产权罪中“同一种商品”的裁判规则：认定“同一种商品”，除需要对商品名称进行比较外，还应当对涉案商品和权利人注册商标核定使用范围的商品进行比较。名称相同但指不同事物的商品，不属于“同一种商品”；名称不同但指同一事物的商品，属于“同一种商品”；名称不同但指同一事物的商品，未列入权利

人注册商标核定使用范围的，不属于"同一种商品"。

规则解析

根据相关规定，对"同一种商品"的认定，应当综合"名称""指同一事物的商品""权利人注册商标核定使用的商品"三个方面进行比较。

一、名称相同但指不同事物的商品，不属于"同一种商品"

关于"同一种商品"的认定标准，理论界大致有三种观点。(1)"客观说"认为，应当严格以《商标注册用商品和服务国际分类表》作为认定的标准。① 只要是同一类并属于同一种的商品，无论其类型、重量、规格、型号如何，均为"同一种商品"。(2)"主观说"认为，应当按照商品的原料、形状、性能、用途等因素以及习惯来判断，"同一种商品"一般指的是名称相同的商品，或者名称不同但指相同的商品。② (3)"综合说"侧重从实质角度进行判断，主张同一种商品是指在功能、用途、生产部门、销售渠道、消费对象等方面相同的商品，或者相关消费者一般认为相同的商品。实践认定时，应当采用尼斯协定国际分类法并结合相关消费者对商品的一般认识进行综合判断。③ 我们认为，"客观说"难以适应司法实践的需要，对"同一种商品"的认定过于宽泛，不利于激励新的创造性研究成果开发。④ 知识产权的保护和执法应有助于促进技术革新和技术转让与传播，使技术知识的创造者和使用者互相受益并有助于社会和经济福利的增长及权利和义务的平衡。同时，"客观说"容易导致机械认定，不利于知识产权的保护。"主观说"过于随意，缺乏

---

① 《商标注册用商品和服务国际分类表》是世界知识产权尼斯联盟(我国已于1994年8月9日加入尼斯联盟，成为其成员国)确定的。该表将所有商标注册用商品氛围34类，服务基础上为8类，共42类，每类商品下又分为若干不同种的商品。1998年9月15日国家工商管理局在《关于实行商标注册用商品国际分类的通知》(工商标字〔1998〕第200号)中规定自同年11月1日起，被告商标注册用商品国际分类，即采用尼斯联盟的这一分类表作为商标注册用商品分类的标准。参见姜伟主编：《知识产权刑事保护研究》，法律出版社2004年版，第82页。

② 赵秉志主编：《侵犯知识产权犯罪研究》，中国方正出版社1999年版，第94页；马克昌主编：《经济犯罪新论》，武汉大学出版社1998年版，第735页。

③ 柏浪涛、谷翔：《假冒注册商标罪疑难问题研究》，载《法律适用》2004年第7期；赵秉志、许成磊：《侵犯注册商标权犯罪问题研究》，载《法律科学(西北政法大学学报)》2002年第3期。

④ 《孙国强等假冒注册商标案》，载裴显鼎等主编：《知识产权刑事案例选》，法律出版社2012年版。

可操作性的标准。虽然列明了原料、形状、性能、用途以及习惯等参考指标，但立足于主观认知，容易受主体与地域文化的差异影响，不可避免受到地方保护主义的干预。“综合说”是相关规范性文件明确的指导原则。对“同一种商品”的认定，应当以相关公众对商品的一般认识，结合《商标注册用商品和服务国际分类表》对商品的名称分类，由法官综合功能、用途、生产部门、销售渠道、消费对象等方面进行审查判断。

根据《侵犯知产意见》第五条的规定，“名称”是指国家工商行政管理总局商标局在商标注册工作中对商品使用的名称，通常即《商标注册用商品和服务国际分类表》中规定的商品名称。需要注意的是，“同一种商品”中的“同”，不要求两个商品的各个要素全部相同。因为不同的商品可以采用相同的名称，而相同的商品也可以采用不同的名称，仅仅以商品名称界定是缺乏科学性的。为此，《侵犯知产意见》第五条明确了实质优于名称的认定标准。该条进一步规定，名称不同但指同一事物的商品，可以认定为“同一种商品”。“名称不同但指同一事物的商品”是指在功能、用途、主要原料、消费对象、销售渠道等方面相同或者基本相同，相关公众一般认为是同一种事物的商品。

当前，商品分类依然不够统一规范。有的是客观因素，有的是人为因素。如权利人出于扩大注册商标保护面的考虑，通过关系将本不属于权利核定范围的商品列入核定范围。商品分类不够统一规范的前因必然带来商品名称混乱的问题，为此必然带来实践中认识分歧。我们认为，根据《侵犯知产意见》第五条明确的实质判断优于名称判断的认定标准，名称相同但指不同事物的商品，不属于假冒注册商标罪中的“同一种商品”。以谢某甲等人假冒注册商标案为例。该案一审认定杜高公司生产、销售的商品与多米诺公司注册的第 G709885 号商标商品属于“同一种商品”，据此认定谢某甲等人构成假冒注册商标罪。二审认定不属于“同一种商品”，并据此改判无罪。该案的复杂性在于涉案商品与注册商标商品名称基本相同，杜高公司生产、销售的商品为“喷码机”，权利人多米诺公司主张保护的 A200 型、E50 型机器，其在销售时所用商品名称亦为“喷码机”。一般情况下，根据《侵犯知产意见》第五条第一款“名称相同的商品以及名称不同但指同一事物的商品”，可以认定为“同一种商品”的规定，直接认定涉案商品与注册商标商品系“同一种商品”。然而，这样的认定恰恰忽视了商品分类不够统一规范的现状，同时也没有全面准确把握“同一种商品”认定的标准。该案中，被诉侵权商品名称为“喷码机”，而“喷码机”并非《商标注册用商品和服务国际分类表》中规定的商品名称。二审法院正是基于这一考虑，依照实质条件，综合社会公众认知，对定性进行了改判。①

同理，基于实质优于名称这一认定标准可以进一步推论。既然对于名称相同但指不同事物的商品，不属于“同一种商品”，那么对于名称不同且实质上不指向同一事物的商品，即在功能、用途、主要原料、消费对象、销售渠道等方面不相同或者基本不相同，相关公众一般认为不属于“同一事物的商品”，更不属于“同一种商品”。如“中国象棋(C280025)”与“国际象棋(C280026)”，实践中有观点认为属于“同一种商品”。我们认为，两者虽然均含有“象棋”，但完整名称不同，且规则和寓意均很大不同，不应属于“同一种商品”。

二、名称不同但指同一事物的商品，属于“同一种商品”

根据司法解释起草人的相关观点，实践中，“指同一事物的商品”大致包括两种情形：一是虽然权利人和行为人对各自生产的商品起了不同的商品名，但商标部门在商标注册工作中对这两件商品使用的名称是相同的，或者说两件商品实际对应的是《商标注册用商品和服务国际分类表》中同一个商品名称。如权利人对其生产的商品起名为“电吹风”，行为人对其生产的商品起名为“插电式风力干发器”，但二者在《类似商品和服务区分表》中对应的商品名称均为“电吹风(C110020)”，应判定为“同一种商品”。二是权利人和行为人各自生产的商品在《商标注册用商品和服务国际分类表》中对应不同的商品名称，但商品的功能、用途、主要原料、消费对象、销售渠道等方面相同，相关公众一般认为其实质上是同一种事物的商品。如“人用药(050328)”与“打虫药(人用)(050154)”，“汽车转向

① 彭盎：《应从相关公众的通常认知判断名称不同的商品是否属于同一种商品——评谢某甲等人假冒注册商标罪案》，载广东省高级人民法院编：《广东法院知识产权经典案例集》(2010-2015年卷)，法律出版社2015年版。

指示灯(110255)”与“汽车灯(110256)”,虽然它们在《商标注册用商品和服务国际分类表》中的确是不同的商品名称,甚至分属不同的商品类别,但商品的功能、用途、主要原料、消费对象、销售渠道等方面相同,从相关公众的角度看,其实质为同一事物的,即应判定为“同一种商品”。[①] 以张某某非法制造、销售非法制造的注册商标标识案为例。[②] 该案中,第 1275472 号注册商标核定使用的商品为第 16 类,包含“游戏用纸牌、(画有花的游戏)纸牌”,而被告人张某某生产、销售的产品系儿童动漫游戏纸卡片。二者显然名称不同,但在功能、用途、主要原料、消费对象、销售渠道等方面相同或者基本相同,人民法院据此从实质层面依法认定系“同一种商品”。

三、名称不同,虽然指向同一事物,但未列入权利人注册商标核定使用范围的商品,依然不应认定为“同一种商品”

我国相关法律、法规对注册商标专用权的保护范围作出了明确的限定。如《商标法》(2019 年修正)第五十六条规定:“注册商标的专用权,以核准注册的商标和核定使用的商品为限。”根据《商标使用许可合同备案办法》第十一条第五项的规定,许可使用的商品超出了该注册商标核定使用的商品范围的,商标局将对相关商标使用许可合同不予备案。因此,认定“同一种商品”一个重要的法律条件必须是在注册商标核定使用的商品范围。列入权利人注册商标核定使用范围,对于“同一种商品”的认定是必要条件。据此,对于名称不同,但指向同一事物的商品,即事实上属于“同一种商品”的,如果未列入权利人注册商标核定使用范围的商品,依然在法律上不应认定为“同一种商品”。

此外,有必要探讨的一个问题是,对于境外注册商标,即使名称相同或者名称不同但指向同一事物,但未列入权利人注册商标核定使用范围的商品,是否属于“同一种商品”。我国加入 WTO 后必须履行《与贸易有关的知识产权协议》(Agreement on Trade-Related Aspects of Intellectual Property Rights,TRIPs,1994 年

① 逄锦温、刘福谦、王志广、丛媛:《〈关于办理侵犯知识产权刑事案件适用法律若干问题的意见〉的理解与适用》,载《人民司法》2011 年第 5 期。

② (2019)浙 0782 刑初字 1531 号刑事判决书。

1月1日签订)议定的权利和义务。根据TRIPs第十六条“授予的权利”议定条款,(各成员方)“注册商标的所有人应有专有权来阻止所有第三方未经其同意在交易过程中对与已获商标注册的货物或服务相同或类似的货物或服务使用相同或类似的标志。”①而如何判断“与已获商标注册的货物或服务相同或类似的货物或服务使用相同或类似的标记”即是“同一种商品”“与其注册商标相同的商标”的判断。这就需要借助国内相关法律法规及相关司法解释的规定。以案例93周某销售假冒注册商标的商品案为例,被告人周某所销售的涉案商品电吹风,使用了“PHILIPS”商标,认定周某使用了“与注册商标相同的商标”没有异议。但电吹风与“PHILIPS”注册商标的商品是否属于“同一种商品”,根据《商标法》第五十六条、《商标使用许可合同备案办法》第十一条第五项、《侵犯知产意见》第六条的规定,需要对照比较“PHILIPS”商标核定使用的商品范围。经查,“PHILIPS”商标核定使用商品包括增湿、减湿装置、设备、器具和物品,空气调节和温度控制设备、仪器、装置和物品,取暖、蒸煮、冷藏、冷冻、干燥、通风、给水和卫生装置、设备、器具、仪器和物品,上述商品的零配件;照明装置、设备、器具和物品,电灯,上述商品的零配件。经比对,第135047号“PHILIPS”商标核定使用的商品名称并不包括电吹风,而且在商品的功能、用途、主要原料、消费对象、销售渠道等方面也不大相同,相关公众一般也不认为实质上是同一种事物的商品。据此,周某销售的电吹风与第135047号“PHILIPS”商标核定使用的商品不属于“同一种商品”,此部分商品对应的行为不构成销售假冒注册商标的商品罪。

---

① 此处引用的为国家知识产权局网站刊载的中文版本(http://sipo.gov.cn/zlfg/gity/1063142.htm)。

【案例 94-97】邹某平等假冒注册商标案*

购买零部件进行组装销售且未经许可使用他人已经注册的商标，或者对旧货翻新后销售且未经许可使用原注册商标的定性

关键词：

假冒注册商标　零部件　未经许可　旧货翻新

基本案情

94

邹某平等假冒注册商标案①:“美的”为广东美的电器股份有限公司的注册商标，商标注册证号为第 5478887 号，核定使用商品为第 11 类，包括空调，注册有效期为 2009 年 6 月 14 日至 2019 年 6 月 13 日。2013 年 5 月到 6 月间，被告人邹某平承租了芜湖市和平世界村旺财养殖厂仓库。其间，邹某平为谋取非法利益，未经美的空调商标所有人许可，纠集被告人余某俊、孙某、洪某在该仓库内利用其与购置来的美的空调零部件组装美的分体式空调。邹某平负责组装室外机，余某俊负责组装室内机，孙某负责打下手及装箱，洪某负责帮助焊接四通阀以及指导邹某平焊接四通阀。截至案发时，四被告人共计组装假冒美的分体式空调 46 台，涉案空调均未销售。经鉴定，涉案空调价值人民币 145 314

---

* 本文原载“刑水浮萍”微信公众号 2021 年 3 月 12 日《司法疑难之 348》。

① (2014)芜中刑终字第 00129 号。

元。一审法院认为，被告人邹某平、余某俊、孙某、洪某无视国家法律，未经“美的”注册商标的所有权人许可，在同一种商品上使用与其注册商标相同的商标，非法经营数额为145 314元，属于情节严重，其行为均构成假冒注册商标罪。公诉机关指控的罪名成立。被告人洪某不服，提起上诉。上诉人洪某辩解称其对原审被告人邹某平等人未获授权组装美的空调的行为并不知情。经查，洪某并非一般社会焊接技术人员，其曾在美的公司工作近十年，应当知晓美的空调制造流程及相应规范。在邹某平私自租赁仓库，并与余某俊等人购置空调零部件加以组装时，其知悉全过程，并负责购置部分零部件，帮助焊接和指导他人焊接四通阀，应当认定其主观上明知邹某平、余某俊等人在从事违法行为，客观上参与实施了违法行为，符合假冒注册商标罪的构成要件特征。此外，余某俊、孙某在侦查机关的供述，亦佐证洪某主观上明知其四人在制造假“美的空调”。故洪某的上诉理由与客观事实不符，不予采纳。二审法院认为，上诉人洪某、原审被告人邹某平、余某俊、孙某，未经注册商标所有权人许可，在同一种商品上使用与其注册商标相同的商标，非法经营数额为145 314元，其行为均构成假冒注册商标罪，原判定罪正确。

95 王某华假冒注册商标案[1]：自2010年以来，被告人王某华未经注册商标所有人起亚自动车株式会社许可，采用购买零部件组装、委托他人印制商标、购买标有商标标识包装盒等手段，生产假冒注册商标的汽车中网、前保险杠、前大灯等汽车配件。2010年11月16日，王某华被丹阳市公安局民警当场抓获，相关非法产品被现场查获。经鉴定，非法经营数额人民币58 446元。镇江市经济开发区人民法院认为，被告人王某华未经注册商标所有权人许

① (2011)镇经知刑初字第0004号。

可，在同一种商品上使用与其注册商标相同的商标，情节严重，其行为构成假冒注册商标罪，依法应予惩处。公诉机关指控的罪名成立。

96

肖某某假冒注册商标案[①]：苹果公司注册了第6281379号和第5621463号商标，核定使用商品均为第九类，包括移动电话机等，注册有效期限分别为2010年4月28日至2020年4月27日、2010年4月14日至2020年4月13日。自2014年3月起，被告人肖某某与其妻子陈某（另案处理）为谋取非法利益，雇用他人，专门从事制造、销售假冒苹果品牌手机的活动。陈某为主要负责人，肖某某与陈某从市场收购手机配件，在深圳市福田区某大厦某房内将手机零部件组装成仿冒苹果品牌手机，对外销售给罗某等人，非法获利。2014年8月1日，公安机关接群众举报，在上述地点将陈某等人抓获，同时缴获印有第6281379号和第5621463号注册商标标识的假冒苹果手机334部和制假工具等一批；从罗某处缴获从陈某处购买、准备转手出售的印有上述注册商标标识的假冒苹果手机135部。经鉴定，在陈某处查获的334部假冒苹果手机折合价值46 845元，在罗某处查获的135部假冒苹果手机折合价值20 250元。深圳市福田区人民法院认为，第6281379号和第5621463号注册商标在有效期限内，依法受法律保护。被告人肖某某无视国家法律，未经注册商标权利人许可，伙同他人在同一种商品上使用与上述注册商标相同的商标，情节严重，其行为构成假冒注册商标罪。公诉机关指控的罪名成立。需要补充说明的是，本案中，肖某某假冒苹果手机出售的行为，如果组装手机质量存在瑕疵，意味着肖某某实施了以假充真、以次充好或者以不合格产品冒充合格产品的行为，我们认为其行为同时构成生

① （2016）粤0304刑初330号。

产、销售伪劣产品罪。本案中,可能因司法机关未委托有关部门对涉案手机质量进行鉴定,故法院仅就是否构成假冒注册商标罪进行了评判。

97

张某华等假冒注册商标案①:自2014年3月始,上诉人张某华为谋取非法利益,伙同原审被告人侯某、戴某以位于中山市××号住宅为据点,未经"Panasonic"注册商标所有人的许可,生产假冒上述注册商标的传真机。其间,张某华负责购买旧机、零部件、联系客户、销售,侯某、戴某负责拆解、更换零部件、冲洗、组装、焊接。张某华等人通过对旧的"Panasonic"传真机拆解、清洗、更换零部件等方式组装成新的传真机,并通过自行制作的丝印板将"Panasonic"印制在传真机上,生产印有上述注册商标的KX-FP7009CN型、KX-FP7006CN型、KX-FT872CN型、KX-FT956CN型传真机。上述传真机装入外购的印有"Panasonic"的包装箱内,并放入外购的"Panasonic"说明书,再出售给淘宝商,累计生产1285台并予以销售。2015年4月16日,公安人员在上述地点将张某华、侯某、戴某抓获,并当场缴获上述4种型号的传真机28台。上述已销售的1285台及被缴获的传真机共计价值262 600元(一审委托鉴定价值共计1 192 650元)。中山市中级人民法院认为,上诉人张某华,原审被告人侯某、戴某无视国家法律,未经注册商标所有人许可,在同一种商品上使用与其注册商标相同的商标,情节特别严重,其行为均构成假冒注册商标罪。对一审法院判决的定性予以维持,对非法经营数额予以纠正。

参考规则

购买零部件进行组装销售且未经许可使用他人已经注册的商标,或者对旧货

① (2016)粤20刑终176号。

翻新后销售且未经许可使用原注册商标，情节严重的，构成假冒注册商标罪。

购买同一种商品的零部件进行组装销售且未经许可使用他人已经注册的商标，属于未经注册商标所有人许可，在同一种商品上使用与其注册商标相同的商标，情节严重的，构成假冒注册商标罪。对于购买不同真品零部件进行组装，虽然购买真品零部件是生产商、销售商默认同意的，但生产商、销售商默认的初衷是解决售后质量维修问题，减小消费者经济成本和压力，避免因部分零部件损害而需要购买整件产品。然而，购买真品零部件组装成其他商品后销售经营显然超出生产商、销售商的本意，使用他人已经注册商标的，依法应当视为“未经许可使用他人已经注册的商标”。对于购买零部件组装未使用他人注册商标，或者使用自营商标或者将原商标刮去，鉴于实践中情形比较复杂，暂无倾向性定性意见。

本条的“翻新”是指经过特殊的加工，使产品的外表或者性能恢复到接近原厂刚生产出来的状态。对旧货翻新后销售且未经许可使用原商标，必然侵犯商标注册权人的权利，实质相当于未经注册商标所有人许可，在同一种商品上使用与其注册商标相同的商标，情节严重的，构成假冒注册商标罪。需要注意的是，对翻新是否标示，不影响对假冒注册商标的定罪，但对是否构成生产、销售伪劣产品的定罪具有重要影响。因为对翻新加以标示，表明对购买者没有使用欺骗手段，不存在以假充真、以次充好、以不合格产品冒充合格产品。

规则解析

一、从事零部件组装销售、旧货翻新销售与个体有价转让的区别

这里的从事零部件组装销售、旧货翻新销售是指为谋取利益，从事零部件组装、旧货翻新经营，本质上是一种经营行为。日常生活中，自然人、经济实体之间进行商品有价转让、以物易物的情况比较普遍。如某甲将零部件组装、旧货翻新后，准备自用。后因某乙特别喜爱，提出以物易物交换或者购买，甲遂将组装商品、翻新商品交付给乙。这种行为不属于经营行为，不会影响正常的社会主义市场经济秩序。而侵犯知识产权罪和生产、销售伪劣商品罪都属于严重扰乱社会主义市场经济秩序的行为。

二、从事零部件组装销售、旧货翻新销售应当被纳入刑法规制的原理

1. 侵害了商标的基本功能。按照零部件组装、翻新是否得到生产商、销售商许可,可以将零部件组装销售、旧货翻新销售大致分为两种情形:一种是所有零部件的组装、翻新均未得到生产商、销售商许可;另一种是部分零部件的组装、翻新得到生产商、销售商许可。无论哪一种情况,均对商标的基本功能在一定程度上造成侵害。以下分别论述:

(1)所有零部件的组装、翻新均未得到生产商、销售商的许可。以邹某平等假冒注册商标案为例。邹某平等人为谋取非法利益,未经美的空调商标所有人许可,利用其购置来的美的空调零部件组装美的分体式空调。无论是室外机、室内机的组装均未得到美的公司的同意。这种行为必然严重侵害商标的基本功能。一是侵害了商标的识别功能。商标最基本、最核心的一个功能就是识别功能。商标之于识别商品的作用如同姓名之于辨识个人。就经营者而言,只有商标不被假冒、侵占或者盗用,经营者在市场中提供的商品和服务的品质特点才能被消费者所辨认,而"商标"正是消费者的辨认工具。零部件组装销售意味着组装者替代了正规生产者、销售者,意味着商标失去了其标识功能。二是侵害了商标的品质担保功能。消费者往往将特定的商标视为质量"一致性"的符号。商标向公众担保,今日购买的商品与昨日购买的贴有同一商标的商品完全相同。这种担保的内容是"一致性"(consistency),而不是质量优劣。如果消费者不喜欢某种商标的产品,始终标有同一商标的事实促使消费者的拒绝购买成为可能。反之,感到满意的消费者也就可能再次选择所钟情的产品。① 零部件组装、翻新使建立这种"一致性"基本不可能。不同人的组装、翻新手段和质量不同,特别是旧货翻新零部件的耗损以及磨合都会影响产品最终的使用质量和寿命。三是侵害了商标的广告功能。借助商标,生产者、经营者才得以建立自己的商誉,弥合了他们与消费者之间的空间裂缝,并以商标为工具参与市场竞争。用美国一位法律工作者弗兰克·谢克特

---

① Sidney A. Diamond, *The Historical Development of Trademarks* (1975) 65 TMR 289. 转引自余俊:《商标功能辨析》,载《知识产权》2009 年第 6 期。

(Frank Schechter)的话来说,厂商可以"超越零售商的肩膀"(reach over the shoulder of the retailer),与消费者建立直接的联系。[①] 零部件组装、翻新销售者介入之后,他们用鱼目混珠的方法替代了生产者、经营者,致使生产者、经营者好不容易建立的商誉可能遭受毁誉,曾经与消费者之间弥合的裂缝重新裂开。

(2)部分零部件的组装、翻新得到生产商、销售商的许可。随着社会分工越来越专、越来越细,开始出现一些企业的产品并非全部由自己生产的零部件组装而成。"原始设备生产商"(Original Equipment Manufacture,OEM)的出现即是对这一现象的最好注解。有些驰名商标下的产品甚至全都不由自己生产,其唯一拥有的只是"商标"。[②] 如果在零部件组装、翻新过程中,所使用的零部件都是经过生产商、销售商许可的,是否意味着组装、翻新销售是否许可?这个问题实际回到了前文讨论的第一个问题。组装、翻新与组装、翻新销售是不同的两类行为。如果所使用的零部件都是经过生产商、销售商许可的,意味着组装、翻新得到了许可,但是组装、翻新后的成品使用什么商标依然是不可回避的问题。如果是自用,自然无需什么商标;如果是销售,必然涉及侵犯商标权,甚至是专利权的问题。

由于社会分工的细化,大量生产厂家只将某个产品中的单个零部件申请专利,而其他厂家从市场上购买涉嫌侵犯他人专利权的零部件组装到自己的产品上进行生产、销售。如童车的生产厂家购买车轮(系他人专利)安装在童车上,那么对于童车生产者的这种行为该如何定性,究竟是使用行为还是制造行为,司法实践中存在不同的认识。大致有以下几种观点:一是成品生产者对其合法选购来的零件组装到自己的产品中,仅是一种使用行为。二是如果成品生产者明知所购买的零部件是侵权产品,仍组装在自己的产品上并进行销售的,其行为属于对零部件明知侵权的销售行为。三是该行为应当属于成品生产者的制造行为。我们赞同成品生产者的组装生产行为属于制造行为的观点。主要理由:一是部分零件实际被组装、翻新者自营商标或者未经许可的注册商标替代。零部件组装、翻新后,

① Frank I. Schechter, *The Historical Foundations of the Law Relating to Trade-Marks* 337, New York, Colombia University Press, 1925.

② 参见余俊:《商标功能辨析》,载《知识产权》2009 年第 6 期。

消费者对外部零件商标可能能够认知,但是对内部零件商标品牌难以认知。一般情况下,消费者不会将成品拆开查看。在市场信息中,一般是以成品商标替代零部件商标。如华为手机,部分零部件可能标记的是其他生产厂家商标,但是从大众角度而言,都是以手机成品的品牌质量(华为商标)而被感知和认同的。华为要获取这种授权,零部件商必须有专门的授权。未经授权,必然侵犯其他商标权人,甚至专利权人的合法权益。可见,即使零部件被默示同意组装,也未必意味着被默示同意组装为成品销售。二是作为成品的生产厂家是以自己的名义对外销售,向社会公众表明其是整个产品的制造者,就应当对该产品的整体承担责任,而不是部分或者局部。童车生产厂家将涉嫌侵权的车轮组装在童车上,其将童车投放市场时是以自己的厂名及商标进行销售,消费者在购买童车时认准的是童车这一生产厂家,而并不会区分童车的具体组成是由谁生产的,故应当将童车生产厂家的这种以生产经营为目的的行为认定为制造行为。[①] 三是在零部件上使用注册商标视为对注册商标权的侵害在国内外已有相关判例。如1996年在日本发生的"Sharp"商标侵权刑事案件。日本大阪高等裁判所在"Sharp"商标侵权案中认为,虽然最终消费者看不到在游戏机零部件CPU上使用的Sharp商标,但在游戏机主体和主机板流通过程中,其仍然可能会被相关交易者和需要者看到而发挥商标机能,因而视为对注册商标权的侵害。基于上述分析,正规生产厂家未经许可使用他人已经注册商标的零部件,构成商标权侵权甚至是专利权侵权,非正规生产厂家进行零部件组装、旧货翻新,未经许可使用他人已经注册商标的零部件,同理亦应构成商标权侵权甚至是专利权侵权。

2. 严重扰乱了社会主义市场经济秩序。与个体之间有偿转让不同,从事零部件组装销售、翻新销售经营行为是一个由量变发展到质变的过程,情节严重的,必然严重扰乱社会主义市场经济秩序。

(1)必然滋长侵犯知识产权和生产、销售伪劣商品行为。早在1993年,浙江

---

① 江苏省高级人民法院民三庭:《专利侵权案件审理中的几个问题》,载《人民司法》2003年第12期。

省人大常委会制定实施的《浙江省查处生产和经销假冒伪劣商品行为条例》第六条规定："下列行为均属生产、经销假冒伪劣商品的行为：……（九）生产、经销用残次零部件组装、以次充好、以旧充新、所标明的指标与实际不符的商品的……"由此表明零部件组装、旧货翻新带来的市场风险，早在20世纪90年代已经引起地方有关部门的重视。零部件组装、旧货翻新的情形，大多数没有正规厂家，且多数是非法制造商标标识或者非法购买伪造的商标标识，这些行为必然给市场监管带来混乱。

（2）必然影响正常市场竞争。以三洋电梯（无锡）有限公司生产、销售侵犯商标权产品案为例。2004年12月24日，无锡质监局根据江苏省质监局安排，对无锡三洋作出行政处罚决定，认定该公司未经三洋电机许可，在生产销售电梯的轿厢、门机、控制柜、曳引机主要部件上使用"SANYO 三洋"标识；从2002年6月至2004年5月间，用假冒"SANYO 三洋"零部件组装电梯，共计188台，货值人民币28 585 500元。法院认为，三洋电机设立于1950年，历史悠久，通过投资等方式进入中国市场较长时间，其"三洋 SANYO"商标、商号在中国市场有很高的知名度。而无锡三洋、杭州三洋成立在后，作为机电设备行业经营者，其应当知道三洋电机的商标、商号在中国市场享有广泛声誉和知名度，上述两公司仍以"三洋"为字号进行工商登记注册，同时无锡三洋使用的英文名称以"SANYO"为字号。① 以上行为降低了"三洋 SANYO"商标、商号的区别性特征，以淡化商标、商号的方式损害了竞争对手三洋电机的声誉，并易造成相关公众误认双方为关联企业，违反了市场竞争应当遵循的诚实信用原则和基本商业道德准则，构成不正当竞争行为。② 另从成本和价格分析，非正规厂家零部件组装、翻新销售，不需要缴纳商标注册费、不需要支付专利等研发费用，且多伴随逃避工商监管和逃税避税行为，生产成本较低，价格自然随着降低，在自由市场中占据优势，构成不正当竞争。

总之，对于零部件组装、翻新销售行为，情节严重的，依法应当追究刑事责任，

---

① （2007）锡民三初字第0072号民事判决书；（2009）苏民三终字第0129号民事判决书。

② 蔡毅：《侵犯未投入商业使用的注册商标专用权的赔偿额确定》，载《人民司法·案例》2010年第20期。

唯有如此,才能有效预防和减少侵犯知识产权、伪劣商品违法犯罪行为,才能让权利所有人依法得到法律救济。正如美国大法官弗兰克·福特(Frank Furter)在“Mishawaka Rubber”一案判决中提道:“商标是劝诱消费者选择其所需,或在引导后认为其所需的商品的商业捷径。商标所有人殚精竭虑地以适当的符号所蕴含的吸引力来营造市场氛围,从而抓住人类的先天习性。无论采取何种手段,其目的都始终如一,即通过商标,将其所依附的商品吸引力输入潜在消费者的大脑。一旦目的达成,商标所有人便拥有了某些价值。如果他人窃取这种符号所产生的市场吸引力,所有人即有权获得法律救济。”①

三、准确把握零部件组装销售、旧货翻新销售的处理原则

1. 假冒注册商标罪、销售假冒注册商标的商品罪。行为人购买同一种商品的零部件进行组装销售,且未经许可使用他人已经注册的商标,实质上属于未经注册商标所有人许可,在同一种商品上使用与其注册商标相同的商标,情节严重的,构成假冒注册商标罪。对于购买不同商品的零部件进行组装,虽然购买部分零部件是生产商、销售商默认同意的,但生产商、销售商默认的初衷是解决售后质量维修问题,减小消费者经济成本和压力,避免因部分零部件损害而需要购买整件产品。然而,购买零部件组装销售实际是在制造一种新的商品,显然超出了生产商、销售商的本意,未经许可使用他人已经注册商标的,依法应当视为在同一种商品上使用与其注册商标相同的商标,情节严重的,构成假冒注册商标罪。

本条的“翻新”是指经过特殊的加工,使产品的外表或者性能恢复到接近原厂刚生产出来的状态。对旧货翻新后销售且未经许可使用原商标,必然侵犯商标注册权人的权利,实质相当于未经注册商标所有人许可,在同一种商品上使用与其注册商标相同的商标,情节严重的,构成假冒注册商标罪。

行为人与零部件组装、旧货翻新者串通,实施上述行为,情节严重的,构成假冒注册商标罪的共犯。行为人与零部件组装、旧货翻新者不存在事先串通,明知是零部件组装、旧货翻新而来的成品,且未经许可使用他人已经注册的商标,还予

① Mishawaka Rubber & Woolen Mfg. Co. v. S. S. Kresge, 316 US 203, 205, 53 USPQ 323, 325 (1942).

以销售,销售金额较大的,构成销售假冒注册商标的商品罪。

2. 假冒专利罪。零部件组装、旧货翻新,还可能侵犯专利权,包括侵犯发明、实用新型和外观设计。假冒他人专利,情节严重的,构成假冒专利罪。如《美国专利法》第 271 条(f)款(1)项规定,任何人未经授权,在美国或者从美国提供或者使人提供专利发明的全部组分或者其实质性部分,即使这些组件并未全部或者部分组合起来,该人以积极诱导的方式将其在美国境外组装起来,而且如果这种组装行为发生在美国将构成侵犯该专利权,则应承担侵权责任。根据该规定,如果一个中国公司在美国订购一个美国专利发明的全部零部件,并在零部件进口中国后积极诱导购买者将全部零部件组装起来,且组装后的产品落入美国相应专利的保护范围,仍将侵犯美国的专利权。①

3. 生产、销售伪劣商品罪(翻新未加标示对定性的影响)。需要注意的是,对翻新是否加标示,不影响对假冒注册商标的定罪,但对是否构成生产、销售伪劣产品的定罪具有重要影响。因为对翻新加以标示,表明对购买者没有使用欺骗手段,不存在以假充真、以次充好、以不合格产品冒充合格产品。品质担保是生产者、经营者的义务,独立于商标的功能。侵犯商标权并不必然伴随欺骗手段。如果零部件组装、旧货翻新者向购买者提示是组装、翻新过程,直接或者间接提示涉案产品质量与正品质量之间的区别,那么其仅就提示的产品质量承担保证责任,但依然属于假冒注册商标权行为。如果零部件组装、旧货翻新者未向购买者尽到提示义务,那么依法应当与正品生产者、经营者一样承担正品一样的质量担保义务。生产者、经营者的品质担保义务(责任义务),源自民法上的瑕疵担保义务。瑕疵担保,是指有偿合同中的债务人对其所提出的给付应担保其权利完整和标的物质量合格。②

此外,在适用本条裁判规则时,有必要注意审查是否适用我国《商标法》第四

① 最高人民法院民事审判第四庭编著:《知识产权侵权责任的法律适用的一般规则是适用被请求保护地法律》,载《〈中华人民共和国涉外民事关系法律适用法〉条文理解与适用》,中国法制出版社 2011 年版,第 355 页。

② 崔建远:《合同责任研究》,吉林人民出版社 1992 年版,第 269 页。

十九条的规定。我国《商标法》第四十九条第二款、日本《商标法》第五十条、德国《商标法》第四十九条第一款均规定了注册商标连续经过一定年限不使用的撤销制度。① 对于撤销之前发生的商标权侵权违法犯罪行为,撤销注册商标与行政审批取消不同,后者发生在公民、企业经济实体和行政管理权之间,适用从旧兼从轻原则,而前者发生在公民、企业经济实体之间,不适用从旧兼从轻原则。

① 李扬:《注册商标不使用撤销制度中的"商标使用"界定——中国与日本相关立法、司法之比较》,载《法学》2009 年第 10 期。

【案例 98-101】陈某秋等销售假冒注册商标的商品案*

在销售假冒注册商标的商品案件中，对行为人“主观明知”的认定

关键词：

销售假冒注册商标的商品　主观明知

基本案情

98

陈某秋、何某维销售假冒注册商标的商品案①：2010 年 6 月，温某找被告人陈某秋买两套茅台纪念酒，陈某秋遂找到被告人程某。温某委托陈某秋购买五套茅台纪念酒。2010 年 9 月 22 日，陈某秋与程某又重新签订了两份购买五套茅台纪念酒的合同。合同签订以后，程某一直无法购买到茅台纪念酒，程某遂通过邻居胡某坤认识被告人何某维、谢某春后，四被告人共同商议伪造茅台纪念酒销售。2011 年 6 月 20 日，陈某秋与谢某春、程某、胡某坤、何某维在仁怀市大富豪酒店签订了一份购买十套茅台纪念酒的合同，其中约定由谢某春向陈某秋提供五套茅台纪念酒，单价为人民币（以下币种同）116.8 万元，五套茅台纪念酒合计金额为 584 万元；另五套茅台纪念酒以陈某秋与程某于 2010 年 9 月

* 本文原载“刑水浮萍”微信公众号 2021 年 3 月 14 日《司法疑难之 349》。

① （2016）黔刑终 83 号。

22日签订的合同为准,由程某负责提供给陈某秋。其中两套单价为106.38万元,合计为212.76万元,另三套单价为106.88万元,合计为320.64万元。十套茅台纪念酒共计1117.4万元。为了取得温某的信任,程某、何某维、胡某坤、谢某春伪造了贵州茅台酒股份有限公司法定代表人袁某批十套纪念酒的证明,陈某秋将该批文及上述购买纪念酒的合同传真给了温某。之后,何某维以504万元购买了两套真品茅台纪念酒。温某共收到九套茅台纪念酒,其中两套是真酒,七套是假酒。温某汇给陈某秋购买茅台纪念酒酒款共计1103万元。陈某秋转入谢某春账户967万元,另付谢某春4.8万元、程某26万元、胡某坤1万元,陈某秋支付购买茅台纪念酒款合计998.8万元。

2011年4月2日,陈某秋与胡某坤签订协议书。协议内容为:陈某秋向胡某坤购买贵州茅台酒股份有限公司生产的15年、30年、50年陈酿茅台酒各12瓶,单价分别是2500元、5000元、8000元,合计金额为18.6万元;普通茅台酒36瓶,单价为750元,合计金额为2.7万元。胡某坤在该协议书上写了收条,内容为:收到陈某秋酒款共21.3万元。陈某秋将上述酒以36.84万元卖给温某,温某发现陈某秋卖给其的酒是假酒后,于2011年5月将这些酒全部退回。原审法院认为,被告人陈某秋等人销售明知是假冒注册商标的商品,销售金额巨大,公诉机关指控的事实清楚,罪名成立。遂以犯销售假冒注册商标的商品罪,判处被告人陈某秋有期徒刑三年,缓刑五年,并处罚金80万元;判处被告人程某有期徒刑二年,并处罚金30万元;判处被告人何某维有期徒刑二年,并处罚金30万元……宣判后,原审被告人胡某坤、谢某春服判。被告人陈某秋、程某、何某维不服,以其对销售的假冒茅台纪念酒和假冒茅台年份酒主观上不明知为由提起上诉。贵州高级人民法院认为,上诉人何某维、陈某秋及原审被告人程某、胡某坤、谢某春明知是假冒注册商标的商品仍予以销售，其行为构成销售假冒注册商标的商品罪，且非法经营数额巨大，依法应予惩处。原审法院判决对上诉人陈某秋销售假冒注册商标的商品罪，定罪准确，对于认定上诉人陈某秋销售假冒茅台年份酒的事实清楚，证据充分，但对于认定陈某秋销售假冒茅台纪念酒的事实，证据不足，本院不予认定。原审法院对其量刑不当，将罚金80万元改判为20万元，其他判罚不变。

99

朱某与陈某甲销售假冒注册商标的商品案①：2013年11月至2015年5月，被告人朱某、陈某甲在珠海市海珠区某小区1104房内，先后利用朱某注册的广州阿某甲商务服务有限公司、广州本汐贸易有限公司在1号店电子商务平台开设的“Amumu专营店”“汐汐shoes专营店”，销售印有假冒注册商标的“NB”“CONVERSE”运动鞋，销售金额为2 327 622.68元。2015年6月10日，朱某、陈某甲在上址被抓获，并被缴获印有假冒注册商标的“NB”运动鞋35双、假冒注册商标的“CONVERSE”运动鞋113双。经鉴定，均属于假冒注册商标的产品。广州市海珠区人民法院认为，被告人朱某、陈某甲无视国家法律，销售明知是假冒注册商标的商品，数额巨大，其行为均构成销售假冒注册商标的商品罪，依法应予惩处。公诉机关指控的主要犯罪事实清楚，指控罪名成立，但指控的销售金额有误，予以纠正。

100

许某销售假冒注册商标的商品案②：自2013年7月2日起，被告人许某受雇于彭某龙（另案处理），在广州市白云区三元里街解放北路，销售明知是假冒“CHANEL”“TAGHEUER”“HUBLOT”“OMEGA”“LONGINES”“TISSOT”“RADO”等注册商标的手表。

① （2015）穗海法刑初字第1340号。

② （2014）穗云法知刑初字第18号。

同月4日16时许,许某被公安人员抓获,当场被缴获折合价值共计33 476 500元的假冒“CHANEL”“TAGHEUER”“HUBLOT”等注册商标的手表640块,假冒“OMEGA”“LONGINES”“TISSOT”“RADO”等注册商标的手表410块。许某否认其所销售的商品为假冒注册商标的商品。其辩护人提出现无证据证明许某对其所销售的商品主观上明知,客观上没有具体的销售行为,应当认定其无罪。广州市白云区人民法院认为,被告人许某伙通他人销售明知是假冒注册商标的商品,销售金额数额巨大,其行为构成销售假冒注册商标的商品罪。公诉机关指控的事实清楚,罪名成立。关于辩护人所提许某对其销售的产品不明知是假冒产品的意见。经查,许某在公安机关曾经供述其所销售的产品为假冒产品,且该销售地点在较为隐蔽的居民楼内,销售人员仅有其一人。作为销售人员,对所销售的产品应当有一定的了解,否则无法进行销售行为。在庭审期间,许某亦供述同案犯彭某龙曾向其传授如何进行销售的事实,不能以许某实施犯罪时间长短而认定其主观故意。综上,被告人虽然否认主观故意,但现有证据足以证明被告人主观明知。以上辩护意见不能成立。遂依法以被告人许某犯销售假冒注册商标的商品罪,判处有期徒刑一年一个月,并处罚金5000元;缴获的假冒注册商标的手表共410块,予以没收、销毁。

101

郑某芳销售假冒注册商标的商品案[①]:自2005年始,义乌国际商贸城化妆品市场经营户被告人郑某芳向西班牙金鼎公司负责人韦某芳(另案处理)销售假冒“CHANEL”“Dior”“LANCOME”“SHISEIDO”“ESTEELAUDER”等他人注册商标的国际品牌化妆品、香水。自2007年7月始,韦某芳雇佣潘某(已判刑)

① (2019)浙07刑终960号。

为公司驻义乌办事处负责人,由潘某在国内负责日用商品及化妆品、香水的采购,并联系义乌的货运公司代理出口到西班牙给韦某芳销售。经查,2007年7月至2011年1月间,潘某根据韦某芳的要求,从郑某芳处采购假冒注册商标的化妆品、香水,销售金额共计6 566 849元。原审法院认为,郑某芳销售明知是假冒注册商标的商品,销售金额数额巨大,公诉机关指控的罪名成立。遂以被告人郑某芳犯销售假冒注册商标的商品罪,判处有期徒刑三年,并处罚金330万元。被告人郑某芳不服,提起上诉。金华市中级人民法院认为,郑某芳违反国家商标管理法规,销售明知是假冒注册商标的商品,销售金额数额巨大,其行为构成销售假冒注册商标的商品罪。原判认定事实清楚,证据确实充分,定性准确,审判程序合法,遂裁定驳回上诉,维持原判。

参考规则

在销售假冒注册商标的商品案件中,对行为人"主观明知"的认定,除相关司法解释规定的三种情形外,还可以综合销售商品质量和价格、货物来源和销售途径、交付凭证和发票手续、行为主体特点以及应急表现等情况进行评判。

行为人"明知"是构成销售假冒注册商标的商品罪的必要条件,主观明知包括知道和应当知道。《最高人民法院、最高人民检察院关于办理侵犯知识产权刑事案件具体应用法律若干问题的解释》第九条第二款对销售假冒注册商标的商品罪中的行为人"明知",明确了以下认定标准:(1)知道自己销售的商品上的注册商标被涂改、调换或者覆盖的;(2)因销售假冒注册商标的商品受到过行政处罚或者承担过民事责任、又销售同一种假冒注册商标的商品的;(3)伪造、涂改商标注册人授权文件或者知道该文件被伪造、涂改的;(4)其他知道或者应当知道是假冒注册商标的商品的情形。"法有限,情无穷",实践中除了依据上述标准,还可以综合以下情形予以认定:(1)销售商品质量和价格。如销售商品的品牌知名度、质量检测

报告、鉴定结论、批发和零售价格,等等。(2)货物来源和销售途径。如进货来源、销售渠道、交付时间、地点、方式,包括为进货销售进行沟通的网页、微信、短信、电话记录。(3)交付凭证和发票手续。如进货、销售公司盖印签字、发票真假、纳税申报,等等。(4)行为主体特点。行为人从事相关行业的时间、规模、销售的经验和认识水平,以及消费者举报、投诉或者评价情况,等等。(5)行为人应急表现。如面对有关监管机构的检查,行为人是否具有隐蔽销售,销毁证据等表现。

对于根据客观事实推定行为人应当知道的情形,应当充分听取辩解意见。有证据证明行为人确实不明知的,不应认定"明知"。

规则解析

销售假冒注册商标的商品罪是典型的故意犯罪,根据《刑法》第二百一十四条的规定,"明知"系销售假冒注册商标的商品罪的主观构成要件。

一、一般案件中"明知"的释义

"明知"是行为人的一种主观心理状态。目前我国司法解释普遍将"明知"解释为"知道或者应当知道",只有最高人民检察院2001年6月11日出台的《关于构成嫖宿幼女罪主观上是否需要具备明知要件的解释》将"明知"解释为"知道或者可能知道"。"应当知道"(应知)的表述,在立法层面源于我国《刑法》第二百一十九条关于侵犯商业秘密罪的规定。而"可能知道"目前尚无权威释义。有观点认为,"可能知道"与"应当知道"是同一释义。也有观点认为,"可能知道"是相对于"知道(即明确知道)"而言的,是一种程度较低的明知状态,它仍属于行为人主观明知的范畴,并非推断的一种方式,因而"可能知道"与"应当知道"之间存在着本质上的差别。[①] 我们认为,因刑事领域坚持排除合理怀疑证据标准,"可能知道"的表述不利于贯彻落实刑事证据裁判规则,故不应提倡。需要强调的是,这里的"应当知道"不是一种罪过状态,不是实体意义上的,不应理解为应当知道而客观上不知道的疏忽大意型过失。这里的"应当知道"包括"可能知道"是证据意义上

① 于志刚:《刑法总则的扩张解释》,中国法制出版社2009年版,第49页。

的一种事实推定。为避免误解,我国有学者主张引入推定故意的概念,推定故意是相当于现实故意而言的。[①] 类似的观点主张将犯罪故意的推定有两类:一类称一般故意的推定,即以假定为前提,只要行为人对客观事实认识无误,就表明行为人具有社会危害意识,存在故意的心理。另一类称证明故意的推定,即以证明为基础,从客观事实出发,推断行为人主观心理的故意内容。[②] 我们认为,证明故意的推定比推定的故意更为确切,如果称为推定的故意则是实体法的内容,而证明故意的推定,依然属于程序法的研究范畴。

"应当知道"多存在于没有口供的案件。如果行为人供认犯罪事实,法律文书的表述是"知道"。当行为人始终不供认,综合其他证据,基于社会公众(平均人)的意识和意志状态,推定"客观事实应当是行为人知道"。即本质上是对事实状态的一种推定,而不是对行为人主观罪过状态的推定。

二、准确把握销售假冒注册商标案件中"明知"的认定规则

(一)销售假冒注册商标的商品案件中"明知"的界定。实践中,不法分子为了逃避打击,往往围绕"明知"做文章,利用其反侦查意识和技术,将一些能够辅助认定主观方面的客观证据进行藏匿和销毁,或者故意制造一些掩盖事实真相的假象,使主观明知的认定非常困难。在销售假冒注册商标的商品案件中,多数被告人都会提出其主观上不明知所销售的商品是假冒注册商标的商品的辩解意见。可以说,在此类案件中对被告人主观明知的认定,不但关涉到罪与非罪的认定,而且关涉到非法经营数额和量刑的确定。目前,关于"明知"的认定,大致有以下几种观点:第一种观点主张"明知"就是"确知",即行为人明确表示自己确切知道所销售的商品是假冒他人的注册商标。[③] 第二种观点主张"明知"包括"确知""可能知道"。"'明知'不能要求过于狭窄,除了'明知'之外,行为人即使不确知该商品是假冒哪一家的注册商标,以及不能十分确定该一批商品属于假冒注册商标的商

① 陈兴良:《教义刑法学》,中国人民大学出版社 2010 年版,第 445 页。

② 姜伟:《罪过形式论》,北京大学出版社 2008 年版,第 168 页。

③ 皮勇主编:《侵犯知识产权罪案疑难问题研究》,武汉大学出版社 2011 年版,第 433 页;赵秉志、许成磊:《侵犯注册商标权犯罪问题研究》,载《法律科学》2002 年第 3 期。

品,但只要意识到该批商品可能是假冒注册商标的商品,而且没有任何根据在心理上加以否定,就属于'明知'的范围。"①第三种观点主张"明知"包括"确知"、"应当知道"和"可能知道",对"明知"的具体内容也应当作全面的理解,即"明知"包括明知必然和明知可能。② 第四种观点主张"明知"是指"知道或者应当知道"。第一种观点对"明知"的释义过窄,不利于对侵犯知识产权的保护。第二种、第三种观点依次扩张,又过于宽泛,特别是将"明知"释义为"可能知道"与刑事诉讼证据标准要求不符。第四种观点就是现在司法解释的观点,也是主流观点。

具体在销售假冒注册商标的商品案件中,明知的对象内容不要求对被假冒的注册商标、其核定使用的商品以及相关法律规定具有详尽的了解,只需知道系他人的注册商标即可,或者说对于所销售的假冒他人注册商标的商品具有概括性认识即告充足,至于同种商品还是相似商品、相同商标还是近似商标及法律规定方面的认识错误不影响明知的认定。

(二)销售假冒注册商标的商品案件中"明知"的认定规则。如何通过客观事实进行司法推定,做到不枉不纵,是司法实践当中认定明知的一个难点。我们认为,除司法解释规定的情形外,还可以综合销售商品质量和价格、货物来源和销售途径、交付凭证和发票手续、行为主体特点以及应急表现等进行评判。同时,对于根据客观事实推定行为人应当知道的情形,应当充分听取辩解意见。有证据证明行为人确实不明知的,不应认定"明知"。

为加强对"明知"的认定指导,最高人民法院、最高人民检察院于 2004 年制定出台了《最高人民法院、最高人民检察院关于办理侵犯知识产权刑事案件具体应用法律若干问题的解释》。该解释文件第九条第二款规定:具有下列情形之一的,应当认定为属于《刑法》第二百一十四条规定的"明知":(1)知道自己销售的商品上的注册商标被涂改、调换或者覆盖的;(2)因销售假冒注册商标的商品受到过行政处罚或者承担过民事责任、又销售同一种假冒注册商标的商品的;(3)伪造、涂

① 高铭暄:《简析假冒注册商标犯罪》,载《中央政法干部管理学院学报》1993 年第 6 期。
② 龚培华:《假冒伪劣犯罪司法适用难题研究》,载《华东刑事司法评论》2003 年第 2 期。

改商标注册人授权文件或者知道该文件被伪造、涂改的;(4)其他知道或者应当知道是假冒注册商标的商品的情形。司法解释针对比较典型的几种情形明确了认定规则,同时保留了兜底项。然而,“法有限情无穷”,实践中还有很多情形司法解释未列明,是否适用兜底项进行规制,需要我们借助立法原意和司法解释规定的主旨精神来准确把握。我们认为,在具体案件中,除司法解释规定的情形外,还应综合以下几个方面准确把握“明知”的认定:

1. 销售商品质量和价格。如销售商品的品牌知名度、质量检测报告、鉴定结论、批发和零售价格,有时甚至包括包装盒、产品说明书是否具有食准字、药准字批号,等等。如在朱某、陈某甲销售假冒注册商标的商品一案中,朱某亦曾供述在2014年4月左右,有消费者开始投诉“NB”运动鞋有质量问题,怀疑是假货,其质问厂家才知道所售卖的鞋都是高某自行提供的,但因公司投入了大量资金,无法抽出,只好继续经营。虽然朱某辩解其所理解的高某并非较为逼真地假冒他人注册商标的商品,而是瑕疵品,但朱某、陈某甲具有大专文化水平,应当理解“高某”的含义。综合朱某和陈某的各种行为,应当认定其主观上明知销售的是假冒注册商标的商品。如果批发、零售价格明显低于市场价格,而该注册商标又属国家工商总局认定的驰名商标的,可以认定行为人明知。实践中在理解和认定明显低于市场或者明显高于市场时,可以结合行为当时当地的市场行情、低于或者高于市场的绝对数、比例数等综合认定。如在陈某秋等人销售假冒注册商标的商品一案中,一审法院认定陈某秋对其销售的茅台酒纪念酒系假冒注册商标的商品主观上明知,贵州省高级人民法院综合一套茅台纪念酒的零售价与陈某秋签订购买茅台纪念酒的协议中约定的价格比较难以体现两者的差异;茅台年份酒的零售价与陈某秋与胡某坤协议中约定的年份酒价格之间的差异与陈某秋销售的茅台纪念酒没有直接关联性,认定陈某秋对其销售的茅台纪念酒不明知系假冒注册商标的商品,并纠正一审判决相关事实认定。

2. 货物来源和销售途径。如进货来源、销售渠道、交付时间、地点、方式,[①]包

① 龙渊:《销售注册商标的商品罪认定中的若干问题》,载《法制与经济》2011年第20期。

括为进货销售进行沟通的网页、微信、短信、电话记录。如果进货渠道、买卖及交接的时间、地点与方式、方法极不正常,或者买卖双方没有正常的往来票据、手续,特别是特种商品不从法律规定渠道进货的,可以倾向认定行为人主观上明知。① 如在全某军与李某某销售假冒注册商标的商品案件中,二被告人销售的鳄鱼和匡威牌鞋子均是广为市场熟知的品牌,不但价格明显低于注册商标商品的市场售价,而且均非从正规渠道购买和销售,二被告人均长期从事鞋类的经营行为,具备判断鞋类产品是否属于假冒商品的常识、经验和知识,故法院认定二被告人主观上明知,构成销售假冒注册商标的商品罪。②

3. 交付凭证和发票手续。如进货、销售公司盖印签字、发票真假、纳税申报,等等。如果进货公司未有任何公章或者法定代表人签字,不能提供真实发票,不能提供真实"三包"凭证等情况,行为人还执意购买的,基本可以认定行为人主观上明知。

4. 行为主体特点。行为人从事相关行业的时间、规模、销售的经验和认识水平,以及消费者举报、投诉或者评价情况,等等。行为人长时间、大规模从事商品销售的,认识能力和经验一般较强,基本可以推定其"应当知道"。如在许某华销售假冒注册商标的商品案中,浙江省嘉兴市中级人民法院综合许某华从事白酒销售业务已经六年,对购买涉案白酒的盛某珍一直从事低档酒类经营的情况比较了解,且对比知名白酒公开透明的销售价和批发价,许某华从盛某珍处购买涉案白酒的价格明显偏低等情况,认定许某华销售涉案白酒时主观上明知是正确的。

5. 行为人应急表现。如面对有关监管机构的检查,行为人是否具有隐蔽销售,销毁证据等表现。如行为人将商品藏匿隐秘处有意逃避检查人员检查,对商品的进货渠道进行虚构,案发后毁灭物证等。以郑某芳销售假冒注册商标的商品案为例,郑某芳多次供述其销售的化妆品都是广东人到市场里来推销,推销员会介绍新产品,是假冒某个品牌的,并提示在摊位上放几个样品,但不能公开放到柜

---

① 曲新久:《销售假冒注册商标的商品罪主观明知的认定》,载《刑法学》(第4版),中国政法大学出版社2011年版,第379页。

② (2016)粤0115刑初383号刑事判决书。

台上卖。同时,购销单页不留底,因为这种生意毕竟不合法,也怕工商查到。根据上述供述,结合在案其他证据,足以认定郑某芳主观上明知销售的是假冒注册商标的商品。

最后,需要再次强调的是,司法解释关于"明知"认定的兜底项,尽量减少适用。确有必要适用时,可以参考前述相关证据事实进行综合判断,并注意推定的严谨性。根据《刑事诉讼法》的相关规定,证明犯罪人有罪的责任应当由控方承担。"明知"属于控方的查证范畴,根据客观事实推定行为人"应当知道"应当保留例外。为避免推定可能陷入武断和绝对化,应当充分听取辩解意见。对于有证据证明行为人确实不知道的,不应认定"明知"。

【案例 102-105】赵某强等生产、销售伪劣产品案*

实施假冒注册商标或销售假冒注册商标的商品过程中掺杂、掺假，以假充真，以次充好，或以不合格产品冒充合格产品的定性

关键词：

生产、销售伪劣产品　掺杂、掺假　以假充真　以次充好　以不合格产品冒充合格产品

基本案情

102 赵某强生产、销售伪劣产品案：[1]被告人赵某强系北京新×有限公司总经理。2016 年 1 月、6 月，北京新×有限公司以人民币（以下币种同）5.01 万元的价格向他人销售标有“A××”注册商标的绝缘栅双极型晶体管及其驱动电路模板 6 件、主接口板 1 件。[2]经查，上述商品皆为 A××产品，但商品标签字体和序列号描述与正品的不一致，标签上的序列号在 A××系统中查询不到，商品说明书板式、包装袋材质、螺钉以及包装盒与正品也不一致，该商品系经过除尘处理二次贴标。北京市朝阳区人民法院认为，北京新

* 本文原载“刑水浮萍”微信公众号 2021 年 3 月 15 日《司法疑难之 351》。

① （2018）京 03 刑终 572 号。

② 本案例使用的“A××”等表述，系援引原上网裁判文书的表述。

×有限公司将A××品牌的绝缘栅双极型晶体管及其驱动电路模板、主接口板旧品通过除尘、仿制包装等方式冒充A××品牌新品对外出售,该行为客观上造成产品质量危险。结合其销售金额等情节,依法应当以生产、销售伪劣产品罪定罪处罚。被告人赵某强作为北京新×有限公司的直接负责的主管人员,依法应当追究其刑事责任。被告人赵某强不服,提起上诉。二审法院补查查明:A××产品鉴定证明书、销售出库单、收据、证人证言、上诉人赵某强在侦查期间的供述等证据证明,赵某强明知低价回收的A××产品系旧品,仍通过除尘、包装、贴标等手段,将旧货翻新后再次出售,其以旧冒新的行为具有社会危害性,构成生产、销售伪劣产品罪;A××公司委托律师事务所人员以相×公司的名义从新×公司所购变频器备件,经鉴定均为经过除尘处理二次贴标。北京市第三中级人民法院认为,北京新和新×有限公司在销售"A××"品牌产品时以旧冒新,销售金额5.01万元,上诉人赵某强作为单位直接负责的主管人员,代表单位具体实施犯罪行为,其行为构成生产、销售伪劣产品罪,依法应予惩处。原审法院根据赵某强犯罪的事实,犯罪的性质、情节和对社会的危害程度所作的判决,定罪正确,量刑适当,审判程序合法,应予维持。

103 胡某义、李某凤犯生产、销售伪劣产品案:[①]陕西德宏堂生物工程发展有限公司(以下简称德宏堂公司)成立于2004年4月29日,被告人胡某义为法定代表人。2012年2月28日经工商部门核准登记,变更的经营范围包括中草药收购、加工(制药除外)、销售和保健品(口服除外)销售,等等。2013年,胡某义委托他人生产降糖、降压、补肾类的保健品,并雇佣被告人李某凤(其弟媳)为其营销产品。为提高药效,谋取不法利益,胡某义从赵某某(另案

① (2016)陕刑终86号。

处理)、王某处购买西药盐酸苯乙双胍等国家食品药品监督管理总局禁止添加的物质添加至其所加工的保健品当中。胡某义联系了印刷商制作了外包装及产品说明书等,并雇佣工人包装成箱。胡某义、李某凤利用全国每年医药品招商会及德宏堂公司网站对外宣传销售。李某凤明知胡某义让其所销售的保健品当中添加了西药成分,仍按照胡某义的要求联系快递将保健品销售至北京市、内蒙古自治区、辽宁省等地。案发后,经西安市食品药品检验所对公安机关扣押的保健品进行抽检,在不凡牌银菊珍珠胶囊(又名灵芝降压宝)、胰糖复活素TM蚁泰康胶囊、藏金方牌活芯肽胶囊(又名双清降压)、超级勃金V8TM鸿升牌上园红胶囊和部分胰糖复活素TM益典牌祝兴胶囊中分别检出盐酸苯乙双胍、他达拉非、氢氯噻嗪、卡托普利等属于国家食品药品监督管理总局发布在保健食品中禁止添加的不符合规定的物质。其中,鸿升牌上园红胶囊和益典牌祝兴胶囊属于假冒注册商标的商品。经统计,上述查获的伪劣保健品共计价值180 549.05元。另查明,经统计,本案扣押的出库单、销售记录显示已售出的伪劣保健品共计价值971 355.13元。综上,被告人胡某义、李某凤共计生产、销售伪劣保健品1 151 904.18元。

陕西省西安市中级人民法院认为,被告人胡某义以营利为目的,违反国家食品管理制度,在保健品中非法添加国家禁止添加的非法物质,同时,胡某义未经商标持有人的许可,在同一种商品上使用了与“益典”牌注册商标相同的商标,情节特别严重,其行为构成生产、销售伪劣产品罪。被告人李某凤在明知胡某义所生产的保健食品中添加了西药成分,仍然帮助胡某义对外以明显低于市场的价格销售,其行为亦构成生产、销售伪劣产品罪。西安市人民检察院指控罪名成立。被告人胡某义不服,上诉称,原判认定其犯生产销售伪劣产品罪定性不准、事实不清、证据不足,原判量刑过重。其辩护人提出,原判将被告人胡某义生产的假冒注册商标的产品认定为生产伪劣产品罪认定不当,原判引用的鉴定意见与事实不符。陕西省高级人民法院经审理,裁定驳回上诉,维持原判。

需要补充说明的是,本案两级法院均未在裁判说理部分对在保健品中添加国家禁止添加的西药成分如何构成生产、销售伪劣产品罪以及最终以生产、销售伪劣产品罪处断作出分析。我们认为,保健品不属于药品,批号为食字号,归属于食品类。对于在保健品中添加国家禁止添加的西药成分的行为,无证据证明足以造成严重食物中毒事故或者其他严重食源性疾病的,仅意味着改变了保健品的使用性能,不构成生产、销售不符合安全标准的食品罪,销售金额5万元以上的,构成生产、销售伪劣产品罪。

104

周某前、单某等人生产、销售伪劣产品案:[1]2013年1月至11月,周某前单独或雇佣张某、徐某,先后在灌南县长茂镇、响水县响水镇等地,采用购买回收的酒瓶、包装盒以及防伪码、封条等,以5元至10余元不等的单瓶价格购得洋河普曲、洋河美人泉等酒,或者应他人要求,收取加工费,利用他人提供的低价酒、假冒注册商标的酒瓶、包装盒等,进行灌装,共计生产假冒注册商标的白酒5520余箱,其中假冒柔和双沟酒4620余箱;假冒五醍浆系列酒520余箱,包括280余箱老版一帆风顺酒、120余箱新版一帆风顺酒、120余箱百顺酒(30箱6瓶装,90箱4瓶装);假冒海之蓝酒220余箱、天之蓝酒120余箱(原判认定为80箱有误,本院予以纠正)、梦之蓝酒40余箱。张某、徐某参与生产假冒柔和双沟酒3900余箱、五醍浆系列酒490余箱、海之蓝酒220余箱、天之蓝酒20余箱、梦之蓝酒40余箱。江苏省滨海县人民法院认为,被告人

① (2015)盐刑二终字第00074号。

周某前、张某、徐某采取以次充好的手段,生产、销售假酒,金额在50万元以上;被告人苏某采取以次充好的手段,生产、销售假酒,金额在20万元以上50万元以下;被告人陈某、李某销售假酒,金额在20万元以上50万元以下,其行为均构成生产、销售伪劣产品罪。被告人单某假冒注册商标后又予以销售,金额在5万元以上不满20万元,其行为构成假冒注册商标罪。被告人韩某销售明知是假冒注册商标的伪劣商品,数额巨大,其行为构成销售假冒注册商标的商品罪。周某前不服,认为一审定性错误,遂提起上诉。盐城市中级人民法院认为,上诉人周某前及原审被告人张某、徐某采取以次充好的手段,生产、销售劣质白酒,又假冒他人注册商标,销售金额在50万元以上,同时构成生产、销售伪劣产品罪、假冒注册商标罪、销售假冒注册商标的商品罪,根据《最高人民法院、最高人民检察院关于办理生产、销售伪劣商品刑事案件具体应用法律若干问题的解释》(以下简称《伪劣商品解释》)第十条的规定,按照处罚较重的罪名定罪处罚,故其行为均应以生产、销售伪劣产品罪论处;原审被告人陈某、李某销售明知是假冒他人注册商标的劣质白酒,金额在20万元以上不满25万元,同时构成生产、销售伪劣产品罪、销售假冒注册商标的商品罪,依照处罚较重的罪名定罪处罚原则,其行为亦应以生产、销售伪劣产品罪论处;原审被告人单某假冒注册商标后又予以销售,根据《最高人民法院、最高人民检察院关于办理侵犯知识产权刑事案件具体应用法律若干问题的解释》(以下简称《侵犯知产解释》)第十三条的规定,应当以假冒注册商标罪定罪处罚;原审被告人韩某销售明知是假冒注册商标的伪劣商品,货值30余万元,同时构成生产、销售伪劣产品罪、销售假冒注册商标的商品罪,按照处罚较重的罪名定罪处罚原则,对其行为应当以销售假冒注册商标的商品罪论处。原审被告人苏某生产、销售劣质白酒,又假冒他人注册商标，销售金额19万余元，同时构成生产、销售伪劣产品罪、假冒注册商标罪、销售假冒注册商标的商品罪。根据《侵犯知产解释》第一条第二款第二项之规定，即假冒两种以上注册商标，非法经营数额在15万元以上，属于假冒注册商标"情节特别严重"，应当以假冒注册商标罪判处三年以上七年以下有期徒刑，并处罚金，而以生产、销售伪劣产品罪定罪，对应的是二年以下有期徒刑或者拘役，并处罚金，故对苏某的行为应当以假冒注册商标罪论处，原判定性不当，应予纠正。

105 方某某、骆某甲非法经营案：[①]2013年7月1日，同案犯吴镇福（另案处理）指使被告人方某某帮助其从福建省云霄县运送卷烟到福州。方某某明知吴镇福运送的是假冒卷烟仍予以帮助，并约定运费为2000元。同日，方某某找到被告人骆某甲，两人约定以1800元的价格由骆某甲帮助运送这批假冒卷烟到福州市，后骆某甲找到被告人张某甲，约定以300元的价格，两人一同运送该批假烟到福州市。当晚零时许，方某某、骆某甲、张某甲与吴镇福在福建省云霄县中柱村的空地上交接卷烟，并将卷烟装上骆某甲驾驶的闽D×××××小车的后备箱和后座上，由方某某将吴镇福交给的写有联系电话的纸条转交骆某甲。后由骆某甲、张某甲开车运送卷烟到福州市。次日凌晨3时左右，骆某甲、张某甲驾车到达福州市与驾驶闽A×××××车的同案犯林某清（另案处理）在福州市仓山区廉水路口会合进行卷烟交易时，被公安机关当场查获，骆某甲逃脱。公安机关在闽A×××××车辆的后备箱中扣押硬盒中华牌卷烟150条，在闽D×××××车辆后备箱中扣押硬盒中华牌卷烟401条、软盒中华牌卷烟50条。经鉴定：上述香烟均为假冒注册商标且伪劣卷烟，价值274 430元。福州市鼓楼区人民法

① （2015）榕刑终字第35号。

院认为，被告人方某某、骆某甲、张某甲伙同他人违反国家规定，以谋取非法利益为目的，未经烟草专卖行政主管部门的许可，参与运输经营国家专营、专卖的烟草制品，且系伪劣产品，扰乱市场秩序，非法经营数额274 430元，情节特别严重，其行为均构成非法经营罪。公诉机关指控的罪名成立。宣判后，方某某不服，遂提起上诉。福州市中级人民法院认为，上诉人方某某与原审被告人骆某甲、张某甲伙同他人，以谋取非法利益为目的，未经烟草专卖行政主管部门的许可，主观上明知伪劣烟草制品，客观上参与、实施了运输行为，根据《最高人民法院、最高人民检察院关于办理非法生产、销售烟草专卖品等刑事案件具体应用法律若干问题的解释》第五条、第六条的规定，行为人实施非法生产、销售烟草专卖品犯罪，同时构成生产、销售伪劣产品罪、侵犯知识产权犯罪、非法经营罪的，依照处罚较重的规定定罪处罚。明知他人实施本解释第一条所列犯罪，而为其提供贷款、资金、账号、发票、证明、许可证件，或者提供生产、经营场所、设备、运输、仓储、保管、邮寄、代理进出口等便利条件，或者提供生产技术、卷烟配方的，应当按照共犯追究刑事责任。原审判定方某某、骆某甲、张某甲犯非法经营罪并无不当，遂驳回上诉，维持原判。

参考规则

生产者、销售者实施假冒注册商标或者销售假冒注册商标的商品过程中，在产品中掺杂、掺假，以假充真，以次充好，或者以不合格产品冒充合格产品，同时构成假冒注册商标罪、销售假冒注册商标的商品罪和生产、销售伪劣产品罪的，按照处罚较重的罪名定罪处罚。

生产者、销售者仅对部分商品掺杂、掺假，以假充真，以次充好，或者以不合格产品冒充合格产品的，对该部分商品依照前款原则定罪处罚，其余部分商品依然按照相应的罪名定罪处罚；相关证据证明整体商品属于伪劣产品，生产者、销售者

无证据证明仅部分商品掺杂、掺假，以假充真，以次充好，或者以不合格产品冒充合格产品，或者该部分商品无法从整体商品分割、分离出来的，对整体商品依照前款原则定罪处罚。

生产者、销售者从事的经营属于特许经营，未经许可实施上述行为的，还可能构成非法经营罪，同时构成数罪的，按照处罚较重的罪名定罪处罚。

规则解析

一、犯罪对象属于“伪劣产品”，是假冒注册商标、销售假冒注册商标的商品行为同时构成生产、销售伪劣产品罪外在的客观条件

（一）“伪劣产品”的定义。“伪劣”一词并未出现在销售伪劣产品罪的罪状之中，而是有权解释机关在对罪名进行概括时，根据罪状提炼而来的。依照《产品质量法》第二条的规定，“产品”，是指经过加工、制作，用以销售的各类物品。但并非所有产品都可作为本罪的对象，如建筑工程。根据《产品质量法》《刑法》的规定，“伪劣产品”，一般是指生产、销售的产品，质量、性能达不到强制性标准、行业性标准的要求，或者与被假冒产品的质量、性能存在明显差距，或者失去使用价值的物品。主要包括：不符合保障人体健康和人身、财产安全的国家标准、行业标准的产品；假冒质量档次差距明显的高质量产品；不合格的产品；失效、变质的产品，或者失去了使用价值的、残次品。① 当前，有两种极端观点需要检视。一种是完全依据《刑法》第一百四十条规定的四种行为特征认定“伪劣产品”。如主张凡是掺杂、掺假，以假充真，以次充好的产品，或者以不合格冒充合格的产品，都属于“伪劣产品”。我们认为，犯罪对象既与行为紧密联系，又具有相对独立性，以犯罪行为定义犯罪对象，忽略了客观对象内在的本质属性。如甲某以自家酿的粮食酒假冒低档次白酒，该粮食酒符合酒的一般性能和行业标准，且与所假冒低端白酒难以体现明显质量档次差距的，不应认定属于“伪劣产品”。该粮食酒虽然存在假冒，属

① 最高人民法院刑事审判第一庭：《刑事审判参考》（总第33辑，2003年第4辑），法律出版社2003年版，第142～145页。

于“伪”,但系相对于被已经注册商标的商品而言,产品质量上不属于“伪劣产品”。另一种是有观点将《刑法》第一百四十条的“伪劣产品”完全等同于“劣质产品”或者“不合格产品”,认为只要产品质量合格就不属于“伪劣产品”。以唐某等人灌装低价白酒冒充高价白酒销售一案为例。该案判决认为,生产、销售伪劣产品罪与假冒注册商标罪的区别在于产品本身的质量是否合格,对销售假冒注册商标商品的行为如何定性,取决于该商品的质量而非价格。低价白酒与高价白酒均系酒精饮料,具有一般白酒的饮用性能,价格高低并不能作为决定白酒档次、等级高低的标准,故以低价白酒冒充高价白酒不属于“以假充真”或“以次充好”,不能认定为生产、销售伪劣产品罪,而应当以销售假冒注册商标的商品罪来定罪处罚。[①] 这种观点实际将“以次充好”的行为限制在“以不合格产品冒充合格产品”。《产品质量法》(2018年修正)第二十六条第二款规定:“产品质量应当符合下列要求:(一)不存在危及人身、财产安全的不合理的危险,有保障人体健康和人身、财产安全的国家标准、行业标准的,应当符合该标准;(二)具备产品应当具备的使用性能,但是,对产品存在使用性能的瑕疵作出说明的除外;(三)符合在产品或者其包装上注明采用的产品标准,符合以产品说明、实物样品等方式表明的质量状况。”《伪劣商品解释》第一条第二款援引上述条文,明确规定:“刑法第一百四十条规定的‘不合格产品’,是指不符合《中华人民共和国产品质量法》第二十六条第二款规定的质量要求的产品。”综合以上规定和“伪劣产品”的定义分析,我们认为,“不合格产品”仅是“伪劣产品”的一种,与被假冒产品在质量上、性能上存在明显差距的假冒产品也应属于“伪劣产品”。

(二)“伪劣产品”的鉴定。对于某些行为是否属于“在产品中掺杂、掺假”“以假充真”“以次充好”“以不合格产品冒充合格产品”,如果无法直接判断,这有必要借助鉴定的方式认定。《产品质量法》第十九条规定:“产品质量检验机构必须具备相应的检测条件和能力,经省级以上人民政府市场监督管理部门或者其授权的部门考核合格后,方可承担产品质量检验工作。法律、行政法规对产品质量检

---

① 一审(2017)湘0204刑初28号;二审(2018)湘02刑终47号。

验机构另有规定的，依照有关法律、行政法规的规定执行。”《标准化法》第十九条规定：“县级以上政府标准化行政主管部门，可以根据需要设置检验机构，或者授权其他单位的检验机构，对产品是否符合标准进行检验。法律、行政法规对检验机构另有规定的，依照法律、行政法规的规定执行。处理有关产品是否符合标准的争议，以前款规定的检验机构的检验数据为准。”《最高人民法院关于审理生产销售伪劣商品刑事案件有关鉴定问题的通知》第一条规定，对于提起公诉的生产、销售伪劣产品、假冒商标、非法经营等严重破坏社会主义市场经济秩序的犯罪案件，所涉生产、销售的产品是否属于“以假充真”“以次充好”“以不合格产品冒充合格产品”难以确定的，应当根据《伪劣商品解释》第一条第五款的规定，由公诉机关委托法律、行政法规规定的产品质量检验机构进行鉴定。根据以上规定，只有在难以确定的情况下，应当委托法律、行政法规规定的产品质量检验机构进行。然而，从目前公布的裁判文书看，对委托鉴定作用有过于放大之嫌。被告人及辩护人就产品质量未经鉴定认定不合格而引发控辩焦点继而提出上诉是常态。部分案件因涉案产品未进行鉴定而被迫改变了案件定性。这种过于放大鉴定作用的做法，忽视了常识、逻辑等判断，有必要予以纠正。如在有的“以次充好”案件中，即使没有鉴定也可以认定“伪劣商品”。以案例104为例，辩护人提出对涉案白酒是否为“以次充好”，应当委托法律、行政法规规定的产品质量检验机构进行鉴定，因无质检部门的鉴定意见，不能认定为“伪劣产品”。法院综合在案证据评判，认为没有鉴定意见也可以认定为“伪劣产品”。①

二、主观上具有欺骗故意和客观上实施四种行为是假冒注册商标、销售假冒注册商标的商品行为同时构成生产、销售伪劣产品罪的关键条件

（一）生产、销售伪劣产品罪，假冒注册商标罪，销售假冒注册商标的商品罪三者的主观方面均要求明知，生产、销售伪劣产品罪还要求犯罪主体具有欺骗的故意。假冒注册商标罪，犯罪主体必须对“同一种商品”“相同的商标”主观上明知，即知道或者应当知道其使用的商标与商标所有人注册的商标相同，而且使用的商

① （2015）盐刑二终字第00074号。

标系用于与注册商标的商品同一种商品。如果行为人不明知其使用的商标已被他人注册,或者不明知使用的商标系用于与注册商标的商品同一种商品,或者其使用的商标当时还没有注册,被他人抢注后其在不知情的情况下继续使用的,不构成假冒注册商标罪。对于犯罪主体由多人组成,或者系犯罪利益链的上游行为主体而言,主观上还要求明知"未经注册商标所有人许可"。如在刘某波等人假冒注册商标案中,被告人刘某波、刘某林系犯罪利益链的上游主体,其明知他人购买低档白酒用于制作假冒高档白酒,仍向上述人员提供洋河大曲、洋河普曲等白酒,其行为构成假冒注册商标罪。[①] 销售假冒注册商标的商品罪,犯罪主体必须明知其销售的是假冒注册商标的商品。而生产、销售伪劣产品罪,犯罪主体必须明知犯罪对象是伪劣产品。认定生产、销售伪劣产品罪的"明知",不能仅凭被告人的口供,还应当根据案件的客观事实予以分析。如行为人通过对方暗示或从其他途径了解是伪劣产品的,商品的价格与其他同类商品的价格相差悬殊的等,都表明其明知销售的对象是伪劣产品。[②]

假冒注册商标罪、销售假冒注册商标的商品罪中的"假冒"是针对注册商标而言,而生产、销售伪劣产品罪中的"伪劣"是针对产品本身和购买者而言。即除了产品本身是伪劣产品,犯罪主体必须具有欺骗的故意和行为。如果生产者、销售者实施假冒注册商标、销售假冒注册商标的商品过程中,没有针对购买者实施欺骗行为,则不构成生产、销售伪劣产品罪。如果生产者、销售者以假卖假,对购买者明示、暗示其生产、销售的是假冒注册商标的商品的,表明其对购买者没有欺骗的故意和行为,不符合生产、销售伪劣产品罪的主观特征。

(二)四种典型行为的客观表现。(1)"在产品中掺杂、掺假"。这种行为是指在产品中掺入杂质或者异物,致使产品质量不符合国家法律、法规或者产品明示质量标准规定的质量要求,降低、失去应有使用性能的行为。从字面上看,所有在产品中掺入杂质或者异物的行为,都可以认定为"在产品中掺杂、掺假",但这样解

---

① (2017)苏8602刑初56号。

② 熊选国:《生产、销售伪劣产品罪初探》,载《法律适用》1994年第5期。

释打击面过大。从立法本意考虑,应当从产品质量结果角度进行限定,唯其如此,《伪劣商品解释》增设了"致使产品不符合质量要求,降低、失去应有的使用性能"的认定条件。关于产品的质量要求,法律法规有规定的,按照法律法规规定;法律法规没有规定的,按照国家标准、行业标准;没有国家标准、行业标准的,按照产品或者其包装上注明采用的产品标准或者产品说明、实物样品等方式表明的标准。① (2)"以假充真"。这种行为是指以不具有某种使用性能的产品冒充具有该种使用性能的产品的行为。实践中对于假冒他人的品牌、产地、厂名、厂址的行为,是否属于"以假充真",存在认识分歧。我们认为,品牌、产地、厂名、厂址不属于完整的商标,(可能)属于商标的某个要素。假冒品牌、产地、厂名、厂址是否属于假冒注册商标的行为,需要根据具体案件中假冒的品牌、产地、厂名、厂址是否达到足以误导社会公众的程度。如以原产地为主要特征的商标,假冒原产地的,可以认定为假冒注册商标的行为。但生产者、销售者假冒他人的品牌、产地、厂名、厂址,并不意味着其以不具有某种使用性能的产品冒充具有该种使用性能的产品,如果其对购买者没有在产品的使用性能上实施欺骗,就不属于"以假充真"。(3)"以次充好"。这种行为是指以低等级、低档次产品冒充高等级、高档次产品,或者以残次、废旧零配件组合、拼装后冒充正品或者新产品的行为。实践中,大量发生的以残、次、废的零配件组合、拼装后冒充正品的行为,以及以旧的零配件组合、拼装后冒充新的产品的行为,是《伪劣商品解释》出台前后"打假"专项行动斗争的重点。如果组装、拼装商品质量合格的,属于以低等级、低档次产品冒充高等级、高档次产品,即属于"以次充好";如果组装、拼装商品经鉴定质量不合格的,则属于第四种行为"以不合格产品冒充合格产品"。需要强调的是,"以次充好"未必需要鉴定,对于以低等级、低档次产品冒充高等级、高档次产品的情形,综合进货单、销售价格、假冒的注册商标标识以及在案其他证据即可进行判断。(4)"以不合格产品冒充合格产品"。"不合格产品",根据《伪劣商品解释》第一条第二款的规定,是

① 熊选国、祝二军:《〈关于办理生产、销售伪劣商品刑事案件具体应用法律若干问题的解释〉的理解与适用》,载最高人民法院刑一庭、刑二庭主编:《刑事审判参考》(第3卷上),法律出版社2002年版。

指不符合《产品质量法》(2018年修正)第二十六条第二款规定的质量要求的产品。只有当产品的质量通过其他证据难以判断是否合格的情况下,才有必要进行鉴定(见后文)。

三、部分商品掺杂、掺假,以假充真,以次充好,或者以不合格产品冒充合格产品的处理原则

生产者、销售者仅对部分商品掺杂、掺假,以假充真,以次充好,或者以不合格产品冒充合格产品的,对该部分商品依照假冒注册商标罪、销售假冒注册商标的商品罪和生产、销售伪劣产品罪处罚较重的罪名定罪处罚。

生产者、销售者仅对部分商品掺杂、掺假,以假充真,以次充好,或者以不合格产品冒充合格产品的,对该部分商品依照前述原则定罪处罚,其余部分商品依然按照相应的罪名定罪处罚;相关证据证明整体商品属于伪劣产品,生产者、销售者无证据证明仅部分商品掺杂、掺假,以假充真,以次充好,或者以不合格产品冒充合格产品。这不是举证责任倒置,而是综合各种证据进行评判的结果,但前提必须是公诉机关提供的证据证明整体商品属于伪劣产品。这样明确,主要是防止被告人利用不能成立的抗辩理由规避刑事责任。如果生产者、销售者在整体商品中掺入伪劣商品,但该部分商品无法从整体商品分割、分离出来的,对整体商品依照前述原则定罪处罚。以例案102赵某强生产、销售伪劣产品案为例。2016年1月、6月,被告人赵某强明知低价回收的A××产品系旧品,仍通过除尘、包装、贴标等手段,将旧货翻新后再次出售,以5.01万元的价格向他人销售标有"A××"注册商标的绝缘栅双极型晶体管及其驱动电路模板6件、主接口板1件。经鉴定,涉案产品均为经过除尘处理二次贴标。赵某强辩称其中有全新产品,但无法提供证据证明涉案产品中含有正品,故赵某强所提上诉理由缺乏事实和法律依据,不予采纳。[①]

四、假冒注册商标罪,销售假冒注册商标罪,生产、销售伪劣产品罪与非法经营罪的罪数处断原则

(一)按照处罚较重的规定定罪处罚。《侵犯知产意见》《伪劣商品解释》对数

① (2018)京03刑终572号。

罪处断问题均明确了指导原则。《最高人民法院、最高人民检察院、公安部关于办理侵犯知识产权刑事案件适用法律若干问题的意见》(以下简称《侵犯知产意见》)第十六条规定:“行为人实施侵犯知识产权犯罪,同时构成生产、销售伪劣商品犯罪的,依照侵犯知识产权犯罪与生产、销售伪劣商品犯罪中处罚较重的规定定罪处罚。”《伪劣商品解释》第十条规定:“实施生产、销售伪劣商品犯罪,同时构成侵犯知识产权、非法经营等其他犯罪的,依照处罚较重的规定定罪处罚。”上述两个规范性文件均明确了处罚较重标准,即按照适用减轻、从轻、从重处罚情节后可能宣告的刑罚轻重决定最终处断的罪名。实践中,对生产、销售伪劣产品罪、非法经营罪的处罚未必重于假冒注册商标罪、销售假冒注册商标罪。如假冒两种以上注册商标的,假冒注册商标罪的处罚可能重于生产、销售伪劣产品罪。以案例104周某前、单某等人生产、销售伪劣产品案为例。原审被告人韩某销售明知是假冒注册商标的伪劣商品,货值30余万元,同时构成销售伪劣产品罪和销售假冒注册商标的商品罪。依照《侵犯知产解释》第二条第二款的规定,销售金额在25万元以上的,属于《刑法》第二百一十四条规定的“数额巨大”,应当判处三年以上七年以下有期徒刑,并处罚金。而按照《刑法》第一百四十条的规定,销售20万元以上不满50万元的,应当判处二年以上七年以下有期徒刑,并处罚金。从最低法定刑看,销售假冒注册商标的商品罪重于销售伪劣产品罪,按照处罚较重的销售假冒注册商标的商品罪定罪处罚。原审被告人苏某生产、销售劣质白酒,又假冒他人注册商标,销售金额19万余元,同时构成生产、销售伪劣产品罪、假冒注册商标罪、销售假冒注册商标的商品罪,根据《侵犯知产解释》第一条第二款第二项之规定,即假冒两种以上注册商标,非法经营数额在15万元以上,属于假冒注册商标“情节特别严重”,应当以假冒注册商标罪判处三年以上七年以下有期徒刑,并处罚金。而如果以生产、销售伪劣产品罪定罪,对应的法定刑是二年以下有期徒刑或者拘役,并处罚金,假冒注册商标罪重于生产、销售伪劣产品罪,对苏某应当按照处罚较重的假冒注册商标罪定罪处罚。①

---

① (2015)盐刑二终字第00074号。

（二）数罪处断的几类典型案例。以下三种情形，同时构成假冒注册商标罪或者销售假冒注册商标的商品罪和生产、销售伪劣产品罪的，依照处罚较重的罪名定罪处罚：(1)零部件组装后销售且未经许可使用他人已经注册的商标，致使消费者误认为是注册商标的商品，组装商品质量未达到注册商标的商品使用性能、行业标准、使用价值的。(2)旧货翻新未加标示使用原注册商标销售，致使消费者误认为是新的注册商标的商品，翻新商品质量未达到注册商标的商品使用性能、行业标准、使用价值的。如案例 102，赵某强明知低价回收的 A××产品系旧品，仍通过除尘、包装、贴标等手段，将旧货翻新后再次出售。经鉴定，涉案商品均为经过除尘处理二次贴标，赵某强以旧冒新的行为具有社会危害性，构成生产、销售伪劣产品罪。① (3)非法制造、回收空旧瓶子、包装物，与假冒或者回收的注册商标标识进行组装，灌装、装载商品后销售，在商品中掺杂、掺假，以假充真，以次充好，或者以不合格产品冒充合格产品的。以案例 104 为例，周某前单独或雇佣张某、徐某，先后在灌南县长茂镇、响水县响水镇等地，采用购买回收的酒瓶、包装盒以及防伪码、封条等，以 5 元至 10 余元不等的单瓶价格购得洋河普曲、洋河美人泉等酒，或者应他人要求，收取加工费，利用他人提供的低价酒、假冒注册商标的酒瓶、包装盒等，进行灌装，并对外销售。虽然周某前等人生产、销售的白酒未失去白酒的使用性能，但其以低档白酒冒充洋河股份高档白酒，属于"以次充好"，社会危害严重。其行为同时构成假冒注册商标罪和生产、销售伪劣产品罪，对其按照处罚较重的生产、销售伪劣产品罪定罪处罚。②

此外，生产者、销售者从事的经营属于特许经营，未经许可实施上述行为的，还可能构成非法经营罪，同时构成数罪的，按照处罚较重的罪名定罪处罚。以案例 105 方某某非法经营案为例，吴某某指使方某某帮助其从福建省云霄县运送卷烟到福州市，方某某明知吴镇福运送的是假冒卷烟仍予以帮助，并约定运费为 2000 元。经鉴定，涉案香烟均为假冒注册商标且伪劣卷烟，价值 274 430 元。法院

① (2018)京 03 刑终 572 号。
② (2015)盐刑二终字第 00074 号。

认为，方某某伙同他人，以谋取非法利益为目的，未经烟草专卖行政主管部门的许可，主观上明知伪劣烟草制品，客观上参与、实施了运输行为，其行为同时构成非法经营罪、销售假冒注册商标的商品罪。《最高人民法院、最高人民检察院关于办理非法生产、销售烟草专卖品等刑事案件具体应用法律若干问题的解释》第五条规定："行为人实施非法生产、销售烟草专卖品犯罪，同时构成生产、销售伪劣产品罪、侵犯知识产权犯罪、非法经营罪的，依照处罚较重的规定定罪处罚。"遂依照该规定，法院对方某某等人以非法经营罪论处。①

① （2015）榕刑终字第 35 号。

【案例 106-108】王某某等非法制造注册商标标识案*

非法制造、回收印有注册商标的瓶子、包装物的定性

关键词：

非法制造注册商标　瓶子　包装物

基本案情

106

王某某非法制造注册商标标识案①：2009 年 8 月至 2010 年 3 月，被告人王某某从江苏省宜兴市部分酒店回收五粮液、剑南春、水井坊、茅台、老作坊等白酒的酒瓶、塑料盒及外包装，分类整理后存放于其租房内。王某某还向他人购买假冒的五粮液、剑南春等酒的注册商标标识，与回收的酒瓶及外包装组装成套用于假冒上述名酒。2010 年 3 月 26 日、4 月 6 日，宜兴市公安局先后在王某某的上述 2 套租房内查获附着注册商标标识的五粮液、剑南春、水井坊、茅台酒瓶合计 5348 个，包装盒、袋、箱等合计 19 418 个以及购买来的假冒注册商标标识 4593 个，已经组装成套的水井坊包装 110 套（每套包括酒瓶、包装盒、手提袋各 6 个）、五粮液包装 49 套（每套包括酒瓶、防伪标识各 1 个，6 套放在 1 个包装箱

* 本文原载"刑水浮萍"微信公众号 2021 年 11 月 24 日《司法疑难之 399》。

① （2010）宜知刑初字第 2 号。

内)。江苏省宜兴市人民法院认为,被告人王某某未经任何授权回收废酒瓶、包装盒、箱、袋等24 766件,并使用自行购买的假冒注册商标的标识4593件,情节严重,其行为构成非法制造注册商标标识罪。

107 中山市永润塑料五金有限公司、崔某非法制造、销售非法制造的注册商标标识案:①商标注册证号为第205770号的图形商标的注册人是沃尔克斯瓦金股份公司,核定使用的商品类别为第12类,包括车辆及组成部件和备件,经续展注册有效期至2024年3月14日止。商标注册证号为第g807803号的图形商标核定使用的商品类别为第4类,包括工业用油、润滑剂等,注册有效期至2023年1月29日止。将扣押的被控侵权产品上使用的商标标识与第205770号、第g807803号注册商标进行比对,二者相同。大众汽车(中国)投资有限公司出具鉴定书称,在永润公司以及另2个仓库查获的标有图形商标的模具、机油空瓶、纸箱等产品均为假冒图形商标的产品,该公司及相关联企业从未授权永润公司和崔某甲生产、销售、仓储带有商标的产品。

商标注册证号为第9626181号的"奥迪"文字商标的注册人是奥迪股份公司,核定使用的商品类别为第4类,包括润滑油、燃料等,注册有效期至2022年7月20日止。商标注册证号为第8567230号的图形商标的注册人是奥迪股份公司,核定使用的商品类别为第4类,包括柴油、齿轮油、润滑油、燃料油等,注册有效期至2024年4月13日止。商标注册证号为第g979439号的图形商标的注册人是奥迪股份公司,核定使用的商品类别为第4类,包括润滑剂、燃料等,注册有效期至2018年8月19日止。商标注册证号为第g879638号的"audi"图形商标的注册人是奥迪股份公

① (2016)粤20刑终221号。

司，核定使用的商品类别为第4类，包括工业用油、润滑剂等，注册有效期至2016年1月20日止。被告单位永润公司成立于2010年4月29日，法定代表人崔某。自2013年5月，被告人崔某在未获得“奥迪”“audi”等注册商标所有人授权的情况下，以永润公司为据点组织工人生产、假冒上述注册商标标识的机油瓶，销售得款人民币467 823.4元。2015年8月12日，公安机关在永润公司内将崔某抓获归案，从永润公司以及另外两个仓库缴获假冒“奥迪”“audi”注册商标的机油瓶36015个、纸箱1767个、机油瓶模具两套等。一审法院认为，永润公司无视国家法律，未经注册商标所有人许可，擅自制造与上述注册商标相同的商标，足以对公众产生误导，情节特别严重，其行为构成非法制造注册商标标识罪，应依法惩处；崔某作为永润公司的直接负责的主管人员，其行为构成非法制造注册商标标识罪，应依法惩处。公诉机关指控永润公司、崔某犯非法制造注册商标标识罪的事实清楚，证据确实、充分，罪名成立。永润公司、崔某均不服，提起上诉。二审法院经审理认为，上诉单位永润公司、上诉人崔某从非正规渠道接受委托生产假冒注册商标的机油瓶，后又从广州购买伪造的注册商标防伪标签及纸箱，配套售卖给他人，其行为构成非法制造注册商标标识罪，遂裁定驳回上诉，维持原判。

我们认为，本案定性可以进一步补充完善裁判理由。一是未对制造注册商标标识后销售的行为进行定性。对于生产假冒注册商标的机油瓶，后又从广州购买伪造的注册商标防伪标签及纸箱，配套销售的行为，依法应当构成选择性罪名，即非法制造、销售非法制造的注册商标标识罪，在处罚上按一罪论处。二是尚未确定第205770号图形商标的注册商品是否包括机油瓶。在查明的事实中该商标核定使用的商品类别为第12类，包括车辆及组成部件和备件，是否包括机油瓶尚需进一步确定。如果包括机油瓶,上诉单位永润公司、上诉人崔某生产机油瓶的行为,单独构成假冒注册商标罪。其生产假冒机油瓶,后又购买伪造的注册商标防伪标签及纸箱,配套销售的行为,构成非法制造、销售非法制造的注册商标标识罪,按照择一重罪定罪处罚。

108

辛某某假冒注册商标案:[①]2011年3月至9月6日,被告人辛某某,未经注册商标所有人许可,在其租房处伙同尹某某、薛某某、李某某、辛某某(均已另案判刑)生产假冒"好想你"枣业股份有限公司[②]注册商标的枣产品。同时,辛某某还利用电脑和打印机与薛某某一起非法制造中国贵州茅台酒厂(集团)有限责任公司(以下简称茅台集团公司)的注册商标标识,尹某某、李某某、辛某某帮其清点非法制造的注册商标标识数量及往商标标识上打码。2011年9月6日,郑州市公安局经济开发区分局在中牟县小雍庄造假窝点和仓库现场查扣假冒"好想你"注册商标的成品红枣干共235袋(每袋200g)、百年健康情共87盒(每盒1.35kg)、特级健康情共80袋(每袋1000g)、1618 16盒(每盒1618g)、普通枣博士共13盒(每盒470g)、野酸枣共1270袋(每袋280g)、健康情果干共14 100袋(每袋220g)及外包装盒、内包装袋等物品,非法制造的茅台集团公司的第3159143号注册商标标识977 640件。经鉴定,涉案"好想你"枣产品系假冒注册商标的商品,非法经营数额共计486 900元;涉案977 640件茅台酒商标系非法制造的假冒注册商标标识。郑州市中级人民法院认为,被告人辛某某未经注册商标所有权人许可,在同一种商品上使用与其注册商标相同的商标,情节特别严重,其行为构成假冒注册商标罪;辛某某伙同尹某某、薛某某、李某某、辛某某伪造、擅自制造他人注册商

① (2013)郑知刑初字第36号。
② 已于2017年9月13日更名为好想你健康食品股份有限公司。

标标识，情节特别严重，其行为均构成非法制造注册商标标识罪。公诉机关指控的罪名成立。

参考规则

非法制造、回收印有注册商标的瓶子、包装物，情节严重的，应当根据瓶子、包装物是否独立注册商标和是否灌装、装载商品进行定罪处罚。瓶子、包装物未独立注册商标，非法制造、回收行为构成非法制造注册商标标识罪。已进行灌装、装载的，同时构成非法制造注册商标标识罪、假冒注册商标罪，按照处罚较重的罪名处罚；瓶子、包装物已独立注册商标，非法制造、回收行为同时构成假冒注册商标罪和非法制造注册商标标识罪，按照处罚较重的罪名处罚。已进行灌装、装载的，依照假冒注册商标罪"假冒两种以上注册商标"的情形定罪处罚。

规则解析

一、印有注册商标标识的空旧瓶子、包装物属于商标标识

国家工商行政管理总局多次制定规范性文件对商标标识予以明确。如1988年9月《国家工商行政管理局商标局关于商标标识含义问题的复函》(现行有效)指出，商标标识一般是指独立于被标志商品的商标的物质表现形式。根据《商标印制管理办法》第十五条的规定，商标标识是指与商品配套一同进入流通领域的带有商标的有形载体。参照上述文件规定，印有注册商标的空旧瓶子、包装物属于注册商标标识。但如果瓶子、包装物本身已独立注册商标的，瓶子、包装物又不仅仅是注册商标标识，还是注册商标的商品。

二、非法制造、回收印有注册商标的瓶子、包装物，应当根据瓶子、包装物是否独立注册商标和是否灌装、装载商品进行定罪处罚

具体包括以下四种情形：

第一种情形是瓶子、包装物未独立注册商标，尚未灌装、装载商品。未经注册商标权人许可，对已经丧失区别商品来源等功能的商标标识进行回收整理，并使

之重新进入流通领域，再次赋予商标标识功能，实质上属于非法制造注册商标标识的行为。非法制造、回收瓶子、包装物，使用伪造的注册商标的，亦属于非法制造注册商标标识的行为。情节严重的，构成非法制造注册商标标识罪。此处的商标标识是指用于灌装、装载商品的标识。以案例106王某某非法制造注册商标标识案为例。王某某回收空酒瓶、包装物以及购买假冒的标识，系为了后来采取人工手段将这些原材料制造成可供再次使用的酒类商品包装，其行为属于非法制造注册商标标识。《国家工商行政管理总局、国家商标局关于加工带有商标标识的包装物是否属于商标印制行为的批复》（商标监〔2002〕2号，现行有效）就类似物理组合行为的定性作了比较权威的确认。该批复认为，北京新拓塑料包装制品公司在其生产的塑料光瓶上套上他人印制的商标标识，经热缩紧固，制成带有商标标识的饮料瓶行为，属于"制作带有商标的包装物"的商标印制行为。同理，虽然王某某实施的是简单物理组合行为，但依然符合"制造"的本质特征，应当认定为"制造"。关于将真伪并存的组装行为在整体上认定为"伪造"的依据还有《最高人民法院关于审理伪造货币等案件具体应用法律若干问题的解释（二）》。该解释第二条明确规定，同时采用伪造和变造手段，制造真伪拼凑货币的行为，以伪造货币罪定罪处罚。参照该条规定，将真品空旧酒瓶、包装物与假冒注册商标标识进行组装的行为，应当认定为伪造注册商标标识行为，情节严重的，构成非法制造注册商标标识罪。

第二种情形是瓶子、包装物未独立注册商标，已进行灌装、装载商品。既然瓶子、包装物未独立注册商标，就不可能成为注册商标的商品，意味着瓶子、包装物只是印有标识灌装、装载商品的注册商标，瓶子、包装物与商标组合成灌装、装载商品的注册商标标识。非法制造、回收印有此类注册商标的瓶子、包装物，情节严重的，构成非法制造注册商标标识罪。如果将非法制造、回收的印有灌装、装载商品注册商标的瓶子、包装物，进行灌装、装载商品的，属于在（正品灌装、装载商品的）"同一种商品上"使用"与其注册商标相同的商标"，情节严重的，构成假冒注册商标罪。此类行为，同时构成非法制造注册商标标识罪、假冒注册商标罪，按照处罚较重的罪名定罪处罚。一般情况下，此种情形按照假冒注册商标罪定罪处罚。但有时可能非法制造、回收的瓶子、包装物的数量远大于已灌装、装载商品数量的，或者灌装、装载行为未遂的，此种情形非法制造注册商标标识罪的处罚可能重于假冒注册商标罪的处罚，按照处罚较重的罪名处罚原则，应当以非法制造注册商标标识罪定罪处罚。

第三种情形是瓶子、包装物已独立注册商标，尚未灌装、装载商品。一般情况下，瓶子、包装物印有的注册商标是灌装、装载商品的注册商标。如“飞天茅台”酒瓶上印有的注册商标是飞天茅台品牌酒的注册商标，而不是瓶子本身的注册商标。但有时，灌装瓶子与灌装液体分属于不同的厂家。此种情形，瓶子、包装物可能印有两种注册商标：一种是瓶子、包装物独立注册的商标；另一种是拟灌装、装载商品注册的商标。如低硼硅玻璃安瓿灌装葡萄糖酸钙注射液，各自有不同的注册商标，玻璃安瓿既印有玻璃安瓿的注册商标，又印有葡萄糖酸钙注射液的注册商标，两者既相互联系，又各自独立。印有葡萄糖酸钙注射液注册商标的低硼硅玻璃安瓿，既是葡萄糖酸钙注射液的注册商标标识，又是印有玻璃安瓿注册商标的商品本身。因瓶子、包装物本身属于注册商标的商品，非法制造、回收瓶子、包装物的行为，属于在（正品玻璃安瓿）“同一种商品上”使用“与其注册商标相同的商标”，情节严重的，构成假冒注册商标罪。同时，瓶子、包装物又属于灌装、装载商品的商标标识，非法制造、回收印有葡萄糖酸钙注射液注册商标的瓶子、包装物的行为，属于非法制造注册商标标识，情节严重的，构成非法制造注册商标标识罪。依照相关司法解释规定，按照处罚较重的罪名定罪处罚。如廖某威、廖某觉非法制造、销售非法制造的注册商标标识案中，PET空瓶是印有注册商标的商品，该商标权人注册的商标包括塑料包装容易和饮料、苏打水两种，而第6710079号、第6766358号商标均核定使用商品为第20类，包括塑料包装容器等。可见，商标权人针对PET空瓶的商标专门注册了商标，该商标标识的商品不是灌装物饮料、苏打水。廖某威等人未经许可生产印有注册商标的怡宝专用PET瓶，属于未经注册商标所有人许可，在同一种商品上使用与其注册商标相同的商标，情节严重的，构成假冒注册商标罪。同时，廖某威非法购买印有标识饮料、苏打水等灌装商品的假冒注册商标的矿泉水标签、瓶盖、纸箱、封箱纸、提手，与印有注册商标的空瓶配套对外销售,同时构成非法制造、销售非法制造的注册商标标识罪。由此可以认为,如果行为人同时使用了既标识空旧瓶子、包装物的假冒注册商标,又标识灌装、装载商品的假冒注册商标,意味着同时构成假冒注册商标罪(针对空旧瓶子、包装物)和非法制造注册商标标识罪(针对灌装、装载商品)。而回收空旧瓶子、包装物是为了和标识灌装、装载商品的假冒注册的商标一起形成灌装、装载商品的商标标识,据此可以认定两种行为之间具有手段、目的牵连关系,按照相关司法解释规定,按照处罚较重的罪名定罪处罚。

需要强调的是,实践中很多案件中法院往往仅对最终处断的罪名阐明裁判理由,而对本应单独构成犯罪而最终未以该罪处断的罪名略去不谈,此种做法与现代刑事法治理念相违背。

第四种情形是瓶子、包装物已独立注册商标,已进行灌装、装载商品。此种情形,意味着行为人既假冒了瓶子、包装物等注册商标的商品,又假冒了灌装、装载物等注册商标的商品,依法构成假冒注册商标罪。依照《侵犯知产解释》第一条规定的"假冒两种以上注册商标"的情形定罪处罚。

此外,上述行为过程中,行为人掺杂掺假、以假充真、以次充好或者以不合格产品冒充合格产品,情节严重的,还同时构成生产、销售伪劣商品罪,按照处罚较重的罪名定罪处罚。

【案例 109-110】陈某等假冒注册商标、销售假冒注册商标的商品案*

涉案商品虽然系伪劣产品，但生产者、销售者实施假冒注册商标或者销售假冒注册商标的商品过程中，以假卖假的定性

关键词：

假冒注册商标　销售假冒注册商标的商品　伪劣产品　以假卖假

基本案情

109

陈某假冒注册商标、曹某销售假冒注册商标的商品案：[1]“贵州茅台”系中国贵州茅台酒厂(集团)有限责任公司的注册商标，注册号为第3159141号，核定使用于第33类商品“酒精饮料(啤酒除外)、酒(饮料)、含酒精液体……”2003年4月21日核准注册，续展有效期至2023年4月20日。

2018年7月至2019年1月，被告人陈某从他人处购买假酒包材，用散装白酒和茅台王子酒勾兑灌装假冒53度飞天茅台酒，以人民币(以下币种同)160元/瓶、360元/瓶的价格销售给被告人曹某，非法经营额共计225 360元。曹某明知从陈某处购买的系假冒53度飞天茅台酒，仍先后以9000元/箱、10 200元/箱、

* 本文原载“刑水浮萍”微信公众号2021年3月17日《司法疑难之353》。

① (2019)苏0612刑初305号。

11 400 元/箱的价格销售给崔某、徐某甲、张某栋等人，销售金额共计 221 400 元。2019 年 1 月 24 日、25 日，南通市通州区市场监督管理局、南通市通州区公安局从曹某处查扣到 53 度飞天茅台酒共计 842 瓶，除去上述崔某退还的 60 瓶假冒 53 度飞天茅台酒外，货值金额合计 1 173 000 元。案发后，公安机关从徐某甲、张某栋处调取涉案 53 度贵州茅台酒 12 瓶，从成某乙处调取涉案 53 度贵州茅台酒 1 瓶。经贵州茅台酒股份有限公司鉴定，上述白酒均属假冒“贵州茅台”注册商标的产品。江苏省南通市通州区人民法院认为，被告人陈某未经注册商标所有人许可，在同一种商品上使用与其注册商标相同的商标，情节严重，其行为构成假冒注册商标罪。被告人曹某销售明知是假冒注册商标的商品，销售金额较大，未销售部分的货值金额巨大，情节特别严重，其行为构成销售假冒注册商标的商品罪。南通市通州区人民检察院指控的基本犯罪事实清楚，证据确实、充分，罪名成立。

110 邱某特、邱某生销售假冒注册商标的商品案：[①]2009 年 3 月至 9 月，邱某特、邱某生以其控制使用的公司的名义，招聘网络技术人员和网络销售业务员，在互联网上设立 LV、GUCCI 商品销售网站，通过互联网向外国客户销售假冒注册商标的 LV、GUCCI 商品，并通过易智付科技（北京）有限公司第三方支付平台、西联汇款的方式收取货款。至案发，销售金额共计 1 923 825.96 元。同年 9 月 16 日，广州市公安局海珠区分局经济犯罪侦查大队和广州市工商行政管理局海珠分局根据 LV 商标代理人的举报，进行联合执法检查时，将邱某特、邱某生抓获，并当场扣押涉案物品一批及假冒 LV 牌各式皮手袋 92 个、LV 牌鞋 5 对、LV 牌各式皮箱 15 个、LV 牌各式皮带 27 条、LV 牌各式钱包 52 只、GUCCI 牌

① （2010）穗中法刑二知终字第 4 号。

各式手袋33个、GUCCI牌鞋4对、GUCCI牌钱包17只、GUCCI牌各式皮带13条,共计商品258件(经鉴定,价值共计220 096元)。广州市海珠区人民法院审理认为,被告人邱某特、邱某生无视国家法律,销售明知是假冒注册商标的商品,销售金额数额巨大,其行为均构成销售假冒注册商标的商品罪。公诉机关指控的罪名成立。一审宣判后,被告人邱某特、邱某生不服,提起上诉。广州市中级人民法院经审理认为,原判决认定事实和适用法律正确,量刑适当,审判程序合法,遂裁定驳回上诉,维持原判。

参考规则

涉案商品虽然系伪劣产品,但生产者、销售者实施假冒注册商标或者销售假冒注册商标的商品过程中,以假卖假的,不构成生产、销售伪劣产品罪,情节严重、销售金额数额较大的,分别构成假冒注册商标罪、销售假冒注册商标的商品罪。

生产者、销售者从事的经营属于特许经营,未经许可实施上述行为的,可能构成非法经营罪。同时构成数罪的,按照处罚较重的罪名定罪处罚。

规则解析

近年来,随着市场竞争的日益激烈,高端品牌的设计和质感一方面不断提升了市场的消费品位;另一方面,高端品牌又催发了一种消费攀比心理,诱发了一个新的崇尚名牌而又缺乏经济实力的消费群体的产生。为迎合此类消费群体的心理,一些不法商贩生产出大量假冒名牌商标的商品,以假卖假。而此类新生消费群体知假买假,以满足其消费品牌商品的虚荣心。尽管我国有关生产、销售伪劣商品和侵犯知识产权犯罪的立法、司法解释及指导性文件越来越完善,但是面对这种新类型的以假卖假型犯罪,仍然留有空白,特别反映在以假卖假行为的定性和处理等问题上。

一、以假充真等行为和以假卖假行为的定性

司法实践中,生产、销售假冒注册商标的商品行为,根据生产者、销售者是否具有欺骗购买者的故意,可以分为两类情形:一类是掺杂、掺假,以假充真,以次充好,或者以不合格产品冒充合格产品情形。为便于论述,以下用“以假充真”行为统称。另一类是以假卖假情形。根据所生产、销售的产品是否属于伪劣产品,每一类情形又可细分为两种情形,共计以下四种情形:第一种情形,以假充真,生产、销售的商品属于伪劣产品。即生产者、销售者以真品价格对外销售假冒注册商标的商品,该商品属于伪劣产品。根据《产品质量法》《刑法》的规定,伪劣产品,一般是指生产、销售的产品,质量、性能达不到强制性标准、行业性标准的要求,或者与被假冒产品的质量、性能存在明显差距,或者失去使用价值的物品。主要包括:不符合保障人体健康和人身、财产安全的国家标准、行业标准的产品;假冒质量档次差距明显的高质量产品;不合格的产品;失效、变质的产品,或者失去了使用价值的、残次品。[①] 第二种情形,以假充真,生产、销售的商品不属于伪劣商品。即生产者、销售者以真品价格对外销售假冒注册商标的商品,但该商品不属于伪劣产品。第三种情形,以假卖假,生产、销售的商品属于伪劣产品。即生产者、销售者以低于真品的价格对外销售假冒注册商标的商品,购买者知假买假,且该商品不属于伪劣产品。第四种情形,以假卖假,生产、销售的商品属于伪劣产品。即生产者、销售者以低于真品的价格对外销售假冒注册商标的商品,购买者知假买假,但该商品属于伪劣产品。

鉴于对第一种情形的定性基本无争议,下文仅对第二、三、四种情形展开分析。

(一)以假充真,生产、销售的商品不属于伪劣产品。这是控辩分歧最多的问题,分歧焦点在于如果生产、销售的产品不属于伪劣产品是否不构成生产、销售伪劣产品罪,而仅构成假冒注册商标罪或者销售假冒注册商标的商品罪。从主客观

① 最高人民法院刑事审判第一庭:《刑事审判参考》(总第33辑,2003年第4辑),法律出版社2004年版,第142~145页。

相统一原则出发，如果生产、销售的商品不属于伪劣产品，即使行为人具有欺骗的故意和行为，也不构成生产、销售伪劣产品罪。这一点争议应当不大。但问题在伪劣产品是否仅指劣质产品、残次产品，是否必须失去使用性能。如有裁判观点认为，对销售假冒注册商标商品的行为如何定性，取决于该商品的质量而非价格。低价白酒与高价白酒均系酒精饮料，具有一般白酒的饮用性能，不属于劣质产品，价格高低并不能作为决定白酒档次、等级高低的标准，故以低价白酒冒充高价白酒不属于“以假充真”或“以次充好”，不能认定为生产、销售伪劣产品罪，而应当以销售假冒注册商标的商品罪来定罪处罚。① 这种观点未能全面准确把握伪劣产品的概念，忽略了以低价白酒冒充高价白酒在本质上依然属于欺骗消费者的行为，应当予以纠正。如果非得将“伪劣产品”拆分理解，那么“伪”是指质量、性能存在一定档次差距的产品；而“劣”则是指质量、性能达不到强制性标准的要求，或者失去使用价值的物品。只要符合“伪”或者“劣”特征之一，就应当认定为“伪劣产品”。如果假冒的本来就是低档白酒，产品具有白酒的基本使用性能，符合国家标准、行业标准，不符合“劣”的特征。又因低档白酒之间档次差距不明显，不符合“伪”的特征，故可以认定不属于“伪劣产品”。如果假冒的是高档白酒，如将一般茅台镇产的白酒冒充飞天茅台，则情况完全不同。虽然假冒产品具有白酒的基本性能和国家标准、行业标准，不符合“劣”的特征，但低档白酒与高档白酒在质量和使用性能上存在明显差距，符合“伪”的特征，故依然应当认定为“伪劣产品”，符合生产、销售伪劣产品罪的对象特征。

实践中，比较常见的问题是，对此类案件的定罪往往取决于司法机关委托鉴定的方向。如委托鉴定的是侵犯知识产权的销售金额、非法经营数额，一般认定假冒注册商标罪或者销售假冒注册商标的商品罪；如委托鉴定的是伪劣产品，则一般认定生产、销售伪劣产品罪。如在山西临汾系列假酒案中，犯罪分子假冒中国驰名商标“杏花村”制售假酒，造成特别严重后果。有的案件认定销售假冒注册

---

① 一审（2017）湘 0204 刑初 28 号；二审（2018）湘 02 刑终 47 号。

商标罪，有的案件认定生产、销售伪劣产品罪。①《最高人民法院关于审理生产销售伪劣商品刑事案件有关鉴定问题的通知》（法〔2001〕70 号）第一条明确的原则是：“对于提起公诉的生产、销售伪劣产品、假冒商标、非法经营等严重破坏社会主义市场经济秩序的犯罪案件，所涉生产、销售的产品是否属于‘以假充真’‘以次充好’‘以不合格产品冒充合格产品’难以确定的，应当根据《解释》第一条第五款的规定，由公诉机关委托法律、行政法规规定的产品质量检验机构进行鉴定。”如果生产、销售的产品不难确定，则无需鉴定。我们认为，对于此类案件，过于依赖鉴定机构对伪劣产品的鉴定偏离了立法原意。将低档酒冒充高档酒出售，属于“以次充好”，行为人具有欺骗的故意和行为，销售金额在 5 万元以上的，应当同时构成假冒注册商标罪与生产、销售伪劣产品罪，按照处罚较重的罪名定罪处罚。如在陈某假冒注册商标、曹某销售假冒注册商标的商品一案中，被告人陈某用散装白酒和茅台王子酒勾兑灌装假冒 53 度飞天茅台酒，属于以普通白酒假冒高档白酒。然而，陈某以假卖假，未实施欺骗行为。而被告人曹某明知从陈某处购买的系假冒 53 度飞天茅台酒，属于知假买假，故陈某不构成生产、销售伪劣产品罪，仅构成假冒注册商标罪。曹某明知是假冒茅台酒，如果以正品茅台价格销售给崔某、徐某甲、张某栋等人，表明其具有以假充真，以次充好的欺骗故意和行为，应当认定同时构成销售假冒注册商标的商品罪和销售伪劣产品罪，按照处罚较重的罪名定罪处罚。但审理法院并未对崔某、徐某甲、张某栋等人的主观认知进行有针对性审查，亦未就曹某的行为不构成销售伪劣产品罪展开裁判说理，显得在定罪理由上不足。

（二）以假卖假，生产、销售的商品不属于伪劣产品。在产品中掺杂、掺假，以假充真、以次充好或者以不合格产品冒充合格产品的行为，这四种行为体现的共同特征是生产者、销售者在主观上具有欺骗消费者的故意，客观上实施了欺骗行

① 如山西某某某酒业有限公司、马某某犯销售假冒注册商标的商品案，案号为（2015）阳刑初字第 10 号；麻某某、闫某某销售假冒注册商标的商品一案，案号为（2014）尧刑初字第 202 号；王某、闫某销售伪劣产品一案，案号为（2014）尧刑初字第 156 号；赵某某等人销售伪劣产品一案，案号为（2014）尧刑初字第 217 号。

为。如果生产者、销售者对购买者明示其生产、销售的是假冒注册商标的商品，那么其主观上就不具有欺骗的故意，这种情形我们通常把它称为“以假卖假”。“以假卖假”除了明示其所销售的是假冒注册商标的商品，还存在默示等情形。如生产者、销售者虽然未主动向购买者明示，但其通过远低于被假冒注册商标的商品销售价格向购买者表明所销售的商品是假冒注册商标的商品的，亦属于“以假卖假”。而购买者完全知道其所要购买的是假冒他人注册商标的商品，不存在认识错误，属于“知假买假”。

“知假买假”不是专门的法律术语，而是一种社会现象。“知假买假”指的是购买者在明知购买的商品是假冒商品时，仍然对这一商品进行购买。知假买假一般包括三种形式：第一种是生产者、销售者与购买者都知道是假冒商品，购买者因其廉价而购买；第二种是购买者知道是假冒商品但销售者不知道，购买者出于利用索赔谋利的目的购买；第三种是购买者不确切知道某一商品是否为假货，但认为其是假冒伪劣产品的可能性更大，因此执意购买。① 本规则所论述的“知假买假”主要是第一种情形。此种情形中，如果假冒的产品不属于伪劣产品，那么在犯罪对象和行为方式上均不符合销售伪劣产品罪的基本构成特征，仅可能构成销售假冒注册商标的商品罪。如杨某君销售假冒注册的商品一案中，杨某君所销售的包具有包的一般使用性能，没有证据证明包的质量低劣，或者不符合普通非品牌商品的质量标准。虽然其销售的包假冒了品牌，但是消费者系出于满足消费高档商品的虚荣心，根据销售价格对该商品系假冒产品心知肚明，且该产品不影响消费者对该包的使用。因此，杨某君的行为应当认定为销售假冒注册商标的商品罪。② 又如，案例 110 邱某特、邱某生销售假冒注册商标的商品一案，二被告人通过互联网销售假冒的名牌产品。如果其实施“以假充真，以次充好，或者以不合格产品冒充合格产品”的方式欺骗消费者，其非法经营数额超过 200 万元，按照处罚较重的

---

① 《第三方网络交易平台提供者的责任》，载最高人民法院民一庭编：《民事审判指导与参考》（总第 57 辑，2014 年第 1 辑），人民法院出版社 2014 年版，第 13~14 页。

② 《杨某君销售假冒注册商标的商品案》，载最高人民法院刑一、二、三、四、五庭主编：《刑事审判参考》（第 78 集），法律出版社 2011 年版，第 111~117 页。

罪名定罪处罚原则，应当以销售伪劣产品罪定罪处罚。但事实上，其并未实施上述欺骗行为，消费者亦是“知假买假”。法院据此认为，二被告人的行为不构成销售伪劣产品罪，遂以销售假冒注册商标的商品罪论处。

（三）以假卖假，生产、销售的商品属于伪劣产品。如前所述，生产者、销售者以假卖假，即使生产、销售的是伪劣产品，也不符合生产、销售伪劣产品罪的构成特征，仅可能构成假冒注册商标罪或者销售假冒注册商标的商品罪。然而，实践中有一种情形表面上似乎生产者、销售者是以假卖假，购买者是知假买假，实质上似是而非。如生产者、销售者明示或者暗示其销售的产品是假冒注册商标的商品，购买者知假买假。但购买后发现该产品根本不具有一般产品的使用性能或者不符合一般产品的国家标准、行业标准。举例而言，某某甲在北京西单商场附近摆摊设点销售假冒 LV 牌的腰带。甲提示购买者乙、丙等人每根腰带只需 100 元。乙、丙等人明知该腰带是假冒产品，但考虑到只要 100 元，就购买若干。但购买后发现，该腰带根本不能使用，稍微用力带头就断裂，带身是人草革，根本不是皮质。该案中，对于甲而言，其虽然没有“以次充好”的欺骗故意和行为，但具有“以不合格产品冒充合格产品”的欺骗故意和行为，而购买者虽然意识到其购买的是假冒产品，但未意识到其购买的产品根本不具有腰带的使用性能。对于购买者而言，其之所以购买，一方面具有虚荣心理不假，另一方面错误认为该假冒产品具有腰带最基本的使用性能。故此种情形，实质上不属于“以假卖假”“知假买假”情形，而属于以假充真，销售的属于伪劣产品情形。销售金额 5 万元以上的，同时构成销售假冒注册商标的商品罪和销售伪劣产品罪，并依照处罚较重的规定定罪处罚。

值得强调的是，在该类案件中，如果难以认定伪劣产品，产品质量检验机构在出具产品质量是否合格的鉴定结论时，应当同时提供出具鉴定结论的参数依据、理由。司法机关根据案件事实和鉴定结论的参数依据、理由进行综合审查。如果对不合格产品的鉴定结论是针对产品内在质量而言的，则可以认定该不合格产品系伪劣产品；如鉴定结论仅是针对产品外在包装而言的，则一般不应直接认为该不合格产品系伪劣产品。需要结合其他证据综合认定。[①]

二、生产者、销售者从事的经营属于特许经营的数罪处理

未经许可,生产、销售假冒注册商标的商品或者销售假冒注册商标的商品,生产者、销售者以假卖假,购买者知假买假,同时构成假冒注册商标罪、销售假冒注册商标的商品罪和非法经营罪的,按照处罚较重的罪名定罪处罚。此种情形,前文已经论述,不再具体展开。

三、对生产者、销售者以假卖假行为已追究刑事责任的,知假买假者能否诉请惩罚性赔偿

基于前文论述,对于生产者、销售者以假卖假,购买者知假买假的,只要产品具有物品最基本的使用性能,一般不构成生产、销售伪劣产品罪,而只能以假冒注册商标罪或者销售假冒注册商标的商品罪追究刑事责任。这一原则基本解决了定罪问题。然而,依然留有争议的是,购买者能否依照《产品质量法》《食品安全法》的规定向生产者、销售者主张赔偿。以周某诉请赔偿案为例。2011年9月9日,周某在南京市瑞金路一烟酒店共消费支付8.4万元购买了5箱茅台酒。后经检验,该5箱茅台酒均为假冒伪劣商品。周某依据修正前的《消费者权益保护法》第四十九条"经营者提供商品或者服务有欺诈行为的,应当按照消费者的要求增加赔偿其受到的损失,增加赔偿的金额为消费者购买商品的价款或者接受服务的费用的一倍"的规定,提出应获得双倍赔偿。但该案的复杂之处在于,周某是带着两名公证员前去购买茅台酒,在购买后未经拆箱就将茅台酒封存送检。烟酒店经营者认为,周某的行为并非正常的消费行为,其购买茅台酒的目的不是"生活消费需要"。周某解释说,其是为了提高警惕,防止买到假冒伪劣商品,才会找公证员对自己购酒的行为进行公证。后该案经调解后,周某撤诉。[②] 这里涉及的一个问题是,如果周某没有撤诉,其如果分别依据《食品安全法》《消费者权益保护法》主

---

① 刘晓虎:《以假充真和以假卖假在定罪和销售金额认定上的区分》,载《人民司法·应用》2011年第21期。

② 《第三方网络交易平台提供者的责任》,载最高人民法院民一庭主编:《民事审判指导与参考》(总第57辑,2014年第1辑),人民法院出版社2014年版,第13~14页。

张十倍、三倍的赔偿金,人民法院是否支持?

在民事诉讼中,此种情形生产者、销售者不得以购买者知假买假为阻却责任,但是购买者这种主张一般发生在生产者、销售者未被追究刑事责任的情形。如果生产者、销售者已被追究刑事责任,购买者能否主张十倍、三倍的赔偿金,需要进一步研究。我们认为,《食品安全法》第一百四十八条第二款、《消费者权益保护法》第五十五条关于十倍、三倍赔偿金的规定,在性质上属于惩罚性赔偿,与恢复性赔偿不同。承担民事责任的形式,在财产关系方面表现为恢复被违法行为所破坏的财产权利;在人身方面,除恢复人身权利外,还必须赔偿因此而受到的财产损失。而惩罚性赔偿,又称惩戒性赔偿,是指对实际损失补偿性赔偿之外的赔偿。惩罚性赔偿是一项很古老的制度,在世界上一些主要的普通法系国家,如英国、澳大利亚、新西兰、美国和加拿大等国家都得到了广泛的适用。惩罚性赔偿,是为了增强法的威慑、规诫、引导和教育功能,在一定程度上还可以抚慰、疏导受害人的情绪,有利于化解矛盾。惩罚性赔偿虽然在普通法系国家得到了广泛的运用,但在大多数大陆法系国家没有得到承认。撇开法律理念差异,如果生产者、销售者被追究刑事责任,刑罚相比十倍的惩罚性赔偿,更能发挥法的威慑、规诫、引导和教育功能。这就使附带民事诉讼中(因销售假冒行为遭受物质损失的案件),包括在刑事案件判决后另行提起的民事诉讼中,惩罚性赔偿失去了其正当性根据。基于这一分析,我们认为,对于生产、销售假冒注册商标的商品案件中,购买者知假买假的,如果生产者、销售者因生产、销售行为被追究刑事责任,购买者不得依据《食品安全法》《消费者权益保护法》主张十倍或三倍的赔偿金。

【案例 111-112】翟某娟等侵犯知识产权案*

侵犯知识产权刑事案件中“销售金额”“实际销售价格”的认定

关键词：

侵犯知识产权　假冒注册商标　销售金额　实际销售价格

基本案情

111

翟某娟假冒注册商标案①：2012年10月，被告人翟某娟在西安市长安区石匣村经营秦丰防水材料厂，该厂属于无照经营，翟某娟系该厂主要负责人。该厂在经营期间，未经西安雨中情防水材料有限责任公司、陕西晴空防水材料工程有限公司、西安市禹宏防水材料有限责任公司和陕西航建防水工程有限公司等注册商标所有人许可的情况下，非法生产假冒“雨水情”牌、“晴空”牌、“西北禹洪”牌、“航建”牌防水材料对外销售。案发后，在其厂内查获假冒“雨水情”牌防水材料159卷、“晴空”牌防水材料59卷、“西北禹洪”牌防水材料16卷、“航建”牌防水材料7卷，因西安市禹宏防水材料有限公司办公、营销地址变迁，无法确定“西北禹洪”牌防水材料的价值，上述假冒防水材料价值人民币（以下币种同）62 790元。

---

* 本文原载“刑水浮萍”微信公众号2021年3月20日《司法疑难之354》。

① （2016）陕刑终180号。

陕西省西安市中级人民法院认为,被告人翟某娟未经注册商标所有人许可,在同一种商品上使用与其注册商标相同的商标,假冒注册商标四种,非法经营数额62 790元,情节严重,其行为构成注册商标罪。翟某娟不服,提起上诉。陕西省高级人民法院经审理驳回上诉,维持原判。

112

石狮茂亿制衣有限公司、薛某桂、王某显等假冒注册商标案:[①]2014年8月中下旬,赖某、胡某、王某三人先后到被告单位茂亿公司,与其法定代表人即被告人薛某桂洽谈后,分别下单订做假冒阿迪达斯牌注册商标棉衣500件、假冒耐克牌注册商标棉衣500件、假冒耐克牌注册商标棉衣500件,单价为55元、53元、53元,支付定金4900元、3000元、3000元,并约定交货期。接单后,在未经注册商标所有人许可的情况下,被告人薛某桂组织被告单位茂亿公司员工对上述订单的棉衣进行加工生产,后将缝制好的假冒耐克牌、阿迪达斯牌注册商标棉衣运送至被告人王某显经营的位于晋江市龙湖镇新丰村北区122号的包装厂,由王某显组织工人对假冒耐克、阿迪达斯的棉衣进行包装,由其公司验收人员即被告人欧阳某琼进行验收,其中欧阳某琼亦参与王某显包装厂工人监督管理等。2014年9月15日,公安机关在王某显的上述包装厂内查获假冒耐克牌、阿迪达斯牌注册商标的棉衣分别计1070件、450件,当场抓获王某显、欧阳某琼。2015年1月22日9时许,薛某桂到晋江市公安局龙湖派出所投案。经核算,上述假冒耐克牌、阿迪达斯牌注册商标的棉衣非法经营数额共计81 460元。晋江市人民法院针对本案非法经营数额评判如下:虽然公诉机关依照法定程序委托合法的鉴定机构作出鉴定结论,并据此提出指控,但是根据《侵犯知产解释》相关规定,只有在无法查清侵

① (2018)闽0582刑初1442号。

权产品的实际销售平均价格时，才可以按照侵权产品的市场中间价格计算。被告人薛某桂虽然在案发后4个多月才投案，并在投案时提供涉案合同、收据，但是目前证实涉案假冒耐克、阿迪达斯棉衣实际销售价的证据除了有证人赖某、胡某、王某三人的证言及薛某桂的供述外，还有相关买卖合同、订金收款收据、银行账户明细等书证，另外亦有关于涉案棉衣成本的相关证人证言。上述证人证言、被告人供述、书证可以相互印证，并未发现不符合常理或者与正常交易习惯相矛盾的地方，故应按照查清的合同价格认定侵权产品的实际销售平均价格。被告单位茂亿公司、被告人薛某桂及辩护人的相关意见予以采纳。晋江市人民法院认为，被告单位茂亿公司、被告人薛某桂、王某显、欧阳某琼未经注册商标所有人许可，在同一种商品上使用与其注册商标相同的商标，情节严重，其行为均构成假冒注册商标罪。公诉机关指控罪名成立，但指控数额有误，应予纠正。

参考规则

侵犯知识产权刑事案件中的"销售金额"，应当参照"非法经营数额"进行认定。

对于侵权产品的标价或者实际销售价格，应当最大限度查明。对于没有标价或者标价明显与实际销售价格不符的，按照已查清的实际销售平均价格计算。对于价格存在较大浮动且销售商品数量无法查清的，可以抽样选取一定比例的高价和低价销售商品，按照其平均值认定实际销售平均价格。

规则解析

一、侵犯知识产权刑事案件中的"销售金额"，应当参照"非法经营数额"进行认定，《侵犯知产解释》与《伪劣商品解释》存在冲突的，依照《侵犯知产解释》认定

（一）侵犯知识产权刑事案件中的"销售金额"，应当参照"非法经营数额"进

行认定。“销售金额”是《刑法》第一百四十条、第二百一十四条采用的规范术语,《伪劣商品解释》《侵犯知产解释》对这一规范术语的概念作了进一步界定。《伪劣商品解释》第二条规定,“销售金额”是指生产者、销售者出售伪劣产品后所得和应得的全部违法收入。《侵犯知产解释》第九条规定,“销售金额”是指销售假冒注册商标的商品后所得和应得的全部违法收入。两个文件对“销售金额”的界定在“售后所得和应得的全部违法收入”这一点上是完全一致的。

严格意义上讲,“销售金额”仅存在于已销售情形。然而,如若坚持这一严格解释,则必然导致许多生产、销售伪劣产品和销售假冒注册商标的商品的严重犯罪行为都得不到有效认定。因此,为了弥补这一立法漏洞,《伪劣商品解释》援引了《产品质量法》中“货值金额”的概念,而《侵犯知产解释》则援引了“非法经营数额”的概念,并将“非法经营数额”限定为实施侵犯知识产权行为过程中,制造、储存、运输、销售侵权产品的价值。①

(二)《侵犯知产解释》与《伪劣商品解释》的适用冲突。因《侵犯知产解释》《伪劣商品解释》在非法经营数额、销售金额、货值金额的认定部分存在冲突,如何适用是实践中经常遇到的问题。我们认为,对于指控侵犯知识产权罪、生产、销售伪劣商品罪的案件,分别按照《侵犯知产解释》《伪劣商品解释》的规定处理。同时侵犯知识产权罪、生产、销售伪劣商品罪的,先按照各自的解释文件计算犯罪数额并判断对应的法定刑,据此根据判罚轻重比较决定最终处断的罪名。

二、有标价或者能够查清实际销售价格

如果按照侵权产品的销售情况,侵权产品可以分为完全销售、部分销售和完全未销售三种情形。如果按照有无标价、能否查清实际销售价格,可以将侵权产品分为有标价或者能够查清实际销售价格情形和没有标价亦无法查清实际销售价格情形。《侵犯知产解释》第十二条对完全销售、完全未销售以及无标价亦无法查清实际销售价格的情形均明确了单一指导原则。即侵权产品的价值,完全销售

① 刘晓虎:《以假充真和以假卖假在定罪和销售金额认定上的区分》,载《人民司法·应用》2011 年第 21 期。

的，按照实际销售的价格计算；完全未销售的，按照标价计算；无标价亦无法查清实际销售价格的，按照被侵权产品的市场中间价格计算。对于部分销售情形，《侵犯知产解释》第十二条明确制造、储存、运输和未销售的侵权产品的价值，按照标价或者已经查清的侵权产品的实际销售平均价格计算。对该原则的适用存在不确定性。以下分而论之：

（一）完全销售情形

《伪劣商品解释》虽未对完全销售情形明确认定标准，但借助其对“销售金额”的界定，即“出售伪劣产品后所得和应得的全部违法收入”，完全可以推知，完全销售情形中伪劣产品的销售金额是按照产品实际销售的价格计算。而《侵犯知产解释》对完全销售情形中销售金额的认定明确了专门标准，即已销售的侵权产品的价值，按照实际销售的价格计算。可见，对于完全销售情形，《伪劣商品解释》和《侵犯知产解释》在销售金额的认定标准上是完全一致的。

（二）部分销售情形

《侵犯知产解释》对部分销售情形中如何认定销售金额，作了明确规定。根据规定，制造、储存、运输和未销售的侵权产品的价值，按照标价或者已经查清的侵权产品的实际销售平均价格计算。由该规定可知，对于未销售部分，既可以按照标价，也可以按照已经查清的侵权产品的实际销售平均价格计算非法经营数额。但是究竟在何种情况下按照标价，何种情况下按照已经查清的侵权产品的实际销售平均价格，《侵犯知产解释》并未明确。我们认为，忠于事实是定罪处罚必须坚持的基本原则，实际销售平均价格代表的是事实，实际销售平均价格应当优先适用于标价。实际销售价格能从销售流通领域说明侵权产品的价值，而标价并不能客观真实地反映侵权产品的实际价值，以实际销售的平均价格计算的非法经营数额比以标价计算的非法经营数额更客观、更合理。如在有些打折促销案件中，产品的实际销售价格往往远低于标价，此种情形应当按照已经查清的侵权产品的实际销售平均价格优先标价进行认定，否则在具体计算非法经营数额时可能会背离实情。

与《侵犯知产解释》不同，《伪劣商品解释》仅明确了未销售情形中货值金额的认定标准,并未规定未销售部分的货值金额可以按照已经查清的销售产品的实际销售价格予以计算。因此,对于销售伪劣产品的犯罪行为,其未销售部分的货值金额,根据规定仅能按照违法生产、销售的伪劣产品的标价计算,不能按照已经查清的销售产品的实际销售价格予以认定。这是因为在生产、销售伪劣产品案件中,定罪量刑的倾向性思路是,销售金额和未销售货值金额分别达到不同的法定刑幅度或者均达到同一法定刑幅度的,在处罚较重的法定刑幅度内酌情从重处罚。这一思路后来在2009年出台的《最高人民法院、最高人民检察院关于办理非法生产、销售烟草专卖品等刑事案件具体应用法律若干问题的解释》中被正式确认。基于这一分析,在部分销售情形的生产、销售伪劣商品案件中,可以认为,对未销售部分的货值金额按照标价计算;对于已销售部分的销售金额,按照已经查清的销售产品的实际销售价格计算。这种标准一般不会存在问题,但是在打折促销案件中,按照标价计算货值金额,可能背离实情。不过,由于《伪劣商品解释》对已销售部分和未销售部分的产品采取的是"先分别计算、分别定罪处罚,后从一重处"原则,所以采用单一标价标准不会在整体的定罪量刑上带来多大的影响。

(三)均未销售情形

对于此类情形,《伪劣商品解释》与《侵犯知产解释》的规定是基本一致的,均明确了单一的标准,即按照侵权产品、伪劣产品的标价认定销售金额。单一标价标准是否背离行为人行为预期值,取决于标价与预期销售价格的接近程度。如接近,则比较符合客观事实;如不接近,则可能与客观事实存在差距。在"以假充真"案件中,标价可能会成为行为人以假充真的手段之一(因为品牌商品的标价比较正式),因而以标价认定货值金额的合理性成分相对较多一点。但是在"以假卖假"型案件中,标价往往不够正式,特别是在打折促销的案件中,标价与实际销售价格往往相去甚远,因此非法经营数额与销售金额在实质内容上不对接的现象在这类案件中反映尤为突出。[①]

---

① 刘晓虎:《以假充真和以假卖假在定罪和销售金额认定上的区分》,载《人民司法·应用》2011年第21期。

不少案件反映，因侵权产品的价值存在选择性适用标准，司法机关存在对侵权产品的标价或者实际销售价格未经认真审查而轻易按照被侵权产品的市场中间价格计算的倾向。鉴于此，有必要强调对于侵权产品的标价或者实际销售价格，应当最大限度查清。对于没有标价，价格存在浮动且销售商品数量无法查清的，可以抽样选取一定比例的高价和低价销售商品，按照其平均值认定实际销售平均价格。如在田某泉等销售假冒注册商标的商品一案中，被告人销售侵权产品的价格在一定区间浮动，实际销售数量不明。检察机关主张每次销售侵权商品的价格和数量固定才能计算实际销售的平均价格。上海第一中级人民法院认为，检察机关关于价格和数量固定才能计算实际销售的平均价格的观点过于绝对，增加了侵犯知识产权犯罪中证据审查的难度。遂针对两次或者两次以上销售侵权产品的，抽取一定比例的高价和低价样本，取其平均值，以此作为实际销售平均价格。①

三、没有标价亦无法查清实际销售价格

需要说明的是，《侵犯知产解释》第十二条关于“侵权产品没有标价或者无法查清其实际销售价格的，按照被侵权产品的市场中间价格计算”的表述存在一处笔误。这里的“侵权产品没有标价或者无法查清其实际销售价格的”宜修改为“侵权产品没有标价亦无法查清其实际销售价格的”。如果使用“或者”的表述，意味着只要符合二者之一即按照被侵权产品的市场中间价格计算，显然这不是司法解释的本意。对于“没有标价亦无法查清实际销售的平均价格的”情形应当在尽职调查后审慎认定。确实属于“没有标价亦无法查清实际销售的平均价格的”，按照被侵权产品的市场中间价格计算。如在石狮茂亿制衣有限公司、薛某桂、王某显等假冒注册商标一案中，公诉机关认为无法查清侵权产品实际销售价格，遂委托鉴定机构鉴定。鉴定机构按照被侵权产品的市场中间价格认定非法经营数额。被告人对此提出异议。法院认为，涉案假冒耐克、阿迪达斯棉衣实际销售价格的证据除了有证人赖某、胡某、王某三人的证言及薛某桂的供述外，还有相关买卖合

---

① （2010）沪一中刑终字第750号。

同、订金收款收据、银行账户明细等书证,另外与销售价格紧密关联的涉案棉衣的成本也有相关证人的证言予以证明。上述证人证言、被告人供述、书证可以相互印证,并未发现不符合常理或者与正常交易习惯相矛盾的地方,故应当按照查清的合同价格认定侵权产品的实际销售平均价格,鉴定机构的鉴定数额不予采纳。①

根据《伪劣商品解释》的规定,此类情形的货值金额,是按照同类合格产品的市场中间价格计算。货值金额难以确定的,按照国家计划委员会②、最高人民法院、最高人民检察院、公安部1997年4月22日联合发布的《扣押、追缴、没收物品估价管理办法》的规定,委托指定的估价机构确定。而根据《侵犯知产解释》却规定,按照被侵权产品的市场中间价格计算。这是因为在销售伪劣商品案件中,存在无法按照同类合格产品的市场中间价格计算的情况,而在侵犯知识产权案件中,不存在无法按照被侵权产品的市场中间价格计算的情况,所以《侵犯知产解释》未像《伪劣商品解释》那样对"货值金额难以确定"情形作出规定。

实践中,比较常见的问题是被侵权单位出具的证明价格能否认定为"被侵权产品的市场中间价格"。不少案件中,公诉机关以被侵权单位出具的正品价格证明所载价格作为"被侵权产品的市场中间价格"。我们认为,这种做法不可取。主要理由在于:首先,被侵权单位作为利害关系方,其出具的价格证明如无相关证据佐证,作为认定犯罪数额的依据缺乏客观性。其次,对于何为市场中间价格,司法解释并未予以明确。而实际操作中,因产品销售存在多个环节,以出厂、批发或者零售环节的市场中间价格计算案值,结果必然存在一定差异。可见,应当根据行为人所处的具体销售环节来确定市场中间价格。公诉机关仅以被侵权单位出具的价格证明来确定被侵权产品市场中间价格,既不客观,也不合理。

四、尚未销售情形犯罪停止形态和定罪处罚原则

以下论述不属于本条裁判规则内容,但因紧密关联,故一并论述。假冒注册商标罪、非法制造注册商标标识罪使用的是非法经营数额、违法所得数额,在尚未

① (2018)闽0582刑初1442号。

② 已更改,1998年更名为国家发展计划委员会;2003年将国务院体改办和国家经贸委部分职能并入,改组成为国家发展和改革委员会。

销售情形数额的认定一般不存在争议。而销售假冒注册商标的商品罪使用的是销售金额,在尚未销售情形销售金额一般不存在。为解决这一困惑,《侵犯知产解释》第九条第一款规定销售金额是指"销售假冒注册商标的商品后所得和应得的全部违法收入"。该规定出台后,实践中依然存在认识分歧。主要源于"所得和应得的全部违法收入"的理解。根据通常的理解,"所得"的收入是指行为人出售假冒注册商标的商品已经得到的违法收入;"应得"的收入是指行为人已将假冒注册商标的商品出售但尚未收回货款,按照合同约定将要得到的违法收入。从该角度理解,销售金额的两种情形依然均应以假冒注册商标的商品业已销售为基础。尚未销售情形,如果参照非法经营数额的认定没有问题,但如何明确定罪处罚的数额标准必然是接下来应当解决的问题。对此,《侵犯知产解释》并未明确意见。实践中存在三种意见:第一种意见认为没有销售金额,不符合法定数额要件,不构成犯罪;第二种意见认为属于犯罪未遂,应当依法定罪处罚;第三种是折中意见。即对以销售为目的而购买假冒注册商标的商品,但尚未销售的行为有条件地以销售假冒注册商标的商品罪(未遂)进行处罚。2011年出台的《侵犯知产意见》第八条基本采纳了第三种意见。该条规定:"销售明知是假冒注册商标的商品,具有下列情形之一的,依照刑法第二百一十四条的规定,以销售假冒注册商标的商品罪(未遂)定罪处罚:(一)假冒注册商标的商品尚未销售,货值金额在十五万元以上的;(二)假冒注册商标的商品部分销售,已销售金额不满五万元,但与尚未销售的假冒注册商标的商品的货值金额合计在十五万元以上的。假冒注册商标的商品尚未销售,货值金额分别达到十五万元以上不满二十五万元、二十五万元以上的,分别依照刑法第二百一十四条规定的各法定刑幅度定罪处罚。销售金额和未销售货值金额分别达到不同的法定刑幅度或者均达到同一法定刑幅度的,在处罚较重的法定刑或者同一法定刑幅度内酌情从重处罚。"

可见,《侵犯知产意见》明确了三点处理意见:第一,尚未销售的,以销售假冒注册商标的商品罪未遂追究刑事责任;第二,对于未遂的,以货值金额作为定罪量刑的数额标准;第三,以货值金额作为标准时,入罪数额掌握在既遂标准的3倍即15万元以上,加重量刑数额与既遂标准相同即25万元以上。在具体理解该规定时，实践中应特别注意入罪标准和加重量刑标准掌握上的不同，即《刑法》第二百一十四条规定的不同量刑档次并不要求货值金额均需达到《知识产权解释一》所规定的销售金额的3倍以上。之所以规定未遂和既遂的“数额巨大”适用同一标准，其主要考虑是打击面的控制已经通过入罪标准的掌握上得以实现，货值金额与销售金额的差别主要体现在犯罪行为实施的不同阶段上，在计算结论上两者不存在大的出入，同时，也是为了与司法实践中类似犯罪的处理原则保持一致。如《关于办理假冒伪劣烟草制品等刑事案件适用法律问题座谈会纪要》明确规定：“伪劣烟草制品尚未销售，货值金额分别达到十五万元以上不满二十万元、二十万元以上不满五十万元、五十万元以上不满二百万元、二百万元以上的，分别依照刑法第一百四十条规定的各量刑档次定罪处罚。”

【案例 113-115】梁某等假冒注册商标、销售明知是假冒注册商标的商品案*

假冒注册商标或者销售明知是假冒注册商标的商品过程中，生产者、销售者以假卖假的，销售金额的认定

关键词：

假冒注册商标　销售明知是假冒注册商标的商品　以假卖假　知假买假

基本案情

113

梁某等销售假冒注册商标的商品案：①被告人张某雾在广州经营一家烟酒行，经司机陈某秋介绍与被告人王某认识并进行假烟交易。自2012年10月开始，张某雾分别以软(硬)盒中华卷烟每条人民币(以下币种同)65元、黄芙蓉王卷烟每条55元的价格，先后八次出售600条软(硬)假冒伪劣中华卷烟、250条假冒伪劣黄芙蓉王卷烟给王某，销售金额共计52 750元。公安机关从其经营的烟酒行内查扣100条硬盒中华、123条牡丹卷烟，查获价值应为10 190元。被告人王某除向张某雾购买假烟外，另向黄某喜(另案处理)以每条90元购进39条硬盒中华、每条70元购进43条黄芙蓉王卷烟，向程某孟(另案处理)以每条60元购进75条黄

* 本文原载"刑水浮萍"微信公众号2021年3月22日《司法疑难之355》。

① (2014)琼知刑终字第1号。

芙蓉王卷烟及其他少量黑白沙、红塔山等。王某购买假烟后，以硬盒中华每条110元、软盒中华每条125元、黄芙蓉王每条80元、黑白沙及红塔山每条约45元的平均价销售给被告人梁某及证人吕某福等人。王某共计销售硬中华344条、软中华49条、黄芙蓉王309条、黑白沙30条、红塔山30条，销售金额为71 385元。公安机关从王某的小轿车、金山小区家中、澄迈老城家中的伪劣卷烟加工点处、司机庄光明的车上共查扣71条硬中华、50.9条软中华、66条黄芙蓉王及36条黑白沙，查扣部分价值为22 047.5元。王某的非法经营数额为销售金额与查扣价值之和，共计92 457.5元。按照对被告人有利的原则，以销售收入减去按进货价从高到低递减计算的成本，王某销售假烟的违法所得为24 150元。被告人梁某向王某购买假烟后，单独或伙同被告人符某云一起在文昌地区大肆出售，被告人林某艳积极帮助梁某销售假烟并从中提成。2012年10月至2013年3月，梁某单独或伙同符某云、林某艳以硬盒中华每条300元、软盒中华每条400元、黄芙蓉王每条150元、黑白沙及红塔山每条80元的中间价销售假烟。梁某等人共计销售硬盒中华549条、软盒中华34条、黄芙蓉王227条、二代白沙及红塔山各25条，销售金额211 370元。其中符某云参与销售金额86 160元，林某艳参与销售金额111 790元。公安机关从梁某及林某艳处查扣18.9条硬盒中华、3条软盒中华假烟，按其以往销售平均价格计算货值为6870元。销售金额与查扣价值相加得出，梁某的非法经营数额为218 240元，符某云的非法经营数额为93 030元，林某艳的非法经营数额为118 660元。以销售收入减去进货成本，梁某等人销售假烟的违法所得为131 300元。本案争议焦点是未销售的假烟能否按照正品香烟的市场价格计算？原审法院认为，被告人梁某、林某艳、符某云无烟草零售经营权，单独或伙通他人销售假冒伪劣卷烟，其中梁某销售金额达

211 370元，被查扣的假烟市值1218元；林某艳销售金额达111 790元，被查扣的假烟市值8820元；符某云参与销售的金额达86 160元。三被告人的行为均构成非法经营罪。被告人王某亦无烟草零售经营权，单独销售假冒伪劣卷烟金额达69 105元，被查扣的假烟市值83 900元，其行为亦构成非法经营罪。被告人张某雾有烟草零售经营权，销售假冒伪劣卷烟金额达52 750元，被查扣的假烟市值45 960元，其行为构成销售假冒注册商标的商品罪。被告人梁某伙同林某艳、符某云销售假冒伪劣卷烟的行为构成共同犯罪，梁某在共同犯罪中起主要作用，系主犯，林某艳、符某云起次要或者辅助作用，系从犯，依法应当从轻处罚。五被告人均当庭认罪，具有一定悔罪表现，依法可以酌情从轻处罚。被告人梁某、王某、林某艳、张某雾不服，均提起上诉。其中被告人王某及其辩护人其中主要一条理由是原审法院对王某未销售的假烟按正品香烟市场价格计算，认定该部分非法经营额为83 900元，系适用法律错误，应当按照实际销售的价格计算。海南省高级人民法院认为，上诉人梁某、王某、林某艳、原审被告人符某云无烟草零售经营权，单独或伙通他人销售假冒伪劣卷烟，扰乱市场秩序，情节严重，构成非法经营罪。上诉人张某雾有烟草零售经营权，销售假冒伪劣卷烟数额较大，构成销售假冒注册商标的商品罪。原判认定基本事实清楚，证据确实、充分，定罪准确，审判程序合法。上诉人梁某、林某艳的上诉理由，上诉人王某及其辩护人关于12万元罚金超过法定刑的上诉理由及辩护意见，上诉人张某雾及其辩护人关于其应当适用缓刑的上诉理由及辩护意见均不成立，二审法院不予采纳。但一审判决对王某非法经营数额计算有误，对王某、张某雾量刑过重，应予改判。

114 王某辉销售假冒注册商标的商品案[①]:2009年4月9日,被告人王某辉伙同他人销售假冒思科牌模块时被抓获。公安人员在王某辉的经营地、暂住地和库房内,查获大量H3C牌模块、思科牌模块。经鉴定,上述产品均系假冒H3C牌和思科牌注册商标的产品,其中假冒思科牌注册商标的产品价值173 124元。二审另查明,公安机关在王某辉处查获的假冒H3C牌模块货值金额共计51 880元。本案争议焦点是对侵权产品的价值能否依据被侵权单位出具的真品价格进行计算?北京市海淀区人民法院认为,对于查获的假冒H3C牌模块的价值,公诉机关仅以被侵权单位杭州华三通信技术有限公司出具的价格证明作为价值认定依据,未提供价格认证中心的财产价格鉴定意见,缺乏客观性,故对指控的假冒H3C牌产品价值不予认可,并在犯罪数额中予以扣除。一审宣判后,王某辉未上诉。北京市海淀区人民检察院提出抗诉,北京市人民检察院第一分院支持抗诉。北京市第一中级人民法院认为,原审被告人王某辉销售明知是假冒注册商标的商品,销售金额数额较大,其行为构成销售假冒注册商标的商品罪,依法应当惩处。本案中,购销双方对于"以假卖假、知假买假"均有明确认识,假货的销售价格与真品有很大差距。因此,按照查获的假冒产品本身的价格计算犯罪数额,更能体现罪责刑相适应原则。原公诉机关仅依据被侵权单位出具的真品价格证明,认定查获的假冒H3C牌模块的犯罪金额,缺乏客观性。而原审法院仅以控方证据不足为由,对该项事实的犯罪数额不予认定,亦属不当。经查,查获的假冒H3C牌注册商标的产品货值金额大约为5.1万余元。对检察机关的抗诉意见和支持抗诉意见,部分予以采纳。原判对于部分事实认定有误,应予纠正。鉴于二审查明的数额仍在一审确定的量刑幅度内,一审判决不属于量刑畸轻,

① (2013)一中刑终字第677号。

故予以维持。据此,依照《刑事诉讼法》第二百二十五条第一款第一项之规定,北京市第一中级人民法院裁定驳回抗诉,维持原判。

115

邢某某销售假冒注册商标的商品案:[①]被告人邢某某与马某某系夫妻关系。2013 年 12 月 9 日,公安机关从二被告人经营的位于乌鲁木齐市天山区小西门新贸一楼“北方传奇”店内,查获二被告人私自购进并准备对外出售的假冒“耐克”牌棉外套 409 件,假冒“耐克”牌运动裤 1025 条,假冒“耐克”牌外套 1985 件,假冒“阿迪达斯”牌棉外套 608 件,假冒“阿迪达斯”牌运动裤 1013 条,假冒“阿迪达斯”牌外套 1828 件。经鉴定,涉案服装价值共计 199 689 元。本案争议焦点是尚未销售的假冒注册商标的商品如何认定销售金额?委托估价机构鉴定时参考的标准是被侵权产品还是侵权产品的价格?乌鲁木齐市天山区人民法院认为,被告人邢某某、马某某无视国家法律,销售明知是假冒“阿迪达斯”“耐克”注册商标的商品,货值达 199 689 元,数额较大,二被告人的行为均构成销售假冒注册商标的商品罪。由于二被告人意志以外的原因货物尚未售出,属于犯罪未遂。公诉机关指控的罪名成立。

参考规则

假冒注册商标或者销售明知是假冒注册商标的商品过程中,生产者、销售者以假卖假的,销售金额按照侵权产品价值认定。

已销售的侵权产品的价值按照实际销售的价格计算。制造、储存、运输和未销售的侵权产品的价值,按照标价或者侵权产品实际销售的平均价格计算。没有标价或者标价明显与实际销售价格不符的,按照侵权产品实际销售的平均价格计算。实际销售的平均价格无法查清的,可以委托估价机构进行价格鉴定。估价机

① (2014)天刑初字第 382 号。

构应当按照侵权产品的市场价格确定估价。

规则解析

一、生产者、销售者实施假冒注册商标的商品或者销售明知是假冒注册商标的商品过程中，以假卖假的，销售金额按照侵权产品价值认定

在以假充真类案件中，假冒注册商标的商品的销售价格往往与正品的销售价格相当，按照《侵犯知产解释》第十二条规定的标价、实际销售价格和被侵权产品的市场中间价格计算出来的销售金额不会有太大的出入。但是在以假卖假、知假买假类案件中，假冒商品的销售价格往往明显低于正品商品的销售价格，如一条假冒中华烟 65 元，仅相当于真品中华烟的 1/10。采用标价、实际销售价格和被侵权产品的市场中间价格计算出的销售金额存在天壤之别，这就必然影响到对被告人的定罪量刑。一般而言，实际销售金额最低，标价其次，被侵权产品的市场价格最高。按照实际销售金额计算，可能销售金额达不到入罪标准，或者适用最低一档法定刑。按照被侵权产品市场中间价格计算，则可能适用法定最高刑。鉴于销售金额的计算标准对定罪量刑关系重大，有必要针对生产者、销售者以假卖假情形，研究明确专门的犯罪数额计算方法。

我们认为，在生产者、销售者以假卖假，购买者知假买假案件中，销售金额按照侵权产品价值认定。这是因为非法经营数额、销售金额的认定直接涉及罪行轻重的评价，是犯罪事实中最基本、最客观的组成部分。对于假冒注册商标或者销售假冒注册商标的商品行为，如果行为人掺杂、掺假，以假充真，以次充好，或者以不合格产品冒充合格产品的，涉案产品的价值能够直接表明行为人骗取了购买者多少资金、购买者遭受了多少经济损失。这些数额代表的意义决定了实际销售价格在非法经营数额、销售金额认定中的重要性。试想，如果行为人已销售一半其生产的假冒注册商标的商品，还剩一半在库房，实际销售金额总计 10 万元，购买者实际支付总计 10 万元。如果按照被侵权产品市场中间价格（10 倍的价格）计算，则是已销售部分的销售金额是 100 万元，未销售部分的货值金额是 100 万元，总计

200万元。依照该标准计算出来的数额、行为人实际骗取的数额、购买者遭受的实际经济损失数额存在极大偏差。在以假卖假案件中,购买者通过销售场所、方式等因素,一般不会按照正品价格支付,实际销售价格与正品价格会有很大差距,只有按照侵权产品的价值计算犯罪数额,才能符合犯罪事实。鉴于此,对于此类案件,应当立足于实际情况,按照侵权产品的价值认定非法经营数额、销售金额。如在杨某君销售假冒注册商标的商品一案中,被告人杨某君从2007年5月起即开始实施销售假冒注册商标的商品的行为,但是究竟其已经销售出去多少包则无法查清。能够查清的就是起获在案的待售包的价值,所以应当以待售包的价值作为定案依据。杨某君销售的包,都是假冒国际知名品牌,如果按照正品的价格计算,一个包就会价格数千元甚至数万元。价格鉴定机构实事求是,根据这种假冒名牌包的市场价格来计算,8425个包作价76万余元,均价不足百元。司法机关据此作为定案依据,能够准确评价杨某君犯罪行为的社会危害性,符合客观实际。[①]

二、有标价或者能够查清实际销售的平均价格的侵权产品价值

具体又分为三种情形:完全销售、部分销售和完全未销售情形。

(一)完全销售情形

这种情形,以假充真与以假卖假没有什么区别,可以直接适用《侵犯知产解释》第十二条的规定,即对已销售的侵权产品的价值,按照实际销售的价格计算。

(二)部分销售情形

《侵犯知产解释》第十二条规定,制造、储存、运输和未销售的侵权产品的价值,按照标价或者已经查清的侵权产品实际销售的平均价格计算。实践中,究竟是标价优先还是实际销售的平均价格优先,未能达成共识。与以假充真类案件一样,以假卖假类案件亦存在同样的争议。在以假充真类案件中,我们认为,为坚持实际出发,实际销售的平均价格在适用上应当优先于标价。没有标价或者标价明显与实际销售价格不符的,按照侵权产品实际销售的平均价格计算。在以假卖假

① 最高人民法院刑一、二、三、四、五庭主编:《刑事审判参考》(第78集),法律出版社2011年版,第111~117页。

类案件中，生产者、销售者会提示购买者，双方基于提示信息还会进一步讨价还价。因标价往往流于形式，没有实质意义，生产者、销售者对标价就比较随意。标价基本不能客观真实地反映侵权产品的实际价值。相比之下，实际销售价格能够全面体现侵权产品的价值，应当优先适用。① 实际销售价格存在较大波动的，按照实际销售的平均价格计算。如在案例 113 梁某等销售假冒注册商标的商品一案中，原公诉机关和原审法院对王某未销售的假烟均按正品香烟市场价格计算认定该部分非法经营额为 83 900 元。二审法院认为，王某以硬中华每条 100~120 元、软中华 110~140 元、黄芙蓉王 70~90 元的价格出售，在多次销售金额均不同的情况下，取中间价，即认定硬中华每条 110 元，软中华每条 125 元、黄芙蓉王每条 80 元、黑白沙及红塔山每条 45 元。王某的销售金额应为 71 385 元(344×110+49×125+309×80+60×45)。公安机关在王某车上、海口市金山小区家中、澄迈家中及庄光明的车上查获 71 条硬中华、50.9 条软中华(含从庄光明车上被查扣的 50 条软中华)、66 条黄芙蓉王及 36 条黑白沙，王某该部分的非法经营数额应当为 21 072.5 元(71×110+50.9×125+66×80+36×45)。因此，王某的非法经营总数额应为 92 457.5 元，王某及其辩护人关于一审认定其非法经营额有误的理由成立。②

(三)完全未销售情形

对于此类情形，《侵犯知产解释》明确了单一的标准，即按照侵权产品的标价认定销售金额。司法实践证明，在以假卖假类案件中，对于已销售的侵权产品，标价往往高出实际销售的价格很多；同理，对于未销售的侵权产品，标价一般都高出生产者、销售者心理预期的销售价格。我们认为，在以假卖假案件中，不能简单按照标价计算非法经营数额、销售金额。③ 对于完全未销售的情形，按照没有标价亦无法查清实际销售的平均价格处理。

---

① 《孙某强等假冒注册商标案》，载最高人民法院刑一、二、三、四、五庭主编：《刑事审判参考》(第 78 集)，法律出版社 2010 年版，第 89~95 页。

② (2014)琼知刑终字 1 号。

③ 刘晓虎：《以假充真和以假卖假在定罪和销售认定上的区分》，载《人民司法·应用》2011 年第 21 期。

三、没有标价亦无法查清实际销售的平均价格的，可以委托估价机构进行价格鉴定。估价机构应当按照侵权产品的市场价格确定估价

如前所述，侵权产品没有标价或者标价与事实严重不符的，按照实际销售的平均价格计算。侵权产品没有标价亦无法查清实际销售的平均价格的，可以参照《伪劣商品解释》的规定，按照国家计划委员会、最高人民法院、最高人民检察院、公安部 1997 年 4 月 22 日联合发布的《扣押、追缴、没收物品估价管理办法》的规定，委托指定的估价机构进行估价。

如果控辩双方对实际销售价格能否查清有不同意见，应当尽可能查明实际销售价格。有的案件中，检察机关认为无法查清实际销售价格，指控事实中以相应正品的鉴定价格计算犯罪数额。这种做法的主要理由是，要查清实际销售价格，必须调取出库单、购货清单，且在时间、数量上必须一一对应，关于型号的记载也要与扣押清单的型号完全一致。这种观点过于拔高了实际销售价格的认定要求，看似合理，实际不符合侵犯知识产权犯罪取证难的实际情况，可能造成最终认定的犯罪数额与事实严重背离。如在案例 114 王某辉销售假冒注册商标的商品一案中，查获的假冒 H3C 牌模块没有标价，但其实际销售的平均价格根据侵权产品购买人的证言、相关单据、被告人王某辉的供述等证据基本能够查清。证人王某沛等侵权产品购买人的证言、王某辉的供述均证明，王某辉销售的假冒 H3C 牌各型号模块的价格在 100 元至 200 元。而公安人员在王某辉、购货人处查获的部分出库单、调取的购货清单中标注有假冒 H3C 牌模块的型号、价格。经比对，查获的 6 种型号 H3C 牌假模块中，有 5 种型号能够结合书证查明实际销售价格，只有 1 种型号的假模块无法查明销售价格。据此，二审法院对原审法院认定的假冒 H3C 牌模块的货值金额予以纠正。①

从以往类似案件看，普遍反映出估价机构鉴定的价值高出实际销售价格，被告人及辩护人不服，以此为由提出上诉的案件比较多。这些现象表明，人民法院

---

① 《王某辉销售假冒注册商标的商品案》，载最高人民法院刑一、二、三、四、五庭主编：《刑事审判参考》(第 95 集)，法律出版社 2014 年版，第 20~24 页。

在采纳估价机构的鉴定意见之前,应当对鉴定过程和鉴定意见进行全面审查。司法实践中,由于价格鉴定意见的出具比较便捷,且鉴定结果往往能够得到法庭的支持,对于查获的侵权产品,侦查机关一般都交由价格鉴定机构出具价格鉴定意见,作为指控、认定犯罪数额的依据。然而,如果鉴定机构不负责任,其出具的鉴定意见未必客观准确。特别是当鉴定机构出具的鉴定价格与被侵权单位提供的价格完全一致时,极易引发被告人、辩护人对鉴定意见客观性、公正性的质疑。因此,鉴定意见能否作为定案的根据,需要结合案件具体情况和其他证据审查判断。具体而言,应当调取证明被侵权单位实际销售情况的证据,如销售合同、销售单据、产品市场定价等,用以证实被侵权单位提供价格的真实性。必要时,应当对鉴定的程序、依据等情况进行审查。只有这样,才能准确认定犯罪数额,作出令人信服的判决。①

在委托鉴定案件中,估价机构究竟是按照侵权产品的市场中间价格确定估价,还是按照被侵权产品的市场中间价格确定估价,这也是实践中经常遇到的问题。我们认为,在以假卖假类案件中,鉴于侵权产品实际销售的价格一般明显低于被侵权产品的市场价格,为准确评价犯罪的社会危害程度,应当坚持从实际出发,按照侵权产品的市场中间价格确定估价。虽然侵权产品的市场中间价格比较难确定,甚至因产品类型新颖,没有市场中间价格,但是相比于按照被侵权产品的市场中间价格计算,更接近客观事实,也更能促使被告人认罪服判。如在案例115邢某某销售假冒注册商标的商品一案中,诉讼代理人要求从被告人处查获的假冒阿迪达斯注册商标的商品应按照正品价值予以计算。法院认为,《伪劣商品解释》第二条第三款和《侵犯知产解释》第十二条均确立了一个基本原则,即优先考虑涉案物品的标价、市场中间价格或者实际销售平均价格。诉讼代理人要求按照正品作价不符合法律规定。首先,在案证据证实,涉案的运动服系被告人低价购入的假冒品牌服装,产品成本远远低于正品,故实际货值不可能与正品相同;其次,被

① 《王某辉销售假冒注册商标的商品案》,载最高人民法院刑一、二、三、四、五庭主编:《刑事审判参考》(第95集),法律出版社2014年版,第20~24页。

告人在乌鲁木齐市小西门销售货物,与正品的流通渠道明显不同,买受人亦应明知所购货物并非正品,不可能以正品价格购入涉案物品;最后,阿迪达斯公司出具的市场建议零售价格系其单方报价,未对正品的零售价格、批发价格、折扣价格等作出区分,且不能等同于涉案物品的实际货值。鉴定机构出具的鉴定意见,在一定程度上考虑了涉案物品的实际情况,对货值作出的价值认定符合法律规定和具体案情,亦能体现有利于被告人的基本原则,故予以采信。[①]

① (2014)天刑初字第382号刑事判决书。

【案例 116】曹某侵犯商业秘密案*

盗窃商业秘密现场被抓获的能否认定"获取商业秘密";"未获取商业秘密"的是否构成侵犯商业秘密罪;造成计算机信息系统安全等被破坏的如何确定损失

关键词:

侵犯商业秘密　获取商业秘密　计算机信息系统安全　损失

基本案情

116

被告人曹某潜入某公司,用窃取方式盗取商业秘密,其已用U盘拷贝全部数据,正欲离开即被保安发现,遂报警,U盘亦被查获。

问题1:假设被告人曹某窃取的商业秘密本身价值极大,如几亿元,但U盘未带走,实际上未给权利人造成任何损失,曹某是否构成犯罪(是否属于未遂)?

问题2:仍然是前述情形,被告人曹某在拷贝的过程中,损坏该公司电脑设备,维修费花了50万元,能否以曹某盗窃商业秘密,给商业秘密权利人造成损失50万元入罪?

* 本文原载"刑水浮萍"微信公众号2020年4月19日《司法疑难之288》。

参考规则

对于以不正当手段获取商业秘密的一般情形，侵犯商业秘密罪以“获取”商业秘密为入罪要件。没有获取商业秘密的，不构成侵犯商业秘密罪。对于获取商业秘密后，尚未披露、使用或者允许他人使用的，损失数额可以根据该项商业秘密的合理许可使用费确定。

对于以不正当手段获取商业秘密的特殊情形，侵犯商业秘密罪可不以“获取”商业秘密为入罪要件。没有获取商业秘密，但是给储存、维护商业秘密的计算机信息系统安全、其他系统安全造成破坏的，依然可能构成侵犯商业秘密罪。重新恢复计算机信息系统安全、其他系统安全而支出的补救费用，应当计入给商业秘密的权利人造成的损失。

规则解析

一、关于商业秘密等知识产权能否成为盗窃、职务侵占、贪污罪对象的研究现状

根据《刑法》第二百一十九条的规定，盗窃系侵犯商业秘密的行为方式之一，给商业秘密的权利人造成重大损失的，构成侵犯商业秘密罪。在国外有一个不成文的定罪规则“不盗利，不抢无形”。即财产性利益一般不能成为盗窃罪的对象，无形资产一般不能成为抢劫罪的对象。这一规则，随着实践的不断发展，需要逐渐修正。但对于绝大多数财产性利益而言，这一规则依然适用。在我国，不少观点认为，商业秘密包括所有知识产权都不能成为盗窃罪的对象。对此，也有观点反对。如果盗窃商业秘密，致使权利人造成30万元以上损失的，性质很严重，如果不认定侵犯商业秘密罪，则在一定程度上放纵了犯罪。[1] 综合分析，虽然一般情况下权利不能成为盗窃、职务侵占、贪污罪的犯罪对象，但是如果行为人意图将该权利转化为财产的，则可以按对等价值认定盗窃、职务侵占、贪污罪。据此，行为人

① 《商业秘密不能成为盗窃、诈骗、职务侵占等侵财型犯罪的对象》，载《人民司法·应用》2002年第2期。

实施盗窃后旨在转化知识产权为财产的,该知识产权可以作为盗窃、职务侵占、贪污罪的对象。在职务犯罪案件中,犯罪对象由财物扩大到财产性利益,基本已广泛被接受。而此中被接受的一个重要理由就是行为人将某种财产性权利转化为财产。如行为人旨在将质押权、抵押权转化为金钱或者交换其他财物的,质押权、抵押权就可以视为某种犯罪的对象。据此,对于旨在将商业秘密转化为金钱或者交换其他财物的,可以将商业秘密等知识产权纳入盗窃、职务侵占、贪污罪的对象。相关侵犯知识产权犯罪的司法解释或者司法解释性文件,均将盗窃商业秘密作为不正当获取商业秘密的方式之一,并明确情节严重的可以构成侵犯商业秘密罪。

二、对于以不正当手段获取商业秘密的一般情形,侵犯商业秘密罪以"获取"商业秘密为入罪要件。没有获取商业秘密的,不构成侵犯商业秘密罪。对于获取商业秘密后,尚未披露、使用或者允许他人使用的,损失数额可以根据该项商业秘密的合理许可使用费确定

《最高人民法院、最高人民检察院关于办理侵犯知识产权刑事案件具体应用法律若干问题的解释(三)》(法释〔2020〕10 号,以下简称《侵犯知识产权解释三》)加大了对侵犯知识产权犯罪的处罚力度,根据该解释第五条第一款第一项之规定,"以不正当手段获取权利人的商业秘密,尚未披露、使用或者允许他人使用的,损失数额可以根据该项商业秘密的合理许可使用费确定",这就意味着,只要行为人获取了商业秘密,即使尚未披露、使用或者允许他人使用,依然可以认定侵犯商业秘密造成的损失。这一变化,对侵犯商业秘密罪的定罪量刑带来重大影响。从该规定分析,侵犯商业秘密不是传统意义上的结果犯,这种危害结果有时是一种拟制结果,不要求实际发生。

需要注意的是,随着《侵犯知识产权解释三》的公布,对于尚未披露、使用或者允许他人使用的情形,实际结果的发生不是入罪的必要条件,此种情形,入罪和是否既遂的关键在于是否"获取"。只要"获取"了商业秘密,该项商业秘密的合理许可使用费确定在 30 万元以上,就构成侵犯商业秘密罪。那么如何认定获取了商业秘密呢?我们认为,《刑法》意义上的"获取"至少要成功实现物理性转移,包括电子载体的空间转移。本案中,行为人虽然已用 U 盘拷贝了全部数据,但正欲离开

时被保安发现并报警,U盘当场被查获,未成功实现物理性转移。从这一角度分析,我们认为曹某未获取商业秘密,不适用《侵犯知识产权解释三》第五条第一款第一项之规定,不构成侵犯商业秘密罪。

三、对于以不正当手段获取商业秘密的特殊情形,侵犯商业秘密罪可不以"获取"商业秘密为入罪要件。没有获取商业秘密,但是给储存、维护商业秘密的计算机信息系统安全、其他系统安全造成破坏的,依然可能构成侵犯商业秘密罪。重新恢复计算机信息系统安全、其他系统安全而支出的补救费用,应当计入给商业秘密的权利人造成的损失

对于没有获取商业秘密的情形,严格依照《刑法》第一百九十一条之规定,不构成犯罪。但是对于以侵犯商业秘密为目标,虽然尚未获取,但已对商业秘密的权利人造成现实损失的情形,是否构成侵犯商业秘密罪存在较大争议。这种行为同样有很严重的社会危害性,为加强知识产权保护,有必要对此种行为纳入打击侵犯商业秘密犯罪的范围。近年来,为加强对商业秘密的保护,推进反不正当竞争的力度,对维护商业秘密的相关设施造成损坏的,应当计入侵害商业秘密的损失数额。根据《侵犯知识产权解释三》第五条第三款规定,商业秘密的权利人为者重新恢复计算机信息系统安全、其他系统安全而支出的补救费用,应当计入给商业秘密的权利人造成的损失。如此一来,对于未获取商业秘密的情形,可能符合修正的侵犯商业秘密罪的构成要件,只要造成的损失超过30万元,依然可以构成侵犯商业秘密罪。

换作此种角度分析,本案中,被告人曹某在拷贝的过程中,损坏该公司电脑设备,维修费花了50万元,只要该笔费用合理、科学,应当计入损失数额。依照《侵犯知识产权解释三》第五条第三款之规定,对曹某可以认定构成侵犯商业秘密罪。

相关规定

1.《中华人民共和国刑法》

第二百一十九条 【侵犯商业秘密罪】有下列侵犯商业秘密行为之一,

情节严重的，处三年以下有期徒刑，并处或者单处罚金；情节特别严重的，处三年以上十年以下有期徒刑，并处罚金：

（一）以盗窃、贿赂、欺诈、胁迫、电子侵入或者其他不正当手段获取权利人的商业秘密的；

（二）披露、使用或者允许他人使用以前项手段获取的权利人的商业秘密的；

（三）违反保密义务或者违反权利人有关保守商业秘密的要求，披露、使用或者允许他人使用其所掌握的商业秘密的。

明知前款所列行为，获取、披露、使用或者允许他人使用该商业秘密的，以侵犯商业秘密论。

本条所称权利人，是指商业秘密的所有人和经商业秘密所有人许可的商业秘密使用人。

2.《最高人民法院、最高人民检察院关于办理侵犯知识产权刑事案件具体应用法律若干问题的解释（三）》（法释〔2020〕10号）

第三条　采取非法复制、未经授权或者超越授权使用计算机信息系统等方式窃取商业秘密的，应当认定为刑法第二百一十九条第一款第一项规定的“盗窃”。

以贿赂、欺诈、电子侵入等方式获取权利人的商业秘密的，应当认定为刑法第二百一十九条第一款第一项规定的“其他不正当手段”。

第四条　实施刑法第二百一十九条规定的行为，具有下列情形之一的，应当认定为“给商业秘密的权利人造成重大损失”：

（一）给商业秘密的权利人造成损失数额或者因侵犯商业秘密违法所得数额在三十万元以上的；

（二）直接导致商业秘密的权利人因重大经营困难而破产、倒闭的；

（三）造成商业秘密的权利人其他重大损失的。

给商业秘密的权利人造成损失数额或者因侵犯商业秘密违法所得数额在二百五十万元以上的，应当认定为刑法第二百一十九条规定的“造成特别严重后果”。

第五条　实施刑法第二百一十九条规定的行为造成的损失数额或者违法所得数额，可以按照下列方式认定：

（一）以不正当手段获取权利人的商业秘密，尚未披露、使用或者允许他人使用的，损失数额可以根据该项商业秘密的合理许可使用费确定；

（二）以不正当手段获取权利人的商业秘密后，披露、使用或者允许他人使用的，损失数额可以根据权利人因被侵权造成销售利润的损失确定，但该损失数额低于商业秘密合理许可使用费的，根据合理许可使用费确定；

（三）违反约定、权利人有关保守商业秘密的要求，披露、使用或者允许他人使用其所掌握的商业秘密的，损失数额可以根据权利人因被侵权造成销售利润的损失确定；

（四）明知商业秘密是不正当手段获取或者是违反约定、权利人有关保守商业秘密的要求披露、使用、允许使用，仍获取、使用或者披露的，损失数额可以根据权利人因被侵权造成销售利润的损失确定；

（五）因侵犯商业秘密行为导致商业秘密已为公众所知悉或者灭失的，损失数额可以根据该项商业秘密的商业价值确定。商业秘密的商业价值，可以根据该项商业秘密的研究开发成本、实施该项商业秘密的收益综合确定；

（六）因披露或者允许他人使用商业秘密而获得的财物或者其他财产性利益，应当认定为违法所得。

前款第二项、第三项、第四项规定的权利人因被侵权造成销售利润的损失，可以根据权利人因被侵权造成销售量减少的总数乘以权利人每件产品的合理利润确定；销售量减少的总数无法确定的，可以根据侵权产品销售量乘以权利人每件产品的合理利润确定；权利人因被侵权造成销售量减少的总数和每件产品的合理利润均无法确定的，可以根据侵权产品销售量乘以每件侵权产品的合理利润确定。商业秘密系用于服务等其他经营活动的，损失数额可以根据权利人因被侵权而减少的合理利润确定。

商业秘密的权利人为减轻对商业运营、商业计划的损失或者重新恢复计算机信息系统安全、其他系统安全而支出的补救费用，应当计入给商业秘密的权利人造成的损失。

【案例 117】冯某洗钱案*

将挪用的公款转账汇入赌博网站提供的境内个人账户用于网络赌博的，是否构成自洗钱

关键词：

洗钱　赌博网站　网络赌博　境内个人账户　自洗钱

基本案情

117

被告人冯某为了归还赌债和继续赌博而挪用公款。现查明其将部分被挪用的公款转入赌博网站提供的境内个人账户，获取进入赌博网站的准入资格。转账时标注了“充值”。这种通过赌博方式转移赃款的行为是否单独构成自洗钱犯罪？另外对于其长期赌博的行为是否需要单独定性为赌博罪？

参考规则

对于自洗钱行为，应当就行为人主观上是否具有掩饰、隐瞒钱款的性质和来源的目的进行专门认定。

对于将挪用的公款转账汇入赌博网站提供的境内个人账户，应当对转账汇入和汇出该账户行为的行为进行全面审查，综合认定行为人主观上是否具有掩饰、

---

* 本文原载“刑水浮萍”微信公众号 2021 年 10 月 25 日《司法疑难之 393》。

隐瞒钱款的性质和来源的目的。

对于行为人具有《刑法》第一百九十一条第二项至第四项情形之一的,行为人应当对其行为作出合理解释。不能作出合理解释的,可以认定行为人主观上具有掩饰、隐瞒钱款的性质和来源的目的,但确有证据推翻的除外。

规则解析

本案关于被告人挪用公款用于赌博,最终不归还的,认定其行为构成贪污罪,没有什么争议;对其长期赌博行为认定构成赌博罪,也应没有什么分歧。分歧的焦点在于将挪用的公款转账汇入赌博网站提供的个人账户,是否构成洗钱罪。如果构成,应当三罪并罚;如果不构成,则二罪并罚。

我们认为,被告人仅构成二罪,不构成洗钱罪,应当将贪污罪、赌博罪并罚。主要理由是:

一、对于自洗钱行为,应当就行为人主观上是否具有掩饰、隐瞒钱款的性质和来源的目的进行专门认定

根据主客观相统一原则,认定被告人自洗钱,除了客观上具有《刑法》第一百九十一条列明的几种情形,还必须主观上具有掩饰、隐瞒钱款的性质和来源的目的。

《刑法》第一百九十一条列明了以下几种情形:(1)提供资金账户的;(2)将财产转换为现金、金融票据、有价证券的;(3)通过转账或者其他支付结算方式转移资金的;(4)跨境转移资产的;(5)以其他方法掩饰、隐瞒犯罪所得及其收益的来源和性质的。涉嫌自洗钱的,容易发生分歧的主要是第二项至第四项情形。对于自洗钱情形,不存在第一项提供资金账户的认定和适用;而第五项兜底项已明确了掩饰、隐瞒犯罪所得及其收益的来源和性质。而第二项至第四项,仅是客观描述行为,第二项至第四项情形中,行为人依然存在不具有掩饰、隐瞒犯罪所得及其收益的来源和性质的可能。也就是说,从主观见之于客观的原理分析,仅仅从第二项至第四项客观行为推定行为人主观上具有掩饰、隐瞒钱款的性质和来源的目的

难以成立。基于以上分析，对于自洗钱行为，应当就行为人主观上是否具有掩饰、隐瞒钱款的性质和来源的目的进行专门认定。

二、对于将挪用的公款转账汇入赌博网站提供的境内个人账户，应当对转账汇入和汇出该账户的行为进行全面审查，综合认定行为人主观上是否具有掩饰、隐瞒钱款的性质和来源的目的

对于认定行为人主观上是否具有掩饰、隐瞒的目的，转账时的备注信息有时能够起到非常重要的参考作用。如果备注信息中注明“充值”，意味着行为人向转账对象提示款项的用途性质，但不涉及钱款来源性质的掩饰、隐瞒。因此，仅从单纯转账到赌博账户的行为分析，依然难以认定行为人主观上具有掩饰、隐瞒赌资的性质和来源的目的。

我们认为，对于挪用公款用于赌博的行为，即使行为人在赌博的前一阶段没有掩饰、隐瞒钱款的性质和来源的目的，并不意味着后一阶段不具有掩饰、隐瞒钱款的性质和来源的目的。如果行为人在赌博盈利后的转账、转移资金过程中具有掩饰、隐瞒钱款的性质和来源的目的，依然可以认定行为人整体具有掩饰、隐瞒钱款的性质和来源的目的。仅仅对赌前阶段的转账行为进行审查，可能会犯下“一叶障目”的错误。

三、对于行为人具有《刑法》第一百九十一条第二项至第四项情形之一的，行为人应当对其行为作出合理解释。不能作出合理解释的，可以认定行为人主观上具有掩饰、隐瞒钱款的性质和来源的目的，但确有证据推翻的除外

《刑法》第一百九十一条第二项至第四项情形是已经类型化的行为。鉴于实践中自洗钱主观认定的复杂性，对于具有《刑法》第一百九十一条第二项至第四项情形的，在一定程度上表明行为人的行为明显异常。行为人应当对其明显异常行为作出合理解释。不能作出合理解释的应当认定行为人主观上具有掩饰、隐瞒钱款的性质和来源的目的。但确有证据证明行为人主观上不具有掩饰、隐瞒钱款的性质和来源目的的，依照证据所证明的事实认定。

【案例 118】甲洗钱案*

“通谋”的限制解释、“通谋”构成共犯的限制认定；单纯答应帮忙转移上游犯罪资金是认定上游罪共犯还是洗钱罪

关键词：

洗钱　通谋　答应　共犯　谋划　合谋　上游罪共犯　限制解释

基本案情

118

甲、乙在犯罪活动前，甲称其要去银行实施贷款诈骗，骗到贷款后，请乙帮忙转到境外，并按点给付好处费。乙答应但未参与甲实施的贷款诈骗犯罪，只是在甲犯罪结束后，帮助甲将资金转移至加拿大。乙是构成贷款诈骗罪的共犯，还是构成洗钱罪？

参考规则

下游犯罪行为人单纯地“事前答应帮忙转移资金行为”一般不构成上游犯罪的“通谋”。虽然“事前答应帮忙转移资金”但未参与实施上游犯罪行为，且对上游犯罪行为人的犯意产生未起到激发、推动作用的，一般不构成上游犯罪的共犯。

* 本文原载“刑水浮萍”微信公众号 2021 年 11 月 4 日《司法疑难之 395》。

规则解析

一、将下游犯罪行为人的"通谋"认定上游犯罪共犯的困惑

通谋后，一方未参与实施的，学理上，称为"共谋共同正犯"。"共谋共同正犯"，在德日刑法理论中主要有"共同意思主体说""间接正犯类似说""行为支配说"。《最高人民法院关于审理掩饰、隐瞒犯罪所得、犯罪所得收益刑事案件适用法律若干问题的解释》（法释〔2021〕8号）第五条规定："事前与盗窃、抢劫、诈骗、抢夺等犯罪分子通谋，掩饰、隐瞒犯罪所得及其产生的收益的，以盗窃、抢劫、诈骗、抢夺等犯罪的共犯论处"。然而，以上解释与传统的共犯原理存在一定的冲突。从共犯原理分析，认定共犯必须具有共同的故意和共同的客观行为或者相互配合的行为。首先，对于未参与实施客观行为的认定共谋共同正犯，本身在理论上是一次突破。其次，一般共犯共同意思针对的是同一犯罪，而以上犯罪中，"通谋"的意思针对的往往不是同一犯罪，而是上下游不同的犯罪。最后，共犯的时间和空间一般要求在犯罪过程中，上游犯罪尚未结束。如果上游犯罪已经结束，行为实施的时间不符合共犯条件。据此，将下游犯罪认定上游犯罪的共犯，还必须借助主观上"通谋"的认定。

我们认为，要科学论证和解决司法解释带来的困惑，有必要准确把握"通谋"的概念界定和"通谋"构成上游犯罪共犯的认定标准。

二、"通谋"概念的限制界定和"通谋"构成上游犯罪共犯的限制认定

（一）从"通谋"的概念进行限制界定

即对"通谋"的内容进行限制解释。目前，将"答应"情形解释为"通谋"，可参考的文件只有《最高人民法院关于窝藏、包庇罪中"事前通谋的，以共同犯罪论处"如何理解的请示答复》（1986年1月15日，现行有效）。该答复明确指出，"事前通谋，是指窝藏、包庇犯与被窝藏、包庇的犯罪分子，在犯罪活动之前，就谋划或者合谋，答应犯罪分子作案后给以窝藏或者包庇的，这和刑法总则规定共犯的主客观要件是一致的。"根据该文件，"事前通谋"不仅要求"答应"，还要求具有"谋划或

者合谋”。这里的“谋划或者合谋”的内容具体是什么,目前尚无相关文件予以明确。我们认为,“通谋”在日常语境中一般被理解为“共同策划”。在法律语境中,可以被理解为对犯罪活动有预谋地进行策划、组织、分工,行为之间具有分工合作、相互配合的关系。“谋划或者合谋”,一般要求对具体的对象、犯罪行为、风险后果等进行沟通,对彼此将实施的行为的分工合作、相互配合的意义和作用关系具有一定的认识,并形成共同的真实意思。单纯的答应行为,对上游犯罪行为没有配合的意思,不属于“通谋”。本案中,乙虽然答应帮忙转移资金但并未参与甲实施的贷款诈骗犯罪,只是在甲犯罪结束后,帮助甲将资金转移至加拿大。乙并未在甲贷款诈骗过程中存在谋划或者合谋,乙单纯的答应,不属于犯罪活动之前的谋划或者合谋,不应认定为“通谋”。又如甲某系盗窃惯犯,乙某长年从事废品收购行业。甲提出其将会窃取到一部移动电脑,问乙是否愿意收购。乙答应收购。甲乙不存在谋划或者合谋,甲乙的行为不存在相互配合的关系。此类情形,对乙可以认定为主观明知,但如认定为“谋划或者合谋”,则明显偏离事实。

(二)从“通谋”的作用角度进行限制认定

即不对“通谋”的概念进行限制界定,而是根据“通谋”产生的作用认定是否构成共犯。如果下游犯罪行为人的“答应”行为,对上游犯罪行为人产生犯意起到了激发和推动作用的,可以认定为上游犯罪的共犯。如果不具有激发和推动的作用,则不符合共犯的条件。

相关规定

《最高人民法院关于窝藏、包庇罪中“事前通谋的,以共同犯罪论处”如何理解的请示答复》(1986 年 1 月 15 日,现行有效)

上海市高级人民法院:

你院 1985 年 11 月 7 日关于窝藏、包庇罪中“事前通谋的,以共同犯罪论处”如何理解的请示报告收悉。经研究我们认为:

我国刑法第一百六十二条第三款所说的“事前通谋”,是指窝藏、包庇犯与被窝藏、包庇的犯罪分子,在犯罪活动之前,就谋划或合谋,答应犯罪分子作案后给以窝藏或者包庇的,这和刑法总则规定共犯的主客观要件是一致的。如,反革命分子或其他刑事犯罪分子,在犯罪之前,与行为人进行策划,行为人分工承担窝藏或答应在追究刑事责任时提供虚假证明来掩盖罪行等等。因此,如果只是知道作案人员要去实施犯罪,事后予以窝藏、包庇或者事先知道作案人员要去实施犯罪,未去报案,犯罪发生后又窝藏、包庇犯罪分子的,都不应以共同犯罪论处,而单独构成窝藏、包庇罪。

此复。

【案例 119–121】上海××电子商务有限公司等洗钱案[*]

共同犯罪案件中如何确定各共同犯罪人的罚金下限和上限

关键词：

洗钱　共同犯罪　单位犯罪　罚金下限　罚金上限

基本案情

119 上海××电子商务有限公司等洗钱案：[①]2014 年 8 月起，侯某伙同他人通过××公司线上“P2P”平台、××公司线下门店，在未经国家相关部门批准的情况下，采用广告宣传及口口相传等方式，承诺支付 8%～12%的年化投资收益，对外销售债权转让类理财产品，并使用 200 余家空壳公司发布虚假借款标的，向社会不特定公众非法募集资金。2017 年 1 月至 2018 年 8 月，被告人韩某某在担任被告单位××电子公司法定代表人实际控制该公司期间，明知××公司线上“P2P”平台未取得国家相关部门批准非法集资，受侯某指使，被告单位××电子公司与李某 2 签订虚假的循环额度借款合同，由××公司在平台上发布虚假借款标的，将××公司集资参与人的资金通过被告单位××电子公司账户转入侯某指定的个人

* 本文原载“刑水浮萍”微信公众号 2022 年 4 月 10 日《司法疑难之 422》。

① (2020)沪 0115 刑初 5534 号(2021 年 6 月 10 日)。

及公司银行账户。经鉴定,2017年1月11日至2018年8月9日,××公司通过李某2等账户共计向××电子公司转账人民币(以下币种同)3023.93502万元,××电子公司转回李某2等账户共计3018.584843万元。法院认为,被告单位××电子公司明知是金融诈骗犯罪的所得及其产生的收益,为掩饰、隐瞒其来源和性质,通过转账方式协助资金转移,情节严重,已构成(单位)洗钱罪,对被告单位应处罚金,被告人韩某某作为被告单位直接负责的主管人员,对被告人韩某某应处五年以上十年以下有期徒刑。据此,以被告单位××公司犯(单位)洗钱罪,判处罚金三百万元;以被告人韩某某犯(单位)洗钱罪,判处有期徒刑六年;追缴被告单位上海××公司的犯罪所得,予以没收。

120

潘某某等洗钱案:[①]被告人潘某某于2006年年初,通过张某(另案处理)的介绍和阿元(另案处理)取得联系,商定由潘某某通过银行转账的方式为阿元转移从网上银行诈骗的钱款,潘某某按转移钱款数额10%的比例提成。嗣后,潘某某纠集了被告人祝某某、李某某、龚某,利用杜某某(另案处理)收集到的多人的身份证,由杜某某在上海市有关银行办理了大量信用卡,然后再转交给潘某某、祝某某,而阿元则通过非法手段获取了网上银行客户的中国工商银行牡丹灵通卡卡号和密码等资料,将资金划入潘某某通过杜某某办理的中国工商银行上海分行的67张灵通卡内,并通知潘某某取款。阿元划入上述67张灵通卡内共计100.243811万元。此外,这些信用卡内还被通过汇款的方式注入17.1826万元。潘某某等人于2006年7月至8月,在上海市使用上述67张灵通卡和另外的27张灵通卡,通过自动柜员机提取现

① 肖晚祥、苏敏华:《潘某某、祝某某、李某某、龚某洗钱案——上游犯罪行为人尚未定罪判刑的如何认定洗钱罪》,载《刑事审判参考》(第60集),法律出版社2008年版。

金共计108.6085万元，通过银行柜台提取现金共计7.3615万元，在扣除事先约定的份额后，将剩余资金再汇入阿元指定的账户内。法院经审理认为，被告人潘某某明知是金融诈骗犯罪所得，为掩饰、隐瞒其来源和性质，仍提供资金账户并通过转账等方式协助资金转移，其行为构成洗钱罪。遂以被告人潘某某犯洗钱罪，判处有期徒刑二年，并处罚金六万元；以被告人祝某某犯洗钱罪，判处有期徒刑一年四个月，并处罚金二万元；以被告人李某某犯洗钱罪，判处有期徒刑一年三个月，并处罚金二万元；以被告人龚某犯洗钱罪，判处有期徒刑一年三个月，并处罚金二万元。一审宣判后，被告人潘某某等人在法定期限内未上诉，检察机关也没有提出抗诉，一审判决发生法律效力。

121 谭某等洗钱案：[①]2020年上半年，谭某加入了“境外洗钱/资金漂白”“洗钱交流群”“专业洗钱代收承兑”等约十个洗钱群，同逾十名实施诈骗、电信诈骗、开设赌场、盗刷银行卡等违法犯罪人员商谈为其“洗钱”以及收费事宜。随后，谭某邀约杨某参与“洗钱”并为其提供银行卡账户。经杨某介绍，谭某又先后邀约李某、李某盆参加。2020年6月，谭某通过网络聊天软件与“TJX财富投资平台”代号为“王者”的人等取得联系，经协商后约定，由谭某为该平台转移所骗取的资金并收取3%的手续费。随后，谭某将杨某的账户提供给对方，接受其转移的资金。按照谭某的安排，杨某多次收取“TJX财富投资平台”资金共计100.2328万元，谭某等4人使用手机，通过网上银行、支付宝、微信将收到的资金多次转账后，再转入对方指定的账户，收取费用3万元，由四被告人共同使用或分配。谭某、杨某在转账过程中，不仅使用自己名下的账户，还使用家属名下账户为对方转账。2020年7月11日，谭

① （2021）川18刑终16号（2021年2月18日）；（2020）川1825刑初71号（2020年12月28日）。

某与“平安新一贷平台”取得联系，商定为其转移诈骗资金，接受该平台的犯罪所得资金1万元，汇入杨某支付宝，并安排杨某将资金转移到对方指定账户。一审法院以被告人谭某犯洗钱罪判处有期徒刑七年，并处罚金十五万元；犯掩饰、隐瞒犯罪所得罪，判处有期徒刑六个月，并处罚金五千元；数罪并罚，决定执行有期徒刑七年三个月，并处罚金十五万五千元；以被告人杨某犯洗钱罪，判处有期徒刑四年六个月，并处罚金十万元；犯掩饰、隐瞒犯罪所得罪，判处拘役四个月，并处罚金三千元；数罪并罚，决定执行有期徒刑四年六个月，并处罚金十万零三千元；以被告人李某犯洗钱罪判处有期徒刑三年，并处罚金八万元；以被告人李某盆犯洗钱罪判处有期徒刑二年，并处罚金六万元；追缴被告人谭某等人共同违法所得三万元，上缴国库；没收扣押在案的银行卡五张、手机四部，由扣押单位天全县公安依法处置。谭某、杨某不服，提起上诉。二审法院认为，上诉人(原审被告人)谭某、杨某和原审被告人李某、李某盆采用转账方式为“TJX财富投资平台”多次转移其以投资为名骗取的资金共计100.2328万元的行为构成洗钱罪，且属情节严重。上诉人谭某、杨某为“平安新一贷平台”转移其收取贷款保证金为名骗取资金1万元的行为构成掩饰、隐瞒犯罪所得罪，属数额较大。原判认定事实清楚、证据确实充分、适用法律正确、审判程序合法，遂裁定驳回上诉，维持原判。

参考规则

自然人共同实施洗钱犯罪的，可以参照共同走私犯罪案件判处罚金，对共同犯罪人按照共同洗钱总额5%以上20%以下判处罚金总额。

单位和自然人共同实施洗钱犯罪的，参照前款对单位和自然人判处罚金总额。

规则解析

一、自然人共同实施洗钱犯罪的，可以参照共同走私犯罪判处罚金，对共同犯罪人按照共同洗钱数额5%以上20%以下判处罚金总额

按照传统观点，共同犯罪，个人应当承担集体责任。随着刑事理论和实践的发展，除了犯罪集团的首领、主犯等，个人一般都不承担集体责任。同时，在承担刑事责任的方式上，主刑和附加刑存在一定区别。通常所说的个人承担集体责任，针对的是主刑而言。对于附加刑，即使是犯罪集体的首领、主犯一般也不会承担所有罚金，综合犯罪情节、共犯作用以及其经济状况在共犯内部一般存在数额分配的问题。

实践中打破个人承担集体责任，最早的司法解释性文件当属最高人民法院、最高人民检察院、海关总署2002年联合出台的《关于办理走私刑事案件适用法律若干问题的意见》（法〔2002〕139号，以下简称《走私意见》）。该文件第二十二条规定："关于共同走私犯罪案件如何判处罚金刑问题审理共同走私犯罪案件时，对各共同犯罪人判处罚金的总额应掌握在共同走私行为偷逃应缴税额的一倍以上五倍以下。"对于经济、职务犯罪，是否所有的罪名都参照《走私意见》对共犯判处罚金刑，实践中存在不同意见。有观点认为，对于倍比罚金、比例罚金，不宜确定统一的总额比例标准。对于下限罚金比例较低的，如果被告人经济实力较强，对共同犯罪确定下限罚金总额为犯罪数额的5%，就难以起到威慑和遏制的刑罚效果。对于上限罚金比例、倍数较高，或者下限罚金比例较高的，可以根据上述原则情况适度调整。为避免空判，维护司法制度的严肃性，对各共同犯罪人判处的罚金应当进行合理配置和调整，既不宜追求个人犯罪集体责任"一刀切"，又不宜完全按照罚金总额比例来执行刑法的规定。① 以上意见不无道理。但具体结合洗钱罪而言，我们建议，罚金刑可以参照《走私意见》处理，即"对各共同犯罪人判处罚金的总额应掌握在共同洗钱数额的百分之五以上百分之二十以下"。在确定各共

① 参见"刑水浮萍"公众号2019年9月21日《司法疑难之171》。

同犯罪人最低罚金时不宜认为各共同犯罪人的罚金均不得低于共同洗钱数额的5%;在确定各共同犯罪人最高罚金时不宜认为各共同犯罪人的罚金均可以高至共同洗钱数额的20%。主要理由如下:一是洗钱罪可能获取的违法所得一般控制在洗钱数额的5%以上至20%以下。按照这个比例判处罚金,基本上是按照洗钱犯罪行为可能获取的全部违法所得的一倍以上判处罚金。如案例121谭某等洗钱案中,谭某为涉案平台转移所骗取的资金的报酬为3%,按照共同洗钱数额5%以上20%以下判处的罚金为五万元以上二十万元以下,已远远高于3%的报酬。二是对于共同自洗钱行为,上游犯罪已判处罚金,再对洗钱犯罪判处罚金,如果不参照《走私意见》明确总额限制原则,则会出现大量处罚过剩现象。三是对单位实施洗钱犯罪的处罚体现了对罚金总量的限制把握原则。《刑法》对有的罪名规定了双罚制罚金(既对单位判处罚金,又对直接负责的主管人员和其他直接责任人员判处主刑和罚金刑),而对洗钱罪规定了单罚制,仅对单位判处罚金,对相关责任人员未规定判处罚金。

如案例120潘某某等洗钱案中,洗钱数额为117.426411(100.243811+17.1826)万元,参照《走私意见》罚金幅度为5.87132055万元以上23.4852822万元以下。如果不参照《走私意见》,对各被告人的罚金下限为5.87132055万元。该案中,法院除了对潘某某并处罚金6万元,对其他各被告人并处罚金2万元,判处的罚金总额为12万元。法院对潘某某之外的其他被告人的罚金2万元,显然低于5.87132055万元,可见法院默认的是各被告人总额罚金比例在5%以上,而不是均在5%以上。又如案例121谭某等洗钱案中,涉案资金共计100.2328万元,参照《走私意见》罚金总额约为5万元以上20万元以下。如果不参照《走私意见》,对各被告人的罚金下限约为5万元。法院对谭某判处罚金15万元,对杨某判处罚金10万元,对李某判处罚金8万元,对李某盆判处罚金6万元。本案中,法院判处被告人罚金总额为39万元。可见,法院默认的是各被告人罚金为洗钱数额5%以上20%以下。法院对各被告人处罚的罚金远远超出其通过洗钱行为获取的3%的违法所得。虽然,案例121谭某等洗钱案对罚金刑的判罚可能不一定存在错误,但本着精准量刑角度出发,对于洗钱行为获取违法所得总额3万元判处罚金总额39

万元,罚金判处严重过剩。相比之下,如果参照《走私意见》处理更为合理。

二、单位与自然人共同实施洗钱犯罪的,可以参照共同走私犯罪判处罚金,对单位和自然人按照洗钱数额5%以上20%以下判处罚金总额

根据《刑法》第一百九十一条的规定,单位犯洗钱罪,对相关责任人员仅判处自由刑,不判处罚金。如案例119上海××电子商务有限公司等洗钱案中,法院以被告单位××公司犯洗钱罪,判处罚金人民币300万元;以被告人韩某某犯(单位)洗钱罪,判处有期徒刑六年。

单位与自然人共同实施洗钱犯罪,不同于单独的单位犯罪,涉及两个独立的犯罪主体,我们建议参照《走私意见》确定单位和自然人的罚金下限和上限,即"对被告单位和自然人判处罚金的总额应掌握在共同洗钱数额的百分之五以上百分之二十以下"。

相关规定

《中华人民共和国刑法》

第三十一条　单位犯罪的,对单位判处罚金,并对其直接负责的主管人员和其他直接责任人员判处刑罚。本法分则和其他法律另有规定的,依照规定。

第一百九十一条　明知是毒品犯罪、黑社会性质的组织犯罪、恐怖活动犯罪、走私犯罪、贪污贿赂犯罪、破坏金融管理秩序犯罪、金融诈骗犯罪的所得及其产生的收益,为掩饰、隐瞒其来源和性质,有下列行为之一的,没收实施以上犯罪的所得及其产生的收益,处五年以下有期徒刑或者拘役,并处或者单处洗钱数额百分之五以上百分之二十以下罚金;情节严重的,处五年以上十年以下有期徒刑,并处洗钱数额百分之五以上百分之二十以下罚金:

(一)提供资金账户的;

（二）协助将财产转换为现金、金融票据、有价证券的；

（三）通过转账或者其他结算方式协助资金转移的；

（四）协助将资金汇往境外的；

（五）以其他方法掩饰、隐瞒犯罪所得及其收益的来源和性质的。

单位犯前款罪的，对单位判处罚金，并对其直接负责的主管人员和其他直接责任人员，处五年以下有期徒刑或者拘役；情节严重的，处五年以上十年以下有期徒刑。

【案例 122】Y 公司串通投标案*

表面上实施了串标、围标行为，实际是因权钱交易内定而中标的定性

关键词：

串通投标　串标　围标　权钱交易　中标

基本案情

122

为成功中标，Y 公司法定代表人程某向国家工作人员给付好处或者承诺给付好处。最终，因国家工作人员打招呼内定而中标。同时，为程序上符合投标规定，程某约定几家符合竞标条件要求的公司参与竞标。实践中，有的地方判处串通投标罪和对有影响力的人行贿罪或者行贿罪，两罪并罚；而有的地方判处其中一罪。哪一种更为合理？

参考规则

单位为了追求同一项目中标，向国家工作人员行贿，同时与其他单位串标、围标，两种行为均在中标过程中起到实质作用的，可以认定同时构成单位行贿罪和串通投标罪，实行两罪并罚。

---

* 本文原载“刑水浮萍”微信公众号 2020 年 3 月 21 日《司法疑难之 259》。

具有前款行为，实际因国家工作人员的内定而中标同时构成单位行贿罪和串通投标罪的，一般按照单位行贿罪处断，串通投标作为从重处罚情节予以考虑。

单位为了追求中标，向国家工作人员行贿，同时邀请符合竞标条件的其他单位象征性参与，串通投标未达到情节严重的，也可以不作为从重处罚情节予以考虑。

规则解析

一、单位为了追求同一项目中标，向国家工作人员行贿，同时与其他单位串标、围标，两种行为均在中标过程中起到实质作用的，可以认定同时构成单位行贿罪和串通投标罪，实行两罪并罚

有的案件中，被告单位同时从串标、围标和“权力寻租”两个方面推进，均对最后被告单位中标起到实质作用。此种情形，我们认为，被告单位既构成串通投标罪又构成单位行贿罪。鉴于串通投标罪扰乱的是市场秩序，而单位行贿罪侵害的法益是国家工作人员的职务廉洁性，且两罪没有形成典型的牵连关系，故两罪单独评价，实行两罪并罚更加科学合理。

二、单位为了追求同一中标结果，向国家工作人员行贿，同时与其他单位串标、围标，实际因国家工作人员的内定而中标的，一般按照单位行贿犯罪处断，串通投标作为从重处罚情节予以考虑

这种情形与第一种情形有所不同，虽然被告单位同时从串标、围标和“权力寻租”两个方面全力推进，但对被告单位中标起到实质作用的是国家工作人员的内定，而串标、围标起到的只是辅助作用。鉴于此种情形，串通投标处在罪与非罪的边界范围，可以按照起实质作用的单位行贿罪论处，串通投标作为从重处罚情节予以考虑。

三、单位为了追求中标，向国家工作人员行贿，同时邀请符合竞标条件的其他单位象征性参与，串通投标未达到情节严重的，也可以不作为从重处罚情节予以考虑

还有一种情形，被告单位一开始就是从“权力寻租”角度全力推进，追求的是

国家工作人员利用职务上的便利帮忙其中标。被告单位虽然挂靠其他公司资质参与竞标,并邀请其他公司参与竞标,但这些行为只是“走走过场”。串标、围标没有实质损害招标人或者其他投标人利益。这是与前两种情形不同之处。我们认为,对于此种情形,直接以单位行贿罪定罪处罚,串标、围标行为可不作为从重处罚情节予以考虑。

相关规定

《中华人民共和国刑法》

第二百二十三条　【串通投标罪】投标人相互串通投标报价,损害招标人或者其他投标人利益,情节严重的,处三年以下有期徒刑或者拘役,并处或者单处罚金。投标人与招标人串通投标,损害国家、集体、公民的合法利益的,依照前款的规定处罚。

第二百三十一条　【单位犯扰乱市场秩序罪的处罚规定】单位犯本节第二百二十一条至第二百三十条规定之罪的,对单位判处罚金,并对其直接负责的主管人员和其他直接责任人员,依照本节各该条的规定处罚。

第三百九十三条　【单位行贿罪】单位为谋取不正当利益而行贿,或者违反国家规定,给予国家工作人员以回扣、手续费,情节严重的,对单位判处罚金,并对其直接负责的主管人员和其他直接责任人员,处五年以下有期徒刑或者拘役,并处罚金。因行贿取得的违法所得归个人所有的,依照本法第三百八十九条、第三百九十条的规定定罪处罚。

【案例 123】A、B、C、D 串通投标案*

农村地区招、投标程序的把握以及串通投标罪的认定原则

关键词：

串通投标　农村地区　招、投标

基本案情

123

2013 年 3 月，某村委会发出公告：公开对外招标该村砖厂所占土地使用权，标底价 300 万元。被告人 A、B、C、D 四人报名参加投标，按照村委会要求交了 300 万元标底保证金。后举行招投标，四被告人临时起意，共同约定由 A 中标，其余三人弃标，四人共同承包该宗土地。竞标过程中 B、C、D 放弃标价，A 以 300 万元中标，与村委会签订土地承包合同。后乡政府以发包未经三分之二以上村民代表同意，未在承包合同上加盖村委会公章（村委会公章由乡政府保管）。村委会未将 300 万元退还 A。一审法院以四被告人构成串通投标罪，各判处罚金 5 万元。四被告人均为同村村民。村委会主持投标的人员称，当时只有 A 报价投标，其他人表示不再竞标，当时四人向其透露今后四人再合伙承包的意思。其当时想法是只要承包出去，承包款不低于 300 万元，就是成功。有观点认为，串通投标罪中的招投标活动应当严格按照招

* 本文原载“刑水浮萍”微信公众号 2020 年 3 月 29 日《司法疑难之 266》。

投标法的程序进行,本案中只有招投标的名称没有实质内容,就应该是普通的承包合同行为,四人均不构成犯罪。

参考规则

对农村地区的招投标程序宜简化把握。只要具备招标、投标、中标基本流程环节,严格按照标价最终开标的,应当认定具有招投标性质。

对串通投标罪,客观上要准确把握"一行为两因果关系"。"一行为"是指投标人存在相互串通投标报价的行为,该行为必须影响到标价。"两因果关系"是指串通投标与中标具有因果关系;串通投标行为与损害招标人或者其他投标人合法利益具有因果关系。串通投标与中标没有因果关系,或者招标人或者其他投标人的合法利益虽然受到损害,但与串通投标没有因果关系的,不构成串通投标罪。

规则解析

我们认为,该案投标人属于串通投标行为,依照当时立案追诉标准,中标项目资金在200万元以上,可以构成串通投标罪。具体理由如下:

一、对农村地区的招投标程序宜简化把握。只要具备招标、投标、中标基本流程环节,严格按照标价最终开标的,应当认定具有招投标性质

根据《刑法》第二百二十三条的规定,投标人相互串通投标报价,损害招标人或者其他投标人利益,情节严重的,构成串通投标罪。在我国农村地区,招投标程序未必规范,对招投标的性质认定不宜过于严格把握。一般只要具备招标、投标、中标这些基本环节,且是严格按照标价最终开标的,就应当认定具有招投标性质。具体联系本案,我们认为符合招投标过程,应当认定具有招投标的性质。A、B、C、D四位投标人,如果不存在串通投标,只要参与正常竞标,标价就必然会超过300万元的底价。由此可见,A、B、C、D四位投标人的串通投标行为切实损害到招标人村集体的合法利益。对于招投标300万元保证金的处理,村委会应当将300万元交给办案机关处理,办案机关可以在兼顾比例原则的基础上没收其中一部分。虽然该案具体经济损失难以认定,但中标项目金额已达到300万元。根据《最高

人民检察院、公安部关于公安机关管辖的刑事案件立案追诉标准的规定(二)》(公通字〔2010〕23 号)第七十六条第三项的规定,中标项目金额在 200 万元以上的,可以立案追诉。据此,对该案可以追究刑事责任,一审法院的判决没有问题。(参见相关规定:2022 年该文件已被修改,中标项目金额修改为 400 万元。)

二、对串通投标罪,客观上要准确把握"一行为两因果关系"。"一行为"是指投标人存在相互串通投标报价的行为,该行为必须影响到标价。"两因果关系"是指串通投标与中标具有因果关系;串通投标行为与损害招标人或者其他投标人合法利益具有因果关系。串通投标与中标没有因果关系,或者招标人、其他投标人的合法利益虽然受到损害,但与串通投标没有因果关系的,不构成串通投标罪

鉴于实践中串通投标罪的客观方面认定存在一定法律争议,我们对串通投标罪客观方面归结了一条简要认定原则,即"一行为两因果关系认定"。

"一行为"是指投标人存在相互串通投标报价的行为。有的案件中,投标人虽然存在沟通,但未对标价进行沟通,或者在投标过程中未按沟通意见报价,未影响到标价的,不属于相互串通投标报价的行为。

"两因果关系"是指串通投标与中标具有因果关系;串通投标行为与损害招标人或者其他投标人合法利益具有因果关系。(1)串通投标与中标具有因果关系。有的案件中,存在投标人约定相关人员投标走过场,但实际是通过行贿,直接由国家工作人员内定的结果。此种情形一般应当认定单位行贿罪(见案例 122 Y 公司串通投标案——表面上实施了串标、围标行为,实际是因权钱交易内定而中标的定性)。(2)串通投标行为与损害招标人或者其他投标人合法利益具有因果关系。虽然招标人或者其他投标人的合法利益受到损害,但与投标人没有因果关系,即行为人不具有"两因果关系"的,不构成串通投标罪。

相关规定

《最高人民检察院、公安部关于公安机关管辖的刑事案件立案追诉标准的规定(二)》(2022 年 5 月 15 日生效)

第六十八条 〔串通投标罪(刑法第二百二十三条)〕投标人相互串通

投标报价，或者投标人与招标人串通投标，涉嫌下列情形之一的，应予立案追诉：

（一）损害招标人、投标人或者国家、集体、公民的合法利益，造成直接经济损失数额在五十万元以上的；

（二）违法所得数额在二十万元以上的；

（三）中标项目金额在四百万元以上的；

（四）采取威胁、欺骗或者贿赂等非法手段的；

（五）虽未达到上述数额标准，但二年内因串通投标受过二次以上行政处罚，又串通投标的；

（六）其他情节严重的情形。

【案例 124-125】王某军等合同诈骗案*

合同诈骗罪与诈骗罪的区别要点与适用冲突

关键词:

合同诈骗　诈骗　合同　经济活动　区别要点　适用冲突

基本案情

124

王某军合同诈骗案:2003 年 2 月,被告人王某军谎称自己是中国石油天然气集团公司计划司"司长",并虚构了一个"辽河石油管理局油建公司 24 号工程项目",称不需要招标、投标,其就能将该工程发包给王某岱和王某明。后王某岱又将核工业长沙中南建设集团公司项目负责人杨某某介绍给王某军。为骗取杨某某等人的信任,王某军伪造了虚假的工程批文,并要其朋友张某两次假冒辽河石油管理局基建处"张子良处长"与杨某某等人见面。因此,杨某某等人对王某军深信不疑。王某军则以办理工程批文需要活动经费为由,自 2003 年 3 月至 2004 年 1 月,先后骗取了杨某某人民币(以下币种同)72 万元、王某明 20 万元、王某岱 11 万元。2004 年 1 月 7 日,王某军称受"张子良处长"的全权委托,与杨某某所属的核工业长沙中南建设工程集团公司经理陈某某签订了一份虚假的"24 号井至主干线公路工程施工承包合

* 本文首载于《人民法院报》2018 年 1 月 24 日理论版第 6 版,个别地方有修正。

同”。合同记载的工程项目总造价为5906万元，王某军在合同上签名为“张子良”。2004年1月28日，王某军在上海被抓获。除公安机关追回的4万元赃款外，其余赃款均被王某军挥霍。本案争议焦点是王某军的行为是构成合同诈骗罪还是诈骗罪？长沙市中级人民法院认为，被告人王某军以非法占有为目的，以虚构的单位和工程与他人签订合同，骗取他人钱财，数额特别巨大，其行为构成合同诈骗罪，并以被告人王某军犯合同诈骗罪，判处无期徒刑，剥夺政治权利终身，并处没收个人全部财产。宣判后，王某军以其第一次骗了杨某某30万元后，其他的行为不是诈骗为由，上诉至湖南省高级人民法院。湖南省高级人民法院经审理认为，原审将王某军的行为认定为合同诈骗罪不当，并依法改判，以上诉人王某军犯诈骗罪，判处无期徒刑，剥夺政治权利终身，并处没收个人全部财产。①

125 甲合同诈骗案：②甲是拆迁户，拆迁公司给了他两个安置房号，分别是100号、101号，等房子建好了，可以凭号选房。甲因为赌博输钱，所以找了一个中介，想把房号卖了。中介遂找到两个人，到某律师事务所签合同，然后把这两个安置房号卖了。其间，甲把这两个安置房号复印了，把复印件放家里，把原件卖了。过了一段时间，甲又赌博输钱了，他又想到卖房号（此时他手中的两个房号都是复印件）。他拿着这两个安置房号再去复印了一份，然后又让复印店制作了102号、103号（甲手中现在有100号、101号复印件，102号、103号是假的安置房号）。之后中介又找了四个买房人，双方均是到律师事务所签订合同，并付了钱。最终本案因他人报案而案发。公诉机关以合同诈骗罪起诉。合议庭对

① 《王某军合同诈骗案［第403号］——以签订虚假的工程施工合同为诱饵骗取钱财的行为是诈骗罪还是合同诈骗罪》，载《刑事审判参考》（第51辑），法律出版社2006年版。

② 原载“刑水浮萍”公众号2018年10月5日《司法疑问四答》。

甲某的行为定性存在分歧:一种观点认为,应当构成合同诈骗罪,甲系通过订立合同骗取被害人的信任和处分财产;另一种观点认为构成诈骗罪。甲与被害人签订的合同仅仅作为作案的一个工具,并没有真正去筹备、实施。

参考规则

合同诈骗罪与诈骗罪的区分,主要体现在三个方面:一是行为人与被害人之间订立合同,既可以是书面合同也可以是口头合同;二是行为人真正从事与合同内容有关的经济活动;三是所订立的合同系导致被害人陷入意思错误而作出财产处理的主要原因。只有三个方面都齐备,才能构成合同诈骗罪。

对于属于《刑法》明文列举的类型化的合同诈骗行为,按照特别法与一般法处理原则,应当以合同诈骗罪定罪处罚;对于明显符合《刑法》列明的类型化的合同诈骗行为特征,但未达到合同诈骗罪立案追诉标准的,不应按照诈骗罪定罪处罚;对于不属于《刑法》列明的类型化的合同诈骗行为,未达到合同诈骗罪立案追诉标准,但符合诈骗罪构成的,可以按照诈骗罪定罪处罚;对于个别案件中穿插实施合同诈骗行为和普通诈骗行为,未达到合同诈骗罪立案追诉标准,但符合诈骗罪构成特征的,可以按照诈骗罪定罪处罚。

规则解析

合同诈骗罪与诈骗罪的区别与适用是实践中的认定难点。在具体案件中,被告人、辩护人普遍倾向于将普通诈骗往合同诈骗的方向辩解、辩护。产生这一现象的原因主要有两点:一是合同诈骗罪的立案追诉标准比普通诈骗罪高。如甲通过打借条诈骗乙1万元,如对甲的行为认定为普通诈骗,那么甲的行为已达到3000元至10 000元的立案追诉标准,可构成诈骗罪;但如对甲的行为认定为合同诈骗,那么因诈骗数额未达到合同诈骗罪2万元的立案追诉标准,故不构成合同诈骗罪。二是目前尚无司法解释对合同诈骗罪的加重法定刑明确适用标准,各地司法机关往往采取保守态度,将数额巨大,甚至是数额特别巨大情形仍然按照数额较大情形处理,造成重罪轻判的现象比较普遍。鉴于上述情况,有必要对合同诈骗罪与诈骗罪的区别要点和适用展开分析。

一、合同诈骗罪与诈骗罪的区别要点:合同诈骗罪与诈骗罪的区分,主要体现在三个方面:一是行为人与被害人之间订立合同,既可以是书面合同也可以是口头合同;二是行为人真正从事与合同内容有关的经济活动;三是所订立的合同系导致被害人陷入认识错误而作出财产处理的主要原因。只有三个方面都齐备,才能构成合同诈骗罪

(一)行为人与被害人之间是否订立合同

从立法渊源看,现行《刑法》关于合同诈骗罪的规定系在1996年出台的《最高人民法院关于审理诈骗案件具体应用法律的若干问题的解释》(以下简称《1996解释》,现已废止)的基础上形成的。鉴于当时我国市场经济刚刚起步不久,大量利用经济合同实施诈骗的现象严重危及市场经济发展秩序,《1996解释》第二条明确规定:"利用经济合同诈骗他人财物数额较大的,构成诈骗罪"。后1997年《刑法》修正时,基于合同诈骗的特殊性,将合同诈骗罪从诈骗罪中分离出来。根据现行《刑法》第二百二十四条的规定,合同诈骗犯罪必须发生在签订、履行合同过程中。因此,"合同"是合同诈骗罪不可或缺的客观构成要件要素,没有"合同"的诈骗行为不构成合同诈骗罪。同时,根据《刑法》罪名体例,合同诈骗罪属于扰乱市场秩序罪,故合同诈骗罪中"合同"约定的内容必须受市场秩序所调整,不受市场秩序调整或者主要不受市场秩序调整的"合同",如不具有交易性质的赠与合同,婚姻、监护、收养、扶养等有关身份关系的协议,以及主要受劳动法、行政法调整的劳务合同、行政合同等,通常情况下不应视为合同诈骗罪中的"合同"。

关于合同诈骗罪中"合同"的形式有无特定要求,对此主要形成两种观点:一种观点认为,合同诈骗罪中的"合同"必须是书面合同,口头协议不属于合同诈骗罪中的合同。主要理由:一是《刑法》第二百二十四条在单独规定合同诈骗罪时虽然将《1996解释》中的"经济合同"修正为"合同",但全国人大法工委编写的《中华人民共和国刑法释义》明确提出:"这里所讲的'合同'主要是指受法律保护的各类

经济合同,如供销合同,借贷合同等。"根据《经济合同法》(1999年10月1日《合同法》实施时废止)第三条的规定,"经济合同除即时结清者外,应当采用书面形式",故合同诈骗罪中的"合同"必须是书面合同。二是将口头协议认定为合同诈骗罪中的"合同",不仅没有实际意义,反而容易引发普通诈骗与合同诈骗界限的混淆。另一种观点认为,口头协议也是合同,将利用口头协议骗取他人财物的行为认定为合同诈骗罪符合立法本意。我们认为,前一种观点值得商榷。《经济合同法》第三条关于合同形式的规定已被废止。1999年《合同法》与《经济合同法》比较,最大限度地引入意思自治原则,缔约主体范围更加广泛,合同形式更加自由。除法律明确规定要式合同外,合同是否采用书面形式,既不影响合同的成立,又不影响合同的生效。因此,将合同诈骗罪中的"合同"限制为书面形式与刑事司法的发展理念和方向不符。

需要注意的是,在坚持对没有利用合同实施诈骗的行为不认定合同诈骗罪意见的同时,是否只要行为人与被害人之间订立合同实施了诈骗,达到入罪标准的,就以合同诈骗罪定罪处罚?这是接下来需要讨论的合同诈骗罪与诈骗罪的第二个区别要点。

(二)行为人是否真正从事与合同内容有关的经济活动

1. 从立法精神和规定分析,合同诈骗罪中行为人必须具有与合同内容相关的经济活动。《1996解释》出台的精神旨在遏制当时日益猖獗的利用经济合同实施的诈骗犯罪。虽然后来1997年《刑法》修正时未采取"经济合同"而代之以"合同"的表述,但立法原意并未改变,这一点如前文所述全国人大法工委在相关解读中已明确合同诈骗罪中的"合同"依然是指受法律保护的各类经济合同。基于上述立法精神分析,结合现行《刑法》对合同诈骗发生的时间和空间的规定,要认定合同诈骗罪,行为人必须具有与合同协议内容相关的经济活动,即具有与签订、履行合同相关的筹备、管理以及经营活动。即使合同协议条款中明确了双方在经济活动过程中的权利义务,但行为人根本不存在任何筹备、管理和经营活动的,不应认定合同诈骗罪。

2. 从罪名归类分析,合同诈骗罪的客体要求行为人必须具有与合同内容相关的经济活动。从罪名归类看,《刑法》分则将合同诈骗罪规定在第三章破坏社会主义市场经济秩序罪中,将诈骗罪规定在第五章侵犯财产罪中,这一体例的安排体现出立法者对合同诈骗罪与诈骗罪的评价指标在侧重点上不同。合同诈骗罪作为破坏市场经济秩序罪的一种罪,尽管犯罪客体包括市场经济秩序和公民的财产权利,但罪责评价更侧重于对市场经济秩序的破坏。而诈骗罪的客体仅是公民的财产权利,罪责评价紧紧围绕对公民财产权利的侵害程度。既然合同诈骗罪必须扰乱市场经济秩序,就必然要求行为人实施了扰乱市场秩序的经济活动。在现代法治理念中,在强调不能客观归罪的同时,更强调不能主观归罪。显然,如果行为人客观上没有任何经济活动,就谈不上扰乱市场经济秩序。

(三)合同系导致被害人陷入认识错误而作出财产处理的主要原因

合同诈骗罪与诈骗罪在认定上还有一个区别要点是,合同诈骗罪必须是主要因为合同导致被害人陷入认识错误而作出财产处理,即强调合同的主导作用。主要体现在两个方面:一是基于合同约定的利益内容,导致被害人作出财产处理。二是基于合同的保障功能,导致被害人作出财产处理。如果被害人作出财产处理与合同无关,则不应认定合同诈骗罪。如行为人通过隐瞒事实骗取被害人的财产后,被害人找到行为人要求退还被骗财产。行为人谎称相关财产已被投资用于房地产,遂与被害人签订房地产合作合同。后因被害人控告而案发。该案中,因被害人作出财产处理与合同没有因果关系,故不构成合同诈骗罪。

如案例124王某军合同诈骗一案中,湖南省高级人民法院认为,王某军假冒国家工作人员、伪造工程批文、假借承揽项目需要活动经费的名义骗取他人财物的行为都是在签订合同之前实施的,即在与被害人签订所谓施工承包合同之前,王某军的诈骗行为已经实施完毕,被害人的财物已经被王某军非法占有,其虚构事实骗取钱财的犯罪目的已经实现;另外,被告人王某军诈取钱财的行为并没有伴随合同的签订、履行,其非法侵占的财物亦不是合同的标的物或其他与合同相关的财物。虽然王某军事后也与他人签订了一个虚假的工程施工承包合同,但这仅仅是掩盖其诈骗行为的手段,而不是签订、履行合同的附随结果,是否签订合同已经并不能影响其骗取财物行为的完成。从以上两个方面可以看出,无论是从骗取财物的手段上，还是从骗取财物的性质上，王某军的行为均不符合合同诈骗罪的构成要件，不能认定为合同诈骗罪。据此，湖南省高级人民法院将原审认定的合同诈骗罪改判为诈骗罪。又如案例125甲合同诈骗一案中，甲与被害人签订的安置房买卖合同仅仅甲作案的一个工具，其行为与经济活动无关，不构成合同诈骗罪，而构成诈骗罪。

二、关于合同诈骗罪和诈骗罪的适用冲突把握：对于属于刑法明文列举的类型化的合同诈骗行为，按照特别法与一般法处理原则，应当以合同诈骗罪定罪处罚；对于明显符合《刑法》列明的类型化的合同诈骗行为特征，但未达到合同诈骗罪立案追诉标准的，不应按照诈骗罪定罪处罚；对于不明显符合《刑法》列明的类型化的合同诈骗行为特征，未达到合同诈骗罪立案追诉标准，但符合诈骗罪构成的，可以按照诈骗罪定罪处罚；对于个别案件中穿插实施合同诈骗行为和普通诈骗行为，未达到合同诈骗罪立案追诉标准，但符合诈骗罪构成特征的，可以按照诈骗罪定罪处罚

关于合同诈骗罪和诈骗罪的适用冲突把握，实践中主要集中在合同诈骗罪不构成的情形下能否以诈骗罪定罪处罚。对此形成两种观点：一种观点认为，如果合同诈骗罪不构成，符合普通诈骗罪立案追诉标准的，或者合同诈骗方式不典型，不属于《刑法》第二百二十四条明文列举情形，认定合同诈骗罪有困难的，可以认定诈骗罪。主要理由是：合同诈骗罪与诈骗罪属于法条竞合，两罪属于特殊与一般关系，特殊的认定不了，可以认定普通诈骗罪。另一种观点认为，合同诈骗罪是从一般诈骗罪中分离出来的一个独立罪名。根据特别法优于一般法的法律适用原则和《刑法》第二百六十六条关于“本法另有规定的，依照规定”的表述，对于构成合同诈骗罪的，不应以一般诈骗罪论处。对于不能认定合同诈骗罪的不应认定诈骗罪。正如对透支型的信用卡诈骗行为不应以诈骗罪定性一样，尽管信用卡诈骗罪属于诈骗罪的一种。

我们认为，对此问题不可一概而论。对于属于刑法明文列举的类型化的合同诈骗行为，按照特别法与一般法处理原则，应当以合同诈骗罪定罪处罚；对于明显符合《刑法》列明的类型化的合同诈骗行为特征，但未达到合同诈骗罪立案追诉标

准的，不应按照诈骗罪定罪处罚；对于不属于《刑法》列明的类型化的合同诈骗行为，未达到合同诈骗罪立案追诉标准，但符合诈骗罪构成的，可以按照诈骗罪定罪处罚；对于个别案件中行为人穿插实施合同诈骗行为和普通诈骗行为，未达到合同诈骗罪立案追诉标准，但符合诈骗罪构成特征的，可以按照诈骗罪定罪处罚。

相关规定

《最高人民法院关于审理诈骗案件具体应用法律的若干问题的解释》（法发〔1996〕32号，已失效）

二、根据《刑法》第一百五十一条和第一百五十二条的规定，利用经济合同诈骗他人财物数额较大的，构成诈骗罪。

利用经济合同进行诈骗的，诈骗数额应当以行为人实际骗取的数额认定，合同标的数额可以作为量刑情节予以考虑。

行为人具有下列情形之一的，应认定其行为属于以非法占有为目的，利用经济合同进行诈骗：

（一）明知没有履行合同的能力或者有效的担保，采取下列欺骗手段与他人签订合同，骗取财物数额较大并造成较大损失的：

1. 虚构主体；

2. 冒用他人名义；

3. 使用伪造、变造或者无效的单据、介绍信、印章或者其他证明文件的；

4. 隐瞒真相，使用明知不能兑现的票据或者其他结算凭证作为合同履行担保的；

5. 隐瞒真相，使用明知不符合担保条件的抵押物、债权文书等作为合同履行担保的；

6. 使用其他欺骗手段使对方交付款、物的。

（二）合同签订后携带对方当事人交付的货物、货款、预付款或者定金、保证金等担保合同履行的财产逃跑的；

（三）挥霍对方当事人交付的货物、货款、预付款或者定金、保证金等担保合同履行的财产，致使上述款物无法返还的；

（四）使用对方当事人交付的货物、货款、预付款或者定金、保证金等担保合同履行的财产进行违法犯罪活动，致使上述款物无法返还的；

（五）隐匿合同货物、货款、预付款或者定金、保证金等担保合同履行的财产，拒不返还的；

（六）合同签订后，以支付部分货款，开始履行合同为诱饵，骗取全部货物后，在合同规定的期限内或者双方另行约定的付款期限内，无正当理由拒不支付其余货款的。

【案例 126】金某合同诈骗案*

变更罪名后认定的犯罪数额能否超出起诉书指控的犯罪数额

关键词：

合同诈骗　非法吸收公众存款　变更罪名　犯罪数额　超出指控数额

基本案情

126

被告人金某虚构事实，先后从集资参与人处借款1000万元，约定高额利息，后将该借款用于其他投资，最终导致200万元未归还。公诉机关指控合同诈骗罪，指控数额时归还的利息抵扣了未归还的本金，认定合同诈骗数额200万元。一审法院根据查明事实，认为金某的行为属于非法集资，应当变更罪名为非法吸收公众存款罪。现合议庭对查明的犯罪数额能否超出公诉机关指控的犯罪数额存在疑问，即对犯罪数额是以1000万元认定还是只能以200万元认定？

参考规则

人民法院认为应当变更罪名，所要认定的犯罪数额未超出起诉书指控的犯罪事实范围的，可以超出原指控的犯罪数额进行认定。

---

* 本文原载"刑水浮萍"微信公众号2020年5月29日《司法疑难之309》。

具有前款情形，为保障辩护权，人民法院应当征求控辩双方的意见，为被告人及辩护人就新的罪名进行辩解、辩护提供必要时间。

规则解析

关于变更罪名后认定的犯罪数额能否超出起诉书指控的犯罪数额，司法实践中存在不同认识。一种观点认为，如果庭审过程中，人民法院组织控辩双方对该问题进行了法庭辩论，双方对此发表了意见，判决可以超出指控数额，否则不能。另一种观点认为，因定性改变，公诉机关未变更起诉金额，不宜超出指控数额下判。可由检方制作变更起诉的相关法律文书，征询被告人及辩护人意见，无异议才可认定。否则，应将新的起诉书至迟于开庭前10日送达被告人及辩护人。公诉机关未变更起诉金额，若超出指控数额下判不符合法律规定。《人民检察院刑事诉讼规则》（高检发释字〔2019〕4号）第四百二十条规定，在法庭审判过程中，公诉人出示、宣读开庭前移送人民法院的证据以外的证据，或者补充、追加、变更起诉，需要给予被告人、辩护人必要时间进行辩护准备的，公诉人可以建议法庭延期审理。据此，人民法院对于变更罪名的案件，不应直接超出指控数额认定。

我们认为，人民法院变更罪名后，如果认定的犯罪数额可以被起诉书列明的犯罪事实所包含，未超出所指控的犯罪事实范围的，可以超出原指控数额进行认定。同时，为保障辩护权，人民法院应当征求控辩双方的意见，为被告人及辩护人就新的罪名进行辩解、辩护提供必要时间。以本案为例，起诉书指控的犯罪事实中已包含1000万元的借款事实，如果认定合同诈骗罪，只能认定200万元。人民法院变更非法吸收公众存款罪后，经征求控辩双方意见和预留必要的辩护时间，可以将犯罪数额变更为1000万元。

需要注意的是，人民法院如果查明被告人还存在向其他集资参与人非法吸收公众存款100万元，或者查明原指控的非法吸收公众存款数额遗漏了100万元，属于新的犯罪事实，则变更罪名后即使征求控辩双方意见，也不得将非法吸收公众存款数额变更为1100万元。但如果仅仅是计算错误，则依然可以超出该数额进行认定。

【案例 127】黄某某、蒋某某合同诈骗案*

高风险投资领域行业非法占有目的的认定；相对人陷入认识错误对合同诈骗罪认定的影响

关键词：

合同诈骗　名贸易实融资　高风险投资领域行业　非法占有目的　认识错误

基本案情

127

（一）合同诈骗事实。2012 年 3 月至 8 月，黄某某、蒋某某为偿还其前期所欠的巨额债务，虚构钢材贸易，用两人共同所有的公司内的虚假货物以转货权的方式，先后分别以其关联公司与目标公司先后签订 46 份钢材贸易合同，均约定向目标公司销售钢材；同时用其实际控制的多家关联公司作为购买钢材的下游公司，以“厂商银”模式、①外部资金“代购代销”模式、②“自有资金”

* 本文原载“刑水浮萍”微信公众号 2018 年 3 月 22 日《合同诈骗罪系统研究（二）》。

① 所谓“厂商银”模式，是指行为人先后用其控制的下游公司与目标公司签订《贸易销售合同》，与目标公司、银行三方签订《厂商银合作协议》，与银行签订《银行承兑协议》。约定下游公司向银行交纳一定比例的保证金，从银行向目标公司开出银行承兑汇票用于采购钢材，目标公司承担差额退款义务。

② 所谓“代购代销”模式，是指行为人用其下游公司先找一家能为其垫资代购钢材的大型钢材贸易企业，由其下游公司向该大型钢贸企业订购钢材，并指定该企业向目标公司订购所需钢材，每个交易环节中的购销双方均签订钢材销售合同。同时，行为人又用其上游公司与目标公司签订相同规格及数量的钢材销售合同，向目标公司销售钢材，从而形成低价销售、高价购回的循环贸易。

模式，[1]直接或者间接向目标公司采购钢材，从而形成46笔循环贸易，从中套取目标公司货款约人民币（以下币种同）9.57亿元，给目标公司造成直接经济损失约4.284亿元。

（二）虚开增值税专用发票事实。2012年3月至8月，黄某某、蒋某某在明知无真实有效钢材货权交易的情况下，仍以其关联公司名义与目标公司签订虚假循环贸易合同46份，完成贸易合同18份，并向目标公司虚开增值税专用发票3.2864亿余元。

公诉机关认为，被告人黄某某、蒋某某以非法占有为目的，刻意隐瞒其公司资不抵债的经营状况，并以虚假仓单骗取目标公司信任，在明知没有实际履约能力的情况下，以高价买进、低价销售的方式，虚构钢材循环贸易，诱骗目标公司与之签订合同，从中骗取资金9.57亿余元，造成实际损失4.284亿余元，数额特别巨大，应当以合同诈骗罪追究其刑事责任。黄某某、蒋某某明知没有真实货物交易而虚开增值税专用发票3.286亿余元，数额特别巨大，应当以虚开增值税专用发票罪追究其刑事责任。对黄某某、蒋某某所犯数罪，应当数罪并罚。2019年12月，某中级人民法院一审作出无罪判决。某市人民检察院提出抗诉。某省高级人民法院裁定维持原判。

参考规则

对高风险投资领域行业中合同诈骗罪的认定，要准确把握“两个主观”认定：一是行为人非法占有目的的认定；二是相对人陷入认识错误的认定。

一、关于非法占有目的的认定。对高风险投资领域行业中行为人非法占有目的的认定，既要遵循非法占有目的认定的一般规则，又要兼顾高风险投资领域行

① 所谓“自有资金”模式，是指行为人用其实际控制的下游公司直接与目标公司签订合同购买钢材，购买钢材时先支付一定比例的预付款；同时，行为人又另用其上游公司与目标公司签订相同规格及数量的钢材销售合同，向目标公司销售钢材，从而形成低价销售、高价购回的循环贸易。

业的特殊性。重点审查以下两个方面:

(一)重点审查行为人是否属于"明知没有履行合同的能力"。一要全面审查导致行为人或者其所在公司资金断裂的主要原因,尤其要查清有无发生政策性调整等情势变更因素。如果因情势变更因素,导致行业突然萎缩,资金出现断裂的,应当审慎认定"明知没有履行合同的能力"。二要全面审查行为人融资后业务经营的可行性,坚持主客观相统一原则。既要审查行为人主观上对融资后业务经营状况的预判,又要从客观角度审查融资后业务经营的实际状况。如果确有证据证明行为人经认真研判,认为融资后业务经营状况会好转,应当审慎认定"明知没有履行合同的能力"。

(二)重点审查行为人融资后资金用途和处置情况,尤其要审查融资资金是用于生产经营还是用于挥霍、转移。如果融资资金用于正常生产经营,即使前期亏损严重,亦不应认定行为人具有非法占有目的。

二、关于相对人陷入认识错误的认定。鉴于高风险投资领域行业中相对人对非法拆借风险有所研判,存在较大侥幸心理,主观上并非处于典型的陷入认识错误的状态,此类行为一般不构成合同诈骗罪。

规则解析

合同诈骗与民事欺诈的界限一直以来是司法实践中的难点。在部分融资数额特别巨大的案件中,如果认定合同诈骗罪意味着被告人可能面临无期徒刑的处罚,而认定民事欺诈,被告人则仅承担赔偿、返还等民事责任。无论是从罪刑平衡还是法的规诫、指引功能角度分析,如果对某类行为的定性存在较大争议时,不应出现如此悬差的判罚。我们认为,对于定性存在较大争议的行为不应机械适用定罪量刑标准,即使定罪也应在判罚尺度上体现谦抑原则。对部分案件建议走法定刑以下判处刑罚核准程序。同时,最高司法机关应尽快明确此类案件中定罪原理和实践处断原则,避免同案不同判导致的罪刑严重失衡问题发生。

对高风险投资领域行业中合同诈骗罪的认定,要准确把握"两个主观"认定:

一是行为人非法占有目的的认定;二是相对人陷入认识错误的认定。第一个主观认定,理论界与实务界已充分注意且形成比较成熟的研究成果。第二个主观认定,虽然在普通诈骗罪中受到重视,在非法集资案件中受到一定关注,但鲜有结合高风险投资领域行业特征进行分析。我们认为,行为人非法占有目的和行为相对人陷入认识错误的认定在合同诈骗罪中相辅相成,缺一不可。

一、关于非法占有目的的认定。对高风险投资领域行业中行为人非法占有目的的认定,既要遵循非法占有目的认定的一般规则,又要兼顾高风险投资领域行业的特殊性

有的案件中,行为人的非法占有目的并非十分明显,且本人矢口否认,必须借助于行为人虚构事实、隐瞒真相等行为体现和推定,这就必然带来合同诈骗罪与民事欺诈认定界限的困惑,因为两者都存在虚构事实、隐瞒真相的行为,特别是在高风险投资领域行业,虚构事实、隐瞒真相并不意味着必然具有非法占有目的。

(一)非法占有目的的一般认定

1997 年《刑法》在修订前,尚未规定合同诈骗罪,利用经济合同骗取财物的以诈骗罪论处。最高人民法院 1996 年出台的《关于审理诈骗案件具体应用法律的若干问题的解释》(已失效,以下简称《1996 诈骗解释》)最早明确了经济合同中的诈骗数额以实际骗取的数额认定,合同标的数额可以作为量刑情节予以考虑。同时,明确了非法占有目的认定的六大指导原则:(1)明知没有履行合同的能力或者有效的担保,采取欺骗手段与他人签订合同,骗取财物数额较大并造成较大损失的:(2)合同签订后携带对方当事人交付的的财产逃跑的;(3)挥霍对方当事人交付的财产,致使上述款物无法返还的;(4)使用对方当事人交付的财产进行违法犯罪活动,致使上述款物无法返还的;(5)隐匿合同货物、货款、预付款或者定金、保证金等担保合同履行的财产,拒不返还的;(6)合同签订后,以支付部分货款,开始履行合同为诱饵,骗取全部货物后,无正当理由拒不支付其余货款的。在《1996 诈骗解释》失效前,关于第二、四、五、六项的理解与适用分歧不大,但第一项“明知没有履行合同的能力”和第三项“挥霍对方当事人交付的财产”在司法适用时存在较大争议。1997 年《刑法》在修订时将合同诈骗罪从诈骗罪中独立出来,对合同诈骗

罪采取了“行为情形+非法占有目的+时间空间限制”的并列表述模式。根据现行《刑法》第二百二十四条之规定，行为人必须在签订、履行合同过程中，实施明文列举加兜底情形的行为，且具有非法占有目的，才构成合同诈骗罪。但对如何认定非法占有目的，未作具体明确。在所列行为情形中，除了第四项“收受对方当事人给付的货物、货款、预付款或者担保财产后逃匿的”可以直接认定行为人具有非法占有目的，从第一项“以虚构的单位或者冒用他人名义签订合同的”、第二项“以伪造、变造、作废的票据或者其他虚假的产权证明作担保的”、第三项“没有实际履行能力，以先履行小额合同或者部分履行合同的方法，诱骗对方当事人继续签订和履行合同的”以及第五项“以其他方法骗取对方当事人财物的”均不能直接认定行为人具有非法占有目的。2000 年 9 月，为研究讨论《刑法》修订以来审理金融犯罪案件中遇到的有关法律适用问题，最高人民法院在湖南长沙召开了全国法院审理金融犯罪案件工作座谈会，并于 2001 年 1 月形成了《全国法院审理金融犯罪案件工作座谈会纪要》(以下简称《2001 金融纪要》)。该纪要文件就单位实施贷款诈骗的定性明确了以合同诈骗罪论处，对金融诈骗罪中非法占有目的的认定明确了指引规范，为合同诈骗罪中非法占有目的的认定起到了极其重要的借鉴和参考作用。《2001 金融纪要》指出，在司法实践中，认定是否具有非法占有为目的，应当坚持主客观相一致的原则，既要避免单纯根据损失结果客观归罪，也不能仅凭被告人自己的供述，而应当根据案件具体情况具体分析。根据司法实践，对于行为人通过诈骗的方法非法获取资金，造成数额较大资金不能归还，并具有下列情形之一的，可以认定为具有非法占有的目的：(1)明知没有归还能力而大量骗取资金的；(2)非法获取资金后逃跑的；(3)肆意挥霍骗取资金的；(4)使用骗取的资金进行违法犯罪活动的；(5)抽逃、转移资金、隐匿财产，以逃避返还资金的；(6)隐匿、销毁账目，或者搞假破产、假倒闭，以逃避返还资金的；(7)其他非法占有资金、拒不返还的行为。《2001 金融纪要》同时强调，在处理具体案件时，对于有证据证明行为人不具有非法占有目的的，不能单纯以财产不能归还就按金融诈骗罪处罚。我们认为，《1996 诈骗解释》虽然失效，但其关于非法占有目的的认定精神，《2001 金融纪要》基本一脉相承下来。其中，《2001 金融纪要》第一项“明知没有归还能力而大量骗取资金的”、第三项“肆意挥霍骗取资金的”与《1996 诈骗解释》第一项“明知没有履行合同的能力”、第三项“挥霍对方当事人交付的财产”的规定精神基本一致，且两个文件中仅该两项在实践中认定时存在较大争议。其余各项虽然适用时也存在分歧，①但通过近年来一些职务犯罪案件审判逐步得以解决，一般不会导致重大定性分歧。2010 年，针对非法集资案件，最高人民法院出台的《关于审理非法集资刑事案件具体应用法律若干问题的解释》（法释〔2010〕18 号）（2022 年修正，法释〔2022〕5 号）关于集资诈骗罪中非法占有目的的认定在指导精神和认定原则上与《2001 金融纪要》基本一致。2011 年，针对诈骗罪，最高人民法院、最高人民检察院联合出台了《关于办理诈骗刑事案件具体应用法律若干问题的解释》（法释〔2011〕7 号）。但该司法解释未就非法占有目的的认定作出专门规定。实践中，对合同诈骗罪中非法占有目的的认定基本是参考适用《2001 金融纪要》的相关规定精神。

（二）高风险投资领域行业非法占有目的的认定

前文已简要提及《2001 金融纪要》第一项“明知没有归还能力而大量骗取资金的”、第三项“肆意挥霍骗取资金的”与《1996 诈骗解释》第一项“明知没有履行合同的能力”、第三项“挥霍对方当事人交付的财产”在实践适用时均存在较大争议。在高风险投资领域行业，投资双方的博弈心理倾向更加明显，投资风险更不易控制，由此带来的对上述文件规定的适用把握更加疑难、复杂。

1. 重点审查行为人是否属于“明知没有履行合同的能力”。（1）要全面审查导致行为人或者其所在公司资金断裂的主要原因，尤其要查清有无发生政策性调整等情势变更因素。如果因情势变更因素，导致行业突然萎缩，资金出现断裂，行为人为了紧急自救，就可能不会顾及自身是否具有归还能力、履行合同能力的认知，从而《1996 诈骗解释》《2001 金融纪要》明确的“明知没有归还能力而大量骗取资金的”“明知没有履行合同的能力”就缺乏适用的主观认知依据。如本案中，黄某某、蒋某某为了从目标公司获取融资，隐瞒其关联公司已欠下巨额债务，采取“厂

---

① 参见司伟攀：《非法集资犯罪若干问题研究》，载《法律适用》2017 年第 5 期。

商银”模式、“外部资金代购代销”模式、“自有资金”模式订立钢贸合同,先支付一定的保证金、预付款、赎单款(实际是提前支付利息),以虚假的钢材贸易进行融资,从目标公司获取融资款。黄某某、蒋某某名下公司之所以陷入资金危机系因国家钢贸政策进行紧缩调整导致经营亏损,但其在融资过程中对将来是否有归还能力存在未知性、或然性。如果融资后钢贸政策出现回调,或者在盘活资金后能获得更多银行贷款,经营能平稳过渡,就可能不存在归还能力的问题。因此,在此类案件中,要全面审查导致行为人或者其所在公司资金断裂的主要原因,尤其要查清有无发生政策性调整等情势变更因素。

(2)要全面审查行为人融资后业务经营的可行性,坚持主客观相统一原则。既要审查行为人主观上对融资后业务经营状况的预判,又要从客观角度审查融资后业务经营的实际状况。如果确有证据证明行为人经认真研判,认为融资后业务经营状况会好转,应当审慎认定“明知没有履行合同的能力”。本案中,有一个细节尤为值得注意,就是黄某某、蒋某某支付高额利息从目标公司获取融资用于偿付银行的贷款资金,意味着其对于钢贸这个行业的前景存在乐观预判,其经商的逻辑在于国家钢贸政策一般存在马鞍型调整,不存在一成不变。只要钢贸政策调整为积极政策,则可以扭亏为盈。正因如此,相关鉴定意见对黄某某、蒋某某是否属于“明知没有归还能力而大量骗取资金的”认定是含糊的。

2. 重点审查行为人融资后资金用途和处置情况,尤其要审查融资资金是用于生产经营还是挥霍、转移。在“名贸易实融资”案件中,如果融资资金用于正常生产经营,即使前期亏损严重,亦不应认定行为人具有非法占有目的。《1996 诈骗解释》关于“挥霍”的规定在司法适用过程中容易引发争议,《2001 金融纪要》采用了“肆意挥霍”的表述,如此在认定范围上更窄、更严。有观点认为,耗费巨资用于广告,或者花费大量资金用于行贿,不属于“肆意挥霍”。部分经济理论研究工作者也倾向于不属于“肆意挥霍”的观点。然而,不少案件判决、裁定都将以上行为认定为“肆意挥霍”,对此,最高司法机关应当予以重视,尽快研究明确指导原则。当前,对于携款潜逃,或者拒不返还的,认定合同诈骗罪不会引发分歧。如果行为人将融资资金用于正常生产经营,即使前期亏损严重,亦不应认定非法占有目的。

如果行为人将融资资金单纯用于高利还贷，则相当于拆东墙补西墙，对不能归还的资金部分可以认定具有非法占有目的。需要注意的是，在有的案件中，行为人与银行达成协议，一旦将融资资金还贷，银行将重新计算放贷日期和发放更大数量的贷款，后因国家放贷政策收缩，银行不发放贷款，导致行为人融资后资金断裂的，亦不应认定行为人具有非法占有目的。在此过程中，行为人虽然改变了融资款用途，但目的是获取更加稳定的放贷资金用于生产经营，主观上是基于对金融部门的信任，因发生情势变更事由导致融资资金还贷后银行无法依照约定放贷，行为人不具有非法占有的主观故意和目的。据此，将融资资金还贷银行意图获取更多银行贷款的行为，不应认定非法占有目的。此种情形应当区别于将融资资金偿还高利贷行为，后者整体属于偿还个人债务情形，不但转移了资金，而且重新获取经营资金的信誉得不到保障，故可以认定具有非法占有目的。

关于非法占有目的的认定，理论界还不乏一些真知灼见。如四川省法学会韩旭研究员认为，对于企业负责人因资金周转一时陷入困境，仅为躲债、回避矛盾等暂时躲避的，不能一概认定为具有非法占有目的而入罪，应当积极动员其正视矛盾、恢复生产、制订还款计划；在重点查明吸收资金的管理、用途和去向后，对于企业因正常生产经营需要而吸纳利用社会资金的，即使资不抵债，也应谨慎入罪。在区分集资诈骗罪与非法吸收公众存款罪的问题上，有专家的观点是如果确因客观原因无法查清集资款项的去向，抑或集资款项确有部分用于了生产经营的情况下，一般应坚持有利于被告的原则，不以此认定被告人具有“非法占有的目的”，而只能认定为非法吸收公众存款罪。① 这些意见都值得借鉴参考。

二、关于相对人陷入认识错误的认定。鉴于高风险投资领域行业中相对人对非法拆借风险有所研判，存在较大侥幸心理，主观上并非处于典型的陷入认识错误的状态，此类行为一般不构成合同诈骗罪

高风险投资领域行业，最显著的一个特征就是行为相对人一般具有很强的博

① 参见四川省法学会刑法学研究会：《2015年“非法集资相关问题研究”重点调研课题学术研讨会综述》，载四川法学网，http://www.scfxw.cn/news。

弈心理。即相对人已经意识到投资存在一定风险,但基于赌博的侥幸心理而决定投资。这一典型特征,使得高风险投资领域行业中行为相对人是否陷入认识错误的认定与行为人非法占有目的的认定同样重要。诈骗罪的客观表现一般是行为人虚构事实、隐瞒真相——被害人陷入认识错误——被害人基于认识错误作出财产处分。合同诈骗罪在客观表现方面基本与诈骗罪无异。在该客观表现上,被害人认识错误是两个因果关系的中间项。这两个因果关系分别是:(1)因为行为人虚构事实、隐瞒真相导致被害人陷入认识错误;(2)因为被害人陷入认识错误导致作出财产处分。如果被害人没有陷入认识错误,而是基于高风险博弈心理,那么就不符合合同诈骗罪的客观特征(但不排除集资诈骗罪的认定)。

根据有关资料统计,近年来我国实体经济的收益率通常在10%以下,银行发行的各类理财产品年化收益率为3%~5%。如果投资者宣称或者对客户保证获得的收益率在10%以上,则可以初步判断相关投资理财具有非法集资、非法融资目的并存在相应的风险。收益率越高,注意风险的义务就越高。对于收益率远高于10%的投资理财,意味着参与人放弃了投资风险的注意义务,相关投资行为可以评价为一种具有自陷风险性质的主动参与行为。① 2015年8月6日《最高人民法院关于审理民间借贷案件适用法律若干问题的规定》明确将借贷利率24%作为普通民事借贷与高利贷标准的界限(2020年修正后借款利率为一年期贷款市场报价利率的4倍),高于此标准的,意味着行为人属于以谋取高利息为目的的自陷风险行为。②

真正的钢材贸易,合同双方当事人应当围绕钢材质量、数量和利润进行重点尽职调查、磋商和审查,而融资则重点围绕利率多少和如何确保本息返还进行约定和审查。仍以本案为例,黄某某、蒋某某以其关联公司名义,采取“厂商银”模式、“外部资金代购代销”模式、“自有资金”模式订立钢贸合同,先支付一定的保证

---

① 关于当前我国实体产业的回报率及银行理财产品收益率的实证分析,可参见陈春雷:《我国实体经济发展存在的问题及应对策略》,载《学术交流》2013年第8期;朱滔、吴刘亮:《监管政策、产品运作方式与银行理财产品收益率研究》,载《南方金融》2013年第7期。

② 参见杨立新:《民间借贷关系法律调整新时期的法律适用尺度——〈最高人民法院关于审理民间借贷案件适用法律若干问题的规定〉解读》,载《法律适用》2015年第11期。

金、预付款、赎单款，而这些保证金、预付款、赎单款是按照融资资金固定利率（一般年利率在20%～30%）确定的，与钢贸行情毫无关系。在签订、履行融资合同过程中，虽然黄某某存在虚构事实、隐瞒真相的行为，但目标公司主观上并未陷入认识错误，其之所以提供融资就是为了充分利用闲置资金，追求高额利率，某种程度上属于自陷风险行为，故黄某某、蒋某某的行为不符合诈骗罪的构成特征，不构成合同诈骗罪。同时，本案黄某某、蒋某某虚开增值税专用发票，系为了规避国有企业融资监管，而不是为了骗取或者抵扣税款，非但没有造成国家税收任何损失，反而增加了财税收入，因而不构成虚开增值税专用发票罪。据此，某省两级人民法院均认为黄某某、蒋某某无罪。

相关规定

1.《中华人民共和国刑法》

第二百二十四条　【合同诈骗罪】有下列情形之一，以非法占有为目的，在签订、履行合同过程中，骗取对方当事人财物，数额较大的，处三年以下有期徒刑或者拘役，并处或者单处罚金；数额巨大或者有其他严重情节的，处三年以上十年以下有期徒刑，并处罚金；数额特别巨大或者有其他特别严重情节的，处十年以上有期徒刑或者无期徒刑，并处罚金或者没收财产：

（一）以虚构的单位或者冒用他人名义签订合同的；

（二）以伪造、变造、作废的票据或者其他虚假的产权证明作担保的；

（三）没有实际履行能力，以先履行小额合同或者部分履行合同的方法，诱骗对方当事人继续签订和履行合同的；

（四）收受对方当事人给付的货物、货款、预付款或者担保财产后逃匿的；

（五）以其他方法骗取对方当事人财物的。

2.《全国法院审理金融犯罪案件工作座谈会纪要》(2001年1月21日)

(三)关于金融诈骗罪

1. 金融诈骗罪中非法占有目的的认定

金融诈骗犯罪都是以非法占有为目的的犯罪。在司法实践中,认定是否具有非法占有为目的,应当坚持主客观相一致的原则,既要避免单纯根据损失结果客观归罪,也不能仅凭被告人自己的供述,而应当根据案件具体情况具体分析。根据司法实践,对于行为人通过诈骗的方法非法获取资金,造成数额较大资金不能归还,并具有下列情形之一的,可以认定为具有非法占有的目的:(1)明知没有归还能力而大量骗取资金的;(2)非法获取资金后逃跑的;(3)肆意挥霍骗取资金的;(4)使用骗取的资金进行违法犯罪活动的;(5)抽逃、转移资金、隐匿财产,以逃避返还资金的;(6)隐匿、销毁账目,或者搞假破产、假倒闭,以逃避返还资金的;(7)其他非法占有资金、拒不返还的行为。但是,在处理具体案件的时候,对于有证据证明行为人不具有非法占有目的的,不能单纯以财产不能归还就按金融诈骗罪处罚。

【案例 128】李某合同诈骗案*

合同诈骗罪能否参照适用诈骗罪加重法定刑的量刑标准

关键词：

合同诈骗　诈骗　加重法定刑　量刑标准　数额巨大　数额特别巨大

基本案情

128

李某以非法占有为目的，在签订、履行合同过程中，骗取对方当事人财物人民币（以下币种同）70 000 元。河北省石家庄某区检察院对李某提起指控，以李某涉嫌犯合同诈骗罪提起公诉。因没有相关司法解释对合同诈骗罪的定罪量刑标准进行明确，某区人民法院合议庭对李某是否属于合同诈骗罪数额巨大，存在不同认识。诈骗罪在河北省 7000 元为数额较大，70 000 元为数额巨大，50 万元为数额特别巨大。而合同诈骗罪依照《最高人民检察院、公安部关于公安机关管辖的刑事案件立案追诉标准的规定（二）》（公通字〔2010〕23 号，2022 年 4 月 6 日修改，2022 年 5 月 15 日施行，但第六十九条对合同诈骗罪的立案追诉标准未修改）的规定 20 000 元为立案追诉标准。在此类案件中，数额巨大、特别巨大能参照诈骗罪定罪量刑标准吗？

---

* 本文系在“刑水浮萍”公众号 2019 年 7 月 23 日《司法疑难之 141》的基础上修改而成。

参考规则

合同诈骗犯罪的行为方式和情节错综复杂，不应参照诈骗罪的定罪量刑标准。

合同诈骗罪加重法定刑的量刑标准，一般可以按照下一档法定刑量刑标准的五倍至十倍幅度把握。同时，鉴于合同诈骗的行为方式和情节错综复杂，为避免机械把握加重法定刑量刑标准，有必要综合数额加情节把握加重法定刑的量刑标准。

在相关司法解释出台前，对于数额虽然达到下一档法定刑量刑标准的五倍至十倍，但情节一般或者定性存在较大争议的，为体现刑法的谦抑原则，从罪责刑相适应原则出发，依然应当审慎认定“数额巨大”“数额特别巨大”。

规则解析

一、合同诈骗犯罪不应参照适用诈骗罪的加重法定刑量刑标准

合同诈骗罪，必须发生在经济活动过程中。鉴于合同诈骗的行为方式和情节十分复杂，目前难以对合同诈骗罪的“数额特别巨大”明确一个统一的标准。根据《最高人民法院关于在经济犯罪审判中参照适用〈最高人民检察院、公安部关于公安机关管辖的刑事案件立案追诉标准的规定（二）〉的通知》（法发〔2010〕22 号），对《最高人民检察院、公安部关于公安机关管辖的刑事案件立案追诉标准的规定（二）》规定的标准，人民法院可以参照适用。遇到特殊情况，可以层报最高人民法院后再确定。

二、合同诈骗罪加重法定刑的量刑标准，一般可以按照下一档法定刑量刑标准的五倍至十倍幅度把握。同时，鉴于合同诈骗的行为方式和情节错综复杂，为避免机械把握加重法定刑量刑标准，有必要综合数额加情节把握加重法定刑的量刑标准

一般情况下，对于合同诈骗罪数额巨大、数额特别巨大的量刑标准可以分别

按照数额较大、数额巨大五倍至十倍的幅度把握。考虑到合同诈骗犯罪的行为方式和情节错综复杂,各个领域和行业又具有一定的特殊性,如果严格按照下一档法定刑标准的五倍至十倍幅度把握,可能导致量刑上的不平衡。为避免机械把握合同诈骗犯罪的加重法定刑量刑标准,我们建议,对合同诈骗罪的加重法定刑量刑标准,宜确立数额加情节量刑标准。尽管在合同诈骗罪中,情节是单独的量刑标准,但通过情节来调剂数额巨大、数额特别巨大的认定,可能更适应合同诈骗罪的复杂性。

三、在相关司法解释出台前,对于数额虽然达到下一档法定刑量刑标准的五倍至十倍,但情节一般或者定性存在较大争议的,为体现刑法的谦抑原则,从罪责刑相适应原则出发,依然应当审慎认定"数额巨大""数额特别巨大"

在最高司法机关出台新的司法解释前,对于合同诈骗罪数额巨大、数额特别巨大的认定标准总体上宜持保守态度。对于犯罪情节一般,特别是对定性存在争议的案件,如果贸然认定数额巨大、数额特别巨大,可能出现要么无罪、要么判处十年以上有期徒刑、无期徒刑的选择。这种悬差应是司法实践中力求避免的问题。如在黄某某、蒋某某合同诈骗一案中,控辩审三方对合同诈骗罪的定性存在较大分歧。一旦认定合同诈骗罪成立,因数额达到几亿元,黄某某、蒋某某面临可能判处无期徒刑的判罚。而一旦合同诈骗罪不能成立,则宣告无罪释放。这么大的差距,一方面反映了合同诈骗罪的特殊性应当在量刑中有所体现;另一方面,如此量刑悬差,无疑将对被告人认罪认罚制度的全面推广制造极大障碍。[①] 据此,我们建议,数额达到下一档法定刑量刑标准的五倍至十倍,但情节一般或者定性存在较大争议的,为体现刑法的谦抑原则,从罪责刑相适应原则出发,依然应当审慎认定"数额巨大""数额特别巨大"。

以案例 128 李某合同诈骗案为例,李某以非法占有为目的,在签订、履行合同过程中,骗取对方当事人财物 70 000 元,如果没有其他情节,认定为"数额巨大",在三年以上十年以下有期徒刑这个幅度量刑,已足以体现罪责刑相适应原则。

---

① 黄某某、蒋某某合同诈骗案,载"刑水浮萍"公众号 2022 年 5 月 15 日《司法疑难之 429》。

相关规定

1.《中华人民共和国刑法》

第二百二十四条　【合同诈骗罪】有下列情形之一，以非法占有为目的，在签订、履行合同过程中，骗取对方当事人财物，数额较大的，处三年以下有期徒刑或者拘役，并处或者单处罚金；数额巨大或者有其他严重情节的，处三年以上十年以下有期徒刑，并处罚金；数额特别巨大或者有其他特别严重情节的，处十年以上有期徒刑或者无期徒刑，并处罚金或者没收财产：

（一）以虚构的单位或者冒用他人名义签订合同的；

（二）以伪造、变造、作废的票据或者其他虚假的产权证明作担保的；

（三）没有实际履行能力，以先履行小额合同或者部分履行合同的方法，诱骗对方当事人继续签订和履行合同的；

（四）收受对方当事人给付的货物、货款、预付款或者担保财产后逃匿的；

（五）以其他方法骗取对方当事人财物的。

2.《最高人民法院关于在经济犯罪审判中参照适用〈最高人民检察院、公安部关于公安机关管辖的刑事案件立案追诉标准的规定（二）〉的通知》（法发〔2010〕22号）

全国地方各级人民法院、各级军事法院、各铁路运输中级法院和基层法院，新疆生产建设兵团各级法院：

今年5月18日，最高人民检察院、公安部印发了《最高人民检察院、公安部关于公安机关管辖的刑事案件立案追诉标准的规定（二）》（以下简称《标准二》）。《标准二》规定了公安机关经济犯罪侦查部门管辖的86种刑事案件的立案追诉标准。为切实做好经济犯罪审判工作，及时、准确打击经济犯罪，有效维护市场经济秩序，现就人民法院在审理经济犯罪案件中参照适用《标准二》的有关问题通知如下：

一、最高人民法院对相关经济犯罪的定罪量刑标准没有规定的，人民法院在审理经济犯罪案件时，可以参照适用《标准二》的规定。

二、各级人民法院在参照适用《标准二》的过程中，如认为《标准二》的有关规定不能适应案件审理需要的，要结合案件具体情况和本地实际，依法审慎稳妥处理好案件的法律适用和政策把握，争取更好的社会效果。

三、最高人民法院将在进一步总结审判经验的基础上，对审判实践中亟需的相关经济犯罪定罪量刑标准作出具体规定。在此之前，拟通过有关工作会议、司法文件、公布典型案例等方式，对人民法院经济犯罪案件审判工作加强指导，以不断提高经济犯罪案件审判水平，更好地服务经济社会发展和依法惩处经济犯罪工作的需要。

【案例 129】金某合同诈骗案*

隐瞒之前抵押担保事实，骗取他人非法转让承包经营资金，用于归还其个人债务，最终不能归还后逃匿的，是否构成合同诈骗罪以及如果构成犯罪数额如何认定

关键词：

合同诈骗　隐瞒　担保　承包经营合同　失联　犯罪数额

基本案情

129

被告人金某与生产队签订合同承包土地经营林木。期间，金某向私人借贷。由于金某没能按约定时间及时还贷，双方约定由金某以承包经营的山林作抵押来偿还债务。金某为了偿还债务，在没有如实告知的情况下，又以其承包经营的部分山林与被害人签订山林转让承包经营合同，获取了被害人给付的转让金人民币（以下币种同）100 万元。被害人接手经营后，曾向林业主管部门申请采伐部分林木并获得许可，获得林木收益 20 多万元。在被害人经营期间，分别受到了村民和债权人阻挠。被害人了解后得知受阻挠的原因：一是金某没有如期向生产队交纳承包金，二是金某转让给被害人的山林与金某抵押给债权人的山林有部分重叠。被害人认为被告人存在欺骗行为，遂要求退还转让金。起初

* 本文原载“刑水浮萍”微信公众号 2019 年 7 月 27 日《司法疑难之 147》。

金某答应协商解决，但后来失联。被害人以自己被骗为由向公安机关报案。公安机关以合同诈骗罪立案侦查后移送检察院起诉。检察院以金某涉嫌犯合同诈骗罪向法院提起公诉。被告人金某的行为是否构成合同诈骗罪？如构成，在认定犯罪数额时是否将被害人获得的收益扣除？

参考规则

隐瞒之前抵押担保事实，骗取他人非法转让承包经营资金，用于归还其个人债务，最终不能归还后逃匿的，应当认定行为人具有非法占有目的，可以构成合同诈骗罪。

规则解析

金某是否具有非法占有目的是本案定性的关键。如金某具有非法占有目的，可以构成合同诈骗罪；如金某不具有非法占有目的，则不构成合同诈骗罪，对其行为仅可认定民事欺诈行为。

相对于普通诈骗罪，特殊诈骗罪对非法占有目的的认定有所不同。如集资诈骗案件中，行为人拆东墙补西墙，并未自始体现非法占有目的。对于此类涉众型犯罪，一般是总体上把握，对最后不能归还的数额认定为非法占有数额。又如恶意透支信用卡案件，行为人透支时未必具有非法占有目的，但还款阶段经催收失联，转化为具有非法占有目的。同理，合同诈骗案件中，非法占有目的既可以产生在合同签订阶段，也可以产生在合同履行阶段。即使合同签订阶段没有非法占有目的，但合同履行阶段临时产生非法占有目的的，依然可以认定合同诈骗罪。如《刑法》第二百二十四条第四项规定的“收受对方当事人给付的货物、货款、预付款或者担保财产后逃匿的”情形，就有可能发生在合同履行阶段，此类行为可以构成合同诈骗罪。

本案中，金某隐瞒之前抵押部分山林的事实，骗取他人非法转让承包经营资金 100 万元，归还其个人债务，最终不能归还后逃匿。对于金某不能归还的部分款项，可以认定其具有非法占有目的，其行为构成合同诈骗罪。考虑到，山林承包经营本身具有一定的市场价值，金某同时又欠生产队一定数额的承包经营费，该市场价值与欠付的承包经营费之间的差额，可以从未归还的数额中再次扣减，将剩余数额认定为合同诈骗犯罪数额。

【案例 130】胡某合同诈骗案*

诱骗他人清偿自己的房贷，约定解押后由他人以按揭贷款方式购买案涉房产，但按揭贷款放款到账后用于偿还其高利贷债务，经他人催讨后逃匿的，是否构成合同诈骗罪

关键词：

合同诈骗　放贷　解押　按揭贷款　高利贷　催讨逃匿

基本案情

130

胡某名下有一套按揭贷款房。胡某与被害人冯某某约定，冯某某筹钱帮胡某还清放贷。房产解押后，由冯某某以房产继续做按揭贷款，按揭贷款数额与冯某某替胡某还清的放贷数额相等，一旦银行将按揭贷款放款汇入胡某账户，胡某就立即汇入冯某某账户。然而，实际上，银行将按揭贷款放款汇入胡某账户后，胡某立即将放款归还了其个人高利贷债务。经冯某某催讨，胡某失联。经查，胡某名下欠高利贷债务百万元以上，根本无力归还冯某某代为还清的房贷资金。目前，房产已过户给冯某某。胡某的行为如何定性？

* 本文原载"刑水浮萍"公众号 2019 年 12 月 26 日《司法疑难之 224》。

参考规则

对于骗取他人资金用于归还个人债务的行为，在审查行为人是否具有非法占有目的时，应当区别将骗取的资金用于归还银行和归还高利贷情形。将骗取的资金用于归还银行的，应当进一步审查行为人还贷的目的是不是获取更多信贷资金，如果系单纯还贷最终不能归还的，一般认定行为人具有非法占有目的。将骗取的资金用于归还高利贷最终不能归还的，应当认定行为人具有非法占有目的。

诱骗他人清偿自己的房贷，约定解押后由他人以按揭贷款方式购买案涉房产，但银行按揭贷款放款到账后用于偿还其高利贷债务，经他人催讨后逃匿的，可以视为“收受对方当事人给付的货款后逃匿的”情形，构成合同诈骗罪。

规则解析

一、对于骗取他人资金用于归还个人债务的行为，在认定行为人是否具有非法占有目的时，应当结合具体情形而定

对于骗取他人资金用于归还个人债务的行为，在审查行为人是否具有非法占有的目的时，应当区别将骗取的资金用于归还银行和归还高利贷情形。

将骗取的资金用于归还银行的，应当进一步审查行为人还贷的目的是不是获取更多信贷资金，如果系单纯还贷最终不能归还的，一般认定行为人具有非法占有目的。有的案件中，行为人将骗取的资金用于还银行，目的是保持信用评级，获取更多的贷款，获取更多的资金投入生产经营。如果行为人仅是出于银行的资金不能不还的顾虑，单纯还贷，而不是为了获取更大数额的资金，最终不能归还的，此种情形行为人对诱骗资金一般具有非法占有目的。行为人将骗取的资金用于偿还高利贷债务，一般都不可能回收成本，最终不能归还的，应当认定行为人具有非法占有目的。

二、诱骗他人清偿自己的房贷，约定解押后由他人以按揭贷款方式购买案涉房产，但按揭贷款放款到账后用于偿还其高利贷债务，经他人催讨后逃匿的，构成合同诈骗罪

诱骗他人清偿自己的房贷，约定解押后由他人以按揭贷款方式购买案涉房产，但按揭贷款放款到账后用于偿还其高利贷债务，经他人催讨后逃匿的，总体来看，相当于骗取的是他人帮忙还清放贷那部分资金，可以视为《刑法》第二百二十四条第四项规定的“收受对方当事人给付的货款后逃匿的”情形，构成合同诈骗罪。

【案例 131】甲合同诈骗案*

对于不同下线人员分别在不同地方实施的相互不具有事实和法律上紧密关联的犯罪，仅对其中部分下线人员提起指控的，受理法院对其他下线人员犯罪是否具有管辖权

关键词：

合同诈骗　多层级犯罪　上线人员　下线人员　管辖权　未到案

基本案情

131

甲作为主犯在逃，被害人关某某在A地渝中区报案称被甲的下级主管乙管理的业务员丙诈骗。经查，甲、乙、丙系共同犯罪，且渝中区系犯罪结果发生地之一。同时查明，甲的另一下级主管丁管理的业务员戊在B地实施了短信诈骗，导致C地的被害人受骗。此种情况下A地法院受理了被告人乙丙的犯罪案件；请问如果单独起诉丁、戊，A地法院是否有管辖权？

参考规则

对于多层级犯罪，单独对下级人员指控犯罪，如果该指控的犯罪事实与其他下级人员没有事实和法律上紧密关联的，受理法院对其他下级人员犯罪不具有管

---

* 本文原载“刑水浮萍”微信公众号2020年2月28日《司法疑难之239》。

辖权。

如果对上级人员提起指控,因该指控的犯罪事实与下级人员犯罪具有事实和法律上的紧密关联,受理法院对下级人员犯罪均具有管辖权。

规则解析

《刑事诉讼法》第二十五条规定:"刑事案件由犯罪地的人民法院管辖。如果由被告人居住地的人民法院审判更为适宜的,可以由被告人居住地的人民法院管辖。"这是地域管辖的一般原则。本案中,犯罪发生地、结果地均不在 A 地(丁、戊居住地也不在 A 地,否则就不存在管辖争议),因此下线人员丁、戊所犯之罪与下线人员乙、丙所犯之罪,没有事实和法律上的紧密关联。如果单独对下线人员丁、戊提出指控,A 地法院不具有管辖权。除专门管辖外,司法解释对部分情况比较特殊的犯罪规定了比较具体的管辖权,表面上似乎对地域管辖作了扩大解释,实质上是结合不同类型的案件对犯罪发生地和犯罪结果地进行了有针对性的解释,逻辑上还是严格限制在犯罪地这个范围。

但如果对上线人员甲提起指控,因为丁、戊和乙、丙均是甲的下线人员,属于犯罪集团或者有组织犯罪,可以进行并案审理。这样并案的理由主要有三点:一是为便于查明犯罪事实,节约司法资源,准确对甲定罪处罚。二是乙、丙和丁、戊的上线都是甲,听从于甲的组织、领导和指挥,对甲提起指控,A、B、C 三地具有事实上和法律上的紧密关联,都具有管辖权。既然 A 地对甲已提起指控,可以移送最初受理的法院审判。三是对此类案件还可以适用指定管辖原则。由 A、B、C 三地共同上级法院指定由 A 地法院审判。需要强调的是,指定管辖一般应当在有管辖权的法院中指定,这是刑事诉讼管辖原则的题中之义(理论界不少观点主张该原则),但为排除案外因素干扰,出于营造公平公正司法环境的考虑,也可以指定犯罪地、被告人居住地之外的法院审判。中管干部职务犯罪案件,基本上都是指定在犯罪地、被告人居住地之外的法院审判。

【案例 132】××挂靠公司合同诈骗案*

被挂靠单位不明知挂靠单位实施合同诈骗犯罪的是否承担共犯责任；此种情形对代持股东、挂名法定代表人是否追究主要负责的主管人员的刑事责任

关键词：

合同诈骗　被挂靠单位　挂靠单位　共犯代持股东　挂名法定代表人　主客观相统一原则　刑事责任

基本案情

132

黄某系××被挂靠公司挂名法定代表人，一个月领 1000 元工资，其余待遇均没有。黄某不明知××挂靠公司在对外借款时重复抵押，也不知道挂靠公司对借款具有非法占有目的。××挂靠公司构成合同诈骗罪。此种情形能否追究被挂靠公司的共犯责任；能否以黄某系被挂靠公司挂名法定代表人身份，追究其单位主要负责的主管人员的刑事责任？

参考规则

挂靠情形，认定挂靠单位与被挂靠单位是否构成共犯，应当坚持主客观相统

* 本文原载“刑水浮萍”微信公众号 2019 年 1 月 27 日《司法疑难之 70》。

一原则，不应仅因挂靠和被挂靠关系认定单位之间构成共犯。

对于挂靠情形合同诈骗案件，不应追求民事合同的相对性原则，不能仅从印鉴这一形式主义认定被挂靠单位为被告单位，而应当从实质主义出发，坚持主客观相统一原则，准确把握被挂靠单位的行为定性。

对于代持股东、挂名法定代表人，应当综合其主客观方面认定其是否作为主要负责的主管人员承担单位犯罪的刑事责任。未参与实际经营管理、主观上不明知、客观上未参与实施犯罪的，一般不承担单位犯罪的刑事责任。

规则解析

一、挂靠情形，认定挂靠单位与被挂靠单位是否构成共犯，应当坚持主客观相统一原则，不应仅因挂靠和被挂靠关系认定单位之间构成共犯

在挂靠案件中，因合同上加盖的是被挂靠单位印鉴，故被害人往往以被挂靠单位为对象，向公安机关控告。如果被挂靠单位未与挂靠单位共谋，亦不明知挂靠单位实施具体的犯罪，能否以被挂靠单位与挂靠单位构成共犯为由追究刑事责任？对此实践中存在一定争议。我们认为，挂靠情形，认定挂靠单位与被挂靠单位是否构成共犯，应当坚持主客观相统一原则。司法实践中，行为人利用受委托保管他人印章、身份证、财物等便利条件，以他人名义实施犯罪的情况并不少见。此类情形是否认定共犯，必须坚持主客观相统一原则。主观上，要审查是否共谋，对于非共谋的，要审查是否明知（包括知道和应当知道）；客观上，要审查是否参与实施了犯罪行为。对于共谋的，在实行犯未过限的前提下，即使未实施犯罪行为，也不影响共犯的认定。

对于挂靠情形合同诈骗案件，不应追求民事合同的相对性原则，不能仅从印鉴这一形式主义认定被挂靠单位为被告单位，而应当从实质主义出发，坚持主客观相统一原则，准确把握被挂靠单位的行为定性。本案中，应当从主观上审查被挂靠单位是否明知挂靠单位在对外借款时使用重复抵押。如果查明被挂靠单位不明知挂靠单位重复抵押，不应将被挂靠单位作为被告单位指控。

二、对于代持股东、挂名法定代表人,应当综合其主客观方面认定其是否作为主要负责的主管人员承担单位犯罪的刑事责任。未参与实际经营管理、主观上不明知、客观上未参与实施犯罪的,一般不承担单位犯罪的刑事责任

代持股份、挂名法定代表人的现象在实践中比较普遍。对于代持股东、挂名法定代表人是否承担单位主管人员的刑事责任,应当坚持主客观相统一原则,结合其是否参与实际经营管理情况进行认定。如果代持股东、挂名法定代表人未实际参与经营管理,主观上不知情、客观上未参与实施犯罪,则不应对其以单位主管人员的身份承担单位刑事责任。从本案简介案情看,被挂靠公司不构成共犯。即使被挂靠公司构成共犯,黄某也未实际参与经营管理,即使其实际参与经营管理,主观上也不明知挂靠单位重复抵押,客观上未参与实施任何具体行为,亦未参与任何犯罪所得的分配,仅领取账面上一个月 1000 元的工资,故对其不应以单位主要负责的主管人员的身份承担单位的刑事责任。

【案例 133-134】李某等合同诈骗案*

在经济活动中通过虚构事实订立合同骗取房产证后多次抵押借款的，是否构成合同诈骗罪以及如果构成犯罪如何认定犯罪金额

关键词：

合同诈骗　房产证　伪造材料　抵押借款　犯罪金额

基本案情

133

李某合同诈骗案：李某在经济活动中，通过虚构事实、伪造材料等方式骗取他人房产证后，登记在其名下，后多次通过抵押该房产证获取他人借款。经鉴定房产价格人民币(以下币种同)1700万元，案发时抵押借款金额800万元。李某的行为是否构成合同诈骗罪？如果构成合同诈骗罪，如何认定本案犯罪金额？有观点认为，构成合同诈骗罪骗取房产证即犯罪既遂，犯罪金额应当认定为1700万元。①

---

* 本文原载"刑水浮萍"微信公众号2019年11月23日《司法疑难之204》。

① 本案系2019年11月针对相关人员的咨询所做的解答，对原案情做了一定修改。如突出了经济活动中，罪名修改为合同诈骗罪。案中基本观点不变。需要说明的是，《刑事审判参考》(第128辑)刊登了原案，观点与我们的观点不同。但刊载案例将房产证等同于房产的观点，我们持不同意见。对犯罪既遂的时间节点以及数额认定，我们仍然坚持自己的意见。参见案例第134号《杨某某、韦某、何某某诈骗案——骗领不动产权登记后将不动产抵押借款，诈骗数额如何认定》，载《刑事审判参考》(第128辑)。

134

杨某某、韦某、何某某诈骗案：2017 年 3 月至 2018 年 12 月，被告人杨某某偷拍办理中扬康居苑安置房产权登记所需相关材料并进行伪造后，伙同被告人韦某、何某某利用伪造的材料，骗取不动产中心的信任，申领了 10 套中扬康居苑安置房的不动产权证，登记在杨某某名下 3 套，登记在韦某名下 4 套，登记在何某某名下 2 套，登记在王某某名下 1 套，造成被害单位中扬置业股份有限公司的重大损失。经鉴定，上述 10 套房产市场零售价为 17 694 886.25 元。其中，杨某某应当对全部犯罪金额承担责任，韦某承担犯罪金额 6 824 278.33 元，何某某承担犯罪金额 3 825 260.75 元。之后，三被告人将上述 10 套房产分别向个人及小额贷款公司办理抵押贷款，实际借款 8 248 514.7 元。杨某某将上述资金用于偿还个人债务、借款利息、手续费及个人消费等。韦某从中获利 95 900 元。何某某从中获利 242 000 元。

本案争议焦点是在非传统“一对一”的诈骗模式下，如何认定犯罪金额。对此，法院在审理过程中，主要存在两种意见：第一种意见认为，被告人杨某某等人的犯罪金额为实际抵押借款金额。被告人骗领了房产证，但仅此并不意味着构成犯罪，只有将房产证发挥其使用价值或者交换价值，形成比较确定的财产性利益时，才能准确认定犯罪金额。被告人骗领房产证所对应房产价值高达 1700 万余元，但其真正发挥的使用价值是进行抵押借款的 800 万余元。故应当认定犯罪金额为抵押借款金额为犯罪既遂部分。第二种意见认为，被告人的犯罪金额为房产实际价值。被告人以伪造材料骗取房产证为手段，以抵押借款为目的，但在不动产权登记后，涉案房产已从法律意义上转移至杨某某等人名下，杨某某等人取得涉案房产所有权，排除了被害单位占有、出售、抵押等一系列排他性权利。至此，杨某某等人的诈骗行为已经完成。而杨某某等人进行抵押借款系诈骗行为完成之后的事后行为,是否可罚需要根据相关证据进一步认定。扬中市人民法院采纳了第二种意见。扬中市人民法院经审理认为,被告人杨某某等人以非法占有为目的,采取虚构事实,隐瞒真相的手段骗取他人财物,数额特别巨大,其行为已构成诈骗罪,且部分系共同犯罪。根据被告人的犯罪事实、性质、情节以及对社会的危害后果,扬中市人民法院以被告人杨某某犯诈骗罪,判处有期徒刑十一年,罚金二十万元;以被告人韦某犯诈骗罪,判处有期徒刑八年六个月,罚金五万元;以被告人何某某犯诈骗罪,判处有期徒刑八年,罚金六万元。宣判后,被告人均未提出上诉,检察机关亦未抗诉,该判决已经发生法律效力。

参考规则

房产证不是财物,也不是有价证券,在经济活动中通过签订合同骗取房产证并不必然构成合同诈骗罪。只有在骗取房产证后发挥其使用价值、交换价值的,才构成合同诈骗罪。

骗取房产证类合同诈骗的犯罪数额,应当结合其财产性利益的变化认定。房产鉴定价格高于或者低于房产证实际使用价值、交换价值的,按照房产证实际使用价值、交换价值认定犯罪数额。

规则解析

一、房产证不是财物,也不是有价证券,在经济活动中通过签订合同骗取房产证并不必然构成合同诈骗罪。只有在骗取房产证后发挥其使用价值、交换价值的,才构成合同诈骗罪

房产证与房产既有紧密关联,又有本质区别。房产证不是财物,也不是有价证券,本质上只是一个证明文件。因此,骗取房产证,不等同于骗取房产。盗窃一本房产证,或者盗窃保险柜,但保险柜中藏有房产证,如果将房产价值计入盗窃数

额,必然引发极大争议。该争议不仅是犯罪数额的认定问题,还涉及单纯地盗窃、骗取房产证行为是否构成犯罪的问题。如果盗窃、骗取房产证与盗窃、骗取财物一样,那么盗窃、骗取房产证即使后续未使用房产证也构成犯罪,房产的价格计入犯罪数额具有一定合理性。案例134杨某某、韦某、何某某诈骗案中,扬中市人民法院之所以将房产鉴定价格作为诈骗犯罪数额,最主要的理由是被告人杨某某等人对房产进行抵押借款属于诈骗之后的"事后行为",后续抵押借款多少、是否顺利追回涉案房产等,均不影响其犯罪金额的认定。然而,我们认为,单纯盗窃、骗取房产证的行为不构成犯罪,行为人只有实施后续的使用行为,才齐备全部的犯罪构成要件。对房产证对应的房产的占有、使用、收益、处分行为属于使用房产证的行为范围。

行为人后续对房产证的使用行为,不但影响犯罪构成要件的齐备,而且影响犯罪停止形态的完成。盗窃、骗取房产证后,使用房产证的行为,可以构成盗窃、诈骗(或者合同诈骗罪)。在民事法领域,诸如房产类不动产,采取严格交付主义原则,一般以登记为准。而在刑事法领域,更强调实质主义原则,对非法占有房产行为应当结合其实际控制使用状态进行分析。没有登记但实际控制使用的,应当认定非法占有房产既遂;已经登记的,一般认定非法占有房产既遂,但确有证据证明尚未实际控制使用或者不可能控制使用的,应当认定非法占有房产未遂;部分控制使用的,对实际控制使用的部分认定为非法占有房产既遂。

如果行为人盗窃、骗取房产证根本未打算实际占有房产证对应的房产,而是仅使用房产证的抵押担保功能,那么行为人如果未使用该房产证的抵押担保功能,就不构成合同诈骗罪。以挪用公物为例。如果将公物用来抵押、质押,使用其财产性利益功能,可构成挪用资金罪或者挪用公款罪,但如果挪用的公物未作为抵押、质押等使用的,一般不构成挪用资金罪或者挪用公款罪。

二、骗取房产证类合同诈骗的犯罪数额,应当结合其财产性利益的变化认定。房产鉴定价格高于或者低于房产证实际使用价值、交换价值的,按照房产证实际使用价值、交换价值认定犯罪数额

基于前文所述,对盗窃、骗取房产证的行为定罪主要是基于房产证具有的财

产性利益特征。据此,我们认为,在涉房产证合同诈骗犯罪案件中,对犯罪数额的认定应当结合房产证财产性利益的变化进行认定。对于占有房产证对应的房产类行为,可以按照房产价格认定犯罪数额。然而,对于使用房产证的抵押担保功能行为,则只能按照抵押担保价值认定犯罪数额。如前文所提挪用公物行为,犯罪数额是按照抵押、质押价值进行认定,而不是按照公物本身的价值认定。又如甲骗取房产证一案中,甲急需向丙借款 50 万元,丙要求提供大致 50 万元价值的抵押物,甲遂骗取乙的房产证(对应的房产价值 1000 万元)用于担保。此种情形,如果对甲骗取乙的房产证的行为认定诈骗罪,根据有关原理,应当认定 50 万元诈骗数额,无论如何也不应认定诈骗 1000 万元。

本案中,行为人虽然骗取了房产证,但只有将房产证发挥其使用价值或者交换价值,才能形成比较确定的财产性利益,才能准确认定犯罪数额。即使本案房产价值高达 1700 余万元,但其真正发挥的使用价值是 800 余万元,故应当认定合同诈骗犯罪数额为 800 余万元。

【案例 135】A 合同诈骗案*

对于多次存在犯罪所得，无法足额返还被害人的，是否需要在认定不同次犯罪所得来源的基础上确定返还各被害人数额

关键词：

合同诈骗　犯罪所得来源　多次　返还　混同　未混同

基本案情

135

被告人 A 在经济活动中通过虚构事实，签订合同骗取被害人甲人民币(以下币种同)800 万元后，全给了被告人 B。A 又以同种方式骗取被害人乙 2000 万元，只给了被告人 B 900 万元。案发后被告人 B 退赃 1700 万元。关于如何向被害人分配案款的问题有两种意见：第一种意见认为，鉴于案款指向清晰，向被害人甲退款 800 万元，向被害人乙退款 900 万元。第二种意见，按二被害人被骗数额所占退赃款的比例返还，即向被害人甲返还 485 万元，向被害人乙返还 1215 万元。请问哪种意见正确？

参考规则

对于存在多次犯罪所得的案件，犯罪所得之间、犯罪所得与犯罪主体合法财

* 本文原载“刑水浮萍”微信公众号 2020 年 5 月 5 日《司法疑难之 302》。

产发生混同的，在确定对被害人依法返还数额时，一般无需对不同次的犯罪所得来源进行区分，无法足额返还被害人的，可以按照被骗数额比例返还各被害人。

犯罪所得之间、犯罪所得与犯罪主体合法财产未发生混同的，一般应当区分不同次的犯罪所得来源，并按照各自来源返还各被害人。

涉众型犯罪，不适用前款规则。

规则解析

以下分析以 A 无法返还或者退赔为前提（如 B 构成共犯，以 A、B 均无法在此基础上返还或者退赔为前提）。同时，为集中分析论证本问题，暂不考虑返还与退赔的区别。

一、对于存在多次犯罪所得的案件，犯罪所得之间、犯罪所得与犯罪主体合法财产发生混同的，在确定对被害人依法返还数额时，一般无需对不同次的犯罪所得来源进行区分，难以足额返还被害人的，可以按照被骗数额比例返还各被害人

对于存在多次犯罪所得的情形，赃款赃物一旦发生混同，包括与犯罪主体合法的财产发生混同，在返还环节，不管查封、扣押、冻结的赃款源于何人何处，也无论查封、扣押、冻结的财产是不是犯罪主体本人合法的财产，一般统筹解决返还被害人的问题，不再对不同次犯罪所得的来源进行区分。

所谓“发生混同”，一般是指赃款赃物与犯罪主体本人或者其特定关系人的财产发生混同。如赃款已经打入本人或者其特定关系人名下、实际控制使用的账户；赃款已经与本人或者其特定关系人实际控制占有使用的资金发生混同；赃款已经作为家庭开支给付第三人。

需要注意的是，在赃款赃物发生混同的情形，对被害人的返还，还需要符合最高人民法院相关司法解释确立的刑事涉案财产执行顺位。《最高人民法院关于刑事裁判涉财产部分执行的若干规定》（法释〔2014〕13 号）第十三条规定：“被执行人在执行中同时承担刑事责任、民事责任，其财产不足以支付的，按照下列顺序执行：（一）人身损害赔偿中的医疗费用；（二）退赔被害人的损失；（三）其他民事债

务;(四)罚金;(五)没收财产。债权人对执行标的依法享有优先受偿权,其主张优先受偿的,人民法院应当在前款第一项规定的医疗费用受偿后,予以支持。"根据该条规定,对于涉案财产,不但要考虑执行顺位,而且要考虑是否依法享有优先受偿权。医疗费用、优先受偿权均优先于返还被害人财物、退赔被害人的损失。在执行医疗费用、优先受偿权后,对于不能足额返还、退赔的,可以按照被骗数额比例返还各被害人。

案例 135 中,被告人 A 的两次合同诈骗所得赃款,已经与其本人或者其特定关系人实际控制占有使用的资金发生混同,原则上无需根据不同次犯罪所得来源确定返还归属。不能足额返还的,按照被骗数额比例返还各被害人。即按照二被害人被骗数额所占退赃款的比例发还,向被害人甲发还 485 万元,向被害人乙发还 1215 万元。

二、犯罪所得之间、犯罪所得与犯罪主体合法财产未发生混同的,一般应当区分不同次的犯罪所得来源,并按照各自来源返还各被害人

金钱未发生混同的典型案例,如江苏省扬州市中级人民法院审理的任某某一案,时任山西省副省长的任某某将其收受的部分赃款由其秘书直接用于购买贿选用品,未作为家庭开支,亦未与其本人或者其特定关系人的财产发生混同。又如重庆某某诈骗一案中,被告人将刚刚从某上海银行诈骗所得资金用于偿还某重庆银行欠款。按照相关规定,重庆某银行要接收该款,不能直接打入重庆某银行账户,必须新设一个账户。而按照新设账户 3 日内不得转移资金的规定,该新设账户内的资金 3 日内处于共管状态,故该犯罪所得与犯罪主体的其他资金、与重庆某银行资金均未发生混同。

对于未发生混同的情形,在非涉众型犯罪案件中,我们主张应当查明犯罪所得来源,按照各自犯罪所得来源返还各被害人。这是因为在赃款赃物未发生混同的情况下,赃款赃物具有特定具体的特征,被害人有权利主张恢复原状、返还原物。在此,需要重点提示的是,《最高人民法院关于刑事裁判涉财产部分执行的若干规定》第十三条确立的执行顺位只能适用于混同情形,对于未混同情形不应适用。主要理由是:其一,优先受偿权只是针对被告人的财产具有优先受偿权,对于

特定赃款赃物不适用;其二,在赃款赃物未发生混同的情况下,强行将一个被害人的财物为另一个被害人埋单,法理依据不足。例如,张三从李四处骗取一套房产,尚未来得及变现,被李四发现。经查,张三债台高筑,累计欠下外债几千万元。如果将李四的房产拍卖后作为统一涉案财物处置,意味着强行将李四的房产弥补其他被害人的损失。这样的处置方法显然不够科学、合理。此外,优先受偿权是否适用于赃款赃物未混同情形,也需要进一步研究。

涉众型犯罪,不适用本规则。这是因为涉众型犯罪面临证据收集难、涉案人数众多、社会维稳压力大等实际问题。这些复杂性决定了对涉众型犯罪不能一概按照资金来源返还被害人。如果因为某一次犯罪所得来源能够确定,就一概按照来源优先返还被害人,则不利于统筹平稳推进涉案财物处置工作,容易激发社会不稳定因素。

【案例 136-137】苏某某等合同诈骗案*

刑事立案前退还的部分钱款是否从合同诈骗犯罪金额中扣减

关键词：

合同诈骗　立案前　退还　钱款　犯罪金额　犯罪既遂

基本案情

136

苏某某合同诈骗案：①明某公司于2013年9月30日成立，法定代表人为苏某某，并由苏某某担任董事长。2013年12月3日，苏某某在香港注册成立新富公司。随后，苏某某虚构其是某利投资集团股份有限公司、某利国际投资股份有限公司、新富公司等公司董事局主席，拥有大量资产，能为他人提供高额的融资贷款、开具高额备用信用证的事实，在骗得被害人的信任后，与被害人签订合同，在履行合同过程中，骗取被害人支付的保证金或者开证费，造成被害人的经济损失。具体犯罪事实如下：

1. 2014年8月，苏某某以其明某公司的名义与被害人周某六的贵州某钦公司签订了《三方委贷》协议，约定由明某公司为某钦公司融资人民币（以下未特别标记的均为人民币）5000万元。合同签订后，某钦公司按合同约定支付了保证金200万元。但苏某

* 本文原载"刑水浮萍"微信公众号2020年7月26日《司法疑难之329》。

① 二审（2019）粤刑终588号（广东省高级人民法院，2019年5月15日）。

某在骗得款项后，没有按照合同履行融资义务，而是将骗得款项用于个人挥霍。后经周某六多次催讨，苏某某陆续退还31.5万元，实际骗得周某六168.5万元。

2.2015年2月，苏某某以其新富公司的名义与被害人陈某兴的柬埔寨某华公司签订《备用信用证贴现》合同，约定由新富公司为某华公司开具总额为2.5亿美元的备用信用证。合同签订后，某华公司按合同约定支付了625万元的开证费。苏建明骗到款项后，没有按照合同履行开证义务，而是将骗得款项用于购买个人保险及挥霍。后经陈某兴多次催讨，苏某某陆续退还540万元及提供宝马牌X5轿车一辆作抵押(双方约定作价20万元)，实际骗得陈某兴65万元。

3.2015年11月，苏某某以其明某公司的名义与被害人陈某波的赣州某阳公司签订《采矿权抵押合同》，约定由明某公司为某阳公司开具一年期3000万欧元的融资性保函。合同签订后，某阳公司按合同约定支付了1440万元的开证费。苏某某在骗得款项后，没有按照合同履行开保函义务，而是将上述款项用于偿还其他债务及个人挥霍。经陈某波多次催讨，苏某某陆续退还485万元和40万港元，实际骗得陈某波915万余元。

在本案一审审理过程中，苏某某向一审法院缴交了违法所得70万元。一审法院以被告人苏某某犯合同诈骗罪，判处有期徒刑十三年，并处罚金100万元；追缴被告人苏某某的违法所得1148.5万元(已退缴的70万元在本项中予以扣减)，发还给被害人周某六168.5万元、被害人陈某兴65万元、被害人陈某波915万元，不足部分，责令被告人苏某某予以退赔，并按照比例发还给本案三被害人。

苏某某不服，提起上诉。二审法院经审理认为，苏某某以非法占有为目的，在没有实际履行合同能力的情况下，采取虚构事实和隐瞒真相的手段，在签订、履行合同过程中骗取被害人的财物，数额特别巨大，其行为构成合同诈骗犯罪。一审法院以造成被害人实际损失金额认定苏某某犯罪数额，理据充分。原审判决认定事实清楚，证据确实、充分，适用法律正确，量刑适当，审判程序合法，遂裁定驳回上诉，维持原判。

137 高某某合同诈骗案：[①]2017 年 2 月 7 日，被告人高某某累计骗取被害人高某琴 20 万元、被害人余某本 17 万元、被害人余某某 9 万元、被害人余某 20 万元、被害人王某彬 12 万元、被害人王某金 10 万元、被害人王某妹 12 万元，并将上述款项用于偿还个人债务及日常开销。当被害人余某得知被骗后，即向被告人高某某催讨，后高某某偿还余某 6 万元。另查明，高某某的家属已代为向被害人王某妹偿还 31 500 元。原判认为，被告人高某某以非法占有为目的，在签订、履行合同过程中，骗取对方当事人钱财，金额共计 100 万元，数额特别巨大，其行为构成合同诈骗罪。对被害人余某在得知被告人高某某伪造建集资房断契来骗取其购房款 20 万元，后向被告人高某某追讨，高某某才退还诈骗款 6 万元的事实，该 6 万元只能认定为高某某有退还部分赃款的情节，在量刑时予以适当考虑，而不能抵扣犯罪数额。一审法院据此作出判罚。高某某不服，提起上诉。高某某及其辩护人均提出高某某立案前已经退还被害人余某 6 万元，该 6 万元应当从犯罪数额中予以扣减。二审法院经查，该情况属实，理由成立，遂认定原判认定的犯罪数额有误，应当纠正为 94 万元。

参考规则

延展期限一：基于合同期限的特性分析，合同诈骗行为的时间节点包括合同

① 一审(2017)闽 0181 刑初 1439 号(2018 年 4 月 11 日)；二审改判(2018)闽 01 刑终 748 号(2018 年 6 月 26 日)。

签订和履行过程中，这一特征决定了对行为人非法占有目的认定在履行期限届满前存在不确定性，对非法占有目的认定至少应当延展至合同履行期限届满。

延展期限二：基于刑事政策的激励分析，对绝大多数被害人而言，相对人返还被骗款项比追究其合同诈骗罪的刑事责任更加重要，在政策上激励相对人在刑事立案前积极返还财物，更加有利于妥善化解社会矛盾，实现利益最大化，对非法占有目的认定可以延展至刑事立案前。

行为人及其家属在刑事立案前返还的钱款应当从合同诈骗犯罪金额中扣减。

规则解析

一、延展期限一：基于合同期限的特性分析，合同诈骗行为的时间节点包括合同签订和履行过程中，这一特征决定了对行为人非法占有目的的认定在履行期限届满前存在不确定性，对非法占有目的认定至少应当延展至合同履行期限届满

与普通诈骗罪不同，特殊诈骗犯罪认定非法占有目的的时间节点并非一定局限于行为实施时，以下结合集资诈骗罪、透支类信用卡诈骗罪和合同诈骗罪中非法占有目的的认定进行论述。

在集资诈骗案件中，很多情形下行为人并非在行为实施之初就具有非法占有目的，而是抱着高风险经营。经营成功就返还本息；经营不利，就可能“拆东墙补西墙”，最终补不了“西墙”，也不违背其意愿。这种情形更类似于间接故意，唯结果论。行为人在立案前退还的赃款，一般不计入集资诈骗罪金额。

对于透支类信用卡犯罪，经发卡银行催收后因客观原因无力归还，但在立案前积极筹措资金归还的，归还金额一般从犯罪金额中扣减，不计入犯罪金额。这是因为恶意透支类信用卡，行为人并非一开始就具有非法占有目的。超过规定限额或者超过规定期限透支是故意的，但经发卡银行两次催收后仍不归还，未必是出于主观意愿，可能系客观原因导致行为人无力归还。对恶意透支型非法占有目的的认定，一般是唯结果论的，即从最后有无还款的结果来进行评判。在我国，信用卡管理制度存在较大漏洞，特别体现在发放环节，不但对持卡人的信用和经济

能力缺乏必要的考察,未设立较高的准入门槛,反而普遍存在引诱开卡的现象,在一定程度上存在诱惑消费。特别是对于学生人群,先透支后还不起款,有准入门槛不严和引诱开卡的因素。因此,对于透支类信用卡不宜将还款的时间节点限制过严。只要在刑事立案前还本的,一般不计入犯罪数额。

合同诈骗罪的特殊性之一在于,合同期限包括自签订生效之日起至合同期限届满。即使合同在签订过程中存在虚构事实、隐瞒真相,但如在合同履行过程中积极履行合同义务,最终未非法占有财物的,不应认定非法占有目的,从而不构成合同诈骗罪。这一特征决定了对行为人非法占有目的认定在履行期限届满前存在不确定性,对非法占有目的认定至少应当延展至合同履行期限届满。

二、延展期限二:基于刑事政策的激励分析,对绝大多数被害人而言,相对人返还被骗款项比追究其合同诈骗罪的刑事责任更加重要,在政策上激励相对人在刑事立案前积极返还财物,更加有利于妥善化解社会矛盾,实现利益最大化,对非法占有目的认定可以延展至刑事立案前

合同诈骗罪的特殊性之二在于,在经济活动中,一旦被害人发现合同相对人虚构事实、隐瞒真相,绝大多数被害人的最大愿望是相对人最大限度返还其财物,而不是对相对人追究刑事责任。相反,不少被害人担心一旦诉诸刑事控告,其财产权利无法得到保障,由此往往倾向首先通过做相对人的工作,动之以情、晓之以理,敦促相对人返还财物;或者诉诸民事诉讼,通过法院查封、扣押、冻结相对人名下财物,最大程度挽救损失。当然,也有的被害人通过刑事控告对相对人施压,敦促其返还财物。无论哪一种方式,对绝大多数被害人而言,相对人返还被骗款项比追究其合同诈骗罪的刑事责任更加重要。同时,合同诈骗犯罪发生在经济活动过程中,不少案件的被害人为履行合同可能投入很大,做了很多准备工作,朝着双方继续按照合同履行的方向发展可能更有利于维护市场诚信和稳定,适度延展当事人自我和解的空间更有利于解决问题。据此,基于刑事政策的激励分析,在政策上激励相对人在刑事立案前积极返还财物,更加有利于妥善化解社会矛盾,实现利益最大化,对非法占有目的认定有必要延展至刑事立案前。

一般诈骗一般不适用该原则。因为犯罪既遂后,诈骗金额已经确定,归还金

额的行为仅可以作为量刑情节。但对于单纯侵犯公民财产权利的犯罪,如果诈骗行为完成后,行为人与被害人就还款事宜进行过协商,行为人返还部分款项的,不计入犯罪金额。这种情形是对犯罪既遂后犯罪金额认定的一种修正。这一修正的原理,可以参考"针对同一对象重复开枪杀人"情形进行分析。对于已经开枪射击,行为人因为意志之外的原因而未得逞的,一般应当认定为犯罪未遂。但行为人能够在后来继续开枪射击的情况下自动放弃射击的,可以认定为犯罪中止。第一枪已经认定犯罪未遂,之后认定犯罪中止,不符合一般原理,但可以理解为一种激励政策,其目的旨在鼓励行为人自动停止实施犯罪。在合同诈骗犯罪案件中,如果对行为人返还的款项不予扣减,依然计入犯罪数额,就可能导致合同诈骗犯罪分子实施犯罪后不具有返还任何款项的动力。这样的结果,显然不利于社会矛盾的化解。

案例136苏某某合同诈骗一案中,苏某某在合同签订后,骗取某钦公司按合同约定支付了保证金200万元,后经周某六多次催讨,陆续退还31.5万元,该退还款项从200万元中扣减;苏某某在合同签订后,骗取某华公司按合同约定支付了625万元的开证费,后经陈某兴多次催讨,陆续退还540万元及提供宝马牌X5轿车一辆作抵押(双方约定作价20万元),实际骗得陈某兴65万元;苏某某在合同签订后,骗取某阳公司按合同约定支付了1440万元的开证费,后经陈某波多次催讨,陆续退还485万元和40万港元,实际骗得陈某波915万余元。一审、二审法院均以造成被害人实际损失金额认定苏某某犯罪数额,扣减了刑事立案前返还的钱款。

案例137高某某合同诈骗一案中,出现一审法院和二审法院不一致的判罚。一审法院认定,被害人余某向被告人高某某追讨被骗款项时,高某某退还诈骗款6万元的事实,该6万元只能认定为高某某具有退还部分赃款的情节,在量刑时予以适当考虑,而不能抵顶犯罪数额。而高某某及其辩护人在上诉中均提出高某某立案前已经退还被害人余某6万元,该6万元应当从犯罪数额中予以扣减。二审法院经查,该情况属实,理由成立,遂认定应当从原判认定的100万元犯罪数额中扣减6万元。

【案例 138-139】李某某等非法经营案*

非法经营罪系列研究（一）：关于“违反国家规定”的认定

关键词：

非法经营　国家规定　国务院办公厅制发文件　讨债业务　POS 机　套现　提示性规范

基本案情

138 李某某、胡某某非法经营案：被告人李某某于 2012 年 8 月至 2013 年 8 月，以北京恒通万嘉市场调查中心的名义经营有偿讨债业务。2012 年 8 月，李某某接受辽宁省大连市人秦某某的委托向山西省太原市人陈某追讨人民币（以下币种同）230 万元欠款，双方签订了《商账授权代理咨询劳务合同》，约定以收回欠款的 20% 作为报酬。随后，李某某伙同被告人胡某某驾车随秦某某前往太原市。抵达太原市后，秦某某将陈某约出来商量还钱事宜。秦某某在与陈某商谈时，李某某等人在旁向陈某索要欠款，陈某后归还给秦某某 50 万元，秦某某按合同约定支付给李某某 10 万元报酬，李某某将其中的 3000 元给了胡某某。

2013 年 7 月 30 日，李某某接受山东省青岛市王某某的委托向其前男友姜某某索要 10 万元欠款，双方签订了《商账授权代理

* 本文原载“刑水浮萍”微信公众号 2017 年 7 月 23 日。

咨询劳务合同》,约定以收回欠款的 40%作为报酬。当日上午 12 时 30 分许,王某某将姜某某约至朝阳区霄云路庆安大厦内的火锅店包间见面,李某某与胡某某等人在场帮忙索要欠款,姜某某表示一次拿不出那么多钱。经讨价还价,最后确定先还给王某某 5000 元,一个星期后再还 5 万元,剩下的当年国庆节前还清。李某某让姜某某重新打了张 9.5 万元的欠条,并让王某某将之前那张 10 万元的欠条撕掉。当日 17 时许,姜某某将 5000 元送到庆安大厦内的肯德基餐厅。李某某收了钱,告诉王某某这笔钱他先拿走,等下一笔钱到账后再按照 40%拿提成,王某某表示同意。姜某某事后认为自己被敲诈勒索,于 2013 年 8 月 1 日向公安机关报案。8 月 8 日,李某某打电话给姜某某索要约定的 5 万元欠款,侦查人员遂在庆安大厦附近蹲点守候,于当日 15 时许将前来取钱的李某某、胡某某当场抓获。

一审期间,朝阳区人民检察院以法律发生变化为由,于 2015 年 1 月 29 日向朝阳区人民法院申请撤回起诉。朝阳区人民法院经审查,认为朝阳区人民检察院撤诉申请符合法律规定,依据《最高人民法院关于适用〈中华人民共和国刑事诉讼法〉的解释》(2012 年)第二百四十二条之规定,裁定准许朝阳区人民检察院撤诉。

139

曹某锋、唐某坤非法经营案:[①]2008 年 8 月,被告人曹某锋注册衡山县兴建机械有限责任公司。自 2013 年起,曹某锋先后分别在衡山县农商银行(前农村信用社)、工商银行、建设银行办理了 3 台 POS 机,户名均为"衡山兴建机械有限责任公司";2014 年开始公司经营状况不佳,曹某锋开始通过使用本人办理的信用卡

① 一审判决(2017)湘 0423 刑初 168 号(2017 年 12 月 22 日);二审判决(2018)湘 04 刑终 81 号(2018 年 4 月 25 日);再审(2019)湘 04 刑申 7 号(2019 年 5 月 28 日)。

12张在自己持有的3台POS机上进行刷卡套现。之后,又陆续找到陈某等熟人,通过每年给予信用卡持卡人一定比例的现金或者其他好处的方式,借用他人信用卡77张进行刷卡套现,以缓解公司资金压力。2015年,曹某锋通过陶某先后办理了户名分别为"长沙市天心区兴建机械经营部""长沙市雨花区和平电器批发商行""湖南衡阳市开云机械销售部"3台虚假户名的移动POS机刷卡套现。经统计,被告人曹某锋在办理的上述六台POS机上使用其本人持有的信用卡12张及借用他人的信用卡77张,共计89张信用卡循环套现13 713 358元;另帮助唐某坤在上述六台POS机上刷卡循环套现814 146元,共计刷卡套现14 527 504元(其他事实略)。一审法院认为,被告人曹某锋、唐某坤违反国家规定,以虚构交易的方式,使用销售点终端机具(POS机)刷卡套现,非法从事资金支付结算业务,扰乱国家正常金融秩序,被告人的行为均构成非法经营罪。

曹某锋等不服,提起上诉,请求依法撤销原判决,依法改判曹兴锋无罪。主要理由是:(1)曹某锋没有从事资金支付结算业务,其涉及的POS机信用卡套现活动,仅是付款人与收款人混同,商业银行才是支付结算中介机构;(2)曹兴锋没有经营行为;(3)原审判决适用法律错误,曹某锋的行为没有违反国家规定,不应适用《刑法》第二百二十五条第三项、第四项和《关于办理妨害信用卡管理刑事案件具体应用法律若干问题的解释》。

针对上诉人所提非法经营罪必须具备的前提是违反国家规定,本案中上诉人的行为均没有违反国家规定,上诉人的行为不构成犯罪的意见,二审法院经查,根据国务院《非法金融机构和非法金融业务活动取缔办法》(以下简称《取缔办法》)第二条、第四条第三项的规定,未经中国人民银行批准,擅自从事办理结算活动的行为属于非法金融业务活动,必须予以取缔。依照《刑法》第九十六条,《取缔办法》属于国务院发布的命令,符合《刑法》第二百二十五条罪状描述中"违反国家规定"的适用条件。本案中,上诉人曹某锋、唐某坤,从事的POS机刷卡套现这一资金支付结算业务,未经人民银行批准,属于必须予以取缔的非法金融业务活动,因此该行为具有"违反国家规定"的违法性,按照相关司法解释的规定,其行为构成非法经营罪。针对上诉人所提一审判决对曹某锋量刑过重,请求判处三年以下有期徒刑并适用缓刑的意见,经查,曹某锋系公安机关尚未立案的情况下主动投案,到案后如实供述自己的犯罪事实,系自首,依法可以减轻处罚,一审法院对其量刑过重,二审法院依法予以纠正,但考虑到其犯罪数额和造成的危害后果不宜在三年以下量刑及适用缓刑。综上,二审法院认为,原判认定事实清楚,证据确实、充分,适用法律正确,定罪准确,审判程序合法,但部分量刑不当,依法予以改判。

参考规则

以国务院办公厅名义制发的文件,包括转发国务院部委规定的通知,应当视为"国家规定"。

如果上位法属于"国家规定",行为人即使未违反任何具体行政规范,但只要其违反了上位法的规定,本质上属于禁止性经营的,也应当理解为"违反国家规定"。

相关国家规定中类似"构成犯罪的"对应性规定属于提示性规定,对行为定性不构成实质影响。

规则解析

一、以国务院办公厅名义制发的文件,包括转发国务院部委规定的通知,应当视为"国家规定"

根据《刑法》第九十六条的规定,《刑法》中的"国家规定"是指,全国人民代表大会及其常务委员会制定的法律和决定,国务院制定的行政法规、规定的行政措施、发布的决定和命令。2011 年最高人民法院下发的《关于准确理解和适用刑法中“国家规定”的有关问题的通知》(以下简称《国家规定通知》)对《刑法》第九十六条的规定作了扩张性解释,即以国务院办公厅名义制发的文件,符合以下条件的,亦应视为刑法中的“国家规定”:(1)有明确的法律依据或者同相关行政法规不相抵触;(2)经国务院常务会议讨论通过或者经国务院批准;(3)在国务院公报上公开发布。

《国家规定通知》下发后,实践中对以国务院办公厅名义制发的文件是否应当视为国务院制发的文件,存在一定争议。

第一种意见持肯定态度,该意见也是多数人意见。主要理由是:虽然严格从《刑法》的字面分析,以国务院办公厅名义制发的文件不应视为“国家规定”。然而,不少针对特定行业、部门执法监督管理的文件都是以国务院办公厅名义制发的,这些文件的内容多是经国务院常务会议讨论通过或者经国务院批准,且在国务院公报上公开发布,其制发程序与以国务院名义制发的程序无异。因此,以国务院办公厅名义制发的文件应当视为“国家规定”。以该观点为基础,有观点进一步认为,部门规章是国务院各部门、各委员会、审计署等根据法律和行政法规的规定和国务院的决定,在本部门的权限范围内制定和发布的调整本部门范围内的行政管理关系的并不得与宪法、法律和行政法规相抵触的规范性文件。这些针对本部门范围内行政管理关系的调整是最权威的,且适用于全国,如果以国务院办公厅名义转发,理所当然应当视为“国家规定”。此外,根据《立法法》第六十六条第二款的规定,“自治条例和单行条例可以依照当地民族的特点,对法律和行政法规的规定作出变通规定”,如果“自治条例和单行条例”依法作了变通规定,在该自治区范围内,变通的自治条例和单行条例应当视为“国家规定”。

第二种意见持否定态度。主要理由是:《刑法》第九十六条对“国家规定”已有专门规定,且一一列举,没有兜底性条款,范围十分明确、具体,从罪刑法定原则出发,不宜将以国务院办公厅名义制发的文件纳入国家规定的范畴。根据《国务院组织法》《立法法》《国务院工作规则》的相关规定,以国务院办公厅名义制发的文件与以国务院名义制发的文件存在重要区别。国务院办公厅是国务院的内设机构、办事机构,不具有行政主体资格,其制发的文件或者转发国务院部委规定的通知,只能以国务院办公厅的名义,而不是国务院的名义,不应视为"国家规定"。《国家规定通知》满足了审判实践的需要,具有一定的合理性,但突破了上位法的规定。

第三种意见持折中态度。该观点认为,在现有法律框架内,以国务院办公厅名义制发包括转发各部委制发的文件作为"国家规定"的前提必须是,事先由法律授权或者国务院委托。因此,事先由法律授权或者国务院委托的以国务院办公厅名义制发或者转发的文件,可以认定为"国家规定"。此外,在司法实务中,如果有必要可以将以国务院办公厅名义制发的文件,包括转发国务院各部委规定的通知的内容,作为认定"违反国家规定"的参考。"国家规定"较为原则,一些违法性的具体判断标准特别是技术性指标不能离开部门规章。特别是近年来发生的一些社会危害严重的非法经营行为,仅有部门规章进行了规定,实践中对其认定为非法经营犯罪存在争议。有必要将以国务院办公厅名义转发的部门规章亦视为"国家规定"。

关于《国家规定通知》存在的分歧亟需最高司法机关出台新的文件统一指导原则。根据当前《国家规定通知》,如果国务院办公厅制发的文件同相关法律、行政法规、国务院发布的决定和命令相抵触,不能视为"国家规定"。如果制发主体不是国务院办公厅,或者虽然以国务院办公厅名义制发,但未经国务院常务会议讨论通过亦未经国务院批准,且未在国务院公报上公开发布的,不属于"国家规定"。如在案例138李某某、胡某某非法经营一案中,对于二被告人的行为是否违反"国家规定"存在两种意见:第一种意见认为,李某某、胡某某经营有偿讨债业务违反了"国家规定"。其理由是:(1)国家经济贸易委员会、公安部、国家工商行政管理局于2000年6月15日联合发布的《关于取缔各类讨债公司严厉打击非法讨债活动的通知》(国经贸综合〔2000〕568号,以下简称《打击讨债通知》)规定:"取缔各类讨债公司,禁止任何单位和个人开办任何形式的讨债公司。对继续从事非法讨债活动,侵犯公民、法人和其他组织合法权益的,要坚决依法惩处……对采取恐吓、威胁或者其他方法干扰他人正常生活的讨债行为,公安机关要依据《治安管理处罚条例》予以处罚;构成犯罪的,依法追究其刑事责任。"该通知明确指出系

"经报请国务院同意"后发布,因此,属于《刑法》第九十六条规定的国务院"发布的决定和命令"。(2)最高人民法院、最高人民检察院、公安部于2013年4月23日联合发布的《关于依法惩处侵害公民个人信息犯罪活动的通知》(公通字〔2013〕12号,以下简称《惩处信息通知》)也指出:"近年来,随着我国经济快速发展和信息网络的广泛普及,侵害公民个人信息的违法犯罪日益突出,互联网上非法买卖公民个人信息泛滥,由此滋生的电信诈骗、网络诈骗、敲诈勒索、绑架和非法讨债等犯罪屡打不绝……非法调查公司根据这些信息从事非法讨债、诈骗和敲诈勒索等违法犯罪活动。"《惩处信息通知》以最高司法机关联合发布规范性文件的方式将非法讨债明确规定为违法犯罪行为。综上,非法经营有偿讨债业务的行为违反"国家规定"有明确依据。第二种意见认为,认定李某某、胡某某经营有偿讨债业务违反"国家规定"的依据不足。其理由是:(1)《打击讨债通知》虽然系"经报请国务院同意",但从制发主体以及发布形式来看,均与《国家规定通知》中关于"国家规定"范围的规定不符,不属于"国家规定":《打击讨债通知》系原国家经贸委、公安部、国家工商行政管理局联合发布的规范性文件,未经国务院常务会议讨论通过,也未以国务院的名义发布。《打击讨债通知》发布的对象是"各省、自治区、直辖市、计划单列市及新疆生产建设兵团经贸委(经委、计经委)、公安厅(局)、工商局、国务院有关部门",并未以"国办发"文件的形式通过国务院公报面向全社会公开发布,不符合《国家规定通知》关于"国办发"文件的规定。(2)《惩处信息通知》虽然系最高人民法院、最高人民检察院与公安部联合发布的规范性文件,其中也提到了经营有偿讨债业务是违法犯罪行为,但并未明示具体违反的是哪个层面的法律或者行政法规,且该通知主要是就打击侵害公民个人信息犯罪作出的规定,只是附带提到实践中存在利用非法获取的公民个人信息从事非法讨债、诈骗和敲诈勒索等违法犯罪活动。因此,《惩处信息通知》亦不足以作为认定经营有偿讨债业务的行为"违反国家规定"的法律依据。[①] 法院最终选择了后一种意见,检

① 郭慧:《李某生、胡某龙非法经营案》(指导案例1077号),载最高人民法院刑一、二、三、四、五庭主编:《刑事审判参考》(第103辑),法律出版社2016年版。

察机关据此作出撤案处理。

二、如果上位法属于“国家规定”,行为人即使未违反任何具体行政规范,但只要其违反了上位法的规定,本质上属于禁止性经营的,也应当理解为“违反国家规定”

在有的案件中,对某种具体经营行为作出规定的规范性文件不属于“国家规定”,但上位法含有原则性规定。此种情况下,能否基于违反上位法的规定,而认定行为“违反国家规定”？对此,实践中大致形成两种观点:一种观点认为,非法经营罪是行政犯,必须以违反具体的国家规定为前提,作出原则性规定的上位法不可作为认定“违反国家规定”的依据。如果行为人未违反具体的国家规定,不应认定为违反国家规定,从而亦不构成非法经营罪。另一种观点认为,如果上位法属于“国家规定”,行为人即使未违反任何具体行政规范,但只要其违反了上位法的规定,本质上属于禁止性经营的,也可以理解为“违反国家规定”。

我们赞同后一种意见。具体理由是:现行《刑法》关于行政犯罪违法性的前提条件,通常有以下几类:(1)违反法律和行政法规。如《刑法》第四百零五条规定的徇私舞弊发售发票、抵扣税款、出口退税罪是以“违反法律、行政法规的规定”为前提。(2)违反特定的法律、法规或者其他国家规定,如《刑法》第一百五十九条规定的虚假出资、抽逃出资罪是以“违反公司法的规定”为前提。(3)违反规章制度。如《刑法》第一百三十一条规定的重大飞行事故罪和第一百三十三条规定的铁路运营安全事故罪是以“违反规章制度”为前提。由此足以表明,在行政犯罪中,上位法如是基本法律,可以作为认定“违反国家规定”的依据。有时即使是违反规章制度,只要《刑法》在罪状中援引了,也可以作为违反国家规定的依据。

如在案例139曹某锋、唐某坤非法经营一案中,控辩焦点之一是利用POS机套现是否属于资金支付结算业务。在2019年1月31日《最高人民法院、最高人民检察院关于办理非法从事资金支付结算业务、非法买卖外汇刑事案件适用法律若干问题的解释》(以下简称《结算业务解释》)出台之前,对POS机套现行为是否违反国家规定,存在一定分歧。尽管此前《刑事审判参考》第92集已刊载了《张某飚等非法经营案——利用POS终端机非法套现的行为定性以及非法经营犯罪数额的认定》。这一辩护意见的主要逻辑脉络是《取缔办法》并未规定 POS 机套现是非法支付结算业务、个人并非支付结算业务主体，而中国人民银行出台的《支付结算办法》（银发〔1997〕393 号）不属于国家规定，因此被告人的行为不属于违反国家规定。我们认为，对利用 POS 终端机非法套现的行为定性依据的国家规定是《取缔办法》，而关于利用 POS 终端机套现是否属于支付结算业务的认定依据是《支付结算办法》，上位法属于国家规定，因此被告人的行为违反了国家规定。《结算业务解释》第一条第一项规定："违反国家规定，具有下列情形之一的，属于刑法第二百二十五条第三项规定的'非法从事资金支付结算业务'：（一）使用受理终端或者网络支付接口等方法，以虚构交易、虚开价格、交易退款等非法方式向指定付款方支付货币资金的……"至此，关于利用 POS 终端机非法套现的行为是否属于资金支付结算业务有了明确规定，不再存在争议。

还有一种情况是，对于一些禁止性经营行为，国家没有针对此类行为作出专门的行政性规定，但其违法性本质不言自明，一般人通过直觉、伦理（自然法）即可判断。此种情形，为严密刑事法网，避免失范现象发生，理应将违反上位基本法的规定视为"违反国家规定"。如研发、销售专门舞弊的麻将机、赌博机、考试软件；专门设立公司从事代为上访、闹访、哭访行业；专门从事贩卖死人头盖骨行业，等等，国家不可能有相关的许可制度。在该情形下，可以通过基本法的规定及精神，延伸得出具体的禁止性命令规范。对此类违反禁止性命令的经营行为或者明显违背道德人伦的严重危害社会的经营行为（已超越了行政犯的范畴），可以基于基本法的规定和精神，认定此种行为"违反国家规定"。

三、相关国家规定中类似"构成犯罪的"对应性规定属于提示性规定，对行为定性不构成实质影响

此问题最突出反映在，追究行为人的非法经营刑事责任，是否以相关国家规定中具有类似"构成犯罪的"对应性规定为前提。对此主要形成如下三种观点：

第一种观点持"肯定说"。其理由是：非法经营罪本属于行政犯罪，是违反了法律及行政法规而导致的犯罪，因此，其认定上受法律、行政法规的影响。当法律、行政法规等国家规定中未作"构成犯罪的，依法追究刑事责任"等类似规定的，

就表明此种行为可以由其他法律、行政法规予以规范，无需动用《刑法》。一旦作此规定，无形中会扩大犯罪圈，将《刑法》触角延伸至行政领域，这与刑法谦抑性的品格相违背。同时，也会增加行政机关相关职能部门消极不作为。根据罪刑法定原则和《刑法》谦抑性原则，如果法律、行政法规以及司法解释没有明确规定为犯罪的，不应当按犯罪处理。

第二种观点持“否定说”。其理由是：相关国家规定中规定刑事责任条款不是构成非法经营罪的必备要件。《立法法》第九条明确规定：“本法第八条规定的事项尚未制定法律的，全国人民代表大会及其常委会有权作出决定，授权国务院可以根据实际需要，对其中的部分事项先制定行政法规，但是有关犯罪和刑罚……等事项除外。”由此既可以看出国家对犯罪、刑罚态度的慎重，也清楚地说明，负有规定犯罪、刑罚任务的只有法律，在我国这种法律就是《刑法》，具体来讲，就是刑法典与单行刑法，而其他法律与行政法规等法律性文件，从权限上无权规定犯罪与刑罚。因此，在行为人违反有关国家规定时，是否追究行为人的刑事责任，只需要依据刑法的规定，而无需看国家规定中是否明确规定刑事责任条款。

第三种观点持折中观点。该观点主张，法律、行政法规等国家规定中未作“构成犯罪的，依法追究刑事责任”等类似规定，不影响非法经营罪的认定；对部分行为作“构成犯罪的，依法追究刑事责任”等类似规定，对其他行为未作上述规定的，对未作上述规定的行为不得以非法经营罪追究刑事责任。其理由是：从实践来看，有些法律、行政法规对于不同的行政违法行为设置了不同的法律责任，根据体系解释的原则，对这些行为是否可以构成刑事犯罪应当区别对待。例如，《道路运输条例》第六十四条、第六十七条为“擅自从事道路运输经营”与“非法转让、出租道路运输许可证件”设置了不同的法律后果，对于前者，明确规定：“构成犯罪的，依法追究刑事责任”，而对于后者则没有类似规定，只明确承担相应行政责任。鉴于此，对非法转让道路运输经营许可行为，不宜以非法经营罪追究刑事责任。此外，该观点还认为，不能把所有违反国家规定、情节严重的行为都以非法经营罪定罪，这一问题需要通过对《刑法》第二百二十五条第四项规定的“其他严重扰乱市场秩序”的限制性解释来解决，试图以国家规定中有无刑事责任条款来限制非法经营罪实践认定出发点是好的,但路径选择错误。

我们同意第二种意见。根据《立法法》第八条、第九条的规定,犯罪和刑罚只能由法律制定,即只能由《刑法》规定,包括单行刑法和特别刑法。在尚未制定法律的情况下,不得由全国人大及其常委会授权国务院先行制定行政法规。相关国家规定中有关"构成犯罪的,依法予追究刑事责任"的规定,是一种提示性规定,不具有实质的创设性意义。如已被最高人民法院通过司法解释明确以非法经营罪定罪处罚的未经许可擅自经营国际电信业务或者涉港澳台电信业务进行营利活动的非法经营行为,行为违反的《电信条例》中亦未明确"构成犯罪的,依法追究刑事责任"的内容。

相关规定

《最高人民法院、最高人民检察院关于办理非法从事资金支付结算业务、非法买卖外汇刑事案件适用法律若干问题的解释》(2019年1月31日颁布,2019年2月1日施行)

第一条　违反国家规定,具有下列情形之一的,属于刑法第二百二十五条第三项规定的"非法从事资金支付结算业务":

(一)使用受理终端或者网络支付接口等方法,以虚构交易、虚开价格、交易退款等非法方式向指定付款方支付货币资金的;

(二)非法为他人提供单位银行结算账户套现或者单位银行结算账户转个人账户服务的;

(三)非法为他人提供支票套现服务的;

(四)其他非法从事资金支付结算业务的情形。

【案例 140-143】王某某等非法经营案[*]

非法经营罪系列研究（二）：关于“未经许可”的认定

关键词：

非法经营　未经许可　限制许可　危险化学品　非法出版物　药品

基本案情

140 王某某非法经营申诉案：[①]原二审法院查明，王某某违反国家规定，未经许可经营柴油，非法经营数额达人民币（以下币种同）2100 余万元，扰乱市场秩序，情节特别严重，王某某已构成非法经营罪，应当承担相应的刑事责任。原审裁判认定王某某犯非法经营罪的事实清楚，证据确实、充分，定罪准确，适用法律正确，量刑适当，审判程序合法。王某某不服，提出申诉。受理申诉法院认为，关于申诉人在申诉期间提交的北京某油料销售有限公司（以下简称某油料公司）的《营业执照》《成品油批发经营批准证书》《危险化学品经营许可证》，只能证明某公司具有从事汽油、煤油、柴油的批发业务及仓储经营的行政许可和资质，并不能证明王某某具有零售经营涉案柴油的行政许可和资质。

---

* 本文原载“刑水浮萍”微信公众号 2017 年 7 月 25 日《关于非法经营犯罪法律适用疑难问题系列研究（二）》。

① 一审判决（2020）京 0113 刑初 847 号（2020 年 12 月 31 日）；二审裁定维持原判（2021）京 03 刑终 192 号（2021 年 3 月 26 日）；再审通知（2022）京 03 刑申 13 号（2022 年 4 月 27 日）。

申诉人提交的2018年1月1日甲方某公司与乙方北京华某化工有限公司(以下简称某化工公司)签署的《合作协议》,拟证明某化工公司借用某油料公司资质,某油料公司收取一定的费用,王某某系"中间人"的身份,双方系合法经营。经查,上述证据在原审判决生效前已经存在,依据在案证据及某化工公司企业基本信息材料,虽然2019年8月《国务院办公厅关于加快发展流通促进商业消费的意见》将成品油零售经营资格审批下放至市级人民政府,但国家对成品油零售仍保留设置行政许可制度,只是审批权限下放至市级人民政府而已。同时,王某某在原审及申诉阶段均未能提供市级人民政府批准、许可王某某经营成品油零售资格的相关手续。故某化工公司投资人王某某在未经国家行政机关批准、许可经营成品油的情况下,倒卖国家限制的柴油并获取差价的行为违反了国家行政法规,双方签订的《合作协议》也不具有合法性。因此,该证据不足以改变原判决、裁定据以定罪量刑的事实依据。综上,本案申诉理由不符合《刑事诉讼法》第二百五十三条、《最高人民法院关于适用〈中华人民共和国刑事诉讼法〉的解释》第四百五十七条规定的重新审判的情形,原审裁判应予维持,申诉请求应当驳回。

141 李某某等非法经营案:[①]2020年5月至8月,被告人张某某化名"张屹立",以北京某文化传媒有限公司名义,在未取得图书期刊印刷委托书的情况下,联系以北京某印刷有限公司名义承接业务的被告人李某某、亚某某经营的印刷厂印制"励志人生"系列丛书(10册/套),并以北京某文化传播有限公司名义,将该套图书以16元/套的价格供应给某实业有限公司进行销售。现查明被告人李某某、亚某某组织印刷完成涉案图书463 348册,其中

① (2021)京0112刑初1459号(2022年1月21日)。

35 234 套(352 340 册)已交付某公司,某公司以 79 元/套的价格对外销售,并将图书款转至张某某提供的赵某 1 中国农业银行账户、许某中国建设银行账户等账户。北京市文化市场行政执法总队于 2020 年 8 月 6 日在北京某印刷有限公司经营地北京市密云区某镇某村现场查扣"励志人生"系列图书 111 008 册。法院认为,被告人张某某、李某某、亚某某违反国家规定,非法从事出版物的出版、印刷、复制、发行业务,严重扰乱市场秩序,情节特别严重,三被告人的行为均构成非法经营罪,依法应予惩处。

142 陈某非法经营案:①被告人陈某在无烟草专卖品准运证的情况下,购买娇子(蓝)850 条、娇子(红)100 条、黄鹤楼(硬金砂)200 条卷烟,共计 1150 条卷烟进行贩卖,驾驶车牌号川 A××××× 小型汽车从外地运载到成都市双流区川省双流县境内时,被烟草专卖局工作人员查获。陈某贩卖的 1150 条卷烟,价值 147 000 元,均属真品卷烟。陈某对公诉机关指控的事实和罪名无异议,但提出自己办理了烟草专卖零售许可证。原审法院认为,被告人陈某违反国家烟草专卖管理法规,未经主管部门的许可,非法经营烟草专卖品,扰乱市场秩序,情节特别严重,其行为构成非法经营罪。据此,原审法院以被告人陈某犯非法经营罪,判处有期徒刑八个月,并处罚金二万元,案涉卷烟予以没收。判决作出后,陈某未提起上诉,并在判决生效后缴纳罚金二万元。

判决生效后,陈某提起申诉。再审中,陈某辩称自己无罪。2013 年,大部分时间其与妻子姜某一起在龙泉驿区办经营永恒副食品店,仅这一次到宜宾去批量购买卷烟,购买卷烟妻子知晓。购买的卷烟是用于家庭共同经营的副食品店进行出售,购买卷烟

① 一审判决(2013)双流刑初字第 626 号(2013 年 9 月 22 日);再审改判(2020)川 0116 刑再 1 号(2020 年 9 月 28 日)。

的渠道和信息,陈某和其妻子均知道。永恒副食品店办理了个体工商户营业执照和烟草专卖零售许可证,属合法经营。陈某的辩护人提出以下意见:(1)被告人之妻姜某办理了个体工商户营业执照和烟草专卖零售许可证,商户注册是以家庭为单位,只是登记在陈某妻子名下,系夫妻双方共同经营。陈某所谓的"跑车"只是偶尔行为,不影响陈某具有烟草销售经营许可资格的认定。(2)陈某的行为不属于公诉机关指控的《最高人民法院、最高人民检察院关于办理非法生产、销售烟草专卖品等刑事案件具体应用法律若干问题的解释》(法释〔2010〕7号)规定的情形,不构成非法经营罪。(3)个体工商户营业执照登记为陈某之妻姜某,但实际经营方式为家庭经营,系夫妻共同经营,且办理了烟草专卖零售许可证,许可范围明确含有卷烟、雪茄烟。根据《烟草专卖法》的相关规定,陈某取得了相应的授权,具有销售经营烟草的资格,且案涉卷烟均为真品。(4)根据《最高人民法院关于被告人李明华非法经营请示一案的批复》及法院已生效判决的案例,均对烟草专卖行为中已取得零售许可证,仅存在超越范围或者不按规定渠道进货的情形作出了无罪的裁判。综上,陈某的行为不构成犯罪。

成都市双流区人民检察院再审意见认为,申诉人陈某在未取得烟草专卖局经营许可证、准运证的情况下,根据法释〔2010〕7号文件的规定,陈某构成非法经营罪。

再审法院认为,根据公诉机关提交的相关证据以及陈某的供述,能够确认陈某从外地购买香烟运输至成都地区进行销售的事实。陈某虽然未持有烟草专卖零售许可证,但其妻姜某持有个体工商户营业执照及烟草专卖零售许可证,夫妻二人案发时均居住于成都市龙泉驿区,虽然陈某在成都市双流区烟草专卖局、成都市公安局双流区分局以及本案庭审中,对其购买、运输、销售卷烟系其个人行为还是夫妻共同行为的供述不一致,但符合个体工商户的经营模式。客观上,永恒副食品店为夫妻二人共同经营,姜某持有烟草专卖零售许可证,应当视为夫妻二人共同经营的永恒副食品店获得了烟草专卖零售许可。陈某、姜某属共同经营烟草零售业务,即陈某具有烟草专卖零售资格,陈某买卖烟草的行为属于夫妻关系存续期间以永恒副食店名义从事的烟草经营行为。根据《最高人民法院关于被告人李明华非法经营请示一案的批复》,陈某从外地购买卷烟运输至成都地区进行销售的行为,属于超范围和地域经营的情形,不宜按照非法经营罪处理,陈某经营烟草的行为不构成犯罪。据此,依法撤销本院(2013)双流刑初字第626号刑事判决;宣告被告人陈某无罪。

143

王某平非法经营案:①2011年7月至12月,被告人王某平在未取得药品经营许可证的情况下,以其承租的本市应天大街弘瑞广场8幢318室作为经营场所,借用具有药品经营许可资质的南京苏耀医药有限公司(以下简称苏耀公司)的名义采购、销售药品。期间,王某平从长春经开药业有限公司购进价值总计为755.535万元的消咳宁片(麻黄碱类复方制剂),并将前述药品非法销售给林某鹏(另案处理)等人。原判认为,被告人王某平违反国家规定,未经许可,非法经营药品,扰乱市场秩序,情节特别严重,其行为构成非法经营罪。王某平不服,以其不构成犯罪为由提起上诉。二审法院经审理认为,上诉人王某平通过挂靠方式借用苏耀公司药品经营资质后,从事药品经营。王某平挂靠借用许可的行为实质为无证经营,其在未经许可实际也不可能得到许可的情况下非法经营药品,构成非法经营罪。同时,王某平

① 一审判决(2012)建刑二初字第70号(2012年12月26日);二审裁定(2013)宁刑二终字第36号(2013年4月26日)。

还存在实质违法经营情形。王某平伪造了向安徽阜阳第一药业有限公司等公司销售消咳宁片的销售记录，实际上其将消咳宁片非法销售给林某鹏等人。王某平伪造销售记录并将药品非法销售给林某鹏等人的行为违反了《药品管理法》关于经营企业购销药品必须有真实完整的购销记录的规定。综上，上诉人王某平的行为已违反《药品管理法》的有关规定，未经许可经营药品的行为，依法构成非法经营罪。据此，二审法院裁定驳回上诉，维持原判。

参考规则

在非法经营案件中，应当注意区分许可性经营与非许可性经营、限制买卖许可经营与一般性行政许可经营。《刑法》第二百二十五条中的"未经许可"包括限制买卖许可经营和一般性行政许可经营。具体案件中，应当根据不同的许可经营类型认定非法经营罪中的"未经许可"，并据此适用不同的条项规定。

"未经许可"超范围经营是指经营同类行业，但超地域、变零售为批发经营或变批发为零售部经营，或者超出营业执照登记范围，经营其他行业的行为。即使超范围经营的是许可性经营，一般也仅对后种情形定罪处罚。

借用、挂靠、租用他人经营许可证或者使用购买的他人经营许可证，均可以视为"未经许可"。但借用、挂靠、租用家庭成员经营许可证的，要具体情况具体分析，认定"未经许可"的，一般要求具有实质违法情形。

2022年《最高人民法院、最高人民检察院关于办理危害药品安全刑事案件适用法律若干问题的解释》(高检发释字〔2022〕1号，以下简称《2022药品司法解释》)出台后，未经许可经营真药的行为不宜适用非法经营罪，构成其他犯罪的按照其他犯罪定罪处罚。危害后果特别严重、影响特别恶劣，有必要以非法经营罪予以打击的，可作为特殊个案，逐级向最高人民法院请示。

规则解析

一、在非法经营案件中，应当注意区分许可性经营与非许可性经营、限制买卖许可经营与一般性行政许可经营。《刑法》第二百二十五条中的“未经许可”包括限制买卖许可经营和一般性行政许可经营。具体案件中，应当根据不同的许可经营类型认定非法经营罪中的“未经许可”，并据此适用不同的条项规定

（一）在非法经营案件中，应当注意区分许可性经营与非许可性经营、限制买卖许可经营与一般性行政许可经营

我们认为，首先有必要区分两组概念：一是许可性经营与非许可性经营。这两者的界限必须严格区分。所谓许可性经营是指必须在获取相关行政主管部门的行政许可才能到工商行政管理部门办理营业执照从事某一行业的经营。而非许可性经营是指无需获取行政许可即可到工商行政主管部门办理营业执照从事某一行业的经营。如《保险法》（2015年修正）第七十七条规定：“经批准设立的保险公司及其分支机构，凭经营保险业务许可证向工商行政管理机关办理登记，领取营业执照。”显然，颁发经营保险业务许可证和办理营业登记是两种不同类型的具体行政行为。二是限制买卖许可经营与一般性行政许可经营。所谓限制买卖许可经营是指国家对特定行业经营具有一定的限制规划，如违反相关限制性规定，即使具备相关资质和条件也并不一定能够获取相关行政主管部门颁发的行政许可而从事的经营。这种经营许可在理论界又被称为准入经营许可或者垄断性经营许可。所谓一般性行政许可经营是指只要具备相关资质和条件，就可以获取相关行政主管部门颁发的行政许可而从事的经营。这种经营许可在理论界又被称为非准入经营许可或者非垄断性经营许可。长期以来，部分有关非法经营犯罪的论文往往对专营、专卖或者限制买卖物品经营许可与一般性行政许可不加区分，将一般性行政许可经营与专营、专卖许可经营相混淆，从而导致法律适用混乱。专营是指国家对某些重要商品确定由物资部门或者其他有条件的商业部门统一经销的经营方式；专卖是指国家对重要商品的生产、经营以及生产所需原材

料、机械设备供应等实施统一管理的生产经营方式。专营和专卖都是国家针对某些特殊商品而实行的垄断性经营方式。限制买卖,包括禁止买卖,是指国家在一定时期实行禁止或者限制性经营。国家通常根据国民经济发展和维护公共利益的需要,来确定实施专营、专卖或者限制买卖物品的范围,并根据上述情况变化适时作出调整。

关于专营、专卖或者限制买卖物品的理解与适用,实践中存在分歧。有的案件中,审理法院并未对此足够重视。如案例 140 王某某非法经营申诉一案中,我们赞同一审、二审法院认定王某某未经许可的经营行为违反国家规定构成非法经营罪的观点。但稍留缺憾的是,该案具体适用《刑法》第二百二十五条第一项规定,裁判说理中并未明确。在有的同类案件中,公诉机关和法院均认为,《危险化学品安全管理条例》对危险化学品采取生产、经营许可制度,被告人违反该项国家规定,没有办理生产经营许可证而予以生产、经营危险化学品,适用《刑法》第二百二十五条第一项之规定。然而,《危险化学品安全管理条例》(国务院令第 645 号,2013 年修订)第一条规定:“为了加强危险化学品的安全管理,预防和减少危险化学品事故,保障人民群众生命财产安全,保护环境,制定本条例。”从该条可以看出,国家只是对危险化学品进行安全管理,但并未建立专营、专卖或者限制买卖制度。我们可以对照《烟草专卖法实施条例》进一步分析判断。《烟草专卖法实施条例》(2021 年修订)第二条规定:“烟草专卖是指国家对烟草专卖品的生产、销售和进出口业务实行垄断经营、统一管理的制度。”经由两个文件的表述对比分析,我们认为,《危险化学品安全管理条例》并未明确专营、专卖或者限制买卖制度,对王某某未经许可的经营行为不应适用《刑法》第二百二百二十五条第一项之规定,而应是第四项之规定。

(二)《刑法》第二百二十五条中的“未经许可”包括限制买卖许可和一般性许可

对此,目前主要形成以下两种观点:第一种观点认为,《刑法》第二百二十五条中的“未经许可”仅针对限制买卖许可。其理由是:从一般的技术规范分析,如果某一法条在列举了几项情形之后使用堵截(兜底)条款,实际意味着堵截条款规定的情形只能与列举情形同类,不同类情形不应包含在同一条法律规定之中。立法者在不得已选用堵截构成要件的情况下应当尽可能实现《刑法》的明确性。如果前面列举之项对后面堵截构成要件没有限定意义,那么前面的列举也就失去了意义。因此,堵截条款中的“其他非法经营行为”必须是与未经许可经营专营/专卖或者限制买卖物品、买卖经营许可证、批准文件或者非法经营证券、期货或者保险业务等具有相同性质的行为。这几类行为都属于限制买卖经营许可,故《刑法》第二百二十五条堵截条款中的经营行为都应当是限制买卖经营许可,该条中的“未经许可”针对的仅是限制买卖经营。

第二种观点认为,《刑法》第二百二十五条中的“未经许可”包括限制买卖许可和一般性行政许可。其理由是:首先,从立法背景分析。在我国改革开放初期,一些不法分子凭借手中权力,通过计划或者走后门,搞到平价的紧俏产品,通过层层转手加码,最终以较高价格在市场上出售。在这一历史背景下,1979年《刑法》规定了投机倒把罪。把凡是触犯计划经济体制的,没有经过行政审批和许可的行为、超范围经营的行为统统纳入投机倒把罪的调整对象。随着改革开放的深入,投机倒把罪越来越难适应我国社会主义市场经济发展的需要,对其修改的呼声越来越高。1997年《刑法》取消“投机倒把罪”。对于取消投机倒把罪之后,是否有必要在“非法经营罪”中规定堵截条款,曾经有过争论。一种意见认为,在刑法分则中不宜再规定“其他”之类不确定的罪状内容,这种做法符合对“口袋罪”实行限缩的初衷。另一种意见认为,取消类推制度后,如果对某些罪状规定得过于确定、具体,特别是在经济犯罪形态发展变化较快的经济变革时期,可能不利于打击花样翻新的经济犯罪,也不利于《刑法》规定的相对稳定。因此,在特定条件下设置堵截条款是有必要的,体现了中国刑法改革的渐进性、传统原则性与灵活性相结合的立法指导思想对修订刑法的深刻影响。在1997年《刑法》修订过程中,有观点曾建议将具有严重社会危害性的经营行为根据不同的性质直接规定为具体明确的罪名,后来立法者考虑到这种做法不但会大量增加罪名,而且可能致使许多非法经营行为游离在规制范围之外。因此,在立法时把能够分离出去的违法行为列为明确的新的罪名,把模糊的暂时还不能放开的行为规定了非法经营罪的罪名，这样也有利保护市场经济秩序。其次，从“经营”的概念分析。虽然“经营”一词在语言学上并不特指经济营业活动，而是指“筹划并管理”“泛指计划和组织”等，但是作为“破坏社会主义市场经济秩序罪”中规定的非法经营行为，其“经营”一词理应是经济领域中的营业活动，即应当理解为所有以营利为目的的经济活动，包括从事工业、商业、服务业、交通运输业等经营活动，而不仅指限制买卖许可经营。值得注意的是，如果某种所谓经营活动不是以营利为目的，而是为了公益或者慈善目的，则即便该行为的某些方面不符合有关法规，也不属于《刑法》第二百二十五条规定的非法经营行为。最后，从非法经营罪侵犯的客体的分析。理论界对非法经营罪的客体的论述归纳起来，大致存在四种观点：一是“市场经济秩序说”。该说认为本罪侵犯的客体是“由国家市场管理法规所确立的正常的社会主义经济秩序”。二是“市场秩序说”。该说认为本罪侵犯的客体是“市场秩序，也就是国家对市场交易行为的监督管理制度”。三是“市场管理秩序说”。该说认为本罪侵犯的客体是“国家通过对市场进行管理所形成的稳定、协调、有序的市场运行状态。四是“管理活动说”。该说认为本罪侵犯的客体是“国家对市场正常的管理活动”。虽然目前难以区分哪一种学说是主流观点，但四种学说均认为，“市场秩序”包括市场准入（限制买卖制度）秩序、市场竞争秩序和市场交易秩序。这三种秩序都可能成为非法经营罪侵害的客体。此外，从司法实践分析。司法实践已有将一般性行政许可的经营行为认定为非法经营犯罪行为的先例。主要有两类情形：一是司法解释将部分一般性行政许可的非法经营行为明确为非法经营犯罪行为。[①] 如案例 141 李某某等非法经营一案中，法院认为，被告人张某某、李某某、亚某某违反国家规定，非法从事出版物的出版、印刷、复制、发行业务，严重扰乱市场秩序，情节特别严重，依照《最高人民法院关于审理非法出版物刑事案件具体应用法律若干问题的解释》（法释〔1998〕30 号，以下简称《非法出版物解释》）第十一条之规定，三被告人的行为均已构成非法经营罪，依法应予惩处。类似情形，如《最高人民法院、最高人民检察院关于办理妨害预防、控制突发传染病疫情等灾害的

① 本文相关资料来源于笔者在最高人民法院刑二庭工作期间的调研材料。

刑事案件具体应用法律若干问题的解释》针对2003年“非典”期间囤积居奇、哄抬口罩、体温计以及医用器材等物价的行为明确为非法经营犯罪行为。二是通过个案、类案审判将一般性行政许可的非法经营行为认定为非法经营罪。如对开办气功学校、气功疗养院而敛财的行为认定为非法经营犯罪行为；对“黑保安”行为认定为非法经营犯罪行为；等等。

二、“未经许可”超范围经营是指经营同类行业，但超地域、变零售为批发经营或变批发为零售经营，或者超出营业执照登记范围，经营其他行业的行为。即使超范围经营的是许可性经营，一般也仅对后种情形定罪处罚

（一）未经许可超范围经营的类型

行政许可设定的范围，从通常意义上理解，包括经营种类、产品质量、数量、规格等要素，而其中经营种类是行政许可设定的核心。如行为人获得的行政许可范围是经营副食品，但其超过副食品的种类，经营了烟酒等国家专营专卖品，显然比由零售副食品变为批发副食品更加严重。但不可否认，它们都属于未按照行政许可设定范围从事的经营行为。据此，我们认为，未按照行政许可设定的限制范围从事非法经营，主要包括两类：一类是经营同类行业，但超地域、变零售为批发或者变批发为零售经营；另一类是超出营业执照登记范围，经营其他行业的行为。

（二）未经许可超范围经营的行为定性

无论是限制买卖许可经营，还是一般性许可经营，经营范围一经登记，企业法人即被赋予法律上的义务，这就是《公司法》《企业法人登记管理条例》分别规定的公司、企业法人“应当在登记的经营范围内从事经营活动”的义务。对于违反这种义务，未经许可超范围经营的行为定性，目前大致形成以下观点：

一种观点认为，未按照行政许可设定的限制范围从事非法经营活动，不管是否是经营同类行业，只要超出范围的是许可性经营，就属于非法经营罪调整的范围。对于许可性经营而言，超地域、变零售为批发经营或者变批发为零售经营相当于未获得许可经营，超越经营范围的部分应当认定为无证经营，符合情节严重标准的，构成非法经营罪。《烟草专卖法》规定的四类烟草专卖许可证的核发，有严格的审批程序和针对性、限制性。虽然行为人领取了烟草部门颁发的烟草零售

许可证,如其违反了《烟草专卖实施条例》的相关规定,不按规定的进货渠道进货,逃避发证机关的监管,从非法渠道进货,或者从事烟草批发业务,属于超地域和超范围经营的情形,其行为是对烟草专卖制度的直接破坏,扰乱了烟草专卖市场秩序,情节严重的,应当以非法经营罪追究刑事责任。近年来,行为人往往持其中一种证件,而实施了其他证件许可的内容,超范围、跨地域实施非法经营活动,且数额巨大,造成的社会危害,远比一些小额的无证经营者大得多。如果对这类行为一律不以非法经营罪论处,则实际意味着给这些“有证人”再发放了一张不被刑事追究的“免罪证”。如在新闻出版领域中,按照《印刷业管理条例》(2021 年修订)的规定,印刷经营许可分为出版物印刷、包装装潢印刷品印刷、其他印刷品印刷三类业务范围。如果取得包装装潢印刷品印刷许可资质,但在实际经营中从事了出版物印刷业务,属于“未经许可”经营。《印刷业管理条例》第四十条、第四十一条、第四十二条分别规定了从事出版物印刷经营活动、从事包装装潢印刷品印刷经营活动、从事其他印刷品印刷经营活动的法律责任,并提示性规定构成犯罪的,依法追究刑事责任。《非法出版物解释》第十五条规定:“非法从事出版物的出版、印刷、复制、发行业务,严重扰乱市场秩序,情节特别严重,构成犯罪的,可以依照刑法第二百二十五条第三项规定(现为第四项——引者注),以非法经营罪定罪处罚。”

另一种观点认为,未按照行政许可设定的限制范围从事非法经营活动,如果是经营的还是同类行业,则不属于非法经营罪调整的范围。超越经营范围是一种对行政许可制度的违背,经营行为并未脱离行政机关的管理,发现问题依靠行政处罚完全可以达到惩戒的目的。“超范围经营”的行政法律责任仅限于没收非法所得和罚款等“财产罚”,而非法经营的行政法律责任则既有财产罚,又有资格罚,直至吊销营业执照。由于一般“超范围经营”的行为在行政法上的最高处罚也不过是 3 万元以下的罚款,与“非法经营”行为在行政法上的最高可吊销营业执照的处罚在轻重上不可同日而语,所以,《刑法》第二百二十五条关于“其他严重扰乱市场秩序的非法经营行为”无论如何不包括一般的“超范围经营”的行为在内。超地域、变零售为批发经营或变批发为零售经营,其实际已获取经营资质,只是经营超出一定地域、违反一定方式,其与未获取许可资质的主体存在一定区别,该类行为不属于刑法意义上的非法经营行为。无论“超范围经营”的行为如何严重,其法律责任止于行政法律责任,而不应纳入刑事法律规制范围。

我们赞同后一种观点。如在李明华非法经营一案中,最高人民法院2011年5月6日就被告人李明华非法经营请示一案作出批复,明确了不定罪的指导原则。被告人李明华系江苏省苏州市平江区烨烨烟杂店老板,申领有烟草专卖零售许可证。2009年7月15日至22日,李明华向苏州市部分烟杂店批发其从烟草公司配送渠道外购进的各类卷烟(均系合格卷烟),共计8339条,销售金额共计92.206万元。李明华持有烟草专卖零售许可证,但多次实施批发业务,而且从非指定烟草专卖部门进货的行为,属于超范围和地域经营的情形,不宜按照非法经营罪处理,应由相关主管部门进行处理。

此后发生的同类案件,基本是按照李明华案无罪意见处理的。如在案例142陈某非法经营一案中,原审法院认定被告人陈某在无烟草专卖品准运证,再审法院认定家庭经营的经济实体获取的经营许可覆盖家庭成员,由此决定了陈某属于超地域范围经营,而不是未办理任何经营许可证类的未经许可经营。根据《最高人民法院关于被告人李明华非法经营请示一案的批复》,不宜按照非法经营罪处理,陈某经营烟草的行为不构成犯罪。

需要重点提示的是,李明华案发生后,各地出现了大量超地域经营案件,烟草专卖公司普遍对此类案件统一按照最高人民法院对李明华案的批复意见处理存在不同意见。在此情况下,不少地方的司法机关纷纷向最高人民法院请示,对超地域范围经营,数额特别巨大或者情节特别严重的,是否按照非法经营罪追究刑事责任。目前最高司法机关尚未出台新的意见。在新的指导意见出台前,此类案件仍应按照最高人民法院对李明华案的批复意见执行。

当然,如果超范围经营的是不同类行业,且经营的其他行业又是许可性经营,即超范围经营国家限制经营或者一般性许可经营的,依然属于非法经营罪规制的范围,情节严重的,构成非法经营罪。

三、借用、挂靠、租用他人经营许可证或者使用购买的他人经营许可证,均可以视为“未经许可”。但借用、挂靠、租用家庭成员经营许可证的，要具体情况具体分析，认定“未经许可”的，一般要求具有实质违法情形。《2022年药品司法解释》出台后，未经许可经营真药的行为不宜适用非法经营罪，构成其他犯罪的，按照其他犯罪定罪处罚。危害后果特别严重、影响特别恶劣，有必要以非法经营罪予以打击的，可作为特殊个案，逐级向最高人民法院请示

借用、租用他人经营许可证或者使用购买的他人经营许可证，是否视为“未经许可”，实践中存在不同观点。第一种观点认为，应当视为“未经许可”。其理由是：(1)经营许可的主要目的是限制准入主体，借给他人使用或者一证多用，违背了准入许可的核心要求。对这类行为不予严厉打击，设置行政许可的制度目标将落空。(2)行政法律法规明确规定禁止许可证转让使用。如《药品管理法》(2019年修订)第一百二十二条规定：“伪造、变造、出租、出借、非法买卖许可证或者药品批准证明文件的，没收违法所得，并处违法所得一倍以上五倍以下的罚款；情节严重的，并处违法所得五倍以上十五倍以下的罚款，吊销药品生产许可证、药品经营许可证、医疗机构制剂许可证或者药品批准证明文件，对法定代表人、主要负责人、直接负责的主管人员和其他责任人员，处二万元以上二十万元以下的罚款，十年内禁止从事药品生产经营活动……”第一百一十四条规定：“违反本法规定，构成犯罪的，依法追究刑事责任。”《刑法》第二百二十五条第二项还将买卖经营许可证的行为明确规定为非法经营行为。(3)借证经营行为的事实认定不难，区分的关键在于借证人的经营行为是否独立于出借人。

第二种观点认为，不应当视为“未经许可”。其理由是：(1)没有法律依据。以烟草专卖许可为例。将“无烟草专卖许可证”视为“无自己的烟草专卖许可证”的依据主要是2003年《国家烟草专卖局关于烟草专卖零售许可证经营主体变更问题的批复》。该批复明确指出“私自承转许可证并从事卷烟经营活动不受法律保护，应按无烟草专卖零售许可证经营烟草制品零售业务予以处罚”。然而，根据《刑法》第九十六条以及《国家规定通知》的规定，该批复不属于“国家规定”。因此，不能以该批复的内容作为认定非法经营罪的依据。(2)借用、租用他人经营许可证或者使用购买的他人经营许可证而从事经营的行为不具备社会危害性。非

法经营罪打击的是无证经营行为，借用他人许可证是有证经营行为，只不过经营主体出了问题。《刑法》的适用是以保护法益为目的，而不是为了惩罚而惩罚。因此，在认定行政违法行为构成犯罪时，必须进行社会危害性的判断，租借烟草专卖零售许可证销售合法烟草制品的行为，依然将经营烟草专卖品的活动纳入国家的统一管理，对国家通过行政审批而确立起来的烟草专卖秩序没有本质损害；同时《烟草专卖法》第一条明确规定烟草专卖管理的目的是“维护消费者利益，保证国家财政收入”，按照许可证规定的地点、进货渠道进行经营的违法行为，并未增加烟草制品对消费者利益的危害，也不会造成国家财政收入的损失，不具有犯罪所必需的法益侵害性。(3)将借用、租用他人经营许可证或者使用购买的他人经营许可证视为“未经许可”缺乏实践基础。租借他人烟草专卖许可证经营卷烟的行为方式有的是单纯租借他人烟草专卖许可证，有的是承接他人烟摊或烟店的同时，继续使用他人烟草专卖零售许可证，但对象通常为进城务工人员、下岗工人等社会弱势群体，一个家庭的基本生活、小孩上学等花销均靠烟摊或者烟店的经营获利维系。对该种情形进行打击，不能获得广泛的社会认同，没有民意基础，社会效果不好。

第三种观点为折中观点，认为应当具体情况具体对待。借用、租用他人经营许可证或者使用购买的他人经营许可证，如无其他实质违法情形的，不应视为“未经许可”；如有其他实质违法情形，则可以视为“未经许可”。

我们倾向于第一种观点，一般情况下，借用、租用他人经营许可证或者使用购买的他人经营许可证，无论有无其他实质违法情形，均可以视为“未经许可”。同时，根据《行政许可法》(2019 年修正)第九条的规定，法律、法规规定依照法定条件和程序可以转让的行政许可除外。此外，其他实质违法情形，可以作为从重处罚的情节。根据《药品管理法》第十四条的规定，无《药品经营许可证》的，不得经营药品。《行政许可法》第八十条规定：“被许可人有下列行为之一的，行政机关应当依法给予行政处罚；构成犯罪的，依法追究刑事责任：(一)涂改、倒卖、出租、出借行政许可证件，或者以其他形式非法转让行政许可的……”国家食品药品监督管理局 2007 年下发的《关于进一步整治药品经营中挂靠经营超方式及超范围经营问题的通知》第一条明确规定:"挂靠经营是指药品经营企业为其他物证单位或个人提供药品经营场地、资质证明以及票据等条件,以使挂靠经营者得以从事药品经营活动。对于药品经营企业,接受挂靠的性质是出租、出借证照;对于挂靠经营者,进行挂靠的性质则是无证经营。超出《药品经营许可证》规定的经营方式、经营范围从事药品经营活动,是《药品管理法》明令禁止的违法行为。"

如案例143王某平非法经营一案中,王某平的经营行为有两处违反了国家规定:一是未经许可,通过挂靠方式借用苏耀公司药品经营资质从事药品经营;二是违反国家规定,对于经营企业购销药品伪造购销记录。既存在形式违法,又存在实质违法,因此一审、二审法院认定王某平挂靠从事药品经营的行为构成非法经营罪。类似该案的行为,在2年后出台的2014年《最高人民法院、最高人民检察院关于办理危害药品安全刑事案件适用法律若干问题的解释》(法释〔2014〕14号,以下简称《2014药品司法解释》)第七条明确了处理原则。该条规定:"违反国家药品管理法律法规,未取得或者使用伪造、变造的药品经营许可证,非法经营药品,情节严重的,依照《刑法》第二百二十五条的规定以非法经营罪定罪处罚。"

需要特别注意的是,2022年3月6日施行的《2022药品司法解释》删除了《2014药品司法解释》第七条的规定。根据相关负责人的解读观点,对于无证经营真药的行为可以给予相应的行政处罚,不宜适用非法经营罪,构成其他犯罪的,可以按照其他犯罪定罪处罚。危害后果特别严重、影响特别恶劣,必须依法以非法经营罪予以打击的,可作为特殊个案,按照2011年4月8日《最高人民法院关于准确理解和适用刑法中"国家规定"的有关问题的通知》要求,逐级向最高人民法院请示。

药品经营之外的其他许可性经营,目前依然按照之前的做法处理。当然,个别比较复杂的情形,是否视为非法经营罪中的"未经许可"值得进一步研究。

一是外地人受让他人店铺的同时受让了烟草专卖许可证,因资格所限,不能办理烟草专卖许可证变更,仍用转让人的名义从烟草局购烟,在许可地域范围出售。此种情况下,虽然属于"借用"他人烟草专卖许可证进行经营,但进烟途径是从烟草公司购进,没有任何销售假烟、偷逃税收、侵害消费者合法利益和影响国家财政收入的情况，意味着不具有刑法上的社会危害性，对此类行为不宜认定为非法经营罪中的“未经许可”。

二是对于以配偶、父母、子女等近亲属的名义办理经营许可证，由其本人实际合法经营的。如果以妻子名义办理烟草专卖许可证，丈夫实际经营的，因二人的关系特殊，在家庭生活中的分工不同，收入亦为共同财产，故不宜视为非法经营罪中的“未经许可”。家庭成员中以一人名义办理经营许可证，共同生活、共同经营者超范围、超地域经营的。如果父亲有烟草零售许可证，其共同生产、共同经营的儿子未按照行政许可设定的范围、地域等限制条件进行经营，对其子不宜认定为非法经营罪中的“未经许可”。案例 142 就是这类情形的典型案件。

三是行为人因借用、挂靠、租用他人经营许可证或者使用购买的他人经营许可证而被认定为非法经营罪，该行政许可的出借人、被挂靠人、出租人及出售人能否认定为非法经营罪的共犯？从共犯理论分析，许可证的出借人、被挂靠人、出租人及出卖人的行为为实施非法经营犯罪提供了帮助，应当认定为共犯。但从实践分析，将该类行为作为犯罪处理社会效果如何，依然值得进一步研究。

相关规定

《最高人民法院关于被告人李明华非法经营请示一案的批复》（〔2011〕刑他字第 21 号）

江苏省高级人民法院：

你院(2010)苏刑二他字第 0065 号《关于被告人李明华非法经营一案的请示》收悉。经研究，答复如下：

被告人李明华持有烟草专卖零售许可证，但多次实施批发业务，而且从非指定烟草专卖部门进货的行为，属于超范围和地域经营的情形，不宜按照非法经营罪处理，应由相关主管部门进行处理。

此复。

【案例 144-145】王某军等非法经营再审改判无罪案*

非法经营罪系列研究（三）："其他严重扰乱市场秩序的非法经营行为"的认定

关键词：

非法经营　其他严重扰乱市场秩序的非法经营行为　粮食收购许可证　传销活动程序违法

基本案情

144

王某军非法经营再审改判无罪案：①2014 年 11 月至 2015 年 1 月，王某军未办理粮食收购许可证，未经工商行政管理机关核准登记并颁发营业执照，擅自在临河区白脑包镇附近村组无证照违法收购玉米，将所收购的玉米卖给巴彦淖尔市粮油公司杭锦后旗蛮会分库，非法经营数额人民币(以下币种同)218 288.6 元，非法获利 6000 元。案发后，王某军主动退缴非法获利 6000 元。2015 年 3 月 27 日，王某军主动到公安机关投案自首。原审法院认为，被告人王某军违反国家规定，未经粮食主管部门许可及工商行政

* 本文原载"刑水浮萍"微信公众号 2017 年 7 月 29 日《"其他严重扰乱市场秩序的非法经营"的认定问题》。

① 再审判决改判(2017)内 08 刑再 1 号(2017 年 2 月 14 日)。

管理机关核准登记并颁发营业执照，非法收购玉米，非法经营数额218 288.6元，数额较大，其行为构成非法经营罪。鉴于被告人王某军案发后主动到公安机关投案自首，主动退缴全部违法所得，有悔罪表现，对其适用缓刑确实不致再危害社会，决定对其依法从轻处罚并适用缓刑。宣判后，被告人王某军未上诉，检察机关未抗诉，判决发生法律效力。

2016年12月16日，最高人民法院作出(2016)最高法刑监6号再审决定，指令巴彦淖尔市中级人民法院对本案进行再审。再审查明的事实与原审判决认定的事实一致。巴彦淖尔市临河区人民法院于2016年4月15日作出(2016)内0802刑初54号刑事判决，认定被告人王某军犯非法经营罪，判处有期徒刑一年，缓刑二年，并处罚金二万元；退缴的非法获利款六千元，由侦查机关上缴国库。最高人民法院于2016年12月16日作出(2016)最高法刑监6号再审决定，指令巴彦淖尔市中级人民法院对本案进行再审。巴彦淖尔市中级人民法院于2017年2月14日作出(2017)内08刑再1号刑事判决，撤销(2016)内0802刑初54号刑事判决，改判原审被告人王某军无罪。

巴彦淖尔市中级人民法院再审认为，原判决认定的原审被告人王某军没有办理粮食收购许可证及工商营业执照买卖玉米的事实清楚，其行为违反了当时的国家粮食流通管理有关规定，但尚未达到严重扰乱市场秩序的危害程度，不具备与《刑法》第二百二十五条规定的非法经营罪相当的社会危害性、刑事违法性和刑事处罚必要性，不构成非法经营罪。

145

钟某非法经营再审改判无罪案：[①]2005年8月，原审被告人钟某经他人介绍在绵阳市卢会公司专卖店购买产品并成为卢会公

① (2016)川刑再2号(2018年1月12日)。

司会员。之后其前往洛阳卢会公司总部考察并接受培训。在了解卢会公司的营销模式和营销制度后,钟某于2005年10月申请接手解本秀在绵阳市涪城区巾帼大厦7楼开设的62号专卖店,成为绵阳五家卢会公司专卖店店主之一,店铺的租金、装修、工人的工资等均由钟某与其合伙人共同支出。同年11月,钟某向绵阳市高新区工商局申请办理了个体工商营业执照。卢会公司的会员直接向卢会公司汇款后,凭借汇款单在各专卖店进行登记、选货。各专卖店将各会员的汇款金额和填报提货单的情况报给卢会公司,卢会公司发送产品后,专卖店按照会员填报的提货单发放产品,并根据报单金额在卢会公司领取5%的开店补贴。同时,各专卖店按照卢会公司的经营模式,向前来专卖店报单和咨询的人员宣传讲解卢会公司的营销制度。2006年11月和2007年7月,河南省洛阳市工商局先后两次认定卢会公司的经营行为属于国务院《禁止传销条例》中第七条所规定的传销行为。2006年10月,钟某关闭其专卖店。案发后,钟某向公安机关退出10万元。绵阳市涪城区人民法院以非法经营罪,判处被告人钟某有期徒刑二年,缓刑二年,并处罚金五万元。宣判后,原公诉机关四川省绵阳市涪城区人民检察院提出抗诉,被告人钟某提出上诉。四川省绵阳市中级人民法院于2009年12月23日作出(2009)绵刑终字第213号刑事判决,以组织、领导传销罪,判处被告人钟某有期徒刑三年,并处罚金人民币五万元。判决生效后,钟某向四川省高级人民法院提出申诉。四川省高级人民法院于2011年5月17日作出(2010)川刑监字第36号再审决定书,决定提审本案,并于2011年9月8日作出(2011)川刑提字第2号刑事裁定,将本案发回四川省绵阳市涪城区人民法院重新审判。四川省绵阳市涪城区人民法院依法另行组成合议庭进行了审理,并于2012年3月23日作出(2011)绵涪刑再字第1号刑事判决,以非法经营罪,判处被告人钟某有期徒刑二年,缓刑二年,并处罚金五万元。钟某不服,向四川省绵阳市中级人民法院提出上诉。四川省绵阳市中级人民法院于2012年8月10日以(2012)绵刑再终字第2号刑事裁定驳回上诉,维持原判。钟某向四川省绵阳市中级人民法院提出申诉,四川省绵阳市中级人民法院于2013年7月22日作出(2013)绵刑监字第7号驳回申诉通知书。钟某不服,向四川省高级人民法院提出申诉。四川省高级人民法院于2015年1月20日作出(2014)川刑监字第204号再审决定,决定本案由其提审,并依法组成合议庭,于2016年5月13日公开开庭审理了本案。四川省人民检察院指派代理检察员陈某1出庭履行职务,原审被告人钟某到庭参加诉讼。本案经合议庭评议、审判委员会讨论并作出决定,现已审理终结。

四川省高级人民法院认为,原一审、二审判决均认定钟某无进行传销活动的主观故意,却又认定钟某与卢会公司构成共同犯罪,系共同犯罪中的从犯,逻辑上存在矛盾;审判程序上,依据2011年4月8日《最高人民法院关于准确理解和适用刑法中"国家规定"的有关问题的通知》,各级人民法院审理非法经营犯罪案件,要依法严格把握《刑法》第二百二十五条第四项的适用范围。对被告人的行为是否属于《刑法》第二百二十五条第四项规定的"其他严重扰乱市场秩序的非法经营行为",有关司法解释未作出明确规定的,应当作为法律适用问题,逐级向最高人民法院请示。依照该通知文件的规定,对钟某的行为是否属于非法经营行为,应当逐级向最高人民法院请示,而原审法院未经请示直接以该条规定对钟某定罪量刑,违反了相关程序规定。据此,四川省高级人民法院认为,原判认定原审被告人钟某犯非法经营罪的证据不足,程序违法。原公诉机关指控原审被告人钟某所犯罪名不能成立,再审出庭检察机关的意见亦不能成立,遂撤销原判决,改判原审被告人钟某无罪。

参考规则

“其他严重扰乱市场秩序的非法经营行为”与“情节严重”应当区分独立认定，前者是类型化行为认定，而后者是个案认定。

《刑法》第二百二十五条第四项规定的“其他严重扰乱市场秩序的非法经营行为”，应当综合非法经营行为对国家安全、公共安全、公共利益、经济秩序、生态环境保护、人身财产安全等可能造成的危害程度进行认定。

依照相关规定，前款认定，有关指导案例、司法解释或者最高人民法院的批复未明确指导原则的，应当作为法律适用问题，逐级向最高人民法院请示。

规则解析

一、“其他严重扰乱市场秩序的非法经营行为”与“情节严重”应当区分独立认定，前者是类型化行为认定，而后者是个案认定

长期以来，这个问题一直被忽视。很多案件中，法院在论述“其他严重扰乱市场秩序的非法经营行为”理由时，往往是围绕“情节严重”来论证。该观点认为，非法经营行为必然扰乱市场秩序，因此关于是否属于“其他严重扰乱市场秩序的非法经营行为”的认定，主要是看非法经营行为是否达到情节严重。符合情节严重标准的，应当认定为“其他严重扰乱市场秩序的非法经营行为”。该观点，实际是将严重扰乱市场秩序的“严重”认定与“情节严重”认定混同。由于“情节严重”的认定多是参照规范性文件的量化标准，这就难免容易犯下以数额认定行为是否属于“其他严重扰乱市场秩序的非法经营行为”的错误。如案例 144 王某军非法经营再审改判无罪一案中，原审法院认为，王某军非法收购玉米，非法经营数额 218 288.6 元，数额较大，其行为构成非法经营罪。该判决就是以非法经营数额的认定替代了“其他严重扰乱市场秩序的非法经营行为”。

我们认为，“其他严重扰乱市场秩序的非法经营行为”的认定是对类型化行为危害程度的评价，而“情节严重”的认定是对个案中具体行为对市场秩序破坏程度

的评价,两者应当作为不同层面的问题进行分析和认定。《刑法》第二百二十五条第一项至第三项规定的是已经被实践检验的类型化的行为,无需对经营行为是否严重扰乱市场秩序进行专门评价。然而,该第四项规定的非法经营行为包罗万象,复杂多变,难以被一一类型化。在具体认定时,应当排除个案具体情况,从类型化的角度对行为给社会秩序的破坏程度进行评价,同时从相当性角度就行为与前三项行为给市场秩序的破坏程度进行评价。要力求避免以非法经营数额等严重情节的认定替代非法经营行为是否属于“其他严重扰乱市场秩序的非法经营行为”的认定。

同时,从相关司法解释性文件的规定分析可知,对是否属于“其他严重扰乱市场秩序的非法经营行为”应当独立于“情节严重”进行认定。《最高人民法院关于准确理解和适用刑法中“国家规定”的有关问题的通知》(法发〔2011〕155号,以下简称《国家规定通知》)第三条规定,各级人民法院审理非法经营犯罪案件,要依法严格把握刑法第二百二十五条第四项的适用范围。对被告人的行为是否属于《刑法》第二百二十五条第四项规定的“其他严重扰乱市场秩序的非法经营行为”,有关司法解释未作明确规定的,应当作为法律适用问题,逐级向最高人民法院请示。鉴于相关规范性文件对“国家规定”“情节严重”都明确了认定标准,《国家规定通知》第三条要求对“其他严重扰乱市场秩序的非法经营行为”的认定要逐级请示最高人民法院,充分表明对“其他严重扰乱市场秩序的非法经营行为”要单独认定。该观点首次在笔者指导审理的周某从事保安服务非法经营无罪宣告一案中提出,后来得到广泛认同。

二、《刑法》第二百二十五条第四项规定的“其他严重扰乱市场秩序的非法经营行为”,应当综合非法经营行为对国家安全、公共安全、公共利益、经济秩序、生态环境保护、人身财产安全等可能造成的危害程度进行认定

“严重扰乱市场秩序”,主要是指对市场经济秩序的严重扰乱,但从审判实践看,市场秩序不局限于市场经济秩序。对非法经营行为是否严重扰乱市场秩序,既要着眼于实际危害后果、现实危险,又要着眼于潜在危险、潜在威胁。对于与国家安全、社会稳定、公民人身安全休戚相关的行业,在认定是否属于“严重扰乱市

场秩序的非法经营行为”时，更要重视对潜在危险、潜在威胁的考察和评价。从调研情况看，我们认为，对《刑法》第二百二十五条第四项规定的“其他严重扰乱市场秩序的非法经营行为”，应当综合非法经营行为对国家安全、公共安全、公共利益、经济秩序、生态环境保护、人身财产安全等可能造成的危害程度进行认定。①

如案例144王某军非法经营再审改判无罪一案中，原审、再审法院对事实、证据认定一致，分歧在：原审法院认为非法收购玉米非法经营数额较大，自然属于“其他严重扰乱市场秩序的非法经营行为”，从而构成非法经营罪。而巴彦淖尔市中级人民法院再审认为，王某军的行为虽然违反了当时的国家粮食流通管理有关规定，但尚未达到严重扰乱市场秩序的危害程度，不具备与《刑法》第二百二十五条规定的非法经营罪相当的社会危害性、刑事违法性和刑事处罚必要性，不构成非法经营罪。该再审判决没有对王某军非法收购玉米为何不属于“其他严重扰乱市场秩序的非法经营行为”展开具体分析，而是概括性地从相当性角度给出了结论。基于前文分析，我们认为，王某军非法收购玉米的行为，根本不可能对国家安全、公共安全、公共利益、生态环境保护、人身财产安全等造成危害，非法经营数额218 288.6元，也不可能对市场秩序造成或者可能造成严重的破坏，故综合分析，不属于“其他严重扰乱市场秩序的非法经营行为”。

三、“其他严重扰乱市场秩序的非法经营行为”的认定，有关指导案例、司法解释或者最高人民法院的批复未明确指导原则的，依照相关规定，应当作为法律适用问题，逐级向最高人民法院请示

《国家规定通知》第三条明确了在有关司法解释未作明确规定的情况下，对是否属于“其他严重扰乱市场秩序的非法经营行为”的认定程序，应当作为法律适用问题，逐级向最高人民法院请示。如在案例145钟某非法经营再审改判无罪一案中，促使四川省高级人民法院作出改判的主要理由有两点：一是原一审判决、二审判决均认定钟某无进行传销活动的主观故意，却又认定钟某与卢会公司构成共同犯罪，系共同犯罪中的从犯，逻辑上存在矛盾；二是审判程序上，违反了《国家规定

① 本文相关资料来源于笔者在最高人民法院刑二庭工作期间的调研材料。

通知》的程序规定要求。据此，四川省高级人民法院认为，原判认定原审被告人钟某犯非法经营罪的证据不足，程序违法，遂撤销原判决，改判原审被告人钟某无罪。

需要进一步分析的是，《国家规定通知》仅明确了司法解释未作明确的情况下逐级请示，但如果是最高人民法院的指导案例或者个案批复、答复明确了指导意见，对同类案件是否还需要将"其他严重扰乱市场秩序的非法经营行为"作为法律适用问题逐级向最高人民法院请示。

鉴于指导案例的法律效力等同于司法解释，对指导案例明确的意见，同类案件无需再重复逐级报请最高人民法院，这应是公认观点。然而，最高人民法院对个案作出的批复、答复，同类案件是否还需要逐级向最高人民法院请示，实践中存在不同认识。有观点认为，既然是个案批复，特别是答复，那么就不具有类案效力，严格上不属于司法解释。遇到个案情节存在差异的，仍然应当作为法律适用问题向最高人民法院请示。我们认为，最高人民法院对个案作出的批复、答复虽然不属于严格意义上的司法解释，但并不影响其指导意见的权威性、严肃性。从相关规定可知，逐级请示最高人民法院，需要下级法院审委会讨论后才能向上一级法院请示，如果同类案件都重复请示，工作量特别大。为节约司法资源，对于间隔时间不大，国家相关政策未出现重大变化的同类案件，适用法律时一般应当贯彻同一指导原则，无需重复逐级向最高人民法院请示。对于间隔时间较长，国家相关政策出现重大变化影响法律适用的，应当按照《国家规定通知》要求逐级向最高人民法院请示。

【案例 146】张甲、张乙非法经营案*

非法经营罪系列研究（四）：关于“情节严重”的认定

关键词：

非法经营　情节严重　车辆抵押借款限制性许可经营　一般性许可经营

基本案情

146

被告人张甲、张乙未经工商部门登记注册，于 2010 年 6 月 29 日出资在铜川市王益区七一路冷库市场内成立“顺发借寄公司”（因未正式申请登记，故公司名称不规范），主要从事贵重物品寄押、贷款收取利息业务。2010 年 8 月 17 日至 9 月 15 日，彭某（另案处理）经与张甲联系后，与张乙三次签订借款合同，分别将从租车行骗租的“现代伊兰特”轿车、“长安”轿车、“海马骑士”越野车各一辆抵押给“顺发借寄公司”，从“顺发借寄公司”借款人民币（以下币种同）2 万元、3 万元、5 万元，共计 10 万元，扣除月息 15%，实际得款 85 000 元。2010 年 9 月 12 日，无业人员杨某某经与张甲联系后，与张乙签订借款合同，将从租车行骗租的一辆“北京现代”轿车抵押给“顺发借寄公司”，从“顺发借寄公司”借款 3 万元，扣除月息 15%，实际得款 25 500 元。审理期间，公诉机关申请撤回对被告人张甲、张乙犯非法经营罪的起诉。法院经审理认

* 本文原载“刑水浮萍”微信公众号 2017 年 8 月 1 日《非法经营犯罪案件中“情节严重”的认定问题》。

为,公诉机关申请撤回起诉符合法律规定,遂裁定准许公诉机关撤回对被告人张甲、张乙犯非法经营罪的起诉。[①]

参考规则

对非法经营犯罪案件,在认定"情节严重"时应当区分限制性许可经营与一般性许可经营。对于前者,一般严格按照定罪量刑数额标准定罪处罚。而对于后者除了非法经营数额、违法所得数额,一般还要进一步综合非法经营行为次数、是否存在实质违法行为、是否造成其他严重后果或者足以引发其他严重后果的潜在危险以及是否存在恶劣社会影响进行认定。

对于比较特殊的行业应当参照部分特殊行业司法解释确立的定罪量刑标准,不宜一概按照普通行业确立的非法经营数额、违法所得数额标准定罪处罚。

单位犯罪与个人犯罪的定罪量刑标准应当区分,不宜为了简化操作而统一标准。

规则解析

一、对非法经营犯罪案件,在认定"情节严重"时应当区分限制性许可经营与一般性许可经营。对于前者,一般严格按照定罪量刑数额标准定罪处罚。而对于后者除了非法经营数额、违法所得数额,一般还要进一步综合非法经营行为次数、是否存在实质违法行为、是否造成其他严重后果或者足以引发其他严重后果的潜在危险以及是否存在恶劣社会影响进行认定

这个问题在理论界和实务界未引起足够的重视,但有时在具体个案中会存在认识分歧。主要形成以下三种观点:

第一种观点认为,对非法经营行为情节是否严重的认定,无需区分限制性许可经营和一般性许可经营。该观点又因为具体以非法经营数额还是违法所得数

---

① 《指导案例828号——张某、张某琴非法经营案》,载最高人民法院刑一、二、三、四、五庭主编:《刑事审判参考》(第90辑),法律出版社2013年版。

额为认定标准存在分歧，进一步细分为两种观点：(1)非法经营情节严重的认定，应当以非法经营数额为认定标准，违法所得数额不宜作为认定本罪的标准。衡量非法经营行为社会危害性程度、法益侵害性程度，应当根据非法经营的数额。同一经营数额表现了同样的社会危害性，而不可能因为行为人的违法所得数额不同而表明行为的社会危害性之不同。只有严格以非法经营数额为标准，才能在定罪量刑上坚持相同的标准，从而保证司法适用的统一。(2)非法经营情节严重的认定，主要以非法经营数额、违法所得数额为准，兼顾经济损失、人身财产损害以及社会影响等行为后果。通常情况下，非法经营数额与违法所得数额成正比，非法经营数额越大，违法所得数额就越大。但在有的非法经营案件中，投入成本很小，违法所得数额却特别大；而在有的大宗货物交易中，投入成本很大，违法所得数额却很小。因此，仅仅采用非法经营罪数额标准可能难以准确反映行为的社会危害。应当综合参照以下要素认定情节严重：(1)非法经营数额。对以营利为目的的犯罪，非法经营数额是认定危害程度的首要标准。(2)违法所得数额。一般违法所得额与社会危害程度成正比，违法所得额越大，社会危害程度越高。因此，应当将非法经营行为的违法所得数额作为认定情节严重的标准。(3)一定时期内从事非法经营行为的次数。行为人在一定时期内反复从事非法经营行为，其社会危害性是显而易见的。(4)造成较大损失，非法经营行为扰乱市场秩序，势必造成一定程度上的损失。以较大损失作为情节严重的认定标准具有一定的合理性。(5)重大社会影响。这是一个相对弹性的裁量指标，主要取决于非法经营行为的社会影响范围。一般来说，如果该非法经营行为造成一定区域内相应行业的市场秩序混乱即可认定为“情节严重”。这样既保持了一定的包容性，可以应对纷繁复杂的经济犯罪形式，又不至于太过开放而违反罪刑法定原则。①

我们认为，对非法经营行为“情节严重”的认定，应当区分限制性许可经营和一般性许可经营。由于限制性许可经营与《刑法》第二百二十五条前三项所列举的非法经营行为性质非常接近，参照该三项行为，可以确定以经营数额、违法所得

---

① 本文相关资料来源于笔者在最高人民法院刑二庭工作期间的调研材料。

数额为认定情节严重的标准。只要数额达到立案追诉标准即可认定构成非法经营罪。第一种观点中主张以非法经营数额作为认定情节严重的标准,失之片面。在大多数经济犯罪案件中,经营数额和违法所得数额是选择性数额,只要二者之一达到入罪标准就可以入罪。当经营数额和违法所得数额分别对应不同法定刑幅度的,按照处罚较重的数额标准定罪处罚,这种做法基本约定俗成。

对于一般性行政许可经营,则要进一步考察非法经营次数、损失包括潜在的风险损失以及社会影响。我们对第一种观点中后一种观点不区分限制性许可经营和一般性许可经营的做法不大认同,但其关于综合各种因素认定情节严重的观点值得借鉴参考。我们认为,对于一般性许可经营,除了兼顾非法经营数额、违法所得数额,还应综合非法经营次数、有无实质违法行为、是否造成严重损失后果或者具有引发其他严重损失后果的潜在风险以及是否存在恶劣社会影响等认定因素。

二、对于比较特殊的行业应当参照部分特殊行业司法解释确立的定罪量刑标准,不宜一概按照普通行业确立的非法经营数额、违法所得数额标准定罪处罚

2010年最高人民检察院、公安部联合印发的《关于公安机关管辖的刑事案件立案追诉标准的规定(二)》(以下简称《规定二》,2022年进行了修订,但本文所涉条款未改动)第七十九条第八项(现第七十一条第十二项)规定:“从事其他非法经营活动,具有下列情形之一的:(1)个人非法经营数额在五万元以上,或者违法所得数额在一万元以上的;(2)单位非法经营数额在五十万元以上,或者违法所得数额在十万元以上的;(3)虽未达到上述数额标准,但二年内因非法经营行为受过二次以上行政处罚,又从事同种非法经营行为的;(4)其他情节严重的情形。”经过对比可知,除了原规定的七项特殊立案追诉标准,新规定增加了四项特殊立案追诉标准。然而,鉴于非法经营罪规制的范围比较广,对于《规定二》没有列明的比较特殊的行业,依然应当保留必要的特殊立案追诉标准,这是非法经营罪的特殊性决定的。

如案例146中,张甲、张乙非法经营额达到13万元,如果适用《规定二》明确的相关立案追诉标准,显然对二被告人的行为应当立案追诉。然而,审理法院认

为,二被告人非法从事典当业务的行为不能简单适用该标准。其理由如下:(1)《规定二》中有关《刑法》第二百二十五条第四项追诉标准的规定源于2001年最高人民检察院、公安部联合印发的《关于经济犯罪案件追诉标准的规定》,2010年规定对之沿用这一标准确立的基础,在于其当时主要针对的是生产、流通领域非法经营专营、专卖或者其他限制买卖的物品,及买卖经营许可证或者批准文件的行为,作为一般生产、流通领域的非法经营行为,个人的非法经营额达到5万元以上或者违法所得数额在1万元以上,从对市场秩序的侵害来讲,可以认为属于情节严重,扰乱了市场秩序;但非法进行金融活动与生产、流通领域的经营活动不同,往往数额基数巨大。如果以上述标准认定情节严重,则明显过低,必然产生即使达到上述数额标准,也不一定造成严重扰乱市场秩序的结果。如果仍然适用上述标准,显然过低,造成打击面过大。(2)《规定二》对部分金融业务已规定了特殊的情节严重认定标准,而规定这一特殊标准,就是考虑到非法经营金融业务的特殊性。张甲、张乙非法押车贷款属于非法从事金融业务经营,应当参照适用《规定二》第七十九条(现第七十一条)第三项确立的数额标准。(3)对于《规定二》追诉标准的效力,根据最高人民法院2010年下发的《关于在经济犯罪审判中参照适用〈最高人民检察院、公安部关于公安机关管辖的刑事案件立案追诉标准的规定(二)〉的通知》,最高人民法院对相关经济犯罪的定罪量刑标准没有规定的,人民法院在审理经济犯罪案件时,可以参照适用《规定二》的规定。各级人民法院在参照适用《规定二》的过程中,如认为《规定二》的有关规定不能适应案件审理需要的,应当结合案件具体情况和本地实际,依法审慎稳妥处理好案件的法律适用和政策把握,争取更好的社会效果。①

结合前文分析,具体联系本案,首先,二被告人从事的是一般性许可经营,不应严格适用非法经营数额5万元、违法所得数额1万元的立案追诉标准。如果对比《规定二》第七十九条(现第七十一条)第三项确立的金融行业非法经营犯罪立

① 《指导案例828号——张某、张某琴非法经营案》,载最高人民法院刑一、二、三、四、五庭主编:《刑事审判参考》(第90辑),法律出版社2013年版。

案追诉标准，二被告人非法经营额仅有13万元、非法所得不满2万元，距离立案追诉标准太远；其次，从经营规模看，二被告人仅同二名当事人进行了押车贷款业务，没有实际牵涉社会不特定多数人，并未造成严重扰乱当地金融秩序的结果；最后，从主观故意看，二被告人主观上只是希望通过该经营活动获取一定经济利益，并无希望或者追求扰乱金融秩序的故意。综上，法院认定二被告人非法从事押车贷款的行为尚未达到情节严重的程度是正确的。

三、单位犯罪与个人犯罪的定罪量刑标准应当区分，不宜为了简化操作而统一标准

第一种观点认为，单位犯罪与个人犯罪应当分别明确不同的定罪处罚标准。理由是：(1)单位犯罪的入罪门槛过低，以致违法与犯罪的界限失去实际意义。仍以走私普通货物、物品罪为例，假如单位犯罪的追诉标准由原来的偷逃应缴税款25万元下降至5万元，不难想象，此类犯罪案件数量势必大幅增多，而相应的单位行政违法案件数将会大为减少。(2)将主要以个人犯罪为标本设置的法定刑径行适用于单位犯罪中的自然人，容易造成量刑普遍偏重甚至畸重的弊端。《刑法》自1997年修订以来增设的单位犯罪多达140余个，但对于相关个罪的法定刑总体上调整、变化不大，也即主要沿袭1979年《刑法》的配刑模式。在此立法背景下，单位犯罪毕竟是社会组织实体实施的危害行为，其基本特点就是犯罪数额通常大于个人犯罪，但其中自然人的主观恶性及人身危险性程度又往往显示具有宽宥处罚的特别情状。倘若忽略单位犯罪罪责的上述特点，直接套用个人犯罪的裁判标准，处刑结果就必然趋重。(3)从罪刑关系上看，单位与个人犯罪追诉处罚标准的统一性，可能有损法律评价的公正性与协调性。如《刑法》第一百八十条规定的内幕交易罪，立法者为单位犯罪中的自然人配置的法定最高刑为5年有期徒刑，而相应个人犯罪的法定最高刑为10年有期徒刑。类似情形还见诸于走私普通货物、物品罪，高利转贷罪，以及诱骗投资者买卖证券、期货合约罪等。相同的定罪处罚标准，必然会造成同种轻罪与重罪之间的逻辑冲突。(4)从罪刑平衡视角审视，立足于现行罪刑阶梯与司法实践情况，无论是从侵害法益的性质、危害社会的深度与广度，还是从处刑的轻重来看，受贿罪无疑都是最为严重的犯罪之一。但单位

受贿罪的定罪处罚标准与个人犯罪截然不同。根据 1999 年 9 月 16 日最高人民检察院颁发的相关立案标准,两者相差有十倍之巨。行贿罪与单位行贿罪的情形也大抵如此。

第二种观点认为,单位犯罪与个人犯罪应当明确统一的定罪处罚标准。现在越来越多的观点倾向于认同单位犯罪和个人犯罪采用统一的定罪处罚标准,最近出台的司法解释性文件基本上是采用统一标准的。随着一人公司的出现,如果区分单位犯罪与个人犯罪定罪处罚标准,则犯罪行为人往往会以单位名义实现个人犯罪意图,从而容易找到规避法律的黑色通道。

尽管近年来发布的司法解释基本采用了统一标准,但我们认为,对自然人犯罪与单位犯罪的定罪量刑标准作出主体区分更具合理性。对于部分司法解释未对自然人犯罪与单位犯罪的定罪量刑标准作区分的,建议统筹平衡处理。对于《刑法》已对单位犯罪和个人犯罪的法定刑已作区分的,单位犯罪和个人犯罪的立案追诉标准可以按照同一标准。如内幕交易罪,单位犯罪最高法定刑五年有期徒刑,个人犯罪最高法定刑十年有期徒刑,单位犯罪与个人犯罪的罪责问题已通过法定刑的设置进行了一定的平衡,为避免以单位名义规避法律的现象发生,单位犯罪和个人犯罪可以按照同一立案追诉标准。除此之外,单位犯罪和个人犯罪的定罪处罚标准是否区别对待,应当视具体情况而定。对于非法经营犯罪而言,因所涉面广,之前出台的解释性文件多是按照区别原则处理的,故以区别处理原则为宜。2022 年《规定二》修订时关于非法经营罪仍然沿用了过去主体区分的做法。

【案例 147–149】董某等非法经营案*

非法经营罪系列研究（五）：关于“违法所得”概念的界定和认定；犯罪成本是否扣除

关键词：

非法经营　违法所得　罚金　定罪量刑标准　没收　犯罪成本

基本案情

147

董某、陈某非法经营案：一审法院查明，董某、陈某在玩网络游戏过程中了解到利用非法“外挂”程序可以替游戏玩家“代练升级”并从中牟利，遂通过互联网向他人（网名“拉哥”）购买名为“冰点传奇”的“外挂”程序，并与该程序卖家“拉哥”协商合作利用“外挂”进行游戏代练，由“拉哥”提供“外挂”程序，由二被告人负责代练及收费。2007 年 3 月以来，董某、陈某陆续购置了九十多台电脑，申请了电信宽带，并冒用“蔡红”“曾莉琼”的身份办理了银行卡、客服电话，用于和游戏玩家联系及收取代练费。二被告人先后雇佣了十二名员工，在其居住的××市××区××街道××家园 30 幢 2 号家中以“土人部落工作室”的名义，不断在盛大公司经营的《热血传奇》游戏中做广告，以人民币（以下币种同）80 元/

* 本文在《违法所得概念的界定和司法认定》的基础上修改形成。参见刘晓虎、赵靓：《违法所得概念的界定和司法认定》，载《人民法院报》2018 年 7 月 4 日，理论版。

周、300元/月等价格帮助游戏玩家使用“冰点传奇”的“外挂”程序代练升级。董某、陈某将雇佣来的员工分成客服组和代练组利用“外挂”软件“冰点传奇”日夜经营代练,并适时与“外挂”程序卖家“拉哥”联系进行版本升级,以对抗盛大公司游戏保护措施。至案发时止,已先后替1万多个《热血传奇》游戏玩家的账户代练升级。自2007年3月至12月7日,二被告人收取了全国各地游戏玩家汇入的巨额代练资金,其二人仅通过户名为“张五强”的银行账户向“冰点传奇”“外挂”程序卖家“拉哥”汇去的费用就达130多万元。

一审法院认为,被告人董某、陈某以牟利为目的,违反国家规定,未经国家主管部门批准,也未获得盛大公司许可和授权,将明知是破坏了他人享有著作权的互联网游戏作品技术保护措施并修改他人游戏作品数据的非法互联网出版物——“外挂软件”使用到盛大公司享有著作权的游戏程序上,进行有偿代练经营活动,牟取了巨额非法利益,侵害了盛大公司的合法权益,属于出版非法互联网出版物的行为,具有严重社会危害性,构成非法经营罪。据此,一审法院以被告人董某犯非法经营罪,判处有期徒刑六年,罚金160万元;被告人陈某犯非法经营罪,判处有期徒刑三年,缓刑四年,罚金140万元;作案工具、非法所得予以没收。董某、陈某不服一审判决,提出上诉。

主要上诉理由之一是:非法经营数额认定有误,董某汇给拉哥、卡哥的130余万元中,有110万元到120万元是董某替玩家购买盛大公司点卡的钱等,董某收入中有很大一部分不是使用非法的“外挂”程序获得的,应当区分董某合法收入与非法收入;一审判决量刑过高,罚金过重,一审法院将130余万元作为非法经营金额的认定有误(其他意见略)。

二审法院认为,原审对上诉人董某、陈某罚金刑量刑过重,应予纠正。非法经营罪判处罚金数额应当在违法所得一倍以上五倍以下,“违法所得数额”应当以“获利数额”来认定。根据陈某在侦查阶段的供述,及董某向户名为“张五强”的工商银行卡汇款130余万元购买“外挂充值点卡”的银行账务资料等书证,可确定董某、陈某收取玩家“代练款”150万元,支付给上家“拉哥”点卡费用130余万元,从中获利额近20万元。原审判决认定的事实清楚,证据充分,罪名准确,对二上诉人主刑量刑适当,应予维持;但罚金刑量刑不当,应予改判。二审分别对董某、陈某的罚金刑改判为30万元、20万元。[1]

148

俞某苗、朱某等非法经营一案:[2]自2014年7月10日开始,俞某苗、朱某、侯某未经国家有关主管部门批准,以“聚合辉公司”的名义,利用“长三角公司”提供的交易系统平台,开展白银、镍、铜、原油合约业务,具体交易流程为:客户与“聚合辉公司”签订开户协议,“聚合辉公司”将银行卡绑定操作书和交易软件提供给客户,客户绑定银行卡之后,在平台入金操作,自行选定已设定好的交易产品的种类、数量,进行双向买卖(买涨或买跌),以白银、镍、铜、原油的即时报价为当前价格与“聚合辉公司”进行虚拟交易,且客户只需投入一定比率的保证金(白银和铜为3%,原油为4%,镍为3%或5%)即可交易全额的商品。客户在与“聚合辉公司”交易中,需交纳固定比例的“手续费”(由“长三角公司”分享30%、“聚合辉公司”分享70%)、“点差”(归“聚合辉公司”)、“持仓延期费”(归“聚合辉公司”)。如果交易出现“亏损”并达到一定比例时,在客户没有继续追加保证金的情况下,将被“强行平仓”(客户的亏损全部归“聚合辉公司”)。“聚合辉公司”则以“对

---

① 《董某、陈某非法经营案》,载《最高人民检察院公报》2011年第5期。

② 一审判决(2015)绍柯刑初字第1345号(2016年9月12日);二审维持原判(2016)浙06刑终746号(2017年1月12日)。

冲”的方式规避交易风险。2014 年 11 月 7 日案发。经审计，“聚合辉公司”的客户累计亏损 1 667 914 元，“聚合辉公司”获得客户累计交纳的手续费为 983 406.64 元，客户累计交纳的持仓延期费为 234 400 元。即被告人俞某苗、朱某、侯某通过经营“聚合辉公司”，非法从事期货业务违法所得合计 2 885 720.64 元。

一审法院认为，被告人俞某苗、朱某、侯某违反国家规定，未经国家有关主管部门批准非法经营期货业务，扰乱市场秩序，情节特别严重，其行为均构成非法经营罪，属于共同犯罪。据此，一审法院以被告人俞某苗犯非法经营罪，判处有期徒刑五年六个月，并处罚金 300 万元；以被告人朱某犯非法经营罪，判处有期徒刑五年，并处罚金 290 万元；以被告人侯某犯非法经营罪，判处有期徒刑三年，并处罚金 140 万元；追缴被告人俞某苗、朱某、侯某 2 885 720.64 元。冻结的中国农业银行绍兴万商支行账号为 19××× 38 的银行账户存款，抵作被告人俞某苗、朱某、侯某的退赃款，不足部分按照被告人俞某苗承担 50%、被告人朱某承担 40%、被告人侯某承担 10%的比例追缴。

149

刘某辉等非法经营一案：[①]

1. 2010 年左右，刘某辉、万某通过万某的妻子刘某认识了时任伊春区北山出租车有限公司经理被告人滕某清。刘某辉、万某于 2010 年 10 月至 2012 年 9 月，通过滕某清负责联系伊春区交通分局运管站站长董某（另案处理），分多次从董某处以每份 5000 元的价格购买金山屯、美溪区《伊春市客运出租汽车营运审批手续》10 份，由刘某辉、万某、杨某（另案处理）联系买家，再以 16 000 元至 26 000 元的价格将 10 份出租车营运审批手续卖给集贤县居民，并负责为集贤县居民办理出租车营运证和车辆落户。

① （2020）黑 0717 刑初 52 号。

刘某辉、万某、滕某清、杨某通过非法经营出租车营运手续，违法所得合计202 000元。

2. 刘某辉因经营出租车认识了原伊春市双运客运中心负责人倪某（另案处理），刘某辉多次找到倪某申请营运原伊春区内出租车。2010年左右，刘某辉在倪某处以每份40 000元的价格购买了3份《伊春市客运出租汽车营运审批手续》。其中刘某辉自己落户出租车1份，以133 000元（包含出租车车款等费用）的价格卖给伊春区居民尹某1份，违法所得45 122元；以120 000元（包含出租车车款等费用）的价格卖给伊春区居民汪某1份，汪某将120 000元在双运客运公司交给倪某。

3. 2010年4月至8月，万某通过滕某清联系伊春区交通分局运管站站长董某购买伊春区内的出租车营运审批手续，万某以每份35 000元的价格在董某处购买了2份伊春区出租车营运审批手续，万某将其中1份出租车营运审批手续落户到自己母亲张某名下，另一份出租车营运审批手续以40 000元的价格卖给了伊春区居民薛某，违法所得40 000元。（未扣除成本）被告人刘某辉、万某、滕某清共同买卖出租车营运审批手续10份，违法所得202 000元；被告人刘某辉买卖出租车营运审批手续3份，违法所得45 122元；被告人万某、滕某清买卖出租车营运审批手续2份，违法所得40 000元。

一审法院认为，被告人刘某辉、万某、滕某清违反国家相关法律、行政法规规定，非法买卖出租车营运审批手续，扰乱市场经济秩序，情节严重，其行为构成非法经营罪。对被告人刘某辉辩护人提出对本案被告人的违法所得应扣除被告人犯罪成本的辩护意见，因出租车审批手续根据法律规定是不可以买卖的，单独评价就具有非法性，对非法行为的投入资金是应当追缴予以没收的，从对犯罪分子违法所得的一切财物都应追缴予以没收的标准，犯罪成本应不予扣除，但从为罚金刑提供判罚标准，从有利于被告人原则，违法所得应扣除犯罪成本，以其获利数额为标准判处罚金，故对被告人刘某辉辩护人的辩护意见，法院予以采纳。据此，一审法院以被告人刘某辉犯非法经营罪，判处有期徒刑二年六个月，缓刑三年，并处罚金50 000元；以被告人万某犯非法经营罪，判处有期徒刑二年四个月，缓刑三年，并处罚金50 000元；以被告人滕某清犯非法经营罪，判处有期徒刑二年，缓刑二年，并处罚金40 000元；被告人刘某辉违法所得95 622元、被告人万某违法所得90 500元、被告人滕某清违法所得50 500元，予以追缴，上缴国库（已缴纳）。

参考规则

对“违法所得”的理解，要区分以下三种不同情形：对于旨在为罚金刑提供判罚基数的情形，可以参照《最高人民法院关于审理非法出版物刑事案件具体应用法律若干问题的解释》《最高人民法院、最高人民检察院关于办理内幕交易、泄露内幕信息刑事案件具体应用法律若干问题的解释》的规定，“违法所得”是指“获利”或者“避免的损失”，在认定时一般扣除必要、合理的相关成本；对于旨在为提供定罪处罚标准的情形，可以参照上述第一种情形理解；对于旨在明确没收财产范围的情形，“违法所得”是指“通过实施犯罪直接、间接产生或者获得的任何财产”，在没收时一般不扣除生产、销售成本。

在确定没收违法所得范围时，对于犯罪成本所对应的行为附属于犯罪实行行为，具有非法性的，对犯罪成本一般纳入没收范围；对于犯罪成本所对应的行为具有独立性，且单独评价具有非法性的，对犯罪成本一般亦纳入没收范围；对于犯罪成本所对应的行为具有独立性，且单独评价不具有非法性的，对犯罪成本一般不纳入没收范围。

规则解析

如何把握"违法所得"概念的界定和司法认定是司法实践中亟需解决的问题。有的案件中,办案机关在认定违法所得时对是否需要扣除犯罪成本把握不准,以及在同一案件中分别确定罚金数额和没收财产范围时对是否坚持同一"违法所得"的概念和认定标准存在疑问,故有必要研究。

一、关于"违法所得"概念界定和认定的实践分歧及相关文件规定

(一)关于"违法所得"概念界定和认定的实践分歧。《刑法》多个条款出现"违法所得"的表述,而不同的司法解释对"违法所得"概念的界定和认定不同,故司法适用过程中存在一定分歧。一种观点认为,"违法所得"是指获利数额,即以违法生产、销售获得的全部收入(非法经营数额)扣除其直接用于经营活动的合理支出后剩余的数额。这种观点得到最高人民法院研究室的支持。最高人民法院研究室 2012 年在有关部门征求意见时答复认为,非法经营罪中的"违法所得",应当是指获利数额。另一种观点认为,"违法所得"是指通过实施犯罪直接、间接产生、获得的任何财产,无需扣除生产、销售成本。该观点以《刑法》第六十四条的规定为依据。

(二)关于"违法所得"概念界定和认定的相关司法解释及文件规定。随着刑事诉讼制度的发展,"违法所得"不再仅是《刑法》独有的概念,《刑事诉讼法》于 2012 年修正时增设的特别没收程序也含有"违法所得"的规定,有关特别没收程序的司法解释对"违法所得"亦作出了专条解释。至此,"违法所得"的概念已同时触须《刑法》《刑事诉讼法》领域,关于"违法所得"概念的界定和认定的规范性文件大致包括司法解释、国际条约以及行政执法文件三类。以下对相关规定进行简要介绍:

1. 明确"违法所得"系获利数额的司法解释文件。此类司法解释大致有 3 个。一是最高人民法院 1995 年向湖北省高级人民法院下发的《关于审理生产、销售伪劣产品刑事案件如何认定"违法所得数额"的批复》(以下简称《批复》,已于 2013

年1月失效)明确:“全国人民代表大会常务委员会《关于惩治生产、销售伪劣商品犯罪的决定》规定的‘违法所得数额’,是指生产、销售伪劣产品获利的数额。”二是最高人民法院1998年出台的《关于审理非法出版物刑事案件具体应用法律若干问题的解释》(以下简称《出版物解释》)第十七条明确:“本解释所称‘违法所得数额’,是指获利数额。”三是最高人民法院、最高人民检察院2012年出台的《关于办理内幕交易、泄露内幕信息刑事案件具体应用法律若干问题的解释》(以下简称《内幕交易解释》)第十条明确:“……违法所得,是指通过内幕交易行为所获利益或者避免的损失。”

2. 明确“违法所得”系通过实施犯罪直接、间接产生或者获得的任何财产的司法解释文件、国际条约。最高人民法院、最高人民检察院、公安部于2014年联合印发的《关于办理非法集资刑事案件适用法律若干问题的意见》第五条明确:“向社会公众非法吸收的资金属于违法所得。以吸收的资金向集资参与人支付的利息、分红等回报,以及向帮助吸收资金人员支付的代理费、好处费、返点费、佣金、提成等费用,应当依法追缴。”最高人民法院、最高人民检察院2017年出台的《关于适用犯罪嫌疑人、被告人逃匿、死亡案件违法所得没收程序若干问题的规定》(以下简称《特别程序规定》)第六条明确:“通过实施犯罪直接或者间接产生、获得的任何财产,应当认定为刑事诉讼法第二百八十条第一款规定的‘违法所得’。”“违法所得已经部分或者全部转变、转化为其他财产的,转变、转化后的财产应当视为前款规定的‘违法所得’。”“来自违法所得转变、转化后的财产收益,或者来自已经与违法所得相混合财产中违法所得相应部分的收益,应当视为第一款规定的‘违法所得’。”《特别程序规定》对“违法所得”的界定直接规范依据是《联合国反腐败公约》第二条“术语的使用”第五项,即“‘犯罪所得’系指通过实施犯罪而直接或间接产生或者获得的任何财产”;理论依据在于“不让犯罪分子通过实施犯罪获得任何收益”这一最基本的法理;实践依据是近年来我国反腐败国际追逃追赃实践以及世界范围内西方国家反腐败经验和做法。

3. 明确“违法所得”一般认定和特殊认定原则的行政执法文件。对“违法所得”的认定明确指导原则最具影响力的行政执法文件当属国家工商行政管理总局

2009年印发的《工商行政管理机关行政处罚案件违法所得认定办法》(以下简称《认定办法》)。该文件明确了"违法所得"的一般认定和特殊认定原则。(1)一般认定原则是指"以当事人违法生产、销售商品或者提供服务所获得的全部收入扣除当事人直接用于经营活动的适当的合理支出,为违法所得"。违法生产商品的违法所得按违法生产商品的全部销售收入扣除生产商品的原材料购进价款计算;违法销售商品的违法所得按违法销售商品的销售收入扣除所售商品的购进价款计算。(2)特殊认定原则是指对于一些社会危害大或者违法成本难以计算的违法行为以其"销售收入为违法所得"。

二、关于"违法所得"概念的界定和认定应当区分不同层面

我们认为,关于"违法所得"概念的界定和认定应当区分不同的层面。从法律条文关于"违法所得"表述的功能分析,大致可以区分以下三个层面:一是规定"违法所得"旨在为罚金刑提供判罚基数;二是规定"违法所得"旨在提供定罪处罚标准;三是规定"违法所得"旨在明确没收财产的范围。

(一)规定"违法所得"旨在为罚金刑提供判罚标准。如《刑法》第一百八十条、第二百二十五条规定"并处或者单处违法所得一倍以上五倍以下罚金",上述条文规定的"违法所得"系为判处罚金刑明确一个基数。从现代刑事发展理念角度分析,罚金的适用原理主要在于对经济犯罪、贪利性犯罪科以经济上的处罚,根据行为人通过犯罪获利多少配置轻重不等的罚金刑,即以阶梯式经济处罚遏制严重程度不等的经济利欲。基于罚金刑的这一适用原理,对于旨在为罚金刑提供判罚基数的情形,可以参照《出版物解释》《内幕交易解释》的规定,将"违法所得"的概念界定为"获利"或者"避免的损失",在认定时应当扣除必要、合理的相关成本。案例147董某、陈某非法经营一案中,一审法院以被告人董某犯非法经营罪,判处有期徒刑六年,罚金160万元;被告人陈某犯非法经营罪,判处有期徒刑三年,缓刑四年,罚金140万元。董某、陈某不服一审判决,提出上诉。二审法院认为,"违法所得数额"应以"获利数额"来认定。根据陈某在侦查阶段的供述,及董某向户名为"张五强"的工商银行卡汇款130余万元购买"外挂充值点卡"的银行账务资料等书证,可确定董某、陈某收取玩家"代练款"150万元,支付给上家"拉哥"点卡费

用130余万元,从中获利额近20万元。原审对董某、陈某罚金刑量刑过重,应予纠正,遂分别对董某、陈某的罚金刑改判为30万元、20万元。可见,一审法院对"违法所得"在作为罚金判罚基数情形时的理解存在偏差,二审法院予以纠正是正确的。

(二)规定"违法所得"旨在提供定罪处罚标准。如《刑法》第二百一十七条规定"违法所得数额较大或者有其他严重情节的,处三年以下有期徒刑或者拘役"。从原理上分析,此种情形,获利或者避免损失的数额最能准确反映犯罪的社会危害性。以非法经营犯罪为例,绝大多数非法经营犯罪都是以追求牟利为目的,有的非法经营犯罪投入成本很高,而有的投入成本较低,从非法经营数额或者销售收入角度,难以准确反映非法经营行为的投机和社会危害程度。故此类情形,可以参照上述第一种情形,将"违法所得"的概念界定为"获利"或者"避免的损失"。

对于因客观原因无法查清生产、销售成本的案件,为准确体现犯罪的社会危害性,以便精准定罪处罚,可以委托相关部门对生产、销售成本进行鉴定,不可因为无法查清而对生产、销售成本不予扣除。对于犯罪嫌疑人、被告人故意销毁账簿、做假账或者以其他方式阻扰、干预侦查导致生产、销售成本无法查清的,应当由其承担不利法律后果,可以根据国家工商行政总局的《认定办法》,不扣除相关成本,直接将销售收入认定为"违法所得"。

(三)规定"违法所得"旨在明确没收财产范围。《刑法》第六十四条规定,"犯罪分子违法所得的一切财物,应当予以追缴或者责令退赔";《刑事诉讼法》第三百条规定,"对经查证属于违法所得及其他涉案财产,除依法返还被害人的以外,应当裁定予以没收"。根据上述规定,结合"不让犯罪分子通过实施犯罪获得任何收益"的原理分析,所有通过实施犯罪而直接、间接产生、获得的任何财产都应予以没收,包括违法所得已经部分或者全部转变、转化后的财产和来自违法所得转变、转化后的财产收益,或者来自已经与违法所得相混合财产中违法所得相应部分的收益。"通过实施犯罪直接、间接产生或者获得的任何财产",在没收时,认定的违法所得一般不扣除生产、销售成本。如生产、销售的赌博机属于违法所得,包括生产、销售成本,司法机关对赌博机查处后一般应当完整销毁,而不存在将相关成本返还生产者、销售者。即使赌博机销售变现后，也应当全部没收上缴国库，不可能将销售成本返还销售者。如案例148俞某苗、朱某等非法经营一案中，经审计，“聚合辉公司”的客户累计亏损1 667 914元，“聚合辉公司”获得客户累计交纳的手续费为983 406.64元，客户累计交纳的持仓延期费为234 400元。即被告人俞某苗、朱某、侯某通过经营“聚合辉公司”，非法从事期货业务违法所得合计2 885 720.64元。一审法院判处罚金时并未将该合计数额作为倍比罚金基数，但在确定没收违法所得范围时并未扣除累计交纳的手续费，而是一并纳入没收范围，即追缴被告人俞某苗、朱某、侯某共计2 885 720.64元。

值得注意的是，有的案件中，行为人并非全案违法，仅部分环节违反法律规定，此种情况下应当确定违法所得和添附的比例，没收时适用比例原则，不宜不加区分一概没收全部财产。如行为人通过行贿手段低价获取国有土地使用权，从事房地产合法经营，仅行贿环节构成犯罪，获得国有土地的差价部分应当认定为“违法所得”，应当准确认定差价部分在整个房地产经营收入中的比例，按照该比例确定最后没收违法所得的数额。

三、在确定没收违法所得范围时，对于犯罪成本所对应的行为附属于犯罪实行行为，具有非法性的，对犯罪成本一般纳入没收范围；对于犯罪成本所对应的行为具有独立性，且单独评价具有非法性的，对犯罪成本一般亦纳入没收范围；对于犯罪成本所对应的行为具有独立性，且单独评价不具有非法性的，对犯罪成本一般不纳入没收范围

关于犯罪成本是否扣除的观点分歧，一般发生在没收环节，此类问题非常复杂。我们认为，在确定没收违法所得范围时，对于犯罪成本所对应的行为附属于犯罪实行行为，具有非法性的，对犯罪成本一般纳入没收范围；对于犯罪成本所对应的行为具有独立性，且单独评价具有非法性的，对犯罪成本一般亦纳入没收范围；对于犯罪成本所对应的行为具有独立性，且单独评价不具有非法性的，对犯罪成本一般不纳入没收范围。上述仅是一般性原则，法有限情无穷，有的案件还需要结合具体情况确定没收违法所得时是否扣除相关犯罪成本。如案例149刘某辉等非法经营一案中，三被告人共同买卖出租车营运审批手续10份，违法所得

202 000 元;刘某辉单独买卖出租车营运审批手续 3 份,违法所得 45 122 元;万某、滕某清共同买卖出租车营运审批手续 2 份,违法所得 40 000 元。针对刘某辉的辩护人所提对本案违法所得应当扣除犯罪成本的辩护意见,法院认为,因出租车审批手续根据法律规定是禁止买卖的,单独评价就具有非法性,对非法行为的投入资金应当追缴没收,从没收范围角度,犯罪成本应不予扣除。但从为罚金刑提供判罚标准的角度,违法所得应扣除犯罪成本,以其获利数额为标准判处罚金,故对相关辩护意见予以采纳。

最后,需要强调的是,广义上的"违法所得",还包括"其他涉案财产"。如违法所得没收程序中的"违法所得"实际是指"违法所得及其他涉案财产";其中"其他涉案财产",从理论上讲,是指犯罪嫌疑人、被告人非法持有的违禁品、供犯罪所用的本人财物以及明知是供犯罪所用而交付犯罪嫌疑人、被告人使用的财物。而根据《刑法》第六十四条,"其他涉案财产"是指犯罪嫌疑人、被告人非法持有的违禁品、供犯罪所用的本人财物。"其他涉案财产"是否限于"本人财物",是否包括明知犯罪嫌疑人、被告人实施犯罪而供犯罪所用的他人财物,留待实践中进一步研究。

【案例 150】于某龙非法经营案*

非法经营罪系列研究（六）（个案研究 1）：未经许可从事非法经营行为，但审理期间相关行政审批项目被取消的如何定性

关键词：

非法经营　未经许可　限制买卖物品　黄金　行政审批项目取消

基本案情

2000 年 9 月 15 日至 2002 年 9 月 15 日，于某龙承包吉林省桦甸市老金厂金矿东沟二坑坑口，共生产黄金约 23 000 克。2002 年 9 月 21 日，于某龙自驾车辆将其承包金矿自产和收购的共 46 384 克黄金运往吉林省长春市。途中从桦甸市沿吉桦公路行使至吉林市南出口（红旗）收费站时，被公安人员抓获，涉案黄金全部由吉林市公安局扣押，后出售给中国人民银行吉林市中心分行，总售价为人民币（以下币种同）3 843 054.58 元，出售款上缴国库。

吉林市丰满区人民检察院向丰满区人民法院依法提起公诉，指控被告人于某龙的行为属于违反国家规定，未经许可经营限制买卖物品的行为，依照《刑法》第二百二十五条第一项之规定，构成非法经营罪。

* 本文原载“刑水浮萍”微信公众号 2017 年 7 月 17 日。

被告人于某龙及其辩护人对起诉书指控的事实均不持异议，但辩称，《国务院关于取消第二批行政项目和改变一批行政审批项目管理方式的决定》(以下简称国发〔2003〕5号文件)下发后，黄金收购、销售行为无需获取主管部门的审批许可，于某龙的行为不构成非法经营罪。

审理期间，公安部办公厅就如何认定非法经营黄金行为向中国人民银行办公厅发函征求意见。2003年9月19日中国人民银行办公厅对公安部办公厅发出的《〈关于对“非法经营黄金行为”现阶段如何认定的函〉的复函》(银办函〔2003〕483号)，提出三点意见：“一、中国人民银行发布的《关于调整携带黄金有关规定的通知》(银发〔2002〕320号)不适用于个人。二、国发〔2003〕5号文件下发后，企业、单位从事黄金收购、黄金制品生产、加工、批发、黄金供应、黄金制品零售业务无须再经中国人民银行的批准。三、《金银管理条例》与国发〔2003〕5号文件相冲突的规定自动失效。但在国务院宣布《金银管理条例》废止前，该条例的其他内容仍然有效。”参照上述复函，吉林市丰满区人民法院认为，被告人于某龙在未获取黄金经营许可证的情况下大量收购、贩卖黄金的行为，构成非法经营罪；国发〔2003〕5号文件虽然取消黄金收购许可制度，但其他行政法规、部门规章仍对国内黄金市场秩序进行规制；《金银管理条例》在废止前，该条例的其他条款仍然有效，而根据其他条款，对于某龙的行为应当认定为非法经营。2004年4月29日，吉林市丰满区人民法院依照《刑法》第二百二十五条第一项、第十二条、第三十七条之规定，认定被告人于某龙犯非法经营罪，但判处免予刑事处罚。被告人于某龙不服，向吉林市中级人民法院提起上诉。

吉林市中级人民法院经审理认为，一审判决认定的事实清楚，证据确实、充分，但定性不准，适用法律错误。具体理由如下：

(1)国发〔2003〕5号文件发布后,个人经营黄金的行为,不构成非法经营罪。《刑法》第二百二十五条中的"国家规定",具体到本案,是指《金银管理条例》。《刑法》第二百二十五条第一项中的"许可",具体到本案,是指中国人民银行批准经营黄金的专项许可。国发〔2003〕5号文件发布后,中国人民银行对黄金的经营许可制度被取消,《金银管理条例》关于黄金由中国人民银行统购统配的规定不再适用,单位或者个人经营黄金无须经由中国人民银行审核批准。因此,国发〔2003〕5号文件发布后,单位或者个人经营黄金的行为不适用《刑法》第二百二十五条的规定,不构成非法经营罪。(2)依照《刑法》第十二条所确定的从旧兼从轻原则,通常情况下应当按照行为发生当时已有的法律对行为进行定性。但是如果审判时法律发生了变化,按照变化后新的法律,不认为是犯罪或者处刑较轻的,应当适用新的法律。上诉人于某龙经营黄金的行为发生在2002年八九月,即国发〔2003〕5号文件发布前,按照当时的法律,构成非法经营罪。然而,在一审期间,国务院发布了国发〔2003〕5号文件,取消了中国人民银行关于黄金经营许可的规定。按照现行规定,其经营对象不再属于"未经许可经营法律、行政法规规定的专营、专卖物品或者其他限制买卖的物品",不构成非法经营罪。依照《刑事诉讼法》(1996年)第一百八十九条第二项、第一百六十二条第二项,《刑法》第十二条及《最高人民法院关于执行〈中华人民共和国刑事诉讼法〉若干问题的解释》(法释〔1998〕23号)第一百七十六条第三项之规定,吉林市中级人民法院撤销吉林市丰满区人民法院(2003)丰刑初字第218号刑事判决,改判上诉人于某龙无罪。

2006年6月30日,丰满区人民法院和丰满区人民检察院共同作出吉市丰检法赔字(2006)第1号共同赔偿决定:"于某龙实施非法经营行为时,按照当时的法律规定构成非法经营罪。但在案件审理期间,由于法律、法规发生变化,于某龙的行为又不构成犯罪,决定共同对2003年2月27日国发〔2003〕5号文件下发后于某龙被羁押的56天承担赔偿责任。”吉林市中级人民法院于2006年9月22日作出(2006)吉中法委赔字第5号决定书,维持了吉市丰检法赔字(2006)第1号共同赔偿决定。

此后,于某龙多次上访,要求返还被扣押的涉案黄金。吉林市相关部门要求复查此案,决定由吉林市中级人民法院启动再审程序。2012年8月13日,吉林市中级人民法院作出(2012)吉中刑监字第25号再审决定,以判决确有错误为由对本案进行再审,同日作出刑事裁定,以事实不清、证据不足为由,发回丰满区人民法院重审。

再审一审法院(丰满区人民法院)经再审认为,被告人于某龙的行为构成非法经营罪。其理由是:(1)原审被告人于某龙在未获取黄金经营许可的情况下,大量收购、销售黄金的行为,严重扰乱黄金市场秩序,情节严重,构成非法经营罪。虽然国发〔2003〕5号文件取消黄金收购许可制度,但并不意味着黄金市场可以无序经营,其他相关行政法规、《金银管理条例》等部门规章依然对国内黄金市场发挥监管规制功能。(2)《刑法》第十二条是有关《刑法》溯及力的规定,该条规定并未对现行行政法规发生变化的情况下如何适用刑法明确适用原则,且国发〔2003〕5号文件也未明确其是否具有溯及力。因此,应当依照《刑法》第二百二十五条第一项之规定追究于某龙非法经营罪的刑事责任。(3)鉴于本案审判时国家关于黄金经营管理的行政法规发生变化,于某龙的犯罪情节轻微,且其收购黄金在途中被依法扣押,没有给黄金市场带来不利后果,可以从轻处罚。据此,2012年10月15日,再审一审法院依照《刑法》第二百二十五条第一项、第十二条、第三十七条之规定,判决如下:(1)被告人于某龙犯非法经营罪,免予刑事处罚;(2)没收被告人于某龙非法经营涉案黄金 46 384 克,上缴国库。

再审一审判决后,检察机关以量刑畸轻为由提出抗诉,于某龙以其无罪为由再次向吉林市中级人民法院提起上诉。

再审二审法院(吉林市中级人民法院)审理查明的事实与再审一审查明的基本一致。经审理,再审二审法院基于与原审二审裁定基本相同的理由,改判再审上诉人于某龙无罪。

参考规则

行政法律法规的实体性规定与刑事法的实体性规定在溯及力方面均适用"从旧兼从轻"原则。经营期间系限制性许可经营,但审理期间国家规定取消限制性许可的,适用取消限制性许可的规定。

国发〔2003〕5 号文件与《金银管理条例》相冲突的,应当适用国发〔2003〕5 号文件的规定。国发〔2003〕5 号文件发布后,《金银管理条例》中关于黄金由中国人民银行统购、统配的规定不应再适用,单位或者个人经营黄金均无须经由中国人民银行审核批准,黄金不再属于《刑法》第二百二十五条第一项规定中的"专营专卖物品或者其他限制买卖的物品"。

无照经营虽然违反《无照经营取缔办法》等相关国家规定,但从相关司法实践看,无照经营、超地域经营、零售变批发经营不属于《刑法》第二百二十五条第四项"其他严重扰乱市场秩序的非法经营行为",一般按照行政违法行为进行处理。

规则解析

本案历时 12 年之久,原审一审、再审一审均认定被告人于某龙构成非法经营罪,而原审二审、再审二审均认定于某龙无罪。这种认定差异源于就行政审批项目的取消对行为是否构成犯罪的定性存在不同认识。本案在原审一审、二审,再审一审、二审审理过程中,对于某龙贩卖黄金的行为均存在不同认识,大致可以概括为两种意见。

一种意见认为,于某龙非法经营黄金的行为,数额巨大,严重扰乱市场秩序,构成非法经营罪,应当依照《刑法》第二百二十五条第四项之规定追究其刑事责任。其理由是:(1)《金银管理条例》规定的黄金经营者不包括个人。根据《金银管理条例》第三条、第四条的规定,在国务院未取消黄金收购许可、黄金制品生产、加工、批发业务审批、黄金供应审批、黄金制品零售业务核准四项制度之前,国家对金银统一管理、统购统配的政策及审批经营的对象为境内机构或者经营单位,并不包括个人。因此,国发〔2003〕5 号文件关于取消上述许可、审批和核准的规定,针对的对象是机构和单位,不包括个人。(2)《金银管理条例》规定经营金银的单位必须取得工商部门的营业执照。国发〔2003〕5 号文件发布后,《金银管理条例》与其相冲突的规定自动失效,但在国务院宣布《金银管理条例》废止前,该条例的其他内容仍然有效。根据《金银管理条例》第十九条的规定,经营黄金虽然不必经中国人民银行审批许可,但仍必须经由有关主管部门审核批准,在工商行政管理机关登记发给营业执照后方可营业,而于某龙并未向有关主管部门申请发放营业执照,且非法经营数额已达到法定追诉标准。

另一种意见认为,于某龙的行为不构成非法经营罪。其理由是:(1)根据《刑法》从旧兼从轻的原则,于某龙买卖黄金的行为在国发〔2003〕5 号文件发布后不构成非法经营罪。通常情况下应当按照行为发生当时已有的法律对案件定性处理,但是如果审判时法律发生了变化,按照变化后新的法律,不认为是犯罪或者处刑较轻的,应当适用新的法律。于某龙收售黄金的行为发生在国发〔2003〕5 号文件发布前,按照当时的法律,构成非法经营罪,但在一审法院审理时,国务院发布了国发〔2003〕5 号文件,取消了人民银行关于黄金管理经营许可制度,导致《刑法》第二百二十五条第一项所依据的行政法规《金银管理条例》发生了变化。由于相关行政法规发生重大变化,按照新的规定,个人经营黄金的行为不属于“未经许可经营法律、行政法规规定的专营、专卖物品或者其他限制买卖的物品的”行为。也就是说,如果国发〔2003〕5 号文件发布后,个人收购、买卖黄金的行为,不认为构成非法经营罪,那么该文件发布前,个人收购、买卖黄金的行为,在审理时也不应按非法经营罪处理。(2)虽然案发时于某龙无营业执照,但《金银管理条例》并未规定无营业执照经营黄金就要追究刑事责任,而《无照经营查处取缔办法》直到2003年3月1日才开始实施。该办法第十四条“对于无照经营行为,由工商行政管理部门依法予以取缔,没收违法所得;触犯刑律的,依照刑法关于非法经营罪、重大责任事故罪、重大劳动安全事故罪、危险物品肇事罪或者其他罪的规定,依法追究刑事责任”的规定不能适用于本案,故于某龙的行为未违反国家规定。

我们赞同后一种意见。我们认为,本案主要涉及两个方面的问题,最主要的是于某龙贩卖黄金行为的定性问题,其次是对于某龙采取的强制措施问题。下文逐一分析:

一、关于于某龙贩卖黄金行为的定性

于某龙从事黄金经营期间,黄金属于《刑法》第二百二十五条第一项规定的“专营专卖物品”,但在原审一审期间,国发〔2003〕5号文件发布后,黄金不再属于上述规定中的“专营专卖物品”。同时,于某龙的行为虽然违反《无照经营查处取缔办法》(国务院令370号)等相关国家规定,但根据实践中相关案件的普遍做法,并结合当时当地政府筹建黄金市场的特殊政策等因素,于某龙的行为不属于《刑法》第二百二十五条第四项规定的“其他严重扰乱市场秩序的非法经营行为”,不构成非法经营罪。具体理由如下:

(一)行政法律法规的实体性规定与刑事法的实体性规定在溯及力方面均适用“从旧兼从轻”原则

本案其实不涉及《刑法》的溯及力问题。非法经营罪的认定,必须以行为“违反国家规定”为前提,此处的“国家规定”主要是指行政法律法规及国家规定层面的行政性规定(个别情形除外)。行政法律法规的实体性规定与《刑法》规定在溯及力方面均适用“从旧兼从轻”原则。行政法理论界将行政法的溯及力概括为:“程序从新,实体从旧,有利被告的除外”。根据相关解释性的规定,国发〔2003〕5号文件属于国家层面的行政性规定。国发〔2003〕5号文件发布于2003年,而《金银管理条例》出台于1983年,两者相冲突的地方,应当适用国发〔2003〕5号文件的规定。

(二)于某龙经营的对象不属于限制买卖的物品

国发〔2003〕5号文件发布后,《金银管理条例》中关于黄金由中国人民银行统购、统配的规定不应再适用,单位或者个人经营黄金均无须经由中国人民银行审核批准,黄金不再属于《刑法》第二百二十五条第一项规定中的"专营专卖物品或者其他限制买卖的物品"。2003 年中国人民银行办公厅银办函〔2003〕483 号文件所提中国人民银行发布的《关于调整携带黄金有关规定的通知》(银发〔2002〕320 号)针对的是企业,不包括个人的观点是正确的,但不能基于该《银办复函》推出国发〔2003〕5 号文件取消行政审批针对的是单位而不是个人的观点。"法无明文授权即禁止,法无明文禁止即自由",是现代法治通行的理念,前者是针对有限政府而言,后者是针对法治社会权利保障而言。国发〔2003〕5 号文件发布后,没有任何法律法规规定禁止公民个人从事黄金经营,于某龙从事黄金经营没有违反相关行政许可的国家规定。原审一审、再审一审判决基于银办函〔2003〕483 号文件得出国发〔2003〕5 号文件关于取消许可的规定不适用于公民个人的观点,属于理解错位。

(三)于某龙的行为不属于严重扰乱市场秩序的经营行为

无照经营虽然违反《无照经营取缔办法》等相关国家规定,但从一些相关司法实践看,一般不将无照经营、超地域经营、零售变批发经营认定为"其他严重扰乱市场秩序的非法经营行为"。对该类行为,实践惯例一般是作为行政违法行为进行处理。更何况,本案中,关东金世界是经桦甸市政府批准设立,并由桦甸市个体劳动者私营协会为其办理了集体所有制企业法人的营业执照,且人民银行吉林市支行、桦甸市支行对其在业务上、经营上进行经常性指导。于某龙作为关东金世界名下 23 业户之一,虽然没有独立的营业执照,但均需向关东金世界交纳管理费,同时也需向税务机关交税。上述情况表明,于某龙实际是挂靠关东金世界从事黄金经营,有当地政府认同和支持的特定背景,应当视为具有营业执照。

二、对于某龙采取的强制措施问题

经查,于某龙于 2012 年 8 月 13 日被丰满区人民法院决定逮捕,2012 年 10 月 15 日被判处定罪免罚,根据《刑事诉讼法》(1996 年)第二百零九条(2012 年修改后第二百四十九条)的规定,第一审人民法院判决被告人无罪、免除刑事处罚的,如果被告人在押,在宣判后应当立即释放。丰满区人民法院判决后没有释放于某龙，丰满区人民检察院提出抗诉时，也未对于某龙变更强制措施。根据2012年修正后的《刑事诉讼法》第二百四十九条（修正前第二百零九条）的规定，第一审人民法院判决被告人无罪、免除刑事处罚的，如果被告人在押，在宣判后应当立即释放。丰满区人民法院判决后没有立即释放于某龙，违反了2012年修正后的《刑事诉讼法》第二百四十九条的规定，再审二审予以及时纠正是正确的。

【案例 151】喻某、李某非法经营案*

非法经营罪系列研究（六）（个案研究 2）：未取得道路运输经营许可，集合社会车辆对不特定的旅客招揽生意、拉客，从事出租汽车经营的如何定性

关键词：

非法经营　道路运输经营许可　招揽生意　拉客　出租车经营

基本案情

151 2009 年 4 月，被告人喻某在长沙市岳麓区工商局注册成立了长沙天之翼汽车租赁服务有限公司（以下简称天之翼公司），注册资金人民币（以下币种同）50 万元，法定代表人为喻某，喻某占股 90%，尹某占股 10%，经营范围为汽车租赁、婚庆礼仪、商业信息咨询等。2009 年 9 月，被告人李某加入公司，与喻某各占该公司 50%的股份。公司又称为“平安车队”，喻某、李某以该公司作掩护，在未取得道路运输经营许可证的情况下，集合社会车辆对不特定的旅客招揽生意、拉客，在长沙市城区和宁乡县城之间往返营运，从中牟取高额利润。该公司经营模式是车辆加盟的形式，每台要加入公司的社会车辆先交 2000~3000 元的加盟费，另外公

* 本文系在《喻某、李某非法经营案》的基础上修改而成。刘晓虎、许建华：《喻某、李某非法经营案》，载最高人民法院刑一、二、三、四、五庭主编：《刑事审判参考》（第 105 辑），法律出版社 2016 年版。

司每月向车主收取1400~1600元的管理服务费。公司为加盟车辆提供客源、派送乘客、发放名片、提供短信服务。同时,公司为每台车加入手机集团用户提供内部短号联系,在经营期间为每台车主协调与运政、城管等执法部门的关系,公司承担因非法营运被执法机关所应缴纳的罚款。喻某负责长沙市相关部门的关系协调,李某负责宁乡县相关部门的关系协调。公司还于2011年4月聘请袁某为车队长,负责收取加盟费和管理费,对车队进行日常管理,另外聘请总台调度员周某等人负责接听电话和车辆派送。此外,公司分别在长沙、宁乡安排拉客人员各二名,员工从公司中得到相应报酬,车队长每月工资为3000元,喊话员每月工资2400元,调度员每月工资1800元。

2011年1月至2012年1月,喻某、李某在未取得道路运输经营许可证的情况下,集合近40台社会车辆擅自从事道路运输经营,从公司获取服务费658 465元,短号车服务收入68 095元,加盟费收入57 950万元,非法经营数额784 510元,除去各项开支163 005元,违法所得621 505元。

宁乡县人民法院认为,被告人喻某、李某违反《道路运输条例》的规定,在未取得道路运输经营许可证的情况下,擅自从事道路运输经营,严重扰乱市场秩序,情节严重,其行为构成非法经营罪,且系共同犯罪。喻某、李某在共同犯罪中均起主要作用,系主犯;喻某、李某到案后能够如实供述罪行,依法可以从轻处罚;喻某、李某无前科劣迹,案发后积极退赃,有悔罪表现,可以酌情从轻处罚。据此,依照刑法相关规定,宁乡县人民法院判决如下:被告人喻某犯非法经营罪,判处有期徒刑二年,宣告缓刑三年,并处罚金人民币二十万元;被告人李某犯非法经营罪,判处有期徒刑二年,宣告缓刑三年,并处罚金人民币二十万元;二被告人违法所得均予以没收,上缴国库。

一审宣判后，被告人喻某、李某未上诉，检察机关亦未抗诉，该判决已发生法律效力。

参考规则

未取得道路运输经营许可证、出租汽车经营资格证，擅自从事出租汽车经营活动，违反了《道路运输条例》第十条的规定，属于"违反国家规定"。

未经许可非法从事出租汽车营运活动，属于严重扰乱市场秩序的非法经营行为，情节严重的，构成非法经营罪。

鉴于非法从事出租汽车营运活动的复杂性，对此类行为的定罪量刑不宜机械参照适用《最高人民检察院、公安部关于公安机关管辖的刑事案件立案追诉标准的规定(二)》的相关规定。

规则解析

本案审理过程中，对被告人喻某、李某未取得道路运输经营许可，集合社会车辆对不特定的旅客招揽生意、拉客，擅自从事出租汽车经营的行为，如何定性，存在两种意见：一种意见认为，被告人喻某、李某违反《道路运输条例》的规定，在未取得道路运输经营许可证的情况下，擅自从事道路运输经营，时间长，规模较大，非法经营数额和获利数额均达数十万元，具有较大社会危害性，严重扰乱市场秩序，且情节严重，其行为构成非法经营罪。另一种意见认为，被告人喻某、李某擅自从事道路运输经营的行为是否达到了严重扰乱市场秩序的程度，公诉机关并未提供相关证据证明，法律对该类行为亦无明确规定，故本案不宜按《刑法》第二百二十五条第四项处理。本案虽有违反行政许可的行为，但是否需要动用《刑法》仍需斟酌。

我们赞同前一种意见。具体理由如下：

一、未取得道路运输经营许可证、出租汽车经营资格证，擅自从事出租汽车经营活动，违反了国家规定

根据《道路运输条例》(自2004年7月1日起施行，2012年11月9日修订，

2022年再修订，但第十条的规定基本内容未变）第十条的规定，申请从事客运经营的，应当依法向市场监督管理部门办理有关登记手续后，按照下列规定提出申请并提交符合该条例第八条规定条件的相关材料：（1）从事县级行政区域内和毗邻县行政区域间客运经营的，向所在地县级人民政府交通运输主管部门提出申请；（2）从事省际、市际、县际（除毗邻县行政区域间外）客运经营的，向所在地设区的市级人民政府交通运输主管部门提出申请；（3）在直辖市申请从事客运经营的，向所在地直辖市人民政府确定的交通运输主管部门提出申请。依照前款规定收到申请的交通运输主管部门，应当自受理申请之日起20日内审查完毕，作出许可或者不予许可的决定……

根据《无照经营查处取缔办法》（国务院令第370号公布，自2003年3月1日起施行，2011年1月8日修订）［被2017年10月1日施行的《无证无照经营查处办法》（国务院令第684号）废止，但本案判决以及写作时该条尚未被修正］第十四条的规定，“对于无照经营行为，由工商行政管理部门依法予以取缔，没收违法所得；触犯刑律的，依照刑法关于非法经营罪、重大责任事故罪、重大劳动安全事故罪、危险物品肇事罪或者其他罪的规定，依法追究刑事责任”。

2005年10月12日《国务院法制办公室对建设部〈关于无证经营出租汽车行为是否适用《无照经营查处取缔办法》的请示〉的复函》（国法函〔2005〕431号）和《国务院法制办公室对交通部〈关于请明确对未取得出租车客运经营许可擅自从事经营活动实施行政处罚法律依据的函〉的复函》（国法函〔2005〕432号）载明：（经研究并征求建设部、交通部、国家工商总局意见）《国务院对确需保留的行政审批项目设定行政许可的决定》（国务院令第412号）第一百一十二条规定，出租汽车经营资格证的核发由县级以上地方人民政府出租汽车行政主管部门实施。根据《无照经营查处取缔办法》第十七条的规定，相关法律、法规对无证经营出租汽车行为的处罚没有规定的，县级以上地方人民政府出租汽车行政主管部门应当依照《无照经营查处取缔办法》第十四条、第十五条、第十六条的规定处罚。

2005年10月12日交通部转发《国务院法制办关于明确对未取得出租车客运经营许可擅自从事经营活动实施行政处罚法律依据的复函》的通知（交公路发

〔2005〕468 号)规定:“地方性法规《道路运输管理条例》或《出租汽车管理条例》对无证经营的‘黑车’已设定行政处罚的,各地应当按照其规定执行。”“未制定《道路运输管理条例》或《出租汽车管理条例》的,应当依据《无照经营查处取缔办法》第十四条对未取得经营许可证件擅自从事出租汽车经营活动的行为实施行政处罚。……构成刑事犯罪的,移交公安机关依法追究刑事责任。”

根据《最高人民法院〈关于准确理解和适用刑法中“国家规定”的有关问题的通知〉》(法〔2011〕155 号)的规定,《道路运输条例》和《无照经营查处取缔办法》都属于刑法中的国家规定,其他规范性文件系落实此两个文件的具体工作细则。从上述文件可知,未取得出租车客运经营许可,擅自从事出租汽车经营活动的行为,属于违反国家规定的行为。同时,《道路运输条例》《无照经营查处取缔办法》以及相关法规对此类行为构成犯罪追究刑事责任作了提示性规定,体现了在法律、行政法规制定时,对未取得出租车客运经营许可擅自从事出租汽车经营活动的行为定性有了充分考虑,并有意对一般违法行为和刑事违法行为作了原则性区分和衔接,故对此类行为追究刑事责任并未违背立法初衷。

需要提示的是,《无照经营查处取缔办法》后被 2017 年 10 月 1 日施行的《无证无照经营查处办法》废止。《无证无照经营查处办法》没有保留《无照经营查处取缔办法》第十四条的规定,对罪名的规定没有具体明确,但第十八条仍保留了“违反本办法规定,构成犯罪的,依法追究刑事责任”提示性规定。最为关键的是,2022 修订后的《道路运输条例》第十条关于许可经营的规定没有变化,正因为如此,2017 年 10 月 1 日《无照经营查处取缔办法》被废止后,对此类行为定性没有本质变化。

二、未经许可非法从事出租汽车营运活动,属于严重扰乱市场秩序的非法经营行为

主张未经许可非法从事出租汽车营运活动不构成非法经营罪一个主要理由是,出租汽车营运活动不属于法律、行政法规规定的专营专卖行业,也未有司法解释对其定性予以明确,故不属于《刑法》第二百二十五条规定的“其他严重扰乱市场秩序的非法经营行为”。我们认为,该观点难以成立。近年来,根据打击犯罪的

实际需要，最高人民法院通过出台司法解释性文件不断扩大了非法经营罪的适用范围。从这些解释性文件的规定看，《刑法》规制的非法经营行为并不要求必须是法律、行政法规规定的专营专卖行业。一般性准入经营行业，甚至法律、行政法规未规定准入制度但明显具有严重社会危害的经营行业，也可以成为非法经营罪的打击对象。如违反国家在预防、控制突发传染病疫情等灾害期间有关市场经营、价格管理等规定，哄抬物价、牟取暴利，严重扰乱市场秩序，违法所得数额较大或者有其他严重情节的，最高人民法院、最高人民检察院于2003年5月14日联合出台的《关于办理妨害预防、控制突发传染病疫情等灾害的刑事案件具体应用法律若干问题的解释》第六条明确规定可以构成非法经营罪。另从司法实践情况看，各地法院也有根据实际打击需要将司法解释未予明确的非法经营行为认定构成非法经营罪的实例。如对非法从事涉外婚姻介绍业务、非法从事出入境中介业务、非法从事保安服务业务、非法从事学历教育活动的行为，以非法经营罪追究刑事责任。

基于上述分析，我们认为，非法从事出租汽车营运活动是否属于严重扰乱市场秩序的非法经营行为，关键要审查其扰乱市场秩序的严重程度，即要从其社会危害性认定其行为性质。从当前各地案发情况看，非法从事出租汽车营运活动主要危害体现在：(1)危害人民群众的生命财产安全。非法营运车辆大都车况不良，安全性能差，从业人员驾驶技术和交通安全意识良莠不齐，从而导致交通事故多发、频发。(2)引发社会不稳定因素。非法营运车主和合法营运车主经常发生冲突。近年来，不少地方因非法营运引发正规营运车主多次停运、罢工、上访。且非法营运车辆多数无保险，在营运中一旦发生事故，乘客的合法权益得不到保障，给相关部门处理事故造成极大的难度，甚至容易激发上访、闹访等群体性事件，严重影响当地社会稳定。(3)破坏正常的营运秩序。非法营运公司不缴纳税费，造成国家的税收流失；争抢客源、抢夺市场份额，使正规的客运站点和合法经营者收入减少，损害合法经营车辆的正当权益，影响行业稳定；由于没有纳入正常的管理体系，相关部门平时也无法对其进行有效管理。(4)严重影响城市形象。非法营运车辆不仅车容不整，容易造成城市的视觉污染，而且在城区主要路口及繁华地段聚集候客,或者沿街随意乱停乱靠招客,严重影响道路交通安全。(5)因非法营运利润率极高,绝大多数非法营运车主一直在观望,如果此类行为不能有效遏制,将会激发更多的非法营运车辆加入非法经营团伙。

可见,非法从事出租汽车营运活动,严重扰乱道路运输市场秩序和出租汽车行业秩序,危害人民群众的生命财产安全,侵害出租汽车从业人员的合法权益,影响出租汽车行业和社会的稳定,属于《刑法》第二百二十五条规定的"其他严重扰乱市场秩序的非法经营行为"。严厉打击非法从事出租汽车经营活动,对于改善出租汽车营运环境、保障从业人员和广大群众合法权益、促进出租汽车行业健康发展、维护市场秩序和市场公平、维护社会稳定具有重要意义。

三、被告人喻某等人的非法经营数额、违法所得应当认定为情节严重

本案被告人喻某、李某 2011 年 1 月至 2012 年 1 月集合近 40 台社会车辆擅自从事道路运输经营,从公司获取服务费 658 465 元,短号车服务收入 68 095 元,加盟费收入 57 950 万元,非法经营数额 784 510 元,除去各项开支 163 005 元,违法所得 621 505 元。另外,该车队非法营运一年多期间,多次拉拢政府工作人员为其非法活动提供庇护;在其车队加盟车辆因非法营运被多次行政处罚的情况下仍从事非法营运活动。因此,无论是从非法经营数额、违法所得数额,还是从其他情节角度,均应达到入罪标准。同时,鉴于非法从事出租汽车营运活动的复杂性,对此类行为不宜机械参照适用《最高人民检察院、公安部关于公安机关管辖的刑事案件立案追诉标准的规定(二)》第七十九条第八项的规定,故在暂无相关司法解释对此类行为明确"情节严重""情节特别严重"认定标准的情况下,宁乡县人民法院认定被告人喻某、李某的行为构成情节严重是妥当的。

需要说明的是,鉴于"黑车"等非法营运行为在全国较为普遍,且原因复杂,在具体案件中要注意把握追究刑事责任的范围问题。要严厉打击非法营运的牵头者和组织者,特别是要打击欺行霸市、垄断市场强迫交易、带有黑社会性质的非法营运和扰乱出租汽车市场经营秩序的团伙。对于个人自驾"黑车"或者少数几个人联合从事非法营运,营运时间短、经营数额不大以及被动参与非法营运的,一般不予追究刑事责任,可以行政处罚等方式追究行政违法责任。

【案例 152】欧某、关某某非法从事长途大巴客运经营案*

非法经营罪系列研究（六）（个案研究 3）：未取得道路运输经营许可，擅自从事长途大巴客运经营的如何定性

关键词：

非法经营　道路运输经营许可　未经许可　长途大巴客运

基本案情

152 2012 年 6 月开始，吴某某（另案处理）为谋取非法利益，在未取得道路运输管理机关颁发的道路运输经营许可证及工商行政管理机关颁发的工商营业执照的情况下，以“港粤快车”的名义，伙同被告人欧某、关某某，租赁港之游公司（2012 年 3 月 16 日成立，法定代表人欧某，吴某某占股 40%，欧某、李某某各占股 30%，经营范围包括县级包车客运业务等——笔者注）及其他公司所有的大客车，通过电话订票、发售会员卡或者现场售票的方式，组织经营往返于广东省珠海市、深圳市两地的长途客运业务，单程一般每人次收取乘客人民币（以下币种同）50 元的车费。欧某系“港粤快车”总经理，关某某系小股东及办公室主任，罗某系财务

* 本文原载许建华、刘晓虎：《欧某、关某某非法从事长途大巴客运经营案》，载最高人民法院刑一、二、三、四、五庭主编：《刑事审判参考》（第 105 辑），法律出版社 2016 年版。

人员，吴某系车辆调度员，许某系小股东，张某系发车员。经核实，2012年8月至9月，“港粤快车”非法经营长途客运业务金额达180余万元；2012年8月1日至10月15日，“港粤快车”违法所得达90余万元。

深圳市福田区人民法院认为，被告人欧某、关某某违反《道路运输条例》《无照经营查处取缔办法》（判决和本案例写作时尚未被废止）的规定，在未取得道路运输经营许可证的情况下，擅自从事道路运输经营，严重扰乱市场秩序，情节严重，其行为构成非法经营罪，且系共同犯罪。欧某在共同犯罪中起主要作用，系主犯。关某某起次要作用，系从犯，应当从轻处罚。关某某归案后能够如实供述所犯罪行，认罪态度较好，有一定悔罪表现，可以从轻处罚，且宣告缓刑对其所居住社区没有重大不良影响，依法对其可以适用缓刑。据此，依照《刑法》相关规定，福田区人民法院以被告人欧某犯非法经营罪，判处有期徒刑二年，并处罚金三万元；以被告人关某某犯非法经营罪，判处有期徒刑一年六个月，缓刑二年，并处罚金三万元。一审宣判后，被告人欧某不服，向深圳市中级人民法院提起上诉。深圳市中级人民法院经公开审理认为，原判认定的事实清楚，审判程序合法，适用法律正确，遂驳回上诉，维持原判。

参考规则

未取得道路运输经营许可证、出租汽车经营资格证，擅自从事出租汽车经营活动，违反了《道路运输条例》第十条的规定，属于“违反国家规定”。

未经许可非法从事出租汽车营运活动，属于严重扰乱市场秩序的非法经营行为，情节严重的，构成非法经营罪。

鉴于非法从事出租汽车营运活动的复杂性，对此类行为的定罪量刑不宜机械参照适用《最高人民检察院、公安部关于公安机关管辖的刑事案件立案追诉标准

的规定(二)》的相关规定。

规则解析

本案审理过程中,对被告人欧某、关某某未取得道路运输经营许可擅自从事长途大巴客运经营的行为,如何定性,存在两种意见:

一种意见认为,不构成非法经营罪。其理由是:(1)非法经营罪的打击范围应当严格限制,在缺乏司法解释规定的情况下,认定被告人欧某、关某某的行为构成非法经营罪欠缺法律依据。(2)虽然从事道路客运经营有一定准入条件,但从审批程序看,客运经营仅为一般行政许可经营,而非与烟草、食盐等相提并论的国家特许经营,故欧某、关某某未经许可从事非法客运经营的行为不能适用《刑法》第二百二十五条第一项的规定。(3)未经许可非法从事客运经营的行为亦不属于"其他严重扰乱市场秩序的非法经营行为"。非法从事客运经营行为虽然在一定程度上破坏了道路客运市场秩序,但没有严重影响特许经营活动的市场秩序,不属于非法经营罪的调整对象。

另一种意见认为,构成非法经营罪。其理由是:欧某、关某某的行为违反了《道路运输条例》《无照经营查处取缔办法》等国家规定,属于非法经营罪中"其他严重扰乱市场秩序的非法经营行为"。未经许可擅自从事非法客运经营的危害,不仅体现在结果危害,而且体现在潜在危害。不仅对正常的客运经营秩序造成严重破坏,而且导致潜在的危险因素大量增加。如引发超载以及因超载而频发的交通事故现象。因此,对于未经许可擅自从事非法客运经营的行为,情节严重的,应当按照非法经营罪追究刑事责任。

我们赞同后一种观点。具体理由如下:

一、未取得道路运输经营许可擅自从事长途大巴客运经营活动,违反了国家规定

根据《道路运输条例》(自 2004 年 7 月 1 日起施行,2012 年 11 月 9 日修订,2022 年再修订,但第十条的规定基本内容未变)第十条的规定,申请从事客运经营

的,应当依法向市场监督管理部门办理有关登记手续后,按照下列规定提出申请并提交符合该条例第八条规定条件的相关材料:(1)从事县级行政区域内和毗邻县行政区域间客运经营的,向所在地县级人民政府交通运输主管部门提出申请;(2)从事省际、市际、县际(除毗邻县行政区域间外)客运经营的,向所在地设区的市级人民政府交通运输主管部门提出申请;(3)在直辖市申请从事客运经营的,向所在地直辖市人民政府确定的交通运输主管部门提出申请。依照前款规定收到申请的交通运输主管部门,应当自受理申请之日起20日内审查完毕,作出许可或者不予许可的决定……

根据《无照经营查处取缔办法》(国务院令第370号公布,自2003年3月1日起施行,2011年1月8日修订)[被2017年10月1日施行的《无证无照经营查处办法》(国务院令第684号)废止,但本案判决以及写作时该条尚未被修正]第十四条的规定,"对于无照经营行为,由工商行政管理部门依法予以取缔,没收违法所得;触犯刑律的,依照刑法关于非法经营罪、重大责任事故罪、重大劳动安全事故罪、危险物品肇事罪或者其他罪的规定,依法追究刑事责任"。

根据以上规定,从事客运经营应当具备一定的条件,依照相关规定程序申请获取:必须具备"有与其(申请人)经营业务相适应并经检测合格的车辆、有符合相关条件的驾驶人员、有健全的安全生产管理制度"三个条件。申请从事班线客运经营的,还应当有明确的线路和站点方案。符合上述条件的,可以向有关道路运输管理机构提出申请。申请人取得道路运输许可证后,向工商行政管理机关办理有关登记手续。可见,欧某、关某某未取得道路运输经营许可,擅自从事客运经营的行为违反了《道路运输条例》和《无照经营查处取缔办法》的相关规定。根据《最高人民法院关于准确理解和适用刑法中"国家规定"的有关问题的通知》(法〔2011〕155号)的规定,《道路运输条例》和《无照经营查处取缔办法》都属于刑法中的国家规定,因此,欧某、关某某的行为违反了国家规定。

需要提示的是,《无照经营查处取缔办法》后被2017年10月1日施行的《无证无照经营查处办法》废止。《无证无照经营查处办法》没有保留《无照经营查处取缔办法》第十四条的规定,对罪名的规定没有具体明确,但第十八条仍保留了

“违反本办法规定，构成犯罪的，依法追究刑事责任”的提示性规定。最为关键的是，2022修订后的《道路运输条例》第十条关于许可经营的规定没有变化，正因为如此，2017年10月1日《无照经营查处取缔办法》被废止后，对此类行为定性没有本质变化。

二、非法从事长途大巴客运经营活动属于“其他严重扰乱市场秩序的非法经营行为”

判断某类经营行为是否属于“其他严重扰乱市场秩序的非法经营行为”，是对某类非法经营行为的属性进行判断，因此与情节是否严重的认定属于不同层面的问题，应当撇开个案特殊情节，从刑法因果关系的角度把握该类行为产生的实际危害和潜在危害，并以此进行综合认定。

非法从事长途大巴客运经营活动，不但严重扰乱道路运输市场秩序和行业秩序，危害人民群众的生命财产安全，侵害合法经营者的权益，影响行业和社会的稳定，影响道路交通安全和城市形象，而且导致交通事故频发、引发正规营运车主罢工和群众上访，甚至暴力抗法的现象在全国范围内都比较普遍。(1)危害人民群众的生命财产安全。在脱离相关主管机关有效监督管理的情况下，非法营运安全隐患只会不断增多。非法营运车辆大都车况不良，安全性能差，从业人员驾驶技术和交通安全意识良莠不齐，容易导致交通事故多发、频发。(2)引发社会不稳定因素。非法营运与团伙经营、暴力抗法等社会问题往往相伴相生，严重影响社会治安秩序。近年来，各地法院办理的多宗抢劫杀人案件，常有被告人或者被害人从事非法营运的因素。非法营运车辆多数无保险，在营运中一旦发生事故，乘客的合法权益得不到保障，容易激发上访、闹访等群体性事件，严重影响当地社会稳定。可见，非法营运已成为引发社会不稳定因素中一个不容忽视的现象。(3)破坏正常的市场秩序。非法营运公司不缴纳税费，造成国家的税收流失；争抢客源、抢夺市场份额，使正规的客运站点和合法经营者收入减少，损害合法经营车辆的正当权益，影响行业稳定；由于没有纳入正常的管理体系，相关部门平时也无法对其进行有效管理。(4)激发潜在的犯罪心理。因非法营运利润率极高，绝大多数非法营运车主一直在观望，如果此类行为不能有效遏制，将会激发更多的非法营运车辆参与非法营运。

本案中,欧某、关某某组织非法营运的规模大,参与非法营运的车辆和人员多,虽无证据证明已发生客观危害结果,但潜在的社会危害严重。综合实际危害结果和潜在危害因素分析,应当认定欧某、关某某的非法营运行为属于"其他严重扰乱市场秩序的非法经营行为"。

三、被告人欧某、关某某的非法经营数额、违法所得应当认定为情节严重

本案中,"港粤快车"股东有17人,员工最高峰时有上百名,案发时还有40人左右,且分工明确,车辆调度、发车、跟车、客服均有专门管理人员;深圳和珠海每天至少对发五班车,周末和节假日班次更多,一般一辆车可以载40个左右乘客,周末和节假日几乎是满座(50个左右)。如此大的规模,已远远超出个人自驾"黑车"的性质范围。本案认定的被告人欧某、关某某组织非法营运的时间是2012年6月至12月,统计的2012年8月至9月非法经营长途客运业务的金额(180余万元),2012年8月1日至10月15日的获利金额(90余万元),即仅统计了其中一个时间段,其实际经营数额和获利数额应当更多。而且欧某、关某某在运营车辆多次受到行政处罚的情况下,仍然从事非法营运活动,故从经营数额、违法所得数额以及其他情节看,应当达到非法经营罪的入罪标准。同时,鉴于非法从事长途大巴客运营运活动的复杂性,对此类行为不宜机械参照适用《最高人民检察院、公安部关于公安机关管辖的刑事案件立案追诉标准的规定(二)》第七十九条第八项的规定,故在暂无相关司法解释对此类行为"情节严重""情节特别严重"明确认定标准的情况下,深圳市福田区人民法院认定欧敏、关树锦的行为构成情节严重是妥当的。

四、行政处罚效果不佳体现出对非法从事大巴客运经营活动具有刑事处罚的必要性

对于社会危害严重的非法营运行为,行政处罚体现出威慑效力不足的问题。本案被告人欧某、关某某从事非法营运时间长,在经历多次行政处罚后,依然不断扩大经营规模,体现出交通执法的打击手段和效果不能满足打击此类违法行为的需要。非法从事客运经营的行为屡禁不止,不仅直接侵犯合法经营者的权益,造

成行业混乱，且容易引发其他犯罪，故加大打击力度，发挥刑罚的威慑功能具有一定的必要性和合理性。

同时，有必要强调的是，鉴于目前社会上出现的非法营运行为较为普遍，且原因复杂，在司法实践中一定要把握好是否追究刑事责任和追究刑事责任的范围问题。以非法经营追究刑事责任，主要是针对非法营运的出资者、组织者和主要管理者，特别是要打击那些欺行霸市、采取非法手段裹挟国家行政执法人员，带有黑社会性质的从事非法营运的团伙和人员。对于个人自驾“黑车”或者少数几个人联合从事非法营运，营运时间短、经营数额不大以及受雇佣参与非法营运的，一般不予追究刑事责任，可以行政处罚等方式追究行政违法责任。

【案例 153】周某某非法经营宣告无罪案*

非法经营罪系列研究（六）（个案研究 4）：未经许可经营保安服务业的定性以及“为进行违法犯罪活动而设立公司”或者“公司设立后以实施犯罪为主要活动”的适用如何把握

关键词：

非法经营　未经许可　保安服务　单位犯罪　不以单位犯罪论处　宣告无罪

基本案情

153

2010 年 10 月，被告人周某某设立中安公司。2010 年 11 月至 2011 年 11 月，周某某在明知中安公司未取得《保安服务许可证》的情况下，与科住公司签订三份保安服务合同，向科住公司的半导体所项目部、微电子研究所项目部、学术会堂项目部派驻保安员并提供保安服务，其间收取科住公司支付的保安服务费共计人民币（以下币种同）95 万元，盈利 1 万元左右。中安公司设立后，主要经营保安服务业务，同时部分经营停车收费服务和电子产品销售，但经营数额都不大。本案因中安公司派驻科住公司的两名保安打架而案发。

另查明，截至案发，中安公司拥有保安员 50 余人，因规模未

* 本文原载刘晓虎：《指导案例第 1337 号周某某非法经营宣告无罪案》，载最高人民法院刑一、二、三、四、五庭主编：《刑事审判参考》（第 122 辑），法律出版社 2020 年版。

达到加盟某市保安服务总公司要求的100人条件，而未向公安机关申请保安服务许可证。

参考规则

保安服务属于一般性许可经营行业，未经许可从事保安服务行业经营行为，属于违反国家规定从事非法经营行为。

对于保安服务等一般性许可经营行业，在认定是否属于“严重扰乱市场秩序的非法经营行为”时应当独立于“情节严重”，重点围绕市场经济秩序这一法益进行审查。对于主要危害不在市场秩序的非法经营行为，既要审查经营行为是否缺少许可的形式要件，又要审查经营行为在实体上有无违法犯罪行为或者其他严重后果。

对于公司、企业未经许可从事保安服务行业经营的，不应仅因为未经许可而认定整体行为属于“为进行违法犯罪活动而设立公司”或者“公司设立后以实施犯罪为主要活动”，不应适用单位犯罪司法解释中的“不以单位犯罪论处”的规定。

规则解析

本案审理过程中，主要存在以下两个问题的争议：

一是关于被告人周某某的行为是否构成非法经营罪。主要形成以下两种意见：

一种意见认为，周某某的行为构成非法经营罪。主要理由是：(1)被告人周某某未经许可，经营保安服务业务违反了《保安服务管理条例》(国务院令第564号，2022年3月29日国务院令第752号修正，以下简称《条例》)第九条的规定，属于违反国家规定从事非法经营的行为。(2)非法经营保安服务业务不仅扰乱了保安服务行业的正常秩序，而且极有可能侵犯人民群众的人身权利和财产权利，相对于普通非法经营行为，其侵犯的客体更为复杂，可能造成的社会危害更为严重。(3)非法经营行为认定情节严重的标准主要是数额和危害后果。①从经营数额分析，周某某的经营数额达95万元，超出最高人民检察院、公安部2010年联合印发的《关于公安机关管辖的刑事案件立案追诉标准的规定（二）》（2022年修正，以下简称《标准二》）第七十九条第八项规定（修正后为第七十一条第十二项）的个人非法经营数额5万元以上的标准很多，与目前非法经营犯罪案件中情节严重的最高认定标准100万元非常接近，应当认定构成情节严重。②从行业特点分析，保安服务行业具有特殊性，保安人员需具备保安资质，未经审查、备案的保安公司在保安服务能力、保安人员素质、水平等方面欠缺一定的保障，存在潜在危险性，即对社会稳定和人民群众人身、财产安全形成的潜在危险。本案中，周某某的经营行为虽然没有产生客观危害后果，但对社会稳定和人民群众人身、财产安全形成的潜在危险很大，具有严重的社会危害性。

另一种意见认为，被告人周某某不构成非法经营罪。主要理由是：周某某未经许可经营保安服务业务，虽然违反了国家规定，属于非法经营行为，但鉴于保安服务行业的特殊性，对情节严重的认定不能参照普通非法经营5万元的认定标准，而应参照电信、POS机套现业务等经营行为以100万元作为情节严重的认定标准，本案未达到情节严重的程度，故不构成非法经营罪。

二是本案是应认定为单位行为还是自然人行为。主要形成以下两种意见：

一种意见认为，本案非法经营行为应认定为自然人的行为。主要理由是：根据《最高人民法院关于审理单位犯罪案件具体应用法律有关问题的解释》（法释〔1999〕14号，以下简称《单位犯罪解释》）第二条，个人为进行违法犯罪活动而设立的公司、企业、事业单位实施犯罪的，或者公司、企业、事业单位设立后，以实施犯罪为主要活动的，不以单位犯罪论处。本案被告人周某某设立中安公司后主要从事非法经营犯罪行为，依照上述规定，不应以单位犯罪论处，应当以自然人犯罪追究被告人周某某的刑事责任。

另一种意见认为，本案应当认定为单位行为。主要理由如下：本案经营保安服务业务行为不属于《单位犯罪解释》中的“不以单位犯罪论处”情形。不能对实质上依照《条例》经营管理的行为，仅以未经许可这一形式要件，不但认定为非法经营犯罪，而且将本应认定为单位犯罪的认定为自然人犯罪，降低定罪处罚标准。

我们均赞同后一种意见。鉴于上述两个问题既具有关联性又具有独立性,故分别予以阐述。

一、周某某未经许可非法经营保安服务业务的行为不构成非法经营罪

(一)未经许可从事保安服务业务经营行为属于非法经营行为

关于未经许可从事保安服务业务经营行为属于非法经营行为,是一致意见。根据《刑法》第九十六条的规定,《刑法》中的"国家规定"是指全国人民代表大会及其常务委员会制定的法律和决定,国务院制定的行政法规、规定的行政措施、发布的决定和命令。《条例》是国务院发布的第564号令、国务院第752号令,属于《刑法》中的"国家规定"。《条例》第九条规定:"申请设立保安服务公司,应当向所在地设区的市级人民政府公安机关提交申请书以及能够证明其符合本条例第八条规定条件的材料。"中安公司未向公安机关提出申请保安服务许可证而经营保安服务业务的行为违反了国家规定,中安公司的行为属于非法经营行为。

(二)是否属于严重扰乱市场秩序的非法经营行为应当独立于"情节严重"进行评价

在认定未经许可从事保安服务业务经营行为属于非法经营行为的前提下,要认定构成非法经营罪,还必须认定此类行为属于"严重扰乱市场秩序的非法经营行为",并达到情节严重的程度。"情节严重"的认定是一种个案认定,而行为是否属于"严重扰乱市场秩序的非法经营行为"的认定是一种类案认定,两者应当作为不同层面的问题进行分析。本案中,我们首次提出该观点,现在越来越多的观点对此表示认同。司法实践中,不少地方的司法机关容易陷入以"情节是否严重"替代"是否属于严重扰乱市场秩序的非法经营行为"的定罪思路窠臼。由于情节严重的认定多是参照规范性文件的量化标准,这就意味着完全按照数额认定行为是否属于严重扰乱市场秩序的非法经营行为。这种唯数额论必然不当扩大《刑法》的规制范围。《刑法》第二百二十五条第一项至第三项规定的是已被实践检验的类型化的行为,无需对经营行为是否严重扰乱市场秩序进行专门评价,但该条第四项规定的非法经营行为包罗万象,复杂多变,难以被一一类型化。最高人民法

院2010年印发的《关于准确理解和适用刑法中“国家规定”的有关问题的通知》（以下简称《国家规定通知》）要求，各级人民法院审理非法经营犯罪案件，要依法严格把握《刑法》第二百二十五条第四项的适用范围。由分析可知，“违反国家规定”和“情节严重”的认定一般都有明确的依据，《国家规定通知》所强调的“严格把握”指的主要是对非法经营行为是否属于“严重扰乱市场秩序的非法经营行为”的严格把握（不排除对个别情节严重认定标准的审慎把握）。基于上述分析，无论是根据法理精神还是按照《国家规定通知》要求，都有必要对非法经营行为是否属于《刑法》第二百二十五条第四项规定的“严重扰乱市场秩序的非法经营行为”进行单独评价。

（三）本案非法经营行为不属于“严重扰乱市场秩序的非法经营行为”

严重扰乱市场秩序，主要是指对市场经济秩序的严重扰乱，但从审判实践看，对市场秩序的理解已有所扩大，不局限于经济秩序。因此，对经营行为是否属于“严重扰乱市场秩序的非法经营行为”的评价，重点应当围绕市场经济秩序这一法益进行审查。对于主要危害不在市场秩序的非法经营行为，既要审查经营行为是否缺少许可的形式要件，又要审查经营行为在实体上有无违法犯罪行为或者其他严重后果。首先，经营保安服务业务虽然属于行政许可类经营行业，但根据《条例》第八条至第十二条的规定，只要达到规定的条件就可以向公安机关提出申请，公安机关不批准的应当说明理由。因此，保安服务业务不属于严格意义上的限制许可经营业务。其次，未经行政许可经营保安服务的主要危害在于对人民群众人身、财产安全可能造成一定的潜在危险，对保安服务业务经营行为是否属于《刑法》第二百二十五条第四项规定的非法经营行为的认定，重点应当审查经营行为有无其他违法犯罪行为以及严重后果。对没有实施《条例》第四十三条、第四十五条、第四十六条《公安机关实施保安服务管理条例办法》（2016年修正）第四十五条规定的泄露国家秘密、侵犯个人隐私、参与追索债务、采用暴力处理纠纷等后果的经营行为，不应认定为“严重扰乱市场秩序的非法经营行为”。

本案中，中安公司除了没有获取保安服务许可证这一形式要件外，并未实施其他违反《条例》《公安机关事实保安服务管理条例办法》的行为。中安公司的各项章程符合公司法的规定,其按照合同约定派驻保安员并提供保安服务,按时发放保安员工资,在经营保安服务业务过程中未发生其他危害后果,也未出现其他不好的反映和记录。因此,综合全案案情和基于严格把握的政策精神分析,中安公司的行为不属于"严重扰乱市场秩序的非法经营行为",不构成非法经营罪。

鉴于本案非法经营行为不属于"严重扰乱市场秩序的非法经营行为",故没有必要对下一阶段"情节严重"的认定展开论述。顺便提及的是,关于经营保安服务业务行为应参照电信业务、POS机套现业务确定情节严重标准的观点,缺乏法律依据。保安服务行业是以人力资源为依托的一种服务行业,与电信业务、POS机套现业务区别明显,后者涉案数额普遍巨大,以100万元作为立案追诉标准,有其合理性,但将保安服务行业从数额上提升到100万元,与行业特点以及实际情况不符。

二、本案经营保安服务业务行为不属于司法解释规定的"不以单位犯罪论处"情形

由于单位犯非法经营罪和自然人犯非法经营罪"情节严重"的认定标准不同,所以认定本案是否构成"情节严重",还与本案是单位犯罪主体还是自然人犯罪主体相关。根据《单位犯罪解释》第二条的规定,对单位实施的行为不以单位犯罪论处,必须是"为进行违法犯罪活动而设立公司"或者"公司设立后以实施犯罪为主要活动"两种情形。对以上规定,不能仅从形式逻辑角度进行教条式的理解与适用,应当从辩证逻辑角度进行限制把握。以本案为例,保安服务业务本身是一种治安服务,是预防和打击违法犯罪活动的辅助力量,只要保安服务业务本身规范经营,其对社会治安无疑具有一种正面辅助作用。如果仅因中安公司未获取保安服务许可证这一形式要件而将这一对社会治安具有正面辅助作用的整体行为认定为犯罪,进而因公司主要从事这一行为对公司的行为不以单位犯罪论处,而以自然人犯罪追究刑事责任,降低入罪门槛,则不仅背离了常识常情常理,而且实际对被告人产生了双重不利的后果。基于上述考虑,我们认为,本案经营保安服务业务行为不属于司法解释"不以单位犯罪论处"情形。

最后，需要注意的是，虽然本案最终宣告无罪，但并不意味着所有非法经营保安服务业务行为都不构成非法经营罪。是否构成犯罪，要结合案情，具体情况具体分析。

相关规定

《最高人民法院关于审理单位犯罪案件具体应用法律有关问题的解释》

第二条　个人为进行违法犯罪活动而设立的公司、企业、事业单位实施犯罪的，或者公司、企业、事业单位设立后，以实施犯罪为主要活动的，不以单位犯罪论处。

第三条　盗用单位名义实施犯罪，违法所得由实施犯罪的个人私分的，依照刑法有关自然人犯罪的规定定罪处罚。

【案例 154】曾某某非法经营宣告无罪案*

非法经营罪系列研究（六）（个案研究 5）：开采、加工、销售稀土矿产品的定性把握

关键词：

非法经营　稀土矿产品　开采　加工　销售

基本案情

154

2010 年 1 月至 2012 年 4 月 17 日，被告人曾某某租用了韶关市浈江区陵南路 1 号韶关市农业生产资料总公司东河 6 号仓库和韶关市浈江区南郊曲江综合贸易仓库用于存放稀土，并先后聘请了朱某、韩某(另案处理)看管仓库，其间曾某某聘请工人在 6 号仓库使用粉碎机、洋铲、耙子、电子秤、缝包机等工具，对存放的稀土进行重新包装。之后，曾某某联系江苏宜兴新威利成公司(以下简称新威利公司)销售稀土。

2011 年 6 月 2 日，新威利成公司通过广东和平天晟矿业有限公司将购买稀土的货款人民币(以下币种同)989 万元转账到曾某某妻子袁某的工商银行账户 62×××08。收到货款的次日该账户转出 490 万元至曾某某名下的农行账户 62×××18。之后，曾某

* 刘晓虎、周颖佳：《指导案例 1253 号曾某某非法经营案》，载最高人民法院刑一、二、三、四、五庭主编：《刑事审判参考》(第 114 辑)，法律出版社 2019 年版。

某指派韩某从韶关先后在2011年6月19日押运35吨氧化物稀土、2011年7月17日押运28.65吨草酸稀土到江苏省宜兴市交付给新威利成公司,新威利成公司收货后当即对上述两批稀土进行抽样检测,并形成分析报告及稀土杂质检测报告。

2012年4月17日,韶关市公安局浈江分局根据群众举报,在韶关市浈江区陵南路1号的韶关市农业生产资料总公司东河6号仓库和韶关市浈江区南郊曲江综合贸易仓库内查获稀土159.59吨,当场抓获管理人员韩某。经韶关市物价局价格认证中心鉴定,被查获的稀土价值24 328 935元。

2012年4月20日,韶关市公安局浈江分局以扣押的涉案稀土数量大,不易搬运、保管为由,将该批稀土交韶关市浈江区财政局拍卖处理,该局将该批稀土交韶关市浈江区公共资产管理中心委托拍卖行进行拍卖。2012年4月28日,经韶关市浈江区公共资产管理中心委托,韶关市华逸拍卖行有限公司于5月7日拍卖成交。

2014年3月17日,经江西钨与稀土产品质量司法鉴定中心鉴定确认,曾某某指派韩某销售到新威利成公司的35吨氧化物稀土及28.65吨草酸稀土矿均为离子型稀土矿产品;公安机关在韶关市浈江区前述两个仓库内查获的159.59吨稀土中,除有3.82吨不属离子型稀土矿产品外,其余的均为离子型稀土矿产品。另查明,2006年6月,广西崇左市城市工业区管理委员会与江苏宜兴市长江稀土冶炼厂(以下简称长江稀土冶炼厂)签订合同,约定将广西崇左市矿产公司的采矿许可证转到长江稀土冶炼厂设立的项目公司名下。同年7月,长江稀土冶炼厂成立了项目公司——崇左市广苏稀土有限公司(以下简称广苏公司),但因长江稀土冶炼厂并未履行合同义务,采矿许可证并未实际转移。且广苏公司从成立之日起一直处于筹建期间,工商部门明确,该公司筹建期内不得从事生产经营。但该公司成立后,立即开展对六汤稀土矿的勘探、开采、生产工作。同年12月,曾某某和郭某某与广苏公司合作开采稀土,由郭某某与广苏公司签订协议,约定由郭某某进行稀土开采,将产出的稀土如数交由广苏公司,广苏公司负责办理相关证照手续,并支付郭某某生产承包费。签订协议后,郭某某设立一车间,曾某某设立二车间,两车间独立核算,自负盈亏,按协议开采并上交稀土矿。后因广苏公司未按协议回收稀土,2008年4月郭某某自行将一车间开采出来的175.78吨碳酸盐稀土矿运回江西定南。同年11月,双方签订补充合同,广苏公司同意郭某某对六汤稀土矿现有的碳酸盐稀土矿库存进行自售。曾某某于2008年11月至2009年3月将二车间开采的碳酸盐稀土矿(折合稀土氧化物167.3665吨)自行运走。2009年5月,郭某某将广苏公司起诉至广西壮族自治区崇左市中级人民法院(以下简称崇左中院),要求支付一、二车间的相关货款,广苏公司亦对郭某某提起反诉。同年10月,双方达成调解协议并经崇左中院确认,同意郭某某自行处理2008年4月自行运走的稀土矿,并明确了双方之前签订的合同终止履行。

武江区人民法院认为,离子型稀土属国家战略性资源,是国家限制自由买卖的物品,其国内销售应按照相关的法律、行政法规的规定,由国务院稀土领导小组制定指令性计划,统一管理,严禁自由买卖。曾某某违反国家规定,在未取得任何证照或得到相关部门许可的情况下,非法销售离子型稀土,且涉案金额特别巨大,情节特别严重,其行为符合非法经营罪的构成要件,应以非法经营罪定罪处罚。根据《刑法》第二百二十五条第一项规定,以非法经营罪判处曾某某有期徒刑八年,并处罚金一百万元。

一审宣判后,被告人曾某某不服,以其行为不构成犯罪为由,向韶关市中级人民法院提出上诉。

韶关市中级人民法院经第一次审理，以原判认定事实不清、证据不足，违反法定诉讼程序，裁定撤销原判，发回武江区人民法院重新审判。

武江区人民法院重审认定的事实和原审一致，并据此作出与原审判决相同的判决意见。

被告人曾某某再次以不构成犯罪为由提出上诉。其辩护人提出，稀土矿产品是通过法院调解书获得，且销售对象是具有国家认证的收购、加工稀土资质的公司，不能认定曾某某的行为属于"自由买卖"。

韶关市中级人民法院经审理认为，虽然上诉人曾某某未取得国家有关行政管理部门核发的证照擅自经营稀土，但在案现有证据尚不能证实曾某某经营销售的稀土来源非法。根据证据裁判、疑罪从无的刑事司法原则，原判认定曾海涵犯非法经营罪的证据不足，依法应撤销原判，作出证据不足，不能认定上诉人有罪的判决。曾某某及辩护人所提应改判无罪的意见，予以采纳。依照《刑事诉讼法》(2012 年)第一百九十五条第三项、第二百三十一条和《最高人民法院关于适用〈中华人民共和国刑事诉讼法〉的解释》(2012 年)第二百四十一条第一款第四项之规定，判决撤销原审判决，改判上诉人曾某某无罪。

参考规则

基于招商引资政策，边开采边申请采矿许可的行为得到当地政府默许的，应当区别于未经许可的偷采、盗采行为。一般而言，对于未追究违法开采单位主体刑事责任的，对承包具体劳务的自然人主体亦不应追究违法开采的刑事责任。

将碳酸盐稀土矿加工成草酸盐稀土矿的行为，不属于相关文件规定的"冶炼分离加工"，未违反国家规定。

出于抵债原因获得稀土，并未实施收购稀土的行为，与出于牟利目的收购稀

土的行为不同。如果前者销售的对象是具有加工稀土资质的企业,属于定向选择,不属于"自由买卖",未违反《矿产资源法》《关于将钨、锡、离子型稀土列为国家实行保护性开采特定矿种的通知》(国发〔1991〕5号,以下简称《5号通知》)的规定。

买卖稀土矿产品的行为虽然违反了《矿产资源法》《5号通知》关于离子型稀土"个人不得收购""实行统一收购""严禁自由买卖"的规定,情节严重的,似可构成非法经营罪。然而,从上述文件实际执行情况看,稀土矿产品销售在国内并未实行严格管控,对一般稀土矿产品销售行为以非法经营罪追究刑事责任,应当持审慎态度。

规则解析

一、曾某某开采、加工、销售稀土矿产品的行为不构成非法经营罪

非法经营罪的构成以违反国家规定为前提。本案中审理过程中,对被告人曾某某销售稀土矿产品的行为是否违反国家规定,存在两种意见:

一种意见认为,曾某某销售稀土矿产品的行为违反了国家规定。其理由是:国务院1991年颁布的《5号通知》第五条第二款规定:"离子型稀土矿产品的国内销售,由国务院稀土领导小组制定指令性计划,统一管理。严禁自由买卖。"曾某某在未经许可的情况下销售稀土矿产品,违反了《5号通知》的规定。根据《最高人民法院关于准确理解和适用刑法中的"国家规定"的有关问题的通知》,"国家规定"是指全国人民代表大会及其常委会制定的法律和决定,国务院制定的行政法规、规定的行政措施、发布的决定和命令。行政措施是指国家行政机关根据法律法规,对特定对象或者具体事件采取的直接发生法律效力的一种行政行为。《5号通知》系国务院根据《矿产资源法》的规定制发,文件决定将钨、锡、锑、离子型稀土矿产列为国家实行保护性开采的特定矿种,从开采、选冶、加工到市场销售、出口等各个环节,实行有计划的统一管理,属于一种行政措施,应当认定为《刑法》第二百二十五条中的"国家规定"。因此,曾某某销售稀土矿产品的行为违反了国家规

定，且情节严重，构成非法经营罪。

另一种意见认为，《5号通知》虽然属于国家规定，但是本案认定曾某某销售的稀土来源不明，如果能够认定曾某某销售的稀土矿产品系其购买所得，应当认定其行为违反国家规定，且情节严重，构成非法经营罪；如果曾某某销售的稀土矿产品系其通过抵债所得，且其销售对象系有资质收购稀土矿产品的主体，此其行为不属于非法经营行为，不构成非法经营罪。

我们认为，被告人曾某某的行为可以分解为开采、加工和销售行为。这三个行为涉及三个方面的国家规定。本案在案证据无法证明曾某某销售的稀土矿产品来源，从有利被告人的角度出发，如果认定涉案稀土矿产品来源于广苏公司，系因抵债而得，那么曾某某开采、加工、销售稀土矿产品的行为均不构成非法经营罪。理由如下：

1. 对曾某某的开采行为不宜追究刑事责任。曾某某的开采行为客观上虽然违反国家规定，但其主观上没有违法开采的故意，且其行为未达到情节严重的程度。根据《矿产资源法》第三条规定，开采矿产资源必须经过批准、办理登记，并符合规定的资质条件。曾某某和郭某某与广苏公司订立合同，为广苏公司开采稀土矿产品提供技术和劳务支持。广苏公司没有获得采矿许可证，客观上广苏公司和曾某某开采稀土的行为均违反了《矿产资源法》。然而，根据承包协议，广苏公司负责相关采矿许可证照的办理，郭某某、曾某某仅负责具体开采事宜。在履行劳务合同过程中，广苏公司隐瞒了采矿许可证照未成功办理的事实，向郭某某、曾某某提供了采矿许可证的虚假复印件。故不能认定郭某某和曾某某主观上具有违法开采的故意。另外，从本案发生的特殊背景分析，广苏公司虽然没有实际获得采矿许可证，但其是经过崇左政府招商引资为开采稀土矿而专门成立，其边开采边申请采矿许可的行为得到当地政府的默许，和一般的未经许可偷采行为不同。基于这一背景因素考虑，行政执法机关、司法机关均未追究广苏公司违法开采的责任。同理推之，对作为承包广苏公司劳务的曾某某亦不应追究其违法开采的刑事责任，如对主观上不具有违法开采故意的行为追究刑事责任亦有客观归罪之嫌。

2. 将碳酸盐稀土矿加工成草酸盐稀土矿的行为不属于相关文件规定的“冶炼分离加工”,未违反国家规定。本案对涉案稀土存在氧化稀土、离子型稀土、碳酸盐稀土、草酸盐稀土等多种表述。离子型稀土矿是对矿山原始状态的称呼,经过加工之后生产出离子型稀土矿产品,草酸盐稀土和碳酸盐稀土属于离子型稀土矿产品。经向有关部门了解,稀土氧化物是稀土矿产品经过复杂的萃取、分离程序后得出的产品,其交易是不受限制的。草酸盐稀土和碳酸盐稀土都属于稀土矿产品,两者的区别在于沉淀的工艺不同。通过简单加工,碳酸盐稀土也可以转变为草酸盐稀土。根据《国务院关于促进稀土行业持续健康发展的若干意见》(国发〔2011〕12号)第二条第五项的规定,对稀土冶炼分离企业实行生产许可。《5号通知》第四条规定,国家禁止个体从事离子型稀土矿产品的冶炼。如果认定曾某某销售的稀土矿产品均来源于广苏公司,因广苏公司生产的是碳酸盐稀土矿,销售的稀土中有部分是草酸盐稀土,两者属于不同产品,曾某某必然存在加工行为。然而,相关资料显示,将碳酸盐稀土矿加工成草酸盐稀土矿的行为不属于冶炼分离,故曾某某的加工行为未违反上述国家规定。

3. 曾某某的销售行为不属于自由买卖,未违反国家规定。《矿产资源法》第三十四条规定,对国务院规定由指定单位统一收购的矿产品,“任何其他单位或者个人不得收购”“开采者不得向非指定单位销售”。《5号通知》第五条规定,离子型稀土矿产品属于国家统一收购的矿产品,个人不得收购,严禁自由买卖。《5号通知》属于国家行政机关在进行行政管理活动时的临时行政措施,属于国家规定。然而,如果认定曾某某系因抵债获得稀土,那么其并未实施收购稀土的行为,且销售的对象是有加工稀土资质的企业,属于定向选择,故不属于“自由买卖”,不应认定其违反《矿产资源法》和《5号通知》的规定。此外,曾某某系出于抵债原因而获得稀土,与出于牟利目的收购稀土本质不同,而且其合伙人郭某某这种抵债方式已获得崇左中级法院调解书的确认。抵债后,曾某某并未为了追求价位而将稀土矿产品自由销售,而是销售给有加工资质的公司,不同于一般的自由买卖行为,更与专门倒卖稀土行为本质不同。另从期待可能性理论分析,如果认定曾某某违反了国家规定,实际剥夺了其实现债权的权利,其当初的抵债就毫无意义。可见,其将抵债获得的稀土矿产品留而不卖不具有可期待性。相反,因抵债获得稀土矿产品后,曾某某将稀土矿产品销售给有加工稀土资质的企业是比较合理的选择。故不应认定曾某某违反"不得向非指定单位销售""禁止自由买卖"的规定。

此外,结合本案其他一些因素考虑,亦不宜追究曾某某的刑事责任。根据相关材料反映,与曾某某相似的行为均未受到刑事追究。曾某某的合伙人郭某某和广苏公司都存在销售稀土的行为,但均因多种因素的考虑未追究相关责任,其中郭某某将稀土拉走抵债的行为还得到崇左中院调解书的确认。广苏公司的相关负责同志在证言中还提到曾某某和郭某某自售稀土的做法符合当时稀土行业的行规。从这一角度分析,出于打击面和政策平衡的考虑,对曾某某的行为也不宜追究刑事责任。

二、对一般稀土矿产品销售行为以非法经营罪追究刑事责任应持审慎态度

仅从文件规定分析,买卖稀土矿产品的行为违反了《矿产资源法》《5号通知》关于离子型稀土"个人不得收购""实行统一收购""严禁自由买卖"的规定,情节严重的,似可构成非法经营罪。然而,从上述文件实际执行情况看,稀土矿产品销售在国内实际未实行严格管控,故对一般稀土矿产品销售行为以非法经营罪追究刑事责任,目前应持审慎态度。主要理由是:

1. 稀土矿产品销售在国内尚未实行严格管控。《5号通知》虽然仍有效,但该文件所提中国有色金属工业总公司和国务院稀土领导小组已被撤销或解散,目前自然资源部和工信部是稀土行业的主要管理部门。根据《国务院关于促进稀土行业持续健康发展的若干意见》(国发〔2011〕12号)以及工信部相关资料,目前我国对开采稀土矿、冶炼分离加工实行严格的指令性计划管理,但对稀土(准确讲是稀土氧化物,即加工后的稀土产品)的销售并未实行指令性计划。可见,我国对稀土行业的管控主要集中于开采、加工而非销售环节。对稀土矿产品销售的主要管理手段是要求稀土企业必须通过增值税防伪税控开票系统(稀土企业专用版)开具增值税专用发票和增值税普通发票。

2. 我国取消稀土出口配额制度在一定程度上意味着对稀土矿产品销售管控的放松。2012年3月,美国、欧盟、日本提出磋商请求将我国稀土、钨、钼三种原材

料出口限制措施诉诸世界贸易组织（WTO）争端机制。2014 年 8 月，WTO 公布了美国、欧盟、日本诉中国稀土、钨、钼相关产品出口管理措施案上诉机构报告，裁决认定中方涉案产品的出口关税、出口配额措施不符合有关世贸规则和中方加入世贸组织承诺。2015 年年初，我国正式取消稀土出口配额制度，企业只需凭出口合同就可以申领出口许可证，无需再提供批文。可见，我国已在很大程度上放松了对稀土国际贸易的管控（随着国际形势变化这一政策可能存在变化）。目前，虽然没有正式文件对国内稀土销售行为放松管控，但综合国内和国际实际情况分析，对稀土矿产品国内销售行为实际未实行严格管控措施。

综上，韶关市中级人民法院依法撤销原判，作出证据不足，宣告曾某某无罪是正确的。另基于国内稀土矿产品销售未实行严格管控的实际情况考虑，对稀土矿产品销售行为以非法经营罪追究刑事责任应持审慎态度。

【案例 155-156】何某某等非法经营案*

非法经营罪系列研究（六）（个案研究 6）：未经许可销售“小耳朵”等卫星地面接收设施的定性研究

关键词：

非法经营　国家规定　国务院第 129 号令　未经许可　小耳朵　卫星地面接收设施

基本案情

155 何某某等非法经营案：[①]2014 年 1 月至 2015 年 11 月，被告人何某某、刘某在未取得销售卫星电视广播地面接收设施许可的情况下，先后分别从被告人唐某某、彭某某所开设的郴州市宏发电子原件器材商行购进了价值人民币（以下币种同）418 110 元的卫星电视接收设施；从陈某某手中购进了价值 826 950 元的卫星电视接收设施；从郴州希典科技有限公司购进了价值 414 253 元的卫星电视接收设施，并在位于郴州市苏仙区白露塘镇珠江桥村的家中开设三家淘宝网网店，进行非法销售。何某某、刘某所销售的卫星电视接收设施为高斯贝尔数码科技股份有限公司旗下的郴州希典科技有限公司生产的户户通以及深圳市宏腾通电子有

---

* 本文原载“刑水浮萍”微信公众号 2017 年 12 月 10 日《未经许可销售“小耳朵”等卫星地面接收设施行为定性研究》。

① （2016）湘 1003 刑初 217 号（2017 年 3 月 13 日）。

限公司的乐百视户户通等卫星电视接收设施。何某某、刘某在销售卫星电视接收设施过程中非法获利32 000元。案发后，刘某已将违法所得32 000元退缴至郴州市公安局苏仙分局。2015年11月26日，公安民警在何某某、刘某家中依法查获尚未销售的星视通降频器7个、高斯贝尔GKF-113降频器263个、小耳朵专用KU型号降频器100个、小型底盘6个、Newstar希望号卫星接收器37个、GCF-D22E型号降频器及底盘53套、数码赛特波段ST-1240型号降频器31个、乐百视卫星接收器24个、Newstar幸福号卫星接收器5个、Newstar和谐号卫星接收器6个、GCF-D24E高频头10个、底盘天线110捆、KD-1600黑色遥控器8个、无牌遥控器142个、户户通遥控器30个、Newstar双极化308个、希典户户通高频头4个、希典户户通卫星接收器6个、弘夏双输出高频头14个、Newstar和平号卫星接收器230个、弘夏信号王23个、无牌高频头57个、高斯贝尔全英文高频头45个、希典圆板化高频头12个、底盘165个等卫星电视接收设施。经鉴定，上述被扣押的物品计价值12 090元（其他事实略）。

法院认为，被告人何某某、刘某、唐某某、彭某某违反国家规定，未经相关行政部门许可，分别擅自销售卫星电视地面接收设施，扰乱市场秩序，数额分别为1 647 223元、1 647 223元、571 955元、571 955元，均情节严重，其行为均已构成非法经营罪。在共同犯罪过程中，被告人何某某、唐某某起主要作用，系主犯，被告人刘某、彭某某起次要作用，系从犯。公诉机关指控被告人何某某、刘某、唐某某、彭某某犯非法经营罪罪名均成立，关于被告人何某某、唐某某在分别共同犯罪过程中均系主犯，被告人刘某、彭某某均系从犯的指控意见得当，法院均予支持。鉴于被告人何某某、刘某、唐某某、彭某某认罪态度均较好，被告人刘某、彭某某均系从犯，且被告人彭某某具有自首情节，可以对被告人何某某、唐某某从轻处罚,依法应当对被告人刘某、彭某某从轻处罚,并均适用缓刑不致再危害社会。据此,法院以被告人何某某犯非法经营罪,判处有期徒刑二年六个月,缓刑三年,并处罚金七万元;以被告人刘某犯非法经营罪,判处有期徒刑二年,缓刑二年六个月,并处罚金七万元;以被告人唐某某犯非法经营罪,判处有期徒刑二年,缓刑二年六个月,并处罚金四万元;以被告人彭某某犯非法经营罪,判处有期徒刑一年,缓刑二年,并处罚金四万元(其他判罚内容略)。

156

黄某、韩某某非法经营案:[①]被告人黄某某、韩某某系同居关系,并育有一女。二被告人自2007年起至2011年12月止,在共同经营的乌鲁木齐市新奇广场腾达飞越电子商行,未经许可向新疆乌鲁木齐市、昌吉州、塔城地区、阿勒泰地区、伊犁州、吐鲁番地区、阿克苏地区、巴州、喀什地区、和田地区等地销售卫星地面接收设施及其配件,销售金额共计4 181 142.50元。乌鲁木齐市沙依巴克区工商行政管理局在该电子商行查扣了部分卫星地面接收设施及其配件。

法院认为,被告人黄某、韩某某超越经营范围违法经营未经许可销售的卫星地面接收设施,非法经营数额达4 181 142.50元,犯罪情节特别严重,二被告人的行为均已构成非法经营罪。二被告人的辩解及其辩护人的辩护意见均不能成立。第一,1993年5月10日国务院令第129号发布、根据2013年7月18日国务院令第638号《国务院关于废止和修改部分行政法规的决定》修订的《卫星电视广播地面接收设施管理规定》第三条规定,国家对卫星地面接收设施的生产、进口、销售、安装和使用实行许可制度;第四条规定,工业产品生产许可证主管部门许可的生产企业,

① (2019)新0103刑初569号(2020年2月5日)。

应当将卫星地面接收设施销售给依法设立的安装服务机构。其他任何单位和个人不得销售。辩护人认为《卫星电视广播地面接收设施管理规定》已废止的辩护意见没有依据,是对法律法规的错误认识。第二,被告人黄某辩解机打票据是练习记账所打,经查该部分票据多达8000多份,前后持续时间跨越近5年,票据内容完整,无重复票据,练习记账的票据完好保存多年,明显不符合常理。且被告人韩某某在侦查机关的供述也不能证实被告人黄某的辩解。此外,侦查机关根据上述票据和账目查找到部分购货人并核实的交易行为和数额与票据是吻合的。因此,黄某的辩解不能成立。第三,乌鲁木齐市沙依巴克区新奇广场腾达飞越电子商行营业执照证实,该商行的经营范围为五金交电、家用电器,无许可经营项目。而公诉机关补充的书证《国民经济行业分类》证实,五金交电、家用电器范围内并不包括广播电视设备的批发和进出口活动,二被告人的经营行为既属于违法经营专营、专卖物品的非法经营行为,又是超越经营范围的非法经营行为。据此,二被告人未经许可经营法律、行政法规规定的专营、专卖物品,构成非法经营罪,且情节特别严重。二被告人系共同犯罪,被告人黄某在共同犯罪中负责组织货源、对外销售起主要作用,系主犯;被告人韩某某在共同犯罪中负责记账、收款起辅助作用系从犯,且有自首情节,可减轻处罚。宣告缓刑对其所居住的社区无重大不良影响,可以适用缓刑。据此,法院以被告人黄兵犯非法经营罪,判处有期徒刑十年,并处罚金20万元;被告人韩某某犯非法经营罪,判处有期徒刑三年,缓刑五年,并处罚金15万元;搜缴、扣押的涉案卫星地面接收设备予以没收。

参考规则

未经批准销售卫星地面接收设施的行为，违反了《卫星电视广播地面接收设施管理规定》等国家规定，情节严重的，可以构成非法经营罪。

2002年《国务院关于取消第一批行政审批项目的决定》仅取消了国家工商管理总局对卫星电视广播地面接收设施定点销售的审批权，改由国务院信息产业主管部门统一负责对卫星电视广播地面接收设施定点销售进行审批。该文件下发后，国家依然对卫星电视广播地面接收设施的生产、进口、安装、使用、销售等各个环节实施许可和严格管控制度。

规则解析

一、未经批准销售卫星地面接收设施的行为违反了国家规定

未经批准销售卫星地面接收设施的行为违反了1993年国务院《卫星电视广播地面接收设施管理规定》(国务院第129号令，以下简称《国务院129号令》，先后被2013年国务院第638号令、2018年国务院第703号令修正)第三条的规定，属于违反国家规定，符合《刑法》第二百二十五条第一项规定的情形。《卫星电视广播地面接收设施管理规定》第三条规定："国家对卫星地面接收设施的生产、进口、销售、安装和使用实行许可制度。生产、进口、销售、安装和使用卫星地面接收设施许可的条件，由国务院有关行政部门规定。"2002年国家广播电影电视总局、公安部、信息产业部、外经贸部、海关总署、国家工商总局发布《关于进一步加强卫星电视广播地面接收设施管理的意见》(广发外字〔2002〕第254号，以下简称《意见》)明确了对于卫星地面接收设施由"指定生产企业实施销售专营(专卖)，定向销售给经各省、自治区、直辖市广电主管部门批准的从事卫星电视广播地面接收设施安装业务的企业，该产品不进入社会市场流通领域"。《意见》系对《国务院129号令》的具体实施规定，从某种层面上讲类似于司法解释文件对立法条文的理解与适用明确的原则和说明。

二、国务院信息产业主管部门统一负责对卫星电视广播地面接收设施定点销售进行审批

2002年《国务院关于取消第一批行政审批项目的决定》(以下简称《取消决定》)取消了国家工商总局对卫星电视广播地面接收设施定点销售的审批权。有观点认为,如果卫星广播电视地面接收设施销售的行政许可确实已经取消,意味着《国务院129号令》第三条的规定已经失效。我们认为,《取消决定》虽然取消了工商部门对卫星电视广播地面接收设施定点销售的审批,但并未取消其他部门对卫星电视广播地面接收设施的销售审批,并不意味着对卫星电视广播地面接收设施可以在市场上任意销售,取消工商部门审判权限后,国务院信息产业主管部门负责对卫星电视广播地面接收设施定点销售审批。一是《国务院129号令》第三条并未失效。《国务院第638令》《国务院第703号令》对《国务院129号令》修正后依然保留了第三条的规定。以上各个国务院令文件第三条有关销售许可制度的规定仍然有效,依然是对卫星地面接收设施进行监管的有效执法依据。《取消决定》作为国务院的规范性文件,仅仅取消了工商部门对卫星电视广播地面接收设施的定点销售审批。二是《取消决定》并未取消其他部门对卫星电视广播地面接收设施的定点销售审批。根据《意见》规定,工商行政管理部门负责对卫星电视广播地面接收设施生产、销售企业的登记管理、监管;而卫星电视广播地面接收设施的定点生产销售企业由国务院信息产业主管部门批准。可见,对《取消决定》可以理解为系关于销售审批职能转移或者移交的规定,卫星地面接收设施的销售仍然需要国家行政主管部门审批,只是审批权限由工商部门改为统一由国务院信息产业主管部门。

如在案例156黄某、韩某某非法经营一案中,针对《取消决定》下发后二被告人的行为不构成非法经营罪的辩解及辩护意见,法院认为《取消决定》下发后,《卫星电视广播地面接收设施管理规定》并未被废止,关于许可的相关规定依然具有法律效力。二被告人未经许可销售卫星地面接收设施及其配件,销售金额共计4 181 142.50元,二被告人的行为均构成非法经营罪。

三、从《取消决定》实施后颁布的相关文件分析对卫星地面接收设施的管理依然是严控而非放开经营

2004年,国家工商行政管理总局、国家广播电影电视总局、信息产业部联合下发《关于加强对卫星电视广播地面接收设施销售和广告监督管理的通知》(工商市字〔2005〕6号),重申"各地要按照《关于进一步加强卫星电视广播地面接收设施管理的意见》精神,工商行政管理机关要加强对市场的监督检查,严禁卫星电视广播地面接收设施进入市场流通,严厉查处非法生产、销售和安装卫星电视广播地面接收设施的行为"。2007年,最高人民法院、最高人民检察院、公安部、国家广电总局、国家工商总局、国家质量监督检验检疫局、信息产业部联合下发《关于严厉打击涉卫星电视广播地面接收设施违法犯罪活动的通知》(法发〔2007〕38号)明确规定,根据《刑法》及相关司法解释的规定,对于非法生产、销售、安装卫星地面接收设施的,个人非法经营数额在五万元以上,或者违法所得数额在一万元以上的,单位非法经营数额在五十万元,或者违法所得数额在十万元以上的,按照非法经营罪追究刑事责任。如在案例155何某某等非法经营一案中,法院认为,被告人何某某、刘某、唐某某、彭某某违反国家规定,未经相关行政部门许可,分别擅自销售卫星电视地面接收设施,扰乱市场秩序,情节严重,其行为构成非法经营罪。

四、从卫星电视广播地面接收设施生产等管理环节看销售审批环节不应取消

目前,卫星电视广播地面接收设施生产、进口、安装、使用每个环节均实施许可制度,销售环节作为对该设施管控的重要环节没有理由放开经营。根据《关于加强对卫星电视广播地面接收设施销售和广告监督管理的通知》规定,只有卫星电视广播地面接收设施生产企业可以向省级广播电视行政部门及其批准的卫星电视广播地面接收设施安装企业定向提供产品信息,其他广告均为禁止,举轻以明重,连销售广告都是禁止的,取消对销售环节的审批监管显然不合逻辑。

综上,那种认为《取消决定》取消了工商部门的销售许可审批,应当视同为卫星地面接收设施已放开经营的意见,系对相关文件的误读,应予纠正。

相关规定

《卫星电视广播地面接收设施管理规定》(2018年修正,国务院令第703号)

第二条 本规定所称卫星广播地面接收设施(以下简称卫星地面接收设施),是指接收卫星传送的电视节目的天线、高频头、接收机及编码、解码器等设施。

第三条 国家对卫星地面接收设施的生产、进口、销售、安装和使用实行许可制度。

生产、进口、销售、安装和使用卫星地面接收设施许可的条件,由国务院有关行政部门规定。

第四条 工业产品生产许可证主管部门许可的生产企业,应当将卫星地面接收设施销售给依法设立的安装服务机构。其他任何单位和个人不得销售。

第五条 进口卫星地面接收设施必须持国务院广播电视行政管理部门开具的证明,进口卫星地面接收设施的专用元部件必须持国务院电子工业行政部门开具的证明,到国务院机电产品进出口行政部门办理审批手续,海关凭审查批准文件放行。

禁止个人携带、邮寄卫星地面接收设施入境。

第六条 卫星地面接收设施的质量认证证书和认证标志,由国务院产品质量监督管理部门或者国务院产品质量监督管理部门授权的部门认可的认证机构按照有关质量认证的法律、法规的规定认证合格后发放;未经质量认证的,不得销售和使用。

第七条 单位设置卫星地面接收设施的,必须向当地县、市人民政府广播电视行政管理部门提出申请,报省、自治区、直辖市人民政府广播电视行政管理部门审批，凭审批机关开具的证明购买卫星地面接收设施。卫星地面接收设施安装完毕，由审批机关发给《接收卫星传送的电视节目许可证》。

第八条　个人不得安装和使用卫星地面接收设施。

如有特殊情况，个人确实需要安装和使用卫星地面接收设施并符合国务院广播电视行政管理部门规定的许可条件的，必须向所在单位提出申请，经当地县、市人民政府广播电视行政管理部门同意后报省、自治区、直辖市人民政府广播电视行政管理部门审批。

第九条　本规定发布前未经批准设置卫星地面接收设施的，必须自本规定发布之日起六个月内依照本规定办理审批手续。

【案例 157】周某甲等非法经营案*

非法经营罪系列研究（六）（个案研究 7）：“以提供给他人开设赌场为目的”的认定是否需要查实生产、销售的游戏设备最终用于开设赌场；此类非法经营数额的认定是否必须与最终查实的用于开设赌场的游戏设备价值相一致

关键词：

非法经营　开设赌场　赌博机　游戏设备

基本案情

被告人周某甲于2005年开始在广东省番禺区从事具有赌博功能的游戏机零配件及整机组装、销售、维修等经营活动。2007年11月，周某甲与他人注册成立广州市昌合盛东电子科技有限公司（以下简称昌盛公司），后陆续招募被告人黄某、周某乙、涂某等人加入公司，从事亚马逊CPU机型系列游戏机主机和X86系列游戏机主机及其相关软件的研发、生产、维修等经营活动。上述亚马逊CPU机型系列游戏机主机和X86系列游戏机主机均具有上分、扣分、加分等荧屏计分和选定赔率、以小博大功能，均属于具有赌博功能的电子游戏设备及零、附件。2011年5月10日，周某甲注册成立广州市蓝雨动漫科技有限公司（以下简称蓝雨公

* 本文原载“刑水浮萍”微信公众号2017年10月2日刘晓虎、周庆琳：《周某甲等人非法经营案》。

司),作为具有赌博功能游戏机主机的生产基地。2011 年 9 月 30 日,周某甲又注册成立广州市番禺区南村昌广电子产品维修部(以下简称昌广维修部),作为专门从事游戏机主机的维修和升级、加难等售后服务基地。2011 年年底,周某甲在广州市番禺区白庙村租赁一套厂房,作为具有赌博功能游戏机主机的程序拷贝点。2012 年 3 月左右,周某甲在广州市番禺区××花园 119 号 14 幢 804 室设立客服中心,负责联系业务、接受客户订单、安排客户转账,并在转账后联系蓝雨公司进行生产。至此,周某甲等人逐步形成了集研发、生产、销售、维修于一体的产业化、集团化的犯罪集团。该犯罪集团内部分工清晰、权责明确。其中周某甲全面负责整个犯罪集团的产品研发、生产经营,是总负责人;黄某于 2007 年 7 月进入昌盛公司担任技术主管,负责产品研发;周某乙于 2008 年 10 月进入公司,2009 年 4 月开始全面负责公司生产、销售、维修以及资金运转;涂某于 2008 年 8 月进入公司,协助周某甲和黄某负责昌盛公司的日常运转和人员管理、负责核对公司每月的经营账目、资金收支,同时负责蓝雨公司、昌广维修部报税等日常工作和周某甲违法所得资金的运作以及相关零部件采购;郑某于 2009 年 8 月进入公司,2011 年 11 月担任蓝雨公司负责人,负责各种具有赌博功能游戏机主机的生产;胡某甲于 2010 年七八月进入公司,2012 年 3 月担任昌广维修部负责人,负责对售出的具有赌博功能的游戏机主机进行维修和升级加难;周某丙于 2007 年 3 月进入公司,2011 年 5 月左右担任蓝雨公司负责人及办公室主任,负责各种具有赌博功能游戏机主机的生产、人员管理等工作;胡某乙于 2012 年 2 月进入公司,2012 年 6 月担任蓝雨公司运输部主管,负责将具有赌博功能的游戏机主机送货上门。

2010 年 1 月至 2012 年 9 月,周某甲等人违反国家规定,研发、生产亚马逊 CPU 机型系列游戏机主机和 X86 系列游戏机主机、软件及相关配件,并采用假借他人名义注册成立公司、分散场所经营、使用他人银行账户交易、每月定期销毁账目、清除电子数据等非法手段,与周某东、邵某(均另案处理)、丁某等三十六名"下线客户"进行非法交易,交易金额达人民币(以下币种同)4.51亿余元。上述"下线客户"购买后,采用投放赌博机、合作分成,直接或者间接销售等营销模式将周某甲等人研发、生产的游戏机主机、软件及相关配件销售至浙江省温岭市、陕西省西安市、山东省济南市、四川省安岳市、江苏省扬州市等地游戏机厅用于开设赌场。其中周某甲、黄某、周某乙、涂某于2010年1月之前加入昌盛公司并担任相关职务,非法经营数额为4.51亿余元(起算时间为2011年5月至2012年9月)。经扬州市江都区价格认证中心价格鉴证,X86系列游戏单屏主机套件成本单价为1458.65元、双屏主机套件成本单价为1465.65元,亚马逊系列游戏主机套件成本单价为1223.5元。

扬州市江都区人民法院认为,被告人周某甲等人以提供给他人开设赌场为目的,违反国家规定,非法生产、销售具有赌博功能的游戏设备及零、附件,严重扰乱市场秩序,非法经营数额达4.51亿余元,情节特别严重,应当以非法经营罪追究刑事责任。

参考规则

以提供给他人开设赌场为目的,违反国家规定,非法生产、销售具有赌博功能的游戏设备及零、附件,严重扰乱市场秩序,情节严重的,构成非法经营罪。

对"以提供给他人开设赌场为目的"的认定,可以综合在案主客观情形进行认定,无需逐一查实其生产、销售的游戏设备及零、附件最终用于开设赌场。

销售赌博类功能设备的非法经营数额,可以综合交易金额、证人证言、下线客户证言、各被告人供述等证据予以认定,无需与查实的最终用于开设赌场的游戏设备及零、附件的价值相一致。

规则解析

本案审理过程中,最高人民法院、最高人民检察院、公安部联合制定出台了《关于办理利用赌博机开设赌场案件适用法律若干问题的意见》(以下简称《开设赌场意见》)。《开设赌场意见》第四条第一款规定:“以提供给他人开设赌场为目的,违反国家规定,非法生产、销售具有退币、退分、退钢珠等赌博功能的电子游戏设施设备或者其专用软件,情节严重的,依照刑法第二百二十五条的规定,以非法经营罪定罪处罚”。因此,对本案的定性争议主要集中在两点:一是“以提供给他人开设赌场为目的”的认定;二是非法经营数额的认定。下文主要围绕这两点争议展开论述。

一、对“以提供给他人开设赌场为目的”的认定,可以综合在案主客观情形进行认定,无需逐一查实其生产、销售的游戏设备及零、附件最终用于开设赌场

一种观点认为,被告人对其主观目的予以供认,且供述内容得到客观事实的印证。因此,被告人研发、生产、销售游戏设备及零、附件可以认定为系“以提供给他人开设赌场为目的”。具体理由是:虽然具有上分、扣分、上币、退币等功能的游戏设备既可用于赌博,也可用于娱乐,但周某甲等人曾经营游戏厅多年,不仅明知上述设备实际多被提供给他人用于赌博,还明知国家禁止研发、生产、销售的用意就是为了防止上述设备被用于赌博,故可以认定其研发、生产、销售上述设备、软件系以“以提供给他人开设赌场为目的”。

另一种观点认为,被告人生产、销售的游戏设备及零、附件的功能不具有唯一性,既可用来赌博,也可用来游戏,因此被告人生产、销售游戏设备及零、附件是否“以提供给他人开设赌场为目的”,不仅要根据周某甲等人的供述,还要逐一查证这些游戏设备及零、附件是否最终用于赌博,如此才符合主客观相一致原则。

我们赞同前一种观点。具体理由如下:

1. 周某甲等人主观明知其生产、销售的均是具有赌博功能的游戏设备及零、

附件且被用于开设赌场。一是本案扬州市公安机关已查获的用于开设赌场的亚马逊CPU机型系列游戏机主机和X86系列游戏机主机(含专用软件)经认定均具有上分、扣分、加分等荧屏计分功能和选定赔率、以小博大功能。《开设赌场意见》第六条规定:"对于涉案的赌博机,公安机关应当采取拍照、摄像等方式及时固定证据,并予以认定。对于是否属于赌博机难以确定的,司法机关可以委托地市级以上公安机关出具检验报告。司法机关根据检验报告,并结合案件具体情况作出认定。必要时,人民法院可以依法通知检验人员出庭作出说明。"目前,全国范围内只有上海等少数省、市公安机关出台了认定赌博机的程序、办法,江苏省未出台相关的规范性文件。因此,本案公安机关对查获的游戏机进行功能认定,符合相关程序。二是从各地公安机关已破获的开设赌博案件看,从昌盛公司购买的游戏设备及零、附件均具有赌博功能,且被用于开设赌场。三是从销售价格看,周某甲等人生产、销售的游戏设备及零、附件价格无一不是按照具有赌博功能的定价进行销售的(因型号、质材以及配件不一,无法从价格角度与其他公司生产、销售的普通游戏设备进行比较)。四是下线客户、昌盛公司员工的证言证实周某甲等人生产、销售的游戏设备及零、附件均具有赌博功能,且被用于开设赌场。五是各被告人在其供述中均承认其生产、销售的均是具有赌博功能的游戏设备及零、附件。

2. 周某甲等人不断扩大生产规模、提供升级加难、控制赔率等售后服务,证实其在追求牟利目的的同时,具有提供给他人开设赌场的目的。一是周某甲等人在主观明知其生产、销售的游戏设备及零、附件均具有赌博功能、卖点主要在于赌博功能以及最终用于开设赌场,而扩大生产、销售规模,即表明其具有追求其产品用于开设赌场的目的。二是周某甲等人在其游戏设备及零、附件售出后,不断为开设赌场经营者提供升级加难、更改赔率等与赌博功能相关的售后服务,使其生产、销售产品被更多开设赌场经营者选购使用,直接表明周某甲等人具有将其生产、销售的产品提供给他人开设赌场的目的。三是作为从周某甲等人处直接购买游戏设备及零、附件的下线客户的证言证实,之所以周某甲等人生产、销售的产品受欢迎正是因为赌博机套件的质量、性能的稳定以及售后服务都是业内最好的。

二、销售赌博类功能设备的非法经营数额，可以综合交易金额、证人证言、下线客户证言、各被告人供述等证据予以认定，无需与查实的最终用于开设赌场的游戏设备及零、附件的价值相一致

一种观点认为，《开设赌场意见》第四条规定的“以提供给他人开设赌场为目的”是主观要件而非客观结果要件，一般不需要根据行为的客观结果来认定。本案中，不仅周某甲等人供认其主观目的，而且客观事实亦印证了其供述。同时，《开设赌场意见》第四条也规制了生产行为。换言之，在周某甲等人具有“以提供给他人开设赌场为目的”前提下，即便只有生产行为而没有销售或者没有完全销售，也符合《开设赌场意见》的规定。因此，对非法经营数额的认定，无需逐一查明被告人生产、销售的游戏设备及零、附件是否最终用于赌博。

另一种观点认为，非法经营数额认定以被告人“以提供给他人开设赌场为目的”认定为前提，既然被告人是否具有“以提供给他人开设赌场为目的”认定需要逐一查明被告人生产、销售的设备及零、附件是否实际被用于赌博，那么认定的非法经营数额也应当与查明的实际被用于赌博的游戏设备及零、附件的价值相一致。

我们赞同前一种观点。具体理由如下：

1. 关于被告人的非法经营数额，可以综合昌盛公司的销售记录、证人证言、下线客户证言、各被告人供述等证据予以认定。

扬州市公安局电子物证检验鉴定中心出具的扬公（电）鉴字〔2013〕第21号鉴定书证明：从昌盛公司扣押的硬盘和U盘中发现了速达财务软件及该软件使用的数据库文件和备份，从获取的数据库文件中导出了周某甲等人经营的昌盛公司等自2011年5月至2012年9月的部分销售财务数据，统计其总销售金额为4.51亿元。

综合本案公安机关出具的昌盛公司销售财务数据、证人证言、下线客户证言、各被告人供述等证据，可以认定被告人生产、销售的游戏设备及零、附件均具有赌博功能，其通过公司员工或者亲友账户交易金额均属于具有赌博功能游戏设备及零、附件的交易金额。考虑到周某甲等人定期销毁账户，邗江区人民法院仅认定

了2011年5月至2012年9月此段期间的销售记录。因此,通过此种方式认定的交易金额只会远低于实际交易金额,邗江区人民法院认定的昌盛公司非法经营数额以及按照各被告人进入昌盛公司的时间节点认定个人非法经营数额具有合理性,经得住法律和历史的检验。

2. 认定的非法经营数额无需与查实的最终用于开设赌场的游戏设备及零、附件的价值相一致。

一是本案实际用于赌博的游戏设备及零、附件价值金额的认定不是构成非法经营罪的必备条件,对定罪没有决定性影响。对生产者而言,只要基于其生产的产品均是具有赌博功能,且必然通过销售途径实现价值的,已销售的经营数额可计入非法经营数额,未销售的货值金额也可以计入非法经营数额,而无需查实最终赌博机的销售金额。二是如果在取证上要求被告人的交易金额与下线经销商、全国各地查实的用于开设赌场的游戏设备价值相一致,即将被告人的行为局限于开设赌场罪的共犯进行认定,整体上有避重就轻之嫌。三是被告人的反侦查意识很强,逃避执法机关监管的技术非常全面,所使用的隐蔽销售网络、定期销毁账面等非法手段,使得通过账目掌握二级经销商,再从二级经销商查证最终游戏设备去向变得几乎不可能。加上案发已经三年多,购买具有赌博功能游戏设备的下线客商也必然想方设法逃避查处。四是已有指导性文件明确确因客观条件限制无法逐一收集相关证据的,可以综合在案证据认定犯罪事实。如最高人民法院、最高人民检察院、公安部2013年联合下发的《关于办理组织领导传销活动刑事案件适用法律若干问题的意见》和2014年联合下发的《关于办理网络犯罪案件适用刑事诉讼程序若干问题的意见》均明确了类似的认定原则。

除上述两个问题外,还有两点一并予以补充分析:

一是关于被告人的行为“违反国家规定”的分析。本案被告人的行为违反了《关于开展电子游戏经营场所专项治理的意见》(国办发2000年第44号文)和《国务院关于推广中国(上海)自由贸易试验区可复制改革试点经验的通知》(国发2014年第65号文)的规定。国办发2000年第44号文明确,自文件发布之日起,面向国内的电子游戏设备及其零、附件生产、销售即行停止。而国发2014年第65

号文附表1第二十二项规定:“允许内外资企业从事游戏游艺设备生产和销售,经文化部门内容审核后面向国内市场销售。”国发2014年第65号文虽然对国办发2000年第44号文在政策上有所调整,但依然明确要求必须经文化部门进行内容审查后才能生产和销售游戏游艺设备。周某甲等人未经文化部门审查,擅自生产、销售游戏设备及零、附件,违反了上述两个文件的规定,更何况其生产、销售的是具有赌博功能的游戏设备及零、附件。

国发2014年第65号文系国务院制发的行政措施性文件,属于《刑法》中的“国家规定”。而国办发2000年第44号文的内容未与相关行政法规相抵触,经国务院批准,由国务院办公厅2000年6月15日转发,并在国务院公报上公开发布(2000年第20期)。根据《最高人民法院关于准确理解和适用刑法中“国家规定”的有关问题的通知》(以下简称《国家规定通知》),亦应视为刑法中的“国家规定”。因此,违反国办发2000年第44号文和国发2014年第65号文的规定,均应当认定为《刑法》第二百二十五条的“违反国家规定”。

二是生产、销售具有赌博功能的游戏设备及零、附件是以为他人从事违法犯罪活动提供商品为经营业务的行为,而且这种非法经营行为还必然带来分散交易、销售账目、清楚电子数据等其他严重破坏市场经营管理秩序的现象,应当认定为《刑法》第二百二十五条“其他严重扰乱市场秩序的非法经营行为”。即使《开设赌场意见》未出台,也完全可以对此类行为以非法经营罪追究刑事责任。依据“以提供给他人开设赌场为目的”进行定罪,系为了减少控辩争议。如果以非法经营罪惯常的定罪思路分析,对本案被告人的行为,亦应当认定构成非法经营罪。

综上,被告人周某甲等人以提供给他人开设赌场为目的,违反国家规定,非法生产、销售具有赌博功能的电子游戏设备及零、附件,非法经营数额4.51亿元,情节特别严重,应当按照非法经营罪定罪处罚。

【案例 158】张某、王某非法经营案*

非法经营罪系列研究（六）（个案研究 8）：因收受好处将罂粟籽、罂粟壳提供给私营企业经营的定性

关键词：

非法经营　鸦片种植　鸦片籽　鸦片壳

基本案情

158

甘肃某国有企业是国家唯一指定进行罂粟种植及罂粟籽、罂粟壳深加工的企业，禁止将罂粟种植、涉及罂粟籽、罂粟壳的业务委托其他单位或者个人生产经营。2007 年，时任该国企的主要领导张某和其后任主要领导王某，长期收受某一私营企业主贿赂，非法将其独家经营的罂粟籽、罂粟壳提供给该私营企业长期经营。该私营企业又通过外贸公司将罂粟籽出口至国外。后因国有企业整改收回该业务。该私营企业出口收入人民币几千万元。问题：(1) 国有企业领导张某、王某因受贿把国家专营的罂粟籽业务交给私营企业经营是否构成国有企业人员滥用职权罪？出口收入能否作为损失认定？该损失是否属于实际发生的确定损失，是否存在或然性？(2) 私营企业是否构成非法经营罪？

* 本文原载“刑水浮萍”微信公众号 2021 年 3 月 2 日《司法疑难之 344》。

参考规则

国有企业人员明知私营企业获取国有企业提供的罂粟籽、罂粟壳后必然销售，在收受好处后依然滥用职权将国有企业专营加工的罂粟籽、罂粟壳提供给私营企业，分别符合受贿罪和共谋类渎职犯罪行为特征，按照两罪并罚原则处理。

共谋类渎职犯罪行为按照国有企业人员滥用职权罪和非法经营罪中处罚较重的罪名定罪处罚。因损失难以认定，国有企业人员滥用职权罪不成立的，可以直接按照非法经营罪论处。

私营企业分别构成单位行贿罪和非法经营罪，两罪并罚，对私营企业主追究单位犯罪直接负责的主管人员的刑事责任。

规则解析

一、国企主要领导构成受贿罪，私营企业主构成单位行贿罪

国有企业主要领导具有国家工作人员身份，其长期收受一私营企业好处，非法将国有企业专营的罂粟籽、罂粟壳销售给该私营企业长期经营，属于典型的为了帮助他人谋取非法利益而收受好处的行为，符合受贿罪的构成特征。

私营企业为了获取灭活罂粟籽及罂粟壳，向国有企业主要领导给付好处，属于典型的为了谋取不正当利益，向国家工作人员给付财物的行为。如果私营企业具有法人资格，公司财产与该企业主财产独立分离，且出口收入主要归公司所有的，则私营企业构成单位行贿罪，对私营企业主追究单位行贿罪的刑事责任。该私营企业设立后主要是以销售、出口罂粟籽及罂粟壳为经营活动的，按照自然人犯罪处理，即按照行贿罪定罪处罚。

二、私营企业构成非法经营罪，国家工作人员构成共犯

私营企业从事罂粟籽及罂粟壳销售，属于从事国家禁止买卖的物品，应当构成非法经营罪，国有企业领导明知国家禁止从事罂粟籽及罂粟壳经营，依然利用职务便利为私营企业提供罂粟籽、罂粟壳，构成非法经营罪的共犯。

关于国有企业领导和私营企业构成非法经营罪共犯的认定,可以参考《最高人民法院、最高人民检察院关于办理渎职刑事案件具体应用法律若干问题的解释(一)》(以下简称《渎职解释一》)的相关规定。根据该司法解释,单纯的明知帮助行为宜适用渎职罪的《刑法》规定定罪处罚。按照共同犯罪的一般理论,此情形确实同时构成了非国家工作人员实施的其他犯罪的共犯,但此情形下触犯数个罪名主要是法律规定的原因所致,宜认定为法条竞合而非想象竞合。因属于特别法(渎职犯罪刑法规定)与一般法(共同犯罪刑法规定)之间的竞合,故按照特别法优于一般法的法律适用原则,应以渎职犯罪论处。共谋类渎职犯罪的处理,应当按照择一重罪处罚(这是前几年司法解释的提法,现表述基本修改为按照处罚较重的罪名定罪处罚)。渎职行为人通过与他人的主观共谋已经介入了他人的其他犯罪,同时构成其他犯罪的共犯不单是因为《刑法》规定,更重要的原因在于行为本身,故整体上属于想象竞合犯;此情形本质上只有一个渎职行为,实行数罪并罚将不可避免地出现重复评价问题。参与类渎职犯罪实行数罪并罚。国家机关工作人员除了通过渎职帮助他人犯罪行为之外,还通过非职务行为具体参与实施了他人犯罪。①

我们认为,本案国有企业主要领导明知罂粟籽、罂粟壳属于禁止买卖的物品,因收受好处而故意违反国家规定,提供罂粟籽、罂粟壳给私营企业销售。此类情形,该国有企业主要领导主观上已经超出了一般明知的程度,其不但明知罂粟籽、罂粟壳属于禁止买卖的物品,而且明知私营企业获取罂粟籽、罂粟壳后必然销售,即对私营企业主长期从事罂粟籽、罂粟壳经营主观上明知。在长期提供罂粟籽、罂粟壳过程中,双方对什么时候提供、什么时候规避上级部门监管以及通过何种方式、途径提供,都存在一定的默契与配合,实质上属于共谋类渎职犯罪的处理,应当按照处罚较重的罪名定罪处罚。本案中,国有企业不能将罂粟籽、罂粟壳出口,出口收入不应认定为损失,故损失难以认定,渎职罪难以成立,可以直接认定

① 苗有水、刘为波:《〈关于办理渎职刑事案件具体应用法律若干问题的解释(一)〉的理解与适用》,载《人民司法》2014年第7期。

非法经营罪。私营企业向国外出口的行为,可以作为从重处罚情节。

三、国企主要领导和私营企业均实行两罪并罚

对于牵连犯的处理原则,尚无统一规定,理论界与实务界均存在不同认识,主流观点认为,法律和司法解释有相关规定,依照规定定罪处罚;没有规定的,应当根据罪责刑相适应原则确定按照处罚较重的罪名处罚还是数罪并罚。根据现行相关司法解释的规定,渎职罪与受贿罪一般实行并罚原则。本案非法经营犯罪,虽然与行受贿犯罪有一定关联,但属于关联不够紧密的牵连犯,且社会危害性已超出了渎职罪的辐射范围。参照渎职罪与受贿罪的处理原则,同时为了贯彻罪责刑相适应原则,应当按照受贿罪和非法经营罪并罚处理。同理,私营企业的单位行贿罪与非法经营罪亦应实行并罚。

【案例 159-162】赵某某等非法经营案*

非法经营罪系列研究（六）（个案研究 9）：非法买卖承兑汇票的定性；非法买卖承兑汇票是否属于非法从事资金支付结算业务、票据体现等金融业务活动

关键词：

非法经营　买卖承兑汇票　资金支付结算业务　票据贴现　国家规定　严重扰乱市场秩序的非法经营行为

基本案情

159

王某某等非法经营案：[①]2011 年年初至 2012 年 4 月 25 日，王某某、付某某、王某甲非法进行资金支付结算业务，倒卖银行承兑汇票，非法经营数额 626 万元。原审法院认为被告人王某某、付某某、王某甲的行为构成非法经营罪。遂以被告人王某某、付某某、王某甲犯非法经营罪，判处免予刑事处罚。王某某、付某某、王某甲不服，提起上诉。主要理由是，其买卖承兑汇票的中介行为，没有对社会构成任何危害，不构成犯罪。对此，二审法院认为，中国人民银行《支付结算办法》第六条规定"银行是支付结算

* 本文原载"刑水浮萍"微信公众号 2019 年 3 月 10 日《司法疑难之 85》的基础上修改而成。

① 一审判决（2013）山刑初字第 00106 号（2013 年 12 月 18 日）；二审裁定维持原判（2014）焦刑一终字第 00011 号（2014 年 2 月 27 日）。

和资金清算的中介机构。未经中国人民银行批准的非银行金融机构和其他单位不得作为中介机构经营支付结算业务”。上诉人王某某、付某某、王某甲买卖承兑汇票、将承兑汇票贴现的行为，其主观上具有非法获利的目的，客观上实施了非法支付结算行为，危害了国家经济安全和社会稳定，破坏了国家金融管理秩序，具有社会危害性，构成非法经营罪。二审法院遂裁定驳回上诉，维持原判。

160 王某非法经营、诈骗案：[①]（1）诈骗事实。王某于2011年11月3日向吴某某借款400万元，未告知其用途，约定七日内偿还，并承诺给吴某某4万元和40克金条作为回报。王某实际将这400万元用于非法向丁某某、刘某某和他人购买承兑汇票，并将汇票倒卖给王某某（已判刑），欲从中赚取利润。后因王某某资金链断裂未给王某贴现，致王某无法向吴某某偿还（案发后赃款未追回）。（2）非法经营事实。2011年10月的一天，王某违反国家规定，严重扰乱市场秩序，非法从事资金支付结算业务，从冯某某手中以47万元的价格购买了50万元的承兑汇票，后又高价将该汇票卖给了王某某，从中非法获取利益（其他3起事实略）。综上，王某倒卖承兑汇票，非法经营金额为2844万元。原审法院认为，被告人王某以非法占有为目的，对被害人隐瞒真相以揽储顶个人存款任务并许以高额利息回报为幌子，向被害人吴某某借款400万元，转而将该笔巨款用于倒卖承兑汇票，在对被害人承诺的还款期限内不能偿还欠款，其行为构成诈骗罪且属诈骗数额特别巨大。被告人王某以营利为目的，从事非法资金支付结算业务，情节严重，其行为构成非法经营罪。据此以被告人王某犯诈骗罪，

① 一审判决（2013）乌勃刑初字第360号（2014年6月5日）；二审判决（2014）乌中刑终字第50号（2014年9月16日）。

判处有期徒刑十一年六个月，并处罚金二万元；犯非法经营罪，判处有期徒刑三年，并处罚金二十万元，决定执行有期徒刑十三年，并处罚金二十二万元；继续追缴违法所得，退赔被害人吴某某。宣判后，被告人王某对非法经营罪没有异议，对诈骗罪有异议，遂以“借吴某某400万元的行为不构成诈骗罪”为由，提出上诉。二审法院以事实不清为由裁定发回重新审判。乌海市海勃湾区人民法院另行组成合议庭后于2014年6月5日作出(2013)乌勃刑初字第360号刑事判决依然认定王某罪名成立，并加重了王某非法经营罪的刑罚。宣判后，原审被告人王某不服，再次提出上诉。乌海市中级人民法院于2014年8月30日公开开庭审理了本案。乌海市中级人民法院认为，上诉人王某在不具备偿还能力的情形下，以高额利息为诱饵，向吴某某借贷巨额资金，隐瞒其要将该款用于非法买卖承兑汇票的事实，在明知存在巨大风险的情况下将承兑汇票卖给王某某，导致最终不能偿还欠款，其行为构成诈骗罪，且属于诈骗数额特别巨大。王某以营利为目的，从事非法资金支付结算业务，情节严重，其行为构成非法经营罪，应当两罪并罚。关于上诉人王某不构成诈骗罪的意见不予采纳。前次发回重审后一审在没有补充起诉的新的犯罪事实的情况下加重了上诉人王某非法经营罪的刑罚，违背了上诉不加刑的规定，对检察人员提出的意见予以采纳。原审判决认定事实基本清楚，审判程序合法，但适用法律和量刑不当，遂依法改判上诉人王某犯诈骗罪，判处有期徒刑十一年六个月，并处罚金二万元；犯非法经营罪，判处有期徒刑二年，并处罚金十八万元，决定执行有期徒刑十三年，并处罚金二十万元。

161 王某某非法经营、诈骗案：[①]（1）非法经营事实。2013年7月至2014年7月，被告人王某某在无真实货物交易和合法债权、债务关系的情况下，以贴现方式从郑某某等人处购买承兑汇票5000万元左右，再将购买的承兑汇票分别卖给其他个人、公司，从中赚取差价。（2）诈骗事实。2014年7月3日上午，被告人王某某给被害人程某打电话，称其当天有承兑汇票收购，让程某给其100万元，下午钱到账后，连同之前欠程某的钱一并归还。程某遂给王某某转款100万元。王某某收到程某的100万元后，并未购买承兑汇票，而是归还闫某欠款80万元，归还其他欠款20.5万元。后经程某多次催要，王某某找理由推脱钱未到账，仅于2014年7月6日归还程某2万元。济源市人民法院认为，被告人王某某未经国家有关主管部门批准，在没有真实交易关系和合法债权、债务关系的情况下，倒卖承兑汇票，扰乱金融市场秩序，情节严重，其行为构成非法经营罪；被告人王某某以非法占有为目的，采用隐瞒真相、虚构事实的方式，骗取他人98万元，数额特别巨大，其行为构成诈骗罪。王某某一人犯数罪，依法应当数罪并罚。王某某不服，提起上诉。主要理由：一是其对买卖承兑汇票的行为不知道是犯罪；二是其和陈某某系合伙做买卖承兑汇票的生意，其没有诈骗的故意，其不构成诈骗罪。

二审审理查明的事实和证据与一审相同。二审法院认为，王某某未经国家相关部门批准，没有真实交易关系和合法债权、债务关系的情况下，倒卖承兑汇票，扰乱金融市场秩序，情节严重，其行为构成非法经营罪；王某某以非法占有为目的，采用隐瞒真相、虚构事实的方式，骗取他人98万元，数额特别巨大，其行为构成诈骗罪。遂依法裁定驳回上诉，维持原判。

① 一审判决（2015）济刑初字第13号（2016年6月7日）；二审裁定维持原判（2016）豫96刑终61号（2016年8月18日）；再审通知（2018）豫96刑申5号（2018年9月26日）。

王某某不服(2016)豫96刑终61号刑事裁定,提出申诉,认为原一审、二审裁判认定事实及适用法律错误,应当改判无罪。主要理由:一是王某某买卖承兑汇票的行为是票据中介行为,不属于贴现,不是支付结算行为,不构成非法经营罪。票据中介行为不属于刑法中"违反国家规定",不应认定为"非法从事资金支付结算业务",中国人民银行《支付结算办法》要求的支付结算是资金清算,票据中介行为参与的只是票据行为的中间环节,还没有到最后的结算环节,不能认定为支付结算业务,支付结算办法的罚则不适用于票据中介行为。银监会政策法规部、公安部经济犯罪侦查局《关于对倒卖银行承兑汇票行为性质认定意见的批复》不是法律或行政法规,《最高人民检察院关于买卖银行承兑汇票行为如何适用法律问题的答复意见》(高检研函法释〔2013〕58号)明确规定:"根据票据行为的无因性以及票据法关于汇票可背书转让的规定,汇票买卖行为不同于支付结算行为,将二者等同可能会造成司法实践的混乱,实践中,买卖银行承兑汇票的情况比较复杂,对于单纯买卖银行承兑汇票的行为不宜以非法经营罪追究刑事责任。"该答复法律效力远远高于银监会政策法规部、公安部经济犯罪侦查局的批复。2014年7月15日最高人民法院(2013)刑核字第52号刑事裁定书明确认定:买卖承兑汇票的行为不属于资金结算业务,也不宜认定为其他严重扰乱市场秩序的非法经营行为,依法不构成非法经营罪。之后,各地也出现了一些类似不定罪的判例。以上情况说明,对于买卖承兑汇票的行为不构成非法经营罪。二是王某某没有以非法占有为目的骗取他人钱财的故意,不构成诈骗罪。

济源市中级人民法院经审查认为,一审、二审认为王某某未经国家有关主管部门批准,在没有真实交易关系和合法债权、债务关系的情况下,将银行承兑汇票作为经营对象,大肆进行买卖,涉及承兑汇票的数量多、金额大，扰乱金融市场秩序，情节严重，其行为构成非法经营罪，并无不当。关于王某某申诉称其没有以非法占有为目的骗取他人钱财的故意，依法不构成诈骗罪的理由，经查，一审、二审认为王某某以非法占有为目的，采用隐瞒真相、虚构事实的方式，骗取他人98万元，数额特别巨大，其行为构成诈骗罪，并无不当。综上所述，原一审、二审裁判认定事实清楚，证据充分，定性准确，量刑得当，审判程序合法，遂驳回申诉。

162 赵某某非法经营案：[①]2010年8月至2011年3月，被告人赵某某未经国家有关主管部门批准，收集承兑汇票，非法从事资金支付结算业务。赵某某向刘某收集承兑汇票后交给陈某贴现。根据陈某恢复的账务记载赵某某与陈某共做承兑汇票贴现业务3.9亿余元。根据调取的赵某某网银记录显示，陈某通过网银给赵某某回款3.4亿余元。因陈某未能回款，导致赵某某未给刘某回款数额达770余万元。原审法院认为，被告人赵某某未经国家有关部门批准，非法从事资金支付结算业务，情节严重，犯罪事实清楚，证据确实充分，其行为构成非法经营罪。被告人赵某某当庭自愿认罪，酌情给予从轻处罚。据此，以被告人赵某某犯非法经营罪，判处有期徒刑二年，缓刑三年，并处罚金七万元。该判决发生法律效力后，原审被告人赵某某提出再审申请，经再审法院院长提交审判委员会讨论决定，于2020年6月3日作出(2020)晋0921刑监2号再审决定，对本案提起再审。再审认为，原审被告人赵某某未经国家有关部门批准，将向他人收集的承兑汇票进行贴现、进行营利的事实清楚，该行为虽然违反了《票据法》关于票据取得应当具有真实的交易关系和债权、债务关系的规定，但

① 再审决定(2020)晋0921刑监2号(2020年6月3日)；再审其他(2020)晋0921刑再2号改判(2020年8月6日)。

买卖承兑汇票的行为不属于“资金支付结算业务”，亦不宜认定为“其他严重扰乱市场秩序的非法经营行为”，依法不构成非法经营罪。原审认定事实清楚，证据确实充分，审判程序合法，但认定原审被告人赵某某犯非法经营罪，适用法律错误，定罪不当，本院再审予以改判。据此，经审判委员会讨论决定，撤销本院(2012)定刑初字第77号刑事判决，改判原审被告人赵某某无罪。

参考规则

非法买卖承兑汇票属于《非法金融机构和非法金融业务活动取缔办法》《防范和处置非法集资条例》中的“票据贴现等金融业务活动”，属于违反国家规定，未经许可从事非法经营活动的行为。

非法买卖承兑汇票行为是否构成非法经营罪，关键在于该类行为是否属于“其他严重扰乱市场秩序的非法经营行为”，应当综合社会形势、金融风险和金融监管政策等因素进行认定。

当前司法机关对非法买卖承兑汇票的行为普遍认为不构成非法经营罪，但当金融风险剧增，金融监管政策大幅收紧的情况下，对于个别已产生重大危害或者容易引发金融风险的非法买卖承兑汇票行为，依然不排除纳入刑事规制的可能。

规则解析

近年来，不少法律同仁问起，最高人民法院、最高人民检察院《关于办理非法从事资金支付结算业务、非法买卖外汇刑事案件适用法律若干问题的解释》第一条规定了“非法从事资金支付结算业务”的四种情形，现实中存在大量违反《票据法》《票据管理实施办法》中“持票人与出票人、前手之间具有真实的交易关系和债权债务关系”的规定，即倒卖银行承兑商业汇票的行为，是否可以归类为上述解释第四项中的“其他”行为？比如，A公司在几年时间里，从B公司买入大量银行承兑商业汇票，再倒卖出去赚取差价，金额达到数亿元，显然破坏了正常的票据管理秩序，该行为具有违法性，有社会危害性，而《关于办理非法从事资金支付结算业务、非法买卖外汇刑事案件适用法律若干问题的解释》第三项对于“支票套现”属于“非法从事资金支付结算业务”进行了明确规定，但未将汇票列明。倒卖汇票行为实质上也是一种套现行为，危害程度相当，那么对该类行为认定为“非法从事资金支付结算业务”是否可行？如果不行，如何对此类行为进行处理亟需研究明确。

一、非法买卖承兑汇票属于《非法金融机构和非法金融业务活动取缔办法》《防范和处置非法集资条例》中的“票据贴现等金融业务活动”，属于违反国家规定，未经许可从事非法经营活动的行为

关于买卖承兑汇票行为是否属于非法经营行为，争议一直存在。关于买卖承兑汇票的行为定性最早发生在崔某记非法买卖承兑汇票一案中。该案请示到最高人民法院，最终个案答复不构成非法经营罪。由于该个案答复并未以司法解释的批复形式下发，也未向社会公布，所以各地司法机关对买卖承兑汇票行为的定性依然不尽统一，有定罪的案例，也有不定罪的案例。从总体趋势看，2013 年至 2016 年，地方司法机关对买卖承兑汇票的行为认定非法经营罪的时有发生。2018 年依然有认定非法经营罪的案例。如案例 161 王某某非法经营一案中，2018 年 9 月 26 日济源中级人民法院裁定驳回原审被告人王某某的申诉，维持原一审、二审裁判的意见。但 2019 年后，全国司法机关基本达成共识，对买卖承兑汇票的行为基本不再认定非法经营罪。有的地方法院还主动启动了再审程序，对法院曾经定罪案件大范围地改判无罪。如案例 162 赵某某非法经营一案，当地法院对类似案件启动了再审程序，进行了改判，宣告原审被告人无罪。

对于买卖承兑汇票的行为的社会危害，办案机关存在不同认识。主张认定非法经营罪的案件着力于保护银行利益，维护金融秩序。主张不定罪的案件，基本是从实质危害和政策的角度考虑。特别是随着银行业市场的放开，对银行的保护不像计划经济时代那样。买卖承兑汇票虽然会次生其他犯罪，但最主要的危害还在于扰乱金融秩序，对金融行业形成不正当的竞争。此外，主张不定罪的部分观点提出非法买卖承兑汇票并未违反国家规定。

关于非法买卖承兑汇票是否违反国家规定，我们认为，可以综合相关文件进行分析论证。关于支付结算、票据贴现等金融业务活动认定的重要文件主要有三个：一是最高人民法院、最高人民检察院最新出台的《关于办理非法从事资金支付结算业务、非法买卖外汇刑事案件适用法律若干问题的解释》（2019年2月1日施行）第一条在解释“非法从事资金支付结算业务”时虽然仅列举了“（三）非法为他人提供支票套现服务”，但紧接着还有第四项”兜底项规定“其他非法从事资金支付结算业务的情形”。二是国务院1998年下发的《非法金融机构和非法金融业务活动取缔办法》（国务院令第247号）。该文件第四条规定：“本办法所称非法金融业务活动，是指未经中国人民银行批准，擅自从事的下列活动：……（三）非法发放贷款、办理结算、票据贴现、资金拆借、信托投资、金融租赁、融资担保、外汇买卖……”虽然该文件已被《防范和处置非法集资条例》（国务院令第737号，2021年1月26日施行）废止，但《防范和处置非法集资条例》也进行了类似规定。该文件第三十九条“未经依法许可或者违反国家金融管理规定，擅自从事发放贷款、支付结算、票据贴现等金融业务活动的，由国务院金融管理部门或者地方金融管理部门按照监督管理职责分工进行处置。”三是中国人民银行1997年出台的《支付结算办法》。该文件第三条规定：“本办法所称支付结算是指单位、个人在社会经济活动中使用票据、信用卡和汇兑、托收承付、委托收款等结算方式进行货币给付及其资金清算的行为。”虽然中国人民银行的《支付结算办法》不属于国家规定，但该文件可以视为对国务院制发的《非法金融机构和非法金融业务活动取缔办法》中“办理结算、票据贴现……”和《防范和处置非法集资条例》中“支付结算、票据贴现等金融业务活动”的具体解释。

综合以上文件分析，如果说非法买卖承兑汇票是否属于“非法从事资金支付结算业务”依然存在分歧，那么非法买卖承兑汇票属于《非法金融机构和非法金融业务活动取缔办法》《防范和处置非法集资条例》中的“票据贴现等金融业务活动”似无任何争议（更何况以上文件中的“等”还可以作等外解释）。而《防范和处置非法集资条例》第三十九条对支付结算、票据贴现等金融业务活动明确了许可制度。据此，未经许可从事票据贴现等金融业务活动，属于违反国家规定。

二、非法买卖承兑汇票行为是否构成非法经营罪,关键在于该类行为是否属于"其他严重扰乱市场秩序的非法经营行为",应当综合社会形势、金融风险和金融监管政策等因素进行认定。对于个别已产生重大危害或者容易引发金融风险的非法买卖承兑汇票行为,不排除纳入刑事规制的可能

基于以上分析,我们认为,买卖承兑汇票的行为能否构成非法经营罪取决于该类行为是否属于"其他严重扰乱市场秩序的非法经营行为"。而这一认定,更侧重于该类行为的实质危害,这就不可避免与社会形势、金融风险、金融监管政策紧密相关。即使当前司法机关对非法买卖承兑汇票的行为普遍认为不构成非法经营罪,但当金融风险剧增,金融监管政策大幅收紧的情况下,对于个别已产生重大危害或者容易引发金融风险的非法买卖承兑汇票行为,不排除纳入刑事规制的可能。

【案例 163】甲某非法经营案*

非法经营罪系列研究（六）（个案研究 10）：在投资移民过程中将境内资金通过境外公司换汇至境外账户的定性；利用境内公司职务之便通过境外合作公司帮助他人实施前述行为的定性

关键词：

非法经营　投资移民　境外合作公司　换汇　境外账户　违法所得　掩饰、隐瞒犯罪所得

基本案情

163

甲某在担任出国咨询公司总经理期间，接受客户乙某的委托代办投资移民事项，后乙某家属将人民币 350 万元转入甲某账户。甲某遂指令公司员工与澳大利亚合作公司联系换汇，将其中人民币 280 万元汇入澳大利亚方公司指定的中国境内账户。澳大利亚方公司在中国的账户收到款项后，遂安排向乙某的澳大利亚账户汇款。后乙某在甲某个人账户中的剩余投资移民款由甲某通过其他途径换汇至境外，最终汇入乙某澳大利亚账户 50 余万美元。

经查，甲某还存在类似的行为，将丙某的境内资金换汇为欧元，汇入赛普洛斯账户。后查明丙某换汇资金系合同诈骗所得，

* 本文原载“刑水浮萍”微信公众号 2021 年 4 月 13 日《司法疑难之 356》。

但甲某辩解其系受欺骗，不知丙某换汇的资金来源系合同诈骗所得。对甲某的行为如何定性？违法所得如何认定？

参考规则

通过境外公司，将境内人民币汇入境外公司指定的中国境内账户，境外公司再向其境外账户汇款，属于违反国家规定，变相买卖外汇的行为，应当以非法经营罪定罪处罚，非法经营数额、违法所得数额累计计算。

利用境内公司职务之便，通过境外合作公司帮助他人实施前款行为的，构成非法经营罪的共犯。

明知他人换汇的资金来源系犯罪所得，依然帮助他人实施第一款行为的，分别构成非法经营罪和掩饰、隐瞒犯罪所得罪，实行两罪并罚。资金来源系毒品犯罪、黑社会性质的组织犯罪、恐怖活动犯罪、走私犯罪、贪污贿赂犯罪、破坏金融管理秩序犯罪、金融诈骗犯罪所得的，则分别构成非法经营罪、洗钱罪，实行非法经营罪和洗钱罪并罚。

规则解析

一、通过境外公司，将境内人民币汇入境外公司指定的中国境内账户，境外公司再向其境外账户汇款，属于违反国家规定，实施变相买卖外汇的行为，应当以非法经营罪定罪处罚，非法经营数额、违法所得数额累计计算。利用境内公司职务之便，通过境外合作公司帮助他人实施前款行为的，构成非法经营罪的共犯

在投资移民过程中，通过境外公司，将境内人民币汇入境外公司指定的中国境内账户，境外公司再向其境外账户汇款，属于违反国家规定，实施变相买卖外汇的行为。依照《最高人民法院、最高人民检察院关于办理非法从事资金支付结算业务、非法买卖外汇刑事案件适用法律若干问题的解释》（法释〔2019〕1 号，以下简称《买卖外汇解释》）第二条、第六条的规定，应当以非法经营定罪处罚，非法经营数额或者违法所得数额累计计算。

关于本案甲某所涉第一笔换汇资金的行为定性，甲利用公司职务之便，接受客户委托将人民币转入其本人账户，通过境外合作公司，将境内人民币汇入境外公司指定的中国境内账户，境外公司再向客户境外汇款，与客户具有共同犯罪的故意和客观行为，均属于违反国家规定，实施变相买卖外汇的行为，构成非法经营罪的共犯。

本案中，如果甲某没有赚取任何差价，意味着其没有获取违法所得。但未获取违法所得，并不意味着其行为不构成犯罪。甲某的行为依然扰乱金融市场秩序，且达到情节严重以上，应当依照《刑法》第二百二十五条第四项的规定，以非法经营罪定罪处罚。对于没有违法所得或者违法所得难以确定的，依照《买卖外汇解释》第七条的规定，按照非法经营数额的千分之一认定违法所得数额，依法并处或者单处违法所得一倍以上五倍以下罚金。

二、明知他人换汇的资金来源系犯罪所得，依然帮助他人实施第一款行为的，分别构成非法经营罪和掩饰、隐瞒犯罪所得罪，实行两罪并罚。资金来源系毒品犯罪、黑社会性质的组织犯罪、恐怖活动犯罪、走私犯罪、贪污贿赂犯罪、破坏金融管理秩序犯罪、金融诈骗犯罪所得的，则分别构成非法经营罪、洗钱罪，实行非法经营罪和洗钱罪并罚

关于本案甲某所涉第二笔换汇资金的行为定性，甲某主观上是否明知换汇资金的来源性质对甲某的行为定性具有重大影响。如果甲某不明知丙某换汇资金的来源性质，甲某仅构成非法经营罪。综合全案证据和事实分析，甲某第一次未获取换汇差价，第二次亦未对丙某加价处理，在一定程度上意味着甲并未考虑共犯风险后果。从事实存疑有利被告角度出发，可以认定甲某主观上对换汇资金来源性质不明知，其辩解属于合理解释，除非有充分证据推翻甲某的辩解。

如果确有证据证明甲某明知丙某换汇资金的来源性质（不要求甲某确知丙某的资金来源系合同诈骗所得），依然帮助丙某将违法所得转移境外，其在非法经营罪之外，还构成掩饰、隐瞒犯罪所得罪。关于非法经营罪和掩饰、隐瞒犯罪所得罪，分别侵犯了不同法益，两者不具有紧密的牵连关系，以一罪论处的说服力不强，此类情形一般按照数罪并罚原则处理。

【案例 164-165】涂某江等非法经营案*

非法经营罪系列研究（六）（个案研究 11）：对不同情形未经许可擅自从事发放贷款的定性处理

关键词：

非法经营　国家规定　擅自从事发放贷款　不特定对象　暴力催收　黑社会性质组织

基本案情

164

涂某江等非法经营案：1998 年 8 月至 2002 年 9 月，被告人涂某江、胡某为了牟取非法利益，或以贺某桥公司、涂某江的个人名义，或假借中国农业银行武汉市江汉支行及未经批准成立的武汉市江夏区工商联互助基金会的名义，采取签订借据的形式，按月息 2.5%、超期按月息 9%的利率，以贺某桥公司、涂某江、胡某的个人资金，先后向凌云水泥有限公司及庞达权等 21 家单位及个人发放贷款共计人民币（以下币种同）907 万元，并从中牟取利益共计 114 万余元。武汉市江汉区人民法院认为，涂某江对外高息发放贷款，从事非法金融业务活动，情节严重，根据国务院发布的《非法金融机构和非法金融业务活动取缔办法》第二十二条的规定，应当追究被告人涂某江的刑事责任。依照《刑法》第二百二十

* 本文原载“刑水浮萍”微信公众号 2018 年 1 月 23 日《对民间高利贷应当区分不同情形分别定性》。

五条第四项等规定，判决"被告人涂某江犯非法经营罪，判处有期徒刑五年，罚金二百万元"(湖北省武汉市江汉区人民法院(2003)汉刑初字第711号刑事判决书)。涂某江不服一审判决依法上诉后，武汉市中级人民法院除将涂某江的处刑改为三年有期徒刑外，全面维持了一审判决的定性与定罪理由。

165

吕某非法经营案：2007年9月至2009年7月，被告人吕某自筹资金及向他人低息借款，后以4%～15%的月息先后向湖南省某担保股份有限公司、武某等12个单位和个人发放高利贷共计2413万元，牟取利益共计722万余元。本案审理过程中，对被告人吕某的行为定性存在分歧。一种观点认为，吕某构成非法经营罪。主要理由是：被告人违反国家规定，未经国家有关部门批准，从事非法金融业务活动，向不特定人放贷获取高息从中牟利，扰乱市场秩序，情节特别严重，其行为构成非法经营罪，应当依照《刑法》第二百二十五条第四项的规定定罪处罚。另一种观点认为，吕某的行为不构成非法经营罪。主要理由是：将民间高利放贷行为以非法经营罪定罪没有法律依据，缺少违反"国家规定"的要件，且将此类行为入罪涉及面太广，打击面难以掌控。

参考规则

未经许可向不特定对象发放贷款，属于擅自从事发放贷款，违反了《防范和处置非法集资条例》等国家规定，一般情况下，属于严重扰乱市场秩序的非法经营行为。但基于当前特定经济环境下民间借贷的特殊背景考虑，是否属于严重扰乱市场秩序的非法经营行为具有不确定性。同时，从刑事政策出发，一般不宜以非法经营罪追究刑事责任。

通过黑社会性质组织发放贷款行为，主体上不属于平等的民事主体，保障手段上不依靠合同条款和法律途径救济，利率上普遍畸高、利息远超出本金，且往往

次生暴力和人身伤害事件后果，实质上已偏离了民间借贷的本质特征，属于违反国家规定，未经许可擅自从事发放贷款，严重扰乱金融管理秩序的行为，情节严重的，应当以非法经营罪追究刑事责任。

部分民间借贷案件中，放贷人在向借贷人催收合法的本金和利息过程中，可能使用暴力或者以暴力相威胁手段，但这种民间借贷催收与黑社会性质组织催收具有本质不同，发放贷款的社会危害程度亦明显不同，实践中应当区别把握。

规则解析

随着近年来国际经济形势的变化，国家对金融政策进行了一系列调整，如提高存款准备金率、商品房限购、贷款限缩，等等。这些调整对一些领域投资过热现象起到了一定遏制作用，同时也造成了银根收紧、资产流动性萎缩的后果。如房地产、钢材贸易等领域投资过热，一旦金融政策收紧，大量中小企业出现资金断裂，直接催化了民间借贷行业的飞速发展。一些企业主因背负巨额债务无法偿还，采取了逃匿、自杀等极端手段，造成了一定程度的恐慌，并在一些地区引发了群体性事件，影响了社会稳定。一时间主张对民间高利贷入罪的呼声比较高，理论界与实务界关于民间高利贷定性的研究论文呈百花争鸣之势。从目前研究成果看，绝大多数观点都是持非此即彼态度，要么主张民间高利贷不构成犯罪，要么主张构成犯罪，总体出罪观点多于入罪观点。但无论哪种观点依然留有疑问。如主张出罪观点，如何合理解释向不特定对象借贷属于非法集资，可能构成非法吸收公众存款罪、集资诈骗罪，而向不特定放贷却不构成犯罪；主张入罪观点，如何合理解释将自有资金高利放贷构成非法经营罪，反而将银行贷款高利转贷构成比非法经营罪罪刑更轻的高利转贷罪。如何合理解释将资金高利放贷给他人合法使用构成罪刑更重的非法经营罪，而将资金高利放贷供他人赌博而构成罪刑更轻的赌博罪。最高人民法院对民间高利贷未从整体上定性，而是区分个案不同情形分别作了不同的批复。我们认为，对民间高利贷主张一概出罪和一概入罪的理由都失之偏颇。下文结合非法经营罪的定罪要点对民间高利贷定性展开分析。

一、未经许可向不特定对象发放贷款，属于擅自从事发放贷款，违反了《防范和处置非法集资条例》等国家规定，一般情况下，属于严重扰乱市场秩序的非法经营行为。但基于当前特定经济环境下民间借贷的特殊背景考虑，是否属于严重扰乱市场秩序的非法经营行为具有不确定性。同时，从刑事政策出发，一般不宜以非法经营罪追究刑事责任

（一）民间高利贷是否“违反国家规定”

是否“违反国家规定”是民间高利贷是否构成非法经营罪的第一个分析要点。结合相关资料分析，我们认为，可以对主张民间高利贷违反国家规定的基本理路作这一个归结：国务院1998年下发的《非法金融机构和非法金融业务活动取缔办法》（国务院令第247号，以下简称《取缔办法》）。该文件第四条规定：“本办法所称非法金融业务活动，是指未经中国人民银行批准，擅自从事的下列活动：……（三）非法发放贷款、办理结算、票据贴现、资金拆借、信托投资、金融租赁、融资担保、外汇买卖……”虽然该文件已被《防范和处置非法集资条例》（国务院令第737号，2021年1月26日施行）废止，但《防范和处置非法集资条例》也进行了类似规定。该文件第三十九条规定：“未经依法许可或者违反国家金融管理规定，擅自从事发放贷款、支付结算、票据贴现等金融业务活动的，由国务院金融管理部门或者地方金融管理部门按照监督管理职责分工进行处置。”

根据以上规定，民间高利贷是否“违反国家规定”在于民间高利贷能否被认定为“擅自从事发放贷款”（《取缔办法》被废止前为“非法发放贷款”）。如果属于“擅自从事发放贷款”，就必须经中国人民银行批准。未经批准的，违反了《防范和处置非法集资条例》第三十九条的规定，即“违反国家规定”；如果不属于“擅自从事发放贷款”，就无需经中国人民银行批准，不存在未经许可的问题，从而也就不存在违反国家规定。因此，问题的关键在于“擅自从事发放贷款”的认定。

1. 利率高低是否属于认定擅自从事发放贷款行为

早在1952年11月27日颁布的《最高人民法院关于城市借贷超过几分为高利贷的解答》中，最高人民法院即“经函询中央人民政府政务院财政经济委员会的意见”，认同“关于城市借贷利率以多少为宜的问题，根据目前国家银行放款利率以

及市场物价情况私人借贷利率一般不应超过三分。但降低利率目前主要应该依靠国家银行广泛开展信贷业务，在群众中大力组织与开展信用合作业务，非法令规定所能解决问题。为此人民间自由借贷利率即使超过三分，只要是双方自愿，无其他非法情况，似亦不宜干涉。”1991 年颁布的《最高人民法院关于人民法院审理借贷案件的若干意见》第六条规定：“民间借贷的利率可以适当高于银行的利率，各地人民法院可根据本地区的实际情况具体掌握，但最高不得超过银行同类贷款利率的四倍（包含利率本数）。超出此限度的，超出部分的利息不予保护。”可见，利率高低不是区分擅自从事发放贷款行为合法与非法的界限，利率超过法律规定的限度只是不受法律保护，而不是认定非法的界限。

2. 放贷对象是否特定，是否属于认定擅自从事发放贷款行为

（1）从规范文件分析。中国人民银行办公厅 2001 年《关于以高利贷形式向社会不特定对象出借资金行为法律性质问题的批复》作了专门明确，将《取缔办法》第四条第三项“非法发放贷款”解释为“未经金融监管部门批准，以营利为目的，向不特定的对象出借资金，以此牟取高额非法收入的行为”。《取缔办法》虽然失效，但该批复依然有效，该批复对“发放贷款”的界定依然可以借鉴吸收，甚至依然可以参照适用。据此，如果放贷对象是特定的，即使放贷利率再高，也属于民事法律调整范围；但如果放贷对象是不特定的，意味着变相以银行或者其他金融机构形式从事发放贷款业务，此类金融活动必须经人民银行审批。未经批准，从事此类行为属于擅自从事发放贷款的非法金融活动。正如向特定主体借钱是一种合法借款行为，但如向不特定对象借款，就属于非法集资。

（2）从实践案例分析。对民间高利贷定性影响最大的案件莫过于涂某江非法经营案。该案中，中国人民银行办公厅曾出具过《关于贺胜桥公司非法从事金融业务活动性质认定的复函》。该复函认定涂某江以个人名义高息发放贷款的行为属于非法金融业务活动。公安部经济犯罪侦查局就此征求最高人民法院刑二庭的意见。最高人民法院刑二庭在向公安部经济犯罪侦查局《关于涂某江非法从事金融业务行为性质认定问题的复函》中认为，涂某江向他人非法发放高息贷款的行为，属于从事非法金融活动，根据《取缔办法》第二十二条的规定，设立非法金融

机构或者从事非法金融业务活动,构成犯罪的,依法追究刑事责任。因此,涂某江的行为属于《刑法》第二百二十五条第四项所规定的“其他严重扰乱市场秩序的非法经营行为”,涉嫌犯非法经营罪。后来不少案件都是参照涂某江非法经营案进行了处理。我们认为,涂某江向不特定对象发放贷款是涂某江案最典型的特征,依照《取缔办法》《防范和处置非法集资条例》等规定,属于非法发放贷款、擅自从事发放贷款的金融活动,以非法经营罪定罪处罚没有问题。然而,并不能由涂某江案处理结果推定向特定对象发放贷款的行为亦属于非法发放贷款行为。对向特定对象发放贷款的行为依照涂某江案处理,是对最高人民法院刑二庭关于涂某江案复函的误读。

综上,从违反国家规定这一要件分析,对于民间高利贷是否构成非法经营罪,要根据发放贷款对象是否特定而具体分析。[①] 对于发放贷款对象是特定的,依照《取缔办法》第四条、《防范和处置非法集资条例》第三十九条的规定,不属于非法发放贷款、擅自从事发放贷款,不应认定违反国家规定;对于发放贷款对象是不特定的,属于擅自从事非法发放贷款,属于非法金融业务活动,应当认定违反国家规定。

(二)民间高利贷是否属于“严重扰乱市场秩序的非法经营行为”

是否属于“严重扰乱市场秩序的非法经营行为”是民间高利贷是否构成非法经营罪的第二个分析要点。肯定观点以相关统计数据为依据认定民间高利贷对市场秩序的严重危害。相关资料显示,2008年,重庆市房地产企业深陷高利贷危机,涉高利贷金额近120亿元。2010年和2011年,仅深圳市的两次专项行动中,查处涉及高利贷问题的资金高达177亿元。2011年,公安部门查处的武汉一家专门从事高利贷业务的民营公司,在五年之内高利放贷数额达52亿余元,企业内部有完备的贷前调查、审核、放贷、催收等制度,对外自称类银行金融机构,除不能吸收存款外,其他银行业务都能做。[②] 据此,民间高利贷危及的不仅是金融机构的贷

① 李忠强、陈艳:《放高利贷行为的刑法评析》,载《人民检察》2013年第2期。

② 本文相关资源来源于笔者在最高人民法院刑二庭工作期间的调研材料。

款垄断权，而且对国家的金融管理秩序和金融安全亦造成巨大冲击。反对观点认为，民间高利贷能够适度缓解国家银行信贷资金不足，解决国家放贷政策收紧后中小企业和个人贷款难问题，社会危害性不大，不具有可罚性，无需纳入《刑法》规制。从《刑法》第二百二十五条第四项与前三项的行为在性质上相当，民间高利贷不属于"其他严重扰乱市场秩序的非法经营行为"。①

我们认为，上述观点都不够完整，主要原因在于未对民间高利贷的具体情形作进一步区分。需要强调的是，实践中要注意避免对"情节严重"的认定替代"严重扰乱市场秩序的非法经营行为"的认定。前者认定是个案认定，而后者认定是类案认定，即撇离具体个案情节，对一般情况下行为是否严重扰乱市场秩序进行认定。② 以下区分向特定对象发放贷款和向不特定对象发放贷款两种情形进行分析。

1. 向特定对象发放贷款是否属于"其他严重扰乱市场秩序的非法经营行为"

（1）向特定对象发放贷款有其特定经济背景。随着国家金融机构放贷政策收缩，中小企业贷款难成为普遍问题。金融机构发放贷款的门槛很高，不但可以获得贷款的项目十分有限，而且在高度的风险意识之下，审批程序复杂，发放贷款所需的时间冗长，致使相当一部分符合贷款条件而需要救急资金的人，对金融机构贷款望而生畏。以个人贷款为例，现有贷款科目基本上只限于个人购房、购车与助学贷款，除此之外，个人是难以获得银行贷款的。市场对借贷的需求与金融机构对市场需求的供给矛盾，给民间高利贷的存在提供了巨大空间。

（2）向特定对象发放贷款对经济发展具有一定积极作用。一是向特定对象发放贷款提高了资金的使用率。如浙江温州等地，个人手中的闲置资金较多。在银行存款利率低下，对资金持有者失去吸引力，而商机有限、投资的风险大的情况下，发放高利贷成为使社会闲置资金进入流通领域的重要途径。二是向特定对象发放贷款满足了市场对资金的需求，可以在一定程度上救急，避免因资金暂时短

① 刘建、罗曦：《民间高利贷的定性与实践误区》，载《检察官》2014 年第 11 期。

② 刘晓虎：《周某非法经营案》，载最高人民法院刑一、二、三、四、五庭主编：《刑事审判参考》（第 112 辑），法律出版社 2018 年版。

缺而导致停产、断产。三是向特定对象发放贷款不但可以刺激经济的发展,而且还可以分摊金融机构的贷款风险。①

(3)向特定对象发放贷款未达到严重扰乱市场秩序的危害程度。对于向特定对象发放贷款,很难从社会危害角度直接得出一个权威的结论,但从方法论上分析,可以通过与类似行为的比较得出大致准确的评价。如向特定对象借款,完全属于意思自治行为。同理,作为对向行为的向特定对象贷款,亦完全属于意思自治行为,是市场经济的有机组成部分。即使借贷双方约定远远超过法律规定限度的利息,放贷人也仅是对超出法律规定限度的利息不能依法向借贷人主张给付,对本金及法律规定限度的利息依然可以主张给付。从上述比较可知,向特定对象发放贷款与向特定对象借款一样,属于民事行为,即使双方存在违约,也不属于《刑法》第二百二十五条第四项规定的"其他严重扰乱市场秩序的非法经营行为"。

2. 未经许可向不特定对象发放贷款是否属于"严重扰乱市场秩序的非法经营行为"

无论是未经许可向特定对象还是向不特定对象发放贷款,其是否具有严重的社会危害性的判断,既有一般标准判断,又有特定经济背景下的判断。我们认为,从一般标准判断,属于"其他严重扰乱市场秩序的非法经营行为";但从当前特定经济背景分析,又具有不确定性。

(1)从一般标准分析,未经许可向不特定对象发放贷款与变相成立金融机构从事非法金融活动相当。此类行为实质上已不属于公民之间的意思自治行为。金融秩序对于一国经济发展至关重要,而国家对金融秩序的维护,是通过制定金融政策和规范金融管理活动来实现的。未经许可向不特定对象发放贷款违背经济规律,容易导致资金链断裂,引发违约、讨债等不法现象频频发生,民间资本正常运行的秩序遭到破坏。民间高利贷的发展,不可避免会逐渐演化为各式各样的地下金融活动,各种地下钱庄、披着担保公司外衣的非法金融机构大量产生,严重

① 邱兴隆:《入罪还是出罪,这是一个问题——民间高利贷的泛刑法分析》,载《现代法学》2012年第1期。

破坏金融秩序。[1] 可见,一般情况下,未经许可向不特定对象发放贷款,不但打破了金融机构发放贷款的垄断权,而且不同程度地破坏金融杠杆和金融安全。更为严重的是,未经许可向不特定对象发放贷款,辐射面广,影响面大,可能导致一系列恶性事件的发生。实践中,因高利贷而引发借贷人家破人亡、企业倒闭、借款人无力偿还出逃进而引发群体性事件时有发生,严重影响社会和谐稳定。

(2)从一般标准分析,未经许可向不特定对象发放贷款与向不特定对象非法集资的行为相当。当前,对向不特定对象借款的行为,《刑法》规定了非法吸收公众存款罪和集资诈骗罪,最高人民法院、最高人民检察院、公安部联合出台的相关规范性文件亦明确为非法集资的性质。虽然《刑法》对未经许可向不特定对象发放贷款没有作出明文规定,但不意味着对此类行为不应通过《刑法》规制。擅自向不特定对象发放高利贷款,是一种非法经营牟利行为,属于《刑法》规定的"其他严重扰乱市场秩序的非法经营行为"。

(3)从当前经济发展背景分析,未经许可向不特定对象发放贷款的社会危害程度具有不确定性。如本文开篇所言,近年来民间高利贷行业的催化和发展有很大的政策背景因素。民间高利贷能够适度缓解国家银行信贷资金不足,解决国家放贷政策收紧后中小企业和个人贷款难问题。从这个角度上评判,未经许可向不特定对象发放贷款不但没有社会危害,反而对社会具有积极意义。这就导致对未经许可向不特定对象发放贷款的社会危害程度的评判具有不确定性。

(三)对民间高利贷定罪能否维系罪责刑平衡

能否实现罪责刑相适应是民间高利贷是否构成非法经营罪的第三个分析要点。下文在假定民间高利贷构成非法经营罪的条件下,展开与高利转贷罪、赌博罪、非法吸收公众存款罪的比较分析。

1. 假定向特定对象发放贷款构成非法经营罪,与高利转贷罪、赌博罪的罪刑平衡比较分析

(1)与高利转贷罪罪刑比较。高利转贷是在骗取银行贷款、改变贷款用途的

---

① 杨积堂:《论民间借贷中高利贷的危害与法律规制》,载《新视野》2012 年第 2 期。

基础上进行的，不但滥用了银行的信任，破坏了金融秩序，而且增加了银行的贷款风险。而向特定对象发放贷款是以自有资金，所存在的风险仅在于行为人自有资金可能无法收回。两者比较，前者的危害程度应当大于后者。然而，根据《刑法》规定，高利转贷罪的最高法定刑为七年有期徒刑，而非法经营罪的最高法定刑为十五年有期徒刑。可见，将以自有资金发放高利贷的行为以非法经营罪追究刑事责任，其结果必然使《刑法》陷入轻罪重刑、重罪轻刑的悖论之中，直接违反罪责刑相适应的基本原则。同时，还会带来如下困惑：一旦将民间高利贷作为犯罪追究刑事责任，贷款人所实际取得的任何利息都会作为非法所得而被收归国有，尚未取得的利息则应从借款人处追缴，甚至借款本金也会被视为用于犯罪的资金而被没收。①

（2）与赌博罪罪刑比较。最高人民法院、最高人民检察院2005年联合出台的《关于办理赌博刑事案件具体应用法律若干问题的解释》第四条规定："明知他人实施赌博犯罪活动，而为其提供资金、计算机网络、通讯、费用结算等直接帮助的，以赌博罪的共犯论处。"由该规定可知，向特定对象发放贷款供赌博使用，以赌博罪共犯论处，最高法定刑为有期徒刑三年，且一般会认定为赌博罪的从犯，可能判处二年以下有期徒刑；而向特定对象发放贷款用于非犯罪用途（或者在所不问）如构成非法经营罪，最高法定刑为有期徒刑十五年，且一般不会认定为从犯。可见，如向特定对象发放贷款构成非法经营罪严重违反罪责刑相适应原则。

2. 假定未经许可向不特定对象发放贷款构成非法经营罪，与非法吸收公众存款罪罪刑平衡比较分析

未经许可向不特定对象发放高息贷款与向不特定对象高息借款的社会危害相当，因此，可将此类民间高利贷与非法吸收公众存款罪比较分析。根据《刑法》（2020年修正）第一百七十六条的规定，非法吸收公众存款或者变相吸收公众存款，扰乱金融秩序，第一量刑档最高法定刑为三年以下有期徒刑，而非法经营罪，

① 邱兴隆：《入罪还是出罪，这是一个问题——民间高利贷的泛刑法分析》，载《现代法学》2012年第1期。

第一量刑档最高法定刑为五年有期徒刑；非法吸收公众存款罪第二量刑档最高法定刑为十年有期徒刑，而非法经营罪第二量刑档为十五年有期徒刑；非法吸收公众存款罪第三量刑档最高法定刑十五年有期徒刑。综合量刑档和定罪量刑标准，非法经营罪的处罚要重于非法吸收公众存款罪，但此种差别可以通过具体判罚维系平衡，不会导致罪责刑明显失衡。如个人向不特定对象高息放贷 30 万元的，以非法经营罪论处，可以判处有期徒刑二年，与非法吸收公众存款 30 万元判罚维系大致平衡；向不特定对象高息放贷 1000 万元的，可以非法经营罪论处，在十年以下判处有期徒刑判罚，与非法吸收公众存款 1000 万元判罚维系大致。

通过上述比较可知，对向特定对象发放高息贷款的行为以非法经营罪论处，难以从罪责刑相适应原则维系高利转贷罪、赌博罪的平衡，有轻重倒置之嫌；而对向不特定对象发放高息贷款的行为以非法经营罪论处，虽然与社会危害相当的非法吸收公众存款行为在罪责刑上存在一定失衡，但可以通过具体判罚协调平衡。

我们认为，虽然未经许可向不特定对象发放贷款，属于擅自从事发放贷款，违反了国家规定，但基于当前社会背景分析是否属于严重扰乱市场秩序的非法经营行为具有不确定性，从刑事政策出发，一般不宜以非法经营罪追究刑事责任。

二、通过黑社会性质组织发放贷款行为，主体上不属于平等的民事主体，保障手段上不依靠合同条款和法律途径救济，利率上普遍畸高且利息远超出本金，且往往次生暴力和人身伤害事件后果，实质上已偏离了民间借贷的本质特征，属于违反国家规定，未经许可擅自从事发放贷款严重扰乱金融管理秩序的行为，情节严重的，应当以非法经营罪追究刑事责任

实践中，有一种比较特殊的放贷方式，即通过黑社会性质组织发放高息贷款行为。此种高利放贷方式，有观点称为“强索高利贷行为”。[①] 表面上看，此种放贷与民间高利贷没什么区别，但实质上已偏离了民间高利贷的本质特征。一是从主体分析，虽然从法律角度判断双方是平等的民事主体，但实际上放贷方处于明显强势，借贷方处于明显弱势。二是从高利放贷的保障手段分析。民间借贷的本质

① 张建、俞小海：《强索高利贷行为的刑法分析》，载《中国刑事法杂志》2012 年第 8 期。

是始于意思自治，依靠的是合同保障条款救济，实质终极是法律保障救济。而此类放贷一开始就旨在脱离法律监管，通过黑社会性质组织形成独特而比较稳定的放贷、催收机制，通常是使用暴力或者以暴力相威胁。三是通过黑社会性质组织发放高利贷，利率普遍畸高，且利息数额往往远远超过本金。如南京首例高利贷入罪案的利息在月息8%~20%，上海首例高利贷入罪案利息为7%~15%。① 四是通过黑社会性质组织发放高利贷，容易催生暴力和人身伤害事件。对于此类高息放贷行为，应当以组织、领导黑社会性质组织罪、非法经营罪并罚，使用暴力、威胁催收行为还构成非法拘禁、故意伤害、故意杀人等其他犯罪的，应当数罪并罚。如陈某春涉黑案，查明陈某春纠结陈某伟等人，以个人名义，先后多次向多家单位和个人，发放高利贷本金共计1.4亿余元，已收回本息1.7亿余元，仍索要本息3.9亿余元。为索要高利贷还款，陈某春指使陈某伟等带领本案其他多名被告人多次冲砸欠债公司的办公室、驱散员工、喷漆等，对欠债个人威胁、恐吓，以此威逼对方偿还高利贷。南京市鼓楼区人民法院认为，陈某春犯组织、领导黑社会性质组织罪、非法经营罪、寻衅滋事罪、聚众扰乱社会秩序罪、伪造国家机关证件罪；其他各名被告人均犯参加黑社会性质组织罪，并根据在此组织中分工不同，分别获罪。有观点主张，此类案件中，如果放贷人绑架借贷人，或者对借贷人以暴力相威胁的，可以构成绑架罪、敲诈勒索罪。我们认为，此类案件中，虽然放贷人索要的财物数额大于本金甚至约定的高息，超出了法律规定的限度，但毕竟是基于合同约定的高息或者违约金索要，不宜对超出限度部分的财产认定放贷人具有非法占有目的。

三、部分民间借贷案件中，放贷人在向借贷人催收合法的本金和利息过程中，可能使用暴力或者以暴力相威胁手段，但这种民间借贷催收与黑社会性质组织催收具有本质不同，发放贷款的社会危害程度亦明显不同，实践中应当区别把握

需要提示的是，部分民间借贷案件中，放贷人在向借贷人催收本金和利息未果时，也可能使用暴力或者以暴力相威胁手段，但这种手段方式与黑社会性质组

① 龚振军：《民间高利贷入罪的合理性及途径探讨》，载《政治与法律》2012年第5期。

织发放贷款具有本质不同，实质所造成的社会危害程度亦明显不同，实践中应当注意区别把握。

此外，实践中认定向不特定对象发放贷款时要严格把握，不能仅以对象达到三人以上就认定为“不特定对象”，具体案件中应当结合时间跨度、发放贷款缘由以及发放贷款过程等各种因素综合认定。

【案例 166-169】金某等非法经营案*

非法经营罪系列研究（六）（个案研究 12）：未经许可从事成品油经营的定性

关键词：

非法经营　国家规定　未经许可　成品油　柴油　汽油　危险化学品　瓶装石油气

基本案情

166

金某非法经营案：2007 年 5 月起，被告人金某在未办理成品油零售经营批准证书，亦未申请工商登记的情况下，与他人合伙在 MC 市某镇开设加油站销售汽油和柴油，由金某负责从山东、河南、中石化武汉阳逻油库等地进购汽油、柴油，并销售和日常管理。后因合伙经营不善，自 2007 年 12 月 28 日起，金某独立经营该加油站，另一合伙人仅收取固定的收益和租金。经查，自 2007 年 5 月至 2010 年 10 月，某镇二桥路汽油加油机累计加油升数为 214 945.66 升，累计加油金额人民币（以下币种同）为 1 356 427.98 元；柴油加油机累计加油升数 127 363.97 升，累计加油金额为 815 383.89 元，汽油、柴油销售金额总计 217 万余元。因无法查

* 本文系在"刑水浮萍"公众号 2017 年 9 月 10 日《金某非法经营案——未经许可从事成品油经营行为的定性》的基础上修改而成。

实相关进货成本,故未能认定金某具体获利情况。其间,2007 年、2008 年、2009 年,因金某未经许可擅自新建加油站、从事成品油经营,MC 市商务局三次对其作出行政处罚,分别责令其停止建设、停止经营,并处以罚款,但责令停止建设和停止经营的处罚均未实际执行,金某托人说情后罚款亦得以部分减免。

公诉机关认为,被告人金某违反 2004 年《国务院对确需保留的行政审批项目设定行政许可的决定》(国务院令第 412 号,以下简称《行政许可决定》),未经许可经营法律、行政法规规定的限制买卖的物品,情节严重,构成非法经营罪,依照《刑法》第二百二十五条第一项之规定向 MC 市人民法院提起公诉。

被告人金某认为其行为不构成非法经营罪。辩护人提出,金某的行为是行政违法行为,不具有刑事违法性,不构成非法经营罪。理由是:(1)金某仅违反了商务部的《成品油市场管理办法》(商务部令〔2006〕第 23 号),而该办法不属于"国家规定",金某的行为属于行政违法行为。(2)国家未制定成品油市场管理的法律、行政法规,《行政许可决定》仅明确了从事成品油经营需要行政许可,并未规定成品油为限制买卖物品,况且实践中成品油已对个人放开经营,说明成品油已不属于国家垄断经营。(3)根据罪刑法定原则,法律没有明文规定犯罪的不得定罪处罚,目前尚无法律明确规定未取得成品油经营审批资格从事经营构成犯罪。

本案审理过程中,对金某未经许可从事成品油经营的行为定性,主要形成三种意见:

第一种意见认为,金某的行为不构成非法经营罪。主要理由是:(1)金某的行为未违反国家规定。非法经营罪的构成需要违反国家规定,而根据《刑法》第九十六条和 2011 年《最高人民法院关于准确理解和适用刑法中"国家规定"的有关问题的通知》(以下简称《国家规定通知》),对于违反地方性法规、部门规章的行为，不得认定为违反国家规定。现行法律、行政法规没有就石油成品油批发、仓储、零售经营的资格审批问题进行规定。虽然《行政许可决定》将石油成品油批发、仓储、零售经营资格审批明确规定为需经行政许可的项目，由商务部、省级人民政府商务行政主管部门实施，但该决定并未将该行政许可具体化，没有具体的程序、责任、措施等内容，之后商务部为执行该决定制定了《成品油市场管理办法》。因此，《行政许可决定》规范的对象不是自然人，而是有关制定规范性文件的国家部门、地方政府部门。金某未办理成品油零售经营批准证书而经营成品油的行为，不能认为违反了《行政许可决定》，而是违反了《成品油市场管理办法》和《H省成品油市场管理办法》（以下简称《H省办法》）的相关规定，该两份规范性文件不属于《刑法》意义上的国家规定。因此，金某的行为未违反国家规定，不构成非法经营罪。(2)未经许可从事成品油经营的行为是否属于《刑法》第二百二十五条第四项规定的"其他严重扰乱市场秩序的非法经营行为"，尚无司法解释明确规定，法无明文规定不定罪，故应当从有利被告人角度认定不属于"其他严重扰乱市场秩序的非法经营行为"。(3)国家对行政审批许可整体呈下放趋势，国家对成品油采取分销体系，国家发改委亦规划在"十三五"完成成品油价格完全市场化，故成品油不属于限制买卖的物品。(4)对金某的行为完全可以通过行政处罚予以规制，无需动用刑罚手段。

第二种意见认为，被告人金某的行为构成非法经营罪。主要理由是：(1)金某违反了国家规定。《成品油市场管理办法》和《H省办法》均来源于《行政许可决定》，而《行政许可决定》已明确石油成品油批发、仓储、零售经营资格需要经过审批。金某在既无工商登记，也无成品油零售经营批准证书的情况下从事成品油经营，属于"违反国家规定"。(2)金某的行为属于"严重扰乱市场秩序的非法经营行为”。根据《国家规定通知》第三条的规定,在有关司法解释性文件未作明确规定的情况下,对《刑法》第二百二十五条第四项“其他严重扰乱市场秩序的非法经营行为”的认定,应当作为法律适用问题层报至最高人民法院请示。

第三种意见认为,被告人金某的行为构成非法经营罪。主要理由是:金某的行为违反了国家规定,且成品油属于国计民生的产业领域,按照国务院的相关规定应当按行政许可经营,应当视为限制买卖的物品,应当适用《刑法》第二百二十五条第一项之规定,以非法经营罪论处。

167 周某某非法经营案:[①]2017 年至 2018 年 1 月,被告人周某某在未经相关行政部门许可、未取得相应资质的情况下,向社会不特定人员非法销售柴油 357 522 元,非法获利 19 863 元。其中向陈某 1 销售柴油 170 385 元,每吨就低计算 5400 元,共 31.55 吨;向桑某 1 销售柴油 187 137 元,每吨就低计算 5400 元,共 34.66 吨。非法经营总吨数为 66.21 吨,每吨获利就低计算 300 元,共计获利 19 863 元(其他事实略)。

公诉机关指控被告人周某某违反国家规定,未经许可非法零售柴油,且数额较大,情节严重,应当以非法经营罪追究其刑事责任。辩护人提出无罪意见。主要理由如下:(1)经营柴油未违反“国家规定”;(2)柴油不属于法律、行政法规规定的专营、专卖物品或其他限制买卖物品;(3)经营柴油不属于《刑法》第二百二十五条第四项“其他严重扰乱市场秩序的非法经营行为”;(4)参考内蒙古王某军非法经营再审改判无罪案,周某某不构成非法经营罪。

一审法院针对周某某经营柴油是否违反“国家规定”、是否构

① 一审(2020)新 2201 刑初 139 号(2020 年 6 月 29 日)。

成非法经营罪综合评判如下:《行政许可决定》所附的《国务院决定对确需保留的行政审批项目设定行政许可的目录》第 183 项为“石油成品油批发、仓储、零售经营资格审批”,实施机关为商务部。同时《行政许可决定》还规定,国务院有关部门应当对实施本决定所列各项行政许可的条件等作出具体规定。因此,认定未许可经营成品油违反国家规定没有任何问题,但柴油是否系成品油范围,需要依据其他规范性文件进行认定。根据国务院办公厅转发国家经贸委等部门《关于清理整顿小炼油厂和规范原油成品油流通秩序的意见》(国办发〔1999〕38 号)中“国内各炼油厂生产的成品油(汽油、煤油、柴油)要全部交由石油集团、石化集团的批发企业经营”。《国务院关于实施成品油价格和税费改革的通知》(国发〔2008〕37 号)文件中“提高成品油消费税单位税额。汽油消费税单位税额每升提高 0.8 元,柴油消费税单位税额每升提高 0.7 元,其他成品油单位税额相应提高”。《商务部关于做好石油成品油流通管理“放管服”改革工作的通知》(商运函〔2019〕659 号)和《新疆维吾尔自治区商务厅关于取消和下放成品油零售经营资格审批权限有关事项的函》(新商市运函〔2020〕1 号)对成品油批发仓储经营资格审批取消后政策衔接进行了明确,新规定没有出台之前成品油零售审批管理工作仍按《商务部办法》规定的程序和条件办理,《成品油零售经营批准证书》暂由自治区商务厅统一向商务部申领。新疆润斌商贸有限公司及被告人未取得自治区商务厅颁发的《成品油零售经营批准证书》。

根据国务院《危险化学品安全管理条例》第三十三条规定,国家对危险化学品经营(包括仓储经营,下同)实行许可制度。未经许可,任何单位和个人不得经营危险化学品。国家安全生产监督管理总局、工业和信息化部、公安部、环境保护部、交通运输部、农业部、国家卫生和计划生育委员会、国家质量监督检验检疫总局、国家铁路局、中国民用航空局公告(2015年第5号)危险化学品目录中1674号即为柴油。

综上,一是国务院授权商务部规定了柴油属于成品油的范围。二是历来国务院发布的行政措施及国务院办公厅名义制发的文件也均规定柴油系成品油。三是柴油属于危险化学品,属于法律、行政法规规定的专营、专卖物品或其他限制买卖的物品。因此,被告人周某某未经国家有关部门的批准许可,非法零售柴油,确系违反了国家规定,未经许可经营法律、行政法规规定的专营、专卖、限制买卖的物品;周某某非法经营柴油的行为,扰乱了成品油的市场秩序,情节严重,构成非法经营罪。据此,一审法院系以被告人周某某犯非法经营罪,单处罚金5万元;非法所得19 863元依法予以没收,上缴国库。

168

李某、吴某等非法经营案:[①]戴某在未办理成品油经营许可证的情况下,从温州东码头以4200~4300元的价格购买柴油,再提价10元/吨销售给吴某等人,由吴某下单并安排司机到戴某指定的地点装油,过磅后吴某将柴油款转至油老板提供给戴某的银行账号。经查,2017年8月7日,吴某通过妻子黄某的工商银行账户(卡号62×××97)向戴某提供的郑某四农业银行账户(卡号62×××74)支付柴油款346 300元,2017年8月下旬开始戴某又先后四次向吴某销售柴油120余吨,销售金额50余万元。

吴某自2016年12月起先后购买三辆油罐车(车牌号码为豫Q×××××、豫Q×××××、豫Q×××××),聘请司机从事运输业务。2017年8月开始,吴某在未办理成品油经营许可证的情况下,从戴某、赵某、沿海码头等处购买柴油,安排司机李某、李某1等人

① 二审裁定(2019)赣09刑终192号(2019年10月25日);一审判决(2019)赣0922刑初19号(2019年5月23日)。

负责运输,提价290~320元/吨销售给晏某、王某2、雷某等人。经查,吴某向戴某支付油款共计346 300元,向赵某的农业银行账户(尾号4077)支付油款共计334 000元。另外,其向晏某销售柴油共计1 429 200元,向王某2销售柴油共计106 660元。

李某、李某1自2017年8月起给吴某跑货运,驾驶豫Q××××× 油罐车。2017年8月下旬至9月8日,李某、李某1在明知吴某没有成品油经营许可证的情况下,先后四次为其运送四车柴油(从戴某处购得的四车柴油)销往万载晏某处,四车柴油重量为120余吨,销售金额共计53万元左右,其中有21万元由李某、李某1收取现金,其余油款由晏某转账给吴某指定的账户(其他事实略)。

针对本案控辩焦点五被告人经营柴油是否构成非法经营罪的问题,一审法院的评判基本同案例167中一审法院的裁判理由:一是国务院授权商务部规定了柴油属于成品油的范围;二是历来国务院发布的行政措施及国务院办公厅名义制发的文件也均规定柴油系成品油。因此,五名被告人未经国家有关部门的批准许可,非法经营柴油,违反了国家规定,未经许可经营法律、行政法规规定的专营、专卖物品,公诉机关指控的犯罪事实和罪名成立,法院予以支持。一审宣判后,被告人不服,提起上诉。二审法院裁定驳回上诉,维持原判。

169

陈某某非法经营案:[①]自2005年7月至案发,陈某某伙同他人在没有经营许可证的情况下经营销售瓶装液化石油气,共同违法所得14 400元。福建省泉州市泉港区人民法院于2013年3月25日作出(2013)港刑初字第14号刑事判决,认定陈某某犯非法经营罪,判处有期徒刑十个月,并处罚金一万五千元;追缴共同违

① (2017)最高法刑申506号(最高人民法院,2017年10月26日)。

法所得14 400元,上缴国库。宣判后,陈某某未提出上诉,检察机关未提出抗诉。判决发生法律效力后,陈某某向泉州市中级人民法院提起申诉。在泉州市中级人民法院驳回申诉后,陈某某向福建省高级人民法院提出申诉。福建省高级人民法院于2015年9月1日作出(2015)闽刑监字第116号驳回申诉通知,驳回申诉。陈某某仍不服,以"陈某某的行为属于行政违法行为,不构成非法经营罪"为由向最高人民法院提出申诉。最高人民法院依法组成合议庭予以立案审查。现已审查完毕。

经审查认为,自2005年7月至案发,陈某某伙同他人在没有经营许可证的情况下经营销售瓶装液化石油气,违反了国务院颁布的《危险化学品安全管理条例》和《城镇燃气管理条例》等行政法规的规定。《危险化学品安全管理条例》(2013年修订前)第二十七条规定:"国家对危险化学品经营销售实行许可制度。未经许可,任何单位和个人都不得经营销售危险化学品。"第三条规定:"本条例所称危险化学品,包括爆炸品、压缩气体和液化气体、易燃液体、易燃固体、自燃物品和遇湿易燃物品、氧化剂和有机过氧化物、有毒品和腐蚀品等。"《城镇燃气管理条例》第十五条规定:"国家对燃气经营实行许可证制度。"第十六条规定:"个人从事瓶装燃气经营活动的,应当遵守省、自治区、直辖市的有关规定。"但《福建省燃气管理条例》规定,个人不得从事瓶装燃气经营活动。陈某某伙同他人违反国家规定,未经许可非法经营法律、行政法规限制买卖的瓶装液化石油气,扰乱市场秩序,非法经营数额达到14万余元,情节严重,构成非法经营罪。综上,最高人民法院驳回申诉。

参考规则

根据国务院办公厅转发的国家经贸委等部门《关于清理整顿小炼油厂和规范

原油成品油流通秩序的意见》(国办发〔1999〕38号),成品油包括汽油、煤油、柴油,等等。

《商务部关于做好石油成品油流通管理"放管服"改革工作的通知》(商运函〔2019〕659号)对成品油批发仓储经营资格审批取消后,成品油零售审批管理工作仍按原程序和条件办理。

从成品油的角度出发,未经许可从事成品油经营,违反了《国务院对确需保留的行政审批项目设定行政许可的决定》(国务令第412号)等"国家规定",可以结合具体涉案物品类别分别适用《刑法》第二百二十五条第一项、第四项的规定。

从危险化学品的角度出发,未经许可从事成品油经营,违反了《危险化学品安全管理条例》《城镇燃气管理条例》等"国家规定",可以根据各省、自治区、直辖市具体规定,结合具体涉案物品类别分别适用《刑法》第二百二十五条第一项、第四项的规定。

规则解析

一、未经许可从事成品油经营违反了"国家规定"

在未经相关行政部门许可、未取得相应资质的情况下,向社会不特定人员非法销售柴油,诸如此类的行为,无罪观点认为,因《成品油市场管理办法》源于《行政许可决定》中的规定,而该《行政许可决定》只规定石油成品油批发、仓储、零售经营资格需审批,并未将该行政许可具体化,没有具体的程序、责任、措施等内容。而《成品油市场管理办法》属于部门规章,不属于《刑法》意义上的国家规定。故未办理《成品油零售经营批准证书》而经营成品油业务的行为不是违反《刑法》意义上的"国家规定",只构成一般行政违法,不构成犯罪。但定罪观点认为,《行政许可》所附的《国务院决定对确需保留的行政审批项目设定行政许可的目录》第183项为"石油成品油批发、仓储、零售经营资格审批",由此确定了柴油属于成品油的范围。《行政许可决定》明确规定,石油成品油批发、仓储、零售经营资格审批属于确需保留的行政许可项目,由商务部、省级人民政府商务行政主管部门负责。该规定明确了两项原则：一是明确了石油成品油批发、仓储、零售经营必须获取行政许可；二是具体负责主体是商务部、省级人民政府商务行政主管部门。商务部制定《成品油市场管理办法》及省级人民政府商务行政主管部门具体实施审批活动的权限均来源该文件规定。虽然《成品油市场管理办法》属于部门规章，但《成品油市场管理办法》是《行政许可决定》的具体操作规程，其上位法是国务院第412号令。无论是违反《行政许可决定》还是违反对其具体操作规程的《成品油市场管理办法》，都应当认定为违反《行政许可决定》。正如立法解释、司法解释都是从不同层面对法律规定的解释，违反立法解释、司法解释的规定理应认定为违反法律规定。

同时，依照《国家规定通知》，以国务院办公厅名义制发的文件，符合以下条件的，亦应视为刑法中的"国家规定"。国务院办公厅转发国家经贸委等部门《关于清理整顿小炼油厂和规范原油成品油流通秩序的意见》（国办发〔1999〕38号）中"国内各炼油厂生产的成品油（汽油、煤油、柴油）要全部交由石油集团、石化集团的批发企业经营"。

此外，从危险化学品的角度分析，未经许可从事成品油经营违反了国家规定。该定罪思路主要涉及两个法律依据：一是《危险化学品安全管理条例》；二是《城镇燃气管理条例》。《危险化学品安全管理条例》（国务院令第645号，2013年修订）第三条规定："本条例所称危险化学品，是指具有毒害、腐蚀、爆炸、燃烧、助燃等性质，对人体、设施、环境具有危害的剧毒化学品和其他化学品。"第三十三条规定："国家对危险化学品经营（包括仓储经营，下同）实行许可制度。未经许可，任何单位和个人不得经营危险化学品。"汽油以及闭杯闪点≤60℃的柴油在《危险化学品名录》中，即属于危险化学物品，但闭杯闪点>60℃的不在此限。2022年10月13日，应急管理部、工信部、公安部等十部门联合发布公告（2022年第8号），对《危险化学目录（2015版）》中柴油列入条件做出调整，将"1674 柴油［闭杯闪点≤60℃］"调整为"1674 柴油"，意味着自2023年1月1日该公告施行之日起，闭杯闪点>60℃的柴油也列入危险化学品目录。《城镇燃气管理条例》（国务院令第666号，2016年修订）第十五条规定："国家对燃气经营实行许可证制度。从事燃气经营活动的企业,应当具备下列条件:(一)符合燃气发展规划要求;(二)有符合国家标准的燃气气源和燃气设施;(三)有固定的经营场所、完善的安全管理制度和健全的经营方案;(四)企业的主要负责人、安全生产管理人员以及运行、维护和抢修人员经专业培训并考核合格;(五)法律、法规规定的其他条件。符合前款规定条件的,由县级以上地方人民政府燃气管理部门核发燃气经营许可证。"第十六条规定:"禁止个人从事管道燃气经营活动。个人从事瓶装燃气经营活动的,应当遵守省、自治区、直辖市的有关规定。"

二、未经许可从事成品油经营可以根据各省、自治区、直辖市具体规定,结合具体涉案物品类别,分别适用《刑法》第二百二十五条第一项、第四项的规定

我们倾向认为,成品油属于"限制买卖的物品"。"限制买卖的物品",是否必须由法律、行政法规加以规定,实践中有不同的认识。按照通常理解,限制买卖的物品,是指国家在一定时期或者一定范围内限制经营的物品。随着国家经济的发展、政策的调整,此类物品的范围会有所变化。譬如棉花、白糖等都曾属于限制自由买卖的物品,但现在均可以自由流通;又如在疫区或者自然灾害期间,某些卫生用品或者生活必需品属于限制自由买卖的物品,但在其他地区或者其他时期就未必会限制买卖。从这个角度而言,对于哪些物品属于限制买卖的物品,主要是由国家政策调整,不可能都是由法律、行政法规加以规定。而且客观上确实存在一些法律、行政法规未规定但部门规章等相关文件规定为限制买卖的物品,譬如工商税务等行政执法机关、人民法院、人民检察院的专用制服、标志等,虽然没有法律、行政法规对于这些物品的销售予以限制,但这些物品亦属于"限制买卖的物品"。因此,《刑法》第二百二十五条第一项中"其他限制买卖的物品"未必都是以法律、行政法规规定为依据。

虽然目前法律、行政法规未明确将成品油规定为限制买卖的物品,但成品油系国家严格控制的重要能源物资,未经行政许可不得擅自经营,应当属于限制买卖的物品。成品油不但系直接关系国计民生的重要能源,而且还属于危险物品,对其运输、储存、经营管理不善,还可能造成爆炸等危险事故,因此,对其经营管理应当比烟草、食盐更加严格限制。根据《成品油市场管理办法》的规定,申请成品

油零售经营资格的企业,除应当具备设施、人员、供货渠道等客观性条件外,还必须符合当地加油站行业发展规划,包括一般行业标准和地域限制标准,说明国家对成品油的经营实施严格、特殊的市场准入制度。

退一步而言,即使成品油不属于《刑法》第二百二十五条第一项规定的"限制买卖的物品",鉴于其属于国计民生的重要领域,未经许可从事成品油经营也属于该条第四项规定的"其他严重扰乱市场秩序的非法经营行为"。

需要强调的是,尽管成品油是否属于"限制买卖的物品"依然存在分歧,但成品油属于危险化学品,不存在任何争议。根据《城镇燃气管理条例》第十五条第二款的规定,燃气经营属于许可类经营,由县级以上地方人民政府燃气管理部门核发燃气经营许可证。同时,根据《城镇燃气管理条例》第十六条的规定,禁止个人经营管道燃气,由此而论对于个人经营而言,管道燃气依然属于"限制买卖的物品"(瓶装燃气是否属于"限制买卖的物品"要根据省、自治区、直辖市的有关规定)。如案例 169 陈某某非法经营一案中,陈某某伙同他人在没有经营许可证的情况下经营销售瓶装液化石油气,生效判决作出后,陈某某多次申诉未果后,最终向最高人民法院提起申诉。最高人民法院在裁判说理中并未依据《行政许可规定》回应无罪申诉意见,而是直接从危险化学物品的角度阐述了认定非法经营罪的定罪依据。陈某某伙同他人在没有经营许可证的情况下经营销售瓶装液化石油气,违反了国务院颁布的《危险化学品安全管理条例》《城镇燃气管理条例》等行政法规的规定。第十六条第二款规定:"个人从事瓶装燃气经营活动的,应当遵守省、自治区、直辖市的有关规定。"但《福建省燃气管理条例》规定,个人不得从事瓶装燃气经营活动。陈某某伙同他人违反国家规定,未经许可非法经营法律、行政法规限制买卖的瓶装液化石油气,扰乱市场秩序,非法经营数额达到 14 万余元,情节严重,构成非法经营罪。综上,最高人民法院驳回申诉。

三、商运函〔2019〕659 号下发后对从事成品油经营的定性影响

《商务部关于做好石油成品油流通管理"放管服"改革工作的通知》(商运函〔2019〕659 号)下发后,成品油是否属于经营许可的物品,实践中存在不同认识。有观点认为,该新文件下发后,成品油不再属于经营许可类物品范围。这

也是相关案件中被告人及辩护律师的主要观点；也有观点认为，商运函〔2019〕659号文件并未完全取消成品油的审批制度，仅取消了批发仓储经营，但未取消零售经营。

我们赞同后一种意见。商运函〔2019〕659号关于做好零售经营资格审批下放移交工作明确："商务（经信、能源）主管部门要在各地政府统一部署安排下，有序将成品油零售经营资格审批及管理工作移交给地市级人民政府，由地市级人民政府确定具体执行部门，负责审批及行业管理工作。要加强与地市级人民政府沟通协调，结合本地实际，留出移交工作过渡期，确保相关工作有序衔接、不断不乱。过渡期内，零售审批管理工作仍按原程序办理。移交工作原则上应在2019年年底前后完成。"该文件仅明确了成品油零售经营资格审批权下放至地市级政府，而且明确了过渡期内按原程序办理，即依然应当在获取行政许可后才能零售经营。如在案例167周某某非法经营一案中，审理法院适用了《新疆维吾尔自治区商务厅关于取消和下放成品油零售经营资格审批权限有关事项的函》（新商市运函〔2020〕1号）的规定。该文件对成品油批发仓储经营资格审批取消后政策衔接进行了明确，新规定没有出台之前成品油零售审批管理工作仍按《成品油市场管理办法》规定的程序和条件办理，《成品油零售经营批准证书》暂由自治区商务厅统一向商务部申领。新疆润斌商贸有限公司及被告人未取得自治区商务厅颁发的《成品油零售经营批准证书》。同时，鉴于实践中对成品油经营是否需必须获取许可存在分歧，审理法院又从危险化学品角度论证了对柴油（闭杯闪点≤60℃）应当坚持审批制度。关于从商运函〔2019〕659号文件内容分析，柴油是否属于取消特许经营的物品，依然存在争议。但审理法院依据国务院《危险化学品安全管理条例》第三十三条的规定，认定柴油依然实行许可制度。

四、不含有"不构成犯罪的"规定不意味着不可追究刑事责任

主张不构成犯罪的理由之一是，相关规定中不含有"不构成犯罪的"规定，故不应追究刑事责任。根据《立法法》第八条、第九条的规定，犯罪和刑罚只能由法律制定，即只能由《刑法》规定，包括单行刑法和特别刑法。在尚未制定法律的情况下，不得由全国人大及其常委会授权国务院先行制定行政法规。相关国家规定

中有关“构成犯罪的,依法予以追究刑事责任”的规定,是一种提示性规定,不具有实质的创设性意义。无论相关行政法规中是否含有上述提示性规定,具体案件中是否构成犯罪,由司法机关综合案情依法认定,不受提示性规定影响。

五、对非法经营罪兜底项的适用不是必须要求专门司法解释予以明确

从立法演变看,非法经营罪具有“口袋罪”的功能属性,对非法经营罪作为“口袋罪”的功能进行针砭没有任何意义。我们要把握的是这个“口袋”的尺度问题,而不是对“口袋”本身提出异议。从罪状分析,立法者给非法经营罪设置兜底条款,就是为了给司法机关定罪时留有一定的裁量空间。故对于非法经营罪,以法律没有明文规定或者司法解释没有明确解释,主张不适用兜底项,与立法原意不符。

【案例 170-172】黄某某等非法经营案*

非法经营罪系列研究（六）（个案研究 13）：有烟草专卖零售许可证，经营无标识外国卷烟（真烟）或者出口专供卷烟（真烟）是否构成非法经营罪

关键词：

非法经营　烟草专卖　零售许可证　无标识外国卷烟　出口专供卷烟

基本案情

170

黄某某非法经营案：[①]2000 年 8 月 11 日，黄某某注册了某市某区里水实兴商店（类型：个体户）。2015 年 10 月 29 日，该商店取得烟草专卖零售许可证（有效期限自 2015 年 10 月 29 日起至 2019 年 12 月 31 日止）。

2018 年 1 月 10 日，某区烟草专卖局对上述商店及麻奢新街 24 号首层仓库进行检查，查获大量卷烟。经检验、核定，起获的 1840 条卷烟属无标识的外国卷烟、出口倒流国产卷烟，价值折合人民币（以下币种同）共 231 989. 56 元；82 条卷烟属假冒注册商标且伪劣卷烟，共价值 13 846. 28 元。

---

* 本文系在"刑水浮萍"公众号 2019 年 12 月 26 日《司法疑难之 225》的基础上修改而成。

① （2019）粤 0605 刑初 1739 号（2019 年 5 月 27 日）；二审（2019）粤 06 刑终 756 号（2019 年 12 月 18 日）。

2018年5月31日，黄某某因未在当地烟草专卖批发企业进货卷烟、销售非法生产的卷烟的行为，被行政处罚，分别被处罚款32 531.95元、6923.14元，共计39 455.09元。同年6月21日，黄某某到某市公安局某区分局投案。

一审法院认为，被告人黄某某违反国家规定，非法经营烟草专卖品，情节严重，其行为构成非法经营罪。黄某某犯罪以后自动投案，如实供述自己的罪行，是自首，依法从轻处罚并适用缓刑。一审法院遂依法以被告人黄某某犯非法经营罪，判处有期徒刑二年六个月，缓刑三年六个月，并处罚金五万元；起获的无标识的外国卷烟、出口倒流国产卷烟1840条，予以没收，上缴国库。

宣判后，黄某某不服，遂提起上诉，主要理由是原判量刑过重，请求二审法院从宽处理。检察员发表出庭意见认为，原判决认定事实和适用法律正确、量刑适当，建议二审法院维持原审判决。二审法院经审判委员会讨论决定，裁定驳回上诉，维持原判。

171 吴某标、吴某炜非法经营案：[1]被告人吴某标于2017年2月开始向广西“老班”（另案处理）非法购买无标志外国卷烟、中国关税未付卷烟、专供出口卷烟、境外生产卷烟向他人销售。为便于经营，吴某标将上述类型非法卷烟储存于某市某区会城天马仓库（以下简称天马仓库）以及以被告人吴某炜名义租赁的位于某市某区西甲工业区第二车间（以下简称西甲仓库）内。2017年4月19日，吴某标再次向广西“老班”购买非法卷烟，由被告人夏某某等人分四辆汽车先后从广西壮族自治区防城港市出发，运输非法卷烟到某市某区给被告人吴某标。卸货期间，公安人员抓获上述被告人，并缴获无标志外国卷烟、中国关税未付卷烟、境外生产卷烟一批。吴某标非法经营的非法卷烟数量为238.7万支，犯罪

① （2017）粤0705刑初638号（2018年7月20日）。

数额为1 364 098.58元。

被告人吴某炜、吴某柱分别于2017年春节后、清明节后受雇于被告人吴某标从事非法经营上述类型非法卷烟，负责接货、运货及送货。其中吴某炜还以自己的名义帮助被告人吴某标租赁送货的车辆及存货的西甲仓库，并出借其银行账户供吴某标用作非法经营非法卷烟之用。2017年4月19日，吴某标带领吴某炜、吴某柱与被告人夏某彬等人接应，接收上述类型非法卷烟，后分别驾驶上述车辆到西甲仓库卸货。卸货期间，公安人员抓获上述被告人，缴获无标志外国卷烟、中国关税未付卷烟、境外生产卷烟一批。吴某炜、吴某柱非法经营的非法卷烟数量为187.7万支，犯罪数额为1 076 344.58元。(其他事实略)

一审法院对被告人、辩护人的辩解、辩护意见及相关问题，综合评析如下:关于被告人吴某标、吴某炜、吴某柱所犯罪名的认定问题。吴某炜的辩护人所提被告人的行为属于掩饰、隐瞒犯罪所得罪。经查，我国对卷烟实行专卖制度。国家对进口外国卷烟实行高关税政策，以限制其消费量，并禁止企业、事业单位和机关、团体或者个人走私卷烟或者非法收购、运输、邮寄、贩卖、窝藏走私卷烟。被告人吴某标向他人非法购买无标志外国卷烟、中国关税未付卷烟、专供出口卷烟、境外生产卷烟向他人销售，被告人吴某炜、吴某柱予以协助。上述三被告人的行为违反国家烟草专卖管理法律法规，非法经营烟草专卖品，扰乱市场秩序，依照罪刑法定原则，上述被告人应以非法经营罪论处。辩护人的相关辩护意见于法无据，不予采纳。(其他意见略)

关于被告人池某某、邝某某是否构成非法经营罪的问题。经查，目前我国对卷烟实行专卖制度，禁止企业、事业单位和机关、团体或者个人走私卷烟或者非法收购、运输、邮寄、贩卖、窝藏走私卷烟，即使是执法部门查没的非法进口卷烟也加以严格管控才可以在一定范围内流转。被告人池某某、邝某某均主观上明知销售无标志外国卷烟、专供出口卷烟、境外生产卷烟属于违法行为,客观上违反国家烟草专卖管理法律法规,非法经营烟草专卖品,扰乱市场秩序,应当以非法经营罪论处。相关辩护意见不予采纳。

据此,法院认为,被告人吴某标等人违反国家规定,未经许可经营法律、行政法规规定的专营、专卖物品,扰乱市场秩序,情节特别严重、情节严重,各被告人的行为均构成非法经营罪。

172

廖某某、王某某非法经营案:[①]2009 年 3 月 9 日,被告人廖某某、王某某夫妻俩人在 CZ 市注册成立“华飞贸易有限公司”,经营范围为酒类及预包装食品批发兼零售、卷烟、雪茄烟零售,该公司获得烟草专卖零售许可证(有效期从 2014 年 6 月 9 日至 2018 年 8 月 22 日)。之后,该公司扩大卷烟进销批发业务,并成立多个经销点。该公司违反国家烟草专卖管理相关法律、法规,在没有取得烟草专卖批发企业许可证、准运证的情况下,非法经营烟草专卖的批发、运输业务,其中廖某某在公司中负责组织、管理事务;王某某主管财务支出;黄某某负责专供出口卷烟(俗称“走私烟”)进货、销售;何某某协助黄某某,并负责专供出口卷烟进货时望风带路;黄某负责 CS 市区域的卷烟销售;廖某春负责该公司卷烟业务的会计记账及“管家婆”电脑记账系统管理;陈某等人均为销售专供出口的卷烟的下级经销商。具体情况如下:

自 2016 年以来,该公司的廖某某等人长期组织实施非法从广西壮族自治区大量购进专供出口的卷烟,销售到湖南省 CZ 市区、CS 市××活动。2018 年 7 月 2 日,广西壮族自治区防城港市的黄某、甘某(已判刑),从广西壮族自治区运输卷烟给 CZ 市华飞

① (2020)湘 1124 刑初 395 号(2020 年 12 月 24 日)。

贸易有限公司,在运输途经湖南省D县时被D县公安机关查获,经鉴定扣押的价值为875 383元的卷烟均是专供出口的卷烟。经查实,仅2018年1月1日至11月22日,该公司卷烟业务经营额就达到680 327 877.32元,毛利润为11 188 397.80元,其中非法经营专供出口卷烟销售额为21 983 153.10元,毛利润为1 306 757.77元。

被告人陈某等人虽然持有烟草专卖零售许可证,但四人均从CZ市华飞贸易有限公司黄某军、何某某处大量购进专供出口的卷烟用于批发销售。

本案十三名被告人均自愿认罪认罚,均可依法从宽处理。

庭审过程中,廖某某的辩护人的主要辩护理由是:被告人廖某某销售卷烟的行为依法不能以犯罪论处。(1)廖某某系有证销售卷烟,超范围和地域销售卷烟的行为不能以犯罪论处。①根据最高人民法院司法解释规定,持有烟草专卖零售许可证,但多次实施批发业务,而且从非指定烟草专卖部门进货的行为,属于超范围和地域经营的情形,不宜按照非法经营罪处理,应由相关主管部门进行处理。②最高人民法院李晓在《〈关于办理非法生产、销售烟草专卖品等刑事案件具体应用法律若干问题的解释〉的理解与适用》一文中明确,有许可证但超范围或者不按照规定的进货渠道进货的行为,虽然违反了有关行政法规,但是对社会的危害性不大,不宜按照犯罪处理,给予行政处罚即可。(2)现行法律,没有明文规定有证销售专供出口卷烟的行为构成犯罪。①2015年修订的《烟草专卖法》中连"专供出口"的字眼都没有,没有对销售专供出口卷烟如何处罚的规定。②2016年修订的《烟草专卖法实施条例》,仅在第四十三条规定:"专供出口的卷烟、雪茄烟,应当在小包、条包上标注'专供出口'中文字样。"对销售专供出口卷烟的行为应如何处罚,同样没有规定。③《国家烟草专卖局关于制止带有“专供出口”字样的卷烟转国内市场销售的通知》第二条虽然规定：“国内烟草经销单位不得经销带有‘专供出口’字样的卷烟，各级烟草专卖局要严格把关。查获的‘专供出口’卷烟，应按走私烟处理。”但第四条仅规定：“对违反规定的单位，国家烟草专卖局将依法作出严肃处理。”需要注意的是，该通知仅属于部门规范性文件，而《刑法》第二百二十五条中的“国家规定”。(3)坚持罪刑法定原则，才能对企业家合法权益进行切实保护。(其他辩护意见略)

法院认为，被告人廖某某、王某某等人违反国家规定，非法销售经营烟草专卖品，情节特别严重，被告人何某某违反国家规定，非法销售经营烟草专卖品，情节严重，其行为均已构成非法经营罪，公诉机关指控的犯罪事实清楚，证据确实、充分，指控的罪名成立。本案13名被告人均能如实供述自己的罪行，依法从轻处罚。本案被告人共同犯罪金额为非法经营专供出口卷烟销售额21 983 153.10元，利润为1 306 757.77元，其他卷烟业务经营属超范围和地域经营的情形，不宜按照非法经营罪处理。

关于被告人廖某某的辩护人所提被告人系有证销售卷烟，超范围和地域销售卷烟的行为不能以犯罪论处，法院对此认为，被告人销售的“专供出口”卷烟只能在国外市场销售，禁止在国内市场销售，在国内销售按走私烟处理。根据《烟草专卖法》规定，卷烟属于烟草专卖品，国家对烟草专卖品的生产、销售、进出口依法实行专卖管理，倒卖烟草专卖品，构成犯罪的，依法追究刑事责任，故该类卷烟也属于专卖物品，国家对其实行专卖管理。《国务院关于严厉打击卷烟走私整顿卷烟市场通告的批复》规定，走私卷烟或者非法收购、运输、贩卖走私卷烟或者其他非正常渠道流入市场的进口卷烟，构成犯罪的，移交司法机关依法追究刑事责任。《烟草专卖法》和《国务院关于严厉打击卷烟走私整顿卷烟市场通告的批复》均属于国家规定。本案被告人无论是否持有《烟草专卖零售许可证》,因其经营的对象是禁止在国内市场上销售的烟草制品,其行为严重侵害了国家烟草专卖制度,对烟草市场的正常经营秩序造成了实质损害,且经营额巨大,具有极大社会危害性。被告人的相关供述亦证实了其主观上明知经营该类卷烟属于违法行为。综上,可认定被告人的行为构成非法经营罪。《最高人民法院关于被告人李某非法经营请示一案的批复》中,李某经营的卷烟是允许在国内市场上销售的卷烟,故本案涉及"专供出口"卷烟的处理不适用该批复,相关辩护意见不予采纳。

参考规则

烟草专卖批发企业许可证、烟草专卖零售许可证、特种烟草专卖经营企业许可证都属于并列的经营许可证。对于具有其中许可证之一,没有其他许可证从事烟草经营的,都属于超范围经营,应当参照适用最高人民法院关于李明华一案的批复,不宜追究非法经营罪的刑事责任。

前款行为构成走私普通货物罪,骗取出口退税罪、侵犯知识产权罪、销售伪劣产品罪或者其他犯罪的,依照相关罪名定罪处罚。同时构成上述罪名中数罪的,一般按照处罚较重的罪名定罪处罚。

规则解析

《烟草专卖法》第三条规定:"国家对烟草专卖品的生产、销售、进出口依法实行专卖管理,并实行烟草专卖许可证制度。"《烟草专卖法》第十五条、第十六条分别规定了烟草专卖批发企业许可证、烟草专卖零售许可证的核准登记。《烟草专卖法》并未针对烟草专卖品进出口明确具体的许可证。《国务院关于严厉打击卷烟走私整顿卷烟市场通告的批复》(以下简称《打击卷烟走私批复》)对烟草专卖品进出口明确了具体许可证。该文件第四条明确规定:"经营合法进口卷烟、免税烟的单位,必须持有烟草专卖行政主管部门核发的特种烟草专卖经营企业许可证;经营执法部门处理没收的走私卷烟的单位,其特种烟草专卖经营企业许可证所列经营品种范围必须包括处理没收非法进口卷烟。”根据《烟草专卖法》第三条的规定,销售、进出口属于并列的许可证。尽管《打击卷烟走私批复》不属于“国家规定”,但系对《烟草专卖法》第三条进出口专卖管理的具体化,故关于“特种烟草专卖经营企业许可证”的规定可以视为“国家规定”。

我们认为,特种烟草专卖经营企业许可证、烟草专卖批发企业许可证、烟草专卖零售许可证属于彼此独立的三个并列的许可证,有独立的审批登记条件。按照《最高人民法院关于被告人李明华非法经营请示一案的批复》(〔2011〕刑他字第21号):“持有烟草专卖零售许可证,但多次实施批发业务,而且从非指定烟草专卖部门进货的行为,属于超范围和地域经营的情形,不宜按照非法经营罪处理,应由相关主管部门进行处理。”由此推论,既然烟草专卖批发企业许可证对于烟草专卖零售许可证而言,是超范围经营,那么特种烟草专卖经营企业许可证对于烟草专卖批发企业许可证、烟草专卖零售许可证而言,也是超范围经营。据此,案例170、案例171、案例172中,法院裁判认为,各被告人违反国家规定,未经许可经营法律、行政法规规定的专营、专卖物品,均构成非法经营罪的意见,值得进一步研究。

实践中,既有一些商家从境外购买无标识的卷烟,也有一些卷烟生产企业利用国家对出口卷烟的种种优惠条件,盲目扩大产量,将“专供出口”的卷烟直接发售到境内,冲击了国内市场,扰乱了卷烟正常流通秩序。为此,《国家烟草专卖局关于制止带有“专供出口”字样的卷烟转国内市场销售的通知(国烟专〔1994〕第2号)》明确严禁各烟草生产企业将“专供出口”卷烟直接调给国内卷烟经销单位。国内烟草经销单位不得经销带有“专供出口”字样的卷烟,查获的“专供出口”卷烟,应当按照走私烟处理。

我们认为,对于第一种情形从境外购买无标识的卷烟的行为,行为人的违法性主要体现在违反海关法规,逃避海关监管。如在案例170黄某某非法经营一案中,黄某某作为个体户取得了烟草专卖零售许可证,烟草专卖局在其商店及仓库查获1840条卷烟属无标识的外国卷烟(扣除出口倒流国产卷烟的条数)。我们认为,按照相关规定,此类卷烟按照走私烟处理。如果能够认定黄某某直接或者通过他人间接从境外购买,可以按照走私普通货物罪定罪处罚。如果事前未通谋,明知是走私的无标识的外国卷烟而从他人处购买,可以按照掩饰、隐瞒犯罪所得罪定罪处罚。又如案例171吴某标、吴某炜非法经营一案中,被告人吴某标于2017年4月19日向广西"老班"购买非法卷烟,由被告人夏某某等人分四辆汽车先后从广西壮族自治区防城港市出发,运输非法卷烟到江门市新会区给被告人吴某标。卸货期间,公安人员缴获无标志外国卷烟、中国关税未付卷烟、境外生产卷烟一批。被告人主观上明知系境外卷烟,依然大批次通过他人购买,可以构成走私普通货物罪。辩护人所提被告人的行为属于掩饰、隐瞒犯罪所得罪不当。

而第二种情形将"专供出口"的卷烟发售到境内的行为,其违法性主要体现在于逃税、骗取出口退税、抵扣税款,等等。如在案例172廖某某、王某某非法经营一案中,被告人廖某某、王某某夫妻俩注册的公司获得烟草专卖零售许可证。后为了扩大卷烟进销批发业务,在没有取得烟草专卖批发企业许可证、准运证的情况下,非法经营烟草专卖的批发、运输业。自2016年以来,廖某某等人长期组织实施非法从广西壮族自治区大量购进专供出口的卷烟,销售到湖南省CZ市区、CS市××活动。虽然本案十三名被告人均自愿认罪认罚,但庭审过程中,廖某某的辩护人提出了廖某某系有证销售卷烟,超范围和地域销售卷烟的行为不能以犯罪论处的无罪意见。法院对此认为,本案被告人无论是否持有《烟草专卖零售许可证》,因其经营的对象是禁止在国内市场上销售的烟草制品,其行为严重侵害了国家烟草专卖制度,对烟草市场的正常经营秩序造成了实质损害,且经营额巨大,具有极大社会危害性。《最高人民法院关于被告人李明华非法经营请示一案的批复》中,李明华经营的卷烟是允许在国内市场上销售的卷烟,故本案涉及"专供出口"卷烟的处理不适用该批复,相关辩护意见不予采纳。

我们认为,《国家烟草专卖局关于制止带有"专供出口"字样的卷烟转国内市场销售的通知》第一条虽然规定"严禁各烟草生产企业将'专供出口'卷烟直接调给国内卷烟经销单位"(也未对应上位法中相关条文),但该文件不属于《刑法》意义上的国家规定。《烟草专卖法》《国务院关于严厉打击卷烟走私整顿卷烟市场通告的批复》均未明确规定“专供出口”卷烟禁止在国内市场销售。两个文件虽然都存在“构成犯罪的,依法追究刑事责任”的类似规定,但这种规定属于提示性规定,并不对定罪处罚产生实质影响。更何况,该规定也未明确以非法经营罪定罪处罚。

此外,如果明知从境外购买的无标识的烟草或者发售到境内的“专供出口”的卷烟系伪劣产品或者侵犯知识产权的,行为人还可能构成生产、销售伪劣产品罪、侵犯知识产权罪。此种情形,对行为人的打击未必一定要按照非法经营罪追究刑事责任,可以按照分别构成的犯罪定罪处罚。如在案例 170 黄某某非法经营一案中,黄某某销售的 82 条卷烟属于假冒注册商标且伪劣卷烟,既构成侵犯知识产权罪,又构成销售伪劣产品罪,可以按照处罚较重的罪名定罪处罚。对此行为,法院未作评价,笼统以非法经营罪论处,似有不妥。

此外,针对实践中以相关文件含有“禁止经营”表述主张以非法经营罪论处的观点,我们认为值得商榷。《刑法》分则条文基本上都是禁止性规范,属于“命令当事人不得为一定行为之法律规定”。在涉烟草专卖超范围、超地域经营案件中,不可绕开最高人民法院对李明华案件的批复,相关指导意见应当纳入综合考虑,不能仅仅以相关文件含有“禁止经营”的表述就主张以非法经营罪追究刑事责任。在重大疑难复杂案件中,尽管笼统以非法经营罪定罪处罚,比较简单易操作,但过于追求实践操作而忽视定罪原理和罪责平衡,必然失之偏颇。

相关规定

1.《中华人民共和国烟草专卖法》

第三条　国家对烟草专卖品的生产、销售、进出口依法实行专卖管理,并实行烟草专卖许可证制度。

第十五条　经营烟草制品批发业务的企业,必须经国务院烟草专卖行政主管部门或者省级烟草专卖行政主管部门批准,取得烟草专卖批发企业许可证,并经工商行政管理部门核准登记。

第十六条　经营烟草制品零售业务的企业或者个人，由县级人民政府工商行政管理部门根据上一级烟草专卖行政主管部门的委托，审查批准发给烟草专卖零售许可证。已经设立县级烟草专卖行政主管部门的地方，也可以由县级烟草专卖行政主管部门审查批准发给烟草专卖零售许可证。

第二十七条　国务院烟草专卖行政主管部门根据国务院规定，管理烟草行业的进出口贸易和对外经济技术合作。

2.《国务院关于严厉打击卷烟走私整顿卷烟市场通告的批复》(国函〔2000〕13号)

一、企业、事业单位和机关、团体以及个人走私卷烟或非法收购、运输、邮寄、贩卖、窝藏走私卷烟和其他非正常渠道流入市场的进口卷烟的，由海关、公安、工商行政管理和烟草专卖行政主管部门依法在其职责范围内进行处理；构成犯罪的，移交司法机关依法追究刑事责任。

二、凡正常进口的卷烟必须在箱包、条包和盒包上印有“由中国烟草总公司专卖”字样；免税店经营的卷烟必须有“中国关税未付”和国务院烟草专卖行政主管部门规定的专门标识；处理没收的非法进口卷烟在销售前，必须有烟草专卖行政主管部门在箱包和条包上加贴由国家烟草专卖局制定的“没收非法进口卷烟”专门标识。无上述标志的外国卷烟、出口倒流国产卷烟，由海关、公安、工商行政管理和烟草专卖行政主管部门予以没收。

三、在境内跨省(自治区、直辖市)运输进口卷烟(含处理没收的走私卷烟)，必持有国家烟草专卖行政主管部门开具的准运证；省(自治区、直辖市)内运输，必须持有省级烟草专卖行政主管部门开具的准运证。海关监管卷烟的转关运输，必须持有海关出具的转关运输单证。铁路、交通、民航等部门承运的进口卷烟及邮政部门邮寄超过规定数量的进口卷烟，必须验凭烟草专卖行政主管部门开具的准运证。无准运证或无转关运输单证运输进口卷烟、无准运证超量邮寄进口卷烟的，由有关执法部门予以没收，并处以罚款,其主管部门应视情节按有关规定给予严肃处理。

四、经营合法进口卷烟、免税烟的单位,必须持有烟草专卖行政主管部门核发的特种烟草专卖经营企业许可证;经营执法部门处理没收的走私卷烟的单位,其特种烟草专卖经营企业许可证所列经营品种范围必须包括处理没收非法进口卷烟。各经营单位要按规定渠道进货。无许可证擅自经营进口卷烟、免税烟的,由烟草专卖行政主管部门依法没收其违法所得;无许可证或超过许可证规定范围经营没收非法进口卷烟的,由工商行政管理和烟草专卖行政主管部门没收其经营的非法进口卷烟。情节严重的,工商行政管理部门可依法吊销其营业执照。

五、企业、事业单位和机关、团体以及个人为走私、贩私活动提供藏匿、运输和邮寄等便利条件构成犯罪的,移送司法机关追究刑事责任;不构成犯罪的,由海关、公安、工商行政管理和烟草专卖行政主管部门依法给予处罚。

3.《国家烟草专卖局关于制止带有“专供出口”字样的卷烟转国内市场销售的通知》(国烟专〔1994〕第2号)

各省、自治区、直辖市烟草专卖局,重庆市烟草专卖局:

国家烟草专卖局近期接到部分省、市烟草公司反映,一些卷烟生产企业违反国家有关法律、法规,利用国家对出口卷烟的种种优惠条件,盲目扩大产量,并将“专供出口”的卷烟直接发售到国内经营企业,冲击了国内市场,扰乱了卷烟正常流通秩序。为此,国家烟草专卖局再次重申:

一、严禁各烟草生产企业将“专供出口”卷烟直接调给国内卷烟经销单位。

二、国内烟草经销单位不得经销带有“专供出口”字样的卷烟,各级烟草专卖局要严格把关。查获的“专供出口”卷烟,应按走私烟处理。

三、对已发出的带有“专供出口”字样的卷烟,经销单位要作退货处理。

四、对违反规定的单位,国家烟草专卖局将依法作出严肃处理。

【案例 173-174】曾某坚等非法经营案[*]

非法经营罪系列研究（六）（个案研究 14）：对不符合组织、领导传销活动罪构成特征的严重传销行为能否以非法经营罪定罪处罚

关键词：

非法经营　组织、领导传销活动

基本案情

173 曾某坚等非法经营案：[①]2009 年 6 月始，被告人曾某坚租赁深圳市罗湖区怡泰大厦 A 座 3205 房为临时经营场所，以亮碧思集团（香港）有限公司发展经销商的名义发展下线，以高额回馈为诱饵，向他人推广传销产品、宣讲传销奖金制度。同时，曾某坚组织策划传销，诱骗他人加入，要求被发展人员交纳入会费用，取得加入和发展其他人员加入的资格，并要求被发展人员发展其他人员加入，以下线的发展成员业绩为依据计算和给付报酬，牟取非法利益；被告人黄某娣、罗某晓、莫某珍均在上述场所参加传销培训，并积极发展下线，代理下线或者将下线直接带到亮碧思集团（香港）有限公司缴费入会，进行交易，形成传销网络：其中曾某坚

* 本文原载“刑水浮萍”微信公众号 2017 年 12 月 14 日《对不符合组织、领导传销活动罪构成特征的严重传销行为能否以非法经营罪定罪处罚》。

① 参见《指导案例 865 号——曾某坚等非法经营案》，载最高人民法院刑一、二、三、四、五庭主编：《刑事审判参考》（总第 92 辑），法律出版社 2013 年版。

发展的下线人员有郑某妮、杨某湘、王某军、杨某芳、袁某霞等人,杨某芳向曾某坚的上线曾某茹交纳人民币(以下未特别标记的均为人民币)20 000元,袁某霞先后向曾某坚、曾某茹及曾某坚的哥哥曾某建共交纳62 000元;黄某娣发展罗某晓、莫某珍和龚某玲为下线,罗某晓、莫某珍及龚某玲分别向其购买了5000港元的产品;罗某晓发展黄某梅为下线,黄某梅发展王某华为下线,黄某梅、王某华分别向亮碧思集团(香港)有限公司交纳入会费67 648港元;莫某珍发展龙某玉为下线,龙某玉发展钟某仙为下线,钟某仙发展周某花为下线,其中龙某玉向莫某珍购买了5000港元的产品,钟某仙、周某花分别向亮碧思集团(香港)有限公司交纳入会费67 648港元。2009年12月8日,接群众举报,公安机关联合深圳市市场监督管理局罗湖分局将正在罗湖区怡泰大厦A座3205房活动的曾某坚、黄某娣、罗某晓、莫某珍等人查获。广东省深圳市罗湖区人民检察院以被告人曾某坚、黄某娣、罗某晓、莫某珍犯非法经营罪,向深圳市罗湖区人民法院提起公诉。罗湖区人民法院认为,被告人曾某坚等人从事非法经营活动,扰乱市场秩序,均构成非法经营罪,且属于共同犯罪。据此,深圳市罗湖区人民法院以非法经营罪判处被告人曾某坚有期徒刑一年零六个月,缓刑二年,并处罚金一千元;以非法经营罪分别判处被告人黄某娣、罗某晓、莫某珍免予刑事处罚。

宣判后,被告人曾某坚不服,向深圳市中级人民法院提起上诉,并基于以下理由请求改判无罪:亮碧思(香港)有限公司有真实的商品经营活动,其行为不构成非法经营罪,也没有达到组织、领导传销活动罪的立案追诉标准。

深圳市中级人民法院经审理认为,上诉人曾某坚与原审被告人黄某娣、罗某晓、莫某珍的行为,应当认定为组织、领导传销活动行为,而不应以非法经营罪定罪处罚。鉴于现有证据不能证明曾某坚等人的行为已达到组织、领导传销活动罪的追诉标准，故其行为不应以组织、领导传销活动罪论处。曾某坚的上诉理由成立。据此，深圳市中级人民法院撤销深圳市罗湖区人民法院(2011)深罗法刑一重字第1号刑事判决，改判被告人曾某坚、黄某娣、罗某晓、莫某珍无罪。

174

康某金、徐某萍等组织、领导传销活动案：[①]被告人康某金以投资理财为名，要求参加者直接或者通过被告人徐某萍、李某红、马某梅等人向康某金以100元的价格购买所谓账户激活码注册成为所谓"×××平台"会员，同时会员还需每个月直接或者通过徐某萍、李某红、马某梅向被告人康某金支付200元账号管理费。"×××平台"系2017年被告人康某金通过互联网向他人购买，并让出售者按照其要求进行建设的网站系统。被告人康某金还聘请专业技术人员对该网络平台进行了优化、升级，将其制定的规则、制度嵌入该网站。参加者注册会员，取得会员激活码进入，进入后可见"提供帮助"区，该区又分为A、B两个区，选择进入A区可自由输入1000~5000元的金额，输入后由平台系统自动将该金额随机匹配给平台内的其他数个会员，然后再按照平台显示的具体被匹配会员和金额向被匹配的会员转账。转账成功后账户下的"静态钱包"就会显示已转账的120%的金额(20%为收益)，但该金额此时是被冻结状态。接着选择进入"提供帮助"的B区，同样进行输入金额(与A区同等金额)、自动匹配、转账操作后，"静态钱包"内会显示本次已转账的120%的金额，且前次A区"静态钱包"内冻结的金额呈解冻状态，但该金额并不能直接提取，需进入"接受帮助"区，在该区排队等待数日后，平台进行匹配安排，即

---

① 一审判决(2018)宁0121刑初176号(2019年7月4日)；二审裁定维持原判(2019)宁01刑终249号(2019年10月17日)。

由其他会员按照平台匹配要求进行转账,最终获得资金数额即“静态钱包”内解冻金额。被告人徐某萍、李某红、马某梅等“导师”“副总监”“总监”级别会员向被告人康某金购买激活码有优惠,可获取差价。该平台还设立“推荐奖”,即会员发展新会员加入平台,可获取新发展会员投入资金额的5%作为奖励。被告人徐某萍、李某红、马某梅等人通过向熟人介绍、发送推广链接、微信群中传播和分享语音课件和图文材料、在银川市兴庆区“×××”茶楼包间等现场交流传授的方式宣传“×××平台”,介绍奖金返利制度,鼓吹平台发展前景,教授加入、注册该平台的方法,代他人注册平台会员等。该组织建立有“管理群”和数个“交友群”,四被告人均在管理群和交友群中。被告人康某金将该平台的各项制度、会议通知等发到管理群中,再由各交友群群主转发到交友群。同时,李某红还保管被告人康某金收取的部分账户激活费和管理费;被告人马某梅曾担任交友群群主。截至案发时,该组织发展下线会员账户千余个(部分会员账户存在借用身份注册或一人注册多个账户),经公安机关核实本人实际参与活动人数在一百人以上,发展层级在三级以上。因资金链断裂,×××平台无法继续运转,已投入资金无法收回,仅2018年1月22日至2月20日,该平台就尚有1437个账户呈等待收款状态,累计金额3 664 370元。被告人马某梅等人为挽回投资,将被告人康某金、徐某萍、李某红控制在永宁县一宾馆。公安机关接到报警后发现该三被告人涉嫌犯罪,后予以抓获。

永宁县人民检察院认为,四被告人组织、领导传销活动,应当以组织、领导传销活动罪追究四被告人刑事责任。被告人康某金对起诉书指控的部分犯罪事实和罪名有异议,辩解称其未参与在×××的授课,微信交流群也不是其组建和管理的,其没有引诱他人注册账号,没有设置领导奖,也没有声称不拉会员不给匹配,其行为构成非法经营罪;康某金的辩护人提出,康某金没有吸收会员,没有获取非法利益,只是×××平台的提供者,其行为不构成组织、领导传销活动罪,应当构成非法经营罪,且具有坦白情节。被告人马某梅的辩护人提出,马某梅没有组织行为,也没有进行授课,其发展的人数未达到三十人以上,组织层级未达到三级以上,本案应认定为非法经营罪(其他意见略)。

一审法院认为,被告人康某金建立、管理的所谓"×××平台"组织,以投资、理财为名,虚构、夸大盈利前景,掩饰返利真实来源,发展人员以所谓购买"激活码"的方式,交纳费用获得加入资格,并按照发展与被发展及发展下线人员数量不同组织地位不同等方式在组织内组成一定层级,通过设立所谓"推荐奖"(或称"领导奖")的方式直接或间接以发展人员数量作为返利依据,引诱参加者继续发展他人参加,扰乱经济社会秩序,应当认定为传销组织。被告人康某金在传销活动中起发起、策划、操纵、管理作用;被告人徐某萍、李某红、马某梅在传销活动中起宣传、培训和一定管理、协调作用;四被告人均应认定为该传销组织的组织、领导者。同时,该传销组织所组织、领导的参与传销活动人员累计达百人以上,组织内部层级在三级以上,且根据该组织的运作模式及"2018年1月22日至2月20日,平台尚有3 664 370元未兑付"的事实,可认定该组织直接或者间接收取参与传销活动人员缴纳的传销资金数额累计达250万元以上。四被告人的行为既侵犯了公民的财产所有权,又侵犯了市场经济秩序和社会管理秩序,已构成组织、领导传销活动罪,且情节严重,公诉机关指控的罪名成立。关于被告人康某金的辩护人所提康某金没有吸收会员,没有获取非法利益,只是×××平台的提供者,其行为不构成组织、领导传销活动罪,应当认定为非法经营行为的意见,经查,康某金建立、管理的所谓×××平台,其发展、经营模式符合相关法律关于"传销组织"的认定;康某金建立、提供该平台,对该组织的建立、扩大起最为关键作用,系该传销组织的组织、领导者;康某金通过该平台向参加者收取的所谓账户激活费、管理费均系非法利益;康某金的行为符合组织、领导传销活动罪的犯罪构成特征,故对该辩护意见不予采纳。关于被告人马某梅的辩护人所提马某梅发展的人数未达到三十人以上,组织层级未达到三级以上,应当认定为非法经营罪的意见,经查,马某梅在该传销组织中起宣传、培训和一定的管理、协调作用,且该组织内部参与传销活动人员远超三十人,层级在三级以上,马某梅的行为符合组织、领导传销活动罪的犯罪构成,故对以上辩护意见不予采纳(其他意见略)。据此,一审对四被告人均以组织、领导传销活动罪定罪处罚。

参考规则

在尚无新的司法解释出台前,原则应当适用最高人民法院〔2012〕刑他字第56号批复。对组织、领导传销活动的行为,如未达到组织、领导传销活动罪的追诉标准,行为人不构成组织、领导传销活动罪,亦不宜再以非法经营罪追究刑事责任。

组织、领导传销活动罪与非法经营罪存在交叉情形的,对于交叉部分以组织、领导传销活动罪定罪处罚更符合立法精神;对于两罪不交叉部分,如非法经营数额未达到入罪标准但层级、人数均符合组织、领导传销活动罪入罪标准的,宜以组织、领导传销活动罪定罪处罚。如层级或者人数不够入罪标准,或者团队计酬型传销,但经营数额特别大,社会影响特别恶劣的,可以非法经营罪定罪处罚。

对于不符合组织、领导传销活动罪构成特征的传销活动认定非法经营罪要坚持必要审慎原则。一方面,仅针对造成严重社会危害后果、恶劣社会影响的传销活动保留按照非法经营罪定罪处罚的空间,避免不法分子钻漏洞;另一方面,又要

注意区分对象，对于传销活动中违法性意识不强、社会危害后果不严重、尚未造成恶劣社会影响的一般参与人员，无需以非法经营罪追究刑事责任，避免为定罪而定罪的现象发生。

规则解析

当前，传销犯罪活动手段不断翻新，智能化、职业化、网络化、复合化特征越来越明显，随着以“资本运作”“股权私募”“连锁销售”为幌子进行传销，利用互联网从事传销，或者利用传销进行集资诈骗、非法经营等现象的出现，实践中普遍反映，仅以组织、领导传销活动罪对传销活动进行打击，存在取证难度大、罪刑严重失衡等问题。组织、领导传销活动罪是《刑法修正案（七）》新增的罪名，在《刑法修正案（七）》实施之前，对于组织、参加传销活动，情节严重的，一般是以非法经营罪定罪处罚。在《刑法修正案（七）》施行之后，对传销活动的处罚是采取“单轨制”（仅以组织、领导传销活动罪打击）还是采取“双轨制”（同时以组织、领导传销活动罪和非法经营罪打击），争议较大。尤其体现在，对不符合组织、领导传销活动罪构成特征的严重传销行为能否以非法经营罪定罪处罚。

一种观点认为，对不符合组织、领导传销活动罪构成特征的严重传销活动不能以非法经营罪定罪处罚。主要理由是：（1）《刑法修正案（七）》对组织、领导传销活动罪进行了专门规定，无论是从《刑法》的具体规定还是从立法原意分析，对传销活动的组织、领导者均不能再以非法经营罪定罪处罚。组织领导传销活动罪和非法经营罪的社会危害性相当，《刑法》设置的法定刑相同，在此情况下，对不符合组织、领导传销活动罪构成特征的严重传销行为以非法经营罪定罪处罚有欠妥当。同时，对涉嫌组织、领导传销活动人员未达三十人或者层级未达三级，但达到非法经营罪立案追诉标准的，也不能以非法经营罪追究刑事责任。（2）传销组织往往人数众多，对于一般的传销参与人员，他们既是违法者，又是受害者，对其进行行政处罚和教育，不仅有利于彻底瓦解、摧毁传销组织，还可以保证打击范围不致过大。正因如此，立法者仅将传销活动的组织、领导者作为组织、领导传销活动罪的犯罪主体,未将传销活动的其他参与人员纳入《刑法》的打击对象。综合上述两点,对不符合组织、领导传销活动罪构成特征的传销行为,即使社会危害后果严重,也不宜以非法经营罪定罪处罚。如在案例173曾某坚等非法经营一案中,曾某坚等人实施了通过发展人员,要求被发展人员交纳费用或者以认购商品等方式变相交纳费用,取得加入或者发展其他人员加入的资格,牟取非法利益的传销行为。客观上符合组织、领导传销活动的行为特征。然而,依照《最高人民检察院、公安部关于公安机关管辖的刑事案件立案追诉标准的规定(二)》(2010年),组织、领导传销活动罪的立案追诉起点为"涉嫌组织、领导的传销活动人员在三十人以上且层级在三级以上的"。而现有证据显示该案涉嫌组织、领导的传销活动人员不足三十人。在一审阶段深圳市罗湖区人民法院曾建议罗湖区人民检察院就传销人员的人数和层级进行补充侦查。罗湖区人民检察院复函认为《刑法修正案(七)》对组织、领导传销活动罪作了规定,但未取消非法经营罪的适用,根据《刑法》第二百二十五条第四项及《最高人民法院关于情节严重的传销或变相传销行为如何定性问题的批复》的规定,曾某坚等人的行为即使不构成组织、领导传销活动罪,也符合非法经营罪的构成特征,应当以非法经营罪定罪处罚,没有补充侦查必要。针对上述法律适用问题,深圳市中级人民法院逐级层报请示。最高人民法院以〔2012〕刑他字第56号批复明确:"对组织、领导传销活动的行为,如未达到组织、领导传销活动罪的追诉标准,行为人不构成组织、领导传销活动罪,亦不宜再以非法经营罪追究刑事责任。"据此,深圳市中级人民法院认为,本案被告人曾某坚等人组织、领导的传销活动人员不足三十人,亦没有相应证据证明该传销体系的层级在三级以上,按照疑罪从无原则,依法改判四被告人无罪。①

另一种观点认为,如果传销行为不符合组织、领导传销活动罪构成特征,但符合非法经营罪犯罪构成特征的,可以非法经营罪定罪处罚。(1)从立法原意分析,组织、领导传销活动罪重点打击的是组织、领导传销行为,并非对涉及传销活动的

① 《指导案例865号——曾某坚等非法经营案》,载最高人民法院刑一、二、三、四、五庭主编:《刑事审判参考》(总第92辑),法律出版社2013年版。

所有犯罪行为都由该罪所规制。(2)组织、领导传销活动罪仅将拉人头型和收取入门费型两种明显具有诈骗特征的行为规定为犯罪,增设该罪的目的之一是解决没有实际经营活动的传销行为不宜以非法经营罪定罪的难题。而团队计酬型传销往往有经营活动,对于产生严重社会后果的此类行为,亦应纳入非法经营罪规制。(3)组织领导传销活动罪与非法经营罪之间是一般法与特别法的关系。对于符合组织、领导传销活动罪构成特征的行为,应当以组织、领导传销活动罪定罪处罚;对于从事传销活动,不构成组织、领导传销活动罪,但其行为符合非法经营罪构成要件的,仍可以非法经营罪定罪处罚。如在案例174康某金、徐某萍等组织、领导传销活动一案中,被告人康某金及其辩护人均提出康某金的行为构成非法经营罪,马某梅的辩护人也提出同样观点。主要理由是:(1)康某金没有吸收会员,没有获取非法利益,只是×××平台的提供者,其行为不构成组织、领导传销活动罪,应当构成非法经营罪;(2)马某梅没有组织行为,也没有进行授课,其发展的人数未达到三十人以上,组织层级未达到三级以上,其应构成非法经营罪。可见,被告人及其辩护人为了寻找从轻处罚的出路,对不符合组织、领导传销活动罪构成特征的行为,愿意承担非法经营罪的刑事责任。但该案中,法院经查认定,康某金建立、管理的所谓×××平台,其发展、经营模式符合相关法律关于"传销组织"的认定;康某金建立、提供该平台,对该组织的建立、扩大起最为关键作用,系该传销组织的组织、领导者;康某金的行为符合组织、领导传销活动罪的犯罪构成特征。而马某梅在该传销组织中起宣传、培训和一定的管理、协调作用,且该组织内部参与传销活动人员远超三十人,层级在三级以上,马某梅的行为符合组织、领导传销活动罪的犯罪构成。据此,一审对四被告人均以犯组织、领导传销活动罪定罪处罚。

我们坚持折中观点。尽管最高人民法院已明确了指导原则,但我们依然坚持折中意见。从适用角度考虑,在尚无新的司法解释出台前,原则应当适用最高人民法院〔2012〕刑他字第56号批复,即"对组织、领导传销活动的行为,如未达到组织、领导传销活动罪的追诉标准,行为人不构成组织、领导传销活动罪,亦不宜再以非法经营罪追究刑事责任"。

同时，我们认为应当保留例外适用空间。主要理由是：（1）从立法本意分析，《刑法修正案（七）》（草案）相关说明、立法机关和其相关负责人对《刑法修正案（七）》的解读中没有体现出立法增设组织、领导传销活动罪后对其他罪名有排他性适用的观点。从上述文件以及相关文章分析，增设该罪主要有三点考虑：一是解决对没有实际经营的传销活动难以定罪的问题；二是将传销活动的组织者、领导者单独定罪，突出打击重点，行为人实施犯罪预备就可以打击，打击时间点提前了；三是控制打击范围，主要打击组织者、领导者，对于一般参与者，在传销活动中所起作用不大的，可以不通过刑事手段予以打击。（2）组织、领导传销活动罪和非法经营罪不是非此即彼的排他关系，也不是一般法与特别法关系，而是一种交叉竞合关系。组织、领导传销活动罪是针对传销活动的专门规定，传销活动还可能构成其他犯罪，符合想象竞合犯或者牵连犯的，可以按照处罚较重的犯罪定罪处罚。从立法过程看，在《刑法修正案（七）》（草案）第一次审议稿中，该条款内容被作为非法经营罪中的一条，第二次审议时将之提到非法经营罪之前，单独增设一条罪名。因此，从罪名关系和立法技术层面分析，两罪之间不是非此即彼的关系。从法定刑设置分析，组织、领导传销活动罪与非法经营罪的罪行严重程度相当，对于两罪交叉情形以组织、领导传销活动罪定罪处罚符合立法精神；对于两罪不交叉情形，有的宜以组织、领导传销活动罪定罪，如非法经营数额不大但层级、人数均符合组织、领导传销活动罪入罪标准的；有的宜以非法经营罪定罪处罚，如层级或者人数不够入罪标准，或者团队计酬型传销，经营数额特别大，社会影响特别恶劣的。（3）对于一种行为是否构成犯罪，最根本的是从实质上审查行为的社会危害性，从形式上审查是否符合犯罪构成特征。那种主张不构成组织、领导传销活动罪一概不构成非法经营罪的观点值得进一步研究。实践中，对社会危害较大、影响比较恶劣的传销活动以非法经营罪定罪的呼声很高。工商行政管理部门曾多次建议，对社会危害后果严重的传销活动应当以非法经营罪定罪处罚。因此，对于社会危害严重、影响比较恶劣的传销行为，特别是对于团队计酬型传销活动行为，在不构成组织、领导传销活动罪的情况下，保留以非法经营罪追究刑事责任具有一定的必要性。

需要强调的是,对不符合组织、领导传销活动罪构成特征的严重传销活动以非法经营罪追究刑事责任这种例外适用,要坚持严格审慎原则。一方面,既要对造成严重社会危害后果的传销活动保留以非法经营罪定罪处罚的空间,避免不法分子钻《刑法》规定的漏洞;另一方面又要注意区分对象,对于传销活动中违法性意识不强、社会危害后果不严重、尚未造成恶劣社会影响的一般参与人员,无需以非法经营罪追究刑事责任,避免为定罪而定罪的现象发生。

【案例175】甲非法经营、行贿案*

非法经营罪系列研究（六）（个案研究15）：单位设立前，以单位名义为单位利益实施的犯罪，能否认定单位犯罪；违法所得归个人所有的，能否认定单位犯罪

关键词：

非法经营　合同诈骗　单位设立前　单位利益　以单位名义　尚未登记设立　单位犯罪

基本案情

175

2008年年初，甲、乙商谈合作彩票业务。2009年，甲经营的企业A公司，与乙经营的企业B公司共同成立C公司，经营彩票业务，法定代表人甲。为了得到丙（国家工作人员）对公司的支持和帮助，2008年甲送给丙人民币（以下币种同）20万元，公司成立后又送给丙50万元。公诉机关最初以非法经营罪、行贿罪对甲提起指控。合议庭一致认为，甲不构成非法经营罪，但对公司成立前的甲计付的20万元是构成行贿罪还是单位行贿罪，存在不同认识。一种观点认为，不构成单位行贿罪，因为公司尚未成立，没有单位主体，应当认定行贿罪。另一种观点认为，构成单位行贿，因为甲的行为是为将来公司谋利，系为了单位利益。

* 本文原载“刑水浮萍”微信公众号2018年11月3日《司法疑难之50》。

参考规则

单位设立前,为了单位利益,以单位名义实施犯罪,应当认定单位犯罪,单位设立前的犯罪数额计入单位犯罪数额。

单位设立前,以单位名义实施犯罪,违法所得归个人所有或者主要归个人所有的,应当认定个人犯罪。

规则解析

一、单位设立前,为了单位利益,以单位名义实施犯罪,应当认定单位犯罪,单位设立前的犯罪数额计入单位犯罪数额

法律规定的行为未必是一个动作,也未必是一个阶段性的动作,有时是一系列行为的总称。《全国法院审理金融犯罪案件工作座谈会纪要》中强调:“以单位名义实施犯罪,违法所得归单位所有的,是单位犯罪。”为了单位利益,强调的是主观层面的目的或者动机,落实到客观结果,就是违法所得归单位所有。人民法院在处理和认定单位犯罪时强调,从概念上有三个把握的要点:第一,必须以单位的名义;第二,行为是为了单位利益;第三,违法所得归单位所有。[①] 在司法实践中,正如有观点所言,虽然以单位名义是大多单位犯罪的共同表现,但也有很多案例表现出犯罪单位并没有以自己的名义实施犯罪,存在冒用其他单位名义实施犯罪、以虚假单位名义实施犯罪、以个人名义实施犯罪等多种情况。而利益归属单位,事实上已经成为区别个人犯罪还是单位犯罪的关键标准,也是推定单位具有犯罪意志的辅助条件。

单位是一种拟制的人格,单位犯罪与个人犯罪的区别,主要在于主观动机和出发点不同。单位实施犯罪主要通过个人来完成。在单位尚未正式登记设立前,对“以单位名义”的认定宜从实质上评价,不应拘泥于形式。如在挪用公款案件中,根据《全国法院审理经济犯罪案件工作座谈会纪要》(2003年)相关规定,为了

---

① 石磊:《单位犯罪中“以单位名义”和“为了单位利益”探析》,载《人民检察》2005年第13期。

单位利益,个人决定的,视为单位决定。因此,是否单位犯罪,重点在于审查是否为了单位利益。即使单位尚未登记设立成功,只要从实质层面审查,单位正在创设过程中,就可以认定以单位名义,即构成单位犯罪。

基于以上分析,我们认为,在案例 175 中,甲在单位设立前,系为了单位利益实施行贿行为,其个人未获取任何违法所得,应当认定单位行贿罪。单位设立前的行贿数额计入单位行贿数额,无需另行认定个人犯行贿罪。

二、单位设立前,以单位名义实施犯罪,违法所得主要归个人所有的,应当认定个人犯罪

我们认为,单位设立前,以单位名义实施犯罪,违法所得归个人所有的,应当认定个人犯罪。单位仅仅是其个人实施犯罪的工具。与案例 175 甲非法经营、行贿一案不同。甲系为了即将成立的公司利益而行贿,且公司成立后实施的是合法行为。为了个人利益实施犯罪,违法所得实际归个人所有或者主要归个人所有的,所谓的成立分公司只是其实施犯罪的幌子,那么不属于单位犯罪,应当追究其个人犯罪的刑事责任。

【案例 176】仇某强迫交易、非法倒卖土地使用权案*

监外执行期间又犯新罪如何并罚，是否折抵刑期以及在判决主项中如何表述

关键词：

强迫交易　监外执行期间　新罪　并罚　折抵刑期　判决主项　表述

基本案情

被告人仇某因犯强迫交易罪被法院生效判决判处有期徒刑 7 年，因患重病监外执行。执行期间，仇某又犯新罪非法倒卖土地使用权罪，法院拟判处 5 年有期徒刑。两罪并罚没有异议，但如何具体操作？是否折抵刑期以及前罪执行截止日期如何确定？

参考规则

监外执行期间又犯新罪，并罚时采取先减后并原则。对于前罪余刑应当从新罪判决确定之日计算前罪余刑，新罪判决确定之前的立案侦查、起诉、审理期间一并计入前罪执行期间。后罪刑期一般不予折抵，但立案侦查、起诉、审理期间超出前罪余刑的除外。

---

* 本文系在"刑水浮萍"公众号 2020 年 1 月 26 日《司法疑难之 235》的基础上修改而成。

对于有期徒刑监外执行的，建议人民法院在一审判决主项中如下表述：……×××犯×××罪，判处有期徒刑××年，决定执行有期徒刑××年（对于前罪余刑的计算应当从新罪判决确定之日计算。没有发生上诉、抗诉的，上诉、抗诉期届满之日，即××年××月××日为新罪判决确定之日，决定执行刑期自××年××月××日起至××年××月××日止）。

规则解析

这里最主要的难点在于新犯之罪是否会发生刑期折抵，由此引发一系列操作问题。对于监外执行期间又犯新罪，采取先减后并的原则没有异议，但问题是后罪存在一定立案侦查、起诉、审理期间，在后罪判决生效前的这些期间是计入前罪的刑期还是折抵后罪刑期，存在认识分歧。为此，最高人民法院研究室在 1993 年对北京市高级人民法院有一个书面答复。该答复明确："……对前罪没有执行完的刑罚和后罪判处的刑罚，按照《刑法》（1979 年）第六十四条规定决定执行的刑罚，对于前罪余刑的计算应从新罪判决确定之日计算。"根据该答复，前罪余刑即是适用先减后并罚原则。确定余刑的时间节点是新罪判决确定之日，确定之前的立案侦查、起诉、审理期间统一并入前罪执行期间（附答复文件）。这一答复，基本明确了后罪不予折抵原则，且明确了并罚的具体操作细节，基本解决了实践分歧。

然而，最高人民法院研究室的上述答复内容依然留有实践操作问题。对于前罪或者后罪判处无期徒刑的，因无期徒刑与有期徒刑并罚，适用的是吸收原则，不存在折抵问题，以判决确定之日不存在任何问题。但有期徒刑监外执行，新罪判决确定之日的具体确定必然存在问题。一般情况下，新罪判决确定之日要么是上诉、抗诉期届满之日，要么是二审判决宣告之日。一审判决主项中，难以确定是否存在上诉、抗诉情况，但判决主项又必须载明并罚后的具体刑期和起止日期。可见，"判决确定之日"必然致使一审陷入"两难"境地。为此，针对此种情况，我们建议采取特事特办原则。建议人民法院在一审判决主项中采取如下表述：……×××犯×××罪，判处有期徒刑××年，决定执行有期徒刑××年（对于前罪余刑的计算应当从新罪判决确定之日计算。没有发生上诉、抗诉的,上诉、抗诉期届满之日,即××年××月××日为新罪判决确定之日,决定执行刑期自××年××月××日起至××年××月××日止)。

相关规定

1. 最高人民法院研究室两个答复

最高人民法院

关于管制犯在管制期间又犯新罪被判处拘役或有期徒刑

应如何执行的问题的批复

[1981年7月27日,(81)法研字第18号]

四川、河北省高级人民法院:

你们来文请示关于管制犯在管制期间又犯新罪被判处拘役或有期徒刑应如何执行的问题,经我们研究认为,由于管制和拘役、有期徒刑不属于同一刑种,执行的办法也不同,如何按照数罪并罚的原则决定执行的刑罚,在刑法中尚无具体规定,因此,仍可按照本院1957年2月16日法研字第3540号复函的意见办理,即"在对新罪所判处的有期徒刑或者拘役执行完毕后,再执行前罪所没有执行完的管制"。对于管制犯在管制期间因发现判决时没有发现的罪行而被判处拘役或有期徒刑应如何执行的问题,也可按照上述意见办理。

此复。

最高人民法院研究室

关于罪犯在保外就医期间又犯罪,事隔一段时间后被抓获,

对前罪的余刑,应当如何计算的请示的答复

(1993年1月28日)

北京市高级人民法院:

你院京高法(1992)244号《关于罪犯在保外就医期间又犯罪,事隔一

段时间后被抓获，对前罪的余刑，应当如何计算的请示》收悉。经研究，我们认为：罪犯在保外就医期间又犯罪，应当依照刑法第六十六条的规定，对前罪没有执行完的刑罚和后罪判处的刑罚，按刑法第六十四条规定，决定执行的刑罚，对于前罪余刑的计算应从新罪判决确定之日计算。

2.《最高人民法院研究室关于服刑罪犯保外就医期限届满后未归监又重新犯罪应如何计算前罪余刑问题的答复》(1994年6月18日，现已失效)

湖南省高级人民法院：

你院湘高法研字〔1994〕12号《关于服刑犯人保外就医期限届满后未归监又重新犯罪应如何计算其余刑问题的请示》收悉。经研究答复如下：服刑罪犯经批准保外就医期应计入执行期，保外就医期限届满后未归监的时间不得计入执行期；又重新犯罪的，其前罪的余刑应从保外就医期限届满第二日起计算至前罪刑满之日为止。

3.《湖南省高级人民法院关于服刑犯人保外就医期限届满后未归监又重新犯罪应如何计算其余刑问题的请示》(1994年4月9日，湘高法研字〔1994〕12号)

最高人民法院：

我院审判委员会在讨论韩军抢劫案的余刑计算问题时，意见不一，把握不准，特请示如下：

被告人韩军，吉首市人，1991年1月29日因犯盗窃罪被吉首市人民法院判处有期徒刑三年，刑期至1993年11月4日届满。1991年7月18日，韩军因病由劳改部门批准保外就医六个月，但六个月期满后，韩军未归监，劳改部门也未采取措施，直至1993年6月9日因抢劫一案被凤凰县公安局抓获。一审法院于1994年1月28日以抢劫罪判处韩军有期徒刑三年。在对韩军所犯的前后两罪适用《刑法》第六十六条数罪并罚决定执行的刑期时，对如何计算其前罪的余刑有两种不同的意见。第一种意见认为，其前罪的余刑应自1993年6月9日起计算,为四个月零二十五天;第二种意见认为,其前罪的余刑应自1992年1月17日起计算,为一年九个月零十七天,也就是应将保外就医期限届满至犯新罪被抓获的这一段时间计算在内。

我们认为第二种意见是正确的。被告人韩军保外就医期限届满后,虽然劳改部门未对其采取收监措施,但是其实际上并未按原判刑期执行而一度逍遥法外。

当否?请批复。

湖南省高级人民法院

1994年4月9日

【案例 177】甲强迫交易案*

强迫交易罪是否包括禁止、限制买卖物品；未经许可买卖稀土矿产品是否属于非法经营

关键词：

强迫交易　村民　买卖稀土矿产品　禁止、限制买卖物品

基本案情

177

某村民甲在宅基地建设过程中，挖到了稀土矿产品，拟出售。村民乙系当地恶势力成员，以暴力、威胁手段强迫甲将稀土矿产品卖给其，并转手销售，获利人民币 10 万余元。对乙的行为如何定性？审理过程中，一种观点认为，乙的行为不构成强迫交易罪。主要理由是：强迫交易罪的对象不包括禁止、限制流通类物品。另一种观点认为，乙的行为构成强迫交易罪。

参考规则

只要强迫交易的标的在属性上具有可交易性，当事人双方本质特征系"以物易物"，应当认定属于《刑法》第二百二十六条规定的强迫交易行为。强迫交易的标的是否属于禁止、限制买卖物品，不影响强迫交易行为的认定。

* 本文原载"刑水浮萍"微信公众号 2020 年 8 月 9 日《司法疑难之 332》。

强迫交易过程中涉及其他犯罪,法律及司法解释规定数罪并罚的,依照规定;法律及司法解释没有规定的,根据罪责刑相适应原则,可以按照处罚较重的罪名定罪处罚。

实践中,关于稀土矿产品的相关国家政策与相关主管部门的执行存在部分脱节,对未经许可买卖稀土矿产品的行为认定非法经营罪应当审慎把握。

规则解析

一、只要强迫交易的标的在属性上具有可交易性,当事人双方本质特征系"以物易物",应当认定属于《刑法》第二百二十六条规定的强迫交易行为。强迫交易的标的是否属于禁止、限制买卖物品,不影响强迫交易行为的认定

主张将强迫交易罪中的标的限缩理解为"流通物品"的观点,主要理由是:对于通过强迫性手段完成的交易行为所涉的物品、服务内容属于法律、法规所禁止的对象,如帮助行贿、贩卖毒品、买卖枪支、卖淫等,即使情节严重的,也不构成强迫交易罪,构成犯罪的,应当按照所触及的其他罪名定罪处罚。[①]《刑法》第二百二十六条第一项关于"强买强卖商品的"规定,似乎在一定程度上支持对强迫交易罪的标的进行限缩性理解。但该条第五项关于"强迫他人参与或者退出特定的经营活动的"规定,实际扩展了第一项"商品"的外延,因为"特定的经营活动"包括合法经营和非法经营。如强迫他人将禁止、限制流通物品卖给特定对象的,可以认定为强迫他人参与特定经营活动。《刑法》第二百二十六条第二项关于"强迫他人提供或者接受服务的"规定也未对提供或者接受服务的合法性与否进行限制,在一定程度上佐证强迫交易罪对交易标的本身的合法性与否、对标的是否属于禁止、限制流通物品没有进行特殊限缩性规定。《最高人民法院、最高人民检察院、公安部、司法部关于办理利用信息网络实施黑恶势力犯罪刑事案件若干问题的意见》(自 2019 年 10 月 21 日起施行)第二条"依法严惩利用信息网络实施的黑恶势

---

① 何仁利、李洁:《刑事法律文件解读》(2017 年第 11 辑,总第 149 辑),人民法院出版社 2018 年版,第 97 页。

力犯罪”中的“5. 利用信息网络威胁他人，强迫交易，情节严重的，依照刑法第二百二十六条的规定，以强迫交易罪定罪处罚”，仅明确了强迫交易的本质特征和强迫交易的手段方式和情节严重程度，并未限缩交易标的本身是否必须属于流通的商品。该规定进一步佐证了强迫交易罪的交易标的不限于流通商品的观点。

我们认为，只要强迫交易的标的在属性上具有可交易性，当事人双方本质特征系“以物易物”，交易的方式是通过心理强制完成的，就应当属于《刑法》第二百二十六条规定的强迫交易行为。强迫交易的标的是否属于禁止、限制买卖物品，不影响强迫交易行为的认定。

如果交易标的本质上不具有可交易性，不符合“以物易物”的本质特征，如婚姻、荣誉、继承权，本身不具有可交易性，不可能通过金钱买卖或者以物易物的方式取得，此类标的物不属于强迫交易罪的对象。不过对于部分不可交易的权利，请求权和放弃权又存在一定区别，请求主张此类权利和放弃此类权利在法律保护上不同。主张此类权利虽然不能成为交易的对象，但放弃此类权利则可能成为交易对象。如放弃继承权，属于单方行为，完全可能成为交易的对象。同一家族成员通过给付一定的金钱补偿请另一家族成员放弃继承权。这种行为性质就属于一种交易。如果同一家族成员通过暴力、威胁另一家族成员接受其条件放弃其继承权，就属于强迫交易行为。

实践中，比较常见的禁止、限制流通物，有文物、枪支和烟草专卖品。举例而言，如果张三家里具有三件国家二级文物，李四想收藏该三件文物，遂通过暴力、威胁方式强迫张三出售该三件文物。虽然二级文物是国家禁止经营的，但李四只要不是出于倒卖目的而收购，其强迫行为仅构成强迫交易罪，不构成倒卖文物罪。又如枪支是管制物品，属于禁止流通物品。买卖枪支的行为本质上是一种交易。强迫他人卖出枪支或者买入枪支具有“以物易物”的交易属性，符合强迫交易罪的构成特征。不能因为买卖枪支构成单独的非法买卖枪支罪，而否认其不构成强迫交易罪。再如烟草专卖，虽然属于限制买卖物品，但依然可以属于强迫交易行为的对象。如果行为人强迫他人出售烟草专卖品，依然可能构成强迫交易罪。不能因为其未经许可无证倒卖构成非法经营罪而否认其构成强迫交易罪。

强迫交易过程中涉及其他犯罪,法律及司法解释规定数罪并罚的,依照规定;法律及司法解释没有规定的,根据罪责刑相适应原则,可以按照处罚较重的罪名定罪处罚。

二、关于稀土矿产品的相关国家政策与相关主管部门的执行存在部分脱节,对未经许可买卖稀土矿产品的行为认定非法经营罪应当审慎把握

关于买卖稀土矿产品的行为定性,实践中存在认识分歧。如果甲乙非法买卖稀土矿产品的行为构成非法经营罪,那么对乙的行为可以按照非法经营罪和强迫交易罪中处罚较重的罪名定罪处罚,非法经营或者强迫交易作为一个从重处罚情节。鉴于此,司法实践中,对买卖稀土矿产品的行为是否构成非法经营罪,需要审慎把握。我们曾经指导办理的曾某涵非法经营宣告无罪案可以为此类案件提供些许借鉴和参考。①

① 刘晓虎、周颖佳:《曾某涵非法经营案——开采、加工、销售稀土矿产品的行为是否构成非法经营罪的认定和把握》,载《刑事审判参考》(总第 114 辑),法律出版社 2019 年版。

【案例 178–179】吴某某等强迫交易案*

纠集多人采取暴力手段强迫他人退出投标的能否以寻衅滋事定性

关键词：

强迫交易　纠集多人　强迫他人退出投标　寻衅滋事

基本案情

178

吴某某强迫交易案：①2017 年 4 月至 6 月 5 日，被告人吴某某（挂靠单位为江苏省集团有限公司）为了在建筑工程领域制造其个人影响力，形成以其为首的恶势力团伙。由被告人吴某某纠集并伙同邓某、高某、刘某甲（均另案处理）等人多次在昆山市公共资源交易中心及该中心开标室内滋事。后在昆山阳澄湖人才专墅三期 D 组项目（标的 3 亿余元人民币，以下币种同）招投标期间，吴某某为达到中标的目的，纠集并伙同邓某、高某、刘某甲等人多次对参与该项目投标的昆山建筑有限公司经理罗某、昆山市建筑安装工程有限公司总经理蔡某某、江苏建设有限公司经理吴某、苏州建设集团有限公司经营部经理吕某等相关人员采用到单位或者家里以言语威胁、盯人等手段，强迫上述多家单位退出该次投标，但上述单位并未因此退出投标。另查明，案发后罗某、吴

* 本文原载“刑水浮萍”微信公众号 2020 年 2 月 29 日《司法疑难之 242》。

① 一审判决（2018）苏 0583 刑初 402 号（2018 年 7 月 2 日）；二审裁定维持原判（2018）苏 05 刑终 799 号（2018 年 12 月 19 日）。

某、吕某对被告人吴某某的行为表示谅解。江苏省昆山市人民检察院指控原审被告人吴某某犯强迫交易罪。

一审法院认为,被告人吴某某纠集多人,以威胁手段,在建筑工程领域招投标过程中滋事,并多次强迫他人退出投标,为非作恶,扰乱经济、社会秩序,造成较为恶劣的社会影响,情节严重,其行为构成强迫交易罪。被告人吴某某取得吕某、吴某等人的谅解,酌情予以从轻处罚。据此,依法以强迫交易罪判处被告人吴某某有期徒刑二年六个月,并处罚金三万元。吴某某不服,提起上诉。主要理由是:吴某某上诉称没有在昆山市公共资源交易中心开标室滋事、恐吓他人;没有强迫蔡某、罗某、吴某、吕某退出招标。其辩护人提出吴某某没有多次实施强迫行为,不构成强迫交易罪;本案不应认定为恶势力团伙。

二审法院经审理查明的事实与原审判决认定的事实一致。二审法院认为,在案证据证明上诉人吴某某纠集高某、刘某甲等人,在建筑工程领域招投标过程中多次滋事,多次强迫昆山多家建筑单位退出投标,已构成强迫交易罪。吴某某等人的上述行为社会影响极差,扰乱了正常的经济、社会秩序,在昆山建筑行业已形成了以吴某某为首的相对固定的恶势力团伙。相关辩解及辩护意见不予采纳。据此,二审法院依法裁定驳回上诉,维持原判。

179

胡某强迫交易案:胡某纠集多人,采取暴力手段强迫他人退出投标,最终一次性补偿对方25万元(含医疗费等),能否认定为强迫交易罪中的“情节严重”?公安机关以寻衅滋事罪意见移送审查起诉是否正确?

参考规则

在投标过程中，出于中标目的，纠集多人，采取暴力、威胁手段强迫他人退出投标，情节严重的，构成强迫交易罪。

前款行为，行为人目标单一明确，不属于无事生非、起哄闹事，亦不属于“借故生非、小题大作”，不符合寻衅滋事罪的构成特征，不构成寻衅滋事罪。

规则解析

一、在投标过程中，出于中标目的，纠集多人，采取暴力、威胁手段强迫他人退出投标，情节严重的，构成强迫交易罪

根据《刑法》第二百二十六条的规定，以暴力、威胁手段，强迫他人参与或者退出投标，情节严重的，构成强迫交易罪。《最高人民检察院、公安部关于公安机关管辖的刑事案件立案追诉标准的规定（一）的补充规定》（以下简称《立案追诉标准一补充规定》）将《立案追诉标准（一）》第二十八条修改为：“[强迫交易罪（刑法第二百二十六条）]以暴力、威胁手段强买强卖商品，强迫他人提供服务或者接受服务，涉嫌下列情形之一的，应予立案追诉：（一）造成被害人轻微伤的；（二）造成直接经济损失二千元以上的；（三）强迫交易三次以上或者强迫三人以上交易的；（四）强迫交易数额一万元以上，或者违法所得数额二千元以上的；（五）强迫他人购买伪劣商品数额五千元以上，或者违法所得数额一千元以上的；（六）其他情节严重的情形。”

如在案例178吴某某强迫交易一案中，吴某某在招投标期间，为达到中标的目的，纠集并伙同邓某、高某、刘某甲等人多次对其他参与投标人员采用以言语威胁、盯人等手段，强迫上述多家单位退出该次投标，情节严重，其行为构成强迫交易罪。吴某某强迫其他参与投标人、投标单位的次数在三次以上，符合《立案追诉标准一补充规定》和相关司法解释规定的定罪标准。据此，一审、二审法院依法认定吴某某构成强迫交易罪。

二、行为人出于中标目的，目标明确单一，不属于无事生非、起哄闹事，亦不属于借故生非、小题大做不符合寻衅滋事罪的构成特征，不构成寻衅滋事罪

如案例179胡某强迫交易一案中，胡某纠集多人，采取暴力手段强迫他人退出投标。行为人实施的行为，始终围绕一个特定目的，就是强迫他人退出投标，目标明确，与寻衅滋事罪表现出无事生非、起哄闹事，行为人没有明确的犯罪目的不同，同时亦不属于借故生非、小题大作的情形。据此，胡某不属于无事生非，起哄闹事，不符合寻衅滋事罪的构成特征，不构成寻衅滋事罪。公安机关认定寻衅滋事罪的意见不正确，应予纠正。

【案例 180】程某强迫交易案*

被告人上诉后，二审法院经审理发现，一审法院判决赔偿被害人的数额与审判委员会决议不一致的如何处理

关键词：

强迫交易　上诉　一审判决　审判委员会决议　不一致

基本案情

180

被告人程某强迫交易案，一审法院判决程某犯强迫交易罪，判处有期徒刑二年，并处罚金人民币（以下币种同）2000 元。程某不服，提起上诉，主要理由是量刑过重。上诉后，二审法院经审理发现，因程某强迫交易过程中致使被害人遭受直接经济损失 5000 元，审判委员会决议赔偿被害人 5000 元，但法院刑事判决书最终判决赔偿被害人 1000 元。按照相关规定，人民法院必须按照审判委员会的决议作出判决，一审判决书的这种错误属于何种性质？如何纠正？对此，二审法院存在不同意见，大致形成三种方案。第一种方案，认定纯属笔误，裁定补正。至于补正方法可进一步研究。如责令一审改判或者二审直接改判，但涉及原被告人数众多难度较大。反对观点认为，判项部分不宜改正。第二种方案，直接发回重审，主要理由是实体错误或者程序错误。反对

* 本文原载“刑水浮萍”微信公众号 2020 年 4 月 18 日《司法疑难之 286》。

观点认为,不宜发回,可以根据情况直接改判即可,发回重审将会浪费更多司法资源,且意义不大。第三种方案,通过判决之外的方式来弥补,如通过调解工作、协调处置或者司法救助程序解决。

参考规则

对于被告人上诉案件,二审法院应当全面审查。二审法院发现一审法院判决的赔偿数额与一审法院审判委员会决议存在较大差距,既可能是程序问题,也可能是技术性错误。二审法院不可简化程序,直接裁定补正。而应当全面审查,对被告人的上诉请求进行裁判,同时根据查明事实对退赔数额进行裁判,决定是否改判。

退赔不属于刑罚种类,即使二审改判加重,也不违反上诉不加刑原则。

规则解析

对于被告人上诉案件,二审法院应当全面审查,即使二审法官内心确信一审法院查明的事实、定罪量刑均没有问题,仅赔偿被害人数额出现笔误,也不应直接裁定补正。如果直接裁定补正,实际侵害了被告人的上诉权利。本案中,被告人程某不可能知道审判委员会决定的数额,其上诉,是因为其他法律适用问题。二审法院发现一审法院判决的赔偿数额与一审法院审判委员会决议存在较大差距,是一个新的问题。既可能是程序问题(一审法院合议庭未遵照审判委员会的决议判决),也可能是技术性错误。经由分析可知,一审法院最终裁判的赔偿数额对被告人程某有利,且存在较大差距,由此基本可以断定程某提起上诉与赔偿数额关联不大。据此,二审法院不可简化程序,直接裁定补正。而应当全面审查,对被告人的上诉请求进行裁判。同时,根据查明事实对赔偿数额进行裁判,决定是否改判。退赔不属于刑罚种类,即使二审改判加重,也不违反上诉不加刑原则。

当然,二审法院以程序违反法律规定为由发回重审也有法律依据。但这样处理,不利于节约司法资源。

【案例181】卢某强迫交易、诈骗案*

假释考验期满后发现犯罪分子在假释期间有一般违法或者犯罪行为的处理

关键词：

强迫交易　诈骗　假释考验期满　假释考验期间　违法犯罪

基本案情

181

2015年5月至7月，卢某单独或者伙同他人采用虚构身份、伪造烟酒票等方式，从被害人王某等人处骗取香烟、现金等财物，共计价值人民币（以下币种同）50万元。另查明，卢某曾因犯强迫交易罪，于2012年8月8日被法院判处有期徒刑三年三个月，并处罚金一万元。2014年4月7日被某市中级人民法院裁定假释，假释考验期自2014年4月11日起至2015年6月12日止。2015年8月案发。卢某属于假释考验期满后发现考验期间实施犯罪的情形。一审法院认为，被告人卢某在2015年5月开始实施诈骗的犯罪行为，其犯罪行为是一个连续的过程，犯罪行为最初发生在假释考验期内，持续到考验期满后。卢某属于在假释考验期内又犯新罪，应撤销假释，实行数罪并罚。据此，依照法判决如下：（1）撤销某市中级人民法院××刑事裁定书中对被告人卢某的

* 本文原载“刑水浮萍”微信公众号2019年11月24日《司法疑难之206》。

予以假释的刑事裁定。(2)被告人卢某犯诈骗罪,判处有期徒刑八年六个月,并处罚金五万元;连同原判余刑有期徒刑一年二个月二天,并处罚金一万元,数罪并罚,决定执行有期徒刑九年,并处罚金六万元(自2015年7月4日起至2024年7月3日止)。

如果卢某在2015年6月12日之前新实施的诈骗行为涉案金额未达到入罪标准,即新实施的仅是一般违法行为,是否参照适用犯罪行为处理?

参考规则

假释考验期满后发现犯罪分子在考验期限内犯新罪的,应当撤销假释。如果新罪没有超过追诉期限,应当撤销假释,实行数罪并罚。如果新罪已过追诉期限,应当撤销假释,收监执行未执行完毕的刑罚。

假释考验期满后发现犯罪分子在假释考验期限内具有一般违法违规行为的,可以不撤销假释。

规则解析

对于假释考验期满后发现犯罪分子在假释期间有一般违法或者犯罪行为的处理,因《刑法》未作明确规定,实践中存在认识分歧。一种观点认为,只要新罪未超过追诉时效,就应当撤销假释,将前罪没有执行的刑罚和新罪判处的刑罚实行并罚。① 另一种观点认为,既不应撤销,也不应实行数罪并罚。主要理由是:假释考验期满后不应撤销假释。撤销假释应当在假释考验期,而不应在考验期满后。《刑法》第八十六条规定“被假释的犯罪分子,在假释考验期限内,再犯新罪,应当撤销假释”。该规定表明假释考验期满后发现考验期内犯新罪的,应当认为原判

① 参见《假释考验期满后发现犯罪分子在假释期间有违法犯罪行为的如何处理》,载最高人民法院刑事审判第一庭、第二庭编:《刑事审判参考》(2004年第6集,总第41集),法律出版社2005年版,第169~171页。

刑罚已经执行完毕，撤销假释已经不可能。既然原判刑罚已经执行完毕，就不能再对旧罪定罪处罚，因而失去了与所犯新罪并罚的前提。

缓刑考验期满后发现缓刑考验期内犯新罪，也存在此类问题，故一并分析。《刑法》第七十七条没有明文规定缓刑考验期满后发现缓刑考验期内犯新罪的处理原则，与《刑法》第八十六条的规定基本一样。对该问题的把握，应当结合缓刑、假释适用的条件进行分析。

一、缓刑、假释考验期满后发现考验期限内犯新罪的，应当撤销

（一）《刑法》未对发现新犯罪的时间进行限制。《刑法》第七十七条、第八十六条对缓刑、假释的撤销规定的时间期限是在考验期限内犯新罪。从该规定分析，只要在考验期限内犯新罪，无论是在考验期限内发现还是考验期满发现，依法均应撤销。《刑法》并未针对此种情形限制任何发现的时间条件。

（二）结合缓刑、假释的最根本的条件分析，没有再犯危险是缓刑、假释适用必须齐备的条件。在缓刑、假释考验期限内犯新罪，表明有再犯危险，不具备缓刑、假释适用的条件，依法均应撤销。

二、撤销缓刑后应当根据所犯新罪有无超过追诉时效进行区分处理

应当根据新罪有无超过追诉时效进行区分处理。假释考验期满后发现犯罪分子在假释考验期限内犯新罪，如果新罪没有超过追诉期限，应当撤销假释，实行数罪并罚；如果新罪已过追诉期限，应当撤销假释，收监执行未执行完毕的刑罚。

三、有必要与考验期满后发现判决宣告以前还有其他罪没有判决的情形区分

考验期满未犯新罪，表明罪犯至少符合认真遵守监规，接受教育改造，确有悔改表现，没有再犯罪的危险。但犯新罪的情形，罪犯必然没有遵守监规，未接受教育改造，没有悔改表现，具有再犯罪的危险。因此，罪犯不符合缓刑、假释适用的条件。而考验期满后发现判决宣告以前还有其他罪没有判决的情形，难以有证据证明罪犯不符合假释的条件。罪犯完全可能遵守监规，接受教育改造，具有悔改表现，从而没有再犯罪的危险。倒是此种情形是否符合缓刑的适用条件，值得进一步研究。因为缓刑条件中的“悔罪表现”既可以是针对所判之罪，但扩大解释为包括所判之罪和漏判之罪，也合乎情理。顺着这一思路，如果罪犯对漏罪都不如

实供述,自然就难以认定具有悔罪表现。

四、有必要与考验期满后发现实施《刑法》第七十七条第三款、第八十六条第三款规定的行为进行区分处理

需要特别注意的是,《刑法》虽然对此类违法违规行为撤销缓刑、假释的情形未规定时间条件限制,但该类情形不能比照犯新罪情形进行处理。对于罪犯在假释考验期满后发现犯罪分子在假释考验期限内有违反法律、行政法规或者国务院公安部门有关假释的监督管理规定的行为,尚未构成犯罪的,是否撤销假释,是否收监执行未执行完毕的刑罚,需要结合违法违规的具体情形进行处理。为尽量限制缓刑、假释考验期满后违法违规行为对缓刑、假释适用的影响,对缓刑考验期满后发现罪犯在考验期限内具有一般性违法违规行为的,可以不撤销缓刑、假释。虽然《刑法》对此未做区分规定,但对违法违规行为与犯罪行为,在处罚的该当性上应当予以区分。这种政策上的区分不但体现在行政处罚时效和追诉时效的区分上,而且体现在违法违规行为与犯罪行为对刑罚最终的处罚影响上。

【案例 182】A、C 倒卖车票案*

检举他人后因办案机关的原因未查证属实，后其他人检举同一人经办案机关查证属实的，对前后检举行为能否认定立功

关键词：

倒卖车票　检举　揭发他人犯罪行为　提供重要线索　查证属实　立功

基本案情

182

A 因涉嫌犯倒卖车票罪被羁押在看守所。A 检举在押人员 B 尚未被司法机关掌握的犯罪线索，看守所初步核查后将检举材料转递给原办案机关。因原办案机关工作失职未查证该线索，导致对 B 未追究刑事责任。一年后，C 向法院又检举了该线索，经查证属实并对 B 作出有罪判决。对 A 和 C 是否构成立功，有不同意见：一种意见认为，看守所属于司法机关，看守所初步核查了，可视为已查证属实，对 A 可认定立功。原办案机关的失职不影响 A 的立功认定。因 A 的立功在先，司法机关已掌握 B 的犯罪线索，对 C 不认定立功。另一种意见认为，对 A 不可认定立功。看守所不是侦查机关，初步核实但最终没有查实。原办案机关尚未查证，不能认定为查证属实，A 不构成立功，但可酌情从轻处罚。C 的检举对 B 案的侦破起到实质作用，应当认定 C 构成立功。

* 本文原载"刑水浮萍"微信公众号 2020 年 7 月 4 日《司法疑难之 325》。

参考规则

认定立功时，在司法机关尚未掌握相关犯罪事实这一前提条件下，对揭发他人犯罪行为和提供重要线索两种情形应当予以区分。对于揭发他人犯罪行为要认定立功，只要查证属实就符合条件要求，没有时间和因果关系限制。即使因为原办案机关怠于行使职权而未查证，后来新的办案机关因其他原因而查证属实，依然应当认定立功。而对于提供重要线索要认定立功，要求所提供的线索与案件得以侦破必须具有因果关系。没有因果关系的，不应认定立功。

对于因审理期限限制，无法短期内查证的，人民法院可以在裁判文书中客观表述情况，并建议将来一旦查证属实可以作为犯罪分子监狱减刑的法定事由。这种情形，既不认定立功也不否定立功，作为一种变通处理。

规则解析

鉴于本案认定立功存在认识分歧，我们在深入研究的基础上广泛征求了法律界同仁的意见，基本一致意见认为，对 A、C 均应认定构成立功。具体理由是：

一、两种立功条件的比较和认定条件要求

根据《刑法》第六十八条的规定，立功的条件是犯罪分子有揭发他人犯罪行为，查证属实，或者提供重要线索，从而得以侦破其他案件等立功表现。无论是揭发他人犯罪行为还是提供重要线索，都要求必须是司法机关尚未掌握。第一个条件，犯罪分子只要揭发他人犯罪行为，查证属实（一般要求是司法机关），就可以认定立功。该条件没有时间期限限制，也没有因果关系限制，但要求对事实的了解比第二个条件更高，不能仅仅是提供线索。第二个条件，除了要求犯罪分子提供重要线索，还对因果关系有要求，即要求其他案件得以侦破与提供重要线索之间具有因果关系。

二、根据不同立功条件结合具体案件认定

鉴于实践中对揭发他人犯罪行为和提供重要线索予以区分对认定立功情节

非常重要,我们认为,本案应当首先审查 A 是属于揭发他人犯罪行为还是提供重要线索。

(一)如果属于揭发他人犯罪行为

如果被告人提供的内容系比较完整、具体的事实,就属于揭发他人犯罪行为。而揭发他人犯罪行为,只要查证属实即可,没有时间期限限制,也没有因果关系的限制。即使因为原办案机关怠于行使职权而未查证,后来因 C 提供线索而查证属实,对 A 依然应当认定揭发他人犯罪行为,查证属实。对 C 的认定并不影响 A 的认定。据此,如果 A、C 属于揭发他人犯罪行为这种情形,那么 A、C 均应认定具有立功表现。

(二)如果属于提供重要线索

如前所述,第二个条件要求所提供的重要线索与其他案件得以侦破具有因果关系。如果不具有因果关系,不应认定立功。本案中,虽然 A 曾经提供线索,但原办案机关未查证,与案件侦破没有形成因果关系,故从该角度分析,A 不具有立功表现。既然原办案机关未查证属实,整体上应当认定办案机关尚未掌握相关线索。C 提供重要线索,使案件得以侦破,客观上已经形成因果关系,故从该角度分析,C 具有立功表现。为便于说明,以开枪射击同一人为例。甲开枪击中被害人丙的脚部,乙开枪击中丙的心脏,对于死亡这一危害后果(从因果关系分析既未遂形态),甲的行为未形成刑法上的因果关系,属于未遂,而乙的行为已经形成刑法上的因果关系,属于既遂。当然,如果甲乙同时击中丙的要害部位,那么均应认定形成刑法上的因果关系,均应认定既遂。本案中,原办案机关对 A 所提供的事实未予查证,相当于因果关系发生了断绝。

(三)办案机关未予查证属实的后果影响

主张认定 A 具有立功表现最有力的一个观点是,不能因为办案机关的问题将不利后果归责于被告人,或者不能因为司法机关怠于行使职责而对被告人作出不利司法评价。

我们认为,虽然案情中介绍,因办案机关失职未予查证属实,但这种失职是否属于怠于行使侦查职责依然不好认定。司法实践中,犯罪分子、犯罪嫌疑人、被告人检举、揭发或者提供线索的情形时有发生,但最终尚未查证属实的案件比较普遍。有的因为审理期限限制,有的因为客观原因,也有的因为消极查证,还有的因为选择性查证。如何看待这些原因对案件处理的影响,需要我们正确客观评判。对于因审理期限限制,无法短期内查证的,人民法院可以在裁判文书中客观表述情况,建议将来一旦查证属实可以作为犯罪分子监狱减刑的法定事由。这种情形,既不认定立功也不否定立功,作为一种变通处理。对于客观情况或者不能证明司法机关怠于行使职责的情形,尚未查证属实,不得认定立功没有任何异议。至于怠于行使职责的情形,能否当然推定查证属实,此中依然涉及逻辑论证的问题,毕竟要证明司法机关行使职责又必然能够查证属实,这是一个艰难的论证过程。即使能够证明,也依然要遵从因果关系本来的规则。在明确没有因果关系链的情况下,不能基于外在原因,推定因果关系成立。

据此,如果本案经审查,A、C的行为属于揭发他人犯罪事实,那么A、C均应认定具有立功表现;如果A、C属于提供重要线索,应当根据是否成立因果关系的情况进行认定。C所提供的线索与案件得以侦破具有因果关系,对C应当认定具有立功表现。而A所提供的线索与案件侦破未形成因果关系,对A不应认定具有立功表现。但对A可以变通处理,比照立功情节决定是否从轻或者减轻处罚。

讨论者还提出了一个因司法机关滥用职权而侵害被告人合法权利的问题。司法实践中,多次出现在执行期间发现漏罪,司法机关故意不履行指控职责,待在先判决刑期执行完毕罪犯释放当天带走,重新立案侦查,径行对漏罪单判刑罚,排除先并再减的并罚方式。此种操作方式无疑加重了对被告人的处罚。有观点认为,此种情形应当先对漏罪判处刑罚,再将前后两个判决的刑罚并罚,已执行的前罪刑罚,应当在新判决决定的刑期内予以折抵。该观点得到其他讨论者的广泛认同。

【案例 183】邵某非法转让、倒卖土地使用权案*

以“情节严重”为由认定构成犯罪的，能否综合各种量刑情节判处免予处罚

关键词：

非法转让、倒卖土地使用权　情节严重　情节轻微　定罪情节量刑情节免予处罚

基本案情

183

邵某从某镇政府通过各种资源获得一块廉价商业用地，总价人民币(以下币种同)100万元。因流动资金困难，邵某在未经任何开发的情况下，与冯某达成协议，将该块用地使用权以120万元的价格转让冯某。案发后，邵某如实供述其犯罪事实，并积极退缴全部违法所得。某区人民检察院以邵某非法转让、倒卖土地使用权罪提起指控。某区人民法院认为，邵某违反国家规定，非法转让、倒卖土地使用权，违法所得20万元，情节严重，构成非法转让、倒卖土地使用权罪。邵某非法转让、倒卖土地使用权虽具有牟利目的，但根源于其资金链断裂，具有一定客观原因；邵某如

---

* 本文原载“刑水浮萍”微信公众号2020年5月3日《司法疑难之299》。

实供述犯罪事实，具有坦白情节；邵某积极退缴全部赃款；邵某系初犯、偶犯，且认罪认罚。综合邵某犯罪的事实、性质和对社会的危害后果以及各种情节，某区人民法院以邵某犯非法转让、倒卖土地使用权罪，判处免予处罚。

参考规则

定罪情节与量刑情节既相互关联，又具有一定独立性。以“情节严重”为由认定构成犯罪的，可以综合各项量刑情节判处免予处罚，但尽量避免“情节轻微”的表述。

规则解析

对于本案，主要存在两种意见：一种意见认为，不应判处免予处罚。若构成要件事实达不到构成要件要求，应当径直宣告无罪。动用总则条款作出免予处罚应有一定前提，即必须是在构成要件齐备的情况下。另一种意见认为，可以判处免予处罚。《治安管理处罚法》中，也包含很多“情节严重”的条款（但该理由似在佐证即使是“情节严重”，也可能属于违法行为，未必构成犯罪，实际与前一种观点内在一致）。

我们认为，此种情形仍然可以综合各种量刑情节判处免予处罚，但尽量避免“情节轻微”的表述。具体理由是：

一、定罪情节与量刑情节既相互关联，又具有一定独立性

对于定罪情节，评价是否达到“情节严重”程度的标准是多元化的。有时是数额，有时是结果，有时仅是狭义的情节，如社会影响、行为手段、情节是否恶劣。而对于量刑情节，评价的标准虽然也是多元化的，但大部分情形与定罪情节不重复。一般而言，某一事实在定罪阶段已进行评价，在量刑阶段再进行评价，难免有重复评价之嫌。但在个别犯罪中，重复评价是不可避免的。据此，定罪事实的情节严重与量刑事实的情节严重，并非必须是同向评价。定罪事实符合情节严重，量刑

事实未必符合情节严重。

二、定罪事实是综合评价但判处免予处罚可能基于某一情节单独评价

从刑事司法理念的发展趋势看,定罪不能唯数额论,而应当综合评价。而从轻、减轻或者免除处罚可能是基于某一单独的情节。如自首、立功、未遂、从犯、坦白情节,或者被害人谅解、刑事和解以及积极挽救损失、退赃等。这就为定罪情节达到情节严重而量刑情节未必情节严重的认定留下了空间。

三、如果对情节犯一律不允许根据量刑情节酌定判处免除处罚则不当限制了被告人的诉讼权利

一般而言,如果存在自首、立功、未遂、从犯等法定情节,一般会直接适用该情节判处免除处罚。但在被告人没有法定或者典型酌定从宽情节的情况下,能否判处免除处罚?我们认为,依然可能判处。这是因为法官在自由裁量范围内可以判处免除处罚。当然,这种情形必须限制在适用第一档法定刑幅度的判罚。为避免造成理解与适用上的混乱,此种情形应当尽量避免"情节轻微"的表述。建议在"本院认为"部分表述为:"依照《刑法》第六十一条的规定,根据犯罪的事实、性质和对社会的危害程度,综合各种情节,判处被告人免除处罚。"

【案例 184】××公司、郭某非法倒卖土地使用权案*

公司法定代表人被指控为单位犯罪主要负责的主管人员且被采取强制措施的，能否由其决定被告单位委托或者变更辩护人

关键词：

非法倒卖土地使用权　被告单位　法定代表人　主要负责的主管人员　辩护人　市场主体登记管理条例

基本案情

184

××房地产公司涉嫌犯非法倒卖土地使用权罪，某市人民检察院指控该法定代表人郭某为主要负责的主管人员，依法应当追究非法倒卖土地使用权罪的刑事责任。法定代表人郭某被羁押后，企业确定了诉讼代表人，成立了管理小组。郭某认为管理小组人员背信损害公司及其他股东利益，提出应当由其委托被告单位的辩护人。这种主张有无法律依据？如果法院不予支持，如何维护公司和其他股东的合法权益？

公司法定代表人被指控为单位犯罪主要负责的主管人员的，其是否有权继续行使法定代表人的职权、是否有权决定公司委托

* 本文原载"刑水浮萍"微信公众号 2021 年 5 月 16 日《司法疑难之 364》。

辩护人,对此司法实践中存在认识分歧。

第一种观点认为,公司法定代表人可以继续行使法定代表人的职权,有权决定公司是否委托辩护人和决定委托具体哪个辩护人。涉嫌刑事指控,并不意味着不能行使民事权利。否则,其在公司的合法权益无从保障。实践中,有的接管、托管组织背信损害公司和实际控制人的合法权益的现象时有发生。第二种观点认为,公司法定代表人无权继续行使法定代表人的职权,应当由诉讼代表人决定委托辩护人。既然在诉讼事项上,诉讼代表人代表公司,那么公司是否委托辩护人和委托哪个辩护人,应当由其决定。第三种观点认为,如果公司成立接管、托管组织的,应当由接管、托管组织决定委托辩护人。接管、托管单位背信损害公司利益的,可以由股东会决定公司委托辩护人的事项。

参考规则

公司法定代表人被指控为单位犯罪主要负责的主管人员且被采取强制措施的,新的法规规定并未禁止不得再担任法定代表人,其依然有权决定公司委托辩护人或者变更辩护人。法定代表人不能行使其职权的,应当依照法定程序更换人员行使单位职权。公司内部对以上事项存在重大分歧的,提交股东会讨论决定。

诉讼代表人依照刑事诉讼法司法解释的相关规定确定。诉讼代表人的职责是出庭应诉,不得同时担任被告单位或者被指控为单位犯罪直接责任人员的辩护人,无权决定单位委托辩护人。

公司犯罪后接管、托管单位介入的,一般由接管、托管单位行使单位职权。接管、托管单位等继受主体存在背信行为的,应当听取工会的意见。工会也可以主动介入,依照公司章程维护公司、股东和职工合法权益。继受主体或者公司高管人员违反法律、行政法规或者公司章程的规定,损害股东利益的,股东可以向人民法院提起诉讼,请求赔偿损失。

规则解析

一、公司法定代表人被指控为单位犯罪主要负责的主管人员且被采取强制措施的，新的法规规定并未禁止不得再担任法定代表人，其有权决定单位委托辩护人或者变更委托辩护人。公司内部存在重大分歧的，可以提交股东会讨论决定。法定代表人不能行使其职权的，应当依照法定程序更换人员行使单位职权

（一）法定代表人被指控为单位犯罪主要负责的主管人员且被采取强制措施的，新的法规规定并未禁止不得再担任法定代表人，其有权决定单位委托辩护人或者变更委托辩护人

公司法定代表人被指控为单位犯罪主要负责的主管人员的，此前有文件对此作了禁止性规定，但2022年新文件并未剥夺其再担任法定代表人的资格，这就留下了其决定被告单位委托辩护人的空间。《企业法人法定代表人登记管理规定》（1999年6月12日经国务院批准修订，国函〔1999〕47号）第四条规定："有下列情形之一的，不得担任法定代表人，企业登记机关不予核准登记：……（二）正在被执行刑罚或者正在被执行刑事强制措施的；（三）正在被公安机关或者国家安全机关通缉的……"2021年出台的《市场主体登记管理条例》（国务院令第746号，2022年3月1日施行）废止了前述文件。该条例第十二条规定："有下列情形之一的，不得担任公司、非公司企业法人的法定代表人：（一）无民事行为能力或者限制民事行为能力；（二）因贪污、贿赂、侵占财产、挪用财产或者破坏社会主义市场经济秩序被判处刑罚，执行期满未逾5年，或者因犯罪被剥夺政治权利，执行期满未逾5年；（三）担任破产清算的公司、非公司企业法人的法定代表人、董事或者厂长、经理，对破产负有个人责任的，自破产清算完结之日起未逾3年；（四）担任因违法被吊销营业执照、责令关闭的公司、非公司企业法人的法定代表人，并负有个人责任的，自被吊销营业执照之日起未逾3年；（五）个人所负数额较大的债务到期未清偿；（六）法律、行政法规规定的其他情形。"第二十五条规定："公司、非公司企业法人的法定代表人在任职期间发生本条例第十二条所列情形之一的，应当向登记机

关申请变更登记。”

根据新规定，单位犯罪案件中，公司法定代表人被指控为主要负责的主管人员，只要不属于《市场主体登记管理条例》第十二条所列情形之一的，依然可以担任法定代表人。法定代表人被通缉、被执行刑事强制措施至生效判决前，包括因犯贪污、贿赂、侵占财产、挪用财产或者破坏社会主义市场经济秩序罪之外的犯罪被判处刑罚，只要未被判处剥夺政治权利，法律并未禁止其担任法定代表人。法律文件的这一重大变化，使法定代表人被通缉、被采取刑事强制措施期间仍有可能行使法定代表人的职责，仍然有权决定被告单位委托辩护人或者变更委托辩护人。依照《公司法》的相关规定，重大事项应当提交股东会决定，除非是公司大部分股东或者实际控制人参与了公司犯罪的决策、实施过程。据此，公司内部对法定代表人决定被告单位委托辩护人或者变更委托辩护人存在重大分歧的，可以提交股东会讨论决定。

（二）被采取强制措施的法定代表人不能行使职权的应当依照法定程序变更人员行使单位职权。法定代表人是否属于“不能行使职权的”情形存在重大分歧的，应当提交股东会讨论决定

除了法律上的不得担任法定代表人，实践中还存在不能行使法定代表人职权的情形。此种情形，应由哪一个有权主体代表公司职权，需要结合具体情况分析。如有的国有公司、企业，行政主管部门可能会立即更换法定代表人，而非国有公司、私营企业可能不会立即更换，从而会出现被指控的法定代表人未被及时免职的情况。此种情形，如何认定“不能行使法定代表人职权”比较复杂，容易发生分歧。客观上讲，公司法定代表人被采取强制措施，其行使职权受到较多限制，在某种意义上属于“不能行使法定代表人职权”。如法定代表人被留置期间，对外被切断了联系，辩护律师会见不了，就意味着不能行使其职权。但对此又不能过于绝对化。法定代表人在刑事拘留、逮捕、监视居住、取保候审期间依然可以直接行使或者通过辩护律师行使其职权，此种情形难以认定“不能行使法定代表人职权”。

我们认为，被采取强制措施的法定代表人是否属于“不能行使法定代表人职权”，存在重大分歧的，应当提交股东会讨论决定。股东会的召集和主持，应当按

照董事长、副董事长、执行董事、董事、执行监事、监事的顺位依次进行。依照《公司法》(2018年修正)第三十六条至第四十条之规定,有限责任公司设立董事会的,股东会会议由董事会召集,董事长主持;董事长不能履行职务或者不履行职务的,由副董事长主持;副董事长不能履行职务或者不履行职务的,由半数以上董事共同推举一名董事主持。有限责任公司不设董事会的,股东会会议由执行董事召集和主持。董事会或者执行董事不能履行或者不履行召集股东会会议职责的,由监事会或者不设监事会的公司的监事召集和主持;监事会或者监事不召集和主持的,代表1/10以上表决权的股东可以自行召集和主持。一人公司,执行董事不能履行职责的,由监事负责履行相关职责。接管、托管组织介入的,也可以由接管、托管组织提议召开和主持股东会。

二、诉讼代表人依照刑事诉讼法司法解释的相关规定确定。诉讼代表人的职责是出庭应诉,不得同时担任被告单位或者被指控为单位犯罪直接责任人员的辩护人,无权决定单位委托辩护人或者变更委托辩护人

单位犯罪案件中,关于诉讼代表人的确定也是个实践难题。以前基本是参照《最高人民法院、最高人民检察院、海关总署关于办理走私刑事案件适用法律若干问题的意见》(法〔2002〕139号,以下简称《走私意见》)第十七条的规定进行处理。即被告单位没有合适人选作为诉讼代表人出庭的,因不具备追究该单位刑事责任的诉讼条件,可按照单位犯罪的条款先行追究单位犯罪中直接负责的主管人员或者其他直接责任人员的刑事责任。人民法院在对单位犯罪中直接负责的主管人员或者直接责任人员进行判决时,对于扣押、冻结的货物、物品、违法所得以及属于犯罪单位所有的犯罪工具,应当一并判决予以追缴、没收。《最高人民法院关于适用〈中华人民共和国刑事诉讼法〉的解释》(以下简称《刑诉法解释》)专门规定后,依照该解释第三百三十六条、第三百三十七条的规定,确定诉讼代表人出庭应诉。诉讼代表人的职责是出庭应诉,不能完全代表单位意志。诉讼代表人与辩护人在诉讼中的角色和职责不同,为做到准确分工,应当分割两者在诉讼中的关联性,不应由诉讼代表人决定委托辩护人。《刑诉法解释》第三百三十六条第三款明确规定:"诉讼代表人不得同时担任被告单位或者被指控为单位犯罪直接责任人

员的有关人员的辩护人。”从该规定的法理精神出发，不应由诉讼代表人决定委托辩护人。

三、既要有条件限制被指控的法定代表人权利，又要保障其继续行使股东的权利。一般而言，有继受主体的由继受主体行使单位职权。接管、托管单位等继受主体可能存在背信行为的，应当听取工会的意见。工会也可以主动介入，依照公司章程维护公司、股东和职工合法权益。继受主体或者公司高管人员违反法律、行政法规或者公司章程的规定，损害股东利益的，股东可以向人民法院提起诉讼，请求赔偿损失

目前，公司法定代表人被采取强制措施后，实践中主要暴露出各种各样的问题。总体上，应当坚持既要有条件限制被指控的法定代表人权利又要保障其继续行使股东的权利的基本原则。以下三类问题值得重视：

（一）公司法定代表人故意搅局，通过控制诉讼代表人拒绝参与开庭，达到阻止案件开庭的目的

以前这种情形，一般参照《走私意见》第十七条规定进行处理。现在基本按照《刑诉法解释》第三百三十六条、第三百三十七条的规定处理，不存在原则性问题。但在具体案件中，检察机关协调确定诉讼代表人时依然存在或多或少的实践问题。

（二）公司法定代表人为争取最大限度的诉讼局面，控制公司委托辩护人，同时操纵公司其他同案犯委托辩护人

关于控制公司委托辩护人的问题，前文已论述，属于法定代表人的职权范围。公司内部存在重大分歧的，提交股东会讨论决定。

关于操纵公司其他同案犯委托辩护人的问题，我们认为，取决于其他同案犯的认识和做法。司法机关可以通过阐法析理提高各同案犯的认识，在尊重各同案犯主观意愿的基础上，可以加以科学、合法、合理地引导。这里说的操纵并不是完全控制。实践中，有必要区分的一组概念是出资委托辩护人与法律上的委托辩护人。如在公司犯罪，公司总经理、副总经理被指控的案件，公司为了操控形势或者安抚副总经理，便可能提出由其统一委托辩护人的建议。如果该副总经理同意，

外观上便形成了公司、总经理、副总经理，均由公司委托辩护人的现象。然而，经由分析可知，在签订委托授权时，公司并不能直接委托，还必须是由副总经理委托。特别是副总经理不同意时，公司无法替代副总经理委托。

（三）如果有接管、托管组织介入的，应当由接管、托管组织代表公司意志，决定单位委托辩护人或者变更委托辩护人

此种情形，突出了对继受主体权利的限制。我们认为，公司继受主体，包括接管、托管单位违反法律、法规规定，背信损害公司、损害法人代表人或者实际控制人的，应当参照《公司法》第一百四十六条、第一百四十九条等相关规定，解除相关人员、单位的职务。《公司法》第十八条第二款规定："公司研究决定改制以及经营方面的重大问题、制定重要的规章制度时，应当听取公司工会的意见，并通过职工代表大会或者其他形式听取职工的意见和建议。"根据以上规定，继受主体可能存在背信行为，应当听取工会、股东大会的意见。工会也可以主动介入，依照公司章程维护公司、股东和职工合法权益。继受主体或者公司高管人员违反法律、行政法规或者公司章程的规定，损害股东利益的，股东可以向人民法院提起诉讼，请求赔偿损失。

【案例 185】高某非法转让土地使用权案*

认罪认罚案件中，被告人在上诉期限届满前最后一日以“事实不清、证据不足”提起上诉，导致检察机关无法在抗诉期间抗诉的如何处理

关键词：

非法转让土地使用权　认罪认罚　抗诉　抗诉期届满

基本案情

185

被告人高某按照相关法定程序适用认罪认罚情节，检察机关据此作出量刑建议，人民法院将认罪认罚情节作为量刑考虑对被告人高某作出判决。高某不服，但为了避免检察机关在上诉期限届满前提出抗诉，被告人高某在上诉期限内最后一天以一审判决事实不清、证据不足为由提起上诉，并将上诉状通过看守所寄往一审法院。检察机关获悉高某上诉时已过抗诉期。二审如何处理？

参考规则

对于认罪认罚案件，被告人不具有正当理由提出上诉，为规避检察机关抗诉，

* 本文原载“刑水浮萍”微信公众号 2020 年 4 月 20 日《司法疑难之 291》。

故意把上诉拖到期限届满之前最后一日的，二审可以快速裁定撤销原判，发回原审人民法院适用普通程序重新审理。为遵循上诉不加刑原则，可由原审法院作出与原审相同的判决，检察机关认为量刑不当的可以在抗诉期限届满前提出抗诉。二审法院认为抗诉成立的，可以依法改判加重对被告人的处罚。

被告人具有正当理由提出上诉的，不应改判加重处罚。对检察机关提出幅度量刑建议，法院在幅度中线或者上线量刑后被告人上诉的，一般不得因此发回重审后并提出抗诉。被告人以量刑不当为由提出上诉的，原判量刑适当的，应当裁定驳回上诉，维持原判；原判量刑不当的，经审理后依法改判。

规则解析

这是当前认罪认罚案件中制度设计存在的客观问题。最高人民检察院原副检察长朱孝清同志专门撰文对认罪认罚提出了完善建议："为了适应认罪认罚从宽制度的需要，建议《刑事诉讼法》对抗诉的事由作相应的补充完善。此外，还要适当延长检察机关提出抗诉的期限……有些被告人故意把上诉拖到期限的最后一天提出，检察机关就更不可能在接到法院判决书后10日内提出抗诉。根据此类抗诉不同于通常抗诉的上述特点，检察机关提出抗诉的期限，应当在知悉被告人上诉后10日内提出。建议法律对此作出规定。"①当然，此种情况下，还应就发回重审后原审人民法院能否改判加重处罚进行明确规定，即能否突破上诉不加刑的原则进行明确。

我们认为，在最高人民法院、最高人民检察院未就认罪认罚制度出台新的规定之前，根据"两高三部"《关于适用认罪认罚从宽制度的指导意见》第四十五条第一项、第二项之规定，建议按照以下比较务实有效的程序操作：可由二审快速裁定撤销原判，发回原审人民法院适用普通程序重新审理，由原审法院作出与原审相同的判决。检察机关认为量刑不当的，可以在抗诉期限届满前提出抗诉，这样相当于在被告人规避抗诉之后，给了检察机关抗诉的救济机会。为遵循上诉不加刑

① 朱孝清：《如何对待被追诉人签署认罪认罚具结书后反悔》，载《检察日报》2019年8月28日。

原则,如果检察机关不提起抗诉,此种发回重审案件一般不得加重对被告人的处罚。检察机关提起抗诉,可以有效解决上诉不加刑原则的法律障碍。

二审法院认为检察机关抗诉成立的,可以依法改判加重对原审被告人的处罚。与普通程序不同,认罪认罚具有特殊性。对于原审被告人在上诉期限届满前最后一日提出上诉,检察机关大概率会错过抗诉期间。对于无正当理由上诉的情形,原审被告人通过打时间差,规避检察机关的抗诉,实质上是利用制度上的漏洞达到从宽处罚的目的,应当在刑事政策上予以坚决否定评价。被告人在认罪认罚之后提起上诉,意味着其在原审阶段获取从宽处罚的情节不复存在。发回原审法院重新审理后,为了遵循上诉不加刑原则,原审法院作出与原审判决相同的判决,不能直接改判加重对被告人的处罚。检察机关认为原审法院重新判决量刑不当的,可以在抗诉期限届满前提出抗诉。因检察机关之前系因为原审被告人的规避等客观情况而未提出抗诉,不存在滥用抗诉的情况,故检察机关可以在发回重审阶段提出抗诉。最高人民检察院陈国庆副检察长撰文指出:“现阶段对检察机关提出精准量刑建议,法院采纳后被告人无正当理由上诉,原则上应当抗诉。因为这一行为违背了具结,而具结书是有法律效力的,这也使被告人的具结是一种‘虚假认罚’,带来了‘不当得利’,可以通过抗诉权予以制约。”①

但被告人具有正当理由提出上诉的,不应改判加重处罚。对检察机关提出幅度量刑建议,法院在幅度中线或者上线量刑后被告人上诉的,一般不得发回重审并由检察机关提出抗诉。② 这种情况,不应一概适用《最高人民法院研究室关于上诉发回重审案件重审判决后确需改判的应当通过何种程序进行的答复》(法研〔2014〕26号)中不得改判加重被告人的刑罚的规定,否则抗诉就会流于形式,没有实质意义。被告人具有正当理由,以量刑畸重为由提出上诉,二审法院认为原判量刑适当的,应当裁定驳回上诉,维持原判;二审法院认为原判量刑畸重的,可以依法改判。

---

① 参见陈国庆:《适用认罪认罚从宽制度的若干问题》,载《法制日报》2019年11月27日。

② 参见陈国庆:《适用认罪认罚从宽制度的若干问题》,载《法制日报》2019年11月27日。

【案例 186】晨某提供虚假证明文件案*

如何在数罪并罚案件中体现立功情节；具体如何操作

关键词：

提供虚假证明文件　数罪并罚　立功情节　操作

基本案情

186

被告人晨某犯数罪，具有立功表现。控辩审对定罪统一意见，但对立功在量刑上如何体现，存在认识分歧。是择一罪适用从轻、减轻处罚情节，还是各罪分别适用从轻、减轻处罚情节，抑或数罪并罚后在确定执行刑罚时再适用从轻、减轻处罚情节？

参考规则

在数罪并罚案件中，立功情节不是针对被告人某一罪名的罪责从轻、减轻处罚，而是针对被告人的整体罪责从轻、减轻处罚。

立功情节既要在对各罪量刑时体现，又要在整体判罚中综合体现。鉴于数罪并罚后没有具体的法定刑幅度，适用减轻处罚情节无法准确把握下一个法定刑幅度，有必要在数罪并罚后再综合体现立功的从宽处罚功能。

---

* 本文原载"刑水浮萍"微信公众号 2020 年 4 月 5 日《司法疑难之 270》。

规则解析

《最高人民法院关于处理自首和立功若干具体问题的意见》(法发〔2010〕60号)未就在量刑上如何体现立功情节的具体操作进行明确。对该问题的分析,可以区分两个层面:一是立功是针对某一罪名的罪责从宽处罚还是针对整体罪责的从宽处罚;二是立功是在各罪量刑时体现从宽处罚功能还是在数罪并罚后体现从宽处罚功能。

一、立功是针对某一罪名罪责的从宽处罚还是针对整体罪责的从宽处罚

在单独一罪案件中,如何体现立功情节不存在类似的问题,但在数罪并罚案件中,实践中存在立功情节是适用其中一罪还是数罪的认识分歧。这样的问题在自首情节适用过程中也存在。但与自首情节的适用有所不同的是,自首要求自动投案后如实供述自己的罪行,这就必然涉及罪行的认定与界分。行为人到案后如实供述罪行的范围以及供述的罪行与司法机关掌握的罪行是否同种罪名,均影响自首的认定,对同种罪名不成立自首。而立功,是指犯罪分子有揭发他人犯罪行为,查证属实的,或者提供重要线索,从而得以侦破其他案件的行为。立功情节的认定与行为人自己实施的犯罪关联不大。从刑事政策分析,立功情节不是针对被告人某一罪名的罪责从轻、减轻处罚,而对被告人整体罪责的从轻、减轻处罚。对于被告人而言,并罚后最终判罚轻重比各罪具体判罚轻重要更加重要。如果某一个罪从轻、减轻处罚,但整体处罚并未体现出这种功能,那么激励被告人立功的刑事政策就不可能落到实处。

二、在各罪量刑时体现从宽处罚功能还是数罪并罚后体现从宽处罚功能

我们认为,立功既要在各罪量刑时体现,又要在整体上综合体现。这是因为从轻、减轻处罚情节是对各罪法定刑的适用,必须结合特定的《刑法》条文规定。数罪并罚后,并没有具体的法定刑幅度。显然,如果适用减轻处罚情节,应当在下一个法定刑幅度量刑,但数罪并罚后下一个法定刑幅度是无法确定的。据此,立功这一法定从宽处罚情节不仅要在各罪量刑时体现,为充分发挥立功的从宽处罚功能,还有必要在数罪并罚后再综合体现。

【案例187】许某出具证明文件重大失实、伪造印章、合同诈骗案*

数罪并罚后刑罚执行期间，又发现漏罪，是将数罪并罚决定执行的刑罚与漏罪并罚，还是将所有罪名一起并罚

关键词：

出具证明文件重大失实　伪造印章　合同诈骗　数罪并罚　执行期间　漏罪

基本案情

187

许某因犯出具证明文件重大失实、伪造印章罪，两罪并罚，决定执行有期徒刑四年六个月。刑罚执行二年后，因他人举报，经司法机关查证，发现许某还涉嫌合同诈骗犯罪。此类情形，依照《刑法》规定，数罪并罚没有异议，但是把数罪并罚决定执行的刑罚与漏罪并罚，还是把所有罪名一起并罚，存在认识分歧。对此类案件，哪种处理更符合立法原意？

参考规则

对于数罪并罚后刑罚执行期间，发现漏罪的，应当先对新罪作出判决，然后将所有罪名一起，依照《刑法》第六十九条的规定并罚。

---

* 本文原载"刑水浮萍"微信公众号2020年4月14日《司法疑难之275》。

对于数罪并罚后刑罚执行期间，又犯新罪的，应当先对新罪作出判决，再将所有前罪并罚后决定执行的刑罚减去已经执行的刑罚，最后与新罪一起，依照《刑法》第六十九条的规定并罚。

规则解析

《刑法》第七十条规定："判决宣告以后，刑罚执行完毕以前，发现被判刑的犯罪分子在判决宣告以前还有其他罪没有判决的，应当对新发现的罪作出判决，把前后两个判决所判处的刑罚，依照本法第六十九条的规定，决定执行的刑罚。已经执行的刑期，应当计算在新判决决定的刑期以内。"如何理解和适用"把前后两个判决所判处的刑罚"的规定，是统一认识的关键。《刑法》第七十条规定的是两个罪名，对于三个罪名或者以上的，"前后两个判决"，是指"两个案件的判决"，还是"两个罪名的判决"，需要进一步研究。如果认为是"两个案件的判决"并以此类推，那么就是将前面数罪并罚后的结果与漏罪再并罚。因为司法的终极性决定了一个案件只有一个结果，之前案件的判决便是之前数罪并罚的结果；如果认为是"两个罪名的判决"并以此类推，那么就是将之前所判的所有罪名与漏罪一起，按照《刑法》第六十九条的规定并罚。

从"前后两个判决"的文义分析，是指"前后两个案件的判决"，因为判决是针对案件而言的，司法机关不会分开数罪逐一针对某个罪名作出一个独立的判决。然而，从本质上分析，"前后两个判决"是从罪名层面提出的。漏罪与新犯之罪本质不同，并罚原则亦不同。漏罪本质上属于数罪并罚时的漏罪，而新犯之罪是数罪并罚后的新罪。基于这一分析，对于数罪并罚后刑罚执行期间，发现漏罪的，应当把所有罪名集中在一起，依照《刑法》第六十九条的规定并罚。

此外，根据《刑法》第六十九条的规定，漏罪情形，"有期徒刑总和刑期不满三十五年""总和刑期在三十五年以上"是指数罪并罚时各罪的总和刑期，而不是并罚执行刑期与漏罪的总和刑期。

判决宣告以后刑罚执行期间又犯新罪的情形有所不同。根据《刑法》第七十一条的规定,“判决宣告以后,刑罚执行完毕以前,被判刑的犯罪分子又犯罪的,应当对新犯的罪作出判决,把前罪没有执行的刑罚和后罪所判处的刑罚,依照本法第六十九条的规定,决定执行的刑罚”。该规定明确了“前罪没有执行的刑罚”,与《刑法》第七十条规定的“把前后两个判决所判处的刑罚”不同。前者指的是没有执行的刑罚,即数罪并罚决定执行的刑罚减去已经执行的刑罚,不存在各罪所判的刑罚。

【案例 188】曹某出具证明文件重大失实案*

二审法院委托一审法院宣判案件公告等先期工作是由哪级法院负责完成

关键词：

出具证明文件重大失实　委托宣判　公告　先期工作

基本案情

188

曹某因犯出具证明文件重大失实罪，一审法院经审理，对其判处二年有期徒刑，并处人民币二万元罚金。曹某不服提起上诉。二审法院经审理，拟作出维持原判，驳回上诉的裁定。根据《最高人民法院关于适用〈中华人民共和国刑事诉讼法〉的解释》（以下简称《刑诉法解释》）第四百一十三条的规定，第二审人民法院可以委托第一审人民法院代为宣判，并向当事人曹某送达第二审判决书、裁定书。此种情形，公告是由二审法院还是一审法院发？一审法院是否还要先期通知当事人曹某和辩护人？如何保证公开宣判？

参考规则

二审法院委托一审法院宣判的，鉴于宣判阶段涉及许多具体程序和工作环

* 本文原载"刑水浮萍"微信公众号 2021 年 8 月 28 日《司法疑难之 378》。

节，为保证宣判顺利进行，应当由一审法院具体执行，并根据各种具体情况决定公告的时间和具体送达的方式。

宣判和送达过程中，遇到新情况新问题的，应当及时请示二审法院。

规则解析

二审法院委托一审法院宣判并送达的，具体决定公告的时间和送达方式是由二审法院负责还是一审法院负责，实践中存在不同观点。一种观点认为，二审法院委托一审法院的只是宣判、送达，公告的时间、送达方式依然由二审法院决定。另一种观点认为，委托一审法院宣判，公告的时间、送达方式应当由一审法院决定。主要理由是：宣判阶段涉及许多具体程序和工作环节，为保证宣判顺利进行，应当由具体执行法院根据各种具体情况决定公告的时间和具体送达的方式。遇到其他新情况新问题的，还有必要请示二审法院作出具体决定。

目前，《刑诉法解释》仅作了原则性规定，未明确具体委托宣判工作细节。全国各级法院，有据可查的仅有广东省高级人民法院制定了关于规范委托宣判工作的规范性文件，即《广东省高级人民法院关于规范委托宣判工作的意见》（粤高法发〔2009〕92号）。该文件对本省范围内委托宣判的规范化、制度化起到了重要作用，为其他省市委托宣判工作提供了有益借鉴和参考。

我们认为，二审法院委托一审法院宣判的，鉴于宣判阶段涉及许多具体程序和工作环节，为保证宣判顺利进行，应当由一审法院具体执行，并根据各种具体情况决定公告的时间和具体送达的方式。宣判和送达过程中，遇到新情况新问题的，应当及时请示二审法院。

相关规定

《广东省高级人民法院关于规范委托宣判工作的意见》（粤高法发〔2009〕92号，2009年12月21日）

为规范我省法院委托宣判工作，节约司法成本，提高办案效率，促进司法公正，根据相关法律、司法解释的规定，结合我省审判实际，提出本意见。

第一条　委托宣判是指委托法院在审理案件过程中，因当事人在外地，为方便诉讼和提高效率，委托当事人所在地法院代为宣告裁判并送达裁判文书的行为。

第二条　办理委托宣判事项应遵循慎重委托、严格办理和注重效率的原则。

第三条　委托宣判采用直接委托的方式，委托同级法院或下级法院完成，跨辖区委托宣判无需上级法院转递。

第四条　委托宣判应当符合下列条件：1. 接受宣判的当事人住所地、经常居住地或者羁押地不在委托法院所在地的区（县）一级行政辖区内；2. 接受宣判的当事人住所地、经常居住地或者羁押地在受托法院辖区内；3. 受托法院能够通知当事人接受宣判。

第五条　下列情形不得委托宣判：1. 当事人地址不详或下落不明的；2. 委托法院在诉讼过程中已通过公告方式向当事人送达诉讼文书，当事人未在诉讼过程中出现的；3. 民商事、行政案件诉讼代理人的住所地或工作地址在委托法院所在地的区（县）一级行政辖区内的。

第六条　委托宣判应当出具《委托宣判函》，并在《委托宣判函》上注明委托法院的地址、邮政编码及承办人员的姓名、联系电话，附上裁判文书及《送达回证》，提供当事人的住所地、联系电话，说明与宣判相关的注意事项。

第七条　全省各级法院应在审判流程管理系统中设置专门的委托宣判子系统，管理对外委托宣判及接受委托宣判工作。

办理受托宣判事项可折算成审判工作量，纳入审判工作绩效管理范围。对拖延办理的，应及时督办。

第八条　受托法院办理委托宣判事项统一由立案庭管理。

立案庭应在接收委托宣判材料3个工作日内登记造册，将相关信息输入审判流程管理系统，统一编号，并通过审判流程管理系统将委托宣判材料分配给对口业务部门，送交承办人。

第九条　受托法院的承办人应在接到委托宣判材料的7个工作日内完成委托宣判事项。

委托宣判事项完成后，承办人应在3个工作日内将《委托宣判函》复印件、宣判笔录和《送达回证》原件等材料通过特快专递方式退回委托法院；将《委托宣判函》原件、宣判笔录和《送达回证》复印件、当事人信息材料、特快专递回单等材料立卷归档，办理受托事项办结手续，同时将有关信息录入审判流程管理系统。

第十条　受托法院发现委托事项存在本意见第五条规定的情形，或者委托法院未按本意见第六条规定提供材料的，应尽快告知委托法院补正。经催办，委托法院不予补正的，受托法院应尽快将委托宣判材料以及不能完成委托事项的书面说明寄送委托法院，并将有关信息录入审判流程管理系统。

退回委托宣判材料应经庭长或副庭长批准。

第十一条　受托法院一般应在法庭内直接宣判，不得再行委托其他机关代为宣判。当事人被羁押的除外。

第十二条　委托法院与受托法院因委托宣判事项发生争议，应及时报请共同的上级法院协调处理。

第十三条　省法院每季度向全省法院通报委托宣判事项办理情况，对超期办理和拒不办理的，予以督办并在全省法院通报。

第十四条　本意见适用于本省范围内的委托宣判和受托宣判工作，办理接受外省法院委托宣判事项参照本意见执行。

第十五条　本意见自2010年1月1日起施行。

【案例 189】熊某逃避商检案*

检察机关对生效判决提起抗诉后，发现该案已由原审法院院长提交审判委员会讨论决定启动审判监督程序自纠的，如何处理

关键词：

逃避商检　抗诉　自纠　审判监督程序　并案审理　分案审理

基本案情

189

法院查明:2017 年 4 月至 8 月,被告人熊某为牟取非法利益,先后接受他人委托,利用商检机构计算机信息业务系统漏洞,采取冒用已经完成进口商品检验车辆的车架号、替换报检单据等方法,骗取涉案 8 辆进口机动车电子版《中华人民共和国出入境检验检疫入境货物通关单》,造成涉案 8 辆进口汽车在未获得中国强制性产品认证的情况下,未经商检机构检验便顺利通关,并造成其中部分汽车上牌销售的法律后果。经核算,涉案车辆总计价值人民币(以下币种同)3 412 196. 394 元。熊某非法获利 50. 5 万元。某区人民法院认为,被告人熊某违反进出口商品检验法的规定,逃避商品检验,致使必须经商检机构检验的进口商品未报经检验而擅自销售、使用,情节严重,其行为构成逃避商检罪,应当依法予以惩处。综合被告人熊某的犯罪事实、性质、情节和对于

* 本文原载“刑水浮萍”微信公众号 2021 年 8 月 30 日《司法疑难之 380》。

社会的危害程度,某区人民法院以被告人熊某犯逃避商检罪,判处有期徒刑九个月,并处罚金五万元。

判决生效后,某区人民法院在自查案件中,发现本案认定涉案8辆车进口汽车的数额存在错误,实际只有5辆,涉案物品价值只有220万元左右,熊某非法获利不到50万元,未达到逃避商检罪的立案追诉标准(涉案财物价值300万元/给国家、单位或者个人造成直接经济损失数额在50万元以上),遂由院长提交审判委员会讨论决定提起审判监督程序。不久,检察机关也对该生效判决提起抗诉,发现法院院长已提交审判委员会讨论决定启动审判监督程序自纠。此种情形如何处理?

参考规则

检察机关对生效判决提起抗诉后,发现该案已由原审法院院长提交审判委员会讨论决定启动审判监督程序自纠的,应当区别不同情形决定是并案审理还是分别审理。

原判决事实不清楚或者证据不足的,抗诉案件和自纠案件一般并案审理。不属于"事实不清楚或者证据不足的",一般分案审理,接受抗诉的人民法院应当组成合议庭重新审理。

采取分案审理的,上级人民法院组成合议庭后,先中止审理抗诉案件。待下级人民法院自纠案件再审判决生效后再继续审理抗诉案件,同时根据自纠再审判决结果决定是否支持抗诉。如果上级人民法院认为虽然抗诉理由正确,但自纠案件再审判决结果已经解决抗诉问题的,可以协调抗诉检察院撤回抗诉。如果自纠案件再审判决结果没有解决抗诉问题的,依法可以支持抗诉。

规则解析

该案涉及两种程序,一种是抗诉程序,另一种是审判监督自纠程序,两种程序均指向同一案件生效裁判结果。我们认为,此种情形,应当区别不同情形决定是并案审理还是分别审理。

一、并案审理的情形和主要理由

(一)并案审理的情形

《刑事诉讼法》(2018年修正)第二百五十四条第四款规定:"人民检察院抗诉的案件,接受抗诉的人民法院应当组成合议庭重新审理,对于原判决事实不清楚或者证据不足的,可以指令下级人民法院再审。"根据以上规定,只有原判决事实不清楚或者证据不足的,才可以指令下级人民法院再审。原判决不属于"事实不清楚或者证据不足的",则接受抗诉的人民法院应当组成合议庭重新审理。据此,抗诉案件和自纠案件并案审理的情形,必须是原判决事实不清楚或者证据不足的案件。

(二)并案审理的主要理由

一是能够节约司法资源。既然原审法院已启动审判监督程序自纠,那么在法律规定允许的条件下,上级人民法院指令由原审法院审理,既有法律依据又能够节约大量司法资源。二是并案审理可以解决加重处罚的问题。这主要是针对刑事案件而言。根据《最高人民法院关于〈中华人民共和国刑事诉讼法〉的适用解释》(2021年修正)相关规定,对于检察机关未提起抗诉的案件,一般不得加重对原审被告人的处罚。如果检察机关抗诉的内容包括原生效判决对原审被告人处罚过轻,那么不并案审理的结果,必然是原审法院启动审判监督程序自纠后,检察机关依然提出抗诉,这就意味着原审法院自纠的法律意义和社会效果大打折扣,意味着浪费司法资源。如果并案审理,将两种程序合二为一,既解决了判决可能加重处罚的顾虑,又节省了司法资源。

二、分别审理的情形和具体做法

根据《刑事诉讼法》第二百五十四条第四款,如果原判决事实清楚或者证据充足,仅是法律适用错误,上级人民法院指令下级人民法院再审就没有依据。此种情形,接受抗诉的人民法院应当自行组成合议庭重新审理。

对于下级人民法院正在自纠的再审案件能否并案到上级人民法院审理?我

们认为不妥。将本来由一审案件直接提级到上级人民法院审理,提级审理究竟是作为再审一审程序还是再审二审程序存在分歧。如作为再审二审程序,那么实质上变相剥夺了再审被告人的上诉救济权。基于这一考虑,建议上级人民法院在组成合议庭后,先中止审理抗诉案件。待下级人民法院自纠案件再审判决生效(如有被告人上诉的,待再审二审判决生效)后再继续审理抗诉案件。根据自纠案件再审判决结果决定是否支持抗诉。如果上级人民法院认为抗诉理由正确,但自纠案件再审判决结果已经解决抗诉问题的,可以协调抗诉检察院撤回抗诉。如果自纠案件再审判决结果没有解决抗诉问题的,依法可以支持抗诉。

【案例 190】蒋某逃避商检案*

检察机关未抗诉的，二审能否改判加重主刑刑期，同时改判缓刑；数罪并罚案件，二审能否对个罪改判加重刑期

关键词：

逃避商检　未抗诉　实质不利　改判加重　缓刑

基本案情

190

被告人蒋某因犯逃避商检罪被一审法院判处有期徒刑一年。蒋某不服提起上诉，检察机关未提出抗诉。因蒋某已被羁押超过十一个月，二审法院为解决可能超期羁押的问题，能否改判一年有期徒刑缓刑一年六个月或者改判一年二个月有期徒刑缓刑一年六个月？

参考规则

审理被告人或者其法定代理人、辩护人、近亲属提出上诉的案件，二审改判不加重实刑部分，同时判处缓刑，属于对被告人的刑罚作出实质有利的改判。

审理被告人或者其法定代理人、辩护人、近亲属提出上诉的案件，二审改判加重实刑部分，同时判处缓刑，依然属于对被告人的刑罚作出实质不利的改判，违反

* 本文原载“刑水浮萍”微信公众号 2020 年 4 月 17 日《司法疑难之 283》。

了上诉不加刑原则。

审理被告人或者其法定代理人、辩护人、近亲属提出上诉的案件，二审在整体对被告人不作出实质不利改判的前提下，可以对数罪并罚中的个罪改判加重。

规则解析

鉴于一旦发生超期羁押，人民法院审判工作将会陷入被动，不利于保障被告人的诉讼权利，为避免超期羁押，在羁押期限临近届满前比较妥当的做法应是变更强制措施，且一般变更为取保候审。然而，变更强制措施也不是没有顾虑，被告人在取保候审期间逃匿的案件时有发生。因此，不少司法机关为防止被告人逃匿或者发生其他意外因素，不倾向于变更强制措施，而是试图通过加重刑期来解决超期羁押问题。本案中，二审法院在被告人面临超期羁押的情况下，并未采用变更强制措施，而是试图通过改判加重的方式解决超期羁押的两难选择。但是经由分析可知，仅仅是将一审原判刑罚改判为缓刑，加长缓刑期限，并不能解决超期羁押的问题。试想，被告人如果在二审宣判前被羁押了十三个月，即使二审法院改判为缓刑一年六个月也没有实质上解决违规超期羁押的问题。

即使表面上解决了超期羁押的问题，但通过违反上诉不加刑原则的方式解决超期羁押的问题，实际是丢了西瓜捡了芝麻，同样得不偿失。问题的争辩聚焦到二审法院能否将一审法院“判处一年有期徒刑”改判“为一年有期徒刑，缓刑一年六个月”；或者改判为“一年二个月有期徒刑，缓刑一年六个月”。

尽管在极个别情况下，被告人强烈表示其愿意接受实刑，不愿接受缓刑，特别是已经被羁押较长时期的被告人。但绝大多数观点均认为，同期缓刑绝对轻于同期实刑，如判处一年缓刑轻于判处一年有期徒刑（这个观点不容任何质疑），甚至判处五年缓刑依然轻于判处三年实刑（这个观点虽有待确证，但从直观判断的确如此）。有观点甚至举例说，如果出一个选择题给100名被告人，判一年实刑或者判一年半，缓刑二年，我们认为至少95名被告人会选后者。孰轻孰重，一目了然。这个例子给如何认定“实质不利”增加了不确定性。因此，从刑罚总量的轻重角度很难对该案二审改判的合理性进行评判，有必要尝试其他角度论证。

经广泛征询意见，我们认为大致可以明确以下三条类案裁判参考规则：

一、审理被告人或者其法定代理人、辩护人、近亲属提出上诉的案件，二审改判不加重实刑部分，同时判处缓刑，属于对被告人的刑罚作出实质有利的改判

缓刑的一般表述为"判处××年有期徒刑，缓刑××年"。我们把该结构拟分为两部分：前者为实刑部分，后者为执行方式、期限部分，简称"缓刑部分"。如果实刑部分不变，改判缓刑，即使是缓刑期限比较长，但大多数人都依然认为轻于判处实刑。这种判罚，无论缓刑考验期限多长，从整体上可以认为属于对被告人的刑罚作出实质有利的改判，不违反上诉不加刑原则。从《最高人民法院关于适用〈中华人民共和国刑事诉讼法〉的解释》（以下简称《刑诉法解释》，2021 年修正）第四百零一条第四项关于二审不得撤销缓刑、延长缓刑考验期的规定分析，缓刑对被告人实质有利，而撤销缓刑、延长缓刑对被告人实质不利，故《刑诉法解释》规定未抗诉案件二审不得改判撤销缓刑、延长缓刑。

综上，本案第一种改判情形，在未改判加重实刑的前提下，执行方式改变对被告人有利，整体对被告人有利，二审可以改判。

二、二审改判加重实刑部分，同时判处缓刑，依然属于对被告人的刑罚作出实质不利的改判，违反了上诉不加刑原则

二审改判加重实刑部分，同时判处缓刑，刑期加重对被告人不利，执行方式改变对被告人有利。绝大多数被告人都倾向同意此种改判。《刑诉法解释》第四百零一条采用了"实质不利"的表述，明确了未抗诉案件二审不得对被告人的刑罚作出实质不利的改判。"二审改判加重实刑部分，同时判处缓刑"是否属于"实质不利的改判"，存在认识分歧。有观点认为，既然绝大多数被告人倾向选择这种改判，表明这种改判实质上对被告人有利。

我们认为，综合分析，此种改判依然违反上诉不加刑原则。如前所述，缓刑的一般表述为"判处××年有期徒刑，缓刑××年"。前者为实刑部分，后者为缓刑部分。(1)前者是主刑刑期，是综合被告人的罪行和人身危险性的评价结果。这个刑期是基于犯罪的事实、性质、对社会的危害后果以及各种情节综合评判之后确

定的量刑结果。如果改判加重,意味着综合评判的因素有所改变,至少有部分因素是评价加重了。如果评价因素不变,改判加重就缺乏依据。(2)主刑刑期具有独立的宣告意义。主刑刑期与执行方式既有联系,又相互独立。二审改判加重主刑刑期,具有独立的意义。更何况,如果罪犯在缓刑考验期内违反相关规定,或者发现漏罪、犯新罪,就要撤销缓刑,罪犯就要承担改判加重的责任。因此,从全面贯彻上诉不加刑原则出发,二审不得改判加重主刑刑期。

二审改判加重实刑,也难以根本解决超期羁押的问题。一方面存在二审撤销缓刑的可能性,被告人可能会因此而陷入更加严重的超期羁押的问题;另一方面本应变更取保候审强制措施而未变更,而这种超期羁押是由办案机关造成的,可能导致国家赔偿,由此产生的后果得不偿失。

三、审理被告人或者其法定代理人、辩护人、近亲属提出上诉的案件,二审在整体对被告人不作出实质不利改判的前提下,可以对数罪并罚中的个罪改判加重

关于数罪并罚情形比较特殊,也更具争议,经全面征求意见,新修正的《刑诉法解释》进行了重大修改。《刑诉法解释》(2012年)第三百二十五条第三项规定:"原判对被告人实行数罪并罚的,不得加重决定执行的刑罚,也不得加重数罪中某罪的刑罚。"依照原规定,二审量刑既不得整体对原审被告人不利,也不得在整体不变或者整体对被告人更有利的情况下,改判部分内容对被告人不利。《刑诉法解释》(2021年)第四百零一条第三项修正为"原判认定的罪数不当的,可以改变罪数,并调整刑罚,但不得加重决定执行的刑罚或者对刑罚执行产生不利影响",删除了"也不得加重数罪中某罪的刑罚"的规定。这一修正体现了重要信号,即对于数罪并罚案件,二审法院在确保数罪并罚决定执行的刑罚不加重的前提下,可以改判加重个罪的刑罚。

相关规定

《最高人民法院关于适用〈中华人民共和国刑事诉讼法〉的解释法释》(法释〔2021〕1号)

第四百零一条　审理被告人或者其法定代理人、辩护人、近亲属提出

上诉的案件，不得对被告人的刑罚作出实质不利的改判，并应当执行下列规定：

（一）同案审理的案件，只有部分被告人上诉的，既不得加重上诉人的刑罚，也不得加重其他同案被告人的刑罚；

（二）原判认定的罪名不当的，可以改变罪名，但不得加重刑罚或者对刑罚执行产生不利影响；

（三）原判认定的罪数不当的，可以改变罪数，并调整刑罚，但不得加重决定执行的刑罚或者对刑罚执行产生不利影响；

（四）原判对被告人宣告缓刑的，不得撤销缓刑或者延长缓刑考验期；

（五）原判没有宣告职业禁止、禁止令的，不得增加宣告；原判宣告职业禁止、禁止令的，不得增加内容、延长期限；

（六）原判对被告人判处死刑缓期执行没有限制减刑、决定终身监禁的，不得限制减刑、决定终身监禁；

（七）原判判处的刑罚不当、应当适用附加刑而没有适用的，不得直接加重刑罚、适用附加刑。原判判处的刑罚畸轻，必须依法改判的，应当在第二审判决、裁定生效后，依照审判监督程序重新审判。

人民检察院抗诉或者自诉人上诉的案件，不受前款规定的限制。

【案例 191-192】安某等虚假诉讼案*

如何准确把握虚假诉讼案件中的“无中生有”

关键词：

虚假诉讼　无中生有　刷卡回单　捏造

基本案情

191

安某虚假诉讼案：××公司及其实际控制人安某依据转账记录向人民法院提起诉讼，主张收款人白某、曹某某、戴某等人偿还借款。然而事实上是，白某、曹某某、戴某在安某实际控制的其他关联公司刷卡回款。虽然银行转账记录是真实的，但安某隐瞒了涉案款项是刷卡回款的事实，把本是“刷卡回款”的款项单方标注为“借款”，以虚构的民间借贷法律关系向白某、曹某某、戴某提起民事诉讼，虚构了一个根本就不存在的民间借贷法律关系，意图通过诉讼非法占有白某、曹某某、戴某的合法财产。某地公安机关以安某依据转账记录和备注“借款”属于依据客观存在的证据，不属于“以捏造的事实提起民事诉讼”而拒不立案。

192

杨某虚假诉讼案：李某向杨某借款人民币 80 万元，打下借条，现金提取，并约定借期一年。一年期满后，李某向杨某如期归

* 本文原载“刑水浮萍”微信公众号 2019 年 8 月 25 日《司法疑难之 152》。

还借款。因双方关系很熟，比较随意，而没有拿回借条。一年后，杨某向李某主张要回借款，李某认为已归还借款。杨某遂向法院起诉。

参考规则

在对虚假诉讼案件中“无中生有”的理解与适用时，不应要求捏造事实的每一个具体行为和方式都是虚假的，也不应要求据以证明事实的每一个证据都是伪造、变造的，而应整体把握被告人所提供的证据和主张是否捏造了一个民事法律关系。

规则解析

“虚假诉讼”成为当前司法实践中的难点。一方面，鉴于虚假诉讼案件对民事诉讼造成严重的干扰，依法应当严格限制把握，故《最高人民法院、最高人民检察院关于办理虚假诉讼刑事案件适用法律若干问题的解释》（法释〔2018〕17号）将虚假诉讼行为严格限制为“无中生有”情形。为避免地方保护主义，最大限度减少公安机关在异地立案而造成民事诉讼案件正常进行或者执行，司法解释将虚假诉讼行为限制为“无中生有”情形无疑具有重要积极意义。另一方面，为贯彻“两高”对虚假诉讼的严格限制，部分司法机关对“无中生有”的理解与适用按照最严格的尺度把握。有的司法机关将“无中生有”理解为必须是没有任何证据是真实的。只要有一个证据是真实的，就不属于“无中生有”。这样的理解，必然矫枉过正，造成机械司法。如在案例191安某虚假诉讼一案中，安某隐瞒涉案款项是刷卡回款的事实，把本是“刷卡回款”的款项单方标注为“借款”，虚构了一个根本就不存在的民间借贷法律关系，意图通过诉讼非法占有白某、曹某某、戴某的合法财产。某地公安机关以安某依据转账记录和备注“借款”属于依据客观存在的证据，不属于“以捏造的事实提起民事诉讼”而拒不立案。

我们认为，“无中生有”是指民事法律关系无中生有，而不是指每一个证据无中生有。“以捏造的事实提起民事诉讼”是指以捏造的法律关系事实提起民事诉讼,而不是指以捏造的证据提起民事诉讼。在对虚假诉讼案件中“无中生有”的理解与适用时,不应要求捏造事实的每一个具体行为和方式都是虚假的,也不应要求据以证明事实的每一个证据都是伪造、变造的,而应整体把握被告人所提供的证据和主张是否捏造了一个民事法律关系。这种捏造的民事法律关系,包括伪造证据,虚构根本不存在的法律关系,也包括隐瞒民事法律关系已经消灭的事由,依据之前真实的证据重新捏造一个新的民事法律关系。如在案例192杨某虚假诉讼一案中,虽然之前杨某与李某的债权债务关系成立,但因李某如期归还借款而债权债务关系消灭。借条是客观存在的,不属于伪造,但其证明的是前次债权债务关系。如果将其重复利用,实质上意味着捏造了新的债权债务关系。唯有此,《最高人民法院、最高人民检察院关于办理虚假诉讼刑事案件适用法律若干问题的解释》第一条第二款明确规定:“隐瞒债务已经全部清偿的事实,向人民法院提起民事诉讼,要求他人履行债务的,以‘以捏造的事实提起民事诉讼’论。”

【案例 193-194】马某等虚假诉讼案*

虚假诉讼刑事案件具体罪名的认定以及管辖权的确定

关键词：

虚假诉讼　诈骗　管辖权

基本案情

193

马某诈骗案：①宁夏回族自治区同心县人民法院审理同心县人民检察院指控原审被告人马某犯诈骗罪一案，于2021年7月12日作出(2021)宁0324刑初74号刑事判决。原审被告人马某不服，提起上诉。吴忠市中级人民法院于2021年11月2日作出(2021)宁03刑终120号刑事裁定，以原判认定原审被告人马某犯诈骗罪的部分事实不清，证据不足，发回同心县人民法院重新审判。同心县人民法院于2022年2月21日作出(2021)宁0324刑初187号刑事判决。原审被告人马某不服，提出上诉。吴忠市中级人民法院依法组成合议庭进行了审理。吴忠市中级人民法院认为，本案应当由虚假民事诉讼案件的受理法院所在地法院管辖，一审法院审理本案程序违法。依照《刑事诉讼法》第二百三十八条第五项、《最高人民法院、最高人民检察院关于办理虚假诉讼

* 本文原载"刑水浮萍"微信公众号2020年5月6日《司法疑难之303》。

① (2021)宁0324刑初187号(2022年2月21日)；(2022)宁03刑终34号(2022年5月19日)。

刑事案件适用法律若干问题的解释》第十条的规定,裁定如下:撤销宁夏回族自治区同心县人民法院宁0324刑初187号刑事判决;发回宁夏回族自治区同心县人民法院重新审判。

194

邱某诈骗案:被害人周某向被告人邱某借款时,周某向邱某出具10万元的借条一张,实际邱某分三次给周某转账人民币(以下币种同)8.3万元,周某向邱某归还了7万元后,邱某依据10万元借条和8.3万元的转账凭证(作为两笔借款)将周某诉至某法院,要求周某归还11.3万元(10+8.3-7),法院一审、二审以两笔借款判决周某归还邱某11.3万元。后邱某申请强制执行,法院已执行到位。现检察院以邱某犯诈骗罪诉至法院。合议庭在围绕是否构成犯罪,是诈骗罪还是虚假诉讼罪以及管辖地等方面都存在争议。

参考规则

虚假诉讼刑事案件是指"以捏造的事实提起民事诉讼"的一类刑事案件,而非仅是指控虚假诉讼罪的刑事案件。

虚假诉讼刑事案件既可能是指控且最终认定虚假诉讼罪,也可能是指控虚假诉讼罪但最终认定诈骗罪,职务侵占罪,拒不执行判决、裁定罪,贪污罪的案件。指控何种罪名以及最终认定何种罪名不影响虚假诉讼刑事案件的认定,其管辖权均适用虚假诉讼刑事案件的规定。

规则解析

一、虚假诉讼刑事案件是指"以捏造的事实提起民事诉讼"的一类刑事案件,而非仅是指控虚假诉讼罪的刑事案件。既指指控且最终认定虚假诉讼罪的刑事案件,也指"以捏造的事实提起民事诉讼"为由指控虚假诉讼罪但最终认定诈骗罪,职务侵占罪,拒不执行判决、裁定罪,贪污罪等的刑事案件

虚假诉讼是指"以捏造的事实提起民事诉讼"一类犯罪案件,而不仅是指控虚

假诉讼罪的刑事案件。根据《最高人民法院、最高人民检察院关于办理虚假诉讼刑事案件适用法律若干问题的解释》(法释〔2018〕17号,以下简称《虚假诉讼解释》)第一条的规定,采取伪造证据、虚假陈述等手段,捏造民事法律关系,虚构民事纠纷,向人民法院提起民事诉讼的,属于"以捏造的事实提起民事诉讼"。根据《虚假诉讼解释》第四条的规定,"实施刑法第三百零七条之一第一款行为,非法占有他人财产或者逃避合法债务,又构成诈骗罪,职务侵占罪,拒不执行判决、裁定罪,贪污罪等犯罪的,依照处罚较重的规定定罪从重处罚。"由该规定可知,虚假诉讼刑事案件既可能最终认定虚假诉讼罪,也可能最终认定诈骗罪,职务侵占罪,拒不执行判决、裁定罪,贪污罪,等等。最终认定何种罪名不影响虚假诉讼刑事案件的认定。

二、虚假诉讼刑事案件的管辖权均适用虚假诉讼刑事案件的规定

《虚假诉讼解释》第十条虽然对虚假诉讼刑事案件的管辖权进行了明确规定,但实践中依然存在较大争议。根据《虚假诉讼解释》第十条的规定,"虚假诉讼刑事案件由虚假民事诉讼案件的受理法院所在地或者执行法院所在地人民法院管辖。有刑法第三百零七条之一第四款情形的,上级人民法院可以指定下级人民法院将案件移送其他人民法院审判"。然而,有的司法机关主张,如果行为人被指控诈骗罪、职务侵占罪、贪污罪等,就不必再适用《虚假诉讼解释》第十条的规定,不必受限于民事诉讼案件的受理法院所在地或者执行法院所在地人民法院管辖。如在王某诈骗一案中,河北省高级人民法院组织执行和解后,海南省三亚市中级人民法院以诈骗罪不适用虚假诉讼刑事案件的管辖规定,主张其具有管辖权。我们认为,这种观点是对《虚假诉讼解释》的误读,应予纠正。司法解释明确虚假诉讼刑事案件由民事案件审理法院所在地受理有其内在原因,而这些原因并不因为最终具体认定何种罪名而有所改变。

由于相关案件材料均集中在虚假民事诉讼案件受理法院,刑事办案机关需要异地调查取证和固定证据,办案成本将大幅增加。更加重要的是,在民事案件审理过程中,被告一方有可能向异地公安机关报案,称原告方存在虚假诉讼犯罪嫌疑,要求异地公安机关立案侦查,从而达到阻碍民事诉讼正常进行、避免自己败诉

的不正当目的。类似情况在实践中已经频频出现,故有必要对虚假诉讼刑事案件的地域管辖范围作出进一步明确。①

如在案例194邱某诈骗一案中,邱某存在虚增债权行为,属于"以捏造的事实提起民事诉讼"的刑事案件,应当认定为虚假诉讼刑事案件。邱某具有非法占有目的,同时构成虚假诉讼罪、诈骗罪的,按照《虚假诉讼解释》第四条的规定,依照处罚较重的诈骗罪定罪处罚。虽然最终认定诈骗罪,但依然属于虚假诉讼刑事案件,管辖权依然适用虚假诉讼刑事案件规定,即由民事案件审理法院所在地管辖。实践中,依然有不少观点认为,虚假诉讼案件应当严格限制在"无中生有"案件,这是司法解释明确的。我们认为,这种认识上的分歧根源于对"无中生有"范围的把握。对于通过伪造证据、串供,虚增债权超过明显比例,实质上相当于无中生有的,如本案邱某,诈骗数额已超过借款本金,应当认定为"无中生有"。更何况,对于已经能够依法认定诈骗罪的案件,原则上只要行为人是通过虚构事实、隐瞒真相,提起诉讼,就属于大范围的虚假诉讼案件。仅以不属于"无中生有"为由主张不属于虚假诉讼案件,理由不足。相反,对捏造事实、隐瞒真相提起诉讼的案件,人民法院依法认定诈骗罪,恰恰证明对虚假诉讼案件中的"无中生有"应当作适度扩大解释。又如在案例193马某诈骗一案中,宁夏回族自治区同心县人民法院第一次作出判决,认定马某构成诈骗罪。马某提起上诉,吴忠市中级人民法院发回重审后,同心县人民法院再次作出马某构成诈骗罪的刑事判决。马某再次提起上诉。吴忠市中级人民法院以虚假诉讼刑事案件的管辖权由民事案件审理法院所在地法院管辖为由,认定一审法院审理程序违法,遂再次发回重审。我们认为,吴忠市中级人民法院的裁定是对《虚假诉讼解释》第十条规定的正确理解与适用。

---

① 周峰、汪斌、李加玺:《〈关于办理虚假诉讼刑事案件适用法律若干问题的解释〉的理解与适用》,载《人民司法》2019年第4期。

【案例195】黄某某虚假诉讼案*

采取虚构事实、隐瞒真相等手段，通过检察机关抗诉，改变原合法的民事生效判决，意图逃避合法债务的如何定性处理

关键词：

委托贷款　贷新还旧　虚假诉讼　诬告陷害

基本案情

195

行为人黄某某向方某借贷人民币(以下币种同)1000万元，双方借贷关系成立(以下简称旧贷)。后借款期限临近，黄某某欲续借，方担心黄某某难以偿还。双方议定，为降低风险，保证黄某某在无需向行政主管机关报批的情况下提供土地使用权抵押担保，方某通过委托银行贷款方式借贷1000万元，要求黄某某将此款偿还旧贷。后黄某某获取新的贷款后(以下简称新贷)，将1000万元偿还旧贷。在原一审、二审程序中，因双方均未提出旧贷事实，原一审、二审法院仅认定新贷合法有效，黄某某应当向银行或者方某偿还1000万元贷款，银行或者方某可以主张行使抵押权优先受偿。生效裁判作出后，黄某某向检察机关申请抗诉，提出方某委托银行贷款后将贷款归由自己使用，未实际发放贷款，并主张方某构成虚假诉讼罪。

---

* 本文原载“刑水浮萍”微信公众号2021年2月23日《司法疑难之342》。

参考规则

针对合法的民事诉讼案件，捏造事实指控原告虚假诉讼，属于另一类虚假诉讼刑事案件。不但严重浪费司法资源、侵犯当事人合法财产权利，而且一旦其主张虚假诉讼的观点被采纳，原本合法的债权人可能承担刑事责任，应当依法惩治。

人民法院在审理过程中发现相关线索的，应当在查明事实后依法对民事案件作出判决。同时，积极与检察机关沟通协调，并依法将相关线索、材料移送司法机关。

规则解析

本案涉及民刑交叉，对民事事实可以简单提炼为委托贷款关系和贷新还旧关系事实。此两类事实均属于新类型法律关系，与普通借贷在具体行为表现上存在诸多不同；刑事关系上，可以简单提炼为虚假诉讼，并可能构成诬告陷害。

一、准确界分"贷新还旧"和"闭环套路贷"

本案具有较大迷惑性，并给行为人可乘之机的，在于贷新还旧事实，可能给人以"闭环套路贷"的假象，而这种"闭环套路贷"正是近年来司法机关重拳出击的"虚假诉讼"的典型行为。唯有此，"贷新还旧"在实践中极有可能被债务人以"闭环套路贷"主张虚假诉讼。有鉴于此，对于债权人而言，需要提请高度重视，做好风险防控。而对于司法机关而言，要精准打击虚假诉讼犯罪行为，必须准确区分"贷新还旧"和"闭环套路贷"。认定上稍有差池，就可能造成"南辕北辙"的处理结果。

二、"贷新还旧"案件中委托贷款抵押的效力和改变资金用途的影响

债权人之所以让利选择委托银行贷款，主要是基于降低借贷风险，有的案件中，还有可能是债权人获取抵押担保。《国家土地管理局关于土地使用权抵押登记有关问题的通知(国土籍字〔1997〕2号)》第三条第六项规定："抵押权人为非金融机构，其抵押借款行为依法应当办理有关批准手续的，应当提交有关批准文

件。"根据以上规定,通过委托银行贷款方式,无需办理批准手续即可办理土地使用权抵押登记。债权人为了简化程序,保证顺利获取抵押,就可能选择委托银行贷款。

委托贷款是一种新型贷款,实质上依然是委托人与借款人之间的民间借贷。中国人民银行《贷款通则》第七条第二款规定,"委托贷款,系指由政府部门、企事业单位及个人等委托人提供资金,由贷款人(即受托人)根据委托人确定的贷款对象、用途、金额期限、利率等代为发放、监督使用并协助收回的贷款。贷款人(受托人)只收取手续费,不承担贷款风险。"《商业银行委托贷款管理办法》第四条规定:"委托贷款业务是商业银行的委托代理业务。商业银行依据本办法规定,与委托贷款业务相关主体通过合同约定各方权利义务,履行相应职责,收取代理手续费,不承担信用风险。"在委托银行贷款情形中,虽然由银行代为审查、发放以及收取利息,但银行仅提供"中介服务",新贷实质上依然是甲与乙(包括乙实际控制的公司)之间的民间借贷,合同约定的权利义务内容应受《民间借贷规定》等相关民间借贷法律、法规和司法解释规制。

《公司法》第十六条规定:"公司向其他企业投资或者为他人提供担保,依照公司章程的规定,由董事会或者股东会、股东大会决议……"据此,只要抵押担保经过了股东会决议,就符合法律规定。《全国法院民商事审判工作会议纪要》第十九条规定:"存在下列情形的,即便债权人知道或者应当知道没有公司机关决议,也应当认定担保合同符合公司的真实意思表示,合同有效:……(2)公司为其直接或者间接控制的公司开展经营活动向债权人提供担保……"本案中,抵押担保公司的股东不但知情,而且提供了保证担保,符合以上文件的规定。

采取委托贷款方式达成"贷新还旧"目的的,可能涉及改变资金用途的事实,是否影响《委托贷款合同》的成立和法律效力?我们认为,不影响《委托贷款合同》的成立和法律效力。这是因为,委托银行贷款与银行以自有资金贷款的本质区别是委托银行贷款是委托方以其自有资金放贷。操作上,一般是先将借款数额存储在银行,再由银行进行放贷。而银行代为审查资金使用用途主要是代表和遵循当事人的意思审查。当然,对洗钱等不法行为加强监管途径也是目的之一。考虑到委托贷款情形银行不承担任何信用风险,委托双方合同存在瑕疵或者合同最终不能履行的,由双方协商解决,与银行无关,除非银行工作人员与一方当事人恶意串通或者严重失职。由此论断,委托贷款情形,委托合同中虽然约定资金用途,但银行对资金用途的审查是管理性、提示性的。银行审查的目的主要是防止洗钱、转移资产等金融不法行为。对于真实的委托贷款而言,资金用途不是效力性、强制性的。违反此类管理性、提示性的约定,不导致委托贷款合同无效。目前,尚无文件对贷新还旧予以禁止,对于委托贷款情形,当事人双方自愿改变资金用途,将资金贷新还旧的,不影响委托贷款的法律效力。在办理案件过程中,一定要准确区分违反效力性、强制性的规定和管理性、提示性规定,并依据不同情况作出不同的处理。

三、虚构或者隐瞒重要事实,通过检察机关提出抗诉,恶意滥用司法资源的,构成虚假诉讼

(一)虚假诉讼行为

《最高人民法院、最高人民检察院关于办理虚假诉讼刑事案件适用法律若干问题的解释》第四条规定:"实施刑法第三百零七条之一第一款行为,非法占有他人财产或者逃避合法债务,又构成诈骗罪,职务侵占罪,拒不执行判决、裁定罪,贪污罪等犯罪的,依照处罚较重的规定定罪从重处罚。"本案以委托贷款方式形成的1000万元借贷关系及担保关系合法成立。原判决生效后,黄某某采取虚假陈述手段恶意逃避合法债务,将本是新的委托借贷关系捏造为闭环套路贷事实,本质上亦属于"捏造民事法律关系,虚构民事纠纷"。黄某某通过抗诉提起民事诉讼以实现逃避1000万元合法债务的目的,属于虚假诉讼行为,构成诈骗罪,且数额特别巨大。

(二)诬告陷害行为

本案中,黄某某虚构、隐瞒重要事实,主张方构成虚假诉讼,并通过申请检察机关抗诉,其直接目的虽然是改变原判决,但一旦虚假诉讼的主张成立,可能导致方某承担刑事责任。黄某某对此明知,可以认定为"意图使他人受到刑事追究"的情形,符合诬告陷害罪的构成特征。

同时构成虚假诉讼罪、诬告陷害罪的,按照处罚较重的罪名定罪处罚。

【案例 196-199】王某等虚假诉讼案*

一方因赌债打下欠条，另一方依据欠条提起民事诉讼的是否构成虚假诉讼罪

关键词：

虚假诉讼　赌债　欠条　起诉

基本案情

196 王某虚假诉讼案：张某欠王某赌债人民币(以下币种同)100万元，张某打下欠条。后王某持欠条向法院提起民事诉讼，并胜诉。王某的行为是否构成虚假诉讼罪？

197 章某飞虚假诉讼案：①2016年12月，同案人汪某(已判决)为了向章某索要赌债，要求章某向章某飞借款偿还。汪某事先找到章某飞，约定由其提供资金给章某飞，以章某飞的名义借款给章某，并要求章某出具借条。2016年12月22日、23日，汪某通过现金存款、转账的方式分两次将20万元存到章某飞建行账户，由章某飞转账到章某账户，章某随即将该款转给汪某账户(其中四万元系现金支付)，同时章某向章某飞出具借条。2017年2月，汪某捏造章某称其妻子做生意需资金周转向章某飞借款20万元的虚

* 本文原载“刑水浮萍”微信公众号2020年1月12日《司法疑难之231》。

① (2019)皖0825刑初182号(2019年11月28日)；(2020)皖08刑终42号(2020年2月24日)。

假事实，以章某飞的名义向太湖县人民法院提起民事诉讼。太湖县人民法院于2017年5月26日作出(2017)皖0825民初287号判决，判决章某、查某夫妇在判决生效后的15日内偿还章某飞借款20万元及相应利息。2017年9月6日，汪某以章某飞的名义申请执行该判决。太湖县人民法院于2017年9月14日依法立案执行。在执行过程中，太湖县人民法院裁定冻结、划拨章某、查某银行存款18 100元交章某飞；裁定查封章某所有坐落于太湖县某小区8幢1单元404号房，查封期限3年。2018年12月7日，因汪某被抓，章某飞因害怕自己被查处向太湖县人民法院撤回执行申请。同日，太湖县人民法院裁定终结执行。2018年10月23日，章某夫妇不服(2017)皖0825民初287号民事判决，向太湖县人民检察院申请监督，太湖县人民检察院受理后，经依法审查，于2019年1月15日向太湖县人民法院提出再审检察建议，太湖县人民法院于2019年3月28日裁定本案再审，终止原判决的执行。

一审法院认为，被告人章某飞伙同汪某为索取非法债务，制造资金流水，捏造事实向人民法院提起民事诉讼，妨害司法秩序，严重侵害他人合法权益，其行为构成虚假诉讼罪，且系共同犯罪。被告人章某飞庭审时自愿认罪，酌情从轻处罚。被告人章某飞的前科劣迹，酌情从重处罚。一审法院遂以被告人章某飞犯虚假诉讼罪，判处有期徒刑八个月，并处罚金八千元。宣判后，一审被告人章某飞提出上诉，认为其没有与汪某合谋，且原判量刑过重，请二审从轻处罚。二审法院对原判认定的事实和证据予以确认。二审法院认为，上诉人章某飞伙同他人为索取非法债务，制造资金流水，捏造事实向人民法院提起民事诉讼，妨害司法秩序，严重侵害他人合法权益，其行为构成虚假诉讼罪，且系共同犯罪。据此，二审法院裁定驳回上诉，维持原判。

198 王某某虚假诉讼案:[1]2016年3月至2019年8月,徐某某伙同乔某、刘某某等人在开设赌场过程中,徐某某在向他人出借赌博资金时,要求参赌人员出具“不显示出借人”的借据。后徐某某指使他人通过上门滋扰、喷漆、拉条幅、威胁等手段,逼迫参赌人员偿还赌债。不达目的时,徐某某提供赌债借据,指使乔某及被告人王某某,以乔某和王某某为原告,以参赌人员刘某利、罗某1等为被告,捏造民事法律关系,虚构民事纠纷,向安阳市殷都区人民法院起诉案件14起,其中被告人王某某虚假诉讼8起。2017年9月至2019年10月,安阳市殷都区人民法院判决10起,调解3起,驳回起诉1起。虚假诉讼案发后,安阳市殷都区人民法院对13起案件进行再审。

一审法院认为,被告人王某某伙同他人捏造民事法律关系,虚构民事纠纷,向人民法院提起民事诉讼,造成人民法院对多起民事案件作出裁判,并进行再审,严重干扰正常司法秩序,严重损害司法公信力,情节严重,其行为已构成虚假诉讼罪。一审法院遂以被告人王某某犯虚假诉讼罪,判处有期徒刑九个月,并处罚金一万元。

199 张某满、张某敲诈勒索、寻衅滋事、诈骗案:[2](节选)被告人张某虚假诉讼的事实:2013年8月,戴某因拖欠被告人张某赌债,张某在索债过程中要求戴某签署了金额为159 000元的民间借贷欠条。2017年5月16日,被告人张某采用伪造借款记录、隐瞒借款实为赌债等手段,向天津市南开区人民法院提起民事诉讼,法院判决戴某偿还张某借款155 000元及利息9514元,并在后续执行环节冻结戴某名下房产。一审法院以张某犯虚假诉讼罪,判处有

① (2021)豫0502刑初21号(2021年3月10日)。
② (2020)津02刑终177号(2020年8月14日)。

期徒刑一年，并处罚金10 000元。与其他罪并罚。张某不服，提起上诉。二审裁定维持原判，驳回上诉。

参考规则

一方因赌债打下欠条，另一方依据欠条提起民事诉讼，未伪造证据、捏造其他事实的，不属于"以捏造的事实提起民事诉讼"，不构成虚假诉讼罪。

一方因赌债打下欠条，另一方依据欠条提起民事诉讼，且伪造证据、捏造其他事实予以印证的，属于"以捏造的事实提起民事诉讼"，可以构成虚假诉讼罪。

规则解析

一、一方因赌债打下欠条，另一方依据欠条提起民事诉讼，未伪造证据、捏造其他事实的，不属于"以捏造的事实提起民事诉讼"，不构成虚假诉讼罪

如在案例196王某虚假诉讼一案中，张某因赌债打下欠条，王某依据欠条提起民事诉讼，未伪造证据、未捏造其他事实。王某提起诉讼所依据的借贷事实完全在张某预料范围之内，某种意义上也是张某当时所认同的，对张某而言，王某的行为不属于"捏造民事法律关系，虚构民事纠纷"。虽然赌债不受法律保护，但主张偿还赌债行为本身并不违法。即使王某通过逼债手段迫使张某虚构其他欠款事由而打下欠条，也因为欠款是事实，且欠条系张某本人所打，没有陷入意思认识错误，无法认定王某单方捏造合同，也无法认定王某与张某（被害人）恶意串通，不适用《最高人民法院、最高人民检察院关于办理虚假诉讼刑事案件适用法律若干问题的解释》（法释〔2018〕17号，以下简称《虚假诉讼解释》）第一条第一项、第二项、第七项之规定，不属于《虚假诉讼解释》第一条所列的七种情形，不应认定为刑法第三百零七条之一第一款规定的"以捏造的事实提起民事诉讼"。

二、一方因赌债打下欠条，另一方依据欠条提起民事诉讼，且伪造证据、捏造其他事实予以印证的，属于"以捏造的事实提起民事诉讼"，可以构成虚假诉讼罪

如在案例199被告人张某虚假诉讼事实中，戴某因拖欠被告人张某赌债，签署

了金额为 159 000 元的民间借贷欠条。除此之外,张某采用伪造借款记录等手段,用以印证借贷事实。张某的行为,属于“以捏造的事实提起民事诉讼”,可以构成虚假诉讼罪。

需要进一步探讨的是案例 197、案例 198 的定性。关于案例 197 章某飞虚假诉讼一案,汪某为了向章某索要赌债,要求章某向章某飞借款偿还。章某飞借款是事实,章某向章某飞出具借条也是事实。从该两起事实看,很难说得上是无中生有。章某飞向章某提供借款,章某获取借款后向汪某还赌债,对于此类行为,可以对赌债予以追缴。但对章某飞提供借款的行为,很难认定为违法行为。章某飞如果单纯依据借条和转账事实,向人民法院提起诉讼主张还款,也很难认定为虚假诉讼犯罪行为。但该案问题复杂在,章某飞未提起诉讼,而是汪某提起了诉讼,而且章某飞并非单纯地以借条和转账记录等真实的证据主张其诉请,而是捏造了章某称其妻子做生意需资金周转向章某飞借款 20 万元的事实。这一事实,并非章某所预知的,对于章某而言,属于“捏造的事实”。故一审、二审法院认为,章某飞捏造事实向人民法院提起民事诉讼,妨害司法秩序,严重侵害他人合法权益,其行为构成虚假诉讼罪。

关于案例 198 王某某虚假诉讼一案,徐某某等人在开设赌场过程中,向他人出借赌博资金时要求参赌人员出具“不显示出借人”的借据。后徐某某指使他人通过上门滋扰、喷漆、拉条幅、威胁等手段,逼迫参赌人员偿还赌债。不达目的时,徐某某提供赌债借据,指使乔某及被告人王某某,以乔某和王某某为原告,以参赌人员刘翠利、罗某 1 等为被告,捏造民事法律关系,虚构民事纠纷,向安阳市殷都区人民法院起诉案件 14 起。我们认为,此类行为,虽然违法性程度较深,性质比较恶劣,但未必一定要以虚假诉讼罪予以规制。“不显示出借人”的借据由参赌人员自愿出具,对于参赌人员而言,该借贷虽然用于赌博,但属于其预知和认同范围,不倾向认定属于“以捏造的事实提起民事诉讼”,从而不倾向认定虚假诉讼罪。鉴于徐某某系在开设赌场过程中实施的行为,且存在多起性质相同的犯罪,对该案徐某某等人可以开设赌场罪定罪处罚。

【案例 200】王某虚假诉讼案*

为追讨债务而虚构事实将债权转移给他人并起诉的是否构成虚假诉讼罪

关键词：

虚假诉讼　追讨债务　虚构事实　债权转移

基本案情

200

2012 年至 2013 年，何某等三人向被告人王某共计借款本金人民币（以下币种同）3405 万元，其中何某个人借款本金 1050 万元，约定月息 5 分。何某在借款初期，均能按照约定支付利息，但自 2013 年始无法支付利息和偿还本金。王某为了收回出借的本金及利息，由段某某介绍，找到程某。程某、段某某与王某经商量，决定虚构债权债务，将何某欠其的债权转移到程某、段某某名下。2015 年 9 月 22 日，三人逼迫何某签订了三方债权债务转让协议（王某、段某某多次找何某谈，程某采取酒后威胁恐吓等手段）。随后，程某通过酒后滋扰谩骂、砸门等方式多次向何某讨要债务无果。2018 年 9 月 17 日王某提供诉讼证据材料、聘请委托律师，以段某某和程某的名义，以要求何某履行三方债权债务转让协议内容，提起民事诉讼。某市人民法院三次开庭审理了该

* 本文原载“刑水浮萍”微信公众号 2019 年 12 月 8 日《司法疑难之 214》。

案，段某某和程某参与庭审。公诉机关认为，程某和段某某构成寻衅滋事罪、虚假诉讼罪。本案是否构成犯罪？如果构成犯罪，程某和段某某在犯罪中的作用如何认定？

参考规则

债权人虚构事实转移债权但未虚增债权的，一般不构成虚假诉讼罪。

实践中，应当结合具体案情，区分“套路贷”“老赖”、真实债权人和帮忙讨债人身份，分别定性处理。

规则解析

本案争议的焦点在于为追讨债务而虚构事实将债权转移到他人并起诉的行为是否构成虚假诉讼罪。本案特殊就特殊在，一般的虚假诉讼是虚假的债权人以捏造的事实提起民事诉讼，而本案是真实的债权人虚构事实将债权转移。真实的债权人捏造事实，虚增部分债权是否构成虚假诉讼罪尚有争议，而真实的债权人捏造事实仅是为了转移债权，并未虚增债权，认定虚假诉讼罪必然引发更大的争议。

一、一般原则：债权人为了转移债权而虚构事实，但并未虚增债权的，不构成虚假诉讼罪

债务转让需要经债权人同意，而债权转让无需债务人同意，只要通知债务人即可。这一区别对债权人、债务人同样是捏造债权债务关系但定性不同起到实质影响。根据《合同法》第七十九条、第八十条（对应《民法典》第五百四十五条、第五百四十六条）的规定，债权人可以将合同的权利全部或者部分转让给第三人，但根据合同性质不得转让、按照当事人约定不得转让、依照法律规定不得转让的情形除外。债权人转让权利的，应当通知债务人。未经通知，该转让对债务人不发生效力。债权转让的通知，一般由债权人通知。这种通知的方式既可以书面或者口头告知，也可以由债权人、受让人、债务人通过订立三方协议的方式进行。经由

上述分析，一般情况下，债权转移，因无需取得债务人同意，只要债权人、受让人双方同意即可，无需以真实的债权债务关系存在为前提。据此，对于真实的债权人而言，为追讨债务是否捏造事实将债权转移至第三人，并未影响到实体债权债务关系的最终处理。本案中，因债权人与债务人之间的法律关系真实存在，虽然2015年9月22日债权人、受让人具有逼迫刘某签订了三方债权债务转让协议这些情节，但这些情节依然未实质影响债权债务关系的最终处理，故不应作为虚假诉讼入罪的根据。至于所采取的逼取或者威胁行为单独构成犯罪的，依照相关规定追究刑事责任。本案中，债权人王某与程某、段某某的行为表面上符合《最高人民法院、最高人民检察院关于办理虚假诉讼刑事案件适用法律若干问题的解释》（法释〔2018〕17号，以下简称《虚假诉讼解释》）第一条第七项“单方或者与他人恶意串通，捏造身份、合同、侵权、继承等民事法律关系的其他行为”兜底行为，但实质上并未影响到原债权债务关系的认定和处理，与该条第一项至第六项行为具有本质区别，故不应适用该条规定。

单论本案王某与程某、段某某捏造事实转移债权并起诉的行为，目的是追讨刘某欠下的债务，并未严重侵害他人合法权益。王某、程某、段某的行为虽然属于“致使人民法院开庭审理，干扰正常司法活动的”情形，在一定程度上妨害了司法秩序，但因不符合《虚假诉讼解释》第一条的规定，故不应认定为《刑法》第三百零七条之一第一款规定的“以捏造的事实提起民事诉讼”。

二、区分“套路贷”“老赖”、真实债权人和帮忙讨债人进行定性处理

实践中，既要注意到“套路贷”的危害，又要充分认识到“老赖”的现实问题。前者，涉及到原本债权债务关系的合法性基础问题。将本来通过“套路贷”等不合法计算得出的债权，转移到黑恶势力，应当着眼于“套路贷”的行为进行分析。本案中，王某、程某、段某某三人向法院起诉的行为是否构成虚假诉讼罪，与王某、刘某之间债权债务关系的形成是否存在“套路贷”具有一定的关联。而后者，债务人拒不履行债务的现象比较普遍，债权人在穷尽一切手段之后，出于无奈，可能采取让利办法，将债权部分转让给第三人（明面上可能全部转移但实质上是部分转让），由第三人出面采取各种途径实现债权。这种情况下，从刑法理论分析，债权

人不具有期待可能性,可以据此获取阻却犯罪的事由。具体案件中,如果两种情形都存在,就需要协调平衡把握。如果债权的形成主要是通过"套路贷",那么依照"套路贷"的相关规定定罪处罚。如果不存在"套路贷",仅仅是利息畸高,债务人不依照合同履行的,对依法超过最高限度的利息不予保护,但依然不宜对此种行为按照虚假诉讼罪定罪处罚。

对于实践中"老赖"行为,债权人实施一些轻微违法行为逼取债务的,不应轻易入罪。对于因客观情况确实无力偿还的债务人,债权人多次实施轻微违法行为,一般也不应入罪。但对于帮助他人讨债的行为,应当将真实债权人和帮忙追讨债务人予以区分。本案中,债权人王某转移债务行为,实质上是请程某、段某某帮忙讨债。程某、段某某作为帮忙追讨债务人,毕竟不同于债权人本人,其为了追逐个人私利寻找各种借口多次实施违法行为帮助他人逼债,情节严重的,可以构成寻衅滋事罪。程某、段某某虽然存在共谋,但王某毕竟是真实债权人,刘某在无奈之下寻求他人帮助逼债,理论上讲,不具有期待可能性,即使程某、段某实施的违法行为构成犯罪,也可以获取阻却事由。但如果程某、段某的行为构成严重暴力犯罪,王某明知而不能有效制止的,可以对王某追究共犯责任。

后 记

2022年8月下旬，我终于将新书的电子版初稿发送法律出版社排版。原本约定的全书字数是30万字，但写着写着就超过了50万字。这本书的完稿不是一段文化苦旅的结束，而只是一个中途的驿站，下一站，还有下一站……

这本书付梓出版时，我正在江西省武宁县筹建鄱阳湖国际法治书院。我把这两件事联系在一起，是因为对我而言，这两个都像是我的孩子，是两件大喜事。书院定位是以公益奉献为主导的，筹建它，就是为了建立一个稳定的法治宣传教育平台，就是为了获取一个相对固定能看得见的投身于中国法治建设的产学研基地。2022年8月15日，95岁高龄的人民教育家高铭暄教授得知我筹建书院一事，亲笔为书院题写了贺词："筹建国际法治书院，加强国际法治研究，将极大助力于推进全面依法治国、构建人类命运共同体，并为推进高质量共建'一带一路'输送高端法律服务人才。热烈祝贺由刘晓虎同志创办的鄱阳湖国际法治书院的成立！"高老师的这份贺词对我们是一个巨大鼓舞，我们必将坚定信念，努力办好书院，不辜负高老师的期待！

本书的写作历程跨越了我人生两个重要里程碑。一部分写作系我在最高人民法院工作期间完成，另一部分写作系我2019年1月1日进入G20反腐败追逃追赃研究中心后完成。

第一阶段的写作，我要特别感谢最高人民法院原副部级专委胡云腾、裴显鼎两位大法官。胡云腾大法官是我学业中的恩师，他不但在学业上循循善诱，而且为我今后的学术研究指明了方向。他提出的"从规范法治到案例法治"等一系列振聋发聩的观点，像一阵风将我国案例法学研究热度推向到一个新的高潮。而我正是借助这阵风在案例法学和类案裁判规则领域及时播种并取得了一点点小收获。裴显鼎大法官是我工作中的恩师。2009年我从上海实习锻炼回来进入刑二庭，当时他是副庭长，一年后晋升庭长，2017年晋升副部级专委兼任庭长。在刑二庭工作的十年间，裴专委对我严管厚爱，给我讲了很多人生哲理和机关单位做人的规矩，教导我要立志做一个道德高尚纯粹的人，要勇挑重担，负重前行。正是在他的不断激励下，我夜以继日超额完成了《刑事审判参考》的编审工作，积累了大量案例编选经验，为案例法学和类案裁判规则研究打下了坚实的基础。在这一阶段，我还要特别感谢最高人民法院刑二庭王晓东庭长。王庭长当时是我的分管副庭长，他兼具民事和刑事学历、审判经验的突出优势，帮我开拓了从民事审判思维检视刑事审判思维的新视野。他大百科全书般的知识，填补了我许多知识结构的空白。与他一起出差乃至运动，都能学到不少知识和人生智慧，让我受益匪浅。

第二阶段的写作，我要特别感谢G20反腐败追逃追赃研究中心主任黄风、王秀梅老师等人的关心和支持，同时也要感谢法律界同仁的信任。中心托管在北京师范大学，被外界很多人误以为是大学一般的科研机构，实际上它是一个由二十国集团组建的国际组织。当前，反腐败斗争已取得压倒性胜利并全面巩固，中心在反腐败领域的科研任务剧增，这种高压态势迫使我对职务犯罪案件持续加强研究，由此获取了大量研究素材。同时，近年来，我在全国29个省市进行专题授课期间收到了大量法律界同仁的提问，使我获取了很多反腐败领域之外的最新法律问题，丰富了我的研究素材。在遇到重大法律问题分歧时，为尽可能确保研究意见客观、中立、全面、准确，我经常求教方家，并通过多种方式与法律界同仁积极沟通交流，尽可能广泛征求意见。在此，我要特别感谢最高人民法院研究室周加海副主任、喻海松处长，地方法院的袁勤、李缃凡、万云峰、张波、孙志军、陈东茹、钟道春、谭双堰、曾华、罗开卷、王建东、张澎、黄伯青、胡洪春、赵靓、白春子、李长坤、米阳、沈言等司法界领导同仁，让我时常在疑难重重中拨开迷雾，豁然开朗。此外，还要感谢在“刑水浮萍”公众号给我留言提问的各位网友，是你们的优质提问引领我不断思考和前进。

在本书写作过程中，我始终坚持以习近平法治思想为指引，保持客观、中立、合法的分析立场，就事论事。为避免侵权，我在正文中尽量隐去当事人的姓名。考虑到有的裁判文书未公开，我对案情所涉及的办案机关有时以某市、某区法院替代，并对具体涉案数额进行了改动。本书援引理论著述不多，主要考虑这是一本以实务裁判规则为导向的专著，援引理论著述过多反而会冲淡裁判规则的导向定位。此外，需要提到的是，类案裁判规则参考所涉法律问题，之前我在“刑水浮萍”公众号刊载过，我在公众号相应部分标明了出处和最早发表的时间，这主要是基于知识产权保护的考虑。本书收集的问题跨度在5年以上，几年前的原创难免与后来者研究的文章存在相似部分，这就需要注明写作时间先后，写作在前的是原创。否则，按照现在的写作时间不但可能失去原创功能，而且还可能侵犯知识产权。

我要将本书作为我母亲80周岁生日的献礼。虽然我们做儿女的基本过上了小康生活，但老母亲的生活质量指数并未明显提高。每当脑海中浮现她瘦小的身影淹没在稻田菜园间的画面，我就不免泛升种种无奈的思绪，唯一稍感慰藉的是那熟悉的乡间田野的足迹足以映衬出她的健康、坚强和伟大。老母亲打小一天书未读，大字不识，因此本书作为生日献礼，实际是满足我个人情绪的一种表达。

本书之所以能成功付梓，我要特别感谢法律出版社法律应用分社社长冯雨春女士和朱海波编辑。如果不是他们在关键时刻约稿，我可能不会积攒这么大的动力集中时间整理修改文稿。如果不是他们的创意设计和严格的编辑，本书的体例和质量就会大打折扣。

本书之所以能成功付梓，离不开我后方家园的温馨。家是避风的港湾。家庭的理解、包容和支持，是源自心灵深处的底气，这种作用是任何其他外在因素不可比拟的。特别是想到两个孩子可爱的顽皮、呆萌的淘气、天真的谎言、撒娇式的奉承，让我瞬即之间回归平静，迅即从心灵的低谷拔起，打起精神扬帆起航。

本书之所以能成功付梓，我还要感谢和我志同道合一起创办鄱阳湖国际法治书院的亲友以及一起在槌音“大家庭”奋斗的同事们，是他们艰苦卓绝的付出让我能够静下心来专注于本书的写作。遇见就是一种使命，彼此成全，彼此负重，彼此珍惜，让我们一起共同见证人世间不同时间节点的美丽彩虹！

谨识于北京东城建国门

2022 年 12 月 23 日